ARCHIVES HISTORIQUES

DU POITOU

XVIII

POITIERS
IMPRIMERIE OUDIN
4, RUE DE L'ÉPERON, 4

1887

SOCIÉTÉ

DES

ARCHIVES HISTORIQUES

DU POITOU

ARCHIVES HISTORIQUES

DU POITOU

XVIII

POITIERS
TYPOGRAPHIE OUDIN
4, RUE DE L'ÉPERON, 4

1886

LISTE GÉNÉRALE

DES MEMBRES

DE LA SOCIÉTÉ DES ARCHIVES HISTORIQUES DU POITOU

ANNÉE 1886.

Membres titulaires :

MM.

ARNAULDET (TH.), bibliothécaire de la ville, à Niort.

BARBAUD, archiviste de la Vendée, à la Roche-sur-Yon

BARDET (V.), attaché à l'Inspection du chemin de fer d'Orléans, à Poitiers.

BARTHÉLEMY (A. DE), membre du Comité des travaux historiques, à Paris.

BEAUCHET-FILLEAU, correspondant du Ministère de l'Instruction publique, à Chef-Boutonne.

BEAUDET (A.), docteur en médecine, à Saint-Maixent.

BERTHELÉ, archiviste des Deux-Sèvres, à Niort.

BONVALLET (A.), agent supérieur du chemin de fer d'Orléans, ancien président de la Société des Antiquaires de l'Ouest, à Poitiers.

BOURALIÈRE (A. DE LA), ancien président de la Société des Antiquaires de l'Ouest, à Poitiers.

BRICAULD DE VERNEUIL, licencié en droit, attaché aux Archives de la Vienne, à Poitiers.

CHAMARD (Dom), religieux bénédictin, à Ligugé.

MM.

CHASTEIGNER (Cte A. DE), membre de plusieurs Sociétés savantes, à Ingrande (Vienne).

DELISLE (L.), membre de l'Institut, à Paris.

DESAIVRE, docteur en médecine, conseiller-général des Deux-Sèvres, à Niort.

FAVRE (L.), à Niort.

FRAPPIER (P.), ancien secrétaire de la Société de Statistique des Deux-Sèvres, à Niort,

GOUGET, archiviste de la Gironde, à Bordeaux.

LEDAIN, membre de l'Institut des provinces, à Poitiers.

LELONG, archiviste aux Archives Nationales, à Paris.

LIÈVRE, pasteur, président du Consistoire, à Angoulême.

MARQUE (G. DE LA), à la Baron (Vienne).

MÉNARDIÈRE (DE LA), professeur à la Faculté de Droit, à Poitiers.

MONTAIGLON (A. DE), professeur à l'Ecole des Chartes, à Paris.

MUSSET (G.), bibliothécaire de la ville, à La Rochelle.

PALUSTRE (Léon), ancien directeur de la Société française d'archéologie, à Tours.

PORT (C.), archiviste de Maine-et-Loire, à Angers.

RICHARD (A.), archiviste de la Vienne, à Poitiers.

RICHEMOND (L. DE), archiviste de la Charente-Inférieure, à La Rochelle.

ROCHEBROCHARD (L. DE LA), membre de la Société de Statistique des Deux-Sèvres, à Niort.

TRANCHANT (Charles), ancien conseiller d'État, ancien conseiller-général de la Vienne, à Paris.

Membres honoraires :

MM.

BABINET DE RENCOGNE, à Angoulême.

BONNET (E.), professeur à la Faculté de Droit, à Poitiers.

CARS (Duc DES), à la Roche-de-Bran (Vienne).

CESBRON (E.), ancien notaire, à Poitiers.

MM.

Clisson (l'abbé de), à Poitiers.
Corbière (Mis de la), à Poitiers.
Desjacques, employé au Ministère des Finances, à Paris.
Desmier de Chenon (Mis), à Domezac (Charente).
Dubeugnon, professeur à la Faculté de Droit, à Poitiers.
Ducrocq (Th.), doyen honoraire, professeur à la Faculté de Droit de Paris.
Ferand, inspecteur général honoraire des ponts et chaussées, à Poitiers.
Fleury (de), archiviste de la Charente, à Angoulême.
Gaignard (R.), à Saint-Gelais (Deux-Sèvres).
Genesteix, ancien notaire, à Poitiers.
Guérin (Paul), archiviste aux Archives Nationales, à Paris.
Horric du Fraisnaud de la Motte, à Goursac (Charente).
Labbé (A.), banquier, à Châtellerault.
Le Charpentier (G.), ancien conseiller-général des Deux-Sèvres, à Saint-Maixent.
Lecointre-Dupont père, membre de plusieurs Sociétés savantes, à Poitiers.
Orfeuille (Cte R. d'), membre de la Société des Antiquaires de l'Ouest, à Versailles.
Oudin, imprimeur, à Poitiers.
Rochejaquelein (Mis de la), ancien député des Deux-Sèvres, à Clisson (Deux-Sèvres).
Rochethulon (Mis de la), ancien député de la Vienne, à Baudiment (Vienne).
Sorbier de Pougnadoresse (de), ancien sous-préfet, à Poitiers.
Surgères (Mis de), à Nantes.
Tribert (G.), ancien conseiller-général de la Vienne, à Marçay (Vienne).
Tribert (L.), sénateur, à Champdeniers.

Bureau :

MM.

Richard, président.
Ledain, secrétaire.

MM.
Bricauld de Verneuil, trésorier.
Desaivre, membre du Comité.
Lecointre-Dupont, id.
Marque (de la), id.
Ménardière (de la), id.

EXTRAIT

DES PROCÈS-VERBAUX DES SÉANCES DE LA SOCIÉTÉ DES ARCHIVES

PENDANT L'ANNÉE 1886

Dans le cours de l'année 1886, la Société a tenu quatre séances, les 21 janvier, 15 avril, 15 mai et 18 novembre.

Elle a admis comme membres honoraires : MM. E. Bonnet, professeur à la Faculté de Droit de Poitiers, et Desjacques, employé au ministère des finances à Paris.

Elle a perdu un membre, M. Bricauld de Verneuil, son trésorier, décédé le 11 septembre. M. le Président, interprète des regrets de la Société, a lu sur notre regretté confrère une notice dont l'impression a été votée.

Correspondance. — Lettres de M. le Ministre de l'Instruction publique et de M. le directeur général des Beaux-Arts au sujet des Concours de la Sorbonne dont la Société demande le maintien aux fêtes de Pâques ;

De M. Beauchet-Filleau, qui, sur la demande du Président, envoie en communication les trois volumes de minutes de sentences rendues par M. de Maupeou sur la recherche de la noblesse en 1698 et dont il s'offre de faire la copie.

Communications. — M. Richard fait un historique des maintenues de noblesse émanées des intendants du Poitou. Les recherches ont eu lieu à trois époques : 1° en 1664 et 1665, sous les intendants Colbert de Croissy et Barentin ; les minutes de leurs sentences, dont la liste a été publiée par M. Dugast-Matifeux, dans son *Etat des nobles du Poitou*, ont disparu ; pour les reconstituer, il faudra recourir aux expéditions authentiques conservées chez les particuliers ou dans les dépôts publics, où M. Richard en indique un certain nombre ; 2° en 1698, sous M. de Maupeou ; M. Bricauld de Verneuil, qui a fait le relevé des registres de sentences communiqués par M. Beauchet-Filleau, en a compté 379, tant de maintenue que de renvoi ; elles ne sont pas complètes ; M. Richard signale dans les archives de la Vienne des expéditions de sentences dont les minutes ne se trouvent pas dans ces registres ; 3° en 1715, par MM. Quentin de Richebourg et Des Gallois de la Tour ; M. Richard rapporte qu'il a été à Angers, faire auprès de Mme la baronne de Romans, veuve de notre regretté confrère, une démarche qui a eu un plein succès. Elle lui a confié toutes les minutes originales de ces sentences au nombre de 789, et quelques autres documents de même nature ; en outre, elle lui a remis les copies de ces sentences, exécutées par M. de Romans selon le plan admis par la

Société et qui sont prêtes pour l'impression ; la Société exprime à Mme de Romans tous ses remerciements pour cette importante communication.

M. Richard propose ensuite un plan uniforme pour la publication de ces maintenues et conforme à un spécimen imprimé qu'il a fait exécuter.

Ce plan est adopté par la Société, qui charge définitivement MM. Bonvallet et de Clisson de son exécution.

— M. Desaivre met cinq cents francs à la disposition de la Société pour faire transcrire les chartes de Maillezais ou le cartulaire de cette abbaye, dont une copie existerait à l'Evêché de la Rochelle, et à tout le moins pour la publication de ce document, si on retrouve la copie qu'avait fait faire notre regretté confrère, M. Bardonnet.

— M. Ledain propose de publier un cartulaire municipal de Poitiers, formé de pièces tirées des archives de cette ville. La Société met, pour cet objet, une première somme de cent francs à sa disposition. Il serait aussi disposé à publier le cartulaire de l'Absie, si l'on obtient de M. Gaignard, dépositaire des papiers de M. Bardonnet, les copies que ce dernier avait fait exécuter.

Publications. — Dans le courant de l'année a paru le tome XVII, contenant la suite des Documents extraits par M. Guérin des registres du Trésor des chartes pour le XIVe siècle ; ils vont de 1348 à 1369.

Travaux en cours d'exécution. — Par M. Richard : les chartes de l'abbaye de Saint-Maixent, qui doivent former les tomes XVI et XVIII et qui paraîtront en 1887.

Travaux en préparation. — Par M. Guérin : le tome IV des Documents extraits des registres du Trésor des chartes, pour paraître en 1888 et devant composer le tome XIX.

Renouvellement du Bureau. — A la séance du 18 novembre, ont été élus pour 1887 :

MM. RICHARD, président ; LEDAIN, secrétaire ; BONNET, trésorier ; DESAIVRE, DE LA MARQUE, DE LA MÉNARDIÈRE, LECOINTRE-DUPONT, membres du Comité.

CHARTES ET DOCUMENTS

POUR SERVIR A L'HISTOIRE

DE

L'ABBAYE DE SAINT-MAIXENT

(*Suite*)

PUBLIÉS

Par M. Alfred RICHARD

CHARTES

DE

L'ABBAYE

DE SAINT-MAIXENT

(*Suite*)

CCCLXXI

Adémar, abbé de Saint-Maixent, transforme en une redevance annuelle d'un marc d'argent, pour le temps qu'il lui plairait, le devoir ou plait excessif que Guillaume Roux, de Marçay, lui devait comme son homme lige (D. Fonteneau, t. XVI, p. 89, d'après le cartul., p. 16).

Entre 1181 et 1199.

Quoniam jam temporibus nostris nullos distractores sanctæ Dei ecclesiæ cernimus, in futurum complures insurrecturos formidamus. Ad quorum procacitatem vel violentiam confutandam posteritatem nostram hoc presenti scripto impenetrabili videlicet veritatis clipeo munire studuimus. Noscat itaque vestra successio quod Guillelmus Rulfus de Marciaco est homo ligius abbati sancti Maxentii, et in placito suo habet quingentos solidos Pictavensis monete, et unam unciam auri, et unum palefredum, et unum ostorium, et unum leverium : ita quod Petrus Garule archipresbyter habuit ostorium, quem memoratus abbas dedit ei. Defuncto supra dicto Willelmo, successit ei Willelmus Rulfus filius suus, quem abbas Ademarus ante se vocavit, ut placitum quod erat in terra ei redderet. Ipse vero jam dictus Willelmus, tantam pecuniam, videlicet quingentos solidos Pictavensis monete, et 1 m[arcam] argenti et 1 ostorium et 1 palefredum et 1 levrerium, non poterat habere. Postea domnus abbas, misericordia motus super eum et precibus amicorum suorum, constituit ei ut 1 m[arcam] argenti per singulos annos ei redderet quamdiu ei placeret.

CCCLXXII

Coutume des vendeurs de bois à Saint-Maixent (D. Fonteneau, t. LXVI, p. 343, d'après le cartul., fol. 3 r°).

XII° siècle [1].

Sepius accidit quod subreptionem oblivio ingerat. Idcirco posterorum cautele intimare studemus quod monachi sancti Maxentii debent habere de omnibus illis quibuscumque qui ligna ad vendendum aducent cum asinis per portam Pictavinam, per portam Calonis, per portam de Cruce, de unoquoque unam somam semel, et de quadrigis totum quod erit a scala in sursum......... illi qui recipient jussu abbatis.......... primo die Adventus.......... ad portam Pictav[inam].... annum........ similiter ad portam Calonis et debent esse homines abbati et facere placitum cum eo, et sint immunes a vegeria et de venda et de exercitu.

CCCLXXIII

Notice du service que devait le seigneur de Lezay, comme vassal de l'abbaye de Saint-Maixent (D. Fonteneau, t. LXVI, p. 287, d'après le cartul., fol. 9 r°).

XII° siècle.

Sciant omnes venturi quicumque successerint nobis,

---

1. Cette pièce et les suivantes (n°s CCCLXXII à CCCC), qu'il n'a pas été possible de dater, mais qui appartiennent au XII° siècle, ont été classées suivant l'ordre qu'elles occupaient dans le cartulaire.

quod dominus de Lezai......... esse homo abbati sancti Maxentii. Et si forte evenerit quod abbas faciat duellum de militibus, ipse debet querere ei totam armaturam, que necesse fuerit ad equm armandum, et debet esse cum eo, ut cum domino suo, ad placita et ad servandum duellum.

CCCLXXIV

Le vicomte de Châtellerault est homme lige de l'abbé de Saint-Maixent pour son fief de Sainte-Soline (D. FONTENEAU, t. LXVI, p. 319, d'après le cartul., fol. 9 r°).

xiie siècle.

Que agimus ideo scribimus, ne apud posteris oblivioni tradatur. Nos igitur posteris nostris notificamus quod vicecomes Castri Airaudi debet esse homo abbati sancti Maxentii per feodum quem tenet ab eo, scilicet Sanctam Solinam et alia plura in aliis pluribus locis.

CCCLXXV

Notice du devoir auquel était tenu Laidet de Mereau pour son fief du Poiré de Veluire (D. FONTENEAU, t. LXVI, p. 285, d'après le cartul., fol. 9).

xiie siècle.

Sciant omnes presentes et futuri quod Laidet de Mereas qui manet....... Peiré de Volvire est homo abbati sancti Maxentii, et habet in placito sexaginta solidos et c pices, qui vocantur dars, et unum equm ad portandum monachum, quando ipse veniet ad festivitatem beati Maxentii.

CCCLXXVI

Geoffroy Normant est homme lige de l'abbé de Saint-Maixent (D. FONTENEAU, t. LXVI, p. 271, d'après le cartul., p. 9).

xiie siècle.

Ut ratum illibatumque possit permanere, presenti scripto

posteris nostris significamus quod Gosfredus Normant est homo legius abbati sancti Maxentii, et placitum in voluntate ipsius abbatis, et pro eo quod pendebat in voluntate ipsius, precibus amicorum supradicti Gosfredi, accepit ab eo centum solidos Andegavensis monete.

CCCLXXVII

Notice des obligations auxquelles est tenu le seigneur de la Jodoinière envers le prieur de Marçay (D. Fonteneau, t. LXVI, p. 329, d'après le cartul., fol. 10 v°).

XIIe siècle.

Notum sit omnibus hominibus quod dominus de la Jodoinere debet esse homo abbati sancti Maxentii, tali pacto quod si raptores transsierint per terram suam in eundo vel in redeundo, et aliquid in terra prioris furaverint, et in terra ejus inventum fuerit, ipse debet reddere priori quicquid furatum fuerit, et ideo in feodo suo debet habere xx solidos annuatim de vino abbatis de Marciaco, et ipse debet reddere priori unam minam castenearum per singulos annos.

CCCLXXVIII

Jean de Vault est homme lige de l'abbé de Saint-Maixent pour ce qu'il tient de lui (D. Fonteneau, t. LXVI, p. 289, d'après le cartul., fol. 10 v°).

XIIe siècle.

Sepius accidit quod subreptionem oblivio ingerat. Idcirco posterorum cautele intimare studemus, quod Johannes de Vaus, qui manet ad insulam que sita est juxta pontem Vallis, debet esse homo legius [abbati sancti Maxentii] et placitum in voluntate ipsius, et tenet ab eo furnum qui est in hac villa, et terras, et prata, et vineas que sunt circa locum qui dicitur Ortus Pictavis.

CCCLXXIX

Le seigneur de Montreuil-Bellay est homme lige de l'abbé de Saint-Maixent pour le fief Grelart (D. Fonteneau, t. LXVI, p. 291 d'après le cartul., fol. 10 v°).

XII° siècle.

Scire volo omnibus presentibus et futuris quod dominus de Mostereo Berlais est homo abbati sancti Maxentii pro feodis suis, quos ipse tenet ab eo, videlicet feodum Grelart et alios multos.

CCCLXXX

État des offrandes que doit percevoir le curé de Mazières (D. Fonteneau, t. LXVI, p. 249, d'après le cartul., p. 17).

XII° siècle.

Sciant omnes quicumque venturi sunt quod capellanus de Mazeires non debet habere nisi sex denarios de capellania in Natale Domini, et in sancto Pascha, et in festivitate Omnium Sanctorum, et in sollempnitate ecclesiæ suæ. Reginaudus de Mazeires non accipiebat nisi sex tantum, qui fuit antecessor suus.

CCCLXXXI

L'abbé de Saint-Maixent et son chapitre ont seuls le droit d'instituer un curé dans l'église de Saint-Georges de Noiné (D. Fonteneau, t. LXVI, p. 259, d'après le cartul., p. 17).

XII° siècle.

Sciat omnis superstes et omnis posterus quod in ecclesia de Noiné non debet esse institutus [capellanus], nisi per manum abbatis sancti Maxentii et assensu tocius capituli, ita quod P. de Noiné, qui postea fuit monachus sancti Maxentii, recognovit quod ipse fuit in ecclesia per manum abbatis et capituli.

CCCLXXXII

Notice des devoirs dus à l'abbé de Saint-Maixent par les fiefs de la Bessière, de Regnauld Enjoubert et du juge de Pamprou (D. FONTENEAU, t. LXVI, p. 303, d'après le cartul., p. 17).

XIIe siècle.

Similiter in feodo de la Vecere et in feodo Reginaldi Enjobert et in feodo judicis de P[ampro] habet quingentos solidos et I equm et I equam et unam unciam auri et I lenarium[1] et I ostorium.

CCCLXXXIII

Droits du sacristain de l'abbaye de Saint-Maixent et du prieur de la Chapelle-Bâton sur les offrandes des églises de la Chapelle-Bâton et de Saint-Projet (D. FONTENEAU, t. LXVI, p. 263 et 265, d'après le cartul., p. 18).

XIIe siècle.

Sciant presentes et futuri quod de ecclesia sancti Maxentii, que sita est in villa que dicitur Capella Baston, capellanus ipsius ecclesiæ debet reddere sacriste abbatie sancti Maxentii cereum transacuste Pasche, illud quod residuum fuerit Pasche supervenienti; et prior ipsius obedientie debet accipere medietatem de omnibus oblationibus que ibi oblate fuerint, excepto de defunctis et duobus denariis de capellania. Similiter de ecclesia sancti Prejecti, que pertinet ad aliam supradictam ecclesiam. Ita tenuerunt et possiderunt monachi isti: Moinart Lemozins, Goffredus Ruesfos, P. Marot, Joscelmus Bijatret; ante omnibus istis Guido de Ternant et Reginaldus Pipins, nepos suus. Ita habuerunt capellani, Gausterius de la Gascunnere, Gausters Ferruns, fere per quadraginta annos. Vinee de Frontum date fuerunt sepedicte obedientie. . . . [2]

---

1. Sic, pour levrerium. [V. n° CCCCXII].
2. Le reste est déchiré (Note de D. F.).

CCCLXXXIV

Le curé de Fraigneau est à la nomination du prieur de Marçay, et il en est de même dans toutes les paroisses où résident des moines de Saint-Maixent (D. Fonteneau, t. LXVI, p. 333, d'après le cartul., p. 18).

XII° siècle.

Quoniam sicut ait scriptura, generatio preterit et generatio advenit, terra vero in eternum stat. Notificamus his litteris presenti generationi atque future, quod in ecclesia de Fragnea, quæ sita est in dominio prioris de Marciaco, in ea non debet esse capellanus institutus, nisi per manum dicti prioris de Marciaco. Similiter in omnibus ecclesiis ubicumque. . . partem in oblationibus, similiter per omnes ecclesias ubicumque monachi sancti Maxentii habitant.

CCCLXXXV

Droits appartenant à l'abbaye de Saint-Maixent sur la cure d'Augé (D. Fonteneau, t. LXVI, p. 359, d'après le cartul., p. 18).

XII° siècle.

Scire volo omnibus post me viventibus, quod ecclesia d'Au[get] est propria sancto Maxentio et capellanus non debet esse institutus nisi per manum abbatis sancti Maxentii et capituli, et de omnibus oblationibus debent habere monachi duas partes. Cereus paschalis debet esse sacriste sancti Maxentii.

CCCLXXXVI

Exposé des droits de justice appartenant à l'abbé dans la ville de Saint-Maixent (D. Fonteneau, t. XVI, p. 39, d'après le cartul., p. 21).

XII° siècle.

Tale dominium habet abbas sancti Maxentii et ecclesia

in ista villa, quod si conquestus fuerit de hominibus ligiis, ipse debet eis assignare diem in curia sua et.. . . . .[d]ebent ante eum venire ad exequendum quod curia sua ordinaverit, et si conquestus fuerit de hominibus illorum, ipse debet quere. . . . . hominibus illorum et ipsi debent ei dare competentem diem. . . . . eos, de quibus conquestus fuerit, et ibi quod curia dictaverit exequi faciant. Et si contradicunt quod ita non debet esse. . . . . venire in equali curia abbatis et militum, que est inter duo. . . . et ibi inter se debent exequi et curia equalis est ad petras, inter domum Calonis de Rochaforti et domum. . . Lobet [1].

CCCLXXXVII

Formalités à suivre pour la remise des voleurs pris dans les cours de Souvigné et d'Azay (D. Fonteneau, t. LXVI, p. 353, d'après le cartul., p. 25).

XIIe siècle.

De latronibus qui capiuntur in curia de Sovigné. De notis facimus nociora quod latrones qui capti sunt in curia Sovigniaci debent adduci ante furnum de Barbaste; ibi debent mandare vegerium et tradent ei latronem; quod si ipse noluerit venire, sinent eum abire. Si ipse vegerius capit latronem et accipiat terciam partem latronicii vel si reliquerit eum, aut si redimere fecerit, debet reddere illam tertiam partem quam accipit a supradicto homine; si non reddiderit a modo non haberet nullam rem de curia illa. Similiter de Aziaco, et adducent eos usque au torn Reginaudi Richart.

---

[1]. D. Fonteneau avait réuni à tort cette charte à celle que nous avons donnée plus haut sous le n° CCCLI; elles se suivaient, il est vrai, dans le cartulaire, mais, malgré les lacunes que celle-ci renferme, il est facile de voir que leur sujet est totalement différent.

CCCLXXXVIII

Coutume pour la mouture du blé dans la ville de Saint-Maixent et pour la viguerie du bourg de Saint-Léger (D. Fonteneau, t. LXVI, p. 347, d'après le cartul., p. 25).

xiie siècle.

Antiqua consuetudo est ecclesiæ beati Maxentii, quod omnes homines istius ville, cujuscumque sint homines, nisi dominus eorum, molendinos habuerint in castellania : omnes debent molere ad molendinos sancti Maxentii.

In burgo sancti Leodegarii non debet mittere manum vegerius in nullam rem [1].

CCCLXXXIX

Le fabricant de meules est exempt de tous droits et doit céder ses meules aux moulins de l'abbaye de Saint-Maixent à un prix déterminé (D. Fonteneau, t. LXVI, p. 351, d'après le cartul., fol. 30 v°).

xiie siècle.

Molarinus est liber ab omni consuetudine sicut cliens, et non vendet molam ad nostros molendinos nisi xii solidos et tres denarios.

CCCXC

Mention de la restitution d'un péage de cinq deniers à Niort (D. Fonteneau, t. LXVI, p. 351, d'après le cartul., fol. 30 v°).

xiie siècle.

Sciant omnes venturi quod isti quinque denarii fuerunt apud Niortum de pedagio redditi, et postea recognoscentes malum quod fecerant, imperantibus comite et comitissa, fuerunt retro redditi. Sunt autem declarati.

---

1. L'écriture de cette pièce est postérieure au xiie siècle et a été ajoutée après coup au cartulaire (Note de D. F.).

CCCXCI

Domaines dépendants de l'abbaye de Saint-Maixent, situés dans les paroisses de Saint-Vivien, de Saint-Sulpice-Badoux et de Saint-Palais (D. FONTENEAU, t. LXVI, p. 354, d'après le cartul., fol. 30 v°).

XII° siècle.

Savinus de Salione sancti Maxentii possidet a Guillelmo vicario Didono cognomento Mainardo ; ipse tenet duas partes, quarum una dicitur Brinus et est in parochia sancti Viviani et altera in parochia sancti Sulpicii Badulfi, fere una leucca a Murniaco, altera vero apud Curliacum, reliqua pars possidetur a vidua quadam nomine Rixendis, que fuit uxor Petri Girberti, et est sita in parrochia sancti Palladii supra maris; alteram partem tenet Gardradus vicarius Salionis et Ramnulfus Girbertus Tinviaco, et Guido Caiaco terra que dicitur Lucus et Aureus Fons. Major de istius terre dicitur Costantinus Crassus de Ponto, quia a projenie illius jure hereditario possidetur, et a cunctis possessoribus fealiter recognoscitur[1].

CCCXCII

Restitution faite à l'abbaye de Saint-Maixent, par les ordres d'Hugues de Lusignan, d'une prestation qui lui avait été attribuée (D. FONTENEAU, t. XVI, p. 351, d'après le cartul, fol. 30 v°).

XII° siècle.

Item sciant omnes quia tres diclos[2] qui in hac tabula sunt adfixi Liziniaco, similiter fuerunt. . . . . et postea jussu Hugonis fuerunt redditi.

---

1. La charte est fort effacée, on a tiré ce qu'on a pu ; ce qu'on a tiré est assez exact (Note de D. F.).
2. Le mot *diclos*, dont nous n'avons pu découvrir le sens, est une correction faite par D. Fonteneau sur l'œuvre de son copiste, qui portait *trisololos*.

CCCXCIII

Etat des redevances dues par les prieurs dépendants de l'abbaye de Saint-Maixent pour les charités ou repas solennels qui avaient lieu dans l'abbaye, lors des grandes fêtes, et de celle à laquelle avait droit le seigneur de la Mothe, la veille de la Saint-Maixent (D. Fonteneau, t. XV, p. 607, d'après le cartul., p. 36).

XIIe siècle.

Descriptio karitatis, que redditur de obedienciis in capitulo in vigiliis quatuor principalium sollempnitatum, in Natale Domini, in Cœna Domini, in natale sancti Maxentii, in natale Omnium Sanctorum. In Natale Domini, de Vetrinis, v solidos; in Pascha, in natale sancti Maxentii et in commemoratione Omnium Sanctorum, totidem [1]. In Natale Domini, de Marciaco, v solidos; in Pascha, v; in festivitate sancti Maxentii, quindecim; in memoria Omnium Sanctorum, x. De Celesio : in Natale Domini, v solidos; in Pascha, in natale sancti Maxentii, in festivitate Omnium Sanctorum, totidem. De Vulliaco : in eisdem festis, similiter. De Pampro : similiter, et carnem unius bovis in Natale Domini [2]. De Silviniaco : similiter. De Azaio : similiter. Prepositus noster : v solidos in eisdem festivitatibus et carnem unius bovis. De Fonte des Lois : in festivitate sancti Maxentii, x solidos; in Natale, in Pasca et Omnium Sanctorum, v solidos. De Metulo : in Natale, in Pascha, in festo sancti Maxentii, v solidos De Mota : in eisdem festis, similia. De Verruca : v solidos ad festivitatem sancti Maxentii; lxx solidos redduntur in opus cellarii in Assumptione sanctæ Mariæ. De portagio : v solidos. Gauterius Buceus :

---

1. On a mis à la marge : *De Vetrinis : ad Natale unam jaleam mellis, aliam ad festum sancti Maxencii et aliam Cœna Domini* (Note de D. F.).
2. On a mis à la marge : *De Pampro : ad Natale. Domini unam jaleam mellis, ad ortum sancti Maxentii aliam, et aliam in Cœna Domini* (Note de D. F.).

II solidos. Calvinus Orbus : II solidos. De censu de ecclesia de Prahec : v solidos[1].

CCCXCIV

Les hommes de corps de l'abbaye de Saint-Maixent ne sont pas sujets aux devoirs perçus par les viguiers, et s'ils le veulent, lorsqu'ils sont appelés en justice devant le prévôt, ils peuvent faire porter leur cause directement devant l'abbé (D. FONTENEAU, t. LXVI, p. 257 [2]).

XIIe siècle.

Sciant omnes venturi quod super omnes homines et mulieres qui sunt de propriis capitibus homines de altari sancti Maxentii, super eos vegerius non debet habere ullam potestatem, nec in vendis, nec lumbis. Si venerint in curia coram preposito, et appellaverint ad abbatem, non amplius coget eos prepositus.

CCCXCV

Le cellerier de l'abbaye de Saint-Maixent peut s'emparer des chevaux mis en pacage dans les prés de l'abbaye, pour envoyer à Bordeaux ou à Blaye chercher du poisson, lors de la célébration de la fête de saint Maixent (D. CHAZAL, Chronicon, cap. 92, d'après le cartulaire).

XIIe siècle.

Cellerarius ecclesiæ sancti Maxentii, secundum consuetudinem, debet capere equos quos prarii tenent in pratis, et mittere ad pisces apud Burdigalam, vel apud Blayam, ita ut ad festum sancti Maxentii parati sint ad procurationem monachorum.

---

1. D. Chazal, qui donne aussi cette pièce (Chronicon, cap. 91), la termine ainsi : *In natali sancti Maxentii habent domini de Motta dimidium arietem et panem et vinum et* III *denaratas de carne porcina vel vaccina ; ad ultimum definitum est ad* XVIII *denarios.*

2. Le feu ayant détruit la partie supérieure de la page 257 du tome LXVI de D. Fonteneau, et ayant enlevé l'indication de provenance, ce n'est que par assimilation que nous plaçons cette charte à la suite des précédentes.

CCCXCVI

Les religieux de l'abbaye de Saint-Maixent, les habitants du monastère et le sacristain sont exempts de toute redevance (D. Chazal, *Chronicon*, cap. 93, d'après le cartulaire).

xiie siècle.

Monachi sancti Maxentii, qui cum eis habitant et sacrista eorum, immunes sunt in hac villa ab omni pedagio, venda et exercitu, et vegerius eorum non debet habere super eos aliquod dominium.

CCCXCVII

Obligations imposées aux propriétaires de maisons situées sur la place du marché de Saint-Maixent (D. Chazal, *Chronicon*, cap. 93, d'après le cartulaire).

xiie siècle.

Consuetudo est, qui habitant domos in foro sancti Maxentii voluerint ædificare fenestras ante domos suas, vel aliquod ædificium, cum visu præpositi debent facere, et non aliter, et fenestras illas non debent locare ipsi in die martis per totum annum, nec in vigilia sancti Maxentii, nec in die, nec mercatoribus, nec mercenariis.....

CCCXCVIII

Droits de péage perçus à Saint-Maixent sur les porteurs de poissons, sur le pain, le vin, la moutarde, l'ail et les oignons (D. Chazal, *Chronicon*, cap. 93, d'après le cartulaire).

xiie siècle.

Pondus piscium, quod super animal venit de Partiniaco ad Sanctum Maxentium, tributum debet.

Panis qui est in mercatu, duos denarios, sinapis super animal, id est in quadriga, vinum super animal, id est in quadriga, pedagium solvent. Allii et sepe pedagium etiam solvent.

CCCXCXIX

Redevance de douze deniers dus à l'abbaye sur un four à Saint-Maixent (D. CHAZAL, *Chronicon*, cap. 93, d'après le cartulaire).

XIIe siècle.

Eclesia sancti Maxentii habet annuatim in festivitate beati Maxentii duodecim nummos monete Pictavensis de furno qui est juxta domum..... ; filii Hugonis Grosset, debent ei reddere prædictos nummos.

CCCC

Le seigneur de Sainte-Hermine, vassal de l'abbaye de Saint-Maixent, doit, quand le comte de Poitou est en guerre, porter l'étendard de Clairvault (D. CHAZAL, *Chronicon*, cap. 94, d'après le cartulaire).

XIIe siècle.

Dominus de Sancta Hermina est homo abbatis sancti Maxentii et habet in feodo suo, quod si comes Pictavensis contra inimicos suos præliaverit, et ipsi contra eum, dominus de Sancta Hermina debet portare vexillum quod dicitur Claravallis.

CCCCI

Diplôme de Jean Sans-Terre, roi d'Angleterre, qui remet aux religieux de Saint-Maixent le repas qu'ils étaient tenus de lui donner lorsqu'il se trouvait dans la ville, et qui leur abandonne, à la requête de sa mère Aliénor, tous les devoirs auxquels étaient tenus envers lui les forestiers de la Sèvre, sauf ceux du service militaire, à la condition que les religieux nourriront tous les jours trois pauvres au réfectoire et qu'ils célébreront deux messes pour le repos de son âme et de celle de sa mère (D. FONTENEAU, t. XVI, p. 109, d'après l'original).

Septembre 1200.

In nomine sanctæ et individuæ Trinitatis. Ego Johannes,

Dei gratia rex Anglie, dominus Hybernie, dux Normanie et Aquitanie, comes Andegavie, archiepiscopis, episcopis, abbatibus, comitibus, justiciariis, senescallis, omnibus ballivis et fidelibus suis et omnibus Christi fidelibus presentem cartam inspecturis vel audituris, salutem in vero salutari. Noveritis nos, pro salute anime nostre et pro animabus antecessorum et successorum nostrorum, abbatem et monachos sancti Maxentii ibidem Deo tunc servientes et in posterum servituros, de procuratione quam nobis faciebant apud Sanctum Maxentium, de voluntate, peticione et etiam assensu domine Alyenordis, matris nostre, quiptasse et clamasse liberos in perpetuum et inmunes, ita scilicet quod dicti abbas et monachi sancti Maxentii nobis successoribus nostris, senescallis seu baillivis nostris, nullam de cetero procurationem seu comestionem facient nec facere tenebuntur. Dedimus etiam, cum voluntate predicte matris nostræ, in perpetuam helemosinam abbati et monachis superius nominatis, omnia servitia que forestarii nemoris de Sayra nobis faciebant, salvo tantum exercitu nostro et equitatione. Predicti vero abbas et monachi pro salute anime nostre et animarum antecessorum et successorum nostrorum singulis diebus in perpetuum tres pascent pauperes in refectorio et duas missas in remedio animarum nostrarum facient celebrari. Et in hujus rei testimonium hanc cartam predictis abbati et monachis dedimus sigillo nostro sigillatam, videntibus hiis: comite Villelmo Marescallo, G. de la Cella senescallo Pictavensi, Willelmo de Mausiaco [1]. Datum per manum Simonis archidiaconi Wellensis, regni nostri anno secundo, mense septembris.

---

1. D. Fonteneau avait écrit *Mauliaco;* comme il s'agit ici de Guillaume de Mauzé, il ne pouvait y avoir que *Mausiaco* dans l'original.

CCCCII

Lettres d'Aliénor, reine d'Angleterre et duchesse d'Aquitaine, faisant abandon à l'abbé et aux religieux de Saint-Maixent des droits énumérés dans le diplôme de Jean Sans-Terre, aux mêmes charges et conditions (Orig., jadis scellé, communiqué par M. Benj. Fillon [1]. D. Fonteneau, t. XVI, p 113, donne aussi cette pièce d'après l'original).

6 octobre 1200.

Alyenor, Dei gratia regina Anglie, ducissa Normannie et Aquitanie, comitissa Andegavie, dilectis suis prepositis, ballivis, justiciariis et aliis fidelibus suis, et omnibus presentem cartam inspecturis vel audituris, salutem in Domino perpetuam. Universitati vestre notum fieri volumus nos, respectum habentes ad multa gravamina que, per karissimum filium nostrum Richardum, quondam regem Anglie, monasterio sancti Maxentii cognovimus irrogata, ob salutem anime nostre et parentum nostrorum et predicti filii nostri et successorum nostrorum, de consensu etiam et voluntate Johannis, regis Anglie, filii nostri, ad instanciam et peticionem dilecti in Christo Mauricii, Pictavensis episcopi, abbatem et monachos sancti Maxentii, de procuratione quam nobis faciebant apud Sanctum Maxentium, penitus quiptasse et clamasse in perpetuum liberos et inmunes, tali modo quod abbas et fratres dicti monasterii nec nobis nec successoribus nostris seu ballivis nostris nec aliquibus ex nostris procurationem aliquam de cetero reddere tenebuntur. Dedimus etiam abbati et fratribus supradictis omnia servitia que nobis faciebant forestarii de nemore de Savra, salvo tantum et retento exercitu nostro et expeditione. Verumptamen abbates et fratres, pro salute anime nostre, antecessorum successorumque nostrorum, qualibet

---

1. Publié en fac-simile par M. Charavay, *Revue des documents historiques*, 1876, p. 83.

die, perpetuis temporibus, tres pauperes in refectorio pascere tenebuntur et duas missas in remedio peccatorum nostrorum nichilominus celebrare. Si quis autem, quod absit, huic nostre donationi et helomosine tam pie facte contradicere presumpserit, ejus conatus et mala voluntas non prevaleat et per censuram ecclesiasticam arceatur. Teste me ipsa, apud Fontem Ebraudi, sexta die octobris, regni filii nostri Johannis supradicti anno secundo [1].

CCCCIII

Lettres d'Aliénor accordant aux hommes de l'abbaye de Saint-Maixent, qui habitent la ville ou qui viendront y établir leur demeure, l'exemption de toutes redevances, ainsi que de l'ost et de la chevauchée. Le roi Jean Sans-Terre confirme ces lettres le 11 août 1201 (D. CHAZAL, *Chronicon*, cap. 48).

6 octobre 1200.

Alienors, Dei gratia regina Angeliæ, ducissa Normanniæ et Aquitaniæ, comitissa Andegaviæ, dilectis suis præpositis, bailli'vis, justiciariis et aliis suis fidelibus ad quos litteræ istæ pervenerint, in perpetuum. Ad universorum notitiam volumus pervenire, quod nos habentes respectum ad multa gravamina per carissimum filium nostrum Richardum, quondam regem Angliæ, monasterio sancti Maxentii et hominibus ejusdem irrogata, ad petitionem venerabilis patris Mauritii, Pictavensis episcopi, et Martini prædicti monasterii abbatis, cum consensu et voluntate dilecti filii nostri Johannis, regis Angliæ, dedimus et concessimus, pro remedio animæ nostræ et parentum nostrorum, in perpetuam eleemosinam, Deo et monasterio sancti Maxentii, ut homines monachorum in burgo sancti Maxentii constituti et omnes qui in posterum ibidem ædificare voluerint, et ibidem manere, ob reve-

---

1. Au dos on lit: *Quiptacio seu donacio peracta ab Alyenordi regina Anglie.*

rentiam sanctissimi confessoris, sint liberi et immunes a talliagio et omni alia consuetudine, exercitu et equitatione. Si quis autem quomodolibet huic nostræ donationi et eleemosinæ contradicere voluerit, ejus conatus et mala voluntas non proficiat, et per ecclesiasticam censuram arceatur. Teste me presente, apud Fontem Ebraldi, sexta die octobris.

Johannes, Dei gratia rex Angliæ, confirmat supradicta ; testibus : Helia archiepiscopo Burdegalensi, comite Willelmo Marescallo, Radulpho comite Augi, Gaufrido de la Celle senescallo Pictavensi, Guillielmo de Mausiaco. Datum per manum Simonis archidiaconi, cancellarii, apud Berbeziellum, undecima die augusti, regni nostri [1].

CCCCIV

Lettre du pape Innocent III à Maurice de Blazon, évêque de Poitiers, qu'il délègue avec charge de faire adopter par l'abbé de Saint-Maixent la discipline régulière qu'avaient tenté de rétablir dans son abbaye, Guillaume Tempier, évêque de Poitiers, et Pierre, aumônier de Celles (D. CHAZAL, Chonicon, cap. 6).

4 avril, entre 1200 et 1203.

Licet ecclesiarum cura nobis immineat generaliter, ad illas tamen specialius nos convenit aciem nostræ con-

---

1. Cette charte et la précédente offrent de grandes ressemblances, ce qui s'expliquerait si elles ont été délivrées toutes les deux le même jour, ainsi qu'il semble résulter de leur date commune du 6 octobre. Toutefois on doit remarquer que la seconde ne porte pas d'indication d'année, non plus que la confirmation de Jean Sans-Terre, qui la suit. Nous ne pensons pas que l'omission de ces deux dates doive être imputée à D. Chazal, dont la copie offre bien quelques irrégularités orthographiques ; mais de là, à supprimer deux éléments si importants d'un acte, il y a loin. Il faut donc en rejeter toute la responsabilité sur le rédacteur primitif du texte qu'il a eu en mains ; or, nous ne serions pas éloigné de penser que nous nous trouvons en présence, soit d'un acte faux, soit d'un projet d'acte qui n'aurait pas reçu l'approbation de ceux qui en devaient être les principaux auteurs. Il ne pourrait avoir été délivré qu'en 1200, en même temps que celui qui porte cette date (n° CCCCII), et l'approbation de Jean Sans-Terre serait forcément reportée à l'année 1201, attribution que ne contredirait pas absolument l'itinéraire de ce prince donné par les Rotuli litterarum patentium, car le 3 août 1201 il se trouvait à Loudun et le 19 à Chinon ; il nous semble toutefois problématique que, dans l'intervalle, il ait pu se rendre à Barbezieux.

siderationis extendere, in quibus ab antiquo disciplina constituta dignoscitur ordinis regularis, et per aliquorum insufficientiam a relligionis observantia proponuntur, quod non convenit, declinasse. Dilectus siquidem filius magister B., prior de Azaio, pro se et quibusdam aliis monachis sancti Maxentii, in audientia nostra proposuit, quod cum olim in eodem monasterio multa inordinata existerent, per bonæ memoriæ Willelmum Pictavensem episcopum [1] et dilectum filium.... tunc eleemosinarium Cellensem, nunc abbatem Aureævallis [2], judices a sede apostolica delegatos, fuerunt quædam pro reformatione ipsius monasterii constituta, quæ se dilectus filius abbas ipsius monasterii observaturum præstita fide promisit; sed post modum, non secus quod promiserat observavit. Immo, quod deterius est, quosdam monachorum juramento, quosdam etiam fides ibi astrinxit, ut in nulla causa adversantes eidem, suæ in omnibus pareant voluntati. Præterea prioratus et obedientias quibus præesse monachi consueverant, sibi retinet et appropriat, redditus eorum in proprios usus expendendo, et cum in iis et aliis multis, prout dicitur, modum relligionis excedat, religiosum statum ipsius monasterii minuit et immutat. Adjecit etiam quod idem abbas, pluries monachis de sæculari potestate minas incutiens et terrores, proposuit coram eis quod prioratibus monasterii faceret per potentiam sæcularem violentiam irrogari. Post modum vero, prioratum de Azaio, qui conventui in pane quotidiano dese-

---

1. Une note de D. Le Michel (f° 294 v°) nous apprend qu'en 1190 l'évêque de Poitiers et Arnaud, abbé de Saint-Liguaire, avaient déjà essayé de mettre fin à des difficultés qui s'étaient élevées entre l'abbé de Saint-Maixent et ses religieux au sujet de douze bottes fournies par le prieur de Vérines et de la chair que l'abbé devait aux moines pour leur cuisine. D. Le Michel trouve qu'il vaut mieux ne pas s'étendre sur ces querelles qui témoignent de l'indiscipline des religieux.

2. Il ne peut être ici question que de Pierre II, abbé d'Airvault, de 1192 à 1218 environ; le *Gallia* et M. Beauchet-Filleau, dans ses *Recherches sur Airvau, son château et son abbaye* (*Mém. de la Soc. des Antiq. de l'Ouest*, t. XXIV, p. 291), ne disent pas qu'il ait été aumônier de l'abbaye de Celles.

ruit, fuisse a laicis occupatum, quod prædicti monachi asserunt ex abbatis voluntate contigisse. Verum dilectus filius magister W. de Mercato, scriptor noster et procurator ejusdem abbatis, non esse vera quæ de dicto abbate dicebantur omnimodis asserebat, ac prædictum magistrum B., priorem de Azaio, absque abbatis licentia ad sedem apostolicam accedisse. Quia vero super præmissis non potuimus elicere veritatem, causam ipsam, de utriusque partis assensu, vestro duximus examini commitendam, per apostolica vobis scripta præcipiendo mandantes, quatenus ad monasterium ipsum accedentes, inquiratis ab universis et singulis monachis, et aliis etiam quos videritis expedire de præmissis diligentius veritatem, et solum Deum habentes pro oculis, quæ tam in capite quam in membris inveneritis corrigenda, auctoritate apostolica, appellatione post posita, corrigatis et statum hujus monasterii in melius, auctore Domino, reformetis, ut et sollicitudo vestra appareat commendanda, et idem monasterium regularibus proficiat institutis, præfato abbati districtius inhibentes, ne per laicalem potentiam monachos suos, vel prioratus monasterii, lædere qualibet temeritate præsumat, vel eis per se quominus justitiam monasterii prosequantur, molestias irrogare. Volumus enim firmiter et mandamus ut quæ in eodem monasterio, secundum Deum, corrigenda vel statuenda duxeritis, faciatis auctoritate nostra, sublato contradictionis vel apellationis obstaculo, per censuram ecclesiasticam inviolabiliter observari. Ad hæc volentes indemnitati prædicti magistri B., qui negotiis monasterii accepta licentia a capitulo ad sedem apostolicam noscitur laborasse, sicut convenit, præcaveri, præsentium vobis auctoritate mandamus, quatenus si quid super prioratu suo de Azaio, postquam iter arripuit, inveneritis immutatum, auctoritate nostra, cessante appellatione, in statum debitum reducatis. Si vero vobis de illicita juramentorum præstatione constiterit, ea denuntietis auctoritate apostolica non tenere. Testes autem. . . . . . . nullis litteris obstantibus præter assensum partium. . . . . . . Quod si omnes, tu frater episcope, ... Datum Laterani, pridie nonas aprilis.

CCCCV

Lettres de Philippe-Auguste par lesquelles l'abbaye de Saint-Maixent est mise sous la protection royale et déclarée unie pour toujours à la couronne de France (Arch. Nat., Trésor des Chartes, J. 190 b. n° 77, dans un vidimus non daté de Jean de Melun, évêque de Poitiers [1]).

Juin 1204.

CCCCVI

Hommages reçus par Benoit II, abbé de Saint-Maixent (D. FONTENEAU, t. XV, p. 347, d'après le cartul., p. 43).

Vers 1204.

Universis tam presentibus quam futuris notum fieri volumus quod ego Benedictus, abbas sancti Maxentii, habui hæc hominia :

---

1. Ces lettres ont été publiées par M. Guérin dans le *Recueil des documents concernant le Poitou, contenus dans les registres de la chancellerie de France* (Archives historiques du Poitou. t. XI, p. 17), d'après un vidimus de juillet 1306 (Arch. nat., JJ. 38, n° 84, fol. 74 v°), reproduisant aussi les confirmations de saint Louis et de Philippe le Hardi, de mai 1255 et de février 1271 (1272). Ce vidimus avait été reproduit dans de nouvelles lettres de confirmation émanées de Louis le Hutin, de mars 1315, que donne aussi M. Guérin (même ouvrage, p. 108). Il en existe à la bibliothèque de Poitiers un vidimus original du mardi après les octaves de la Purification de la sainte Vierge 1324 (12 février 1325), émané de Guillaume Borgails, clerc, garde du scel royal à Saint-Maixent ; mais cet acte ne contient que les confirmations de saint Louis et de Philippe le Hardi ; celles de Philippe le Bel, de juillet 1306, y sont remplacées par un vidimus de Philippe le Long, de juillet 1317 ; ce dernier a été aussi imprimé par M. Guérin (*Arch. hist. du Poitou*, t. XI, p. 163), d'après le Trésor des Chartes (JJ. 53, n° 280, fol. 118). Enfin, D. Fonteneau, t. XVI, p. 119, donne aussi cette pièce d'après l'original, et p. 121 et 123, d'après deux vidimus, l'un du mardi avant la Saint-André 1306 (29 novembre 1306), qui contient la confirmation de Philippe le Bel du mois de juillet précédent, l'autre du 12 février 1325, et qui est la reproduction de la pièce qui se trouve à la bibliothèque de Poitiers.

P. de Voolun, homo liggius, xx solidos de placito. Testibus : beati Leodegarii et de Niolio abbatibus, Alone de Sancto Oeneo, Willelmo Archembaut preposito tunc temporis monachorum, magistro Costantino de Metulo monacho, Peiroardo.

Hugo Guerreas, homo liggius, xxx solidos de placito. Prenominatis abbatibus et aliis predictis testibus videntibus.

Nicholaus Hiders, homo ligges, xxx solidos de placito. Predictis testibus et assistentibus.

Costantinus Affret, homo ligges, c [1] de placito. Eisdem testibus audientibus.

Wilomor, homo ligges, xl solidos de placito. Videntibus et audientibus predictis testibus.

Peiroart, homo ligges, x libras, ut dicit, de placito. Sepedictis testibus audientibus.

P. Rufus, homo ligges, xxv solidos de placito. Eisdem testibus audientibus.

P. Barba, homo ligges, ii marcas argento de placito. Sub testimonio predictorum testium.

David Archenbaut, homo ligges, v solidos de placito. Sub eorumdem testium testimonio.

P. Leggers, homo ligges. Predictis testibus audientibus.

Gi. Baclet, homo ligges, x libras de placito. Willelmo de Comnaico clerico abbatis, J. Veger, Peiroardo, testibus.

J. Bloeas, homo ligges, placitum en merci. W. Archembaut, magistro Willelmo, J. Veger, Peiroardo, testibus.

Gi. Bochos, homo ligges, v solidos de placito. Eisdem Willelmo Archembaut, magistro Willelmo, J. Veger, Peiroardo, testibus.

---

1. Au-dessus du chiffre c se trouve une croix à branches égales, de même apparence que celle qui se voyait au revers des monnaies du temps. Etait-ce un signe remplaçant le mot *solidus* ? On voit en effet dans un acte suivant (n° CCCCXXII) que le devoir dû par Constantin Affret était de cent sous; cette interprétation est en partie confirmée par ce fait que plus loin on rencontre la même croix accompagnée du mot *solidus*.

W. Daent, homo ligges, L solidos de placito. Testibus predictis, Willelmo Archembaut, magistro Willelmo, J. Veger, Peiroardo.

Pictavinus de Sancto Aredio, homo ligges, aureum nummum de placito. Prenominatis, Willelmo Archenbaut, magistro Willelmo, J. Veger, Peiroardo, testibus.

Wilonus Tornafer, homo ligges, L solidos de placito. W. Archenbaut, magistro Willelmo, J. Veger, Peiroardo, testibus.

Guilon Moreus, homo ligges, c solid. de placito. W. Archenbaut, magistro Willelmo, J. Veger, Peiroardo, testibus.

Willelmo de Insula, homo ligges, unam marcam argenti de placito. Willelmo Archenbaut, magistro Willelmo, J. Veger, Peiroardo, testibus.

Willelmus Nathalis, homo planus.

Tardis, homo ligges, v[1] solidos de placito. Willelmo Archenbaut, magistro Willelmo, J. Veger, Peiroardo, testibus.

P. Pella, homo ligges, L solidos de placito. Willelmo Archenbaut, magistro Willelmo, J. Veger, Peiroardo, testibus.

DE MARCIACO.

Johanna Garela, femina liggia, v solidos de placito. Billaut, homo ligges, v solidos de placito. Giraudus Richers, homo ligges, xx solidos de placito. Petit Vilans, homo ligges, v solidos et duos caseos de placito. Johannes Barbaut, v solidos de placito. Willelmus Clericus, homo ligges, v solidos de placito. Gi. Pictavinus, homo ligges, x solidos de placito. W. Rufus, miles, homo ligges, marcam unam argenti censualiter singulis annis reddendam de placito. Gi. des Mareus, homo ligges, v solidos de placito. Teobau-

---

1. Au-dessus du chiffre c se trouve une croix semblable à celle dont nous avons parlé à la page précédente.

dus Garis de Volé, homo ligges, v solidos de placito. Hii fecerunt hominia sua, assistentibus et videntibus : P. de Sarrazana tunc temporis priore de Marciaco, Willelmo Esperon monacho, P. Turpin monacho, P. Gaita capellano de Werruia, J. de Marchai milite, Raimundo Beraut, Willelmo Maco capellano, J. Pincet, P. Ebrardo, Matheon.

de Veirines.

Gi. Du, homo planus, v solidos Andegav. de placito. P. Dorois, homo ligges, x solidos de placito. R. Barril, homo ligges, xxx solidos de placito. Huguo Sirvenz, homo planus, v solidos de placito. Mangareus, homo ligges, vii libras et unum leporarium de placito [1]. Willelmus Sirvenz, homo ligges, lx solidos de placito. Letardus, homo ligges, xx solidos de placito. W. Bernardus, homo ligges, duas marcas argenti de placito. W. Archenbaut, magistro Willelmo, J. Veger, Peiroardo, testibus.

de Pampro.

Bernart Maupetit, homo ligges, xl solidos de placito. J. Paenas, homo ligges, xxx solidos de placito. Hugo Lasters, homo ligges, xxx solidos de placito. Johannes Garis, homo ligges, xxv solidos de placito. Judex de Pampro, homo ligges, debet palafredum, unciam unam auri, unum leporarium, accipitrem unum de placito. Jocelmus Atenduz, homo ligges, x solidos de placito. P. Vizes, homo ligges, xxx solidos de placito. Testibus : sancti Leodegarii et de Niolio abbatibus, Rorgone capellano, Alone de Sancto Eoneo et pluribus aliis.

de Sauvigné.

Willelmus Letarz, homo ligges, c solidos de placito.

---

1. Au-dessus du mot *placito* se trouve une croix semblable à celle dont nous avons parlé plus haut.

Costantinus Bofart, homo ligges. Stephanus de Faia, homo ligges. Willelmus Bofart, homo ligges. P. Seebrant, homo ligges. W. Roset, homo ligges. R. Amiret, homo ligges, c[1] solidos de placito. Gi. Fulcherius, homo ligges, xxv solidos de placito. Gaufridus Vender, tunc temporis preposito monachorum, magistro W. de Compniaco, P. Coqus monacho, Matheon, Raimundus sacerdote, testibus.

DE AZAICO.

Johannes Morins, homo ligges, c solidos de placito. Willelmus Letart, homo ligges, c solidos de placito. P. Archenbaut, homo ligges, lx solidos de placito.

DE METULO.

W. Sirvenz, homo ligges, lx solidos de placito.

DE ULMIS.

Willelmus Abris, homo ligges, dimidiam marcam argenti de placito.

DE VERRUA.

R. de Chanpeus, homo ligges, v solidos de placito. Segnoris de Chanpeus, homo ligges.

Chalo de Rupeforti fuit homo ligges Benedicti abbatis sancti Maxentii contra omnes homines, preterquam contra dominum Pictavensem et recognovit se habere de eo in feodum quicquid habebat apud Sanctum Maxentium et in honore et insuper medietatem de Viler. Hoc autem factum fuit publice apud Sanctum Maxentium, in capitulo,

---

1. Au-dessus du chiffre c se trouve une croix, semblable à celle des pages précédentes.

sub testimonio magistri P. Pictavin.[1], cancellarii Parisiensis, Willelmi de Rocha archidiaconi Pictavensis, J. de Bia archipresbiteri de Sancto Maxentio, Hugo Gastinelli, Willelmi de la Peirata, Pioina, P. Topinel, Willelmi Gargolleu, J. Viger.

Hugo li Bruns, dominus Leziniaci, fuit homo Benedicti abbatis sancti Maxentii, et recognovit se habere de ipso in feodum Coec et totum honorem, et lo Boc Posverel, et quicquid habebat circiter burgum beati Maxentii. Hoc actum fuit in capitulo apud Sanctum Maxentium, assistentibus et audientibus : R. de Exodum, fratre suo, comite Augi, Lones Claret, Ai. de Cursai, Proines, P. Topinel, Willelmo Gargolleu, J. Viger.

CCCCVII

Hugues de Surgères, vicomte de Châtellerault, confirme le don que son frère, Guillaume Maingot, seigneur de Surgères, avait fait à l'abbaye de Saint-Maixent des droits de prévôté et de vigerie sur les hommes du prieuré de la Fon-de-Lay (Orig., arch. des Deux-

---

1. Pierre Poitevin ou de Poitiers, chancelier de l'Église de Paris, serait, d'après les auteurs de l'*Histoire littéraire de la France*, t. XVI, p. 489, décédé vers 1205, après avoir enseigné la théologie pendant trente-huit ans. Il devait nécessairement être fort âgé à l'époque de son décès, et il n'y aurait pas trop de hardiesse à supposer que cet événement arriva pendant son voyage en Poitou, qui ne peut avoir eu lieu qu'en 1204 ou en 1205.
En effet Benoît II n'a pas dû succéder à Martin, abbé de Saint-Maixent, avant l'année 1203, date probable de l'envoi de la lettre du pape Innocent III à Maurice de Blazon, évêque de Poitiers. L'usage en Poitou étant que les vassaux vinssent rendre hommage à leur suzerain dans le courant de l'année où celui-ci était entré en possession de son fief, on est amené à placer vers 1204 au plus tôt la reddition des hommages dont cette pièce contient l'énumération. Tout concourt donc à placer vers 1204 ou 1205 la venue de Pierre de Poitiers dans sa province natale. Quant au motif qui l'y aurait amené, nous ne pouvons guère à ce sujet nous livrer qu'à des suppositions ; toutefois, nous devons faire remarquer que dès le mois de juin 1204 l'abbé de Saint-Maixent avait été à Paris rendre hommage au roi de France, qui avait pris son abbaye sous la protection de la couronne ; qu'au mois d'août de la même année le roi de France entra en triomphateur à Poitiers, et que vers 1222 un *Willelmus de Peites*, qui pourrait bien ne pas être étranger au chancelier de l'Église de Paris, rendit hommage à Geoffroy II, abbé de Saint-Maixent, pour la baillie de la prévôté (V. n° CCCCXXI).

Sèvres, H 94. D. Fonteneau, t. XXVII bis, p. 629, donne aussi cette pièce d'après l'original [1]).

29 avril 1208.

Universis Christi fidelibus presentem paginam inspecturis, Hugo de Surgeriis, vicecomes Castri Airaudi, in perpetuum. Temporalis actus scripti memoria firmari postulat ne repente processu temporum evanescat. Ea propter, notum facimus universis presentibus, pariter et futuris, quod cum nobilis vir Willelmus Maengo, dominus de Surgeriis, frater noster, Deo et beato Maxentio et monachis ibidem Deo servientibus caritative contulisset et concessisset quicquid juris et exactionis habebat et habere debebat, tam ratione prepositure quam vigerie, in feodo et prioratu Fontis Loys, in hominibus videlicet, in terris, in vineis, in censu, in procuratione, et in omnibus aliis rebus que in eodem feodo sunt et ad eundem pertinent prioratum, et ut quicumque homines terre ipsius Willelmi, preter primogenitos, in eodem feodo et prioratu voluerint habitare et suas ibi facere mansiones, ibidem edificent et permaneant, et tam hii quam omnes alii undecumque advenerint, de censu, de exercitu, de talliata, de prepositura quoque et vigeria, et de omni exactione et servitio liberi sint et inmunes. Nos donationem ipsius ratam et firmam habentes, ipsam concessimus et postmodum in capitulo sancti Maxentii eandem in presentia multorum curavimus confirmare et sigilli nostri patrocinio communire; assistente Guaufrido de Surgeriis, fratre nostro, milite, et quibusdam aliis militibus. S. Willelmo de Carophio priore conventuali. S. Jordano subpriore. Willelmo Abroci armario. S. magistro Willelmo sacrista. S. Bonaudo cellerario. S. Michaele infirmario. S. Guaufrido Vender priore Vetrinarum. S. P. Coco monacho, et multis aliis. Actum in capitulo sancti Maxentii, tercio kal. maii, anno ab Incarnatione Domini millesimo ducentesimo octavo, regnantibus illustri

---

1. Publiée par Vialart, *Hist. généal. de la Maison de Surgères*, p. 45.

rege Francorum Philippo, serenissimo Anglorum Johanne rege, domino Innocentio summo pontifice.

CCCCVIII

Châlon de Rochefort rend témoignage que Briand Chabot a concédé en fief, à hommage plein, à Ainor, veuve de Pierre Toupineau, la baillie de Paunay et le fief Donia, dont son père Hugues Chabot avait antérieurement gratifié ledit Toupineau, et qu'il lui a donné en outre la baillie d'Asnières (D. Fonteneau, t. XVI, p. 125, d'après l'original).

1209.

Universis in Christo credentibus ad quos presens pagina pervenerit, Chalo de Rupeforti, in perpetuum. Noverit universitas vestra quod Brianz Chabot dedit et concessit Ainorie, quondam uxori P. Topinelli, et heredibus suis balliam de Pasnai, et feodum Domenia, sicut Hu. Chabot, pater suus, ea dederat jam dicto P. Topinello et heredibus suis, videlicet sub placito xxv solidis et hominio plano. Dedit etiam eidem uxori P. Topinelli et heredibus suis balliam d'Asneres, sub placito xv solidis. Hujus rei testes sunt : Guido de Rupeforti precentor beati Pictav[ensis], J. de Bian archipresbiter de Sancto Maxencio, Willelmus Enforcet clericus, Aimeri Jocelmus, J. Chamberleens, Hu. Abriial, P. Gargolleau, Girardus capellanus de Clavé, P. Topineaus, Willelmus de Soget oene (*sic*). Actum est hoc anno ab Incarnatione Domini millesimo ducentesimo viiii, Innocentio summo pontifice, Mauricio episcopo Pictavensi, et ad majorem constanciam presentem paginam sigilli feci munimine roborari.

CCCCIX

Benoît II, abbé de Saint-Maixent, règle les obligations des tanneurs de la ville envers son chambrier et envers l'abbaye, et leur abandonne le moulin d'Enterre pour en faire un moulin à tan (D. Fonteneau, t. XVI, p. 127, d'après le cartul., p. 50).

1240.

Omnibus Christi fidelibus has litteras inspicientibus,

Benedictus humilis abbas et capitulum beati Maxentii, in perpetuum. Noscat universitas vestra quod cum diu inter nos et cambararium nostrum, ex una parte, et omnes tanatores burgi nostri [1], ex alia, controversia habita fuisset super precio minalis tani terendi, et super hoc etiam quod ipsi ad pilas suas et extra villam tanum teri faciebant, vel de foris tritum in villa ista allatum emebant, et super quibusdam aliis articulis, tandem inter nos subsecuta est compositio in hunc modum. Condictum enim fuit in generali capitulo nostro, quod ipsi omni tempore anni dabunt pro minali tani terendo ii solidos tantum, nec amplius ab eis a nostro exigetur cambarario, nisi sibi gratis forte amplius dare vellent. Ipsi vero tanatores extra villam tanum tritum, nec in villa emerent, nec deforis afferent sine licencia ejusdem cambararii, et nisi etiam appareat evidens eorum necessitas, talis videlicet, quod ipsi scorticem non habeant, nec tanum in villa nostra inveniant apud socios suos pro equo et rationabili precio. Scorticem iterum in villa nostra emptum non audebunt extra villam integrum mittere, sed tritum ad molendina cambararii mittere lice-

---

1. D. Fonteneau, à l'occasion de cette expression : *tanatores burgi nostri*, croit devoir faire la remarque qu'à cette date, en 1210, Saint-Maixent n'était encore qu'un bourg ; il avait encore fait cette observation à l'occasion de la charte du 19 décembre 1189, où il est parlé *burgi sancti Maxentii*, tout en s'étonnant que ce bourg eût des portes et fût entouré de murailles ; il remarque encore dans cette charte de 1210 que le bourg de Saint-Maixent est aussi appelé *villa*, ce que l'on ne peut traduire autrement que par le mot ville. Il nous semble qu'il n'y a pas lieu de s'étonner, comme l'a fait le savant bénédictin, de ces apparentes contradictions ; en effet, si l'on examine les textes d'un peu près, on voit que, presque toujours, lorsque l'abbé de Saint-Maixent parle du bourg, il emploie les expressions de notre bourg, le bourg de Saint-Maixent, c'est-à-dire l'agglomération qui dépendait directement de l'abbaye, et qu'habitaient ses bourgeois, les hommes de son fief, tandis que lorsqu'il se sert du mot *villa*, il veut désigner la généralité des habitants de la ville, soit qu'ils demeurassent dans le bourg de l'abbaye, ou dans ceux que possédaient les familles de Rochefort, Éperon ou Loubet, dont l'existence nous est révélée par les chartes, et qui formaient dans l'enceinte de la ville autant de groupes soumis à des seigneurs différents et dont, par suite, les devoirs ou les droits étaient distincts.

bit quocumque voluerint. Item ad pilas suas tanum teri non facient sine rationabili defectu cambararii, quem defectum burgenses intelligentes venient ad abbatem vel priorem claustralem, et ab eis vel altero illorum exposcent cambararium corrigendum. Si vero ad eorum instanciam abbas vel prior defectum, negligenciam sive culpam cambararii corrigere distulerit, si fuerit corrigendus, et ad emendandum quod deliquit camerarium non induxerit, tanatores hanc injuriam passi ad pilas tanum teri facient donec eis foret emendatum. Item si forte aliquis tano indigeat ad coria sua conficienda, adire debet cambararium et petere ut post illum qui jam incoaverit sibi tamen teri faciat, vel saltim ab aliquo interim sibi faciat tanum tritum comodari. Quod si alterum istorum facere camerarius noluerit, deposita super hoc querimonia, apud abbatem vel priorem nisi emendatum ei fuerit, libere liceret ei quod ad pilas suas tanum teri faceret. Si quis autem tanatorum pacti hujus formam in aliquo transgrederetur articulo, si convictus super hoc esset, m[odo] exequeretur quod jus esset et secundum consuetudinem ville nostre super hoc dapnaretur et hoc tractaretur coram abbate vel preposito, qui de gagio illo habebunt duas partes, ille videlicet coram quo causa acta fuerit, et camberarius terciam partem. Pro hujusmodi conventionibus, de generali et communi consilio, transmutavimus molendinum d'Enterre, situm prope ecclesiam sancti Martini, qui erat ad molendinum bladum, ad torendum de cetero tanum, et ad hunc usum concessimus in perpetuum tanatoribus sub pactionibus supradictis. Actum publice apud Sanctum Maxentium, in generali capitulo nostro, anno ab Incarnatione Domini millesimo ducentesimo decimo. Testes interfuerunt: Willelmus de Charos prior, Jordanus subprior, Willelmus Abrocit armarius, Amblardus præpositus, Savaricus cambararius, G. Venderi prior Vetrinarum, R. Guillot prior de Soviniaco, Rorgo de Pampro presbiter, Willelmus Gargoleas; G. Chevalers, Willelmus Chamberlencs, Gau [terius] Faisiprent, P. Luconeas; Bonins Talpet, Margeruns, J. Guntart, Willelmus Guillins, J. de Lanoe, Stephanus Jornaut, et plures alii. Ut autem ista firmiora permaneant, presentem cartam ipsis tanatoribus concessimus in testimonium pactorum supradictorum, sigillorum nostrorum munimine roboratam.

CCCCX

Guillaume de Gourdon rend hommage lige à l'abbé de Saint-Maixent (D. Fonteneau, t. XVI, p. 131, d'après le cartul., p. 47).

1210.

Noverint universi quod anno ab Incarnatione Domini millesimo ducentesimo decimo, Philippo regnante in Francia, J. in Anglia, Mauricio episcopo Pictavensi, Willelmus de Gordom fecit hominium liggium Benedicto abbati sancti Maxentii de feodo suo, quod de illo tenet, sicut idem feodum exigebat. Actum est hoc assistentibus et audientibus : Willelmo de Karrofo priore claustrali, Jordano suppriore, Amblardo preposito, Michaele infirmario, J. castellano monacho, P. de Chavaniaco, P. Joscelmo, J. Thoma, R. Pradello, monachis ; Willelmo Ermenjo, Bernardo de Monz, Oliverio Aranon, militibus.

CCCCXI

Hommage lige rendu à l'abbé de Saint-Maixent par Girbert de Loubillé pour le fief aux Arignons [1] (D. Fonteneau, t. XV, p. 343, d'après le cartul., p. 47).

9 juin, vers 1210.

Ad noticiam volumus pervenire quod Girbertus de

---

1. D. Fonteneau ayant attribué cette charte et la suivante (nos CCCCXI et CCCCXII) à l'abbé Benoit I, les a placées vers l'année

Lobilec fecit hominium liggium domino Benedicto abbati pro feodo de Aregnuns, et prestitit juramentum supra sacrosanctum evangelium quod erga ipsum fidem per omnia servaret, sicut homo ligius tenetur facere. Actum est hoc assistentibus et videntibus : Willelmo de Charros priore claustrali, Jordano subpriore, Willelmo Abroci armario, Gaufredo Vender priore de Vetrinis, Michaele infirmario, Robin Lavander, Benedicto dau Sareil, Constantino Affre, Willelmo Gargolea, Gaufredo Samson, Bernardo nepote abbatis, Willelmo de Pictavi et pluribus aliis, tam parvulis quam adultis.

CCCCXII

Hommage lige rendu à l'abbé de Saint-Maixent par Thibaut Frélon pour le fief de la Frélonière (D. FONTENEAU, t. XV, p. 341, d'après le cartul., p. 47).

9 juin, vers 1210.

Ad noticiam volumus pervenire quod Tebaudus Freluns fecit hominium ligium domno Benedicto abbati ipsa die quod Girbertus dë Lobilec, scilicet Felicis in pineis [1], pro feodo de Freloneres, et prestitit juramentum supra sacrosanctum evangelium, quod erga ipsum fidem per omnia servaret, sicut homo ligius tenetur facere. Actum est hoc audientibus et videntibus : Willelmo de

---

1075 ; mais la présence simultanée du prieur claustral, Guillaume de Charroux, du sous-prieur, Jourdain, et d'autres témoins dans ces actes et dans ceux que nous venons de donner (nos CCCCIX et CCCCX¹, datés de l'année 1210, indique clairement que cet hommage et tous ceux de même nature faits, selon lui, à l'abbé Benoît I, doivent être restitués à l'abbé Benoît II et placés vers l'année 1210, qui est celle où nous possédons les seuls aveux datés rendus à cet abbé, et où l'on rencontre les noms des mêmes dignitaires de l'abbaye, placés dans un ordre qui témoigne que tous ces actes ont dû être rédigés à peu près en même temps.

1. Sic, au lieu de *Feliciani et Primi*, noms de saints martyrs dont la fête tombe le 9 juin.

Charros priore claustrali, Jordano suppriore, Willelmo Abroci armario, Gaufredo Vender priore de Vetrinis, Michaele infirmario, Robin Lavander, Benedicto dau Sareil, Constantino Affre, Willelmo Gargolea, Gaufredo Samsom, Bernardo nepote abbatis, Willelmo de Pictavi et pluribus aliis, tam parvulis quam adultis.

CCCCXIII

Dénombrement rendu à l'abbé de Saint-Maixent par Pierre Maintrole, valet, pour son hébergement [de Salles (D. Fonteneau, t. LXVI, p. 267, d'après le cartul., p. 58).

Vers 1210.

Universis presentes litteras inspecturis, Petrus Moyngtusse [1], valetus, salutem in Domino. Noveritis quod ego habeo a religioso viro domno abbate sancti Maxentii, ad homagium ligium, sine aliquo deverio quod sibi facere tenear, qui dictus domnus abbas tenetur dicto Petro dare duas pelles marciez quocienscumque dictum homagium fieri contigerit, universas res et singulas que sequuntur : videlicet arbergamentum meum de Salis, in quo maneo, cum omnibus pertinentiis suis, sive dicte pertinentie sint, terris, pratis, pascuis, nemoribus, aquis, molendinis, vineis, conplantis vinearum, blado de redditu, redditibus, censibus, costumis, decimis et terragiis, deveriis, undramentis et rebus aliis quibuscumque, quociens et ubicumque sint et quocumque nomine et genere censeantur, et ea que a me tenentur in parochia de Salis, exceptis illis

---

1. Il n'y a pas lieu de douter qu'une faute de lecture a été commise en cet endroit par le copiste du cartulaire ou par celui de D. Fonteneau, et qu'il ne faille lire *Moyngtrole*, nom d'une famille qui a pendant longtemps possédé le fief de Salles. Un Pierre Maintrole comparaît bien dans un acte de 1133, mais ce ne peut être celui de qui émane cet aveu. Nous croyons plutôt qu'il s'agit du personnage du même nom, désigné comme chevalier dans une charte de 1218, et, par suite, que cet acte fait partie de la série d'aveux rendus à Benoît II peu après sa prise de possession de l'abbaye.

rebus, que habeo et teneo a domino de Faya apud Razerolles et . . . . . . Ugo de Podio Brunea, que teneo et habeo ad fidem et homagium a domino de Albiniaco ; item vineas de feodo de Laoza ; item et etiam quicquid habeo in feodo de Aneros in parrochia Sancti. . . . . . ; item quamdam decimam seu decimariam. . . . quam ego habeo in parrochia Sanctæ Eugeniæ ; item molendinum de la Place ; item feodum, quod vocatur feodum d'Oyré, situm in parrochia Pampriani, vel circa ; item et quicquid defunctus Johannes. Gonaudi [1], miles, solebat habere et tenere in villicatione et justitia in villa et parrochia de Pamprolio et rebus aliis quibuscumque.

CCCCXIV

Notice des obligations auxquelles Thibaud Luneau, seigneur de Saint-Martin-l'Ars, était tenu envers l'abbé de Saint-Maixent, à raison de ses fiefs de la Freibertère et de Saint-Martin-l'Ars (D. Fonteneau, t. LXVI, p. 297, d'après le cartul., p. 16).

Vers 1210.

Presentibus et futuris clarum esse volo quod Teobaudus Luneas, dominus Sancti Martini d'Ars, debet esse homo abbati Sancti Maxentii legius, qui tenet ab eo la Freibertere et Sanctum Martinum d'Ars, et habet de feodo suo, quod si raptores rapuerint predam de terra prioris de Marciaco, ipse debet eam insequi, quoad usque in terra sua eam reduxerit. Et si aliquid ibi furatum fuerit et in terra supradicti Teobaudi inventum fuerit, ipse debet eos ubi inventum fuerit in tantum constringere usquedum latrocinium reddatur ; et abbas debet ei dare unum equum, quando erit homo suus.

---

1. Il faut lire *Gorjaudi*. Un J. Gorjaut, chevalier, vraisemblablement le descendant de celui dont il est ici question, devait hommage au comte de Poitou en 1260 (Bardonnet, *Hommages d'Alphonse*, p. 73).

CCCCXV

Guillaume Maingot, seigneur de Surgères, donne à l'abbaye de Saint-Maixent tout ce qu'il possédait à la Fon-de-Lay (D. Fonteneau, t. XXVII *bis*, p. 631, d'après l'original).

1ᵉʳ avril et 29 août 1217.

In nomine sanctæ et individuæ Trinitatis. Ego Willelmus Maengoti, dominus de Surgeriis, omnibus Christi tam presentibus quam futuris presentem paginam inspecturis vel audituris, in perpetuum. Universitati vestre presenti pagina notum fieri volo quod ego, solo divine pietatis intuitu et ob salutem animæ meæ et animarum patris et matris meæ et fratrum et dominorum ac benefactorum meorum, videlicet bone memorie Richardi et Johannis illustrium regum Anglie, et Alienordis genetricis sue, et omnium antecessorum et successorum meorum, dedi et quiptavi in perpetuum, cum voluntate et assensu Willelmi Maingoti primogeniti filii mei, Deo et abbatie beati Maxentii quidquid habebam, tam ex donatione a predictis regibus et regina michi facta, quam ex successione paterne hereditatis in prioratu Fontis Lois, et ejusdem hominibus, et in ejus feodo sive territorio et in omnibus pertinentiis suis, videlicet pro vegeria, censibus, consuetudinibus, exactionibus, procurationibus et aliis quibuslibet modis. Cumque hæc omnia supradicta que percipiebam in dicto prioratu et hominibus et feodo sive territorio ejusdem quocumque modo possiderem, diu ante dedissem jamdicte abbatie sub annuo censu sive consuetudine quatuor librarum monete currentis in Pictavia, tandem easdem quatuor libras eidem abbatie dedi et in perpetuum quiptavi absque aliqua retinentia cum omnibus aliis supradictis. Insuper concessi eis, quod si abbati vel monachis sancti Maxentii gravamen vel violentia fieret ab aliquo in dicto prioratu, feodo et hominibus ejusdem, ego et heredes mei pro posse nostro eis protectionem et guarimentum faceremus. Ad hæc autem devotissime rogo venerabilem episcopum et capitulum Xantonensis ut hæc, tam pie facta et concessa, faciant per censuram ecclesiasticam a successoribus meis firmiter et inviolabiliter observari. Hoc vero concesserunt dictus Willelmus Maengoti miles et Hugo, tunc temporis valetus, filii mei. Porro dictus abbas et conventus in meram helemosinam collegerunt me et uxorem meam et supradictos fratres et filios meos et omne genus meum in perpetuum in omnibus beneficiis et orationibus monasterii sui, et ad presens ad peticionem meam michi facient unum monachum in monasterio suo, quo mortuo in electione et voluntate sua semper successive unum alium monachum qui orabit pro me et omni genere meo et predictis dominis et regina et antecessoribus et successoribus meis. Preterea quamdiu vixero, in singulis septimanis dabunt michi duas missas, videlicet die lune unam pro defunctis prenominatis, et sabbato alteram de beata Maria pro vivis. Insuper a die obitus mei usque ad annum unum completum pro me pascent pauperem unum, et semper die obitus mei anniversarium meum et anniversarium domini Willelmi Maengoti, patris mei, et domine Berthe, matris meæ, et dominæ Bartholomeæ uxoris meæ, et Hugonis de Surgeriis et Gaufridi de Surgeriis, fratrum meorum, quin eciam predictorum regum, et domine regine, matris sue, singulis annis sollempniter celebrabunt. Hoc autem actum est publice primo, in cappella sancti Egidii apud Surgerias, sabbato post Pascha. Hii vero testes interfuerunt : Petrus archidiaconus Alnisiensis, magister Constantinus Naaus, magister Rannulphus penitenciarius, canonici Xantonenses, Bernardus prior Compniaci, Stephanus prior de Brolio, Arnaudus prior Fontis Lois [1], P. Cocus infirmarius,

---

1. D. Le Michel (f° 284) rapporte, d'après une charte de l'abbaye de Saint-Maixent, que l'abbé Benoit et A., prieur de la Fon-de-Lay, passèrent un accord avec le curé de Thairé, du consentement de l'évê-

Audebertus cellarius, Robertus de Voillec, monachi sancti Maxentii, Rogerius monachus, Willelmus Belator sacerdos, Giraudus capellanus de Brolio, P. Tardis notarius meus, Giraldus Levraut preceptor domus sancti Egidii, Aubertus de Chastanei, Thomas Prim, Girardus Flandrensis, Willelmus Isembertus et Willelmus de Rocha, milites, Nicholaus Seguin, Hugo Loac, servientes. Postea vero investivimus ego et prenominatus Willelmus Maengoti, filius meus, sepedictum abbatem de dono et helemosina supradicta, in ecclesia sancti Johannis Angeliacensis, scilicet in festo Decolationis ejusdem, quando ostensum est gentibus gloriosissimum capud illius, anno gratie millesimo ducentesimo septimo decimo, Honorio summo pontifice, Willelmo Pictavense episcopo, Philippo rege Franciæ et Henrico Angliæ, existentibus; videntibus et audientibus istis : Radulpho de Talemundo et Arnaudo sancti Leodegarii abbatibus, Thoma de Senevile cellario, P. de Niolio chamberlenc et Arnaudo preposito sancti Johannis Angeliacensis, Gaufrido priore Vetrinarum, P. Coco infirmario sancti Maxentii, Aimerico Venderii prenominati abbatis de Talemundo et Briccio predicti abbatis sancti Leodegarii cappellanis, Aimerico de Sancto Georgio et Willelmus Rater, militibus, et pluribus aliis. Ut autem donum istud magis firmum et stabile habeatur, et ne inde in posterum questio vel calumpnia aliqua possit suboriri, presentem cartam predicte abbacie dedi sigilli mei munimine roboratam. Similiter dictus Willelmus, filius meus, volens esse particeps predicti beneficii, predictum donum et helemosinam meam volens, concedens et approbans, in signum concessionis et testimonium confirmacionis presenti carte sigillum suum fecit apponi. Testes autem concessionis predicti Hugonis filii mei hii fuerunt : Giraldus Levraut, pre-

---

que et de l'archidiacre de Saintes, dans lequel on régla les droits respectifs du curé et du prieur dans la paroisse.

ceptor sancti Egidii, P. Tardis notarius meus, Aimericus de Salis clericus dicti abbatis sancti Maxentii, Oliverius de Sire miles, Stephanus de Parencaio miles, Nicholaus Seguins pocardus[1], Hugo Loacs venator, et plures alii.

CCCCXVI

Hugues IX le Brun, comte de la Marche, au moment de partir pour la croisade, et Hugues de Lusignan, son fils, donnent à l'abbaye de Saint-Maixent la moitié du moulin de Pouillet avec les hommes qui étaient tenus d'aller y faire moudre, du consentement de Jaudouin, fils ainé d'Aimeri de Curzay, et d'Eschive, veuve de ce dernier (D. FONTENEAU, t. XVI, p. 433, d'après l'original).

27 juin 1218.

Universis Christi fidelibus presentem cartam inspecturis vel audituris, Hugo Bruni, dominus Lezigniaci et comes Marchie, et Hugo de Lezigniaco, filius ejusdem, in perpetuum. Universitati vestre notum fieri volumus quod ego Hugo Bruni, dominus Lezigniaci et comes Marchie, volens in Sancte Terre subsidium proficisci, et ego Hugo de Lezigniaco, filius suus, ob salutem animarum nostrarum et animarum patrum et matrum nostrorum et tocius generis nostri, dedimus et concessimus in puram et perpetuam helemosinam Deo et abbatie sancti Maxentii quidquid in molendino de Pooillet, quod est juxta Pampro situm, habebamus et capiebamus vel capere debebamus, videlicet medietatem tocius dicti molendini, et etiam homines nostros ad molendum ibidem, qui tempore nostro ibidem molere consueverunt vel debebant. Hoc autem concesserunt Geodoinus primogenitus Aimerici de Cursaio militis defuncti, et Eschiva uxor ejusdem Aimerici. Actum publice

---

1. Peut-être, par métathèse, au lieu de *porcadus, porcarius*, porcher. Il nous semble toutefois plus rationnel de faire dériver ce mot de *poca*, pochée, et il désignerait selon nous un collecteur ou fermier d'impôt, prélevant une certaine quantité de grain sur chaque pochée apportée au marché; il ne faut du reste pas oublier que plus haut le même personnage est qualifié de sergent, *sirvens*.

in generali capitulo apud sanctum Maxentium, presentibus : Benedicto tunc temporis abbate, Willelmo de Karrophio priore, Petro Joscelmi subpriore, Gaufrido celerario, Amblardo preposito et Michaele helemosinario ejusdem monasterii, Gaufrido Venderii priore de Vetrinis, Bernardo priore de Azaio, Petro Bonaudi priore de Pampro, Radulfo Guillot priore de Sovigniaco, magistro Costantino priore beati Petri de Metulo et aliis fratribus monasterii supradicti, anno gratie millesimo ducentesimo octavo decimo, quinto kalendas julii, residente domino Honorio summo pontifice, Willelmo venerabili archiepiscopo Burdegalensi, Willelmo episcopo Pictavensi, Philippo regnante in Gallia, Henrico in Anglia. Testes interfuerunt : Reginaldus venerabilis abbas Castellariorum, nobilis vir Calo de Rupeforti, Guido primogenitus ejus, Willelmus de Cursaio, Aimericus Boche, Willelmus de Perata, Petrus Maintrole, Willelmus de Poichenin, Helias Longres, Willelmus Abelins, Gaufridus Hermengos et Aimericus Caquereas, milites ; magister Helias capellanus de Sovingniaco, Radulfus Asces de Sancto Maxentio et Aimericus de Salis, clerici ; Hugo Grossin, Petrus Chales de Pampro et Constantinus de Salis, servientes, et plures alii. Et ut istud donum nostrum tam pie factum magis firmum et stabile in perpetuum habeatur, predicte abbatie dedimus presentem cartulam sigillorum nostrorum munimine roboratam.

CCCCXVII

Porteclie, seigneur de Mauzé et de Marans, partant pour la croisade, donne à l'abbaye de Saint-Maixent quarante sous de rente à prendre sur les cens de Charron (D. FONTENEAU, t. XXVII bis, p. 635, d'après l'original).

1218.

In nomine sanctæ et individuæ Trinitatis. Ego Porteclia, dominus Mausiaci et Marahanti, universis Christi fidelibus presentem cartam inspecturis vel audituris, notum facio quod ego, cruce signatus, volens in Sancte Terre subsidium proficisci, dedi et concessi in puram et perpetuam helemosinam Deo et beatæ Mariæ et conventui sancti Maxentii in censibus meis de Charuns, annuatim in festo Omnium Sanctorum mihi vel successoribus meis reddendis, XL solidos ejusdem monete cujus et predicti census erunt, dicto conventui reddendos, annuatim. De censibus autem istos primos reddendos XL solidos prefatus conventus vel mandatum suum de manu mandati mei vel successorum meorum census illos colligere..... libere et quiete singulis annis percipiet predicto festo et prenominato loco, ubi dicto conventui prefatum redditum assignavi. Hanc vero donacionem feci in capitulo apud Sanctum Maxentium, presentibus : Benedicto tunc temporis abbate, Willelmo de Karrofio priore, et Petro Joscelmi subpriore, et Amblardo monacho preposito, et aliis probis hominibus ejusdem monasterii ; presentibus etiam ex parte mea : Radulpho Hubert milite, Johanne de Castro Airaudi clerico monaco, et magistro Johanne Loia phisico. Prefatus vero conventus ad peticionem meam participationem omnium bonorum que in suo monasterio fiunt et in posterum fient, mihi in capitulo indulserunt, et etiam concesserunt quod a die obitus mei anniversarium meum semper annuatim celebrabunt. Assignationem autem horum XL solidorum feci sepedicto conventui apud Bordet, villam meam, videntibus et audientibus : Gaufrido, filio meo primogenito, qui huic donationi apud Sanctum Maxentium facte interfuit et eam concessit, Willelmo de Sancto Martiali, Willelmo de Sancto Germano et Rollando Dauthaun, militibus, Hugone Idrea, Petro Pichun, clericis, et predicto Johanne, clerico meo, et pluribus aliis. Actum apud Bordet anno gratie millesimo ducentesimo octavo decimo, residente Honorio summo pontifice, Willelmo Burdegalensi archiepiscopo, Pontio episcopo Xantonensi, et Willelmo Pictavensi, Philippo regnante in Gallia, Henrico in Anglia. Ut autem istud donum meum caritative factum magis firmum et stabile in posterum habeatur, prefato conventui dedi presentem cartam sigilli mei munimine roboratam.

CCCCXVIII

Sebrand Chabot, au moment de partir pour la croisade, du consentement de sa femme Agnès et de son fils ainé Thibaut, engage pendant cinq ans et pour la somme de dix mille sous tournois tous ses biens à l'abbé et aux religieux de Saint-Maixent (D. Fonteneau, t. XVI, p. 135, d'après l'original).

1218.

Universis presens scriptum inspecturis vel audituris, Seebrandus Chabot, salutem in Domino. Universitati vestre notum fieri volo quod ego, cruce signatus, volens in Sancte Terre subsidium proficisci, vendidi [1]. . . . . venerabili abbati et conventui sancti Maxentii usque ad quinque annos continuos et completos, pro decem milibus solidorum Turonensium, redditus, tallias consuetas, servitia de equis, accidentia, placita. . . . , honoramenta, proventus, et quelibet servitia sive expleitamenta terre meæ, videlicet domus meæ de Sancto Maxentio et de Aubigné, cum jure et dominio, feodis et omnibus pertinentiis suis et de Mau. . . . . . espin et de Costeres et Rainaudi Vignau cum tenamentis suis, et feoda mea scilicet a domo R. Vignau usque ad Panpro, et feoda Aimerici de Cursaio, militis defuncti, et feoda mea de Capella [Bastoni], de Faia, et feoda mea de Eschiré, et feodum dau Fé et de Jaunai, lo Franc et de Roure, et Curiam de Augé et la Costure et Treslac, et omnia feoda que pertinent ad balliam prepositi de Maunai, et que etiam. . . . . prepositorum de terris

---

1. La charte est déchirée partout où l'on voit des points, et presque en lambeaux (Note de D. F.).

supra. . . . . omnibus vendidi dictis abbati et conventui quidquid in illis capiebam vel capere debebam. Condictum etiam et statutum fuit inter me et ipsos, quod si forte antequam predicti. . . . . annos dicti abbas. . . . . fructus, [exple]tamenta dicte terre, ego vel uxor mea aut legitimus heres meus terram istam vellemus rehabere ad opus nostrum, non ad alterius primo anno completo pro uno . . . . . primo. . . . . et etiam si quis horum quatuor annorum tunc esset inchoatus prius compleretur, et hiis quinque annis completis predicta terra mihi vel heredi meo. . . . . Si vero. . . . . videlicet regis Francie vel regis Anglie vel comitis Pictavie vel suorum certorum mandatorum superveniret que super percipiendi predicte terre. . . . . reddere eis usque ad centum libras Turon[ensium] pro illa anneta, conputatis redditibus habitis ab eisdem ab initio anni illius et persolutis, et etiam si. . . . . predicta terra teneremur facere reddi predictis abbati et conventui vel redderemus, et similiter fieret de sing. . . . . si ita acci[derit]. Si vero. . . . . sane de domo de Aubigné ita fuit prolocutum, quod idem dominus abbas et conventus eam custodient. . . . . vis major superveniret ipsi. . . . . servientes vel milites ibidem necessarii essent cum consilio ballivi mei ad custodiendam alteram terram. . . . . domino abbate et conventu ibidem. . . . . de solutione earumdem. Hanc vero domum et stagna et molendina reddent dominus abbas et conventus. . . . . illo in quo ea acceperunt . . . . . abbati vel conventui violentiam inferret, ego vel heres meus teneremur dampnum eisdem restaurare, nec . . . . . propter expensas factas pro dom. . . . , ut superius dictum est, nec etiam propter servitium de equo, nec propter placitum de mortua manu, vi majore superveniente debita, nec infra predictum terminum reddit, ... meam completis quinque annis predictis vel ante si predicto modo possit terra ipsa recuperari. Tamen dominus abbas et conventus super hiis si contingerent et necesse esset plo..... suos impeterent..... supradictis. De domo autem de Sancto Maxentio ita stabilitum fuit, quod nec de vi majore predicta, nec etiam de igne, quod absit, de villa superveniente, nec etiam de veteribus rimis fiss..... subsequentis, dominus abbas et conventus aliquatenus tenerentur, et etiam si predicta domus per pedem vel per medium vel per capud caderet, similiter non tenerentur. Ad concilium vero Willelmi Naau vel alterius eodem dom ..... dominus abbas et conventus mittent ad costum suum quemdam fidelem hominem et juratum ad domum istam fideliter custodiendam et iste homo vel Willelmus Naaus vel alter deputatus, si quid in domo sita..... emergrie emendandum tempestive illud domino abbati vel capitulo denuntiabit, qui scilicet abbas vel capitulum illud dampnum congrue faciet emendari. Et si abbas et conventus morosi fuerint in emendando, et dampnum propter hoc evenerit, de dampno illius novi tenebuntur. Si vero custodes domus abbati vel conventui tempestive illud dampnum novum eminens non denunciaverint, abbas et conventus super hoc nullatenus tenebuntur. Item de nemoribus meis de predictis terris ita fuit statutum, quod dominus abbas et conventus habebunt infra hunc terminum in nemoribus illis quidquid ego in eis habebam vel habere debebam, preterquam dare et vendere et capere ad proprios usus, que facere potero ego vel mandatum meum. Ad reedificationem vero et calefactionem predictarum domorum et molendinorum necessaria, sumentur a domino abbate et conventu in nemoribus supra dictis, custodiam autem nemorum..... vel heredi meo retinui et in illis mittam meos custodes. Servientes vero mei, qui de mandato meo nemora custodient, habebunt tertiam partem guagiorum et illius quod accipient in nemoribus, abbas vero et conventus habebunt duas partes..... omnia espleitamenta preter hoc quod superius est exeptum; et si dominus abbas vel conventus vel mandatum eorum caperet homines vel etiam ipsos forestarios secantes in nemoribus, totum guagium esset domini abbatis et conventus. Item c. . . . . certificavi dominum abbatem et conventum, pro posse meo, super censibus, consuetudinibus sive costumis, redditibus et proventibus predicte terre et inspectis et inquisitis cartis meis, rescriptum illarum eisdem tradidi habendum et tenendum usque ad terminum prefixum. . . . . ipsi. . . . . domino meo ligio legitime denuntiavi. Item prepositi, ballivi et servientes mei de predictis terris juraverunt domino abbati et conventui, quod bona fide certificent eos super hiis, que de redditibus omnibus predictarum terrarum sciunt vel poterunt scire et quod legiti. . . . . anc erga eosdem infra predictum terminum, sicut erga me se habere debent. Ad hoc condictum fuit quod dominus abbas et conventus infra predictum terminum deputabunt et habebunt servientes vel mandatum suum ad colligendos, videndos et. . . . . et proventus predictorum feodorum et terrarum, salvo tamen jure servientum meorum, quod eos continget. Domina vero Agnes, uxor mea, et Teobaudus, primogenitus et heres meus, concesserunt istud, prout prolocutum est, et quod infra predictum terminum. . . . . impedimentum nec aliquid quererent in predictis terris ultra id quod stabilitum est. Dominus autem abbas et conventus concesserunt mihi se bona fide servaturos tam terram, quam domos predictas, sicut terram propriam. . . . . bona fide et sine dolo prosequuturum concessi in manu Willelmi venerabilis archiepiscopi Burdegalensis, terram domini regis Anglie in Pictavia et Vasconia custodientis, et in manu etiam domini Willelmi episcopi et. . . . . et firmatis defuerit vel in aliquo dictis abbati et conventui super hiis violentia illata fuerit, per censuram ecclesiasticam eos adjuvare tenebuntur. Dominus etiam archiepiscopus et successores sui videlicet. . . . . [A]nglie in Pictavia deputabuntur per potestatem secularem eosdem tenebuntur adjuvare. Preterea dedi predicto abbati et conventui pro eis omnibus tenendis et observandis optimos plegios, videlicet [nobiles Hug-] onem Archiepiscopi dominum Partiniaci et dominum Calonem de Rupeforti, et hii omnes videlicet predicti prelati et plegii utrique parti litteras suas patentes dederunt super hiis omnibus observandis. Eodem..... prelatorum se pacta ista erga me bona fide prosequturos et hii prelati, si quid de pactis hinc inde habitis et firmatis defuerit vel in aliquo michi violentia illata fuerit, per censuram ecclesiasticam me tenebunt..... sui modo premisso me adjuvare tenebuntur. Eodem modo predicti abbas et conventus mihi dederunt plegios supradictos. In festo vero beati Marci evangeliste tradiderunt et numeraverunt abbas et conventus..... videlicet decem milia solidorum Turonensium, et tunc primo misi eos in possessionem predictarum domorum et terrarum a predicto festo usque ad quinque annos continuos et completos vel infra ab eis, prout proloqutum est habendarum et..... bus a me tenendis et observandis, prout condictum est, presentem cartam predictis abbati et conventui dedi sigilli mei munimine roboratam. Actum publice apud Sanctum Maxentium, in capitulo ejusdem monasterii, [anno gratie millesimo ducentesimo] octavo decimo, residente Honorio summo pontifice, Philippo regnante in Gallia, Henrico in Anglia, Willelmo archiepiscopo Burdegalensi et Willelmo episcopo Pictavensi existentibus.

CCCCXIX

Hugues X de Lusignan, comte de la Marche et d'Angoulême, déclare qu'il n'a pas le droit de prendre la défense des hommes de Pamprou contre l'abbé de Saint-Maixent (D. Fonteneau, t. XVI, p. 154, d'après l'original [1]).

1221.

Universis Christi fidelibus præsens scriptum inspecturis

---

1. Au bas du titre étoient trois sceaux. Il n'en reste plus qu'un,

vel audituris, H. de Leziniaco, comes [Marchie] et Engolisme, salutem in Domino perpetuam. Universitati vestre notum facio quod cum ad instantiam hominum de Pampro, ipsos contra abbatem et conventum sancti Maxentii occasione centum solidorum [quos-tant]ummodo et pro guarda in villa de Pampro annuatim per manum prioris ejusdem loci habeo, tueri vellem et defendere; tandem post [multas] altercationes inter me et abbatem et conventum habitas in curia communi, de consensu partium, per judicium diffinitum fuit quod nulla ratione debebam predictos homines contra abbatem predictum vel conventum defendere vel tueri. Et ut hæc supra dicta firma et stabilia perpetuo permaneant, presentem cartulam sigilli mei munimine roboravi, et sigilla de Charros, de Nontolio, et sancti Leodegarii abbatum, qui huic judicio interfuerunt, apponi precepi ad robur et munimen. Actum anno gracie millesimo ducentesimo vigesimo primo.

CCCCXX

Hugues X le Brun, comte de la Marche et d'Angoulême, rend hommage à l'abbé de Saint-Maixent pour Couhé, le Bois-Pouvreau et ce qu'il possédait à Saint-Maixent (D. Fonteneau, t. XVI, p. 153, d'après le cartul., p. 57).

1222.

Ne processu temporis facta nostra obscuret oblivio, presenti pagine commendamus quod Hugo Bruni, comes Marchiæ et Engolismæ, fecit homagium seu ominium nobis G., abbati tunc temporis beati Adjutoris Maxentii, eodem modo quo parentes sui predecessoribus nostris

---

qui est presque tout rompu. On ne croit pas qu'il y eût de contrescel. Il paroit avoir été de cire verte, et représente un oiseau dont les ailes sont déployées. Ce sceau est celui du milieu et est attaché à un cordon de soye rouge et verte à double queue (Note de D. F.).

facere consueverant, recognoscens se habere a nobis et ecclesia sancti Maxentii in feudum, Cohec et totum honorem, et lo Bois Posverel, et quicquid habebat vel possidebat circa burgum Sancti Maxentii, seu in confinio. Actum in capitulo, presentibus et audientibus : Chalo de Ruperforti, Hugo Venderii, Willelmo de Sancto Maxentio, Hugo Claret, Willelmo Ermenjou, militibus, et Willelmo de Peiters, et magistro Aymerico notario nostro, et Johanne Rosselli coquo, et A. Peroart, ceterisque quamplurimis, quorum nobis nomina longum est per singula enarrare. Istud vero noluimus pretermitti quod dictus comes unam marcham argenti reddidit pro mantello suo, qui debet esse chamberlario nostro, nam sic quicquid sit chamberlarius abbatis Sancti Maxentii, a parentibus dicti Hugonis comitis facientibus ominium mantellum percipere consuevit. Anno gratiæ millesimo ducentesimo vigesimo secundo.

CCCCXXI

Hommages reçus par Geoffroy II, abbé de Saint-Maixent (D. FONTENEAU, t. XV, p. 577).

Vers 1222 [1].

Notum sit omnibus presens scriptum inspecturis quod Willelmus de Peites fecit hominium ligium domno G. abbati Sancti Maxentii de ballia prepositure et placitum xxx solid.; videntibus et audientibus : Gaufrido Magort tunc temporis priore claustrali, Amblardo preposito, P.

---

1. D. Fonteneau, qui n'indique pas la provenance de cette pièce, l'a datée de l'an 1113 environ; elle doit être rapprochée d'un siècle au moins : les mentions de Pierre, abbé de Nieuil-sur-l'Autize en 1217, de Jean de Biaz, archiprêtre de Saint-Maixent en 1209 et en 1222, d'Amblard, prévôt de l'abbaye en 1210 et en 1218, la reportent au XIIIe siècle et justifient que l'abbé de Saint-Maixent qui reçut ces hommages ne peut être autre que Geoffroy II, qui fut à la tête de l'abbaye de 1220 à 1234.

Bonaudi priore de Pampro, J. archipresbitero Sancti Maxentii, Audeberto monaco, magistro Willelmo priore de Danvir, Willelmo Abelin milite, R. Asce clerico, J. Veger et pluribus aliis.

Hugo Pianines fuit homo ligius cum placito c solid., Willelmo Madorre fidejussore; testibus premissis.

Constantinus Affret, homo ligius, et recognovit se debere c solidos et i denarium de placito, sed domnus abbas ab eo amplius exigebat; testibus supradictis.

Willelmus Dros fuit homo ligius.

J. Guarins, homo ligius.

Simon Boffart, homo ligius.

Stephanus de Faia, homo ligius.

Willelmus Boffart, homo ligius.

Willelmus Rosset, homo ligius

J. de Regnec, homo ligius.

Helias Megeas, homo ligius, cum placito v solid.; testibus premissis.

P. Bobins, homo planus, xxx solidos de placito; testibus prenominatis.

Calo Legers, homo ligius, et reddet placitum de quodam augmento eidem facto si possit perpendi quod inde debeat reddere; testibus supra scriptis.

J. filius Willelmi Barbe, homo ligius, ii marchas argenti de placito; testibus : P. abbate Niolense, R. Asce clerico, G. priore claustrali, Amblardo preposito monacho, P. Coco infirmario, Calone Vender et Hugone Vender, militibus.

J. Morins de la Broca, homo ligius, c solidos de placito; testibus supratactis.

Willelmus Braconers, homo planus, x solidos de placito; testibus præauditis.

Lucas Nivernensis, homo planus; testibus predictis.

Rosellus Cocus, homo ligius, xxv solidos de placito de pedagio porte Crucis. . . . . . testibus : predicto G. priore claustrali, Amb. preposito, Michaele helemosinario, P.

Coco infirmario, Hugone Vender, Willelmo Bernardi et B. filio suo.

Willelmus Bernardi, homo ligius de Sarcille, ɪ marcham de placito ; testibus pretactis.

CCCCXXII

Hommages reçus par Geoffroy II, abbé de Saint-Maixent (D. Fonteneau, t. XVI, p. 243, d'après le cartul., p. 52).

Vers 1222.

Hæc sunt hominia domni Gaufridi successoris venerabilis abbatis Bernardi [1].

P. Archenbaut, homo ligius, c solidos de placito ; testibus : R. Asce clerico, et Willelmo fratre ejus, Willelmo de Sancto Maxentio, et Willelmo Hermenjo, militibus.

Maria filia Willelmi Letart, c solidos de placito, et faciet hominium quando erit adulta, videlicet de molendino de Ricos.

Giraudus, nepos S. prioris de Azaio, homo ligius ; LX solidos de placito, videlicet de ballia Reortea ; testibus : R. Asce clerico, Hugone Venderii, Hugone Mimaut.

B. Bernardi, homo ligius de ballia molendini Baptistau, ɪ marcham de placito ; testibus eisdem.

P. Pianines, homo ligius, c solidos de placito ; testibus : predicto archipresbitero, R. Asce, magistro G. Chevaler, Willelmo de Pictavi.

De ballia Willelmi Tornefer, Andreas Paschaut, homo planus, c solidos Turonensium de placito ; Hugone Babinot et Willelmo Chamberlenc, testibus.

Giraudus Foschers, homo ligius, xxv solidos de placito ;

---

1. Il faut lire *Benedicti* au lieu de *Bernardi*, qui ne peut être que l'interprétation fautive donnée par un copiste à la lettre B. que l'acte original devait porter.

testibus : P. Guillot de Moneta, et Hugone Vender, et Hugone Mimaut.

Tebaudus Natalis, homo planus, xxv solidos de placito ; testibus: P. Guarte, R. Asce, magistro Willelmo de Baissé, Daguino.

P. Patris, homo ligius, c solidos recognitos de placito, sed domnus abbas ab eo amplius exigebat; testibus premissis.

Nobilis vir Calo de Ruperforti fecit hominium ligium domno abbati in capitulo, et recognovit se esse hominem ligium domni abbatis, et quod debebat se habere erga dominum abbatem sicuti erga dominum suum ligium, et esse ubique cum eo, preterquam contra dominos Pictavenses, et recognovit se habere in feodum de eo quod tenet de beato Maxentio, sicut pater suus tenuerat, et hoc manu propria juramento firmavit; testibus : predicto archipresbitero, R. Asce, magistro G. Chevaler, magistro Willelmo de Nontolio, P. de Praailles, sacerdotibus ; Hugone de Ruperforti, P. de Ruperforti, P. de Tresseove, militibus.

Dominus Arveus Raters fecit hominium ligium et juramento firmavit ; testibus premissis.

Item nobilis vir Willelmus Archiepiscopi, dominus Partiniaci, fecit hominium ligium domno abbati in capitulo, et recognovit se debere illud ligium facere, et manu propria supra sacrosanctum evangelium juramento firmare, et firmavit. Dominus autem abbas recognovit se tunc debere ei quendam palefredum, vel x libras monete currentis; presentibus et audientibus : R., sanctæ Crucis de Talemundo, A., sancti Leodegarii, P., de Niolio, G., de Absia et de Castellariis, abbatibus, J. archipresbitero sancti Maxentii, P. Arberti decano Asianensi, R. Asce clerico, nobili viro Calone de Ruperforti, Arveo Rater, Willelmo de Perata, Willelmo de Fenios, J. Borgle, P. Vilan, Odone de Dohé, militibus, et aliis pluribus tam clericis quam laicis.

Girbertus Baclet, homo ligius, x libras de placito ; testibus: magistro Willelmo, de Danvirio, R. Guillot, de Sovigniaco, J. Samarrant, de Iserniaco, prioribus, B. de Azaio sacrista, Constantino de Salis, Stephanus de Faia, A. Blaclet, servientibus.

Nicolaus Iderz, homo ligius, xxx solidos de placito ; testibus.

Ademarus Luciuns, homo ligius, xx solidos de placito super feodo de Forz ; testibus : J. Veger, Willelmo de Pictavi, Constantino Guazello.

Teobaudus Fresluns fecit hominium ligium predicto abbati super feodo de Freloneres, et manu propria supra sacrosanctum evangelium firmavit, et hoc factum fuit in capitulo, presentibus : R. Asce clerico et A. de Salis clerico predicti abbati, J. Rater, Dionisio Valetis, Willelmo de Pictavi, Nicolao. . . . . , predicto G. priore claustrali, Audeberto [1] preposito monacho, R. sacrista.

. . . homo ligius, L solidos de placito ; testibus : J. archipresbitero. . . , R. Asce clerico, J. Veger.

Willelmus de Gordun, miles, fecit homagium ligium domno G. abbati sancti Maxentii de feodo quod de illo tenet secundum quod ipsum feodum exigebat.

De Pampro : Willelmus Bernardi, homo ligius, XL solidos de placito ; testibus : predicto priore claustrali, et Amblardo preposito, P. Bonaudi priore de Pampro, P. Maupetit sacerdote, E. Vegerau et J. Vegerau filio suo, P. Chale ;

Joscelmus Atendus, homo ligius, x solidos de placito ; testibus premissis ;

Constantinus Vegeraus, homo ligius, xx solidos de placito ; testibus eisdem ;

P. Chale, homo ligius, cum placito solito, quod satis alibi est scriptum ; testibus : P. Arberti tunc temporis decano Asianensi, P. Guarte, Girardo Mainnard, R. Asce, predicto priore claustrali et priore predicto de Pampro ;

---

1. Erreur qui a pour cause la fausse interprétation de la lettre A ; il faut lire *Amblardo*.

Coscheis, homo, xxx solidos de placito ;

Stephanus Faidis, homo, xxx solidos de placito ;

Willelmus de Brolio, solidos de placito xxx sese ad invicem facto, et testibus.

Hæc sunt de ligancia quam Hugo Chaycepor, miles, habet de domno abbate sancti Maxentii, de quibus est homo liggius suus, videlicet quendam burgum apud Sanctum Maxencium, et terras et vineas et prata et homagia in dicta villa et circa, scilicet Aimerici de la Berlere, militis, et homagium Gaufridi de la Berlere, et homagium Willelmi Radulphi de la Funtenelere, que sunt super quibusdam rebus existentibus apud Airip, et etiam medietatem feodi Rater.

P. Camdes de Bonoil, homo plenus, v solidos de placito ; P. Coco infirmario, et A. de Salis, et Botaudo, et Willelmo Marco, testibus.

Willelmus de Pinu sacerdos, homo planus, v solidos de placito ; testibus predictis, et Giraudo dau Luc.

Aimericus Petiteas, homo planus, v solidos de placito ; testibus premissis.

Willelmus Doreis, homo ligius, x solidos de placito ; testibus supradictis.

Manguerellus, homo ligius, cum placito solito, quod alibi scriptum est ; testibus premissis.

Willelmus Abrios vel de Grois, homo ligius, dimidiam marcham de placito ; testibus : P. abbati Niolensi, R. Asce, magistro G. Chevaler, P. Coco et A. de Salis.

Maxemira vidua fecit hominium ligium cum placito xxv solid. ; testibus premissis, et Coscherio Biun et Reginaudo Biun.

Willelmus Billaut, homo ligius, v solidos de placito ; testibus: P. abbate Niolensi, R. Asce, magistro G. Chevaler, R. Chausea vel Guarelli.

Bartholomeus filius Willelmi Clerici, homo ligius, v solidos de placito ; testibus premissis.

Giraudus Sauseas, homo ligius, i marcham de dono de

ballia bladi et vini prioratus de Marcaio custodiendorum in vita sua ; testibus predictis.

Andreas Olivers, homo ligius, v solidos de placito.

J. Baudriz, homo ligius, v solidos de placito, et duos caseos ; testibus eisdem.

Simon, filius Willelmi Rufi, homo ligius, unam marcham de placito annuatim censualiter ab eodem et priore Marcaii reddendam, ita quod utrique reddet medietatem ejusdem marche ; testibus supradictis.

T. Vossardi, miles, fecit hominium planum et recognovit se debere placitum de mortua manu, et non de morte abbatis, videlicet quoddam scutum album vel xv solidos ; testibus premissis, et Raemundo et Gaufrido et T. Vossardi, filiis suis.

J. Barbaut, homo ligius, v solidos de placito ; testibus predictis, et T. Vossardi et filiis suis.

Martinus Baudetroteas, homo ligius, xx solidos de placito ; testibus predictis, et Giraudo Racher.

Martinus Sarrazinus, homo planus, v solidos de dono et in solidos censuales annuatim, testibus : P. Bercho, G. Didot, et Simone Bercho preposito, et R. Asce, et magistro G. Chevaler.

Simon Bercho, homo ligius, l solidos de dono ; testibus predictis.

P. de Marcaio, homo, xv solidos de placito ; testibus G. Saurea, et R. Sausea, et L. Guarrelli.

Cum inter domnum G. abbatem, ex una parte, et P. Audoin valetum, ex altera, questio verteretur, super hoc scilicet quod domnus abbas eodem P. placitum suum querebat ; valetus vero eidem contradicebat, proponens quod non debebat facere placitum, nisi semel in tota vita sua, quodque semel fecerat videlicet tempore domni Benedicti abbatis, nolebat nec debebat illud, prout dicebat, amplius facere ; domno abbate e contrario dicente, quod idem valetus debebat cuilibet abbati sancti Maxentii placitum facere. Tandem idem valetus, adhibito proborum virorum consilio, abbate absque sui ipsius ascotumacione et juris sive dominii abbatis diminutione, super predicto placito composuit et pacificavit, quandam summam pecuniæ eidem abbati exhibendo tali modo, scilicet, quod idem domnus abbas in vita sua eum super eodem placito non vexabit; tamen predictus valetus fecit hominium ligium domno abbati, testibus illis qui ad placitum Girberti Baclet interfuerunt.

CCCCXXIII

Diplôme de Louis VIII confirmant à l'abbaye de Saint-Maixent les droits, possessions et privilèges qu'elle avait du temps des rois d'Angleterre [1] (Arch. Nat., JJ. 53, n° 278, fol. 117 v°).

1224.

CCCCXXIV

Sentence de Thomas de Burle, sénéchal de Poitou, condamnant les habitants de Pamprou à payer à l'abbaye de Saint-Maixent une taille annuelle de vingt livres, pour les biens qu'ils possédaient dans la mouvance de l'abbaye (D. Fonteneau, t. XVI, p. 255, d'après l'original [2]).

6 février 1225.

Universis Christi fidelibus presentem cartulam inspecturis vel audituris, Gaufredus de Burli, senescallus Pictavie, salutem in Domino perpetuam. Universitati vestre notum

---

1. Imprimé par M. Guérin (*Arch. Hist. du Poitou*, t. XI. p. 163), d'après un vidimus de Philippe le Long, de juillet 1317, reproduisant aussi les confirmations de cet acte par saint Louis en 1230 et par Philippe le Hardi en 1271-1272, au mois de février.

2. Dans le même trésor est un vidimus de cette charte, du lundi *post festum Omnium Sanctorum* 1259 (3 novembre), fait à la requête des abbé et religieux de Saint-Maixent, *per Guidonem Caprosiæ militem, Theobaldum de Noviz senescallum domini comitis Pictavensis in Pictavia, et Laurentium humilem archipresbyterum Sancti Maxentii*. Ces trois hommes avoient apposé leurs sceaux, dont il ne reste plus que les cordons ; deux sont de soye rouge et le troisième de fil bleu à double queue (Note de D. F.).

facimus quod cum inter Gaufredum abbatem et conventum sancti Maxentii, ex una parte, et homines suos de Pampro, ex altera, super possessione tallie, quam idem abbas et conventus ab eisdem hominibus petebant, questio verteretur, dictis hominibus eamdem possessionem negantibus ; tandem, de proborum virorum consilio, in nostra presentia conventum fuit inter partes, quod Andreas archidiaconus Briocen[sis], P. Asces et P. Moreas, jurati, inquirerent bona fide si abbacia sancti Maxentii habuerit tempore Richardi comitis vel regis talliam de hominibus de Panpro. . . . . . , haberet in perpetuum, talliam viginti librarum annuatim de hominibus de Panpro sine contradictione ; et cum per inquisitionem ab eisdem juratis legitime factam et omnibus rite peractis, nobis et eis et omnibus astantibus constiterit evidenter abbatiam sancti Maxentii habuisse possessionem tallie de hominibus de Panpro tempore Ricardi comitis et regis, ad ultimum nos imperitie predictorum hominum conpatientes, et finem liti imponere volentes, de consensu partium pacificavimus inter ipsos in hunc modum : videlicet quod homines de Panpro reddent singulis annis in perpetuum in festo beati Michaelis, super se ipsos et super omnia arbergamenta et tenamenta sua de feodo sancti Maxentii moventia, talliam viginti librarum abbati sancti Maxentii, ita scilicet quod si in predicto festo dicte viginti libre nondum integre redderentur, quidquid esset persolvendum ipsi abbati duplicatum redderetur, et de hiis abbas se vendicaret super homines de Panpro et res eorum, ubi melius et facilius se posset vindicare ; illi vero qui in mora et defectu reddendi fuerint, dampnum quod alii homines inde consequti fuerint, eisdem tenebuntur resarcire. Si vero homines qui reddiderint, non potuerint se vindicare de hiis qui non reddiderint talliam termino predicto et dupplum , dominus abbas ad peticionem ipsorum tradet eis unum ex servientibus suis, qui tradet eis res illorum qui fuerint, ut premissum est, in defectu, tenendas sine deteriacione donec tallia quam debebant cum dupplo fuerit persoluta, et dampnum si quod inde evenerit fuerit resarcitum. Si vero contingeret quod homines predicti præsumerent a pace supra dicta resilire, tenerentur ad penam centum librarum abbati sancti Maxentii persolvendam, de eorum voluntate constitutam, et nichilominus pacem suppradictam tenerentur ipsi homines conservare. Nec abbas sive abbacia sancti Maxentii ab hominibus de Panpro aliquid amplius nomine tallie poterit exigere, sive villa suppradicta augmentetur, sive minoretur, salvo tamen in omnibus jure et dominio abbacie suppradicte. Hæc vero omnia omnes predicti homines juramento prestito se observaturos in perpetuum firmaverunt. Actum apud Sanctum Maxentium anno gratie millesimo ducentesimo vigesimo quarto, in crastinum sanctæ Agathæ virginis et martiris; presentibus : Andrea archidiacono Briocensi, Willelmo abbate Malliacensi, Arnaudo abbate sancti Leodegarii, qui ad preces nostras et ad peticionem partium presenti cartule sigilli nostri caractere insignite sigilla sua duxerunt inserenda in testimonium veritatis, ne inde posset in posterum aliquis controversie scrupulus suboriri.

CCCCXXV

Hugues de Nuaillé, chevalier, en se faisant moine dans l'abbaye de Saint-Maixent, lui donne son bourg sis à Saint-Maixent et ses vignes du fief Ratier et de Saint-Eanne (Orig., arch. des Deux-Sèvres, H 92. D. Fonteneau, t. XVI, p. 159 *bis*, donne aussi cette pièce d'après l'original).

1227.

Universis Christi fidelibus presentem cartulam inspecturis vel audituris, Hugo de Nuaillé, miles, salutem in Domino perpetuam. Universitati vestre notum facio quod ego, ob salutem anime mee et parentum meorum et bone memorie domini Willelmi de Nuaillé, fratris mei, concedo in puram et perpetuam helemosinam Deo et abbatie sancti Maxentii totum burgum meum de Sancto Maxentio[1]..... et in vineis que sunt prope Sanctum Aunarium habebam vel habere debebam, et de. . . . helemosina ista predictam abbatiam investivi et sazivi. Ad ultimum vero, reducens ad memoriam quod de voto et oblatione parentum meorum tenebat ad deserviendum Domino, in. . . . in successione fratris mei defuncti suppradicti dimiseram, militare officium exercendo, divina inspiratione ad memet ipsum rediens, non solum in clericali, verum etiam in monacali habitu volui Domino deservire. Considerancsque et attendens quod fratres predicte abbatie sancti Maxentii religiose et honeste se habebant, illis supplicavi ut me in fratrem et monachum recipere dignarent. Illi vero, meis precibus inclinati, me libentissime receperunt, et sic per Dei gratiam me illis dedi et helemosinam suppradictam. Et ut donum et helemosina ista firma et inconcussa in posterum permaneant, presentem cartulam sigillo meo et sigillo domini A., venerabilis abbatis sancti Leodegarii, feci sigillari in testimonium veritatis. Insuper volo et peto quod dominus Philippus, Pictavensis episcopus, et successores sui, donum et helemosinam istam si necesse fuerit faciant per rigorem ecclesiasticum inviolabiliter observari. Actum anno gratie millesimo ducentesimo vigesimo septimo.

CCCCXXVI

Jean Ratier, en qualité de seigneur suzerain, confirme le don que le chevalier Hugues de Nuaillé avait fait à l'abbaye de Saint-Maixent (D. FONTENEAU, t. XVI, p. 159, d'après l'original).

1227.

Omnibus Christi fidelibus presentes litteras inspecturis

---

1. Les endroits où se trouvent des points sont totalement effacés (Note de D. F.).

vel audituris, Johannes Raterii miles, salutem in auctore salutis. Universitati vestre volo fieri manifestum quod ego et Willelmus et Harveus fratres mei voluimus et gratanter concessimus Deo et abbacie beati Maxentii, tenendum in perpetuum et pacifice possidendum, quicquid Hugo de Nuaillé, miles, pro remedio animæ suæ et parentum suorum, dedit in puram et perpetuam helemosinam Deo et eidem abbacie beati Maxencii, videlicet totum burgum suum de Sancto Maxentio, et quicquid in ipso burgo et in vineis de feodo Raterii et in vineis, que sunt prope Sanctum Aunarium, habebat vel habere debebat; de qua donacione et helemosina idem Hugo predictam abbaciam investivit et sazivit. Ego vero Johannes Raterii, in cujus feodo et eciam garimento supradicta consistunt universa, nolens dictam helemosinam infirmare, set pocius confirmare, ad peticionem dicti Hugonis, cui sine missione aliqua ab ipso Hugone michi vel meis prestanda super premissis omnibus garimentum faciebam, et eciam facere debebam, promisi pro me et pro meis et eciam mea obligavi, quod super eisdem rebus predicte abbacie beati Maxencii erga quemlibet hominem sine missione aliqua michi vel meis ab aliquo facienda in perpetuum faciam garimentum. Ad majorem autem firmitudinem eorum que acta sunt, rogavi dominum Radulphum archipresbiterum de sancto Maxencio et dominum Reginaldum de la Perate militem, ut cum apposicione sigilli mei sigillorum suorum munimine roborarent. Actum anno gratie millesimo ducentesimo vigesimo septimo.

CCCCXXVII

Pierre Chabot, chevalier, et Lucie, sa femme, donnent à l'abbaye de Saint-Maixent ce qu'ils possédaient dans le fief Ravart de Trevin (D. CHAZAL, *Chronicon*, cap. 50).

27 mars 1230.

Universis Christi fidelibus presentes litteras inspecturis, G. humilis archidiaconus Briocensis, et R. de Sancto Maxentio humilis archipresbiter, salutem in eo qui est vera salus. Noverit universitas vestra quod Petrus Chabot, miles, et domina Lucia, uxor sua, coram nobis in capitulo sancti Maxentii constituti, pro salute sua et suorum dederunt Deo et beato Maxentio in puram et perpetuam helemosinam quidquid juris habebant in feodo Ravart de Trevins; præstito etiam juramento, incontinenti concesserunt quod contra hanc helemosinam de cætero non procedent, neque facient ut ab aliquibus procedatur, immo de illa erunt pro posse suo abbatiæ sancti Maxentii garritores, volentes ut a suis hæredibus in perpetuum eadem helemosina similiter gariatur. Et in hujus rei testimonium, nos humiliter rogaverunt ut præsenti cartulæ sigilla nostra apponeremus, quorum peticionem fecimus, cartulam sigillantes. Actum die jovis proxima post Annunciationem dominicam anno Domini M° CC°XXX°.

CCCCXXVIII

Hugues X de Lusignan, comte de la Marche et d'Angoulême, concède aux religieux de Saint-Maixent la faculté de jouir en franche aumône de ce qu'ils avaient dans le fief Doignon à Trevin, qui leur avait été donné par les possesseurs de ce fief (D. CHAZAL, *Chronicon*, cap. 50).

Juin 1230.

Hugo de Lezigniaco, comes Marchie et Engolismæ, omnibus presentes litteras inspecturis, salutem in eo qui est vera salus. Universitati vestræ fieri volumus manifestum, quod Aimericus Theobaldus et Aelis, mater sua, et Eustachia, uxor sua, et Hugo filius ejus, et Willielmus Ravardi, cognatus suus, et eorum partionarii scilicet P. Chabot, P. de Gusconole et W. de Lemps, et eorum uxores et filii et filiæ, quidquid juris habebant vel habere debebant in feodo Ravart et in feodo Domeinæ circa Trevinz, tam in proprietate quam in dominio seu quocumque alio modo, abbatiæ sancti Maxentii in perpetuam helemosinam contulerunt. In hujus vero helemosinæ recognitionem, abbas et conventus dictæ abbatiæ, benegnitatem eorum considerantes, eisdem benefactoribus ducentas libras Turonensium caritative dederunt, ut dicta helemosina eis et eorum hæredibus gratior haberètur. Hanc autem pecuniam eis, nisi dictam fecissent helemosinam, nullatenus contulissent. Præterea abbas et conventus dictæ abbatiæ dictos benefactores in perpetuum beneficium sui cœnobii piissime receperunt. Nos vero, qui dictos feodos de nostris feodis esse dicimus, concessimus bona fide quod eidem abbatiæ dictam helemosinam in perpetuum gariemus sine aliquo servitio quod eadem abbatia nobis vel nostris facere teneatur. Et volumus quod nostri hæredes ad hoc similiter in posterum teneantur. Abbas vero et conventus dicti cœnobii, ad petitionem nostram, nobis benigne concesserunt quod anniversarium patris nostri et matris nostræ et etiam nostrum, et dominæ reginæ uxoris nostræ, facient singulis annis in perpetuum in ipsa abbatia. Et in hujus rei testimonium, ad petitionem omnium qui dictam fecerunt helemosinam, eidem abbatiæ dedimus præsentem cartulam sigilli nostri munimine roboratam. Actum mense junii, anno gratiæ M°CC°XXX° tertio.

CCCCXXIX

Lettres de saint Louis déclarant que l'institution d'un prévôt faite au nom du roi dans la ville de Saint-Maixent par le sénéchal de Poitou, Thibaut de Blazon, ne pourra en rien préjudicier aux prérogatives de l'abbaye [1] (Arch. Nat., JJ. 53, n° 277, fol. 117 [2]).

Juillet 1230.

1. Imprimées par M. Guérin, (*Arch. hist. du Poitou*, t. XI, p. 165), d'après un vidimus de Philippe le Long, de juillet 1317, reproduisant aussi la confirmation de cet acte par Philippe le Hardi, du mois de février 1271-1272.
2. Les lettres de saint Louis reproduisent une lettre de Thibaut de Blazon faisant connaître au roi les motifs qui l'ont guidé pour

CCCCXXX

Jean Ratier, chevalier, donne à Guillaume Ermenjou, valet, une rente de soixante sous et les droits qu'il possédait sur trois hébergements (D. FONTENEAU, t. XVI, p. 161, d'après l'original[1]).

Février 1231 ?

Universis Christi fidelibus presentes litteras inspecturis,

établir un prévôt royal dans la ville de Saint-Maixent. Une autre copie de cette lettre se trouve à la Bibliothèque nationale, résidu Saint-Germain 1029, fol. 183, insérée dans une autre lettre adressée par Jean Guillot, évêque d'Angoulême, à saint Louis et à la reine Blanche de Castille, sa mère, à l'effet d'obtenir le maintien des droits de l'abbaye de Saint-Maixent. En voici le texte :

Excellentissimo domino suo Lodovico, Dei gratia illustrissimo regi Francorum, et reverentissimæ dominæ suæ Blanchiæ, eadem gratia illustrissima regina, J. divina miseratione Engolismensis episcopus humilis, salutem in eo per quem reges regnant. Noverit excellentia vestra nos vidisse et etiam perlegisse litteras fidelis vestri Theobaldi de Blazonio, senescalli Pictavensis defuncti, sigillo suo sigillatas quarum tenor talis erat : . . . .
. . . .
Nos vero qui ibidem a teneris annis nutriti fuimus, istud serenitati vestræ indomino secure testificari possumus, nos nunquam vidisse alium præpositum in dicto vico, nisi præpositum monachum, nec etiam audivisse retroactis temporibus fuisse institutum ; sed præpositus monachus, ratione jurisdictionis domini obtentæ nomine abbatis et conventus, contentiones exortas in sua curia pace vel judicio sopiebat, et hanc libertatem a tempore Richardi, prius comitis Pictavensis et postea regis Angliæ, usque ad nostra tempora dictos religiosos in dicto vico pacifice vidimus obtinere Regalis igitur gratiæ vestræ benignitas et dulcedo dictum religiosum locum a claræ memoriæ predecessoribus vestris illustrissimis regibus Francorum fundamenta obtinentem dignetur, si placeat, libertate pristina confovere.

Le religieux de Saint-Maixent qui, au XVIIe siècle, envoya à l'abbaye de Saint-Germain-des-Prés la copie des lettres de l'évêque d'Angoulême et de saint Louis, conservées dans le monastère, y ajouta entre autres la note suivante: *Licet hodie in urbe S. Maxentii regia, ut vocant, sedes vel curia fuerit stabilita, ut tamen, in vigilia S. Maxentii præpositus monachus, more solenni, primariam sedem occupat in curia regia, assidentibus judice et officiariis monasterii, stipantibus toparchis abbatiæ feudatariis vel eorum hominibus.*

1. Cette pièce faisait partie des archives des religieux de l'abbaye, liasse 23, layette Azay. Au bas pendent deux galons de fil de diverses couleurs, auxquels étoient attachés des sceaux. Il n'en reste plus qu'un assez maltraité (Note de D. F.). Dans le recueil des sceaux qu'il a fait dessiner (t. LXXXII, n° 81), on trouve le croquis du sceau rond, sur cire verte, de l'un des seigneurs de Rochefort, représentant au droit une tour maçonnée, élevée sur un rocher, percée d'une porte et deux fenêtres et surmontée par deux créneaux : de la légende il ne reste

J. Raters, miles, salutem in vero salutari. Noverit universitas vestra quod ego dedi Willelmo Ermenjo, valeto, nepoti meo, et heredibus suis in perpetuum LX solidos Turonensium annui redditus, quos in guarimento P. Grosgren, valeti, super feodo de la Cossée, et super vineis de Charnai, que sunt communes cum Symone Gro[sgren], milite, quos LX solidos dictus P. tenebatur mihi guarire sine missione aliqua et arberguamentum [1]. . . . . prout Arveus Raters, miles, defunctus, possedebat tempore mortis, et omne dominium quod habebam in tribus [arberguamen]tis, videlicet in arberguamento J. Lannet defuncti, et in arberguamento P. Borguail, et in arberguamento S. Rosselli defuncti. A vero Bernardi quiptavit dicto Willelmo et heredibus suis in perpetuum partem arberguamenti de Rateria. . . . . . . ascensaverat a dicto J. Rater post mortem dicti Arvei. Hanc autem donationem concesserunt: Willelmus Raters, miles, et Arveus Rater, valetus, fratres dicti J. Rater, et J. Rater, valetus, filius Mauricii Rater defuncti, et Arveus filius [et] due filie ejusdem J. Rater; Abelina vero domina uxor dicti J. Rater. . . . aliqua alia de causa super dicta donatione aliquam moveret vel moveri faceret de cetero... [Guido] de Ruperforti et dominus Eblo de Ruperforti, milites fratres, de mandato... ... promiserunt se. . . . Willelmo et heredibus suis in perpetuum donationem supradictam et in. . . . . testimonium sigillis. . . . nis de Ruperforti fratrum feci presentes litteras sigillari. Actum mense febroarii, anno Domini millesimo ducentesimo XXX [2].

---

que les deux lettres du commencement SE; au revers, un écu à sept cotices au chef denché de cinq pointes. Ce sceau présente quelques différences avec celui d'un Ebles de Rochefort, appendu au bas d'une charte du 27 novembre 1280, qui porte quatorze cotices et dont le chef n'est denché que de trois pointes (Arch. de la Vienne, Fontaine-le-Comte, sceaux n° 55).

1. Tous les endroits où l'on voit des points sont déchirés (Note de D. F.).

2. Le parchemin étant déchiré, on ne peut pas savoir si après le troisième X il y avait d'autres chiffres (Note de D. F.).

CCCCXXXI

L'abbé de Saint-Maixent, Geoffroy II, fait établir deux bancs de bouchers (D. FONTENEAU, t. XV, p. 607, d'après le cartul., p. 36).

Entre 1222 et 1234.

Goffredus abbas et totum capitulum statuerunt in cellario, in die Pentecosten, duo scanna carnificum, que Johannes Cavellus fecit.

CCCCXXXII

Recherche de quelques terres sises autour du château de Niort et relevant de l'abbaye de Saint-Maixent, faite par l'abbé Geoffroy II. Devoirs imposés par le même abbé à quelques prieurés. Règlements charitables établis par le même (D. FONTENEAU, t. XV, p. 609, d'après le cartul., p. 39).

Entre 1222 et 1234.

Sciant a modo presentes et futuri quod apud Niortum et in circuitu castri habet sanctus Maxencius xi junctos de terra et dimidium et xv denarios de censu et plus. Abbas Goffredus inquisivit, et plus non potuit reperire, et Natalis ejusdem terræ fecit ei hominium suum de illa ballia, et convenit ut inquireret terram : terra de Cruce Subiec, campus Quarterius xii sextradas, terra ad puteum de Palener, terra ad novellas Beliar, terra Guillelmi de Balant.

Domnus abba Goffredus constituit omni anno ad Pascha, de unaquaque obediencia, ad suterales faciendos, unam pellem caprinam reddi, et de terre Engolismensi obedientiis, Vitrac, Cogulet, Florniaco, de unaquaque, v solidos.

Inperavit quinque festivitatibus principalibus, Natali, Pascha, Maxenti, Assumpcioni Sanctæ Mariæ, quinquaginta pauperes pasci pane et vino et carne, et in Pentecosten centum, et hoc de salina, que est ad Emuende, Omnium Sanctorum, quam fecit ; festivitatem sancti Leodegarii ita solempnem facere, sicut festivitatem Omnium Sanctorum ; ad unumquemque defunctum fratrum nostrorum in obitu suo, similiter pascere quinquaginta pauperes in elemosina : elemosinarius dabit panem.

CCCCXXXIII

Geoffroy II, abbé de Saint-Maixent, règle la façon dont doivent être solennisées les fêtes de saint Eutrope, de saint Léger, de saint Gaudent, de saint Macou et de saint Léonard ; il établit que les prieurés doivent payer à l'abbaye un droit de dîme et lui abandonner les vêtements et le lit des défunts dont elle doit célébrer la mémoire ; enfin il fixe à trois le nombre des pauvres qui doivent manger au réfectoire (D. FONTENEAU, t. LXVI, p 349, d'après le cartul., p. 41).

Entre 1222 et 1234.

Domnus abba statuit agere de sanctis Eutropio, Leodegario, Gaudencio, Macuto et Leonardo festivitates, vel XII lectionum, vel III, sicut facimus.

Constituit etiam de omnibus obedienciis decimam dare in elemosinam de ovibus, de agnis, lana, annona, porcis, et de defunctis, quibus egredimur percantare, omnes pannos et lectum extra pallium, si evenerit.

Tres quoque pauperes manducare in refectorio, duos pro diversis adversitatibus, tercium pro annuali defunctorum. Insuper XXX habebit defunctus, vel quantum placebit abbati vel priori.

CCCCXXXIV

Thebaut Agorret abandonne à l'abbaye de Saint-Maixent des pièces de terre et de vignes qu'il tenait d'elle en villenage, à la condition qu'il en jouira pendant sa vie, en toute franchise, à l'exception de la dîme (D. FONTENEAU, t. XV, p. 617, d'après le cartul., p. 41).

Entre 1222 et 1234.

Sciant futuri omnes quod Tetbaudus Agorret habebat

de sancto Maxentio aput Pampro, in villania, duas sextandas.[1] de terra et unum quarterium et dimidium vineæ quod domnus abba Goffredus illi quiptavit in villa illius, excepta decima, tali pacto ut, quamdiu ipse vixerit, tam terram quam vineam libere possideat, et post ejus obitum revertatur ad sanctum.

CCCCXXXV

Hugues X de Lusignan, comte de la Marche et d'Angoulême, rend hommage à l'abbé de Saint-Maixent pour les seigneuries de Couhé et du Bois-Pouvreau, et pour ses domaines de Saint-Maixent (D. FONTENEAU, t. XVI, p. 163, d'après le cartul., p. 48).

26 mars 1235.

Die lunæ post *Isti sunt dies*, anno gratiæ millesimo ducentesimo tricesimo quinto, fuit Hugo de Lezignem, comes Marchiæ et Engolismæ, homo ligius P. abbati sancti Maxentii et recognovit in capitulo nostro se habere ab abbate et abbatia sancti Maxentii Coec et honorem de Coec, Nemus Povereli, et quidquid habet apud Sanctum Maxentium et circa, videntibus et audientibus : Giraudo de Torchu, Hugone Chaisporc, Eblo de Rupeforti, Hugone Chastagner, J. Raterii, Willelmo de Lobillec, Hugone Fromunt, militibus ; Calone de Pampro, J. Pelile, Stephano Faidi, Simone Rorgue clerico dicti comitis, Paschaudo clerico, A. Joscelmi archipresbitero Metulensi, Willelmo Biraude vicario Metulensi, Johanne coco abbatie nostre, Willelmo Durantea cancellario et Johanne fratre suo, P. priore claustrali, A. Mortaudi subpriore, G. Rossea preposito monacho, P. helemosinario, P. Macat, J. Guntart, Simone Feotrer, Aimaro Enjeoger, Hugone Brossart, et pluribus aliis clericis et laicis. Et recognovit etiam se debere

---

1. Sic, pour *sexteradas* (Note de D. F.).

annuatim abbatie sancti unam pellem de cervo ad cooperimentum librorum abbatie sancti Maxentii faciendum. Juravit etiam in capitulo nostro super sacrosanctis evangeliis se servaturum caput et menbrum abbatis et monachorum tam exteriorum quam interiorum, et res et jura et consuetudines abbatie nostre et prioratuum nostrorum ubicumque haberemus.

CCCCXXXVI

Hugues de Mons, chevalier, déclare que Guillaume Chasteigner, chevalier, lui doit faire un hommage plein pour le fief de Pailles (D. Fonteneau, t. XVI, p. 165, d'après l'original).

Mars 1238.

Universis presentes litteras inspecturis, Hugo de Moir [1], miles, salutem in Domino. Noverit universitas vestra quod Guillermus Chatogners, miles, est homo meus de plano homagio de feodo de Pailles, et heredes sui erunt similiter heredibus meis imperpetuum de feodo supradicto, tali modo quod idem Willelmus et heredes sui teneantur reddere michi et heredibus meis duos solidos et dimidium de placito de manu mortua, et duos solidos de serviciis, et ad nulla alia servicia dictus Guillermus et heredes sui michi et heredibus meis tenebuntur; et quia sigillum non habeo autenticum, dedi eidem Willelmo has patentes litteras sigillo viri religiosi abbatis sancti Maxentii sigillatas in testimonium veritatis, in cujus dominio dictum feodum consistit. Actum anno Domini millesimo ducentesimo trigesimo septimo, mense martis.

---

1. D. Fonteneau a lu difficilement ce nom et a écrit *Hugo de Moir* avec un signe abréviatif, qui ne pourrait donner qu'Hugues de Moiré. On ne connaît pas de personnage portant ce nom, tandis qu'au XIIe siècle existait auprès de Saint-Maixent la puissante famille de Mons, qui a donné un évêque au siège de Poitiers et dont un des membres, portant le nom d'Hugues, est cité dans un acte de 1248; nous croyons donc qu'il faut lire *Hugo de Mons* ou *de Montibus*.

CCCCXXXVII

Thibaud Chabot, chevalier, seigneur de Rocheservière, fait don à l'abbaye de Saint-Maixent d'une rente de cent sous sur la taille du bourg Chabot, et d'une autre rente de douze deniers sur des prés sis auprès de Fontenay (Orig., arch. de la Société des Antiquaires de l'Ouest, n° 10. D. Fonteneau, t. XVI, p. 167, donne aussi cette pièce d'après l'original).

18 mai 1239.

Johannes, Dei gratia Pictavensis episcopus, universis presentes litteras inspecturis, salutem in Domino. Noverint universi quod in nostra presentia constitutus nobilis vir Theobaldus Chaboz, miles, dominus de Rocha Cerveria, dedit et concessit in puram elemosinam Deo et monasterio beati Maxencii, pro remedio anime sue et parentum suorum, et pro anniversario suo ibidem post mortem suam faciendo, centum solidos currentis monete annui redditus in tallia sua de burgo Chaboz de Sancto Maxencio, annuatim percipiendos in festo beati Michaelis. Dedit etiam idem nobilis et concessit dicto monasterio duodecim denarios monete currentis quos percipiebat annuatim in insula Sancti Maxencii, que est in pratis juxta Fontiniacum, annuatim percipiendos in festo Pentecostes. Hanc autem donationem concessit idem nobilis se servaturum et se contra eamdem non venturum per se vel per alium in futurum, fide prestita corporali. In cujus rei testimonium presentes litteras sigilli nostri munimine duximus roborandas. Datum die mercurii, in vigilia synodi Pentecostes, anno Domini millesimo ducentesimo trigesimo nono.

CCCCXXXVIII

Guy de Rochefort, chevalier, partant pour la croisade, abandonne à l'abbaye de Saint-Maixent une rente de vingt setiers de blé, moitié froment et moitié seigle, qu'elle lui devait annuellement, à la charge de célébrer un anniversaire pour lui et pour sa famille (D. Fonteneau, t. XVI, p. 169, d'après l'original).

18 juillet 1239.

Universis præsentes litteras inspecturis, G. de Rupeforti, miles, perpetuam in Domino salutem. Universitati vestre volo fieri manifestum quod ego, ob salutem animæ meæ et parentum meorum, voto peregrinacionis et sanctæ crucis caractere insignitus, respectum habens ad multa gravamina, que a me cognovi monasterio sancti Maxencii irrogata, audiens a Domino pro temporalibus eterna recompensari, ipso promittente, qui mentiri non novit : *Date et dabitur vobis ; eadem mensura, qua mensi fueritis, remecietur vobis*, dignum ducens pro terrenis beneficiis celestia promereri, concessi, dedi, legavi et in perpetuum quiptavi pro me et heredibus meis Deo et monasterio sancti Maxencii et fratribus ibidem servientibus vigenti sextaria bladi, videlicet decem frumenti et decem siliginis, que in cellario dicti monasterii annis singulis percipiebam et habebam, abbatem et monachos sancti Maxentii super solutione dicti bladi quiptans et clamans omnino in perpetuum liberos et immunes. Verumtamen dicti abbas et fratres, avi mei, patris mei et matris meæ, uxoris meæ, Hugonis fratris mei, militis, nec non et meum post mortem meam in remedio peccatorum nostrorum anniversaria annuatim in suo monasterio celebrabunt. Hanc autem cessionem, donacionem, legacionem, quiptácionem, sic liberam et illibatam volo perpetuo permanere, ut nemo eam quoquomodo infringere presumat, quam etiam firmam tenere et habere volui, super sancta Dei evangelia corporali prestito juramento, absrenuncians pro me et heredibus meis omni privilegio crucesignatorum, et omni juris auxilio canonici et civilis consuetudini et statuto, et omni rei, que posset obici contra presentes litteras ; quod ne oblivioni tradatur, scripto tradi precepi, et ut firmum maneat, hanc cartam sigilli mei munimine roboravi. Datum die lune proxima ante festum beatæ Mariæ Magdalenæ, anno gratiæ millesimo ducentesimo trigesimo nono.

CCCCXXXIX

Guy de Rochefort renonce au droit de chauffage qu'il prétendait avoir dans la forêt de la Sèvre (D. FONTENEAU, t. XVI, p. 171, d'après l'original).

1239.

Universis presentes litteras inspecturis, Guido de Rupeforti, miles, perpetuam in Domino salutem. Noverit universitas vestra quod cum ego in nemore domini mei abbatis sancti Maxentii, quod Savra dicitur, jure successionis patris mei, avi mei et aliorum predecessorum meorum chaufagium meum, et alios aliquos pro me, nec non et alia jura habere me dicerem, et super hoc inter me ex una parte et prefatum dominum meum abbatem sancti Maxentii et conventum ejusdem loci ex altera questio verteretur ; tamdem cartis ipsius ecclesiæ de predicto nemore confectis, visis et auditis diligenter et plenius intellectis, manifeste cognovi et perfecte intellexi in dicta foresta me vel aliquem alium pro me chaufagium vel jus aliquod non habere, unde omne jus quod ibidem haberem me dicebam vel habebam vel habere poteram vel pro me alii prefatis abbati et conventui sancti Maxentii et ecclesiæ sue quiptavi et concessi, nichil mihi super hoc vel heredibus meis vel cuilibet alii in posterum relinquindo. Hanc autem quiptacionem ratam et firmam habere et contra eamdem per me vel per alium jam venire pepigi et concessi sacramento prestito corporali, renuncians super omnibus prenotatis omni juris auxilio canonici et civilis, consuetudini et statuto, et omni rei, que posset vel poterit obici contra presentes litteras sigillo meo sigillatas. Datum anno gracie millesimo ducentesimo trigesimo nono.

CCCCXL

Isoré d'Aitré et ses fils vendent à Pierre Audouin, abbé de Saint-Maixent, un hébergement, un treuil et trois pièces de vignes sis à la Jarne [1] (Orig. scellé, communiqué par M. Benj. Fillon [2]).

Mars 1244.

Ge, Isorez Daitré, fois assaver à toz ceaus qui ceste presente chartre veiront et oiront que ge, ob l'otrei et ob la volunté de Willelme Ysoré, clerc, et de Johan Isoré, mes filz, et de Aye, femme au dit J. Ysoré, mun fil, la qaus Aye fut fille fahu Isembert Berenger, chevaler, ai vendu à sire Pere, abbé de Seint Maissent, un harbergement et lo troil qui i est et treis peces de vignes que ge aveie en Agerne ; li qaus harbegemenz est en Agerne, joste lo grant chemin par ont l'om vait d'Agerne à seint Johan d'Angele, entre l'arbergement Aimeri Joffrei et l'arbergement Arnaut de Fessac, et dau dites vignes est une pece à la croiz d'Agerne, dont est une partie on fe fahu Savari de Mauleon et l'autre partie on fe Willelme de Fessac, la qaus pece est pres d'Agerne, et duret de lonc des lo grant chemin dessus dit juqua la vigne de l'abbaie de Buzeis qui fut plantée on terres au chapelain d'Agerne, joste la veie par ont l'om vait de la dite croiz vers la Jarrie, eissi cum li fossez que ge i hai fait faire ou en levet et clot vers les autres vignes qui sunt au dessus, et l'autre pece est on fe Girart de Mairencannes joste lo dit chemin, entre la vigne Chafaut et la vigne W. Bretonea, e l'autre pece est la' treille qui est davant lo troil et joste la terre Pere Gaschet ; icestes III peces de vignes

---

1. Au dos on lit d'une écriture du temps : *L'acquest des appartenances de la Jarne en Aulnys.*
2. Le sceau, de forme ovale, en cire verte, mutilé par le bas, est suspendu à un cordonnet de fil rouge et blanc à double queue. Il porte au droit un évêque de face, mitré et crossé, revêtu du pallium et bénissant, avec la légende SIGILLM PETRI E......, et au revers le buste de saint Pierre nimbé et tenant une clé, avec la légende ✝ TV ES PETRVS.

et lo davant dit harbergement ob lo troil qui i est avom
otrée, ge et mi fil et ma bruz dessus nomé, à tenir et à aver
durablement au davant dit abbé et à ses successors et à
lor comandement à faire tote lor volunté por DC libres de
tornes meinz x libres que li davant diz abbes m'en dona
et paia et ge m'en tenc por bien paiez, et ge et les meies
choses quauques part que eles seient somes tenu à garir
au davant dit abbé et à ses successors et à lor comandement contre tote gent, aus us et au costumes de l'enor de
Chastelaillon, lo davant dit harbergement et lo dit troil et
les dites vignes, francs et quittes et delivres de tot home-
nage lige et plain et de toz empaitremenz qui fait i screient
por ochison de mei et dau meins, et d'autres devers, saus
xv sols de cens qui devent estre rendu chascun an por lo
dit harbergement à Aimeri Joffrei et à ses parconers, et sau
lo complant et gardes et recez et garcages qui devent estre
rendu au segnors dau davant dit fez ou à lor comandement dau dites vignes, ceu est assaver : lo quint de la vendenge dau vignes qui sont on fez fahu Savari et Girart
davant diz, et lo quart de la vendenge daus autres vignes
por complant. E avom renuncié ge Ysorez et ge W. et ge
J. si fil davant dit et ge Aye dessus dite à exception de non
nombrée pecune et de menor pris, et à tote force, et à tote
aive de leis et de canon, et à totes noveles institucions, et
à toz privileges, et à totes costumes qui nos poiréent
aiver à venir contre icest fait, e avom juré de nostre plain
gré, sor lo seint evangile, que jamais contre iceste vende
ne contre la tenor de ceste chartre ne vendrom, ne autre
por nos, et que ge Aye, ou dites choses vendues, reins ne
demanderai por oscle [1], ne por mariage, ne por autre chose.

---

[1] D. Le Michel, au sujet de ce mot, a consigné dans ses notes la remarque intéressante qui suit: *Inveni in quasdam cartas ubi assignantur quædam possessiones à maritis suis uxoribus pro dote ipsarum, quam osc lum quasi osculum vocant, et didici à loci habitatoribus et patronis causarum etiam vulgo* osclage *hodie apellari. Hoc*

E por ceu que ceste chose soit plus ferme et plus estable, sire Peres, por la graice Deu adonques evesques de Saintes, saela et conferma à la requeste dau parties iceste presente chartre de sun saea. Ceu fut fait l'an de l'Incarnation Jhesu Crist MCC et XLIII, on meis de marz.

CCCCXLI

Guillaume Grossin et ses enfants vendent à l'abbaye de Saint-Maixent un domaine sis à Périgné, près la Rochelle (D. Fonteneau, t. XXVII bis, p. 637, d'après l'original) 1.

13 avril 1244.

Universis præsentes litteras inspecturis, Petrus Garnerius, major, et scabinii Pictavenses [2], salutem in Domino. Noverint universi quod Willelmus Grossins et filii sui, videlicet Hugo et Willelmus, cives Pictavenses, in presencia nostra constituti, recognoverunt se vendidisse abbati et conventui sancti Maxentii, pro pretio viginti mille solidorum et sexaginta librarum Turonensium, quoddam herbergamentum suum situm apud Payrigné, prope Rupellam, cum omnibus pertinentiis ejusdem herbergamenti, sive in vineis, sive in terris, denariis, redditibus, sive in quibuscumque aliis rebus heedem pertinentie consistant, et omnia quecumque Willelmus pater ipsorum ibidem, racione eorumdem fratrum, possidebat vel explectabat, et

---

est quod latine delibatio pudicitiæ vel virginitatis defloratio dicitur. Assignabat ergo pro parte osculi uxori suæ quidam Constantinus de Munz, anno 1244, quasdam possessiones. In alia carta recentiori eandem phrasam reperi sed non exprompsi quia non habui facultatem, coactus à custodibus cartarum abbatis solis insignioribus titulis vacare (fol. 294).

1. Il existe dans le recueil de D. Fonteneau, t. XXVII bis, p. 639, un double de cet acte, délivré par l'official de Poitiers à la date du 15 avril 1244, avec quelques variantes ou adjonctions que nous donnerons en leur lieu.

2. Au lieu de ces mots, on lit dans la pièce du 15 avril : *officialis curie Pictavensis*.

quicquid juris in eisdem habebant dicti fratres, possidenda et explectanda in perpetuum a dictis abbate et conventu de cetero pacifice et quiete. Promiserunt etiam in presentia nostra dicti fratres et pater eorumdem et uxores dictorum fratrum, juramento ab eis corporaliter prestito et sub obligatione omnium bonorum suorum [1], abbati et conventui memoratis garire, secundum consuetudinem de Chatelaillon. Dictus vero P. Garnerius, tunc major communiæ, et Hylarius Fulcherjus, cives Pictavenses, obligaverunt se et sua dictis abbati et conventui de mandato dicti Willelmi Grossin et filiorum suorum, pro dicta vendicione tenenda et secundum consuetudinem de Chatelaillon observanda. Datum apud Pictavim, die mercurii [2] post Quasimodo, anno Domini millesimo ducentesimo quadragesimo quarto, mense aprilis [3].

---

1. Ce qui suit ne se trouve que dans la pièce du 15 avril : *mobilium et inmobilium, se, contra prædictam vendicionem, ratione minoris etatis, vel non numerate pecunie, vel decepcionis ultra medietatem justi precii, vel aliqua alia racione juris vel facti per se vel per alium de cetero non venturos; renunciantes super hoc omni juri, consuetudini, privilegio et statuto, et omni alii auxilio tam juris canonici quam civilis. Bona vero et Johanna, uxores dictorum fratrum, et etiam dictus Willelmus, pater eorumdem, ejus vendicioni expressum assensum in nostra presentia prebuerunt, quiptantes dictis abbati et conventui, juramento ab eisdem uxoribus et patre similiter corporaliter prestito, quicquid juris in predictis rebus per se vel per alium ratione cobrantie, sive dotis, sive donacionis propter nupcias, sive alia ratione vel obligatione habere poterant vel habebant, renunciantes expresse etiam super premissis cerciorate minoris etatis excepcioni et senatus consulto Velleiano et omni alio auxilio, privilegio, consuetudini et statuto. Dictos vero viginti mille solidos et sexaginta libras recognoverunt dicti fratres et pater eorumdem ab abbate et conventu supradictis habuisse et recepisse plenarie numeratos. Promiserunt etiam universas et singulas res venditas sub obligacione omnium bonorum suorum.*

2. La pièce du 15 avril porte cette mention : *veneris*.

3. Au bas de cette pièce pendait, dit D. Fonteneau, un galon de fil de diverses couleurs auquel était attaché le sceau, en cire verte, presque rompu, de la commune de Poitiers. On voyait encore les jambes de derrière d'un cheval avec la tête du cavalier, et de la légende les lettres COM... Au contrescel on ne distinguait que deux espèces d'arcs ou arceaux. Le sceau qui était au bas de la pièce délivrée par l'official était tout rompu.

CCCCXLII

Vente faite à l'abbé de Saint-Maixent en présence de Jean, évêqu de Poitiers, par Arsende la Moneère, « *per Arsendim la Moneère, relictam Johannis defuncti monetarii de Niorto* », d'une rente de sept livres deux sous et six deniers, assise dans le domaine de l'abbé à Saint-Maixent. Passée à Niort, « *die veneris proxima post festum B. Gregorii* 1245 » (D. Fonteneau, t. XXXVIII, p. 41, extrait de l'original).

16 mars 1246.

CCCCXLIII

Arrêt du Parlement de Paris, rendu sur enquête, déclarant qu'Hugues de Beaussais ne doit pas exercer de droits d'usage dans les défens de la forêt de la Sèvre appartenant à l'abbé de Saint-Maixent (Arch. Nat., Trésor des chartes, reg. XXVII, fol. 362 r° [1]).

2 mai 1247.

CCCCXIV

Constantin de la Bessière, chevalier, vend à l'abbaye de Saint-Maixent, pour le prix de cent soixante-dix livres, le fief dont il avait hérité de sa cousine Thomasse, veuve d'Hugues Chaceporc, chevalier, qui en rendait hommage à l'abbaye (D. Fonteneau, t. XVI, p. 173. Il en donne aussi un extrait, t. XXXVIII, p. 58).

18 octobre 1247.

Johannes, Dei gratia Pictavensis episcopus, universis Christi fidelibus presentes litteras inspecturis, salutem in Domino. Noverit universitas vestra quod Constantinus de Veceria, miles, confessus fuit coram nobis se vendidisse P. abbati sancti Maxencii et ejusdem loci conventui ad perpetuitatem, pro precio octo viginti et decem librarum currentis monete, de qua summa pecunie dictus Constan-

---

[1]. Publié par M. Boutaric, *Actes du Parlement de Paris*, t. I, p. CCCX.

tinus se tenuit integre pro pagato, quicquid habebat vel habere poterat et debebat in feodo quod sibi obvenerat ex ecchectia domine Thomasse, defuncte, quondam uxoris Hugonis Chaceporc, militis, cognate dicti Constantini. De quo feodo erat homo ligius dicti abbatis dictus Constantinus, ut dicebat, habendum, possidendum et explectandum a dictis abbate et cònventu, et eorum successoribus in perpetuum pacifice et quiete ; transferens omne jus et dominium quod habebat vel habere poterat in dictum feodum perpetuo in dictos abbatem et conventum, exceptis rebus, quas dictus Constantinus habebat apud Erip et circa, quas confessus fuit se vendidisse Guillelmo Fayssiprent precio sexaginta tredecim librarum. Et promisit dictus Constantinus, tactis sacrosanctis evangeliis, contra predictam [1]..... Datum in sancto synodo sancti Luce, anno Domini millesimo ducentesimo quadragesimo septimo.

CCCCXLV

Châlon de Rochefort, chevalier, confirme la vente que Guillaume de Rochefort avait faite à l'abbaye de Saint-Maixent, de trois nappes que lui avait données Guy de Rochefort, chevalier, père dudit Châlon, et qui leur étaient dues féodalement chaque année par l'abbé de Saint-Maixent (D. FONTENEAU, t. XVI, p. 175, d'après l'original).

Décembre 1247.

Universis præsentes litteras inspecturis, Chalo de Ruperforti, miles, salutem. Noveritis quod cum dominus meus Guido de Ruperforti, miles, pater meus, dedisset Guillelmo de Ruperforti et heredibus suis imperpetuum tres mapas sive gausape, que ipse habebat in venda P. venerabilis abbatis sancti Maxentii apud Sanctum Maxencium in feodo, a dicto abbate cum aliis feodis suis reddenda annuatim eidem, in Nathale Domini unum, et alterum in Resurectione

---

1. D. Fonteneau a omis les formules qui terminaient cet acte.

Domini, et reliqua in festo beati Maxencii annuatim, et dictus Willelmus illa-gausape sive mapas sibi data a dicto patre meo vendiderit in perpetuum dicto P. venerabili abbati sancti Maxencii ; quam ego dictam donacionem, factam dicto Willelmo a dicto patre meo et dictam vendicionem factam a dicto Willelmo dicto P. venerabili abbati sancti Maxencii, ad perpetuitatem gratam et ratam habeo et illam confirmo, promictens eidem abbati bona fide dictam vendicionem me inviolabiliter observaturum, nec aliqua racione me in aliquo contra venturum ; abrenuncians omni racioni et statuto et auxilio quoad hoc juris canonici et civilis, et in testimonium veritatis perpetue dedi dicto abbati presentes litteras sigillo meo sigillatas. Datum anno Domini millesimo ducentesimo quadragesimo septimo, mense decembris.

CCCCXLVI

Raoul de Mauléon, seigneur de Talmont et de Châtelaillon, confirme les acquisitions qu'avait faites Pierre Audouin, abbé de Saint-Maixent, d'un hébergement à Périgné, de vignes, d'un pressoir et d'une maison, venant d'Isoré, sis dans ses fiefs (D. FONTENEAU, t. XVI, p. 177, d'après l'original).

29 juillet 1248.

Universis præsentes litteras inspecturis, Radulphus de Maloleone, vir nobilis, dominus Thalemondi et Castri Julii, eternam in Domino salutem. Ad noticiam singulorum volumus pervenire quod cum P. venerabilis abbas sancti Maxentii cobrasset, sive atquisivisset in feodis nostris et dominio nostro arbergamentum, quod fuit Guillelmi Grossini, cum pertinenciis, situm juxta Payrigné prope Rupellam [1], et vineas cum torculari et domo, que fuerunt Ysoré, et quedam alia ab aliis, quorum prædictus abbas et con-

---

1. V. cet acte, n° CCCCXLI.

ventus ejusdem loci.......... erant in possessione et in expleto, nos de mera liberalitate nostra, dictas cobrantias et quicquid ab eodem P. in nostris feodis et dominio nostro sive ratione legati vel donationis, vel elemosine, vel quacumque alia causa, et a quocumque huc usque.... cobratum sive acquisitum fuerit, volumus, et eidem abbati et ecclesiæ beati Maxentii in perpetuum confirmamus. Volentes etiam et consentientes quod idem abbas et successores ipsius, nomine dicte abbatie, possint atquirere et cobrare in posterum quo..... tilu poterunt in feodis nostris et dominio nostro usque ad sexaginta et sex quarteria vinearum, confirmantes....... ea, que ab ipsis usque ad predicta sexaginta et sex quarteria in posterum, salvo jure alieno, fuerint acquisita ; confitentes etiam nos contra predictas acquisitiones jam factas et usque ad sexaginta et sex quarteria superius nominata, de cetero faciendas, in aliquo non venire. Et super hiis dedimus dicto abbati et ecclesiæ sue præsentes litteras sigillo nostro sigillatas, in testimonium perpetue veritatis. Datum die mercurii post festum beatæ Mariæ Magdalenæ, anno Domini millesimo ducentesimo quadragesimo octavo.

CCCCXLVII

Girbert de Loubillé, chevalier, au nom et comme tuteur de sa nièce, fille de Guillaume de Loubillé, rend hommage à l'abbé de Saint-Maixent pour Vilaine et ce qu'elle a aux environs (D. Fonteneau, t. XVI, p. 179, d'après le cartul., p. 48).

13 octobre 1248.

Die martis ante festum beati Luce, anno Domini millesimo ducentesimo quadragesimo octavo, fecit Girbertus de Lobillec, miles, homagium ligium P. abbati sancti Maxentii ratione filiæ Willelmi de Lobillec neptis sue, quam habebat in ballio suo, et recognovit in capitulo nostro se habere ab abbate et abbatia Villene et confinium ; videntibus et audientibus : Willelmo Chatagner milite, Ay. Gaifart et ejusdem filiatre, Ay. Arignon, P. Botin, H. de Mons, Willelmo Marcabrium et duobus filiis, Hugone Lorestin et Stephano fratre suo, Willelmo Rosset, Guillelmo Sacherii et filio ejusdem, Stephano Beafo, Andrea et Hugone et P., clericis nostris, Benedicto Bernardi, Symone de Mo[ns], P. Pyoine, Liborello, Ay. Gorrichon, Johanne Caillon, Willelmo Blanchardi, Raimundo clerico, Johanne de Laubarec ; et recognovit se debere de placito dicti feodi, videntibus supradictis, unam unciam auri, quingentos solidos currentis monete, unum austorium, unum palefredum, unum leporarium. Item confessus fuit quod Willelmus de Lobillec, defunctus frater ipsius Girberti, dixerat ei in morte sua tale placitum esse super dicto feodo.

CCCCXLVIII

Lettres d'amortissement d'Alphonse, comte de Poitou, pour les acquisitions faites par l'abbé et le couvent de Saint-Maixent dans ses fiefs et arrière-fiefs, et en particulier pour un hébergement sis à Périgné, près la Rochelle (Orig., scellé, comm. par M. Benj. Fillon [1]. D. Fonteneau donne un extrait de cette pièce, t. XXXVIII, p. 44).

1er septembre 1248.

Alfonsus, filius regis Francie, comes Pictavensis, universis presentes litteras inspecturis, salutem. Notum facimus quod cum abbas et conventus sancti Maxencii herbergamentum quod fuit Guillermi Grossin cum pertinen-

---

1. Le sceau, de forme ovale, en cire jaune, est suspendu à un cordonnet de soie jaune et rouge par double queue. Il porte au droit le comte, à cheval, casqué, habillé d'une cotte de mailles et revêtu d'une robe sans manches ; de la main droite il tient une épée, de la gauche un bouclier sur lequel apparaissent deux châteaux ; le cheval est recouvert d'une housse dont le devant est semé de fleurs de lis et le derrière de châteaux. De la légende on ne lit que ces mots : ALFONS..... FRANCIE..... Au contrescel est un écu, mi-parti France et Castille.

ciis, situm juxta Pairigniacum prope Rupellam, et vineas cum torculari et domo que fuerunt Ysoré, nobis irrequisitis acquisissent, que sine nostro consensu tenere non licebat eisdem, tandem volumus et concessimus ut tam dicti abbas et conventus quam prioratus et obedienciarii eorum teneant et in perpetuum pacifice possideant supradicta et omnia alia que ipsi in feodis vel retrofeodis nostris usque ad hodiernum diem acquisierunt, ita quod ipsi ad vendendum vel extra manum suam ponendum premissa per nos vel per successores nostros non poterunt compelli. Hec autem omnia volumus et laudamus, salvis redivenciis et redditibus qui debentur ratione rerum predictarum et salvo jure alieno. Quod ut ratum et firmum permaneat, presentes litteras sigilli nostri munimine fecimus roborari. Actum apud Sanctum Maxentium, anno Domini millesimo ducentesimo quadragesimo octavo, die martis post Decollationem beati Johannis Baptiste.

CCCCXLIX

Hugues XI de Lusignan, comte de la Marche, rend hommage à l'abbé de Saint-Maixent, pour Couhé, Jazeneuil, le Bois-Pouvreau, Saint-Gelais, Cherveux et autres lieux (Orig., arch. des Deux-Sèvres, H 96).

1248.

Universis presentes litteras inspecturis, Hugo de Lezignem, comes Marchie, vir nobilis, eternam in Domino salutem. Ad noticiam singulorum volumus pervenire quod nos fecimus homagium ligium P., venerabili abbati sancti Maxencii, de Coec, et de omni honore de Coec, et de Jasenol cum omnibus pertinenciis suis, et de Nemore Poverelli cum omnibus pertinenciis suis, et de Charveos cum omnibus pertinenciis suis, et de hoc quod habuimus et habemus in villa Sancti Maxencii, et in confinio, scilicet a tallea que est ultra locum qui appellatur li Peyrons seint Mayssent usque ad villam Sancti Maxencii, videlicet la Liborlere cum omnibus pertinenciis suis, et de omnibus que habemus apud Sanctum Aredium et circa, et de villa Sancti Gelasii cum pertinenciis suis, et de la Vecere, et de Castronovo, et de Toscha de Aygoneis cum pertinenciis eorum, et de Sauvemunt, et de Saint Roman, cum pertinenciis eorumdem que sunt circa Vetrinas ; et hec omnia singula et universa de dicto abbate sancti Maxencii et monasterio suo movent, et de feodo suo sunt, et de dictis feodis dictum homagium ligium eidem fecimus, quod exinde dicto abbati sancti Maxencii et monasterio debebatur, et de hiis debemus annuatim dicto monasterio sancti Maxencii reddere unam pellem cervinam ad emendendum libros monasterii supradicti. Hec dicimus, et testificamus iterum, volentes arripere transmarinum, in quo casu non debemus alia jura nobis usurpare, nec alienum jus celare, aut nobis aliquatenus retinere ; et de hiis dedimus dicto abbati et ejus monasterio presentes litteras sigillo nostro sigillatas in testimonium perpetue veritatis. Datum anno Domini millesimo ducentesimo quadragesimo octavo.

CCCCL

Hugues Sarpentin, de Tonnay-Boutonne, chevalier, du consentement de Flandine, sa femme, et de Thibaut, son fils, vend à l'abbaye de Saint-Maixent une rente sur Saint-Rogatien (D. FONTENEAU, t. XXVII bis, p. 641, d'après l'original).

Juin 1249.

Ge, Hugues Sarpentins de Taunai Voutonne, chevalers, fois assaver à toz ceaus qui ceste presente chartre veiront et oiront, que ge, ob la volunté et ob l'assentement de Flandine, ma femme, et de Tebaut, mon fil, ai vendu et otreé à l'abbé et au convent de mon seignor saint Maixent oict sommes de vendenge de rende sus tote ma partie, que ge ai et prenc enterinement en toz les feuz d'environ Saint Rogacien ; daus quaus davant dites oict sommes de ven-

denge de rende ge ai vestu et saizi le davant dit abbé et le
convent et mis en plenere et corporau possession à ténir et
à prendre, et à aver et à rever durablement, à eaus et à lor
successors, et à lor comandement chascun an, à faire tote
leur volunté delivrement, sanz contenz et sans contredit
que ge ne mi her ne neguns autres poissom faire ne
metre en negune manere por doze libres de pettevins,
que li diz abbes et li convent me donerent et paierent enterinement en deners contez ; les quaus deners ge ogui
et recegui et men tengui et tienc por bien paiez. Et est
assaver que li diz abbes et li covenz et lor successors et lor
comandement se devent paier chascun an per le convenant
que ge lor ai daus dites oict sommes de vendenge de rende
sur ma partie dau conplant daus vignes que li diz abbes et
convenz ont achaté on feu aus quatre chevalers de saint
Regacien, et si d'icelle meie partie ne sere poent perpaiés
chacun an de ceu dont il sereient en arrere daus dites oict
sommes de vendenge, se devent perpaier chascun an
enterinement sur la meie partie dau quauque il se voudront
dauz diz fez ; et est encores assaver que je Hugues Sarpentin dessus nommez et les meies choses sommes tenus à
enteriner et à garir les dites oict sommes de vendange de
rende au dit abbé et au covent et à lor successors et à lor
commandement, contre totes genz, franches et quites et delivres de toz devers et de toz empestremenz durablement.
Encores est assaver que icestes davant dites oict sommes
de vendenge de rende que ge ai vendu, si cum dessus est
dit, sunt iceles meismes oict sommes de vendenge de rende,
que ge donai au dit abbé et au convent en aumosne sus les
diz feuz, si cum ob est contenu en une chartre que ge lor
en donai saielée de mon saiau, et dau saiau sire Johan
Viau, adonques arceprestres de la Rochele, et à plus, per
raison de ceste davant dite vende ne per raison de la davant dite aumosne, il ne m'en poent aler ne rens plus demander for quant viii sommes de vendange de rende

chascun an tant sòlement ; et avom renoncié en iceste davant dite vende, ge Hugues Sarpentin, et ge Flandine, sa femme, et ge Tebaut, son fils, à tote force et à tote aive de leis et de canon, et à toz privileges, et à totes costumes, et à totes noveles institucions, et à tote excepcion de non nombrée pecune, et de menor prez, et à tote excepcion de fait et de dreit escrit et non escrit, et à tot benefice de menor eage, et d'enterine restitucions, et à totes choses qui nos porreient aiver aivenir contre les diz et contre la tenor de ceste chartre, fust en cort d'iglise et en cort laie. Et avom pleinere fiance, per les feiz de nos cors, que nos en contre ne vendrom en negune manere, et en garentie de ceste chose nos en avom doné au dit abbé et au convent ceste presente chartre, la quau sire Johan Viau, qui adonques esteit arceprestres de la Rochele, saiela et conferma à nos requestes de son saiau, et ge Hugues Sarpentin dessus nommez j'apousai le men saiau en maire garentie de verité. Ceu fut fait l'an de l'Incarnation Jhesu Crist mil deux cens et quarante et noef, on meis de juing.

CCCCLI

Gilbert Bordeyl, valet, confirme la vente qu'il avait faite dix ans auparavant à Pierre Audouin, abbé de Saint-Maixent, du terrage et autres redevances du fief de la Goie, qu'il percevait avec Hugues Hayram, chevalier (D. FONTENEAU, t. XVI, p. 229, d'après l'original).

22 juillet 1249. [1]

Universis presentes litteras inspecturis, officialis curie Pictavensis, salutem perpetuam in Domino. Noverint universi quod Gilbertus Bordeyl, valetus, in nostra presentia cons-

---

1. D. Fonteneau a donné à cet acte la date de 1289, qui est manifestement fausse : d'abord parce que l'abbé Pierre, dont il est ici question comme ayant comparu dans un acte dix ans auparavant, avait cessé de vivre au plus tard en 1260, puis parce que le sigle abréviatif, employé pour indiquer la date et que D. Fonteneau reproduit en note, signifie *quadragesimo*.

titutus personaliter, confessus est et recognovit se vendidisse, decem annis jam elapsis, P. venerabili abbati Sancti Maxentii et ejusdem loci conventui, precio viginti librarum sibi, ut confessus est, solutarum, terragium terræ, complantum, conrentium, gallinas, avenam et denarios censuales, omnem aliam costumam, et omne illud jus et dominium, que habebat et habere poterat et debebat in feodo de la Goea, prout ea habebat et percipiebat et habere et percipere consueverat cum Hugone Hayram, milite, tenenda et habenda a dictis abbate et conventu in perpetuum, pacifice et quiete. Promisit etiam dictus Gilbertus garire, deffendere et deliberare premissa versus omnes in perpetuum abbati et conventui supradictis ; renuncians idem valetus exceptioni [1] .... Datum in festo beatæ Mariæ Magdalenæ, anno Domini millesimo ducentesimo quadragesimo nono.

CCCCLII

Aymar, fils d'Hugues X, comte de la Marche et d'Angoulême, rend hommage à l'abbé de Saint-Maixent pour Couhé et ses dépendances (D. FONTENEAU, t. XVI, p. 181, d'après le cartul., p. 48).

28 mars 1249.

Die dominica in Ramis psalmarum, anno ab Incarnatione millesimo ducentesimo quadragesimo nono, fecit Ademarus, filius nobilis viri Hugonis comitis Marchie et Engolisme, homagium ligium de Coec, cum pertinenciis suis, Petro abbati Sancti Maxentii ; videntibus et audientibus : magistro Willelmo Peregrini, magistro Bartholomeo archipresbitero de Xancçayo, magistro Aymerico de Tenazay, magistro Symone, Johanne Helie et filio suo, Benedicto Bernardi, Willelmo Durandelli, Aimerico Burelli, Amancio Neraudo, et multis aliis, et Guidone Poverelli.

---

1. D. Fonteneau a omis les formules qui devaient suivre.

CCCCLIII

Lettres de saint Louis, confirmant celles de Philippe-Auguste [1] en faveur de l'abbaye de Saint-Maixent [2] (Arch. Nat., JJ. 38, n° 84, f° 74 v°).

1255.

CCCCLIV

Jean Péroart, comme mari de Fomum, sœur de Guillaume de l'Ile, chevalier, fait le retrait de la moitié indivise d'une pièce de terre, sise à l'Ile, que ce même Guillaume avait vendue à Thibaud dit Chevalier, et pour laquelle il paiera un denier de cens audit Guillaume de l'Ile; celui-ci donne en outre à sa sœur, en accroissement de dot, les rivages, l'eau et autres choses entourant le champ d'Hermecin, qu'elle avait déjà reçu à ce titre (D. FONTENEAU, t. XVI, p. 183, d'après l'original).

5 septembre 1256.

Universis præsentes litteras inspecturis, Laurencius, humilis archipresbiter Sancti Maxencii, salutem in Domino. Noverit universitas vestra quod cum Guillermus de Insula, filius quondam Guillelmi de Insula, militis, defuncti, vendidisset Theobaldo dicto Chevaler pro indiviso, medietatem cujusdam pecie terræ communis prædicto Guillelmo et Johanni Aragnum, racione Agnetis uxoris suæ, sororis dicti Guillelmi, et etiam quicquid habebat vel habere poterat in dicta pecia terræ, et in talliis et in aliis rebus pertinentibus ad dictam peciam terræ, que terra cum prædictis rebus sita est apud Insulam, prope domum aus Chep Blanz, inter viam que ducit ad molendinum de Insula et campum de Hermecent, qui campus est Johannis Peroart, ratione Fomum, uxoris suæ, sororis prædicti Guillelmi de Insula, pro precio viginti sex librarum integre solutarum prædicto Guillelmo a prædicto Theobaldo, prout idem Guillelmus confessus fuit in jure coram nobis : que terra est in feodo Maengoti

---

1. V. ces lettres plus haut, p. 21.
2. Imprimées par M. Guérin (*Arch. Hist. du Poitou*, t. XI, p. 17).

de Metulo, militis [1]; et Johannes Peroars peteret jure prelacionis medietatem prædicte pecie terræ cum prædictis rebus a prædicto Theobaldo, ratione Fomum uxoris suæ sororis dicti Guillelmi. Tamdem præfato precio dicto Theobaldo a dicto Johanne plenarie persoluto, prout idem Theobaldus confessus fuit in jure coram nobis, dictus Theobaldus quittavit præfato Johanni quicquid juris habebat vel habere poterat in predicta pecia terræ et in prædictis rebus, racione emptionis prædicte; transferens nicholominus in prædictum Johannem omne jus, possessionem et proprietatem, que in prædictis rebus habebat vel habere poterat racione emptionis prædicte. Dictus vero Guillelmus de Insula promisit dictam medietatem prædicte pecie terre cum pertinenciis supradictis defendere et garire dicto Johanni, heredibus, successoribusque suis, ad unum denarium de censu, quem ipse Guillelmus sibi retinuit heredibus, successoribusque suis reddendum annuatim in mense marcii, pro dicto garimento dictæ terræ fideliter faciendo. Conventum fuit etiam inter dictum Johannem et dictum Guillelmum quod idem Guillelmus, vel ejus certum mandatum, debet querere prædictum denarium ad domum dicti Johannis Peroart vel heredum seu successorum suorum. Preterea prefatus Guillelmus dedit dicto Johanni in augmentacione matrimonii sui quicquid habebat vel habere poterat in ribagiis et aqua et aliis rebus quæ sunt circa terram de Hermecent, que terra est prædicti Johannis. Obligavit etiam prefatus Guillelmus pro dicto garimento faciendo prædicto Johanni, heredibus, successoribusque suis specialiter, omnia bona sua ubicumque sint et quocumque nomine censeantur. Et hæc omnia universa et singula, prout superius sunt expressa, promisit dictus Guillelmus fideliter attendere et

---

1. D. Fonteneau, t. XXXVIII, p. 52, donne un extrait de cette vente, qui est datée du 3 juin 1255, « *die jovis post reoctabas Pentecostes* ».

servare et contra ea vel eorum aliqua per se vel per alium de cætero non venire racione minoris etatis, vel racione decepcionis ultra medietatem justi precii, vel non numerate pecunie, vel aliqua alia racione, vel exceptione juris canonici vel civilis, sacramento super hiis omnibus attendendis ab eodem Guillelmo prestito corporali. Nos vero ad instanciam parcium præsentibus litteris sigillum nostrum apposuimus in testimonium veritatis. Datum die martis ante Nativitatem beatæ Mariæ mense septembris, anno Domini millesimo ducentesimo quinquagesimo sexto.

CCCCLV

Etat des acquisitions faites par le prieur de Cogulet et ses prédécesseurs (D. CHAZAL, *Chronicon*, cap. 39, d'après le terrier de l'abbaye de Saint-Maixent dressé en 1260).

Vers 1260.

Hæc sunt conquesta facta per priorem de Cogulet et ejus predecessores nomine prioratus.

Tenet in feodum prioratum suum de Coguleto cum pertinentiis ejusdem, et cum alta et bassa justitia quam habet ratione dicti prioratus apud Coguletum, in feodo nobili ab antiquo : centum anni elapsi sunt et amplius. Hæc donatio quondam facta dicto prioratui a pluribus nobilibus, quam advohat tenere ab illustrissimo rege Franciæ ratione abbatis sui Sancti Maxentii, Pictavensis diœcesis. Sub quod homagio plano, dicto domino regi faciendo, ratione dicti monasterii de Sancto Maxentio, et prioratuum seu membrorum suorum post electionem seu consecrationem ipsius abbatis, excepto tamen quod homagio plano cum tribus solidis de achaptamento in mutationibus dominorum, in quibus homagia et achaptamenta Petrus Beraudi de Marnhaco quondam tenebatur a Ademaro de Campis, valeto; quod, inquam, homagium cum acheptamento, Ademarus de Campis dedit olim in perpetuum, in eleemosinam puram, prioratui de Coguleto et ejus successores nomine dicti prioratus. Item acquisivit quondam villagium vocatum La Sale, quod villagium Gaufridus Præpositi dedit perpetuo dicto prioratui, et valet xiv bucellos bladi et vi solidos et ii gallinas renduales. Item dominus Guillielmus de Chabanessio, miles, defunctus, dedit olim dicto prioratui in puram et perpetuam elemosinam jura redditus et deveria in quibus quidam homo mansionarius tenebatur eidem ; quæ jura et qui redditus æstimati fuerunt tempore donationis ad quindecim solidos. Item quartam partem bordariæ de Lostees, estimata ad valorem xvi solidorum rendualium. Item Gauffridus et Stephanus de Sancto Vincentio dederunt dicto prioratui quartam partem bordariæ prædictæ et iii solidos renduales. Item Guillielmus de la Peyrelle et ejus uxor dederunt dicto prioratui xv solidos renduales. Item Helias de Villabovis dedit dicto prioratui xii denarios renduales. Item acquisivit tria journalia prati, quod Petrus de Campis dedit dicto prioratui. Item Ademarus de Campis dedit ix denarios renduales. Item Aymericus Præpositi dedit partem quam habebat in manso Bernardi, estimata ad xv solidos renduales. Item Petrus Rossata et Juliana ejus uxor dederunt unum sextarium frumenti renduale. Item Gaufridus de Bure dedit quamdam bordariam appellatam bordariam Joffram, estimatam xv bucellos siliginis et xv bucellos avenæ renduales.

CCCCLVI

Mathieu Trios, sa femme et son beau-père vendent à Aymeri de Parthenay, aumônier de l'abbaye de Saint-Maixent, le tiers d'un bois sis près de la maison de la Popelière (D. FONTENEAU, t. XXXVIII, p. 60, extrait de l'original).

11 février 1261.

Matheus Trios et Catharina uxor sua et Girbertus Baeles, pater, dictæ Catharinæ, vendunt Aymerico de Partiniaco, helemosinario abbatiæ Sancti Maxentii, scilicet Catharina cum consensu mariti sui, tertiam partem et fondes et capita nemoris siti prope la Popelere, quod nemus est proprium domus de la Popelere, quæ domus est sita prope Rigaudan. Datum die veneris post Cineres anno millesimo du centesimo sexagesimo.

CCCCLVII

Savari Bataille, bourgeois de la Rochelle, vend à l'abbaye de Saint-Maixent le quart de la propriété d'un treuil avec ses dépendances, sis au village de Saint-Rogatien, dont les trois autres quarts appartenaient à ladite abbaye (Orig., bibl. de Poitiers, n° 19).

Octobre 1261.

Ge, Savari Bataille, borgeis de La Rochele, fois assaveir à toz ceaus qui ceste presente chartre veiront et oiront que cum ge, par raison de Phelippe et de Richart et de Johane, mes enfanz, qui eissirent de fahue Johane, jadis ma femme, fille sire Phelippe de Faye, et li abbes et li convenz de Saint Maissent oguis som un troil parconer en la vile de Saint Rogacien, on quau troil et en totes ses apartenances ge, par raison de mes diz enfanz avée le quart, et li diz abbes et li convenz les treis parz; li quaus davant diz troilz se tient d'une part à la maison aus Burgauz et d'autre part à l'arbergement Johan Bouc, et fiert on chemin par ont l'on vait de Saint Rogacien à Poiz Aroart; ge fois assaveir à toz que icelui quart que ge avée et prenée on davant dit troil, et en totes ses apartenances et tote l'autre dreiture. que ge i avée et que aveir i poée ne devée, ge ai vendu et livré et otreé au davant dit abbé et au convent de Saint Maissent, et les en ai vestu et saizi et mis en plenere et en corporau possession et en pazible et perpetuau saizine, à tenir et à aveir et à espleiter à domaine et à durableté à eaus et à lor successors et à lor comandement, et à faire en tote lor volunté delivrement et paziblement sanz contredit et sanz reclamacion que ge, ne mi davant dit enfant, ne autres por nos, i puissom jamais faire per nengune manere, por quinze libres de peitevins que li davant diz abbes et li convenz de Saint Maissent m'en donerent et paierent enterinement en deners contez, les quaus deners ge ogui et recegui et m'en tengui et tenc por ben paiez, et ai renoncié à tote exception de non nombrée et de non ogue et de non recegue peccune et de menor prez. E est assaveir que ge et totes les meies chouses que ge ai et aurai, mobles et non mobles, somes tenu à garir et à deffendre au davant dit abbé et au convent de Saint Maissent et à lor successors et à lor comandement durablement le davant dit quart dau davant dit troil et de totes ses apartenances contre totes genz, franc et quite et delivre de toz devers et de toz empaitremenz, et de toz alienemenz ob dis et oict deners de cens rendant chascun an d'icelui quart à Michea de Richemont ou à son comandement, qui sunt quereoinz, et cinc solz à Helye dau Broil ou à son comandement. E est convenanz que les doze deners de cens que li diz abbes et li convenz avéent sus tout le davant dit troil morent à durableté et n'en povent rens demander à mei ne aus mens en nengun tens mais ; e si li diz abbes ou li convenz ou lor successor ou lor comandement en faseent coust ou mission ou demore ou don ou promesse ou servise à seignorie ou à autre gent por defaute de gariment, dunt il ou li uns deaus ou lor comandement seréent creu en totes corz por lor saigrement sanz autre preve que ge et totes les meies chouses que ge ai et aurai mobles et non mobles, lor somes tenu de rendre et d'amander toz les damages enterinement sanz contredit et sanz delaiement. E ai renoncié en iceste davant dite vente et en icest fait, ge Savari Bataille dessus nomez, à tote force et à tote aive de leis et de canon et à toz privileges et à totes costumes et à totes noveles institucions et à totes choses enterinement qui me poiréent avier à venir encontre, fust en cort d'iglise ou en cort laye. E en garentie de ceste chouse ge en ai doné au davant dit abbé et au convent et à lor comandement ceste presente chartre, la quau sire Costantins de Clarea, adonques arcediacres d'Aunis, saiela et conferma à ma requeste de son saia [1]. Ceu fut fait l'an de l'In-

---

1. Ce sceau n'existe plus en original, mais D. Fonteneau nous a

carnacion Jhesu Crist M CC et seissante et un, on meis de octobre.

CCCCLVIII

Hugues Poupart « *Popardi* », chevalier, et Bienvenue « *Benevenuta* », sa femme, fille de feu Aymeri de la Berlière « *Aymerici de la Berlère* », chevalier, vendent à Constantin Asce et à ses frères vingt-six solmes de vendange « *viginti sex solmas videmix* », 1261 (D. FONTENEAU, t. XXXVIII, p. 61, extrait de l'original).

1261.

CCCCLIX

Accord entre l'abbé de Saint-Maixent et les curés de Saint-Héraye et de Souvigné et l'abbé de Saint-Séverin, au sujet de l'église de Goux, en vertu duquel les deux tiers des dîmes novales de ces paroisses appartiendront à leurs curés et l'autre tiers restera à l'abbé de Saint-Maixent (D. FONTENEAU, t. XVI, p. 185, d'après l'original [1]).

Mai 1262.

Universis præsentes litteras inspecturis, P. abbas Sancti Maxentii et conventus ejusdem loci et Ay. abbas Sancti Severini et conventus ejusdem loci, et Sancti Aredii et de Sauvigniaco rectores, salutem in Domino sempiternam. Noveritis quod cum esset contentio inter nos abbatem et conventum Sancti Maxencii, ex una parte, et nos abbatem et conventum Sancti Severini, nomine et racione ecclesiæ nostræ de Goos, et nos rectores Sancti Aredii et de Sauvigniaco, nomine et racione ecclesiarum nostrarum, ex altera,

---

conservé le croquis d'un autre sceau du même personnage appendu à un échange du mois de juin 1272, conservé dans les archives de l'abbé de Saint-Maixent (t. LXXXII, n° 74). Il était de forme ovale et représentait, dans une niche gothique, la sainte Vierge tournée à gauche, assise dans une chaise, tenant sur ses genoux l'enfant Jésus couronné, et ayant devant elle un personnage à genoux qui l'implore ; de la légende il ne reste plus que le mot ARCHIDIACON. Le contre-sceau est carré, posé en abime, et porte le soleil au-dessus d'un croissant, avec la légende : † SE, fleur, CRE, fleur, TV, fleur, M.

1. Au bas pendent deux cordons de fil bleu et blanc auxquels sont attachés des sceaux dont un est presque tout rompu et l'autre est en entier dans le recueil des sceaux, n° 77 (t. LXXXII). Il y en avait encore quatre autres qui sont perdus avec leurs cordons (Note de D. F.).

super decimis novalium infra metas parrochialium ecclesiarum prædictarum existencium, considerata utilitate ecclesiarum prædictarum, de consilio proborum virorum, inter nos pacificatum extitit in hunc modum : ita quod nos prædicti abbas et conventus Sancti Severini, nomine et ratione ecclesiæ nostræ de Goos, et nos rectores Sancti Aredii et de Sauvigniaco, nomine ecclesiarum nostrarum prædictarum, videlicet Sancti Aredii et de Sauvigniaco, duas partes decimarum novalium presencium sitorum infra metas parrochialium ecclesiarum predictarum, ubicumque sint et in quibuscumque locis consistant, et quocumque nomine seu genere censeantur, quilibet pro rata sua, nomine et ratione ecclesiæ suæ prædictæ, percipiemus et habebimus in perpetuum sine contradictione aliqua, alia tercia parte decimarum novallium prædictarum ecclesiæ et monasterio Sancti Maxencii in perpetuum remanente. Sciendum est etiam quod in ordinatione et formacione dicte pacis ita ordinavimus et conposuimus, mutuo consensu interveniente, quod nos elegimus duos viros honestos et discretos, videlicet rectores ecclesiarum de Vitrec et beati Martini de Sancto Maxencio, qui jurati in presentia nostra, suscepto in se prædicto honere, ad instanciam nostram debent diligenter inquirere veritatem super novalibus existentibus infra metas parrochialium ecclesiarum prædictarum, quorum ordinacioni, inquisitione prius diligenter facta quid sit novale in prædictis parrochiis, universis et singulis stare debemus sine contradictione aliqua, si concordes sint ; si vero discordes sint, dictam inquisitionem sive inquestam

---

Le sceau dont il est question dans cette note est celui de l'abbaye de Saint-Séverin. Il est ovale et offre dans une niche gothique la représentation de la Vierge Mère, couronnée, vue de face et portant sur son genou gauche l'Enfant Jésus. Au-dessous, dans une simple arcade, est un moine en prières, de profil, dont le bas du corps coupe la légende. Légende : ..... APITVLI : SANCTI : SEVERINI :.

Contre-scel rond, portant un griffon. Légende : † SECRETVM CAPITVLI.

ab eisdem factam, sigillo eorumdem sigillatam, referre et reportare debent ad venerabilem virum dominum Laurencium canonicum Pictavensem et archipresbyterum Sancti Maxencii, cujus dicto et ordinationi alto et basso stare debemus sine aliqua contradictione. Nos vero prædicti abbas et conventus Sancti Maxencii tenemur constituere collectorem fidelem et juratum anno quolibet, qui fideliter tractet utilitatem prædictarum ecclesiarum de Goos et Sancti Aredii et de Sovigniaco et d...... mungere in virtute prestiti juramenti, quod erga rectores dictarum ecclesiarum de Goos, Sancti Aredii et de Sauvigniaco se fideliter habebit, nec eisdem vel aliqui alicui eorumdem aliquod dampnum, prejudicium vel gravamen, per se vel per alium faciet in collectione decime ante dicte novalium quolibet anno facienda, et quod eisdem et cuilibet eorumdem.... racione ecclesiarum prædictarum duas partes dimictet integre et sine aliqua diminucione in virtute juramenti antedicti ; et ad hæc omnia universa et singula fideliter tenenda, prout superius est expressum, nos prædicti abbates, cum conventibus nostris, sigilla nostra præsentibus duximus apponenda in testimonium veritatis, juramento, a nobis dictis abbatibus et a sindicis ecclesiarum et monasteriorum Sancti Maxencii et Sancti Severini pro conventibus nostris ecclesiarum ante dictarum et a nobis rectoribus ecclesiarum prædictarum Sancti Aredii et de Sauvigniaco, prestito corporali, et ad majorem certitudinem sigilla venerabilium virorum archipresbiterorum Sancti Maxencii et de Codunio præsentibus supplicavimus apponi. Datum mense may anno Domini millesimo ducentesimo sexagesimo secundo.

CCCCLX

Mandement de Gautier Bardin, bailli du roi en Touraine, au comte de la Marche, à Geoffroy et à Guy de Lusignan, ses frères, au seigneur de Parthenay et aux autres feudataires de l'abbaye de Saint-Maixent, pour qu'ils fassent à l'abbé ou au procureur spécial dudit bailli la déclaration de tous les fiefs ou arrière-fiefs qu'ils possèdent (D. Fonteneau, t. XVI, p. 187, d'après l'original).

20 juillet 1264.

Nobili viro comiti Marchiæ et domino Gaufredo de Lezeigniaco et domino Guidoni, militibus, fratribus, et domino de Partigniaco, et omnibus aliis hominibus ligiis seu planis, sub juridiccione et districtu abbatis et monasterii Sancti Maxentii feoda et retrofeoda habentibus, Galterius Bardini, ballivus domini regis in Turonia, salutem in Domino. Cum dominus rex velit habere certitudinem de feodis et retrofeodis suis ubicumque sint et in quibuscumque rebus seu locis consistant, nos, Gaudinum Martelli, dilectum nostrum, allocatum nostrum constituimus ad videndum et audiendum inspectiones que fient feodorum et retrofeodorum abbatis et monasterii antedicti. Inde est, quod cum ex parte dicti abbatis intellexerimus quod prædictus dominus rex super prædictis feodis et retrofeodis per eumdem abbatem perfecte cerciorari non possit, nisi prius feoda et retrofeoda, que sub jurisdictione et districtu predicti abbatis et monasterii antedicti possidetis et habetis, inspecta et per vos et singulos vestrum ostensa fuerint dicto abbati vel ejusdem procuratori, et super eisdem plenarie a vobis certioratus, cum eadem feoda et retrofeoda requisiti ostendere nolitis, nec eumdem super eisdem reddere certiorem, vobis universis et singulis firmiter injungimus et mandamus ex parte et auctoritate regia quatinus prædicta feoda et retrofeoda prædicto abbati vel ejusdem procuratori ostendatis sine more dispendio integraliter et sine diminucione aliqua presente allocato nostro supra dicto ad dies, quos idem abbas et allocatus noster antedictus vobis et singulis vestrum duxerint assignandos, et si quid de eisdem districtum vel alienatum inveneritis ad vos revocetis. Datum die dominica ante festum beatæ Mariæ Magdalene, anno Domini millesimo ducentesimo sexagesimo quarto.

CCCCLXI

Hugues Larchevêque, seigneur de Parthenay, rend hommage à l'abbé de Saint-Maixent pour les fiefs et arrière-fiefs qu'il tient de lui dans vingt-trois paroisses et pour ceux de Villiers et du Coudray-Salbart (D. FONTENEAU, t. XVI, p. 189, d'après l'original).

9 septembre 1265.

Universis præsentes litteras inspecturis, Hugo dictus Archiepiscopus, dominus Partiniaci et Volventi, salutem in Domino. Noveritis quod omnia et singula, que habemus seu habere debemus, et que sunt de feodis seu retrofeodis nostris in parrochia de Alona, et in parochia de Buisseira, et in parrochia Sancti Pardulphi, et in parrochia de Bello Loco, et in parrochia de Vohé, et in parrochia de Sancto Leain, et in parrochia de Soter, et in parrochia de Maseriis, et in parrochia de Verrua, et in parrochia de Sancto Medardo, et in parrochia de Groseleriis, et in parrochia de Cors, et in parrochia de Champdener, et in parrochia de Sancto Dyonisio, et in parrochia de Champeaus, et in parrochia de Capella Baston, et in parrochia de Germont, et in parrochia de Rorvre, et in parrochia Sancti Christofori, et in parrochia de Berlo, et in parrochia Sancti Gelasii, et in parrochia de Eschiré, et in parrochia de Sancta Eugenia, et apud Vilers, excepto feodo de Volvento, et apud Codreium habemus, et tenere fatemur, et advoamus nos tenere et tenere debere a Deo et a monasterio et abbate Sancti Maxencii et conventu ejusdem loci, et de omnibus supra dictis homagium ligium fecimus viro religioso et honesto Petro, divina provisione abbati ejusdem loci, et heredes seu successores nostri similiter in perpetuum facere tenentur. Et est sciendum quod predicti abbas et conventus omnia et singula supradicta nobis et heredibus seu successoribus nostris in perpetuum garire tenentur eodem modo, quo dominus feodalis vassallo feodum suum tenetur garire ; quod etiam omnia et singula premissa, nos et heredes seu successores nostri in perpetuum a dictis abbate et conventu tenere debemus eodem modo, quo predecessores nostri hactenus tenuerunt. In cujus rei testimonium nos dicti Hugo dedimus et concessimus predictis abbati et conventui præsentes litteras sigillo nostro sigillatas. Datum die mercurii in crastino Nativitate beatæ Mariæ, anno Domini millesimo ducentesimo sexagesimo quinto.

CCCCLXII

Arrêt du Parlement de Paris, condamnant Geoffroi de Rochefort à une amende de cent livres tournois envers le roi, pour la violence qu'il avait commise envers l'abbé de Saint-Maixent; ce dernier s'était désisté, mais le roi exigea une satisfaction pour la violation de la garde royale sous laquelle se trouvait l'abbaye [1] (Arch. Nat., *Olim*, I, fol. 49 r°).

12 juin 1267.

CCCCLXIII

Hommages reçus par Etienne et par Guillaume I, abbés de Saint-Maixent (D. FONTENEAU, t. XVI, p. 191, d'après le cartul., p. 59).

1269-1278.

[Hec sunt homagia domni Guillelmi] successoris venerabilis abbatis [Stephani], anno millesimo cc [septua]gesimo septimo [2].

---

1. Publié par M. Beugnot (*Les Olim*, t. I, p. 254).
2. D. Fonteneau, à la suite de cette pièce, a mis la note suivante : « Le commencement de cette charte est entièrement effacé; il devoit « y avoir : *Hæc sunt homagia domni Stephani successoris venerabilis* « *abbatis Arnaldi, anno millesimo ducentesimo sexagesimo septimo* ». Nous ne partageons pas la manière de voir du savant Bénédictin, que vient, du reste, contredire le texte qu'il publie, dès sa première ligne. Celle-ci commence en effet par les mots : *Eodem anno* », suivi de l'indication d'un abbé du nom de Guillaume, qui fut, vers 1278, le successeur de l'abbé Etienne. Il serait donc plus juste de remplacer ainsi qu'il suit le passage manquant : « *Hec sunt* « *homagia domni Guillelmi successoris venerabilis abbatis Stephani, anno millesimo ducentesimo septuagesimo septimo* ». Il faut toutefois remarquer qu'il y a eu, de la part du rédacteur de cette pièce, une confusion entre deux textes distincts : l'un se rapportant à l'abbé Guillaume, ainsi qu'on vient de le voir, l'autre à l'abbé Etienne, qui vivait en 1269, date de l'hommage de Pierre Hédouin (V. p. 104), et que le plus ancien a été placé à la fin de la pièce. Enfin, quelques exemples que nous tirons de notre texte compléteront cette démonstration, à savoir que nous sommes en présence de deux listes d'hommages,

Eodem anno, die sabbati post Cineres, fecit homagium ligium Johannes Bernexays domno Guillelmo [abbati] monasterii Sancti Maxentii, et in isto homagio concluditur homagium ligium Willelmi Bofart, et ratione Guillelmi Rosset, unum [ligium] et aliud planum ; et est sciendum quod duo homagia [ligia] facta sunt ratione forestagii de Savra, et homagium planum [factum est] ratione arbergamenti Willelmi Rosset, et recognovit [debere] singulis annis de servicio sexaginta et decem solidos, videlicet. . . . ejusdem monasterii et xxxv solidos priori [de Azaio] . . . chamberlagii, quando facit predictum [homagium].

Eodem die et anno fecit Willelmus. . . . . [homagium ligium] de ballia. . . . de Savra predicto abbati super. . . . . . et pertinenciis et super hoc. . . . singulis annis xvii. . . priori de Azaio, et v solidos . . facit predictum. . . . .

Eodem die et anno fecit [homagium] predicto abbati magister Willelmus Fayssiprens de feodo. . . . tenebat Johannes Bruno. . . . . . debere xii libras et . .

Eodem anno, die martis fecit . . . homagium ligium Guillelmus de Pomerio predicto abbati racione pedagii de [porta] Crucis et de porta Pictavina, l solidos de placito et debet tociens x solidos pro chamberlagio.

Eodem anno et die fecit homagium ligium Petrus Garini prædicto abbati ratione forestagii et balliagii dau Foyllos et de Savra, x solidos pro chamberlagio.

Eodem die et anno fecit homagium ligium Radulphus Sebrans ratione forestagii et balliagii dau Foyllos et de Savra, v solidos pro chamberlagio.

---

rendus à deux époques différentes : c'est ainsi que l'on voit Aynordis, femme de Jean de Benays, rendre hommage pour le fief du Puy-Manguereau, tandis qu'un peu plus loin un nouvel hommage est fait par Raoul Guillot à qui elle a cédé le fief ; il en est de même pour la baillie de Courdevant, dont Michel Moret et Geoffroy Boniot sont successivement indiqués comme possesseurs.

Eodem anno et die fecit homagium ligium Galterius de Mota predicto abbati ratione forestagii et balliagii dau Foyllos et de Savra et dedit x solidos pro chamberlagio; et est sciendum quod Petrus Garini et Radulfus Sebrans et Galterius de [Mota] reddunt singulis annis celerario xxx solidos in festo beati Maxentii, L et v solidos in Nathale Domini domno abbati.

Eodem anno, die martis post. . . . . fecit homagium ligium Willelmus Tochevache predicto abbati de feodo, quod fuit. . . . endu et fecit, recognovit se debere x solidos de placito. . . racionem heredum, v solidos pro chamberlagio.

Eodem anno fecit homagium ligium nobilis vir Sebrandus Chabot abbati predicto in capitulo Sancti Maxentii et juravit in capitulo predicto servare. . . predicto abbati et membris, et idem illud juramentum fecit super altare sancti Maxentii.

Item eodem anno fecit homagium ligium dictus Sebrandus predicto abbati pro heredibus. . . . . . quorum est cautor.

Eodem anno fecit homagium. . . . Ugo de Foresta predicto abbati de feodo au Esperons; placitum. . . . pro chamberlagio v solidos.

Eodem anno fecit homagium. . . . . . de Faya de arbergamento. . . . . pelée et Dosdane et de. . . . . . .

Eodem anno. . . . . . de Gascognole de terris quas habet in territorio de Romans, et recognovit se debere I denarium censualem; fecit xii denarios de placito.

Eodem anno fecit homagium ligium Ainoros Dauet predicto abbati de feodo au Maupetit de Pampro ; placitum, xl solidos de mortua manu, x solidos pro chamberlagio.

Eodem anno fecit homagium ligium Robinus Judicis de ballia de Souvigniaco; placitum c solidos, pro chamberlagio x solidos.

Eodem anno fecit homagium ligium P. Picaudi de ballia de la Fragnée; placitum xxx solidos, pro chamberlagio v solidos.

Eodem anno fecit homagium ligium Symon Archenbaus de ballia de Azayo ; placitum c solidos, pro chamberlagio x solidos.

Item ipse fecit homagium ligium de villa de Sazillé, que fuit Guillelmi Davi; v solidos de placito, pro chamberlagio ii solidos.

Eodem anno fecit homagium ligium la Billette de ballia quam habet in maresio; placitum xviii solidos, pro chamberlagio iii solidos.

Eodem anno fecit homagium ligium Gaufridus Chaboz, miles, predicto abbati et facit singulis annis in festo beati Maxentii duos cereos de pondere xiii librarum cere; pro chamberlagio v solidos.

Eodem anno fecit homagium ligium P. Baclez de ballia de Brolio d'Aen et de ballia quam percipit à Rigaudan cum helemosinario nostro; placitum x libras, pro chamberlagio x solidos.

Eodem anno fecit homagium planum Hugo de la Berlere pro parte quam tenet de feodo. . . . : la Vecere ; placitum xii libras et dimee, pro chamberlagio x solidos.

Eodem anno fecit homagium planum Guillelmus Rosset de vineis quas habet ad pontem de Lempgnes et circa la Fragnée; placitum xv solidos de mortua manu, pro chamberlagio v solidos.

Eodem anno fecit homagium ligium Symon de Lobillé de feodo de Villene cum pertinenciis ; placitum l libras, pro chamberlagio xxv solidos.

Eodem anno fecit homagium ligium Mathioz de ballia de molendinis Aubers ; placitum c solidos, pro chamberlagio x solidos.

Eodem anno fecit homagium ligium Aymericus de Gordon, valetus, predicto abbati, et recognovit se debere quendam equum de servitio, quocienscumque pergent ad ordines, et recognovit se habere arbergamentum suum de Ramefort cum pertinentiis, et omnia que habet apud Sanctum Maxentium, et omnia que habet dominus Gaufridus de Gordon, miles, de illo, apud Sanctum Maxentium, et decimas quas habet in parrochia de Sauvigné et Sancti Martini, et feodum de Grosboys, in quo est domus Willelmi Bovis defuncti, et feodum de Salis, et feodum Sancti Aredii, quod tenet Philippus Bormaus.

Eodem anno fecit homagium ligium prepositus de Champeays ; et fecit placitum v solidos de morte abbatis, pro chamberlagio v solidos.

Eodem anno fecit homagium planum Hugo Fromundi de rebus quas habet apud Fontveyrines, et in parrochia de Azayo, et apud Sanctum Maxentium, et circa les Granges; placitum v solidos ad mutationem heredis, pro chamberlagio v solidos.

Eodem anno fecit homagium planum Guillelmus de Joec de feodo suo, quod habet apud Mons; placitum xxv solidos ad mutationem heredis, et xii solidos et vi denarios de servicio, et v solidos pro chamberlagio.

Eodem anno fecit homagium ligium Anians de ballia prepositure; placitum xxx solidos, pro chamberlagio v solidos.

Eodem anno fecit homagium ligium Gotridus de Jalon de ballia prepositure ; placitum xxx solidos, pro chamberlagio v solidos.

Eodem anno fecit homagium ligium Enricus de ballia prepositure; placitum xxx solidos, pro chamberlagio v solidos.

Eodem anno fecit homagium planum P. Brunelli de feodo dau Essars ; placitum v solidos, pro chamberlagio xii denarios.

Eodem anno fecit homagium ligium Guillelmus Bernardi de ballia de Sarcillo; l solidos de placito, pro chamberlagio v solidos.

Item fecit homagium ligium de ballia molendinorum Batirau ; placitum l solidos, pro chamberlagio v solidos.

Eodem anno fecit homagium ligium magister Gaufridus Megeays de ballia de Azayo et de Sauvigné ; placitum c solidos, pro chamberlagio v solidos.

De Marçay. Eodem anno fecit homagium ligium Willelmo Veyrinneays de arbergamento suo et de vineis de feodo Ebrart; placitum xv solidos, pro chamberlagio iii solidos. — Eodem anno fecit homagium ligium Johannes Pineays de arbergamento suo ; placitum v solidos, xii denarios pro chamberlagio. — Eodem anno fecit homagium ligium relicta defuncti Gauveri de arbergamento suo; placitum v solidos et duos caseos, et xii denarios pro chamberlagio. — Eodem anno Eustachia Birolée fecit homagium ligium de arbergamento suo de Marçay cum pertinenciis; placitum xxx solidos, pro chamberlagio v solidos. — Eodem anno fecit homagium ligium Guillelmus Didoz de arbergamento de. . . . . cum pertinenciis ; placitum xv solidos, pro chamberlagio ii solidos.

Eodem anno fecit homagium ligium Willelmus Ruphi de rebus quas habet apud Sanctum Martinum de Fontitibus ; marcam unam argenti censualiter singulis annis reddendam de placito debet solvere in festo beati Michaelis, pro chamberlagio v solidos.

Eodem anno fecit homagium planum Andreas Arbaleters de Donvir de prepositura de Donvir ; placitum v solidos, pro chamberlagio ii solidos.

Eodem anno fecit homagium ligium J. Radulphi de Trevins de arbergamento suo cum pertinenciis ; v solidos de placito, et ii solidos pro chamberlagio.

Eodem anno fecit homagium ligium relicta P. Nicholas de Pampro, de vico de Josche, et de ballia molendinorum de Comporté, et de la Roonze, et de vineis au Monereays, et de hoc quod habet apud Sanctum Aredium, et in villa Sancti Maxentii ; vi libras de placito, v solidos pro chamberlagio.

Eodem anno fecit homagium ligium Guillelmus Drou

de Myorray, et recognovit se habere feodum dau Forges, et hoc quod habet in villa Sancti Maxentii ; l solidos de placito et unum equum de servicio, quando monachi vadunt ad ordines, pro chamberlagio v solidos.

Eodem anno fecit homagium planum Symon Raymundi de hoc quod habet in feodo d'Aleré ; placitum xxv solidos, pro chamberlagio v solidos.

Eodem anno fecit homagium planum Petrus Guilloti, et recognovit se habere quandam domum prope cimiterium Sancti Petri de Metulo cum pertinenciis suis, et de aliis que habet apud Metulum ; cum deverio cum scuto albo rotundo ad mutationem heredis, pro chamberlagio v solidos.

Eodem anno fecit homagium ligium Martinus de castro Forti de ballia prepositure ; placitum xxx solidos, pro chamberlagio v solidos.

Eodem anno fecit homagium ligium P. Judicis de Brolio Riote ; placito xxx solidos, pro chamberlagio v solidos de feodo dau Broyl.

Eodem anno fecit homagium ligium P. Faydis ; xxx solidos de placito, et v solidos pro chamberlagio de feodo Faydi.

Eodem anno fecit homagium ligium Guillelmus Chales de Pampro ; l libras, videlicet xxv libras pro balliagio et xxv libras pro feodo ad mutationem heredis, et xxv solidos pro chamberlagio.

Eodem anno fecit homagium planum Aymericus de la Berlere, miles ; xii libras et dimee de placito, et x solidos pro chamberlagio

Eodem anno fecit homagium ligium J. Maynardi de ballia de molendino de Turre ; c solidos de placito, x solidos pro chamberlagio.

Eodem anno fecit homagium planum Guillelmus Orries, valetus, de feodo de Montigné, quod solebat tenere dominus P. Froterii, militis ; gagiavit xxx solidos, pro chamberlagio v solidos.

Eodem anno fecit homagium ligium Aynordis de Podio Manguerelli, et gagiavit placitum vii libras de feodo de Podio Manguerelli, quoniam J. de Benayz, maritus, noluit nec vult venire; pro chamberlagio x solidos.

Eodem anno fecit homagium planum dominus Gaufridus do Lebeay, miles, de feodo suo de Montigné ; placitum v solidos, et ii solidos pro chamberlagio.

Eodem anno fecit homagium ligium P. Merlaudi de ballia decime de Bonolio ; xl solidos de placito, v solidos pro chamberlagio.

Eodem anno fecit homagium planum Willelmus Domeniaz, clericus, de hiis quod habet in feodo de Palan in parrochia de Montigné ; placitum v solidos, ii solidos pro chamberlagio.

Eodem anno fecit homagium planum Ay. Garcin de trilia de Oschis ; v solidos de placito, tociens xii denarios pro chamberlagio.

Eodem anno fecit homagium planum Hugo Liros de Fayole, de hiis que habet in parrochia de Montigné et pertinenciis ; v solidos de placito, ii solidos de chamberlagio.

Eodem anno fecit homagium ligium Guillelmus Gayssons, et recognovit se habere quamdam petiam terre sitam juxta viam per quam itur de Bonolio apud Asneres, et quoddam pratum situm juxta pratum capellani de Veyrines, et vineas sitas prope ecclesiam de Veyrines, et ortos cum platea sitos juxta ecclesiam de Veyrines ; ad placitum unius marbotini aurei ad mutacionem heredis et ad quinquaginta sex solidos annui redditus reddendos in Nathale Domini, pro chamberlagio v solidos.

Eodem anno fecit homagium ligium Philippus Chevilleays de arbergamento de Campis cum pertinenciis, videlicet pratis et terris ; placitum v solidos, pro chamberlagio v solidos.

Eodem anno fecit homagium ligium Gaufridus Vossars, miles, de hoc quod habet in territorio et in dominio de

Marçay ; placitum quoddam scutum album v libre...., pro chamberlagio v solidos.

Eodem anno fecit homagium ligium dominus Guillelmus Archiepiscopi, dominus de Partiniaco, sicut antecessores sui consueverunt facere antecessoribus nostris.

Eodem anno fecit homagium ligium dominus Chalo de Ruperforti, miles, sicut antecessores sui consueverunt facere antecessoribus nostris, videlicet de medietate ville de Vilers cum pertinenciis.

Eodem anno fecit homagium planum dominus Rataudus, miles, de feodo de Font Veyrines ; placitum x solidis et quibusdam calcaribus de servitio, et v solidos pro chamberlagio.

Eodem anno fecit homagium planum Constantinus Prepositi de Seoyvemont de feodo quod tenet apud Bonolium ; placitum xv solidos tociens quociens, et v solidos pro chamberlagio.

Eodem anno fecit homagium planum dictus Braconers de ballia quam habet apud Noyné cum priore Beati Hilarii ; placitum x solidos, pro chamberlagio ii solidos.

Eodem anno fecit homagium ligium Guillelmus Quadrigarii de pedagio porte Chalonis ; placitum xxv solidos, pro chamberlagio v solidos.

Eodem anno fecit homagium ligium J. Bernardi de ballia Sarcilli ; placitum L solidos, pro chamberlagio v solidos.

Eodem anno fecit homagium ligium dictus J. Bernardi de ballia molendinorum Batirau ; placitum L solidos, pro chamberlagio v solidos.

Eodem anno fecit homagium planum Guillelmus Chatagners, valetus, et recognovit v solidos de placito et calcaria alba de servicio, pro chamberlagio ii solidos, et hoc quod habet apud Chatmer, et hoc quod habet circa Castrum Tyzon, et hoc quod habet in villa Sancti Maxentii et hoc quod habet en la Sazine, excepto feodo quod dominus Gaufridus do Lebeay habet de. . . . . . .

Item eodem anno fecit homagium ligium Guillelmus Chatagners, valeti, de feodo quod tenet Willelmus do Lebay de ipso ; placitum xxx solidos, de servicio xv solidos post annum elapsum, et debet se inquirere de rebus propriis et rebus domini Gaufridi de Gordon, militis, sitis apud Salles, utrum sint de homagio isto vel de alio homagio, de quo gagiavit v solidos de placito, et debet se inquirere infra festum Omnium Sanctorum.

Eodem anno fecit homagium ligium Michael Morez de ballia de Corlidavant, quam percipit in molendino ; placitum g[agiavit] centum solidos.

Eodem anno fecit homagium planum H. Venderii ; placitum unam obolam auri, et recognovit se habere arbergamentum istius ville.

Eodem anno fecit homagium ligium Bidaus de la Monée ; L solidos de placito de ballia molendinorum de Monée.

Eodem anno fecit homagium planum P. Merlez de feodo Nalet ; placitum xxv solidos ad mutationem heredum de mortua manu.

Eodem anno fecit homagium ligium J. Tocheys ; xxx solidos de placito videlicet de feodo Tocheys de Sancto Germerio.

Eodem anno fecit homagium ligium P. de Lisle, valetus, et recognovit se habere hoc quod habet apud Cerezeoys, et hoc quod habet apud Ulmum dau Lac, et circa, et le Peyreres et circa, et medietatem furni Caprarum, et quantum de vinea de Vellon, quam tenet P. Borgals ; placitum [1].

Eodem anno fecit homagium ligium Ramnulphus de Vetrinis et fecit placitum xv solidos quocienscumque fecerit homagium.

Eodem anno reddidit Petrus Drous de Vetulo Romans,

---

[1]. Ce passage est resté en blanc dans l'original (Note de D. F.).

unum denarium censualem de prato Sancti Martini subtus Romans; fecit placitum xii denarios.

. Eodem anno fecit homagium planum J. Licoydes de Bonolio; v solidos de placito.

Eodem anno fecit homagium ligium Radulphus Asce de feodo au Assonées, quod est circa burgum Sancti Maxentii, et apud Sanctum Germerium, et apud Pampro; placitum x libras de mortua manu et quendam equum de servicio quando monachi pergunt ad ordines.

Eodem anno fecit homagium ligium J. Morini de la Broce de arbergamento et territorio au Morins; placitum c solidos.

Eodem anno fecit homagium ligium Gaufridus Bonioti de ballia molendini de Corlidavant; placitum c solidos, cessum a Michahele Morré.

Eodem anno fecit homagium ligium dominus Radulphus Guilloti sibi cessum ab Aeynordi de arbergamento et de feodo de Podio Manguerelli; vii libras de placito et unum leporarium.

Eodem anno fecit homagium ligium J. Vegeraus de Tuscha au Vegeraus, et de pratis sitis in riparia de Morter, et de quadam domo sita prope macella de Pampro; placitum xx solidos.

Eodem anno fecit homagium planum Guillelmus Iterii de ballia de feodis Militibus et de ballia daus yles dau pré dau Pas; placitum v solidos vel calcaribus deauratis.

Eodem anno fecit homagium ligium Theobaldus dau Fontanyoys de vico de la Grogrenere cum pertinenciis, et recognovit se debere gagium belli, si necesse fuerit; placitum i nummum aureum ad mutationem heredum.

Eodem anno fecit homagium planum J. Potereays de feodo Sancti Martini dau Fontanes juxta Marçay; placitum v solidos et ii solidos et vi denarios de servicio.

Eodem anno fecit homagium planum Guillelmus do Lebeay de feodo quod habet apud Montigné; placitum v solidos.

Eodem anno fecit homagium ligium J. Ermenjos, miles, de ballia molendinorum de Ricos; placitum c solidos.

Eodem anno fecit homagium ligium J. Moytrole, miles, de omnibus rebus quas habet apud Sales et circa, et de hoc quod habet in molendino de la Place.

Eodem anno fecit homagium ligium Gaufridus de Podio Chaboz, miles, de ballia de feodo d'Artis situm juxta Niolium ; xxv solidos de placito.

Eodem anno fecit homagium ligium Stephanus dau Groyes de Ulmis, de ballia dau Groyes; placitum xxv solidos.

Eodem anno fecit homagium ligium J. Radulphi de la Fontanele, et recognovit se habere omnia que habet apud Erip, et medietatem quam percipit in magna decima de Romans; placitum L solidos, de servitio XL solidos.

Eodem anno fecit homagium ligium Dossinus Brunelli de ballia molendinorum d'Enterrez ; placitum c solidos.

Eodem anno fecit homagium ligium Aymericus Poverelli, et recognovit se habere de predicto abbate la Bocherie cum pertinenciis ; placitum I chevreoy.

Eodem anno fecit homagium planum H. de Fortons de feodo de la Roche Asson, quod fuit à la Fortone ; placitum v solidos.

Eodem anno fecit homagium planum J. Peloquins de quartis au Peloquins de Bonolio ; placitum v solidos.

Eodem anno fecit homagium ligium Guillelmus Babinoti de feodo au Legers ; gagiavit placitum et debet se inquirere de placito et servicio.

Eodem anno fecit homagium planum Willelmus Rayvers de Bonolio de la quarte au Rayvers ; placitum. . . solidos.

Eodem anno fecit homagium planum Reginaldus de Vergort de ballia feodi de Vuallé; placitum quoddam calcaria deaurata.

Eodem anno fecit homagium planum J. de la Toche dau quartes au Toche de Bonolio ; placitum v solidos.

. . . . sexagesimo nono fecit homagium ligium Petrus Hedoni valetus de Fausseria cum pertinenciis ; placitum xx solidos et quendam equum de servitio singulis annis in vigilia beati Maxentii ad portandum quendam monachum ad festivitatem beati Maxentii, pro chamberlagio v solidos.

Eodem anno et die fecit homagium ligium Petrus Bernardi de feodo quod habet apud Marçay et circa, et de uno sextario frumenti, quod ipse percipit cum domino abbate in terragiis suis singulis annis ; placitum et servitium quendam equum in vigilia beati Maxentii, pro chamberlagio v solidos.

Eodem anno fecit homagium ligium Bartholomeus Clavicularius de Marçay de feodo quod fuit Gaufridi Billot; placitum xii denarios de redditu singulis annis in festo Pentecostes.

Eodem anno fecit homagium ligium prepositus de Castro Tizon de ballia de Sauvra ; placitum xvii denarios cellerario abbatie annuatim ; pro chamberlagio v solidos.

Eodem anno die lune post *Misericordia Domini* fecit homagium ligium Guiardus de Ruperforti, et recognovit se habere medietatem de Vilers cum pertinenciis.

Eodem anno fecit homagium planum P. de Praec de feodo Giraudi de Romans ; placitum xx solidos; testes : J. de Praec, P. de Mons prior claustralis, Willelmus de Mons, Gaufridus de Mons, Willelmus Silvestri prior Fonte Loys.

Eodem anno fecit homagium ligium Segnorius de Chapeays de arbergamento suo et de ballia quam percipit cum priore de Verruca ; placitum v solidos, pro chamberlagio. . .

Eodem anno fecit homagium ligium judex de Brolio d'Aent de ballia de Brolio d'Aent ; placitum l solidos, pro chamberlagio v solidos.

Eodem anno fecit homagium ligium Petiz Bormaus de Sancto Aredio de ballia quam percipit cum priore de Ysernayo; placitum. . . . . auream, vel x solidos, pro chamberlagio ii solidos.

Eodem anno fecit homagium ligium J. de Insula, valetus; placitum L solidos, pro chamberlagio v solidos.

Eodem anno fecit homagium ligium relicta. . . . de la Fenestre de hoc quod habet in feodo d'Aleré; placitum xx solidos, pro chamberlagio v solidos.

Eodem anno fecit homagium ligium dominus de Verno, miles, pro heredibus domini Fulconis de Metulo, et recognovit se habere medietatem feodi d'Aleré, et de hoc quod habet apud Sanctum Maxentium, et de hoc quod habet in feodo de Pyozay et in feodo de Saugé.

Eodem anno fecit homagium ligium comes Marchie de castro de Coec cum pertinentiis, et de Jazanoyl cum pertinentiis, et de Sancto Aredio cum pertinentiis, et de hoc quod de le tallées dau Péron Sant Mayssent usque ad burgum Beati Maxentii et circa, et Sanctum Romanum juxta Metulum, et fecit taliter sicut predecessores sui fecerunt placitum unam pellem cervinam quolibet anno ad cooperiendum libros.

[Eodem anno fecit homagium] ligium Ebblo de Ruperforti, de Turre Chaboz [1].

CCCCLXIV

Etienne, abbé de Saint-Maixent, abandonne à Sebrand Chabot, chevalier, seigneur de Rocheservière et des Essarts, cent sous de rente qu'il percevait annuellement sur le bourg Chabot de Saint-Maixent, afin d'être déchargé de la réclamation d'une somme de cent livres que faisait ledit Sebrand à son abbaye en vertu d'un accord passé entre Thibaud Chabot, frère défunt de ce dernier, et Pierre Audouin, abbé de Saint-Maixent (Orig., jadis scellé,

---

1. Il y avoit encore quelques autres hommages, mais la feuille qui les contenoit a été coupée par la moitié; ainsi on n'en peut rien tirer (Note de D. F.).

titres de la baronnie d'Aubigny et Faye, comm. par M. de Lestang. D. Fonteneau donne aussi cette pièce, t. XVI, p. 207, d'après l'original).

Mai 1269.

Universis presentes litteras inspecturis, frater Stephanus, divina permissione humilis abbas monasterii Sancti Maxencii totusque ejusdem loci conventus, et Sebrandus Chaboz, miles, dominus de Rocha Cervere et de Essartis, salutem in Domino sempiternam. Noveritis quod cum dictus Sebrandus peteret a nobis fieri emendam super ordinatione contentionis habite inter P. bone memorie quondam abbatem monasterii nostri et ejusdem loci conventum, ex una parte, et dictum Sebrandum, ex altera, et super eo quod dictus Sebrandus petebat sibi fieri emendam de centum solidis annui redditus quos nobilis vir Theobaldus Chabot, deffunctus, frater ejusdem Sebrandi, eisdem dederat, ea videlicet ratione quod sibi dederant mutuo quater centum libras, ut dicebat dictus Sebrandus, et super eo quod ipse petebat a nobis sibi reddi centum libras de ducentis libris promissis eidem a predicto P. predecessore nostro ratione contentionis et ordinationis antedictarum, ut dicebat. Tandem nos, super predictis verbo et fidelitati ejusdem Sebrandi adherentes in dubio, volentes eidem facere emendam de predictis, remisimus et penitus eidem quiptavimus et in perpetuum concessimus dicto Sebrando, heredibus, successoribusque suis, ratione satisfationis seu emende super premissis eidem a nobis faciende, predictos centum solidos annui redditus, quos habebamus et percipiebamus singulis annis in vico suo dicto Chaboz apud Sanctum Maxencium de redditibus suis per manum ipsius vel mandati sui, promisimus etiam ratione compositionis inter nos et dictum Sebrandum habite; et ut dicta compositio inter nos et dictum Sebrandum observetur, considerantes etiam affectionem et gratiam quas predictus Theobaldus predecessoresque sui erga monasterium nostrum dinoscuntur habuisse, nos facturos singulis annis in ecclesia nostra anniversarium predicti Theobaldi, ita benigne, congrue et honorifice prout ante hujusmodi compositionem facere consuevimus. Item nos [abbas] et conventus predicti promisimus et adhuc promittimus dicto Sebrando, quod si nos aliquas litteras seu instrumenta haberemus confecta super mutuo eidem Sebrando facto vel predecessoribus suis a predictis abbate et conventu et instrumenta confecta super predictis centum solidis annui redditus, nos ea eidem redderemus, et si in presenti reperire non possemus et in futurum contigerit nos eadem reperire, voluimus et adhuc volumus et expresse consentimus, si eadem dicto Sebrando vel successoribus suis non redderemus predicta litteras, instrumenta seu acta, si aliqua de eisdem haberemus, totaliter viribus carere, nec robur aliquod obtinere ; versa vice, nos dictus Sebrandus promisimus et adhuc promittimus nos tradituros et reddituros predictis abbati et conventui litteras, instrumenta seu acta, si aliqua de eisdem haberemus, volentes et consencientes quod, si eadem dictis abbati et conventui non redderemus, predicta litteras, instrumenta seu acta totaliter viribus carere nec robur aliquod obtinere, si nos eadem contigerit reperire. Et ut in futurum predicte pactiones a nobis videlicet abbate et conventu et a nobis dicto Sebrando Chabot fideliter observentur, omnia predicta universa et singula prout superius sunt expressa, juramento prestito corporali, nos dicti abbas et Sebrandus Chabot confirmavimus et adhuc confirmamus. Et ego Guillelmus de Ponte, prior claustralis et sacrista ejusdem monasterii, procurator pro conventu monasterii antedicti et ad hoc specialiter constitutus, omnia predicta universa et singula juramento proprio firmavi, et presenti littere sigilla nostra duximus apponenda, una cum sigillo reverendi patris Hugonis, Dei gratia Pictavensis episcopi, ad petitionem nostram apposito, prius a nobis abbate et procuratore predictis corporali juramento prestito quod premissa omnia et singula vergebant et cedebant in comodum nostrum et in utilitatem monasterii nostri antedicti, in veritatis testimonium et munimen. Datum mense maii, anno Domini millesimo ducentesimo sexagesimo nono.

CCCCLXV

Hugues de la Berlière, valet, et Julienne, sa femme, donnent à Jean Berugeau la baillie de Moulé, avec les terres qui en dépendaient, à la charge de la tenir d'eux en fief, à hommage plain et au devoir de dix sous de plait de morte-main (D. Fonteneau, t. XVI, p. 209, d'après l'original).

19 décembre 1269.

Universis præsentes litteras inspecturis, Hugo de Berleria, valetus et Juliana, uxor sua, eternam in Domino salutem. Ne omnes curialitates et omnia servicia de uno loco prodeant, hoc in quodam proverbio vulgaliter prohibetur. Nos idcirco, juxta hoc respectum et considerationem habentes ad labores continuos et ad bona et legitima servicia Johannis Berugea, inpensa ab eodem per multa tempora circa nos et circa res nostras, curiose gerendo negocia et opera nostra, dedimus et concessimus eidem ad perpetuitatem, in recompensacionem laboris et boni sui et legitimi servicii impensi ab eodem per multum tempus circa nos et circa res nostras, bene et curiose gerendo negocia et opera nostra, prout superius dictum est, balliam de Maulay, videlicet terciam partem in terragiis et in undramentis et omnes receptos de feodo, et lestortelager [1], lo bonneage [2], ovage et omnes paleas de omnibus terragiis, et caseos in auguto [3], et duodecim denarios de

---

1. Il faut sans doute lire l'estoblager; l'estoublage était une redevance due pour le pacage des porcs dans les chaumes.
2. On pouvait lire le bonneage ou le bouveage : nous inclinons vers ce dernier mot, dont le sens concorde mieux avec celui des mots qui le précèdent et qui le suivent.
3. *Augulo* doit être mis pour *augusto*. Le paiement d'une redevance spéciale de fromages en ce mois était motivé par l'augmentation du nombre des ouvriers sur les exploitations, nécessitée par les travaux de la moisson.

autage [1], prout dicta ballia percipi et levari de predictis rebus consuevit; et est sciendum quod in dicta ballia sunt una pecia terre, continens in se circa duas boysselleatas terre sita de subtus domum Gaucher, et alia pecia terre continens in se decem boysselleatas terre sita prope ulmum de Maulay, et una alia pecia terre in se continens circa unam boysselleatam terre et est sita inter villam Querci et ulmum de Maulay, et unum pratum, quod vocatur pratum de Stagno, habendam, tenendam, possidendam et expletandam prædictam balliam, prout eadem percipi et levari consuevit de rebus universis et singulis prædictis, a predicto Johanne et heredibus suis ad homagium planum et ad decem solidos de placito de mortua manu, quocienscumque hoc facere contigerit, ex nunc in perpetuum, pure, pacifice et quiete. Et transtulimus in eumdem Johannem et in heredes suos et sibi cessimus, quiptavimus et omnino dimisimus omne jus, possessionem, proprietatem et dominium, que nos in prædicta ballia habebamus seu habere poteramus et debebamus quocumque jure, titulo vel contractu, successione, seu quacumque alia ratione, exceptis nobis et retentis prædictis homagio plano et decem solidis de placito de mortua manu, nobis et heredibus nostris reddendis a prædicto Johanne et heredibus suis, quocienscumque hoc facere contigerit; ita tamen quod ipse Johannes jam intravit predictam balliam, prout serviens in feodo et sicut de feodo servito, promittentes nos et quilibet nostrum in solidum sub speciali et expressa obligacione omnium bonorum nostrorum mobilium et immobilium prædictam balliam dicto Johanni et heredibus suis garire et deffendere versus omnes et contra quoscumque, prout nos possumus,

---

1. Autage doit être la traduction française d'*hortagium*, mot qui a la même signification que celui de *redicima*, dont nous avons trouvé quelques applications.

tenemur et debemus ad prædictos decem solidos pro placito de mortua manu, et ad dictum homagium planum nobis et heredibus nostris reddendos a prædicto Johanne et heredibus suis, quocienscumque hoc facere contigerit [1]. . . . Datum die jovis ante festum beati Thomæ apostoli, anno Domini millesimo ducentesimo sexagesimo nono.

CCCCLXVI

Lettres d'Alphonse, comte de Poitou, s'engageant à constituer en faveur de l'abbaye de Saint-Maixent une rente de 30 livres et à lui abandonner la dime de Néré pour l'indemniser de la perte de ses droits de juridiction sur les fiefs de la vicomté d'Aunay, de Cherveux, de Saint-Gelais, de la Bessière, de la Touche et d'Aigonnay et sur le domaine de Guy de Rochefort, et aussi pour ce que le château de Saint-Maixent avait été construit sur le fonds de l'abbaye [2] (Arch. Nat., JJ. 53, n°.276, fol. 116 v°. D. Fonteneau, t. XVI, p. 211, donne cette pièce d'après l'original [3]; elle se trouvait aussi dans le cartulaire. Il en donne encore un extrait d'après une copie ancienne, t. XXXVIII, p. 80).

10 juin 1270.

CCCCLXVII

Vente de quelques héritages à Etienne, abbé de Saint-Maixent, « *reverendo patri domino Stephano venerabili abbati Sancti* « *Maxentii, mense aprilis anno millesimo ducentesimo septuage-* « *simo primo* » (D. FONTENEAU, t. XXXVIII, p.82, extrait de l'original).

Avril 1271.

CCCCLXVIIII

Lettres de Philippe le Hardi, portant confirmation des lettres de Louis VIII [4] et de saint Louis, en faveur de l'abbaye de Saint-Maixent [5] (Arch. Nat., JJ. 53, n° 278, fol. 117 v°).

Février 1272.

---

1. D. Fonteneau a omis les formules qui suivaient.
2. Imprimées par M. Guérin (*Arch. hist. du Poitou*, t. XI, p. 151), d'après une confirmation de Philippe le Long, du 13 mai 1317.
3. D. Fonteneau fait remarquer que dans l'original qu'il a eu sous les yeux, les quelques lignes qui précèdent la date ont été coupées à dessein, et que, par suite, il considère le titre comme perdu.
4. V. ces lettres plus haut, p. 54. Nous avons omis d'indiquer à leur date celles de saint Louis qui sont de l'année 1230.
5. Imprimées par M. Guérin (*Arch. Hist. du Poitou*, t. XI, p. 163).

CCCCLXIX

Lettres de Philippe le Hardi, confirmant celles de Philippe-Auguste et de saint Louis [1] qui déclaraient que l'abbaye de Saint-Maixent était pour toujours unie à la couronne [2] (Arch. Nat., JJ. 38, n° 84, fol. 74 v°).

Décembre 1271.

CCCCLXX

Lettres de Philippe le Hardi, confirmant celles de saint Louis [3] qui instituaient un prévôt dans la ville de Saint-Maixent [4] (Arch. Nat., JJ. 53, n° 277, fol. 117).

Juillet 1272.

CCCCLXXI

Jean Maintrole « *Joannes Maintroles* », valet, fils de feu Simon Maintrole, chevalier, et Hilaire « *Hylaria* », sa femme, vendent aux religieux de Saint-Maixent quelques pièces de terre dans le Vignaut, *die martis ante cathedram sancti Petri, anno millesimo ducentesimo septuagesimo quarto* (D. FONTENEAU, t. XXXVIII, p. 92, extrait de l'original).

15 janvier 1275.

CCCCLXXII

Jeanne de Châtellerault, veuve de Geoffroy de Lusignan, rend hommage à l'abbé de Saint-Maixent pour ce qu'elle tenait de lui en fief (D. FONTENEAU, t. XVI, p. 248, d'après le cartul., p. 52).

4 mars 1275.

Anno Domini millesimo ducentesimo septuagesimo quarto, die lunæ post dominicam qua cantatur *Invocavit me*, Johanna de Castro Ayraudi relicta Gaufridi de Lesigniaco, in capitulo generali, Stephano abbate monasterii Sancti Maxentii, fecit homagium ligium, sicut dictus dominus G. maritus fecerat, et juravit ad sancta Dei evangelia

---

1. V. ces lettres plus haut, p. 21 et 84.
2. Imprimées par M. Guérin (*Arch. Hist. du Poitou*, t. XI, p. 17).
3. V. ces lettres plus haut, p. 60.
4. Imprimées par M. Guérin (*Arch. Hist. du Poitou*, t. XI, p. 165).

dictum domnum abbatem, monasterium et membra servare et custodire, sicut homo ligius tenetur et debet facere, et recognovit quod debet venire cum capa forrata de vario, quam debet camberarius domni abbatis habere. Dicta vero die, Johanni Briffaut tunc camarerio, reddidit quinquaginta solidos pro capa. Testibus : Guillelmo de Boysse, Ay. de la Berliere, militibus, Johanne. . . . et pluribus aliis.

CCCCLXXIII

Guillot du Péré et Hosanne, sa femme, se font mutuellement donation de leurs biens (D. Fonteneau, t. XVI, p. 221, d'après l'original [1]).

23 avril 1275.

Universis præsentes litteras inspecturis, Guillotus de Pereio et Hosanna, ejus uxor, salutem in Domino. Noveritis quod ego dictus Guillotus dedi et concessi et adhuc do et concedo dictæ Hosannæ, uxori meæ, tertiam partem totius hereditatis meæ, ubicumque sit et quocumque nomine seu genere censeatur, et omnes cobrancias inter me et dictam Hosannam, uxorem meam, factas et faciendas constante matrimonio inter me et ipsam, et quocumque tempore ante dictum matrimonium, et medietatem omnium bonorum meorum mobilium habenda, tenenda, possidenda omnia et singula supradicta a dicta Hosanna, si me premori contigerit, ad vitam suam tantum, pacifice et quiete. Versa vice, ego dicta Hosanna dedi et concessi et adhuc do et concedo dicto Guilloto, viro meo, tertiam partem tocius

---

1. Une note de D. F. indique qu'à cette pièce était suspendu le sceau en cire verte de Jean, archiprêtre d'Exoudun, dont le croquis est conservé dans le t. LXXXII de sa collection, n° 78. Il est ovale, porte un lévite de face, tenant de sa main droite un livre ; sa main gauche est appuyée contre sa hanche.
 † S'. MAGRI. IOHIS. AZE. ARCHIPBRI. DE. EXODVNIO
Sigillum magistri Johannis Aze archipresbyteri de Exodunio.
Contre-scel rond : un aigle éployé dans un cercle à six lobes.
 † QTRAS. ARCHIPBRI. DE. EXODVNIO
Contrasigillum archipresbyteri de Exodunio.

hereditatis meæ, ubicumque sit et quocumque nomine seu genere censeatur, et omnes cobrancias factas et faciendas constante matrimonio inter me et dictum Guillotum, virum meum, et quocumque tempore ante dictum matrimonium, et medietatem omnium bonorum meorum mobilium, habenda, tenenda, possidenda et explectanda a dicto Guilloto, viro meo, omnia et singula supradicta, si me premori contigerit, ad vitam suam tantum, similiter pacifice et quiete. Promittentes nos prædicti Guillotus et Hosanna, uxor sua, pro nobis et heredibus nostris, fide data et sub obligatione bonorum nostrorum præsentium et futurorum, omnia et singula supradicta fideliter attendere et servare, et contra per nos, vel per alium, in vita nec in morte de cetero non venire, casu aliquo contingente ; volentes et concedentes quod debita omnia communia inter nos persolvantur creditoribus nostris post decessum alterius nostri primi decedentis super medietate residua bonorum nostrorum mobilium ; renuntiantes [1]...Datum die martis post *Quasimodo*, anno Domini millesimo ducentesimo septuagesimo quinto.

CCCCLXXIV

Jean Jolet et Ossanne, sa femme, vendent à Jeanne Saenetelle, de Saint-Héraye « *de Sancto Aredio* », un prévendier de froment de rente sur un domaine sis dans le fief des héritiers de Geoffroy de Lusignan « *in dominio heredum defuncti domini Gaufredi de Lezigniaco, militis, die martis ante Ascensionem Domini, anno millesimo ducentesimo septuagesimo quinto* (D. FONTENEAU, t. XXXVIII, p. 97, extrait de l'original).

21 mai 1275.

CCCCLXXV

Lettres de Philippe le Hardi donnant aux religieux de Saint-Maixent les terres de Pierre Désiré, situées dans le village de Bassée, pour l'assiette de trente livres de monnaie poitevine qu'Alphonse,

---

1. D. Fonteneau a supprimé les formules qui suivaient.

comte de Poitou, leur avait promises pour les indemniser du préjudice qu'il leur avait causé en faisant élever dans leur fonds le château de Saint-Maixent et en leur enlevant un certain nombre de feudataires (D. Fonteneau, t. XXVII *bis*, p. 643, d'après un vidimus original du 11 février 1331-1332).

Décembre 1275.

Universis presentes licteras inspecturis, Guillelmus Rousselli clericus, gerens sigillum senescallie Pictavensis apud Sanctum Maxencium pro domino rege Francie constitutum, salutem in Domino. Noveritis nos vidisse, legisse et de verbo ad verbum diligenter inspexisse quamdam licteram, sigillo magno domini Philippi Dei gratia quondam Francorum regis, in cera viridi et laqueo cirici viridi et rubei sigillatam, non obolitam, non cancellatam, nec in aliqua sui parte viciatam, formam et tenorem que sequitur continentem :

Philippus, Dei gracia, Francorum rex. Notum facimus universis tam presentibus quam futuris quod suplicantibus nobis religiosis viris abbate et conventu monasterii Sancti Maxencii, Pictavensis diocesis, ut cum ipsi olim dicerent bone memorie carissimum patruum nostrum Alphonsum, quondam Pictavie et Tholosæ comitem, feoda vicecomitatus de Aunaio, de Cherveos, de Sancto Gelasio, de Veceria, de Tuscha et de Augonès, ad feodum domannii quod fuerat Guydonis de Rupeforti, militis, ipsi patruo nostro occasione guerre commissa tenere, et castrum de Sancto Maxencio in fundo dicti monasterii ab eodem patruo nostro constructum fuisse in suum et sui monasterii prejudicium et gravamen, ac dictum patruum nostrum per suum senescallum Pictavensem triginta libras Pictavensis monete annui et perpetui redditus in aliquo loco terre sue competenti, ipsis religiosis in recompensacionem predictorum per suas patentes hinc confectas litteras assignari mandasse, quia hoc, prefato patruo nostro morte prevento, factum non fuerat : nos qui terram ipsius tenebamus, hoc sibi fieri et adimpleri manderemus juxta dictarum continenciam litterarum, nos ipsorum religiosorum indempnitati providere volentes, ad eorumdem supplicationem predictas triginta libras reddituales eisdem assideri seu assignari mandavimus per senescallum nostrum Xanctonensem in terra nostra senescalliæ Xantonensis, qui auctoritate mandati nostri hujusmodi, prout nobis ex relatione ipsius innotuit, res inferius annotatas, que fuerunt deffuncti Petri Desiderati, valeti, sitas in villa de Bateas[1] et ejus territorio, omnimodo alta et bassa justitia pro dictis triginta libris annui redditus constituit, assignavit et assedit, scilicet quoddam herbergamentum situm apud Batees, cum tribus ortis eidem contiguis et aquis ad ea pertinentibus, pro quadraginta solidis redditus; item quoddam dunum, situm prope ipsum herbergamentum, in quo est garenna cuniculorum; item nemus de Fenestra; item fraxineam que est inter Leterdie et Lileam; item fraxineam que jungitur fraxinee Gauffredi Desiderati; item ruptam de Faya que durat a Fenestra usque ad Sablerias; item fraxineam que durat a Fenestra usque ad Ulmum; item fraxineam que est prope furnum juxta terrerium Gauffredi Desiderati, pro quadraginta solidis redditus; item quinquaginta novem jornalia terrarum de quibus decem et octo jornalia libera esse dicuntur a terragio et decima, alia cum terragio, pro septem sextariis bladi redditus; item duas plateas incultas, quarum una sita est prope domum Gauffridi Brice, et alia juxta nemus Petri Melles, pro tribus solidis redditus; item tredecim quarteria pratorum cum tribus quarteriis maresiorum, pro sex libris redditus; item conplanta vinearum, pro quadraginta septem solidis et sex denariis redditus; item decem sextaria et tria prebendaria bladi annui redditus, quos habebamus super quinque molendinis de Saugeriato; item partem

---

1. D. Fonteneau a mal lu : il devait y avoir *Bacees*.

furni de Batees cum maresiis ad calefaciendum ipsum, pro triginta solidis redditus ; item census quos habebamus ibidem, qui summam quatuor librarum et septem denariorum annui redditus actingunt ; item decimam agnorum et vellerum ovium pro quinque solidis redditus ; item quoddam prandium quod debent prepositus de Batees et ejus parcionarii, pro quatuor solidis redditus. Ita quod dicti abbas et conventus tenentur solvere quolibet anno de cetero, consuetis ad hoc terminis, heredibus deffuncti Ramnulphi Desiderati militis, centum solidos reddituales similiter, quos ipsi heredes et capellanus antea percipiebant de predictis. Tenentur eciam ad reddendum et faciendum quecunque alia, quæ de premissis seu ob ea debent fieri sive reddi. Quam siquidem assisiam seu assignationem, prout superius continetur, ratam et gratam habentes, volumus et concedimus, quod dicti abbas et conventus premissa tenere valeant et possidere perpetuo, sine coactione vendendi vel extra manum suam ponendi, salvo in aliis jure nostro et jure in omnibus alieno. Quod ut ratum et stabile permaneat in futurum presentibus licteris nostrum fecimus apponi sigillum. Actum Parisius anno Domini millesimo ducentesimo septuagesimo quinto, mense decembris.

Quod autem vidimus et legimus hoc testamur, et in dictis visione et lectione testimonium presentibus licteris sigillum predictum, quod gerimus, duximus apponendum. Datum die martis post octabas Purificationis beatæ Mariæ Virginis, videlicet undecima die februarii, anno Domini millesimo trecentesimo tricesimo primo.

CCCCLXXVI

Vente entre particuliers d'une mine de seigle de rente annuelle à la mesure de la ville de Saint-Maixent *a ad mensuram villæ Sancti Maxentii* (D. Fonteneau, t. XXXVIII, p. 101, extrait de l'original).

1er février 1276.

CCCCLXXVII

L'abbé et le couvent de Saint-Maixent acceptent l'assignation que leur a faite le roi Philippe III des terres et possessions de Pierre Désiré dans le village de Bassée (Orig., Arch. Nat., J. 191, n° 428 [1]).

15 février 1276.

Universis presentes litteras inspecturis, Stephanus, miseracione divina humilis abbas totusque conventus monasterii Sancti Maxencii, Pictaviensis dyocesis, eternam in Domino salutem. Notum facimus quod, cum olim clare memorie A[lphonsus], Pictaviensis et Tholosanus comes,

---

1. Au bas de cet acte sont suspendus par des tresses de fil deux sceaux ovales en cire brune :
1° Dans une niche trilobée est un abbé debout, de face, tenant de la main droite la crosse et de la gauche un livre ; dans le champ cinq étoiles ; au-dessous de la niche un lion rampant.
 .... R̄IS STEP̄HI A..ATIS S̄C̄I MAX.N...
Sigillum venerabilis patris Stephani, abbatis Sancti Maxencii.
Contre-scel. Saint Michel terrassant le dragon.
 QTRAS' STEPH'I ABB̄IS. S̄. MAXENCII
Contrasigillum Stephani abbatis Sancti Maxencii.
2° Deux niches trilobées surmontées d'une croix. Dans celle de

triginta libras currentis monetc annui et perpetui redditus in recompensacionem feodorum vicecomitatus de Aunayo, de Charveos, de Sancto Gelazio, de Veceria, de Tuscha, de Aygoneis, et feodum Domainz [1] quod fuit Guidonis de Rupeforti militis, que ipsum comitem in nostrum et nostri monasterii prejudicium tenere dicebamus, nec non fundi terre in qua situm est castrum de Sancto Maxencio, quod ipsum comitem fundasse dicebamus in terra monasterii nostri, per suum senescallum Pictaviensem, in aliquo loco terre sue competenti, suis patentibus litteris quas habemus,

---

droite, un peu plus élevée que l'autre, un religieux nimbé, assis de profil sur une chaière, tient sa crosse de la main gauche et de la droite bénit deux personnages placés aussi de profil dans l'autre niche, l'un debout, l'autre accroupi, qui lui présentent chacun une jambe nue privée de son pied ; celui qui est debout tient aussi une béquille de la main droite. Au-dessus de leurs têtes est une étoile ; au-dessous des niches, au milieu, un croissant.
....ONVENTVS. SA..... .AX..... INNOVAT...
Sigillum conventus Sancti Maxencii innovatum.

1. On peut lire aussi *Domaniz*.

assignari et assideri mandasset, et ipso comite morte prevento, hoc factum non esset ; excellentissimo domino nostro Philipo, Dei gratia regi Francorum illustri, supplicari faceremus, ut, cum terram dicti comitis teneret, hoc nobis fieri et adimpleri faceret, juxta dictarum continenciam litterarum, prefectus dominus rex, ad supplicacionem nostram, dictas triginta libras reddituales nobis per suum senescallum Xanctonensem assignari precepit in terra sua senescallie Xanctonensi. Qui senescallus, ad mandatum ipsius domini regis, pro dictis triginta libris redditualibus constituit, assignavit et assedit terras, res et possessiones que fuerunt defuncti Petri Desiderati, sitas in villa de Bacees et ejus territorio, cum alta et bassa justicia omnimoda, a nobis et nostris successoribus in perpetuum possidendas; super quibus omnibus, nobis et nostro monasterio assisitis, prout in quibusdam litteris domini Philipi, illustris regis Francie, super hoc confectis, plenius continetur. Nos dicti abbas et conventus tenemur singulis annis, heredibus defuncti Ranulphi Desiderati, militis, reddere in festo Omnium Sanctorum, centum solidos currentis monete, et quindecim solidos, in eodem festo, capellano, qui pro tempore deservit vel deserviet altari capellanie heredium de Faugere. Nos autem, nostro et successorum nostrorum ac monasterii nostri nomine, predictam assisiam seu assignacionem, tanquam nobis et nostre ecclesie perutilem, acceptantes, et de ipsa pro predictis triginta libris redditualibus nos contentos habentes super dicta recompensacione de cetero facienda, dictum dominum regem, pro se et suis successoribus, perpetuo, nomine quo supra, quiptamus. In cujus rei testimonium, presentes litteras eidem domino regi dedimus, sigillorum nostrorum impressione munitas. Actum publice, in capitulo nostro, anno Domini millesimo ducentesimo septuagesimo quinto, die sabbati ante Cineres.

CCCCLXXVIII

Lettres de Philippe le Hardi portant que l'abbaye de Saint-Maixent n'est tenue qu'à fournir un contingent de cinquante sergents d'armes à l'armée royale, et qu'il n'y a lieu de tenir compte des envois qu'elle a faits en hommes ou en argent pour les expéditions de Sauveterre et de Foix [1] (Arch. Nat., JJ. 53, n° 284, fol. 148).

Mars 1278.

CCCCLXXIX

Arrêt du Parlement de Paris déboutant l'abbé de Saint-Maixent qui prétendait ne pouvoir jamais être condamné à une amende supérieure à soixante sous, même en matière de défaut de droit, ce qui était le cas présent [2] (Arch. Nat., *Olim*, t. II, fol. 52 r°).

9 juin 1280.

CCCCLXXX

Mandement au sénéchal de Poitou de ressaisir l'abbé de Saint-Maixent d'un larron que les gens dudit sénéchal avaient arrêté dans un chemin situé sur le territoire de l'abbé [3] (Arch. Nat., *Olim*, t. II, fol. 59 v°).

18 novembre 1284.

CCCCLXXXI

Arrêt du Parlement de Paris interdisant, à la requête de l'abbé de Saint-Maixent, de porter dans les foires et marchés le scel aux contrats établi pour le roi dans la ville de Saint-Maixent, et portant défense aux officiers du roi de faire des poursuites et des saisies dans les domaines de l'abbé, en exécution des obligations passées sous ledit sceau, si ce n'est par suite de défaut de justice de la part de l'abbé [4] (Arch. Nat., *Olim*, t. II, fol. 59 r°).

18 novembre 1284.

---

1. Imprimées par M. Guérin (*Arch. Hist. du Poitou*, t. XI, p. 157), d'après des lettres de confirmation de Philippe le Long, du 25 juillet 1317.
2. Publié par M. Beugnot (*Les Olim*, t. II, p. 166).
3. Publié par M. Beugnot (*Les Olim*, t. II, p. 194).
4. Publié par M. Beugnot (*Les Olim*, t. II, p. 194).

CCCCLXXXII

Lettres de Philippe le Hardi par lesquelles l'abbaye de Saint-Maixent est soustraite au ressort de la châtellenie de Loudun et placée dans celui de Niort [1] (Arch. Nat., JJ. 38, n° 83, fol. 74).

Décembre 1281.

CCCCLXXXIII

Lettres de Philippe le Hardi maintenant l'abbaye de Saint-Maixent dans son droit de possession de la haute justice tant dans la ville de Saint-Maixent qu'au dehors, à la réserve toutefois des droits du roi dans les domaines qui avaient appartenu à Guy de Rochefort [2] (Arch. Nat., JJ. 53, n° 279, fol. 117).

Janvier 1282.

CCCCLXXXIV

Arrêts du Parlement de Paris, relatifs aux prés des Marais, dépendant de l'abbaye de Saint-Maixent [3].

1284.

CCCCLXXXV

Ytier d'Angoisse, valet, seigneur de la Touche d'Aigonnay, concède à Jean Berugeau le privilège d'établir un défens ou garenne à

---

1. Imprimées par M. Guérin (*Arch. hist. du Poitou*, t. XI, p. 18), d'après une confirmation par Philippe le Bel, de juillet 1306. D. Fonteneau donne aussi ces lettres, t. XVI, p. 223, d'après un vidimus de 1318, et p. 225, d'après un vidimus du mardi avant la Saint-André 1306 (29 novembre 1306). Ces lettres ont encore été publiées dans le recueil des *Ordonnances*, t. III, p. 216, avec un vidimus de Charles, duc de Normandie et régent de France, d'avril 1358.

2. Imprimées par M. Guérin (*Arch. hist. du Poitou*, t. XI, p 168), d'après l'acte de confirmation de Philippe le Long, de juillet 1317.

3. M. Léopold Delisle, dans son *Essai de la restitution d'un volume perdu des Olim*, 1863, p. 388 et 396 du tome I des *Actes du Parlement de Paris*, a relevé dans un manuscrit de la Bibl. Nat. (Saint-Germain français, n° 547), les extraits suivants de deux arrêts:

N° 536. La coustume et proclamation du pré de l'abbé Saint-Maixent deffendue.

N° 554. Excès et injure faicte à l'abbé Sainct-Maixent en hayne des dictes deffenses émendés.

lièvres et à lapins dans son hébergement de Moulé (D. FONTENEAU, t. XXXVIII, p. 127, extrait de l'original).

Avril 1285.

Yterius de Angoisse, valetus, dominus de Tuscha de Aygones, concedit ad perpetuitatem dilecto et speciali suo Johanni Benigea[1], pro bono servicio suo dicto Yterio fideliter impenso, defensum seu garenam cuniculorum et leporum in arbergamento suo de Molai et pertinenciis ejus, sito in feodo dicti Yterii, et ultra fossata seu metas dicti arbergamenti seu pertinentiarium ejusdem circumcincta unus archerius haberet seu etiam habere possit cum arco quamdam sagittam in longe hinc inde a fossatis seu metis, mense aprili, anno millesimo ducentesimo octogesimo quinto.

CCCCLXXXVI

L'abbé de Saint-Maixent et un particulier échangent une vigne sise près de Lort-Poitiers « *sita prope Ortum Pictavis* », *juxta terram Guillelmi Pictavini, ex una parte, et juxta terram abbatis et conventus Sancti Maxentii, ex altera* (D. FONTENEAU, t. XXXVIII, p. 136, extrait de l'original).

12 août 1289.

CCCCLXXXVII

Hugues de Vivonne, chevalier, et Savari de Vivonne, valet, son frère, vendent à Constantin, abbé de Saint-Maixent, des rentes d'argent et de blé que leur devaient les religieux, et renoncent au retrait d'une rente que le nommé Poupart, valet, leur avait vendue (D. FONTENEAU, t. XVI, p. 227, d'après l'original[2]).

18 février 1290.

Universis præsentes litteras inspecturis, Hugo de Vivonia, miles, et Savaricus de Vivonia, valetus, fratres, salutem in

---

1. On doit lire *Berugea* (V. le n° CCCCLXV, où il est déjà question de ce personnage).
2. Une note de D. F. indique qu'à cette pièce était suspendu le sceau d'Ascelin, archiprêtre de Saint-Maixent ; il n'est pas reproduit dans les croquis du tome LXXXII, mais dans ce même volume, sous le n° 70, on trouve un autre sceau d'Ascelin d'après un acte de vente du dimanche après l'Octave de la Toussaint de l'an 1270 (9 novembre). En voici la description :
Sceau ovale. Dans une niche trilobée, richement décorée, est

Domino. Noveritis quod nos vendidimus ad perpetuitatem religioso viro fratri Constantino abbati monasterii Sancti Maxencii et conventui ejusdem loci, precio viginti et septem librarum Turonensium, soluto nobis integre ab eisdem, et pro quinque solidis de redditu, quos nos debebamus singulis annis dictis religiosis pro anniversario predecessorum nostrorum, tria modia vini de redditu ad antiquam mensuram, que nos percipiebamus singulis annis in dicto monasterio cum dictis religiosis, percipienda et habenda dicta tria modia vini de redditu a dictis religiosis

---

debout saint Pierre, de face, tenant de la main droite une clef relevée à la hauteur de la figure et de la main gauche un livre posé sur la poitrine.

..... CELINI CAN. PICT. ARCHIPBRI S: MAXENCII

Sigillum Ascelini canonici Pictavensis archipresbyteri Sancti Maxencii.

Contre-scel rond. Tête de saint Pierre, de profil, tournée à droite; en face la figure, dans le champ, une clef.

† QTS' ARCHIPBRI. S. MAXECII

Contrasigillum archipresbyteri Sancti Maxencii.

D. Fonteneau ajoute qu'à un acte de 1283 est suspendu le même sceau, avec cette différence dans le contre-scel que la clef est tenue par la main gauche du saint, élevée à la hauteur de la face.

Le dessin ci-dessous reproduit une empreinte de ce dernier sceau qui est appendue à un acte du mois de mars 1278-1279, conservé aux archives de la Vienne (série H., Fontaine-le-Comte).

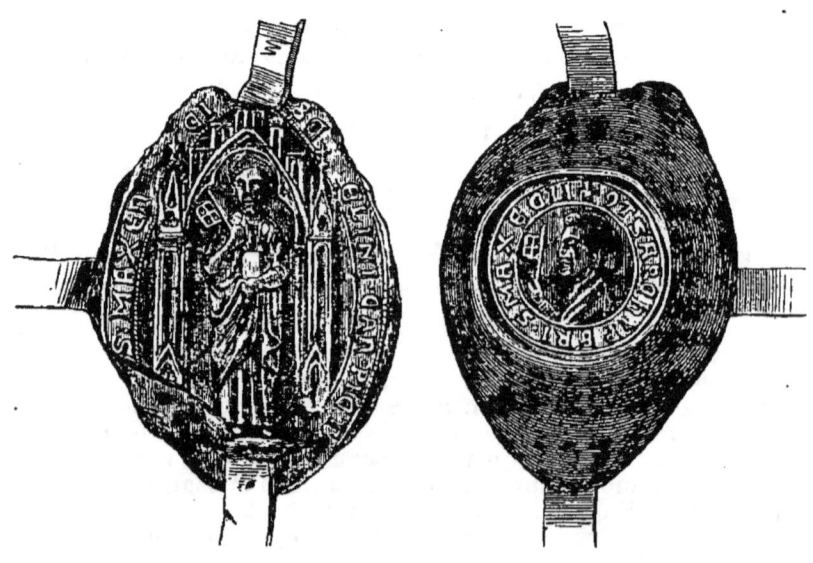

et successoribus suis, ex nunc imperpetuum, pacifice et quiete. Promittentes quilibet in solidum dictis religiosis sub obligacione omnium bonorum nostrorum, sibi et successoribus suis, super prædicta vendicione versus omnes et contra omnes liberum et perpetuum facere garimentum, et omne impedimentum amovere ; quiptantes insuper pro nobis et heredibus nostris prædictis religiosis et successoribus suis retractum vendicionis facte prædictis religiosis a dicto Popart, valeto, de tribus aliis modiis vini de redditu ad prædictam mensuram, que nos petebamus a dictis religiosis nobis reddi tam ratione proximitatis generis, quam ratione dominii feudalis, quam quacumque alia ratione. Quiptavimus etiam dictis religiosis adreragia, que debebantur ratione præmissorum. Hanc vero vendicionem et omnia et singula supradicta nos dicti fratres promisimus[1]..... Datum die sabbati post Cineres, anno Domini millesimo ducentesimo octogesimo nono.

CCCCLXXXVIII

Echange d'une pièce de terre entre un particulier et Guillaume « *religiosum virum fratrem Guillelmum* », abbé de Saint-Maixent (D. Fonteneau, t. XXXVIII, p. 150, extrait de l'original).

22 juin 1294.

CCCCLXXXIX

Lettre de l'abbé et du couvent de Saint-Maixent adressée au roi Philippe le Bel, portant qu'ils ont nommé Geoffroy de Saint-Sauvant, moine et chantre de leur monastère, et Simon Tousselin, clerc, leurs procureurs, pour suivre leurs affaires près de la cour du roi (Orig., Arch. Nat., J. 748, n° 21).

23 août 1294.

Excellentissimo domino suo domino Philipo, Dei gratia illustrissimo regi Francorum, sui humiles ac devoti abbas et conventus monasterii Sancti Maxentii, Pictaviensis dyo-

---

1. D. Fonteneau a omis les formules qui suivaient.

cesis, salutem et a rege regum in regno glorie coronari. Ad impetrandum, supplicandum et contradicendum in curia vestre majestatis, agendum et deffendendum et omnia et singula faciendum, que nos faceremus et facere possemus si ibidem presentes essemus, fratrem Gauffredum de Sancto Silvano, monachum et cantorem monasterii nostri, et Symonem Toselini clericum, et quemlibet eorum in solidum, exhibitorem presentium, ita quod non sit melior condicio occupantis, procuratores nostros facimus, constituimus ac etiam ordinamus. Dantes eisdem procuratoribus nostris et eorum cuilibet plenariam potestatem et speciale mandatum proponendi, excipiendi litteras, contestandi jure de calumpnia et de veritate dicenda in animas nostras, et faciendi cujuslibet alterius generis juramentum, et omnia alia et singula faciendi, que potest et debet verus facere procurator et que mandatum exigunt speciale. Ratum et gratum habentes et habituri quicquid per ipsos, vel eorum alterum, et cum ipsis vel eorumdem altero super premissis et premissa contingentibus factum fuerit seu eciam procuratum. Promittentes pro ipsis et eorum quolibet, sub yphotheca rerum monasterii nostri nobis commissarum, si neccesse fuerit, judicatum solvi. Et hoc celsitudini vestre et omnibus quorum interest significamus per has presentes litteras sigillis nostris sigillatas. Datum die lune post Decollationem beati Johannis Baptiste, anno Domini millesimo ducentesimo nonagesimo quarto.

CCCCXC

Jean de Saint-Denis, sénéchal de Poitou et de Limousin, autorise Guillaume et Aymeri Péroard, frères, Geoffroy et Guillaume Péroard, clercs, à faire, devant le garde du scel royal de Saint-Maixent, l'inventaire de la succession de Guillaume Péroard, curé de Saint-Léger de Saint-Maixent, leur frère, qu'ils n'ont acceptée que sous réserve (D. Fonteneau, t. XVI, p. 231, d'après l'original).

30 janvier 1296.

Memoriale est quod cum Guillelmus et Aymericus Peroardi, presbiteri, et Gaufridus et Guillelmus Peroardi, clerici, fratres, proponerent coram nobis Johanne de Sancto Dyonisio, milite, domini nostri regis Franciæ senescallo Pictavensi et Lemovicensi, quod magister Guillelmus Peroardi, rector ecclesiæ Sancti Leodegarii de Sancto Maxencio, decesserat, et de novo, cujus successsio ad prædictos fratres pertinere debebat tamquam proximiores in genere. Quare petebant ad ejus successionem admicti per viam beneficii inventarii super hiis ab ipsis faciendi, procedendo, protestacione tamen prius facta a prædictis fratribus, quod ipsi non teneantur seu obligentur, nec teneri seu obligari valeant versus ejus creditores, de quibus liquere poterit, ultra quam facultates bonorum dicti deffuncti poterunt de jure vel de consuetudine tollerare vel valere, virtute inventarii supradicti, racionibus, juribus, obligacionibus omnibus sibi salvis et specialiter reservatis. Nos eorum peticioni annuentes, tamen ad prædicta vacare nequeuntes, Hugoni Aynon, gerenti sigillum senescalliæ Pictavensis apud Sanctum Maxencium pro domino rege Franciæ constitutum, dedimus in mandatis et etiam vices nostras commisimus ad faciendum coram ipso, loco nostri, per prædictos fratres inventarium supradictum, et quicquid inde sequi potest, ratum habentes atque firmum quicquid per dictos fratres coram dicto Hugone de prædicto inventario factum fuerit racionis ; quibus sic actis ac etiam adimpletis, volumus eosdem fratres ad successionem dicti deffuncti admicti per dictum Hugonem, per viam inventarii, prout fuerit racionis, salvis et reservatis eisdem fratribus, protestacionibus racionibusque supradictis, et eciam salvo jure dicti domini regis Franciæ et quolibet alieno, et salva racione prædictis fratribus inmensi seu inmoderati testamenti, donacionis vel legati vel alterius obligationis, si que idem deffunctus fecerit aliquibus personis quoquomodo, que de jure vel consuetudine patrie vigorem nequeunt obtinere. Datum in assizia nostra, apud

Sanctum Maxencium, die lune ante Purificationem beatæ Mariæ, anno Domini millesimo ducentesimo nonagesimo quinto.

CCCCXCI

Jean Le Bœuf, clerc, vend à Guillaume Tousselin, abbé de Saint-Maixent, une pièce de vigne sise près de Lort-Poitiers (D. FONTENEAU, t. XVI, p. 233, d'après l'original).

8 janvier 1296.

Universis præsentes litteras inspecturis, Johannes Bovis, clericus, eternam in Domino salutem. Noveritis quod ego vendidi ad perpetuitatem religioso viro domino Guillelmo, abbati Sancti Maxentii, præcio sex librarum Turonensium soluto mihi integre ab eodem, quamdam peciam vineæ sitam prope Ortum Pictavis, juxta viam qua itur à Baterea[1] et juxta vineam dicti abbatis, que fuit Hugonis Furgaut demortui, habendam, tenendam, possidendam et explectandam a dicto abbate et successoribus suis, ex nunc imperpetuum, pacifice et quiete, titulo vendicionis antedictæ, et transtuli in dictum abbatem et ejus successores quicquid juris, possessionis, proprietatis, racionis et dominii ego in dicta pecia vineæ habebam et habere poteram et debebam, quacumque racione seu causa aut etiam titulo vel contractu[2] .... In cujus rei testimonium dedi dicto abbati has præsentes litteras sigillo domini Petri, venerabilis archipresbyteri Sancti Maxentii, ad peticionem meam sigillatas[3] et..... Datum die martis post festum Epi-

---

1. D. Fonteneau a écrit *ab Aterea,* qui est une faute de lecture, la localité étant sûrement Batereau, moulin voisin de Lort-Poitiers.
2. Les points indiquent des omissions de formules faites par D. Fonteneau.
3. Ce sceau, de forme ovale, est dessiné dans le recueil de D. Fonteneau (t. LXXXII, n° 75). Il représente, dans deux niches gothiques, saint Pierre et saint Paul avec leurs attributs ordinaires ; au-dessus se trouvait un personnage dont il ne reste que la partie inférieure, et au-dessous un religieux priant, tourné à droite, dont on ne

phaniæ Domini, anno ejusdem millesimo ducentesimo nonagesimo sexto.

CCCCXCII

Sentence d'Hugues Aynon, commissaire de Guy Lenesle, lieutenant de Jean de Saint-Denis, sénéchal de Poitou et de Limousin, adjugeant à Jean Bérugeau le moulin de Roussillon, avec des terres et des rentes, que lui avaient abandonné Jean et Herbert Bachier et Aymeri du Chêne, à la suite d'un procès, terminé par un duel où ces derniers avaient eu le dessous (D. FONTENEAU, t. XVI, p. 235, d'après l'original [1]).

2 octobre 1299.

Hugo Aynon, commissarius a magistro Guidone Lenesel, tenente locum nobilis viri domini Johannis de Sancto Dyonysio, milite, domini regis Franciæ Pictavensis et Lemovicensis seneschallus, in causa seu causis, quam vel quas Johannes Berugelli movet seu movere intendit contra Johannem et Harbertum Bacherii, fratres, et Aymericum de Quercu et quemlibet eorumdem, et eciam contra uxorem dicti Aymerici, Laurino de Conpendio et Johanni de Flavignaco et eorum alloquatis, salutem. Cum alias peteret Johannes Berugelli prædictus a prædicto Aymerico de Quercu quatuor centum libras monete currentis, in quibus eidem Johanni tenebatur racione dampnorum subsequotorum racione cujusdam duelli facti et judicati in curia domini regis Franciæ apud Sanctum Maxencium, et in quibus eidem Johanni dictus Aymericus condampnatus est ob causam prædictam in curia prædicta, ut isdem Johannes asserebat ; peteret eciam dictus Johannes a prædicto Ay-

---

voit plus que la tête. De la légende on ne lit plus que ces deux mots : ET ARCH.
Le contre-scel est le même que celui apposé au dos du scel d'Ascelin (V. p. 126).

1. Au bas de cette pièce étoit suspendu un sceau, où d'un côté se voyoient des fleurs de lis sans nombre et de l'autre, pour contre-scel, une seule fleur de lis (Note de D. F.).

merico viginti libras monete currentis, in quibus eidem tenebatur virtute cujusdam sentenciæ prolate a Guillelmo Olearii, arbitro communiter electo a dictis partibus, sub pœna centum marcharum argenti, in causa quam isdem Johannes movebat contra dictum Aymericum super dampnis, que sustinuerat isdem Johannes, in causa quam dictus Aymericus moverat contra ipsum Johannem et ejus uxorem, accusando indebite matrimonium eorumdem; quas quidem viginti libras, virtute sentenciæ prædictæ, solvere eidem Johanni debebat sub pœna prædicta infra octo dies post diem mercurii post Ramos Palmarum, anno quo dicitur millesimo ducentesimo octogesimo quarto, prout in quadam littera, sigillo domini regis apud Pictavim constituto, vidimus contineri. Et cum isdem Aymericus, tempore debito, eidem Johanni prædictas viginti libras non solverit, pœnam temere committendo, peteret eciam dictus Johannes a dicto Aymerico prædictas centum marchas argenti racione pœne commisse, ut supra dictum est, et cum postmodum Johannes et Arbertus Bacherii, fratres, amicabiliter tractarent cum prædicto Johanne, quod isdem Johannes haberet et sibi perpetuum remaneret, tam de bonis dictorum Johannis et Arberti fratrum quam de bonis dicti Aymerici, videlicet molendinum de Rossillon cum aqua et cum omnibus pertinentiis ejusdem, item tres sextariatas et unam præbendariatam terræ ad propinquis dicti molendini, item et duas pecias pratorum sitorum inter villam de Quercu et villam de Burgo Novo, in solucionem et satisfactionem præmissorum, in quibus dictus Aymericus eidem Johanni, ut dictum est supra, tenebatur, quatuor sextarios siliginis de redditu, que dictus Aymericus in perpetuum vendiderat domino Guillelmo Juvenis, nunc militis, et que dictus Johannes Berugelli postmodum detraxerat a Gaufrido de Belleria, valeto. Qui quidem valetus prædictas quatuor sextariatas antea retraxerat a prædicto milite super residuo de Burgo Novo, eidem Johanni salvis et specialiter reservatis, et promisissent dicti Johannes et Arbertus, fratres, tractando pacem prædictam eidem Johanni Berugelli, sub pœna centum librarum monetæ currentis solvendarum domino regi et dicto Johanni per medium, se facturos et curaturos cum effectu versus dictum Aymericum, quod ipse hujus pacem teneret, actenderet et inviolabiliter observaret, et super hoc eidem Johanni litteras sigillo domini regis Franciæ apud Sanctum Maxencium constituto sigillatas, daret et concederet, secundum formam juris inter eosdem prolatam, et præmissa non adinplevissent, pluries requisiti, pœnam temere commictendo, propter quam tamen petebat coram nobis ab eisdem medietatem pœne prædicte sibi reddi ; et super præmissis et præmissa tangentibus, prædicti Johannes et Arbertus, fratres, et dictus Aymericus evocati et citati secundum juris formam ad instanciam dicti Johannis Berugelli ad plurimos dies et diversos, videlicet primo simpliciter, secundo super deffectu, tercio super deffectu cum judicio, quarto super deffectu cum judicio suo tenente, quinto super deffectu cum judicio suo tenente ex habundanti, omni sollempnitate, ut moris est, super præmissa observata, et sexto ex habundanti super deffectu cum judicio suo tenente, visuri et audituri perdere sazinam et possessionem et eamdem tradere et livrare dicto Johanni Berugelli de rebus suis ad valorem debitorum superius declaratorum, ob deffectus et contumaxiam eorumdem, et ulterius super præmissis et præmissa tangentibus processurus, ut racio suaderet, cum intimacione quod sive venirent vel conparerent, sive non, nos super præmissis procedemus quantum de jure esset, eorum absencia non obstante, prout per relacionem Parro......de Yzernayo, servientis, cui fidem super premissis adhibuimus, nobis constat. Et eciam cum de consensu parcium prædictarum nos assignavissemus prædictis partibus coram nobis apud Sanctum Maxencium diem veneris post festum beati Michaelis proximo preteritum, ad procedendum super præmissis et præmissa tangentibus, ut jus esset, et prædicti Johannes et Arbertus, fratres, et prædictus Aymericus dicta die non comparuerint coram nobis, nec se exoniaverint, nec eciam excusaverint, ut deberent, dicto Johanne Berugelli prout debuit comparente, et nos juxta mandatum nobis, ut dictum est, commissum procedere volentes pro modo et quantitate debitorum superius declaratorum, possessionem et sazinam bonorum dicti Aymerici, et pro modo et quantitate medietatis prædicte pene possessionem et sazinam bonorum dictorum Johannis et Arberti fratrum in jurisdictione nostra existencium, tradidimus et livravimus ob contumaciam eorumdem, unde vobis et vestrum cuilibet mandamus, quatinus prædictis sazinis et possessionibus sibi a nobis traditis, auctoritate regia teneatis et eciam deffendatis. Datum dicta die veneris post festum beati Michaelis, anno Domini millesimo ducentesimo nonagesimo nono.

CCCCXCIII

Arrêt du Parlement de Paris annulant une enquête pour l'abbé de Saint-Maixent, parce que le procureur du roi n'avait pas été appelé lors de la confection de cette enquête [1] (Arch. Nat., *Olim*, f° 49 r°).

1301.

CCCCXCIV

Lettres de Philippe le Bel confirmant celles de Philippe-Auguste, de saint Louis et de Philippe le Hardi [2], unissant pour toujours l'abbaye de Saint-Maixent à la couronne [3] (Arch. Nat., JJ. 38, n° 84, fol. 74 v°).

Juillet 1306.

---

1. Publié par M. Beugnot (*Les Olim*, t. III, p. 73).
2. V. ces lettres plus haut, p. 21 et 114.
3. Imprimées par M. Guérin (*Arch. Hist. du Poitou*, t. XI, p. 17).

CCCCXCV

Lettres de Philippe le Bel confirmant celles de Philippe le Hardi [1] qui plaçaient l'abbaye de Saint-Maixent dans le ressort de Niort [2] (Arch. Nat., JJ. 38, n° 83, fol 74).

Juillet 1306.

CCCCXCVI

Quittance donnée à Vienne à Arnaud de Preissac, abbé de Saint-Maixent, de la somme de trois cent cinquante florins d'or par lui payés au pape à l'occasion de son annate, « *in quibus pro parte* « *sui communis servitii cameræ summi pontificis tenebatur reli-* « *giosus vir dominus Arnaldus, abbas monasterii Sancti Maxentii,* « *per Arnaldum, episcopum Pictavensem, domini papæ camera-* « *rium* » (D. FONTENEAU, t. XXXVIII, p. 36, extrait de l'original).

1 mars 1312.

CCCCXCVII

Arnaud de Preissac, abbé de Saint-Maixent, « *Arnaldus, permissione divina, abbas monasterii Sancti Maxentii* », prend l'engagement de payer certaine somme de deniers à Jean Claveau, « *Clavelli* », chevalier, père d'Olivier Claveau, passé après la fête de saint Luc, «*die... post festum sancti Luce*» (D. FONTENEAU, t. XXXVIII, p. 39, extrait de l'original).

Décembre 1314.

CCCCXCVIII

Lettres de Louis le Hutin confirmant celles de Philippe-Auguste, de saint Louis et de Philippe le Hardi [3], unissant l'abbaye de Saint-Maixent à la couronne [4] (Arch. Nat., JJ. 52, n° 22, fol. 8).

Mars 1315.

---

1. V. ces lettres plus haut, p. 124.
2. Imprimées par M. Guérin (*Arch. Hist. du Poitou*, t. XI, p. 18).
3. V. plus haut, p. 21 et 114.
4. Imprimées par M. Guérin (*Arch. Hist. du Poitou*, t. XI, p. 108).

CCCCXCIX

Lettres de Louis le Hutin plaçant l'abbaye de Saint-Maixent dans le ressort royal de Loudun [1] (Arch. Nat., JJ. 52, n° 66, fol. 35).

Avril 1315.

D

Lettres de Philippe le Long confirmant celles d'Alphonse de Poitiers [2] assignant certains revenus à l'abbaye de Saint-Maixent [3] (Arch. Nat., JJ. 53, n° 276, fol. 116 v°).

13 mai 1317.

DI

Lettres de Philippe le Long confirmant celles de Philippe le Hardi [4], touchant le nombre des sergents que devait l'abbaye de Saint-Maixent en temps de guerre [5] (Arch. Nat., JJ. 53, n° 281, fol. 118).

25 juillet 1317.

DII

Lettres de Philippe le Long portant confirmation des lettres de Philippe-Auguste, de saint Louis et de Philippe le Hardi [6], unissant pour toujours l'abbaye de Saint-Maixent à la couronne [7] (Arch. Nat., JJ. 53, n° 280, fol. 118).

Juillet 1317.

DIII

Lettres de Philippe le Long portant confirmation des lettres de

---

1. Imprimées par M. Guérin (*Arch. Hist. du Poitou*, t. XI, p. 111). Elles se trouvent aussi dans le recueil des *Ordonnances*, t. III, p. 216, et dans Thibaudeau (*Hist. du Poitou*, t. I, p. 435).
2. V. ces lettres plus haut, p. 113.
3. Imprimées par M. Guérin (*Arch. Hist. du Poitou*, t. XI, p. 151).
4. V. plus haut, p. 123.
5. Imprimées par M. Guérin (*Arch. Hist. du Poitou*, t. XI, p. 157).
6. V. ces lettres plus haut, p. 21 et 114.
7. Imprimées par M. Guérin (*Arch. Hist. du Poitou*, t. XI, p. 163).

Louis VIII, de saint Louis et de Philippe le Hardi [1], maintenant l'abbaye de Saint-Maixent dans les privilèges dont elle avait joui du temps des rois d'Angleterre [2] (Arch. Nat., JJ. 53. n° 278, fol. 117 v°).

Juillet 1317.

DIV

Lettres de Philippe le Long retirant l'abbaye de Saint-Maixent du ressort du bailliage de Touraine et la plaçant dans celui de la sénéchaussée de Poitou [3] (Arch. Nat., JJ. 53, n° 275, fol. 116 v°).

Juillet 1317.

DV

Lettres de Philippe le Long confirmant celles de saint Louis et de Philippe le Hardi [4], qui instituaient un prévôt dans la ville de Saint-Maixent [5] (Arch. Nat., JJ. 53, n° 277, fol. 117).

Juillet 1317.

DVI

Lettres de Philippe le Long confirmant celles de Philippe le Hardi [6], relatives au droit de justice de l'abbaye de Saint-Maixent [7] (Arch. Nat., JJ. 53, n° 279, fol. 117).

Juillet 1317.

---

1. V. ces lettres plus haut, p. 54 et note 1, et p. 113.
2. Imprimées par M. Guérin (*Arch. Hist. du Poitou*, t. XI, p. 163).
3. Imprimées par M. Guérin (*Arch. Hist. du Poitou*, t. XI, p. 170). Elles se trouvent aussi dans le recueil des *Ordonnances*, t. III, p. 216, et dans Thibaudeau (*Hist. du Poitou*, t. I, p. 436). D. Fonteneau (t. XVI, p. 243 et 247) donne aussi cette pièce d'après le vidimus du mardi après les Octaves de la Purification de la sainte Vierge de l'an 1324 (12 février 1325), délivré par Guillaume Borgails, clerc, garde du scel royal à Saint-Maixent, dont il a été parlé plus haut (v. n° CCCCV). Au bas, dit D. Fonteneau, pend à une bande de parchemin un sceau de cire verte, où, d'un côté, l'on voit un champ semé de fleurs de lis sans nombre, et de l'autre, pour contre-scel, quatre fleurs de lis posées en croix.
4. V. ces lettres plus haut, p. 60 et 114.
5. Imprimées par M. Guérin (*Arch. Hist. du Poitou*, t. XI, p. 165).
6. V. ces lettres plus haut, p. 124.
7. Imprimées par M. Guérin (*Arch. Hist. du Poitou*, t. XI, p. 168).

DVII

Arrêt du Parlement de Paris condamnant le seigneur de Couhé à rendre hommage pour son fief à l'abbaye de Saint-Maixent, et mettant à néant l'opposition qu'y avait faite Hugues de la Celle, sénéchal de Poitou (D. FONTENEAU, t. XVI, p. 245, d'après l'original).

Mars 1324.

Karolus, Dei gratia, Francorum et Navarre rex. Notum facimus universis, tam presentibus quam futuris, quod cum procurator religiosorum virorum abbatis et conventus monasterii beati Maxentii, diocesis Pictavensis, alias in nostra curia requisivisset, quod cum dominus de Cohec, racione terre et feodi de Cohec, fidelitatem et homagium eisdem religiosis teneretur prestare, et essent dicti religiosi in possessione hujusmodi ab antiquo, gentesque nostre indebite et de novo impedivissent et impedirent quominus dictus dominus fidelitatem et homagium hujusmodi prestaret eisdem, quod nos impedimentum faceremus amoveri predictum, et ipsos in possessione sua predicta gaudere, super quibus mandavimus seneschallo Pictavensi, quod ipse se diligencius informaret, si haberemus jus aliquod in premissis, et illud quod super premissis inveniret, sub sigillo suo remicteret nostris gentibus Parlamenti. Facta igitur super premissis informacione predicta, et auditis procuratore nostro et procuratore dictorum religiosorum ad judicandum, tradita et recepta, visa et diligenter examinata et audita dudum relacione, quam fecit super hoc Hugo de Cella, miles, quondam [seneschallus], dominorum genitoris et germanorum nostrorum consiliarius, in lecto egritudinis de qua decessit existens, qui predictum homagium posuerat ad manum regiam.... de novo injuste, ut dicebant religiosi predicti, prout quidem de gentibus dictorum dominorum nostrorum, qui predictam confessionem et relacionem audiverunt, dudum curie domini germani nostri regis Philippi retulerunt ; per arrestum nostre curie dictum fuit, quod impedimentum per dictas gentes nostras dictis religiosis super dictis fidelitate et homagio appositum, nec non et manus regis ibidem apposita, amovebuntur exinde, et permictentur dicti religiosi possessione sua predicta gaudere. In cujus rei testimonium, presentibus litteris nostrum fecimus apponi sigillum. Actum Parisius, in Parlamento nostro, anno Domini millesimo trecentesimo vicesimo tercio, mense martii.

DVIII

Lettres de Philippe de Valois ratifiant le paiement fait par l'abbé de Saint-Maixent d'une contribution de deux cents livres tournois, pour se racheter, cette fois seulement, de l'obligation qui lui incombait de fournir au roi cinquante sergents de pied en temps de guerre [1] (Arch. Nat., JJ. 67, n° 72, fol. 25).

Mai 1329.

DIX

Lettres de Philippe de Valois au sénéchal de Poitou, lui ordonnant de lever la saisie mise féodalement sur les domaines de l'abbaye de Saint-Maixent pour défaut d'hommage rendu au roi par le successeur de l'abbé Bernard de Preissac (D. FONTENEAU, t. XVI, p. 249, d'après un vidimus du 17 février 1332-1333).

12 décembre 1330-19 juillet 1332.

Philippe, par la grace de Dieu, roys de France, au seneschal de Poytou ou à son lieu tenant, salut. L'abbé et le convent de Sainct Maixent qui, si comme il disent, avec tous leurs biens sunt en nostre garde especial, se sunt complains à nous, que, comme tant par privilege royal, que autrement, il soient, et, de tel temps que memoire n'est du contraire, il aient esté pesiblement en sezine, que

---

1. Imprimées par M. Guérin (*Arch. Hist. du Poitou,* t. XI, p. 340)

par mort d'abbé de leur eglise, leur temporel ne peut, ne ne
doit estre pris en nostre main, ne les fruits d'iceli levés de
par nous, par deffaut de home, combien que le abbé, que il
est novellement creé, nous doit faire feiauté de cili temporel, et la nous a fait le abbé que maintenant est, nostre
procureur de voustre seneschaussée, après la mort [Arnaut]
Bernart de Prissac, davancier du dit present abbé, pour
deffaut de hommage, prist et mist en nostre main le dit
temporel, et encore le detient en leur grant domage et prejudice, et en enfraignant nostre garde. Si vous mandons
que, si appellés ceus qui seront à appeller summairement et
de plain, vous tenés estre ainsi, facés vostre main houster
du dit temporel, et tout ce qui en a été levé rendre ès dis
complaignans, et à ce contraignés nostre dit procureur,
si iceux complaignans ne aient cause de plus recourir à
nous pour ceste chouse. Doné à Paris, douze jours en may,
l'an de grace mil trois cens trente deux. *Item alia copia.*
Philippe, par la grace de Dieu, roys de France, au seneschal
de Poytou ou à son lieu tenant, salut. Comme autrefois
nous vous eussion mandé par nos autres lettres, que nous
avions mis et mettions de grace especial en nostre souffrance, jusques à nostre volunté, nostre amé et feal l'abbé
de Sainct Maixent en Poytou de nous faire le serment de
feauté, au quel il nous est tenus pour raison de la temporalité de la dicte abbaye, et à [faire] ce nous vous eussions
mandé et commis, que vous recehussiez pour vous en
lieu de nous, et pour nous, le serment dessus dit du dit
abbé, et que vous ne le feissiez en riens contraindre ne
molester pour deffaut de ce, contre la teneur de nostre
dicte grace, et que se auqune chose aveit esté prise ou
saisie du sien pour reson de ce, que vous la li fassez mettre
tantoust au delivre; et nous ayons entendu que vous avez
recehu le serment de la feauté, et le temporel du dit abbé
sezi, et la caucion donée pour ce n'avez pas mis au delivre, ainseis sunt molestés de jour en jour : de quoy il nous

desplest moult ; pour quoy nous vous mandons et commetons derrechef que, contre la teneur de nostre dicte grace, vous ne soffrez le dit abbé ne ses pleges estre molestés de ce en avant, et si aucune chose a esté prise, sezie ou levée du leur, vous leur faciez rendre et restablir sans delay, et leur dit temporel mectre au delivre en telle maniere, que par voustre deffault ou negligence le dit abbé ne retornet plus plaintes par devers nous. Donné à Paris, le neufviesme jour de may, l'an de grace mil trois cens trente deux. *Item alia copia.* Philippe, pour la grace de Dieu, roys de France, au seneschal de Poictou ou à son lieu tenant, salut. Comme nous, de grace especial, ayons mis en respit l'abbé de Sainct Maixent de nous faire l'omage et serment de fealtié, en quoy il nous est tenus à faire jusques à la prochaine feste de Penthecoste, nous vous mandons que pour cause le dit homage ou serment de fealté vous ne les molestez durant notre present grace, ainseis li delivrés tout ce que du sien auroit esté pris ou arresté pour le dit homage ou fealtié non faiz. Donné à Paris, le douziesme jour de decembre, l'an de grace mil trois cens trente. *Item alia copia.* Philippe, par la grace de Dieu, roys de France, au seneschal de Poictou et à tous nos autres justiciers ou à leurs lieu tenans, aus quels cestes presentes lettres verront, salut. Comme nous eussions donné terme certain, c'est assavoir à la Penthecoste prochaine venant, à l'abbé de Sainct Maixent en Poictou, par nos autres lettres, si comme il dit, de venir en nostre foy ou homage ou serment de feauté pour les choses qu'il tient de nous, savoir fesons que nous, de grace especial, avons alongué et allongeons jusques à la sainct Remi prochaine ensuivant le terme dessus dit, et mandons à vous et à chescun de vous, si comme à li appartiendra, que veu nos autres dictes lettres vous ne molestés en riens le dit abbé pour la cause dessus dicte durant le dit terme de la sainct Remi, et se aucune chose estoit faite au contraire, remetez à l'estat premier. Donné à la Ville Neuve de Hez, le darrenier jour d'avril, l'an de grace mil trois cens trente un. *Item alia copia.* Philippe, par la grace de Dieu, roys de France, au seneschal de Poitou, salut. Nous avons mis et mettons de grace especial en nostre suffrance, jusque à nostre volunté, nostre amé et feal l'abbé de Sainct Maixent en Poito, de nous faire le serment de feauté, au quel il nous est tenu faire pour cause de la temporalité de sa dicte abbaye. Si vous mandons et commectons que recehu par vous, en lieu de nous et pour nous, du dit abbé le serment dessus dit, vous ne le faciés en rien contraindre ne molester pour deffaut de ce que la teneur de nostre dicte grace, et si auqune chose est, peut estre prise ou sezie du sien, fete la li tantoust meettre au delivre. Donné à Verteuil, le dix neufviesme jour de jugnet, l'an de grace mil trois cens trente deux.

DX

Lettres du dauphin Charles, régent de France, réglant le ressort de l'abbaye de Saint-Maixent, qui, par suite du nouveau démembrement du comté de Poitou, aurait été détachée de la couronne, et la plaçant dans le ressort de Loudun [1] (Arch. Nat., JJ. 86, n° 41, fol. 16 v°).

Avril 1358.

DXI

Après la mort de l'abbé Jean, les religieux de l'abbaye de Saint-Maixent donnent procuration à trois d'entre eux pour rendre hommage du domaine de l'abbaye au roi d'Angleterre (D. Chazal, *Chronicon,* cap. 59).

21 septembre 1362.

Noverint universi quod nos frater Nicolaus, subprior claustralis monasterii Sancti Maxentii, ordinis sancti

---

1. Imprimées par M. Guérin (*Arch. Hist. du Poitou,* t. XVII, p. 263). Elles se trouvent encore dans le recueil des *Ordonnances,* t. III, p. 217, et dans Thibaudeau (*Hist. du Poitou,* t. I, p. 434).

Benedicti, Pictavensis diœcesis, officio prioris claustralis vacante, totusque conventus, die jovis post festum beati Matthæi apostoli, anno Domini millesimo trecentesimo sexagesimo secundo, corpore bonæ memoriæ defuncti domini Johannis, immediate electi et confirmati in abbatem hujus monasterii, prius tradito ecclesiasticæ sepulturæ, in loco capituli congregati pro tractando de negotiis et de provisione abbatis et pastoris nobis debite facienda, fecimus et constituimus in procuratores speciales fratres Johannem de Gasconolla, Petrum Fromondi, et Arnaldum Iterii ad præstandum hominium illustrissimo domino, domino nostro regi Angliæ, ratione temporalitatis hujusce cœnobii.

DXII

Certificat de Jean Chandos, sénéchal de Poitou, portant que l'abbé de Saint-Maixent est venu par devers lui pour rendre hommage au prince de Galles et d'Aquitaine et qu'il a reçu son serment de fidélité (D. FONTENEAU, t. XVI, p. 279, d'après un vidimus du 31 mars 1368-1369).

14 septembre 1363.

A tous ceulx qui ces presentes lettres verront et orront, Pierre Chauvea, portant le seel establi à Sainct Maixent pour très haut, puissant et excellent prince mon seigneur le prince d'Aquitaine et de Gales, salut en nostre Seigneur. Sachent tous que nous avons veu et reguardé les lettres de noble et puissant seigneur mon sieur Johan Chamdos, vicomte de Saint Sauveur, lieu tenant en Aquitaine pour nostre sire le roy d'Angleterre et pour mon sieur le prince d'Aquitaine et de Gales, des quelles la teneur s'ensuit :

Johan Chamdos, vicomte de Sainct Sauveur, lieu tenant en Acquitaine pour nostre sire le roy d'Angleterre et pour mon sieur le prince d'Acquitaine et de Gales, et commissaire du roy nostre dit seigneur deputé en ceste partie, à tous ceulx qui ces presentes lettres verront, salut. Come par vertu de nostre dicte commission nous eussions fait commandement, de par le roy nostre sire, à honnorable pere en Dieu l'abbé de Sainct Maixent de faire au dit monsieur le prince serment de feauté et autres chouses, en quoy il estoit tenus selon le transport, fait par le roy nostre dit seigneur, du dit païs d'Acquitaine au dit mon sieur le prince, le quel abbé a fait le serement de feauté selon nostre dit commandement, reservans et protestans la souveraine autorité du roy nostre dit seigneur, selon le dit transport et conservation de ses privileges et droiz de l'eglise, à la quelle chouse le dit monsieur le prince le receut, et pour ce nous, à la requeste du dit abbé, li avons octroyé ces presentes nostres letres pour li valoir en lieu et en temps et pour li estre garans à son honneur et loyauté guarder. Donné soubs nostre propre seel, à Poictiers, le quatorziesme jour du mois de septembre, l'an de grace mil trois cens soixante et trois [1].

En tesmoing de la quelle vision ou inspection nous dit selleur le dit seel, que nous portons, à ces lettres avons appousé. Donné le dernier jour du mois de mars, l'an de grace mil trois cens sexante et huys.

DXIII

Aveu du temporel de l'abbaye de Saint-Maixent rendu au prince d'Aquitaine et de Galles par l'abbé Guillaume de Vezançay [2] (D. FONTENEAU, t. XVI, p. 257, d'après l'original).

15 décembre 1363.

[Sachent tous que ge Guillaume, per la miseration di-

---

1. Cet acte est encore rapporté par D. Fonteneau, t. XVI, p. 255, d'après l'original.
2. Il existe aux Archives Nationales, Q¹ 1525, un aveu original de l'abbaye rendu au roi, le premier août 1443, par l'abbé Jean Chevalier. Ce texte, qui reproduit dans sa forme et même son contexte celui de 1363, sauf les modifications de noms apportées par le temps, nous a permis de rectifier en bien des endroits la copie de D. Fon-

vine, abbé du mouster de Saint Maixent, de l'ordre de saint Benoist, de la diocese de Poictou, confesse et advohe, sauve le droict de l'anexion du dit mouster à la corone de nostre seigneur le roy d'Angleterre, tenir tant pour moy que pour mes subgiez, à cause de nostre dit mouster, de très redoubté et excellent prince mon seigneur Edduart, par la grace de Dieu, prince d'Aquitaine et de Gales, duc de Cornoailles, comte de Cestre, hors du ressort du comté de Poictou, tant come le dit comté sera hors de la main real, selon qu'il est contenu plus à plain ès privileges du dit mouster, confirmés par mon dit seigneur le prince sous la sovraineté du roy, nostre dit seigneur, sans departir, à serment de fealté et devoir de trente livres]¹ à muance d'abbé, et cinquante sergens de pié par quarante jours, renduz une foiz à la requeste [de mon dit] ² seigneur quant il ha guerre entre les rivières de [Sesves] ³ et de la Dourdoigne, sur les terres d'Azay, de Sovignec, de Pamprou et de Saint Germer, c'est assavoir le corps de l'abbaie du dit moustier avecques toutes les appartenances, tant en chief que en membres, et mesmement les harbergemens

---

teneau, tant pour les noms de lieux que pour ceux de personnes ; comme en outre il a l'avantage de nous faire connaître pour beaucoup de fiefs la suite des vassaux de l'abbaye, il nous a semblé bon de reproduire en note tout ce qui, dans cet acte de 1443, s'éloigne par trop de celui de 1363. Les passages de ce dernier, modifiés par l'aveu ultérieur, sont mis entre crochets.

1. « Sachent touz que je, Jehan Chevalier, par la miseracion divine, humble abbé du moustier de Sainct Maixent, de l'ordre sainct Benoist, de la diocèse de Poictou, confesse et advohe tenir, tant pour moy que pour mes subgiz, à cause de mon dit moustier, de très excellent et très puissant prince mon souverain seigneur Charles, par la grace de Dieu, roy de France, à cause du droit de sa couronne, sans riens en departir et hors du ressort de la comté de Poictiers, si et quant le dit compté seroit hors de la main royal, selon ce que il est contenu plus à plain ès privilliges du dit moustier, confirmés par mon dit souverain seigneur et ses predecesseurs roys de France, à ung serement de feaulté et devoir de trente livres. »

2. « Du dit souverain. »

3. « De Loyre. » (D. Fonteneau a certainement mal lu, les aveux des vassaux du comté de Poitou portant tous le service entre les rivières de Loire et de Dordogne.)

de Lort de Poictiers, de la Grange Doyrec, du Sault au Bergier, de Valectes, de Vouilhié [1], et toutes les appartenances anciennes des diz lieux, et toute juridicion et justice haulte, moyenne et basse, mère et mixte impère, ès dictes chouses et en ce qui s'en despend et puyt despendre.

Item tout ce qui appartient au domayne de la crosse du dit moustier, d'ancieneté, à Pamprou, Saint Germier, Verines, aux Groyes près de Ulmes, à Marssay, à la Fon de Loye et à Tayré [2], et appartenances d'iceulx lieux, les quelx chouses dessus dictes povent valoir par le temps de paez unze cens et cinquante livres de rente ou environ.

Item le prieurté de claustre, la prevousté, l'aumosnerie, la secrestanie, l'enfermerie, la cenelerie et la chanterie du dit moustier.

Item les prieurtés d'Azay, de Mons, de Saint Ilaire près d'Augec, de Verruyes, de Ternant, de Nantuil, de Pamprou, de Talant, de Ysernay, de Sovignec, de Romans, de Lermitain, de Saint Tibaut, de Saint Pierre de Melle, de Verines, de Lorignet, de Cogulet, de Fourras, de la Fondeloye, de Marssay et de Dampvir avecques toutes les appartenances des offices et prieurtés dessus dis, tant en justice et jurisdicion que autrement; les quelx chouses povent bien valoir douze cens cinquante livres de rente ou environ.

Item ung homage lige, à cinquante livres tournois de devoir à muance de tenour et cinquante solz de chamberlage, que doit [monssieur Savari de Vivone, chevalier] [3], à cause de son chastea et chastelanie d'Aubignet, avec

---

1. « De la Garde. »
2. « Aux Groles, à Saint Regratien en Aulnys. »
3. « Dame Caterine de Varèze, veuve de feu messire Jehan de
« Vivonne, chevalier, comme havans le bailh et gouvernement de
« Ysabeau de Vivonne, fille du dit messire Jehan de Vivonne et
« d'elle. »

toutes les appartenances et appendances et de la vigerie qu'il ha à Saint Maixent et à Azay et de la Tour Chabot et de tout ce qu'il ha en la ville de Saint Maixent, et la justice et jurisdicion haulte et moyenne que les religieux, abbé et convent des Chastelers ont en leur dicte abbaie au Marchais, à la Robelere, à Landraudere, à Lenjobertere, au Soussiz, à la Ferrere, à Saint Project, à Fonfoulet, à la Bertonere et en leur herbergement de Saint Maixent, et toute la juridicion haulte, moyenne et basse, que [le dit chevalier de Aubigné][1] ha sur les hommes et chouses des dis religieux et qui de eulx sont tenuez à Taulay, à la Septe, au Prez, à la Fraignée et à Yjau et en plusieurs autres chouses, si comm e il est contenu on dit homage.

Item ung homage lige, que doit [mon sieur Guillaume Larcevesque][2], sire de Partenay, à cause du chastel du Coudray et de ce qu'il tient, tant en fié que en rereffié, ès paroches de Alone, de la Buissiere, de Saint Bardoux, de [Bealieu][3], de Vouhé, de Saint Leen, de Souters, de Mazères, de Verruyes, de Saint Meart, des Grozelers, de Cours, de Champdener, de Saint Denys, de Champeaux, de la Chappelle Baston, de Germond, [de Rovre][4], de Saint Cristofle, de Berlou, de Saint Gelais, de Eschiré, [de Sainte Ouenne][5], et de ce qu'il ha à Villers, excepté ce qui est du fié de Vovent.

Item ung homage lige, au devoir d'une peau de cerf chacun an, que doit fère mon sieur [Guillaume de Felleton][5], chevalier, pour raison du chastel du Boys Pouvera et des appartenances, et aussi de Cherveaux et des appartenances

---

1. « La dite dame à cause que dessus »
2. « Le. »
3. « Belleeu. »
4. Les deux localités de Rouvre et de Sainte-Ouenne sont omises dans l'aveu de 1443.
5. « De Craon. »

d'icellui[1], [et de ce qu'il ha à Saint Araye, movans du dit fié][2].

Item ung homage lige, au devoir d'une peau de cerf que doit [mon sieur Geuffroy][3] de Mortemer, [chevalier][4], chascun an, à cause du chastea et chastelanie [de Couhec et des appartenances][5].

Item ung homage lige, au devoir de dix livres et sexante solz pour cheval de service au chief de l'an, que [doit][6] faire [mon sieur][7] Symon de Burele, chevalier, à cause de [dame] Margarite de Bauçay, sa fame, pour raison de la moytié de ce qu'il tient à Villers et ès appartenances et circonstances du dit lieu[8].

Item ung homage lige, à sept livres en deners et un levrer blanc de devoir et dix solz de chambelage à muance d'abbé et de tenour, que [doit][9] [mon sieur][10] Mengau de Melle, chevalier, à cause de son herbergement du Puy Manguerea et appartenances d'icelli[11].

Item ung autre homage lige, [à tel devoir comme la coustume du païs donne, pour ce qu'il n'y ha devoir abony, que doit][12] le dit messire Mengau[13], à cause du fié de Saugé et de Piousay et du fié de Fontegerive et de ce qu'il

---

1. « Les quelles choses tient à present messire George, seigneur de la Trimoille. »
2. Ce passage est omis dans l'aveu de 1443, et a été remplacé par celui-ci : « Item, ung homage liege, que souloit faire messire « Jehan de Torrssay, chevalier, à cause de la ville et chastellenie « de Saint Eraye, les quelles choses tient à present dame Johanne « de Torssay, fille du dit messire Jehan. »
3. « Jehan. »
4. « Seigneur de Couhec. »
5. « Du dit lieu. »
6. « Souloit. »
7. « Messire. »
8. « Les quelles choses tient à present messire Aymar de la Rochefoucaut, à cause de dame Johanne de Martreuil, sa femme. »
9. « Souloit faire. »
10. « Messire. »
11. « Les quelx choses tient à present la dicte dame Johanne de Torssay, à cause que dessus ».
12. « A cinquante solz de devoir que devoit. »
13. « De Mèle. »

[tient] ¹ soubz les dits homages à la Fontenalle et environ ².

Item ung homage lige, à cent solz de devoir et cinq solz de chambellage, que [doit] ³ Jehan Seignouraut à muance d'abbé et de tenour, à cause du fié appellé le fié aux Morineaux ⁴.

Item ung homage plain, à cinq solz de devoir à muance de tenour, et douze deniers de chamberlage, que [doit] ⁵ Robert de Rex, comme tuteur des enffans Guillaume Martin de Cherveaux [feu], à cause de l'arbergement qui fut à la deguerpie fehu Jehan Gobinea, et des autres chouses comprises au dit homage.

Item ung homage lige, à cent solz de devoir à muance de tenour et dix solz de chamberlage, que doit Johan Yvonet dit [Colin] ⁶, à cause de sa sergentize et des choses qu'il tient pour cause d'icelle.

Item ung homage lige, à cent solz de devoir et cinq solz de chamberlage, que doit Johan Andraut, à cause du bailhage du molin de Ricoux et de ses maisons de Saint Maixent, qui furent à Guillaume Proyrié, et d'un herbergement et d'un pré que tiennent les Popins de Charchenay.

Item ung homage lige, à cent solz de devoir et cinq solz de chamberlage à muance d'abbé et de tenour, que [doit] ⁷ Heliot Trole, à cause de ce qu'il ha on molin de Cour.li davant ⁸.

Item ung homage plain, au devoir de quatre deners de cens annuaulx et quinze solz à muance de tenour et vingt et sept solz dix deners de service au chief de l'an, que doit

---

1. « Tenoit. »
2. « Le quel tient à present la dicte dame Johanne de Torssay. »
3. « Souloit devoir. »
4. « Assis à la Brousse d'Azay, le quel tient à present Berthommé Mousset, du dit lieu de la Brousse. »
5. « Souloit devoir. »
6. « Coutin. »
7. « Souloit devoir. »
8. « Le quel molin tient à present le ceneler du moustier de Saint Maixent. »

[Audebert] [1] de Vareze, [comme tuteur ou curateur des enffans mon sieur Briant de Vareze, son frère] [2], à cause du fié Rousset, assis à Baterea [3].

Item ung homage lige, à cent solz de devoir à muance de tenour et dix solz de chamberlage, que [doit] [4] Johan Juzet, à cause de sa sergentize de Sovigné [5].

Item ung homage plain, à un chevreul de devoir à muance de tenour [et cinq solz de chamberlage] [6], que doit Guillaume Pouverea, valet, à cause de son herbergement et appartenance de la [Blacherie] [7].

Item ung homage [8], à cinq solz de devoir et cinq solz de chamberlage, que [doit] [9] Guillaume Minet, à cause de son herbergement de Fontverines et ses appartenances [10].

Item ung homage lige, à ung petit tournoys de devoir à muance d'abbé et de tenour et dix solz de chamberlage, que doit dame Catherine Chauvine, jadis fame [mon sieur] Philippe du Paile, chevalier, à cause de son fié d'Esperon.

Item ung homage lige, à cent solz de devoir et dix solz de chamberlage à muance d'abbé et de tenour, que [fait] [11] Symon Charanton, comme tuteur et curateur des enffans Johan Vernou fehu, à cause de l'asnerie du molin des Aubers.

Item ung homage lige, à cinquante solz de devoir et dix solz de chamberlage à muance [d'abbé et] [12] de tenour, que fait Guillaume du Peyré, comme tuteur des enffans feu Pierre Guerin de Chasteaatizon, à cause du bailhage du Foilhaus,

---

1. « Huguet. »
2. Ce passage est naturellement omis.
3. « Le quel tiennent à present les enfans feu Guillaume de Vezenssay, chevalier. »
4. « Souloit devoir. »
5. « La quelle tient à present Pierre Herbert, de Fonfrairoux.
6. Passage omis.
7. « Blouherie. »
8. « Plain. »
9. « Souloit faire. »
10. « Le quel tient à present Symon Eschalart. »
11. « Fit autreffois. »
12. Passage omis.

et doit chacun an [le dit Guillaume, à cause que dessus, contribuer pour la quarte partie à mettre chascun an [1]] ung sergent de pié armé à la garde de la veilhe de mon sieur saint Maixent, et à un des cinquante sergens dessus dis [2].

Item ung homage lige, à sexante solz de devoir et cinq solz de chamberlage à muance d'abbé et de tenour, que doit Thomas Juze, à cause du fié de la Juzie [3].

Item ung homage lige, à cinquante livres de devoir et vingt solz de chamberlage à muance de tenour, que [doit] [4] le sieur de [Verduyt [5]], à cause de sa femme, du fié de Vilene et [doit le dit Chalot] [6], à cause que dessus, [bailher] [7] un cheval pour mener les religieux du dit moustier aus ordres, touteffois que mester est et il en est requis [8].

Item ung homage lige, à devoir de dix livres à muance de tenour et cent solz à muance d'abbé et dix solz de chamberlage, que doit Joffroy Vender, à cause du fié appellé le fié aus Legiers.

Item ung homage plain, à une maille double d'or de devoir à muance de tenour et sept solz six deniers de service, que doit le dit Joffroy Vender, à cause de ses maisons de Saint Maixent et des autres chouses comprises on dit homage [9].

---

1. Passage omis.
2. « Et tient à present le dit homage Bertrand du Peyré, filz du dit Guillaume du Peyré. »
3. « Et tient à present le dit fief Jehan Guillot, du Bruilh d'Oyen. »
4. « Souloit tenir. » Il y avait Chabo de Saint Gelais qu'on a effacé (Note de D. F.). D. Fonteneau avait lu Chabo au lieu de Chalo, erreur que nous avons pu corriger, attendu qu'il est question en ce passage de Charles de Saint-Gelais, aïeul de Pierre, cité en 1443.
5. « Vertueil. »
6. « Est dehu. »
7. « Du dit fief. »
8. « Le quel homage tient à present messire Pierre de Saint Gelais. »
9. « Le quel tient à present Pierre Maintrole, filz de messire Jehan Maintrole, chevaler.

Item ung homage plain, à dix solz de devoir de mortemain et deux solz de chamberlage, que [doit] [1] messire Bertranyet de Cazelis, à cause de ses enffans, pour raison [de sa fame, à cause] du [2] fié de la Jasnelere [3].

Item ung homage plain, à cinq solz de devoir à muance d'abbé et de tenour et à quatre deniers annuaulx, que [doit] [4] Esclersie Maignée, à cause du fié Nalet [5].

Item ung homage lige, à trente solz de devoir à muance d'abbé et de tenour et dix soulz six deniers de service au chief de l'an, que doit Pierre Rochetea, valet, à cause de ce qu'il ha à Chamer et environ.

Item ung homage lige, à dix livres de devoir à muance de tenour et dix solz de chamberlage, que [doit mon sieur] [6] Aymeric d'Argenton, chevalier, à cause de sa fame, à cause du fié [Alassone] [7], et [doit le dit mon sieur Aymeric] [8], à cause que dessus, bailher ung cheval pour mener les religieux du dit moustier aux ordres, touteffois que mestier en est et il en est requis [9].

[Item ung homage lige, à cinquante solz de devoir et dix solz de chamberlage, que doit le dit mon sieur Aymeric d'Argenton, à cause de sa fame, à cause du lieu de la Libournère et appartenances du dit lieu [10]].

Item deux homages plains, à quatre livres dix solz de annuau devoir, que [doit] [11] Jehan Andraut, à cause du peage que il ha en la ville de Saint Maixent, dehu à la porte Poi-

---

1. « Souloit faire. »
2. Passage omis.
3. « Le quel fief tient à present la dame de la Guillotere. »
4. « Souloit faire. »
5. « Le quel tient à present Mathelin Janvre. »
6. « Souloit devoir messire. »
7. « De Lassonne. »
8. « Est dehu. »
9. « Le quel homage tient à present le dit messire Aymar de la Rochefoucault, à cause de la dicte dame Johanne de Martreuil, sa femme. »
10. Paragraphe omis dans l'aveu de 1443.
11 « Souloit faire ».

tevine et à la porte Chalon et à la porte de la Crois [1].

Item ung homage lige, au devoir d'uns esperons blancs à muance d'abbé et de tenour, que [doit] [2] Jehan Bouguerot, à cause de sa sergentize [3].

Item ung homage lige, à cent solz de devoir à muance d'abbé et de tenour et dix solz de chamberlage, que [doit] [4] [Berthomé] Colas, à cause du bailhage de la prevousté d'Azay [5].

Item ung autre homage lige, à cinq solz de devoir et deux solz de chamberlage à muance d'abbé et de tenour, que doit [6] le dit [Berthomé] [7], à cause de la viguerie du fié de Sazillé [8].

Item ung homage plain, à cinq solz de devoir et cinq solz de chamberlage à muance d'abbé et de tenour, que doit Guillaume Rodeame le janvre, à cause de ses fiez de Cerzeaux et du Moynemort et d'environ.

Item ung homage lige, à vingt solz de devoir à muance de tenour et cinq solz de chamberlage, que doit Pierre [Joys] [9], à cause d'un fié appellé Tartsifume.

Item ung homage lige, à cinq solz de devoir à muance d'abbé et deux solz six deniers de chamberlage, que souloit faire Amelion Siquart, de Champeaux, à cause du fié appellé le fié [Tantera] [10].

Item ung homage [lige] [11], à cinq solz de devoir à muance

---

1. « Le quelx homage je tiens à present par faulte d'omme. »
2. « Souloit faire. »
3. « Exercée en la prevosté du dit moustier, la quelle tient à present messire Jehan Giraudea, prebtre, comme tuteur de Meri Robert, son neveu, filz de feu André Robert. »
4. « Souloit faire Jehan. »
5. « La quelle tient à present Regnault le Monnoyer, comme tuteur de sa fille. »
6. « Souloit faire. »
7. « Jehan Colas. »
8. « Le quel tient à present le dit Regnaut, à cause que dessus. »
9. « Joubert. »
10. « Cercerea, le quel tient à present André Siquart, du dit lieu de Champeaux. »
11. « Plain. »

d'abbé et de tenour et deux solz six deniers de chamberlage, que [doit] [1] le dit Amelion Sicart, à cause d'un harbergement qui fut [Boicheron] [2]......, assis en la dicte parroche de Champeaux [3].

Item ung homage lige, à service de toute l'année, que [tenoit Ainé] [4], que [doit] [5] Marguerite [ou rans Esclercie Maignée] [6], comme tuteresse de ses enffans, à cause de leur harbergement et appartenances de Laucherie [7].

Item ung homage lige, à cent solz de devoir à muance de tenour et cinq solz de chamberlage, que [doit] [8] Johan Picher, valet, à cause de son harbergement et appartenances de la Frappinère [9].

Item ung homage lige, à ung denier d'or du prix de vingt solz de devoir à muance d'abbé et de tenour, que [doit] [10] Johan Bourgailh, à cause du fié Grousgrain, assis en la ville de Saint Maixent et environ [11].

Item ung homage plain, à vingt solz de devoir à muance d'abbé et de tenour et dix solz pour cheval de service en la fin de l'an et cinq solz de chamberlage, que doit Johan de Prahec, à cause de son harbergement et appartenances de Veil Romans [12].

Item ung homage lige, à cinquante solz de devoir à muance d'abbé et de tenour et deux solz de chamberlage,

---

1. « Souloit faire. »
2. « Bercheron Morante. »
3. « Le quel tient à present le dit André Siquart. »
4. « Teneur mue. » La mauvaise lecture de D. F. avait totalement changé le sens de ce passage.
5. « Souloit tenir. »
6. « Quantine ».
7. « Que tient à present Jehan Pizon, du dit lieu. »
8. « Souloit faire. »
9. « Le quel fait à present Huguet Chevaler, à cause de sa femme. »
10. « Souloit devoir. »
11. « Le quel tient à present maistre Jehan Gisler, à cause de feue Andrée Andraude, sa mère. »
12. « Le quel tient à present Merigot de Lespinée, comme havant le bailh de Johanne de Lespinée, sa fille. »

que [doit] [1] Johan le Verrer, à cause de sa sergenterie du Bruyl Doyen et de la Ville Seche [2].

Item ung homage lige, à cinquante solz de devoir et sexante solz pour cheval de service en la fin de l'an et cinq solz de chamberlage, que doit Guillaume Apercé, de la Fontenalle, à cause du fié de Buya.

Item ung homage plain, à quarante solz de devoir de morte main et trente solz de service et troys solz de chamberlage, que [doit] [3] Guillaume Ayron, à cause de son harbergement et appartenances du Bruyl de Prailles [4].

Item ung homage plain, à vingt et cinq solz de devoir de morte main et cinq solz de chamberlage, que [doit] [5] Picart Compaignon, de Nyort, à cause des chouses qui furent aus heritiers fehu Johan de la Barre, à cause du fié d'Asleré o ses appartenances [6].

Item ung homage lige, à tel devoir que la coustume du païs donnet, pour ce que il n'y a devoir aboni] [7], que [doit] [Pierre Maentrole], à cause du fié de Sales [8].

Item ung homage lige, à trente solz de devoir à muance de tenour et cinq solz de chamberlage, que [doit] [9] Michea Megea, à cause du fié du Bruyl Riote [10].

Item ung homage lige, à devoir d'un cheval à bailher pour mener les religieux du dit moustier aux ordres, toutefoiz que mestier est et que l'on l'en requiert, que [doit] [11] Pierre de Goyrdon, chevalier, à cause de son lieu et ap-

---

1. « Souloit faire. »
2. « Le quel fief je tiens à present par faulte d'omme. »
3. « Souloit devoir. »
4. « Le quel tient à present Jehan de Voulon, à cause de ses enffans et de Johanne Vasselote, sa femme. »
5. « Souloit faire. »
6. « Les quelx tient à present Jehan Compaignon, de Nyort. »
7. « Cinq solz de devoir. »
8. « Que tient à present messire Jehan Maintrole, chevalier. »
9. « Souloit devoir. »
10. « Que tient à present Jehan de Verines, à cause de sa femme. »
11. « Souloit faire. »

partenances de Romefort et autres chouses tenues soubz le dit homage [1].

Item ung homage lige, à cinq solz de devoir et cinq solz de chamberlage à muance d'abbé et de tenour, et à deux solz six deniers chacun an à Noël, et au ceneler du dit mouster dix et sept solz chacun an en la feste de saint Michea, et à ung sergent de pié à garder la veilhe de mon sieur saint Maixent, chascun an, que [doit] [2] Johan de la Lande, [comme tuteur ou curateur ou bail havans des enffans Pierre de la Lande fehu] [3], à cause du bailhage [4] du Foylhus, et doit le dit Pierre, en nom que dessus, envoier ung des diz cinquante sergens ès parties et par la manière que dit est par dessus [5].

Item ung homage lige, à uns esperons dorez de devoir à muance d'abbé et de tenour, que [doit] [6] Guillaume Galiot, à cause du fié de Voailhé [7].

Item ung homage plain, à cinq solz de devoir et cinq solz de chamberlage à muance d'abbé et de tenour, que doit Johan Boycea, à cause du fié de Faye.

Item ung homage lige, à quarante solz de devoir et dix solz de chamberlage à muance d'abbé et de tenour, que doit le prieur de Pamprou à cause de Margarite Vegère, à cause du fié appellé le fié aux Vegiers.

Item ung homage plain, à vingt et cinq solz de devoir à muance de tenour et doze solz six deniers de service et cinq solz de chamberlage, que [doit] [8] Johan Bilhot comme

---

1. « Le quel tient Pierre Thibaut, à cause de sa femme. »
2. « Souloit devoir. »
3. Ce passage est naturellement omis.
4. « De Savre et. »
5. « Et tiennent à present les dictes chouses Bertrand et Pierre du Peyré, enffans de feu Guillaume du Peyré. »
6. « Doyvent les hoirs feu. »
7. « Que tient à present Jehan Rataut. »
8. « Devoit. »

tuteur ou curateur des enffans Lorens de Praher dit des [Giffons] ¹, à cause de son fié de Mons ².

Item ung homage lige, à vingt solz de devoir et cinq solz de chamberlage à muance d'abbé et de tenour, que doit Johan Clavea dit Roussigneo, de Pamprou, à cause de sa fame, pour raison du fié Veger.

Item ung homage lige, à vingt solz de devoir à muance de tenour et vingt et cinq solz de service en la fin de l'an, et à cinq solz de chamberlage, que [doit] ³ Johan Gaubaut, de Prialhes, à cause de son fié d'Erip et d'environ ⁴.

Item ung homage lige, à cinq solz de devoir et cinq solz de chamberlage à muance d'abbé et de tenour, que doit Guillaume du Peyré, à cause du fié du Peyré et de la Taillée, et doit le dit Guillaume, à cause que dessus, contribuer pour la quarte partie de ung des cinquante sergens dessus dis ⁵.

Item ung homage lige, à cinq solz de devoir à muance d'abbé et de tenour et cinq solz de chamberlage, que doit Johan Chevaler, comme tuteur ou curateur des enffans Johan Chevaler, des Linaux, à cause de leur harbergement, qui fut Huguet de Faye, et des appartenances d'icellui et des autres chouses comprises soubz le dit homage ⁶.

Item ung homage plain, à trente et troys solz quatre deniers de devoir à muance de tenour et cinq solz de chamberlage, que doit Margarite Prevouste, à cause de son fié de Faugeré assis en la paroisse de Mougon ⁷.

Item ung homage plain, à cinq solz de devoir et trois

---

1. « Griffons. »
2. « Lequel tient à present Guiote Arignon e. »
3. « Souloit devoir. »
4. « Et tient à present Meriot Auboyn, à cause de sa femme. »
5. « Le quel homage fait à present le dit Bertrand du Peyré. »
6. « Le quel tient à present Jehan Bouffart. »
7. « Que tient à present Jehan Chaille, de Nyort, à cause de sa femme. »

so,z de chamberlage à muance d'abbé et de tenour, que doit Heliot Morea, à cause de son harbergement de Bonneyl et du four du dit lieu [1].

Item, ung homage plain, à cinq solz de devoir et cinq solz de chamberlage à muance d'abbé et de tenour, que doyvent les hoirs feu Johan [Catoloys] [2], à cause du fié [Materé] [3].

Item ung homage plain, à cinq solz de devoir et douze deniers de chamberlage à muance d'abbé et de tenour, que doit Guillaume Fouquaut, à cause de son fié des Quartes.

Item ung homage plain, à cinq solz de devoir et douze deniers de chamberlage à muance d'abbé et de tenour, que doit Johan Rayner, de Bonuyl, à cause de son fié des Quartes de Bonuyl.

Item ung homage plain, à vingt et cinq solz de devoir à muance d'abbé et de tenour et douze solz six deniers pour cheval de service au chief de l'an, que [doit] [4] Pierre de Sazay, à cause de son harbergement et appartenances de Mortefons [5].

Item ung homage plain, à dix solz de devoir à muance de tenour et cinq solz de chamberlage, que [doit] [6] Heliot Tison, à cause d'un molin et autres chouses, qu'il [tient] [7] à Montegnet [8].

Item ung homage plain, à cinq solz de devoir et deux solz six deniers de service et trois solz de chamberlage à muance d'abbé et de tenour, que doit Jehan Poterea, à cause d'un fié, appellé le fié Poterea, assis en la paroche de Saint Martin de Fontaynes et environ.

---

1. « Que tient à present Jehan Morea, du dit lieu de Bõnneuil. »
2. « Couroles. »
3. « Metorea. »
4. « Devoit. »
5. « Le quel tient à present Meri de Sazay. »
6. « Devoit. »
7. « Tenoit. »
8. « Le quel tient à present Jehan Soreau, du dit lieu de Montigné. »

Item ung homage lige, à vingt et cinq solz de devoir à muance de tenour et cinq solz de chamberlage, que [doit Pierre Didot de Marssay] [1], à cause du fié de la Vendère.

Item ung homage lige, à cinq solz de devoir ou de bailher un cheval pour amener le compaignon du prieur de Marssay à la dicte abbaye au grant chapitre quant l'on le fait le jour de la feste saint Symon et Jude chescun an, et cinq solz de chamberlage, que doit Johan Audoyn, à cause du fié de la [Feberrère] [2].

Item ung homage lige, au devoir de toute l'année que le teneur mue et dix solz de chamberlage, que doit monsieur Johan Lunea, chevalier, à cause de ce qu'il tient à Saint Martin de Fontaynes et environ.

Item ung homage lige, à vingt solz de annuau devoir en la feste saint Michea chescun an, que doit Johan Roux, du fié qu'il tient à Saint Martin de Fontaynes et environ [3].

Item ung homage lige, à ung escu blanc ou quinze solz de devoir à muance de tenour et cinq solz de chamberlage, que doyvent les heritiers Johan Voussart, à cause de ce qu'ilz tiennent en la paroisse de Saincte Raygon près de Marssay et environ [4].

Item ung homage plain, à cinq solz de devoir à muance de tenour et deux solz six deniers de chamberlage, que doit Guillaume Prevoust, de Dampvir, à cause de la prevosté du dit lieu [5].

Item ung homage lige, à vingt cinq solz de devoir à muance d'abbé et de tenour et cinq solz de chamberlage, que doit Pierre des Groies, à cause du fié de la Groye [6].

Item ung homage plain, à cinq solz de devoir à muance

---

1. « Tient à present Jehan Didot. »
2. « Fayebretère. »
3. « Le quel tient à present Jehanne du Plessis, comme ayans ls bail des enffans du dit feu Jehan Roulx et d'elle. »
4. « Le quel tient à present Jehan Voussard. »
5. « La quelle tient à present Jehan de Lisle. »
6. « Que tient à present Guillaume des Groies. »

d'abbé et de tenour et cinq solz de chamberlage, que doit Johan Mayner, de Pamprou, à cause de la huictiesme partie de la tierce partie des dixmes de laynes, aigneaux et deniers des parroisses de Pamprou et de Saint Germer.

Item ung homage plain, à un escu blanc ront de devoir à muance de tenour et cinq solz de chamberlage, que [doit] [1] Bertrand de Çazelis à cause de [sa fame] [2], à cause d'une maison o ses appartenances assis jouxte le cimentère de Saint Pierre de Melle et de toutes les autres chouses que souloit avoir à Melle Guillaume Coudasson, soient dixmes, complans, vignes et autres chouses quelxconques [3].

Item ung homage lige, à deux cierges de cère de poix de treze livres de cère de devoir annuaux à paier chescun an en la [veilhe] [4] de saint Maixent, que [doit Johan] [5] de Marconay, à cause de ce qu'il [tient ou souloit tenir] [6] en la chastellanie de Saint Maixent dame [Eschive] [7] Chabote [8].

Item ung homage plain, à cinq solz de devoir et douze deniers de chamberlage à muance d'abbé et de tenour, que doit Regnaut [Bigou] [9], à cause de son fié des Quartes de Bonuyl, en la parroche de Montignet.

Item ung homage plain, à dix solz de devoir et ung esperons de service et cinq solz de chamberlage, que [doit] [10] maistre André Fradin, à cause de son fié de Fontverrines [11].

Item ung homage lige, à cinq solz de devoir et deux

---

1. « Souloit devoir. »
2. « Ses enffans. »
3. « Les quielx chouses tient à present la dame de la Guillotère, vefve de feu Girault d'Orfeuille. »
4. « Veigle. »
5. « Souloit devoir Guyon. »
6. « Souloit tenir. »
7. « Meschine. »
8. « Les quielx chouses tiennent à present Jehan de Marconnay et Jehan des Frans. »
9. « Rigoulx. »
10. « Souloit devoir. »
11. « Le quel tient à present Loys Voussart, à cause de sa femme. »

fromages de chamberlage, que doit Johan Chevau, à cause du fié que souloit faire Pierre Maynart, de Marssay, à cause de son harbergement du dit lieu.

Item ung homage plain, à cinq solz de devoir de morte main et uns esperons blans de service au chief de l'an, que doit l'aumosner du dit moustier, à cause des chouses qu'il tient à Saint Maixent et à Chamer et en la Saysine.

Item ung homage lige, à trente solz de devoir à muance d'abbé et de tenour et quinze solz de chamberlage, que [doit] [1] Johan [Homoner] [2], de Souvignec, à cause de sa fame, de ce qu'il [ha] [3] près de la maison aus Pineas et environ et de certaines chouses que souloit tenir Regnaut Prevoust [4].

Item ung homage lige, à trente solz de devoir à muance [d'abbé et] [5] de tenour et cinq solz de chamberlage, que doit Pierre Touchez, de Saint Germer, à cause d'un fié appellé le fié Touchcois [6].

Item ung homage plain, à trente solz de devoir à muance de tenour et cinq solz de chamberlage, que doit Saladin des Prez, à cause de sa fame, à cause du fié de Fontegrive.

Item ung homage plain, à cincq solz de devoir de mortemain et cincq solz de chamberlage, que doyvent les héritiers Griguyre [Proust] [7], de Seovemont, à cause de ce qu'ilz tiennent soubz le dit homage à Bonuyl et environ.

Item ung homage lige, à trente solz de devoir à muance de tenour et cinq solz de chamberlage, que [doit] [8] Gilet de la Chome, à cause du fié appellé le fié Faidi [9].

Item ung homage lige, à quarante solz de devoir et

---

1. « Souloit devoir. »
2. « Aumosnier. »
3. « Havoit. »
4. « Le quel tient à present Loys Thibault. »
5. Passage omis.
6. « Le quel tient à present Jehan Naydea. »
7. « Prévoust. »
8. « Souloit devoir. »
9. « Le quel tient à present Jehan Guillotea. »

cinq solz de chamberlage à muance d'abbé et de tenour, que doit Phelipom [1] Gauters, à cause de sa fame, à cause de son fié de Bonuyl et d'environ.

Item ung autre homage plain, à cinq solz de devoir à muance de tenour et doze deniers de chamberlage, que devoit le dit Phelipom, à cause de sa dicte fame, d'un autre fié, assis à Bonuyl et d'environ, [que souloit tenir Pierre Jordain] [2].

Item ung homage lige, à cinq solz de devoir et cinq solz de chamberlage à muance d'abbé et de tenour, que doit Phelippe Chevalière, comme tuteresse de ses enffans, à cause de leur harbergement et appartenances assis [en la parroche de] Vouylhé.

Item une maille d'or de devoir à muance de tenour, que doit l'abbé de Castelers pour raison des chouses qu'il tient du dit monsieur l'abbé de Saint Maixent en la parroche de Saint Eane et à Saint Maixent et environ.

Item ung homage plain, à vint et cinq livres de devoir à muance d'abbé et de tenour et dix solz de chamberlage, que doit Geoffroy [Mourant] [3], à cause de Pierre Chale, à cause de sa sergenterie de Pamprou et de Saint Germer.

Item ung homage lige, à cinquante livres de devoir à muance de tenour et vingt solz de chamberlage, que doit le dit Geoffroy, à cause que dessus, du fié de [Luchère] [4].

Item ung homage plain, à cinq solz de devoir à muance d'abbé et de tenour et cinq solz de chamberlage, que doyvent les heritiers [Johanne] [5] Julienne, à cause du fié de la Rocheassonne [6].

---

1. « Le quel tient à present Jehan Gautier ». A la suite de cet hommage, l'acte de 1443 indique celui de Pierre Thibaut, qui est porté en renvoi à la fin de cet aveu.
2. « Et tient le dit Gautier. »
3. « Morrent. »
4. « Lousche, assis à Pamproul, appellé le fief des Chalez. »
5. « Philippe. »
6. « Que tient à present messire Aymeri Chauvin, chevalier. »

Item ung homage lige, à cinquante solz de devoir à muance de tenour et cinq solz de chamberlage, que doit Johan Giraut, de Lermenaut, commé loyal administreur de Johan, son fil, à cause du fié aux Chevallers, assis en la parroche de Marssay et d'environ [1].

Item ung homage plain, à quinze solz de devoir à muance d'abbé et de tenour et trois solz de chamberlage, que doit Johan Verinea, à cause du fié qu'il ha à Marssay et environ.

Item ung autre homage lige, à cinq solz de devoir à muance de tenour et douze deniers de chamberlage, que doit Johan Verinea, à cause du fié de la Cruelère.

Item ung homage lige, à vingt et cinq solz de devoir à muance de tenour et douze deniers de chamberlage, que doit Johan Virole, de Lermenaut, à cause de son harbergement et appartenances de Marssay.

Item ung homage plain, à cinq solz de devoir et cinq solz de chamberlage à muance d'abbé et de tenour, que doit Guillaume Texier, à cause de sa fame, de la quarte partie des dixmes et aignaux de la desmerie de Pamprou et de Saint Germer et des autres chouses qu'il tient soubz ledit homage.

Item ung homage plain, à cinq solz de devoir et deux solz six deniers de chamberlage à muance d'abbé et de tenour, que doyvent les hoirs Rouzé de Loubea, à cause de son fié de Montignet.

Item ung homage lige, à cinquante solz de devoir et cinq solz de chamberlage à muance d'abbé et de tenour, que doit Hugues Suyre, de Chorray, à cause de son fié de Monoye, que souloit tenir [Michel] [2] Goutars [3].

Item ung homage plain, à dix solz de devoir à muance d'abbé et de tenour et cinq solz de chamberlage, que doit Pierre Rucains, parrochien de Fraisseignes, à cause de ce qu'il tient on fié d'Aleré.

---

1. « Le quel tient à present Jehan Gazea, du dit lieu. »
2. « Nycholas. »
3. « Et le quel tient à present Jehan Pichaut, de Saint Maixent. »

Item ung homage plain, au devoir d'un cheval à bailler pour mener à la dicte abbaie, [à la feste [1] de] saint Maixent chescun an, le compaignon du prieur de Marssay, que doit Aymeric Boylesve, à cause de son fié du dit lieu de Marssay, appellé le fié Bertrand du Soc.

Item ung homage lige, à cinq solz de devoir et deux solz de chamberlage, que doit Johan Roux, de Trevins, à cause de son harbergement et appartenancés du dit lieu [2].

Item ung homage plain, à cinq solz de devoir à muance de tenour et cinq solz de chamberlage, que doyvent les hoirs Raigon Mériote, à cause de leur fié de la parroche de Cherveaux et d'environ.

Item ung homage plain, que me fait la dame de Saint Pompain, à vingt et cinq solz de devoir et cinq solz de chamberlage à muance d'abbé et de tenour, pour raison du fié de Puymain [3].

Item ung homage plain, à cinq solz de devoir pour uns esperons blans et à deux solz six deniers de chamberlage, que me fait Guillaume Prevoust des Exars, pour raison de certaines chouses assises en la ville de Saint Maixent et environ et plusieurs autres chouses contenues en son feage.

Item cognois ge le dit abbé, comme dessus est dit, à li serement et de nous dessus dit, tenir tote justice et juridicion haulte, moyenne et basse, mere et mixte impere, ès quatre voyes ou chemins principaux de Saint Maixent, sauve à moy dit abbé de Saint Maixent de accreistre, de mendrer, de corriger, speciffier et desclairer plus applain, si mestier est, en cestuy advehu, touteffois qu'il vendra à ma notice, que ge auroy aucune chouse obmis ou que ge auroy aucune chouse mis qui fist à corriger ou desclairer.

---

1. Passage omis.
2. « Le quel tient à present Jehan Brunet, dudit lieu. »
3. « Le quel tient à present le dit seigneur de Montbazon, à cause que dessus. »

En tesmoign de ces chouses, ge ay appousé mon grant seel, de quoy je use ès negoces et juridicion de la dicte abbaie, et supplie à mon dit seigneur que, si ge avoye riens laissé à exprimer du temporel du dit mouster à descláirer en ceste presente lettre, ou autrement en aucune manère erré, qu'il plaise à mon dit seigneur moy adressier, car je suis tout près, tous jours, de fère ce que ge devray vers mon dit souverain seigneur. Donné [en la dicte abbaie, le quinzème du mois de decembre, l'an mil trois cens soixante et troys [1]. [2]

DXV

Mandement de Baudouin Franille, chevalier, sénéchal de Saintonge, à tous les sergents de la sénéchaussée, pour mettre à exécution les lettres d'Edouard, prince d'Aquitaine, du 8 mars 1364, confirmatives des privilèges accordés à l'abbaye de Saint-Maixent par ses prédécesseurs (D. FONTENEAU, t. XXVII *bis*, p. 654, d'après l'original).

31 mars 1364.

Baudoin Franille, chevalier de très excellent et très puissant seigneur mon seigneur le prince d'Aquitaine et son seneschal en Xaintonge, commissaire en ceste partie de mon dit seigneur, à Pierre Angevin, sergent de mon dit seigneur et à tous les sergens de la dite seneschaussée de Xaintonge, à qui ces lettres venrront, ou à leurs alloués, salut. Nous avons receu les lettres du dit mon seigneur le prince contenant la forme qui s'ensuit :

Edwardus, illustrissimi domini Dei gratia regis Anglie primogenitus, princeps Acquitanie et Wallie, dux Cornu-

---

1. « A Saint Maixent, le premier jour du moys d'aougst, l'an mil quatre cens quarante et troys. »
2. « Item ung autre homage lige, à quinze solz de devoir et troys solz de chamberlage a muance d'abbé et de tenour, que doit Pierre Thibaut, à cause de son fié assis à Bonuyl et environ. » Cet article est par un renvoi au bas de l'aveu (Note de D. F.). L'aveu de 1443 complète ainsi cet article : « Que souloit tenir Pierre Jourdain, »

bie et comes Cestrie, senescallo nostro Xanctonensi cœterisque officiariis et ministris nostris et aliis quibuscumque in principatu nostro Aquitanie constitutis, ad quos presentes litere pervenerint, eorumve loca tenentibus, salutem. Quia nonnulla privilegia religiosis abbati et conventui Sancti Maxencii, Pictavensis diocesis, ordinis sancti Benedicti, per predecessores nostros olim concessa confirmavimus non est diu, vobis et vestrum singulis, prout ad eum pertinuerit, precipimus et mandamus quatinus de contentis in eorum privilegiis per nos, ut predicitur, confirmatis, abbatem et conventum antedictos et eorum membra juxta nostre confirmationis et aliarum literarum quarumcumque eis per nos concessarum, formam, seriem et tenorem uti et gaudere permittatis, et ab aliis nostris subditis quibuscumque permitti faciatis, vel contra ipsarum seriem facere presumentes, quocumque inhibicione per locum tenentes nostri senescalli Pictavensis, seu alium quemcumque nostrum officiarium incontinenter facta in aliquo nonobstante. In cujus rei testimonium literas nostras fieri fecimus has patentes, teste me ipso, in palacio nostro Pictavis, die octava mensis martii, anno Domini millesimo trecentesimo sexagesimo tercio.

Par vertu et auctorité desquelles lettres, nous vous mandons, commandons et commettons et à chacun de vous que, des dits privileges et de toutes et chacunes les chouses contenues es dictes lettres dessus transcriptes, vous faites, laissés et suffrés joir et user pasiblement et perpetuellement les dis religieux, presens et advenir, selon la forme et teneur d'icelles, en le faisant et acomplissant de point en point, comme dit est, si et en la maniere que par icelles vous appartiendra qu'il nous est mandé et doit estre fait ; toutevoyes mie notre atende que pour ce vous entremetés de chouses qui requieret cognoissance de cause, la quelle vous entredisant par ces presentes, mandons à tous les subgets et sousmis de nostre dit seigneur de la dicte senechaussée, requerans tous autres que à nous et à chacun de vous en ce faisant dehuement obéissent diligement et entendent. Donné en la Rochelle, sous le scel de la dicte seneschaussée, le dernier jour de mars, l'an mil trois cens soixante et quatre.

DXVI

Jean Andraut rend aveu à l'abbé de Saint-Maixent pour le péage des portes de cette ville, pour les moulins de Ricou et de Courdevant, pour un hébergement à Cherchenay et autres choses (D. FONTENEAU, t. XVI, p. 273, d'après l'original).

7 janvier 1366.

Sachent tous que ge, Johan Andraut [1], avouhe tenir de reverent pere en Dieu religieus home et honeste monsieur l'abbé de Saint Maixent, à homage lige, à cinquante soulx de devoir et à dix soulx de chambluage, la moité par indevis du peage de la porte Challon, sur quoy le dit monsieur ha quatre livres dix soulx. Item avouhe à tenir de mon dit seigneur, à homage lige, à cinquante soulx de devoir et à dix soulx de chambluage, la moitié par indevis du peage de la porte du Pont Charraut, et proteste et sauve de demander et tenir sous le dit homage et devoir l'autre moitié du dit peage, que mon dit seigneur tient à present. Item avouhe à tenir, sous le dit homage et devoir, le peage des autres portes et de la ville de Saint Maixent et le peage dedens les quatre cuilhes et les peages des

---

1. Le fils de ce personnage, nommé aussi Jean, clerc de Saint-Maixent, donna à l'abbaye, pour être, ainsi que ses père et mère, « participant aux bienfaiz, messes et oresons qui de jour en jour « sont dictes dans l'église du dit moustier », 30 sous de rente ou cense perpétuelle et 2 deniers de cens, que lui devait Pierre Léger, boucher, à raison de la baillette que lui avait faite feu Jean Andraut, son père, avocat en cour laie, d'une maison avec ses vergers, sise à Saint-Maixent, tenant aux maisons de Pierre Raguit et autres, par acte du mois de mars 1398 (Arch. de la Vienne, Abbayes, l. 3). C'est la dernière donation faite à l'abbaye, uniquement à charge de services religieux, que nous ayons rencontrée.

foyres d'Azay, au toutes parties, renunciances et amandes de sexante soulx par cause des dis peages non payés, la où ge prens le tout, et là où ge prens partie, pour la partie que ge y prens; et me povent valloir les dis peages quatre livres de rente ou environ. Item avouhe tenir du dit monsieur, à homage lige, à cent soulx de devoir tant pour moy que pour mes personniers, subjects et sommis, la moitié du molin de Ricous et de ses appartenances par indevis, et la moitié par indevis des farines que gaigne le dit molin et le sepzen boycea de blé sec, et un boycea doue pris on dit molin chescune semayne, et toute la farine du peyzayl; les quelles chouses du dit molin que ge avouhe tenir, prenent au moy le tiers les enffans du Coustaux, part prenent et mectent, et paient en ce que ge suis tenus de faire au dit molin la tierce partie. Item l'arbergement qui fut aus Papins de Charchanay et une piece de vigne et une piece de pré appartenant au dit herbergement, que tient à present le prevost du dit lieu au moy, à cinq soulx aus aydes et devoirs du fié. Item et les droits, prouffis et hémolumens, que Aymeri Bonyot dit Guyllot avoit acoustumé à avoir on molin de Corlidavant, qu'il avoit affermé à Symon Trole, à la ferme de quatre sextiers de blé et deux chappons, les quels chouses prent le prieur de cloistre de la dicte abbaye par cause d'une chappellanie qu'il dit que le dit Aymeri Bonyot fonda en la dicte abbaye, et il dit qu'il doit tenir les dictes chouses de moy sous le dit homage à deux soulx à muance de seigneur et de teneur. Item avouhe tenir soubs le dit homage et devoir la maison qui fut Proyne, assis sous la dicte abbaye. Et me povent valoir les dictes chouses, payées les charges, sexante soulx à coustume de païs ou environ, sauve ma raison d'acrestre, de mendrer, corriger, modifier et decleyrer en ces dis mes avehus plus à plen, quant mestier sera, et supplie au dit mon sieur, quar si ge ay obmis ou avouhé aucun chouse plus que ne doy, qu'il li plaise moy y adroysser et aviser, et ge suis prest de y adjoysser et corriger, toutes fois qu'il vendra à ma notice ; et ces chouses ge certiffie au dit mon sieur et à tous ceulx à qui il puet et doit appartenir yces presentes lettres, seellées du seel du quel l'on use à Saint-Maixent pour très haut et puissant seigneur mon sieur le prince d'Aquitaine et de Galles, le quel seel portet Johan Mignot ; et nos dit Johan Mignot, à la supplication et requeste du dit Johan Andraut, le dit seel, que nos portons, à ces presentes lettres avons mis et apposé. Donné le septiesme jour du mois de janvier, l'an mil trois cens soixante et cinq.

DXVII

Commission de Guillaume de Felton, sénéchal de Poitou pour le prince de Galles, donnée pour un an à Guillaume Janvre et à Jacques Andraut, pour réprimer les empiètements du prévôt et des sergents royaux de Saint-Maixent sur la juridiction de l'abbaye (D. FONTENEAU, t. XVI, p. 277, d'après l'original).

11 novembre 1366.

Guillaume de Feltoun, chevalier, senechal de Poitou pour nostre seigneur le prince d'Aquitaine et de Galles, à nos amez maitre Guillaume Janvre..... et Jacques Andraut, salut. Le procureur des religieux, abbé et convent de Saint-Maixent, nous a signifié, en soy complaignant, disant que le prevot de notre dit seigneur du dit lieu de Saint Maixent, et plusieurs sergens du dit monsieur le prince, font de jour en jour plusieurs arrets et prises en leurs terres.., la quelle chouse ils ne doivent faire, et quant ils demandent avoir les dits personnes, le dit prevot dit que à li n'est pas à les rendre, et puis sont delivrez ou... de la prison sans appeller le dit procureur des dits religieux, jà ce qu'il les aient requis ; et aussi que plusieurs gens font ajorner de jour en jour leurs homes levans et couchans en fié ou rerefié, et quant il demande la court et obeissance des demandes personnelles et reelles que l'on fait à leurs dits hommes, en la dite prevoté, des chouses qui meuvent d'eulx, le dit prevot, jà ceu qu'il ne debust cognoistre des demandes personnelles que l'on fait à leurs dis hommes, ne des reelles des chouses qui meuvent d'eux, ne veut le dit prevot rendre aus dits religieux l'obeissance, mès dit qu'il en aura conseil et avis, et les menet par delais afin que le dit signifiant ne soit au jour qu'il leur baillet à rendre son avis ; les quelles chouses sont en grant gref, prejudice et domage des dits signifians, s'il est ains ; et nous ont requis que sur ce les vullions pourvoir de remede commun. Pour quoi nous, à qui il appartient faire raison à chacun, nous et notre lieu tenant general empechez de plusieurs et arduoux negoces touchant notre dit seigneur, par les quex nous ne povons vaquer à determiner les dits debats, si comme il sourvenent de jour en jour... ...vous mandons... que appellés le procureur de notre dit seigneur, le dit prevot et autres qui seront à appeler sur l'obeissance des homes et subjets des dits religieux, tant sur les causes criminelles que civiles, faites aux dits religieux et à leurs dits hommes bon et brief accomplissement de justice, en nous rapportant à chacune assise ce que fait en aurez, à fin d'en ordenner ce qu'il appartiendra de raison, retenu à nous sur ce cause d'appel si elle y sourt, ces presentes emprès un an non valables... Donné sous le seel de la dicte senechaussée, le unze novembre mil trois cens soixante et six.

DXVIII

Lettres du prince de Galles par lesquelles il confirme les privilèges accordés par les rois de France à l'abbaye de Saint-Maixent [1].

30 octobre 1368.

---

1. Le texte de ces lettres est contenu dans celles d'Edouard III, du 16 février 1369, qui suivent.

DXIX

Lettres d'Edouard III, roi d'Angleterre, par lesquelles il confirme celles de Philippe le Hardi, de Louis le Hutin et de Philippe le Long, rois de France, du dauphin Charles et du prince de Galles, qui accordaient divers privilèges à l'abbaye de Saint-Maixent ou les confirmaient (Copie du XVIII° s. ; Bibl. Nat., M^{ss} Moreau, 684 (Bréquigny, 60), fol. 183-188).

16 février 1369.

Rex omnibus ad quos, etc., salutem. Inspeximus litteras patentes Johannis Mignot, portantis sigillum carissimi primogeniti nostri Edwardi, principis Aquitanie et Wallie, apud villam Sancti Maxencii deputatum, in hec verba :

A tous ceux qui ces presentes lettres verront et orront, Johan Mignot, portant le seal establi à Seint Maxent pour puissant et excellent prince mons. le prince d'Aquitaigne et de Gales, salut en nostre Seigneur. Sachent touz que nous avons veheu et regardé les lettres dud. mons. le prince, seellées en fille de soie et en cire blanche, des quelles la tenour s'ensuit :

Edwardus, Domini Dei gratia, regis Anglie primogenitus, princeps Aquitanie et Wallie, dux Cornubie et comes Cestrie, notum facimus universis, presentibus pariter et futuris, nos litteras in filis cericis et cera viridi sigillatas vidisse, quarum tenor sequitur in hec verba :

Karolus, regis Francorum primogenitus, regnum regens, dux Normannie et delphinus Viennensis, notum facimus, presentibus pariter et futuris, nos tres literas regias in filis cericis et cera viridi sigillatas vidisse, quarum tenor prime sequitur in hec verba :.... Philippus, Dei gratia. Notum.... [1].

Tenor vero secunde litere talis est : Ludovicus [2],............

---

1. V. cette pièce plus haut, p. 124.
2. V. cette pièce plus haut, p. 136.

Tertia vero continet formam que sequitur : Karolus, regis Francorum primogenitus ejusque locum tenens, dux Normannie et delphinus Viennensis, notum facimus universis, tam presentibus quam futuris, quod de registris cancellarie regie de tempore inclite memorie carissimi domini et consanguinei nostri regis Philippi Longi fecimus literas extrahi, formam que sequitur continentes : Philippus [1],..........

Nos autem dux et locum tenens predictus, in hujusmodi extractus testimonium, presentibus literis, absente magno sigillo regio, apponi fecimus Castelleti Parisiensis sigillum. Datum Parisius, anno Domini millesimo ccc^{mo} quinquagesimo septimo, mense marcio.

Quas quidem litteras et omnia in eisdem contenta rata et grata habentes, ipsas laudamus, volumus et auctoritate regia qua fungimur in hac parte ac de gratia speciali confirmamus et approbamus, et quia hujusmodi comitatus Pictavensis nunc extra manum regiam existit, prout erat tempore quo bone memorie carissimus dominus et consanguineus noster dictus rex Philippus, comes quondam Pictavensis, dictum comitatum, antequam dictum regnum Francie ad ipsum devenisset, tenebat et possidebat, nos in favorem abbatie Sancti Maxencii in Pictavia, cujus terra in variis locis, presertim infra confinia dicti comitatus Pictavensis, inclavata consistit, providimus, statuimus ac tenore presentium ordinamus et concedimus quod eadem abbatia, tam in capite quam in membris, ad jus corone Francie dudum, ut in dictis litteris continetur, retenta necnon quelibet, res ad eam pertinentes in regia protectione et salva gardia et hactenus, quandiu dictum comitatum dictus dominus genitor noster ejusque predecessores reges Francorum, tenuerunt, sub resorti Nyorti et Pictavensis in senescallia Pictavensi existentes, ex nunc in posterum in et de resorto Louduni, de Turonensi ballivia, consistent

---

1. V. cette pièce plus haut, p. 137.

et permaneant, sub consuetudinibus quibus abbas et conventus ac priores ejusdem abbatie et homines eorumdem soliti sunt hactenus gubernari, quamdiu dictus comitatus extra manum regiam remanebit. Mandantes et committentes baillivo Turonensi, qui nunc est et pro tempore erit aut ejus locum tenenti, tenore presentium quatinus ipsos religiosos eorumque homines et quemlibet ipsorum premissis uti et gaudere faciat et permittat, juxta tenorem litterarum supra scriptarum ; inibendo senescallo Pictavensi ceterisque justiciariis ejusdem comitatus, et cuilibet eorumdem, ne contra premissorum tenorem ipsos, vel eorum alterum, impediant, vexent vel molestent aut impediri, vexari sive molestari faciant aut permittant quoquomodo, quicquid in contrarium factum fuerit ad statum pristinum et debitum reducendo. Quod ut firmum et stabile perpetuo maneat in futurum, has presentes litteras sigilli nostri munimine fecimus roborari. Salvo in aliis jure regio et in omnibus quolibet alieno. Actum et datum Parisius, anno Domini millesimo ccc^{mo} quinquagesimo octavo, mense aprilis.

Demum Johannes Chandos, vicecomes Sancti Salvatoris, locum tenens generalis in partibus Francie prefati domini nostri regis genitoris nostri, dictos religiosos, ipsorum monasterium, bona, famulos, jura, possessiones in capite et in membris, recepit et posuit in protectione, salva et speciali gardia dicti domini nostri regis, et annexavit superioritati domini regis Anglie, sicut erant uniti corone Francie, per modum et formam in suprascriptis litteris contenta ; concessitque teneri faure eis, et ex certa scientia, auctoritate regia, confirmavit ipsis et eorum monasterio, tam in capite quam in membris, eorum hominibus et subditis, libertates et privilegia de quibus possit debite apparere, prout in litteris dicti Johannis Chandos cum filis cericis et cera viridi sigillatis vidimus contineri. Quam quidem annexationem et alia suprascripta confirmamus de gratia speciali. Et quia dictus comitatus nunc extra manum regiam et in manu nostra consistit, supplicarunt nobis humiliter abbas et conventus prefati quatinus resortum et resorti judicem extra comitatum predictum, pro se et membris suis et quibuslibet rebus ad ipsos pertinentibus, eisdem concedere dignaremur. Nos igitur eorum supplicationibus inclinati, eisdem concessimus quod ipsorum abbatia, tam in capite quam in membris necnon res ad eam pertinentes, in et de resorto seneschalie Xanctonensis et apud Xanctonem, consistat, permaneat sub consuetudinibus quibus abbas et conventus ac priores ejusdem abbatie et homines eorumdem soliti sunt hactenus gubernari, quamdiu comitatus extra manum regiam remanebit. Mandantes et committentes specialiter in hac parte seneschallo Xanctonensi, qui nunc est et pro tempore erit, aut ejus locum tenenti quatinus ipsos religiosos eorumque homines et quemlibet ipsorum, premissis uti et gaudere faciat et permittat, juxta tenorem literarum suprascriptarum. Inhibendo senescallo Pictavensi, prepositis, servientibus, presentibus et futuris, ceterisque justiciariis ejusdem comitatus, et cuilibet eorum, ne contra premissarum tenorem, ipsos vel eorum alterum impediant, vexent vel molestent, aut impediri, vexari, sive molestari faciant aut permittant quoquomodo, quicquid in contrarium factum fuerit, ad statum pristinum et debitum reducendo. Quod ut firmum et stabile perpetuo maneat in futurum, has presentes litteras sigilli nostri munimine fecimus roborari. Salvo in aliis jure regio et nostro, et quolibet alieno. Actum et datum Pictavie, decima nona die mensis septembris anno Domini millesimo ccc^{mo} sexagesimo tertio.

En tesmoignance de la quele vision ou inspeccion, nous le dit seeleur le dit seel que nous portons à ces lettres avons appousé et mys. Donné le penultiesme jour du moys d'octobre mil ccc soixante et huyt.

Nos autem omnia et singula per predictum principem

primogenitum sic eisdem abbati et conventui concessa et confirmata, rata habentes et grata, ea pro nobis et heredibus nostris, quantum in nobis est, auctoritate nostra regali, prefatis abbati et conventui et eorum successoribus, ex certa nostra scientia, concedimus et tenore presentium confirmamus in perpetuum, sicut litere predicte rationabiliter testantur. Mandantes et specialiter committentes in hac parte universis et singulis senescallis, prepositis, justiciariis ac aliis ballivis et ministris in dominio nostro Aquitanie constitutis, qui nunc sunt, vel qui pro tempore erunt, necnon aliis fidelibus nostris ibidem quatinus ipsos religiosos, eorumque homines et quemlibet ipsorum, premissis omnibus, per nos concessis et confirmatis, uti et gaudere faciant et permittant juxta concessionem et. confirmationem nostras predictas. Omnibus fidelibus nostris in dictis partibus inhibendo ne contra has concessionem et confirmationem nostras, ipsos vel eorum aliquem impediant, vexent vel molestent, aut impediri, vexari vel molestari permittant quovismodo, et quicquid in contrarium factum fuerit ad statum pristinum et debitum reducendo. Salvo in aliis jure nostro et in omnibus quolibet alieno. In cujus, etc. Datum, sub magni sigilli nostri testimonio, in palacio Westmonasterii, xvi die februarii.

DXX

Guillaume de Vezançay, abbé de Saint-Maixent, remet entre les mains d'Alain de Beaumont, chevalier, capitaine de la ville et du château de Saint-Maixent, les clés de la porte Charraut de ladite ville, que les abbés, ses prédécesseurs, avaient toujours gardées, à la charge de les lui restituer à la fête de la Saint-Luc prochaine (D. FONTENEAU, t. XVI, p. 281, d'après l'original).

28 septembre 1372.

In nomine Domini, amen. Anno Incarnationis Dominice millesimo trecentesimo septuagesimo secundo, die vicesima octava mensis septembris, hora vesperum vel circa, in publica aula abbacie monasterii Sancti Maxencii, ordinis sancti Benedicti, Pictavensis diocesis, indictione undecima, in nostrum notariorum publicorum et testium infra scriptorum ad hoc vocatorum et rogatorum presencia, personaliter constitutis, reverendo in Christo patre et domino domino Guillelmo, miseratione divina abbate ejusdem monasterii Sancti Maxencii, ex una parte, et nobili et potenti viro domino Alano de Bellomonte, milite, capitaneo ut dicitur ville et castri Sancti Maxencii predicti, ex parte altera. Cum prefatus dominus Alanus de Bellomonte inibi peteret et requireret instanter omnes et singulas claves cujusdam porte ville prefati Sancti Maxencii, nuncupate vulgariter porta Charraudi, a prefato reverendo domino abbate pro evitando quam plurima pericula, et ut predicta villa Sancti Maxencii melius securius ab hostibus malivolis tueretur, sibi tanquam capitaneo ville Sancti Maxencii predicte, tradi realiter ac eciam assignari : tunc vero prefatus reverendus dominus Guillelmus, abbas, sua et ipsius conventus vice et nomine, eidem domino Alano dixit et respondit quæcumque omnes et singule claves porte Charraudi predicte pertinuerunt, pertinere debent, consueverunt et pertinent, a tanto tempore et per tantum tempus de cujus contrario hominum memoria non existit, prefatis monasterio ac abbati et conventui, et in possessionem pacificam extiterunt abbas et conventus, qui pro tempore fuerunt et sunt monasterio Sancti Maxencii ejusdem, ac eisdem competit jus habendi et custodiendi claves porte supradicte, et quod sua in solidum, non autem alterius, semper interfuit et interest ipsas claves custodire et habere, ac prefatam portam Charraudi per se aut personam interpositam et fidelem claudere et adperire ad suum proprium libitum voluntatis ; dicens eciam ulterius prefatus reverendus dominus abbas, de prehabito consilio et consensu venerabilis prioris, supprioris claustralium, prepositi, elemosinarii, prioris de Souvigné, et aliorum seniorum dicti monasterii ibidem presencium, quod allegatis per ipsum quo supra nomine non obstantibus et sine prejudicio abbatis, conventus et monasterii predictorum, libenter traderet precario usque ad certum tempus claves omnes et singulas porte Charraudi ante dicte eidem domino Alano, militi, nomine suo privato, et non tamquam capitaneo vel alias sub nomine officii cujuscumque, de quo, ut dixit, gerebant fiduciam pleniorem. Quibus requisicione et responsione, sicut premittitur, factis, sœpefatus reverendus dominus abbas, supra dictis de conventu presentibus, volentibus et consencientibus hujusmodi, ut prefertur, eidem domino Alano de Bellomonte, militi, a prefata sua peticione modo et forma predictis discedens, recipienti suo simplici nomine, nec alias ut apparuit, agnoscentique premissa omnia et singula per prefatum reverendum dominum abbatem superius enumerata fore vera, publice tradidit quascumque claves omnes et singulas porte Charraudi supradictæ, per ipsum dominum Alanum usque ad instans et proximum festum beati Luce evangeliste, et non ultra precario, ut dictum est supra, conservandas. Quas quidem claves prefatus dominus Alanus de Bellomonte, miles, promisit conventui in fidem militis, et juravit, fide ab ipso super hoc prestita corporali et sub obligatione omnium singulorum bonorum suorum, mobilium et immobilium, presentium et futurorum, reddere, restituere et realiter assignare prefatis abbati et conventui aut eorum certo et fideli mandato ad tempus et terminum superius annotata, absque contradictione aliquali et mora per se vel alium in contrarium apponenda dicto reverendo. . . . . suo mon..... a dicto domino Alano, ac nobis notariis publicis infra scriptis pro omnibus et singulis, quorum interest et interesse poterit in futurum solem.... stipulantibus; de et super quibus omnibus et singulis prenominatus reverendus dominus abbas, nomine quo supra, peciit a nobis dictis notariis infra scriptis et nostrum quolibet sibi dari et per nos confici unum vel plura, tot quot habere voluerit, publicum seu publica instrumentum vel instrumenta. Acta fuerunt hoc anno, mense, die, loco, hora, indictione et pontificatu quibus supra, presentibus discretis viris Andrea Malmenii, Guillelmo Boneti, valetis, Stephano Brissonea, et multitudine gencium copiosa, testibus ad premissa vocatis specialiter et rogatis [1].

DXXI

Lettres de Charles V, confirmatives de celles données par lui comme régent de France au mois d'avril 1358, qui réglaient le ressort de l'abbaye de Saint-Maixent [2] (Arch. Nat., JJ. 103, p. 297).

26 novembre 1372.

DXXII

Lettres de Charles V, confirmant les privilèges accordés par les rois, ses devanciers, à l'abbaye de Saint-Maixent [3] (Arch. Nat., JJ. 103, p. 302).

26 novembre 1372.

DXXIII

Lettres de Charles V, portant que le ressort des affaires de l'abbaye de Saint-Maixent ne sera plus porté à Loudun, mais bien à Chinon, devant le bailli des exemptions d'Anjou et de Touraine [4] (Arch. Nat., JJ. 104, p. 248).

27 juillet 1373.

---

1. Ici est l'attestation et la signature du notaire (Note de D. F.).
2. Imprimées dans le recueil des *Ordonnances*, t. V, p. 545. D. Fonteneau, t. XXXVIII. p. 163, donne, sous la date du 29 novembre, un extrait de cette pièce, d'après l'original.
3. Imprimées dans le recueil des *Ordonnances*, t. V, p. 545.
4. Imprimées dans le recueil des *Ordonnances*, t. V, p. 625.

DXXIV

Lettres de Charles V, portant que, pour ne pas préjudicier aux droits de l'abbaye, le siège du bailli des exemptions de Poitou, qui a été établi à Saint-Maixent, ne s'y tiendra que pendant deux ans, et que ce bailli ne pourra connaitre des affaires de l'abbaye dont le ressort est porté à Chinon [1] (Arch. Nat., JJ. 104, p. 249).

27 juillet 1373.

DXXV

Jean Barrault, paroissien de Prailles, « *de Praillis* », donne à Guillaume de Vezançay, « *G. de Vezençayo* », abbé de Saint-Maixent, tous ses biens meubles et immeubles (D. Fonteneau, t. XXXVIII, p. 176, extrait de l'original).

5 mai 1376.

DXXVI

Bulle du pape Grégoire XI, donnant commission aux évêques de Nantes et d'Angers et à l'abbé de Saint-Martial de Limoges pour faire rendre justice à l'abbaye de Saint-Maixent, et la protéger contre les usurpateurs de ses biens, droits et juridictions (D. Fonteneau, t. XVI, p. 289, d'après l'original).

9 janvier 1378.

Gregorius, episcopus, servus servorum Dei, venerabilibus fratribus Nannetensi et Andegavensi episcopis, ac dilecto filio abbati Sancti Martialis Lemovicensis, salutem et apostolicam benedictionem. Militanti ecclesiæ licet immeriti disponente domino presidentes, circa curam ecclesiarum et monasteriorum omnium solercia reddimur indefesse soliciti, ut juxta debitum pastoralis officii eorum occurramus dispendiis, et profectibus divina favente clemencia salubriter intendamus. Sane dilectorum filiorum

---

1. Imprimées dans le recueil des *Ordonnances*, t. V, p. 626. D. Fonteneau, t. XVI, p. 285, donne aussi ces lettres d'après l'original.

abbatis et conventus monasterii Sancti Maxentii, ordinis sancti Benedicti, Pictavensis diocesis, conquestione percepimus quod nonnulli archiepiscopi, episcopi, aliique ecclesiarum prelati et clerici, ac ecclesiastice persone, tam religiose quam seculares, necnon duces, marchiones, comites, barones, nobiles, milites et laïci, communia civitatum, universitates opidorum, castrorum, villarum, et aliorum locorum, et alie singulares persone civitatum et diocesum, et aliarum partium diversarum occuparunt et occupari fecerunt castra, villas, et alia loca, terras, domos, possessiones, jura, jurisdictiones, necnon fructus, census, redditus et proventus dicti monasterii ac membrorum ejus, et nonnulla alia bona mobilia et immobilia, spiritualia et temporalia, ad abbatem et conventum ac monasterium et membra predictos spectancia, et ea detinent indebite occupata, seu ea detinentibus prestant auxilium, consilium, vel favorem; nonnulli etiam civitatum et diocesum ac parcium predictarum, qui nomen Domini in vacuum recipere non formidant, eisdem abbati et conventui super dictis castris, villis, et locis aliis, terris, domibus, possessionibus, juribus et jurisdicionibus, fructibus, censibus, redditibus et proventibus eorumdem, et quibuscumque aliis bonis, mobilibus et immobilibus, spiritualibus et temporalibus, et aliis bonis ad eosdem abbatem et conventum ac monasterium et membra spectantibus, multiplices molestias et injurias inferunt et jacturas. Quare predicti abbas et conventus nobis humiliter supplicarunt, ut cum eisdem valde reddatur difficile pro singulis querelis ad apostolicam sedem habere recursum, providere eis super hoc paterna diligentia curaremus. Nos igitur adversus occupatores, detentores, presumptores, molestatores, et injuriatores hujusmodi illo volentes eisdem abbati et conventui remedio subvenire, per quod ipsorum compescatur temeritas, et aliis aditus committendi similia precludatur, discretioni vestrae per apostolica scripta mandamus, quatinus vos vel duo aut unus vestrum per vos, vel alium seu alios, etiamsi sint extra loca, in quibus deputati estis, conservatores et judices prefatis abbati et conventui efficacis defensionis presidio assistentes, non permittatis eosdem super hiis et quibuslibet aliis bonis et juribus ad abbatem et conventum ac monasterium et membra predictos spectantibus, ab eisdem vel quibusvis aliis indebite molestari, vel eis gravamina seu dampna vel injurias irrogari ; facturi dictis abbati et conventui, cum ab eis vel procuratoribus suis, aut eorum aliquo fueritis requisiti de predictis et aliis personis quibuslibet super restitutione hujusmodi castrorum, villarum, terrarum et aliorum locorum, jurisdicionum, jurium et bonorum mobilium et immobilium, redditum quoque ac proventum et aliorum quorumcumque bonorum, necnon de quibuslibet molestiis, injuriis, atque dampnis præsentibus et futuris, in illis videlicet, que judicialem requirunt indaginem..... [1] et de plano sine strepitu et figura judicii, in aliis vero prout qualitas eorum exegerint, justicie complementum, occupatores seu detentores, presumptores, molestatores et injuriatores hujusmodi, necnon contradictores quoslibet...... cujuscumque dignitatis, status, ordinis vel conditionis, extiterit, quantumcumque et quocienscumque expedierit, auctoritate nostra per censuram ecclesiasticam appellatione postposita compescendo, invocato ad hoc, si opus fuerit, auxilio brachii secularis; nonobstantibus tam felicis recordationis Bonifacii papæ octavi, predecessoris nostri, in quibus cavetur ne aliquis extra suam civitatem et diocesim, nisi in certis exceptis casibus et in aliis ultra unam dietam a fine sue diocesis ad judicium evocatur, seu ne judices et conservatores a sede deputati predicta extra civitatem et diocesim, in quibus deputati fuerint, contra quoscumque

---

1. Tous les endroits que l'on voit en blanc sont déchirés (Note de D. F.).

procedere, sive alii vel aliis vices suas committere, aut aliquos ultra unam dietam a fine diocesis eorumdem trahere presumant, dummodo ultra duas dietas aliquis auctoritate presencium non trahatur, seu quod de aliis, quam de manifestis injuriis et violenciis, ac aliis, que judicialem indaginem exigunt, pœnis in eos si secus egerint, et in id procurantes adjectis, conservatores se nullatenus intromittat, quam aliis quibuscumque constitutionibus a predecessoribus nostris Romanis pontificibus, tam de judicibus delegatis et conservatoribus, quam personis ultra certum numerum, ad judicium non vocandis aut aliis editis, que nostre possent in hac parte jurisdictioni aut potestati ejusque libero exercicio quomodolibet obviare ; seu si aliquibus communiter vel divisim a dicta sit sede indultum, quod interdici, suspendi, excommunicari, aut extra vel ultra certa loca ad judicium evocari non possunt per litteras apostolicas non facientes plenam et expressam ac de verbo ad verbum de indulto hujusmodi et eorum personis, locis, ordinibus et nominibus propriis mentionem, et qualibet alia dicte sedis indulgencia generali vel speciali, cujuscumque tenoris existat, per quam presentibus non expressam vel totaliter non...... nostre jurisdictionis explicatio in hac parte valeat quomodolibet impedire, et de qua, cujusque toto tenore de verbo ad verbum, habenda sit in nostris litteris mentio specialis. Ceterum volumus et apostolica auctoritate decernimus, quod quilibet sequi valeat articulum eciam per alium inchoatum, quamvis idem inchoans nullo fuerit impedimento canonico prepeditus, quodque a data presentium sit vobis et unicuique vestrum in premissis omnibus et eorum singulis ceptis et non inceptis, presentibus et futuris, perpetua potestas et jurisdictio attributa, ut eo vigore eaque firmitate possitis in premissis omnibus ceptis et non inceptis, presentibus et futuris, et pro predictis procedere, ac si predicta omnia et singula....... cepta fuissent, et jurisdictio vestra et cujuslibet vestrum in premissis omnibus et singulis per citationem vel modum alium perpetuata legitim... extit....... tutione predicta super conservatoribus et alia qualibet....... edita non obstante, presentibus post quinquennium minime valituris. Datum Rome apud Sanctum Petrum, v idus januarii,....... pontificatus nostri anno octavo.

DXXVII

L'infirmier de l'abbaye de Saint-Maixent achète à Souvigné trois boisselées de terre avec l'assentiment de l'abbé G. de Vezançay, garde des sceaux à Saint-Maixent pour le roi d'Angleterre (D. FONTENEAU, t. XXXVIII, p. 195, extrait de l'original).

8 juillet 1380.

DXXVIII

Jeanne Janvre, femme de Guillaume Marteau, ratifie la donation d'une rente de soixante sous faite par son mari à la chapellenie de Saint-Jean en l'abbaye de Saint-Maixent (Orig., arch. des Deux-Sèvres, H. 94).

23 septembre 1381.

A tous ceulx qui ces lectres verront et orront, Johan Revea, portans le seel establi aus contraiz à Saint Maixent pour nostre seigneur le comte de Poictou, salut. Savoir faisons que comme Guillaume Martea, fil. de feu Aymeri Martea et de Johanne Prevoste, fille de feu Johan Prevost, naguères ait donné et octroié perpetuelment à religieux hommes et honnestes freres, Guillaume de Launay, haumosner, frere Johan de Gascoignolle, prevost, et frere Arnaut Itier, enfermer, et moynes de l'abbaye de Saint Maixent, comme procureurs et en nom de procureurs de la chappellenie fundée en la dicte abbaye par feu monseigneur Guillaume de Vezençay, derrer abbé de la dicte abbaye, à l'auter Saint Johan, en nom et au proffit de la dicte chappellenie, pour les causes contenues et declairées ès lectres aus quelles ces pre-

sentes sont annexées, sexante sols en deners, d'annuelle
ou perpetuelle rente ou cense, les quelx li devoient chascun an ès festes des Nativitez nostre Seigneur et de saint
Johan Baptiste, par moitié, les heritiers de feu Johan Betin
et de Pernelle Chastelle, sa fame, à cause de l'adcensement
d'une meson assise en la ville de Saint Maixent,
en la rue du Chadeil d'icelle ville, en la seigneurie du prevost moine du dit moustier, jouxte la meson des heriters feu
Guillaume Minet et jouxte la meson qui fut Mauleon, les
quelx sexante solz de rente appartenoient au dit Guillaume
Martea, c'est assavoir la moitié comme heriter, seul et pour
le tout, du dit feu Johan Prevost, par maen de la dicte Johanne Prevoste, sa mere, et l'autre moitié pour cause d'un
transport à li fait de Philipom Prevost, frere du dit Johan
Prevost : assaveir est que par davant nous personnelment
establis en droit Johanne Janvre, fame du dit Guillaume Martea, o l'auctorité, volunté, povoir, congié et licence du dit
Guillaume, son seigneur, qu'il li a premerement donné,
que ad ce à plain sur la dicte donacion bien adcertenée et
avisée, si comme elle disoit, icelle donacion et les lectres
faictes et confaictes sur icelle, o tout le contenu d'icelles,
ha volu, loue, approuve, ratiffie et conferme, et encore
veolt louer, approuver, ratiffier et confermer ; et a promis et promet la dicte fame pour lie, ses hers et successors, par la foy de son corps et soubz l'obligacion de touz
et chascuns ses biens meubles et inmeubles quelxconques,
presens et futurs, et de chescuns d'iceulx biens en tout, les
choses dessus dictes et ès lectres faictes et confectes sur le
dit don tenir, garder, enteriner et acomplir o effet, sans
jamès faire ne venir en contre en aucune manere. Renunçans la dicte fame en cesti son propre fait, soubz la foy et
obligacion que dessus, à toutes excepcions de mal, de fraude,
de paour, de craincte, d'une chose faicte et autre escripte,
à plus fait et maint escript, et au contraire à la loy Julie *De
fundo dotali*, et au beneffice de Velleyen, et à tout droit en

faveur de fame, introduit et à introduire, et qui puet ayder à fame à venir en contre son propre fait. En tesmoign des quex chouses, nous dit seelleur le dit seel que nous portons, à la peticion et requeste de la dicte Johane, à ces presentes lectres avons apposé et mis, laquelle de son consentement, de et sur toutes et chescunes les choses dessus dictes, nous dit seelleur, par le jugement de la court dudit seel, avons jugié et condampné. Donné, tesmoingns presens ad ce Guillaume Bounet, parrochien de Azay, et Guillaume Bahon, parrochien de Saint Germer, le xxiii° jour du mois de septembre, l'an mil ccc quatre vigns et un. J. TORNERELLI.

DXXIX

Lettres de Charles V, confirmatives de celles du 26 novembre 1372 [1] qui réglaient le ressort de l'abbaye de Saint-Maixent [2] (Arch. Nat., JJ. 129, p. 2).

Janvier 1382.

DXXX

Le prévôt séculier de Saint-Maixent pour le comte de Poitou cède à Roger, « *Rogiero* », abbé de Saint-Maixent, toute sa prévôté à perpétuité, à savoir : « *officium dicte prepositurae et homagium quod dicto abbati fuerat ratione dicti officii, una cum exitibus, proventibus et emolumentis ejusdem ad ipsam preposituram pertinentibus* » (D. FONTENEAU, t. XXXVIII, p. 209, extrait de l'original).

6 août 1385.

DXXXI

Le camérier de la sainte Église romaine donne quittance à Roger, abbé de Saint-Maixent, « *venerabili et religioso domino fratri Rogerio* », pour le service auquel il était tenu envers le Sacré Collège. « *pro parte partis sui communis servicii in quo Sacro*

---

1. V. ces lettres plus haut, p. 178.
2. Imprimées dans le recueil des *Ordonnances*, t. VI, p. 641.

Collegio tenebatur [1] » (D. Fonteneau, t. XXXVIII, p. 248, extrait de l'original).

23 septembre 1388.

DXXXII

Jacques de Saint Gelais, écuyer, fait accord avec Roger, abbé de Saint-Maixent, et, renonçant à une appellation qu'il avait faite, reconnaît la compétence de la cour de l'abbé (D. Fonteneau, t. XXXVIII, p. 264, extrait de l'original [2]).

26 septembre 1397.

DXXXIII

Mandement au prieur de la Font-de-Lay et à trois religieux de l'abbaye de Saint-Maixent d'avoir à citer plusieurs prieurs et religieux à l'effet de se rendre au chapitre, le 7 octobre suivant, pour procéder à l'élection d'un nouvel abbé, en remplacement de Roger de Saint-Avit, décédé le 16 septembre précédent (D. Chazal, *Chronicon*, cap. 65).

21 septembre 1402.

Johannes, humilis prior claustralis monasterii Sancti Maxentii, ordinis sancti Benedicti, diœcesis Pictavensis, totusque ejusdem loci conventus, dilectis nostris in Christo fratribus Petro Vierii, priori de Fontelois, a dicto monasterio immediate dependenti, Johanni de Ulmo, Guillielmo de Launaio, Johanni Paquaut, dicti monasterii monachis, et vestrum cuilibet, salutem. Cum reverendæ memoriæ dominus Rogerius, quondam dicti monasterii abbas, die xvi mensis septembris, quod non

---

1. Il existait dans les archives des religieux, dit D. Fonteneau, une autre quittance pour le même objet, et délivrée au même abbé, en date du 31 octobre 1386.

2. Cette pièce, délivrée à Saint-Maixent par Jean des Motes, garde du scel établi pour le duc de Berry et d'Auvergne, comte de Poitou, de Boulogne et d'Auvergne, étoit munie d'un sceau pendant à une bande de parchemin, portant d'un côté un champ semé de fleurs de lis sans nombre, et pour contre-scel trois fleurs de lis posées deux et une (Note de D. F.).

sine grandi amaritudine referimus, naturæ solvens debitum, spiritum suo reddidit creatori, nos ejus corpore recenter tradito ecclesiasticæ sepulturæ, nolens quod dictum monasterium pastoris solatio existat diutius destitutum, vobis et vestrum cuilibet mandamus quatenus citetis..... ad diem septimam octobris proxime venturi, venerabiles et religiosos viros fratres Johannem Baronis, priorem de Nantolio, Johannem Malinicum, priorem de Pamprolio, Johannem Equem et Guillielmum de Launaio, dicti prioris de Pamprolio consocios, Aimericum Sonavilla, priorem de Vetrinis, Arnaldum Iterii, dicti prioris consocium, Constantinum Maistrolle, priorem de Lorgnué, Johannem Arberti, priorem de Fouras, Andream Dulcis, et Johannem de Gascanolle, sacristam dicti monasterii, Hugonem Charierii, consocium prioris de Marciaco, Guillielmum de Biron, priorem prioratus Sancti Petri de Metulo, et eorum quemlibet, et quos tenore præsentium ad electionem novi abbatis in nostro capitulo celebrandam et omnia alia peragenda quæ propius electionis negotium tangere dignoscuntur, ut nullus ignorantiam prætendere nequeat, eis præfixionem hujusmodi intimamus. Mandamus universis quod, dicta die, mane, hora capituli, quos diem et horam cum omnibus diebus sequentibus quousque prædictæ electionis negotium fuerit expeditum, eis tenore præsentium assignamus, ad capitulum dicti monasterii veniant, una nobiscum, de futura electione abbatis tractaturi, et in proprio electionis negotio, modo debito processuri, aliis prioribus non expectatis ulterius,...... in electionis negotio procedamus, prioribus absentibus nonobstantibus, et quidquid in præmissis feceritis, nobis fideliter referatis. Datum sub sigillis nostris prioris et conventus prædictis, die XXI mensis septembris, anno Domini MCCCCII.

DXXXIV

Serment de fidélité fait au roi par Pierre Baston, abbé de Saint-Maixent (Arch. Nat., reg. orig., P 568*, n° III^m IIII^c XXVI).

28 mai 1403.

Karolus, Dei gratia, Francorum rex, dilectis et fidelibus gentibus compotorum nostrorum ac thesaurariis Parisius ceterisque justiciariis et officiariis nostris, aut eorum loca tenentibus, salutem et dilectionem. Noveritis quod dilectus et fidelis noster Petrus, modernus abbas monasterii Sancti Maxentii, Pictavensis diocesis, nobis, die date presentium, fidelitatis prestitit juramentum, quod nobis, dicte ecclesie sue ratione, facere tenebatur, ad quod eumdem admisimus et admittimus per presentes. Nostro ac alieno quolibet jure salvo. Vobis et vestrum singulis prout ad vos pertinuerit precipiendo mandantes quatinus ipsum abbatem, occasione juramenti predicti non prestiti, a cetero nullatenus molestetis, seu impediri, perturbarive faciatis aut paciamini quovismodo. Quinymo, temporalitate dicte sue abbatie uti pacifice et gaudere, amotis ab inde quibuspiam impedimentorum obstaculis, si que forent apposita, et que nos presentium tenore totaliter amovemus, paciamini, et, si sit opus, faciatis, quibuscumque ordinacionibus, defensionibus et mandatis contrariis non obstantibus in hac parte. Datum Parisius, die xxviii^a maii, anno Domini millesimo quadringentesimo tertio, et regni nostri xxiii.

Per regem, episcopo Autisiodorensi, admiraldo et nonnullis aliis presentibus. J. Manhac.

DXXXV

Arrêt du Parlement de Paris réglant les corvées et autres services dus par les habitants des paroisses de Saint-Martin et de Souvigné à l'abbaye de Saint-Maixent (Copie, pap., du commencement du XVIIe siècle, en ma possession).

15 avril 1404.

Karolus, Dei gratia, Francorum rex, universis presentes

literas inspecturis, salutem. Notum facimus quod, lite mota in nostra Parlamenti curia inter dilectos nostros religiosos abbatem et conventum monasterii Sancti Maxentii in Pictavia, actores et conquerentes in causa novitatis et saisinæ, ex parte una, et manentes et habitantes ceterosque hereditagia habentes in territoriis et parrochiis de Sancto Martino et de Souvigneyo habentes, opponentes et defensores, ex altera, nec non inter prædictos manentes et habitantes et ceteros hereditagia in dictis territoriis et parrochiis habentes in causa petitorii et excessuum, et procuratorem nostrum generalem in quantum tangebat dictos excessus, eisdem adjunctum, actores, ex una parte, et dictos religiosos, abbatem et conventum Sancti Maxentii, defensores, ex alia, super eo quod dicebant dicti religiosi, quod abbatia Sancti Maxentii, notabili et magna temporalitate dotata, quæ a nobis sub solo fidelitatis juramento tenebatur et ex regali fundatione existebat, et in eadem divinum officium devotissime per magnum numerum religiosorum die et nocte solemniter celebrabatur, predictaque abbatia in toto suo territorio seu temporalitate omnimodam juridictionem altam, mediam et bassam, ac jura ad baroniam spectantia habebat et exerceri facere consueverat, predicti quoque religiosi, abbas et conventus, in eorum terra et temporalitate super eorum homines et subditos et presertim super manentes et habitantes et alios in dictis parrochiis et territoriis de Sancto Martino et de Souvigneyo hereditagia et possessiones habentes et possidentes, plura jura ac deveria, quæ erant proprium domanium eorumdem, in quibus major pars fundationis abbatiæ predictæ consistebat et sine quibus victualia et alia necessaria religiosis predictis ecclesiæ ministrare non poterat, habebant et percipiebant ac percipere et levare consueverant. Habitantes etiam dictarum parrochiarum et alii supradicti, et maxime rosturarii, eisdem religiosis quolibet anno certas corveyas, nominatas bians, videlicet unusquisque eorumdem habens bovem et quadrigam, semel in anno unam quadrigatam lignorum de nemoribus dictorum religiosorum, nuncupatis de Lespau, ad eorum abbatiam Sancti Maxentii, incontinenti post preceptum eisdem per gentes et officiarios ipsorum religiosorum factum, adducere seu adduci facere; habentes autem boves pro arando et laborando terras, per unam dietam quolibet anno, semel in labouragiis ejusdem domus, nuncupatæ Lhort de Poictiers, ad dictos religiosos spectantis ac etiam in aliis domaniis eorumdem religiosorum, ubi eis erat ordinatum per preceptum eisdem factum, arare et laborare; non habentes vero boves, per unam dietam, de brachiis laborare ubi ipsis per dictas gentes et officiarios dictorum religiosorum erat ordinatum, servire, tenebantur et debebant. Erantque predicti religiosi in possessione et saysina habendi et percipiendi, modo predicto, a manentibus et habitantibus dictarum villarum et parrochiarum rosturariis ac ceterisque in dicto territorio hereditagia habentibus, quolibet anno, corveyas : id est, quod predicti manentes et habitantes rosturarii fenare vel fenari facere et in fenum convertere per modum corveyarum primam herbam falcatam in pratis dicti abbatis, nuncupatis les Maroys, sitis prope dictum hospitium de l'Hort de Poictiers, tenebantur, et si dicti manentes et habitantes propter eorum negotia, vel etiam post preceptum vel notificationem dictam herbam fenandi eis factam, ipsam herbam fenare abnuerent, dictus abbas aut suæ gentes alterum de servientibus suis ejusdem territorii ad fenari faciendum dictam herbam nomine et expensis dictorum habitantium et aliorum supra nominatorum committere et deputare consueverant : qui serviens, expensas quas ad fenandum dicta prata fecerat, super quemlibet dictorum habitantium prout teneri potuerit, equaliter recuperabat; manentesque et habitantes predicti, boves et quadrigam habentes, fenum de maresiis predictis, dum et quando herba conversa erat in fœnum, incontinenti precepto eisdem facto et per modum corveyarum ad abbatiam predictam ducere tenebantur. Erantque predicti religiosi in possessione et saysina levandi et percipiendi a predictis manentibus et habitantibus rosturariis, quolibet anno, corveyas predictas modo premisso, recusantesque facere corveyas prefatas modis predictis vel solvere deveria prenotata incidebant in emenda septem solidorum sex denariorum turonensium, et cum hoc, corveyas easdem facere tenebantur; erantque in possessione et saisina levandi et exigendi dictam emendam contra recusantes facere vel solvere corveyas vel jura predicta, et ad easdem solvendum dictos habitantes compellendi. Tenebantur etiam dicti manentes et habitantes et eorum quilibet ire molitum sua blada ad molendina dicti abbatis, infra banleucam habitationum dictorum habitantium existentia, et pro multuragio decimam sextam partem bladi moliti solvere, nec poterant dicti habitantes ire molitum dicta blada sua ad alia molendina, absque predicti abbatis licentia, alias in dicta septem solidorum sex denariorum turonensium emenda incidebant; erantque insuper dicti religiosi in possessione et saysina compellendi et compelli faciendi manentes et habitantes rosturarios supradictos ad eundum molitum sua blada ad molendina ipsorum religiosorum et ad emendam predictam, si recusarent modo premisso, solvendam. Dicebant præterea dicti religiosi quod manentes et habitantes ac alii supradicti in dictis territoriis et parrochiis hereditagia habentes, quolibet anno, in festo Assumptionis beatæ Mariæ Virginis, ad causam hæreditagiorum in dictis parrochiis et territoriis situatorum certum debitum, reditum ad summam quinquaginta librarum turonensium ascendentem, eisdem religiosis solvere tenebantur quilibetque eorumdem : pro qualibet boissellata terræ quam in dictis parrochiis et territoriis tenebat, duos denarios cum obolo turonensi ; pro quanlibet quartario prati, quinque denarios turonenses ; pro quanlibet quartario vineæ, quinque denarios turonenses, et sic, de pluri plus et de minori minus, prout hæreditagia tenebat solvere debebat ; et si dicti manentes et habitantes aut hæreditagia habentes prædictam tailliam solvere aut jura, deveria, seu corveyas predictas facere recusarent, de usu et consuetudine in patria Pictavensi observatis, omnia hæreditagia ipsorum manentium et habitantium aut hæreditagia habentium in dictis territoriis saisire et ad eorum manus apponere predicti religiosi poterant et consueverant, nec poterant dicti manentes et habitantes de eisdem hæreditagiis saisitis explectare seu ex eisdem quicquam levare : alias incidebant erga dictos religiosos in emendam sexaginta solidorum turonensium et manum dictorum religiosorum reintegrare et in eandem manum quam levaverant reponere tenebantur. Erantque præfati religiosi in possessione et saisina percipiendi et levandi super dictos habitantes et hæreditagia abentes dictum redictum seu talliam in dicto dominio, eosdemque ad eamdem solvendum, et asdem emendas levandi et exigendi modo prædicto : quibus possessionibus et saisinis dicti religiosi usi et gavisi fuerant pacifice et quiete a tanto tempore quod de contrario memoria hominum non extabat, absque aliquo inpedimento, videntibus et scientibus dictis habitantibus et hæreditagia habentibus et aliis quibuscumque. Dicebant insuper dicti religiosi quod plures vicini ipsorum religiosorum, terras et possessiones in feudo nobili tenentes, super eorum homines rosturarios et alios in suis territoriis hæreditagia habentes, consimilia deveria seu prerogativas quæ jura signoralia vulgariter nuncupabantur, habebant, capiebant et levabant et ad ea facienda seu solvenda modo predicto compellebantur. Dicebant ulterius quod dicta hæreditagia in dicto eorum territorio situata, dudum per dictos religiosos dictis habitantibus aut hæreditagia habentibus seu eorum predecessoribus et dicta deveria seu onera tradita fuerant, videlicet hæreditagia vinearum ad onera nuncupata complant, aliqua ad quartam partem, alia ad quintam, cetera ad sextam vel ad aliam portionem fructuum excrescentium in eisdem; que jura seu deveria, detentores eorumdem hæreditagiorum ad domicilium dicti abbatis ducere vel duci facere tenebantur et super eisdem vineis, in quibus cumplantum aut decimam dictus abbas percipiebat, provisionem agresti quolibet anno pro dicta abbatia necessariam capere vel capi facere et portare per suos servitores ad hoc juratos et deputatos, pro posse egaliter et cum minori damno vinearum quo fieri poterat; racemos in ipsis vineis pro dicta agresta facienda colligi et recolligi consueverant siquidem eisdem habitantibus, ut hujusmodi racemos in eorum vineis pro agresta predicta recoligenda, de gratia permitebant. Percipiebantque dicti religiosi, a predictis habitantibus et hæreditagia habentibus, decimas et terragia bladorum in dictis territoriis cressentium, nec poterant dicti manentes et alii predicti eorum blada levare seu transportare donec eisdem religiosis decimas aut terragia hujusmodi solvissent, prout de usu et consuetudine provincie erat observatum; et ne dicta blada damnificarentur, eadem immocellere seu accumulare consueverant, et si contigerat quandoque dicta blada damnificari vel putieferi, hoc non culpa ipsorum religiosorum sed propter repentinam inumdationem aquarum, penuria operariorum, vel alias acciderat. Preterea dicebant quod, in pluribus pratis et pasturagiis in dictis parrochiis et territoriis situatis et eorum omnimoda jurisdictione existentibus et ab eisdem moventibus, sex eorum boves ad pascendum quolibet anno ante falcationem eorum duci facere poterant et consueverant, nec in predictis alliquas molestias seu vexationes eisdem habitantibus intulerant. Pluresque allii demum omnimodam jurisdictionem habentes seu saltem mediam et bassam et prope territorium Sancti Maxentii commorantes, de usu et consuetudine predictis, similia jura et prerogativas in suis territoriis habebant, et quia dicti manentes et habitantes ac hæreditagia in dicto territorio habentes dicta jura seu deveria facere et solvere recusaverant, dicti religiosi dicta eorum hæreditagia ad eorum manum apponi fecerant, et quia nonobstante manus appositione manentes et habitantes ac ceteri predicti dicta eorum hæreditagia explectaverant, in predicta emenda sexaginta solidorum turonensium incidendo, ob id religiosi certas literas querimoniæ obtinuerant : excecutioni quarum dicti habitantes ac hæreditagia habentes se opposuerant et ob id coram gubernatore nostro de Rupella eisdem dies assignata fuerat, postmodumque virtute aliarum literarum a nobis obtentarum dicti habitantes ac hæreditagia abentes dictos religiosos coram ballivo nostro Turonensi adjournare fecerant et tandem ad requestam dictarum partium dicte causæ ad nostram Parlamenti curiam remisse extiterant. Quare petebant dicti religiosi, abbas et conventus, in quantum erant actores et qunquerentes, manu teneri et conservari in possessione et saisina habendi, capiendi et percipiendi super manentes et habitantes ac alios supradictos rosturarios dicta jura et deveria, videlicet a quolibet dictorum manentium et habitantium rosturariorum, habente boves et quadrigam, unam corveyam pro adducendo vel adduci faciendo ad dictum monasterium, semel in anno, incontinenti post preceptum per gentes et officiarios dicti abbatis eis factum, unam quadrigatam lignorum in dictis nemoribus de Lespau capiendam, et ab habente boves dumtaxat sine quadriga unam corveyam pro laborando cum suis bobus, per unam dietam quolibet anno, in terris et laboragiis dicti hospitii de Lhor de Poictiers ad dictum abbatem spectantis ; a non habente vero boves et laboratore brachiorum, unam corveyam pro laborando et serviendo per unam dietam in anno, ut gentes et officiarii predicti abbatis eidem vellent ordinare ; necnon in possessione et saisina habendi et percipiendi a quolibet dictorum manentium et habitantium et aliorum in dictis parrochiis et territoriis hæreditagia habentium consimiliter, unam corveyam vel bian pro fenando vel fenari faciendo et in fenum convertando primam herbam pratorum seu maresiorum situatorum prope dictum hospitium de Lhor de Poictiers, aut recuperandi super eisdem equis portionibus quidquid dictus abbas in fenando vel fenari faciendo dictam herbam ob defectum ipsorum expenderat ; in possessioneque et saisina percipiendi et levandi super dictis manentibus et habitantibus et quolibet eorum boves habente unam corveyam pro adducendo ad dictum monasterium, post preceptum eisdem factum, fena dictorum pratorum ipsosque conpellendi ad faciendum et solvendum corveyas et jura predicta, et recusantes ad emendam septem sollidorum sex denariorum turonensium trahendi ; in possessione etiam et saisina compellendi dictos manentes et habitantes ad eundum molitum eorum blada ad molendina dictorum religiosorum infra banleucam habitationum et domorum dictorum habitantium existentia, necnon ad tradendum et dimictendum officiariis dictorum religiosorum, pro jure multuragii dicti, decimam sextam partem bladi vel farine molite in dictis molendinis, recusentesque ire ad dicta molendina vel euntes ad alia causa mollendi eorum blada, ad emendandum pro dicta septem solidos sex denarios turonenses pro qualibet vice qua contingebat aliquem ipsorum habitantium ire ad aliud mollendinum causa mollendi ; in possessioneque et saisina habendi et percipiendi et levandi quolibet anno, in festo Assumptionis beatæ Mariæ Virginis, a dictis manentibus et habitantibus et aliis hereditagia in dictis territoriis habentibus, pro dicto redditu seu tallia, per ipsos, ratione et ad causam hæreditagiorum predictorum in dictis parrochiis situatorum, debita, summam quinquaginta librarum turonensium : de qua tallia quilibet ipsorum, pro qualibet boissellata terræ quam in dicto territorio tenebat, duos denarios cum obollo, et pro quolibet quarterio prati, quinque denarios turonensium, ac pro quolibet quarterio vineæ, quinque denarios turonensium solvere debebat, et sic unusquisque eorumdem prout hæreditagia tenebat; necnon in possessione et saisina compellendi predictos habitantes et hæreditagia habentes et eorum quemlibet ad faciendum et solvendum jura et deveria præfata, et recusantes ad id emendandum prædicta emenda septem solidorum sex denariorum turonensium, saisiendique, capiendi et ad eorum manum ponendi omnia hæreditagia dictorum habitantium et aliorum predictorum propter defectum solutionis denariorum vel servitutum predictarum non solutarum, vel factarum, et eadem explendi inpediendique ut, dicta manus appositione pendente, dicti habitantes aut hæreditagia habentes seu alter ipsorum dicta hæreditagia possint expletare aut de eisdem aliquid levare, et si contrarium faciebant emendam sexaginta solidorum turonensium incurrebant; levandique et exigendi ab infringente eorum manum dictam emendam et eundem conpellendi ad eandem manum reintegrandam et restituendos fructus per ipsum perceptos, inpedimenta quoque per dictos manentes et habitantes et alios hæreditagia habentes in premissis, indebite et de novo apposita, amoveri et manum nostram rebus contentiosis propter debatum partium appositam ad eorum utilitatem levari, ad bonam et justam causam dictos religiosos conquestos fuisse et ad malam et injustam causam dictos habitantes et hæreditagia habentes se opposuisse, dici et pronuntiari, in quantum vero dicti religiosi erant defensores, dictos manentes et habitantes ac alia hæreditagia habentes ac procurotorem nostrum, quatenus tangebat, dictos excessus causam et actionem non habere declarari et si causam et actionem haberent, ipsos ab eorum impetionibus et demandis absolvi et dictos manentes et habitantes ac hæreditagia habentes in eorum expensas damnum et interesse condemnari.

Dictis manentibus et habitantibus ac aliis hæreditagia in dictis parochiis et territoriis habentibus et procuratorem nostrum in contrarium proponentibus et dicentibus quod, ipsi habitantes et alii hæreditagia in dictis villis et parochiis de Sancto Martino et de Souvigneyo habentes, seu major pars eorumdem, in alta, media et bassa jurisdictione prioris de Souvigneyo commorabantur, erantque liberi et liberæ conditionis, quitti et immunes erga dictos religiosos ab omnibus corveis, tailliis, bianis, servitutibus et emendis quibuscumque, certis censibus, reditibus seu decimis, prædictis religiosis quolibet anno ab antiquo debitis, dumtaxat exceptis, nec ad faciendum eisdem aliquas corveias nec ad eorum molendina molitum ire nec talliam vel emendam solvere tenebantur; sed erant in possessione et saisina prædicti habitantes quadrigatam videlicet habentes, non ducendi ligna de dicto nemore de Lespau nec de alio loco ad dictam abbatiam Sancti Maxentii et habentes boves pro arando terram sive quadriga, non laborandi vel arandi per modum servitutis vel alias in dicto loco nuncupato Lhort de Poictiers, ad dictos religiosos pertinente, nec in alio, nisi eisdem placeret ; non habentes vero boves nec quadrigam, non solvendi aliquas corveias seu opera brachiorum in dicta abbatia vel in aliquo eorum loco; nec etiam tenebantur fenare seu fenari facere prata seu maresia dicti loci de Lhort de Poictiers nec fenum ad dictam abbatiam ducere : sed erant in possessione et saisina non fenandi vel fenari faciendi et in fœnum convertendi, nisi eis placeret, primam herbam falcatam pro dictis religiosis in dictis maresiis de Lhort de Poictiers, non solvendique aliquam sommam pro fœnagio dictarum herbarum ; et habentes boves et quadrigam, non ducendi seu duci faciendi fœnum de dictis pratis seu de alio loco pro dictis religiosis per modum corveyarum, seu alias, ad abbatiam prædictam ; ac etiam non tenebantur ire et erant in possessione et saisina non eundi, coacte vel alias, molitum blada sua ad molendina dictorum religiosorum infra banleucam domorum et habitationum dictorum habitantium existentia vel ad molendinum nuncupatum de Monoye ; eundique causa molendi eorum blada ubique eisdem videbatur expedire, solvendique pro jure multuragii, prout solitum erat solvi, in aliis molendinis si contingeret eosdem ad prædictorum religiosorum molendina molitum ire, non solvendique propter hoc nec incurrendi emendam septem solidorum sex denariorum turonensium prædictorum; si contingeret eosdem habitantes vel hæreditagia habentes aut aliquos ipsorum recusare, vel non facere corveyas prædictas, non tenebantur insuper dictam tailliam quinquaginta librarum turonensium solvere, sed erant in possessione et saisina non solvendi eamdem in festo Assumptionis beatæ Mariæ Virginis vel alias pro modo tailliæ, contradicendique et impediendi ne taillia seu deveria prædicta ab eisdem exigerentur; et quod eorum hæreditagia a predictis servitutibus et deveriis erga dictos religiosos libera erant et quitta, necnon impediendi et contradicendi ne dicta eorum hæreditagia per dictos religiosos aut eorum officiarios saisirentur, arrestarentur, vel propter deveria et jura prædicta non facta vel soluta ad manum eorum apponerentur, aut per dictos religiosos expletarentur, expletandique per dictos habitantes et hæreditagia habentes eorum hæreditagia, manus appositione vel saisina dictorum religiosorum nonobstante; non solvendi emendam sexaginta solidorum vel alias propter eorum manus infractionem ; quibus possessionibus et saisinis, dicti manentes et habitantes, ac alii hereditagia in dictis parochiis et territoriis habentes, a tanto tempore quod de contrario memoria hominum non extabat, videntibus et scientibus dictis religiosis, usi et gavisi fuerant pacifice et quiete. Dicebant insuper quod in odium et contemptum plurium processuum coram baillivo nostro Turoniæ inter dictos religiosos et priorem de Souvigneyo, ex una parte, et prædictos habitantes, parte alia, pendentium, dicti religiosi, dictos habitantes et hereditagia habentes ad faciendum dictas corveias et ad solvendum jura prædicta sine causa compellere et ea exigere voluerant, ac etiam agrestam ante vindemias pro eorum provisione in vineis dictorum habitantium et hereditagia habentium ceperant et capere voluerant, necnon eorum boves per prata eorumdem, dum et quando falcari debebant, indebiti pro pascendo duci faciebant, decimasque vinorum et bladorum tempore messium vel vindemiarum recipere recusebant ; et per eorum culpam et factum dicti manentes ac hæreditagia habentes quamplurimum dampnificati fuerant ; et quod dicta blada et vindemiæ putrefiebant et consumebantur dictique religiosi eisdem habitantibus et hereditagia habentibus ut ad ipsorum libitum, pro decimis ac aliis juribus eis debitis componere, subjectis magnis pœnis, ne blada eorum vel vindemias recolligere inhiberi fecerant et faciebant ; et quandoque ad quartam partem, quintam, sextam vel aliam portionem fructuum in eis excrescentium componere compellebantur, dictique religiosi census seu reditus eisdem debitos recipere recusabant et ipsos adjornare et plures eorumdem coram diversis judicibus, ecclesiasticis et secularibus vexare sine causa satagebant et ab eisdem magnas pecuniæ sommas extorquere et eorum animalia sæpius capere nitebantur ; et quia pluries requisiti a prædictis exactionibus cessare noluerant, virtute certarum litterarum a nobis obtentarum, dicti manentes et habitantes ac alii hæreditagia habentes prædictos religiosos coram dicto baillivo nostro Turoniæ adjornari fecerant, et tamdem ad requestam ipsorum habitantium causa hujusmodi in dicta nostra Parlamenti curia remissa fuerat. Dicebant insuper quod si prædicta prata fenare et fœnum ad abbatiam Sancti Maxentii ducere tenebantur, dicti religiosi tertiam et dicti habitantes duas partes expensarum dumtaxat solvere tenebantur ; et consuetudine quæ in provincia Pictaviæ..., [1] in dictis parochiis observata unusquisque habitantium rosturariorum prædictorum poterat ire molitum bladum suum ubi id videbatur expedire ; quodque si dicta taillia eisdem religiosis deberetur, hoc solum esset dum et quando pro deffensione patriæ nos contingeret inter riparias Ligeris [et] Dordonæ equitare, quæ forsan tunc pro stipendiis gentium armatorum solvi deberent. Quare petebant dicti manentes et habitantes ac cæteri hereditagia habentes et procurator noster, in quantum erant actores, dictos religiosos ad reintegrandum nostram salvagardiam per eos circa præmissa infractam et ad reparandum et emendandum excessus prædictos per captionem eorum temporalitatis compelli, et pro eisdem in emenda utili, et erga nos in sommam mille librarum turonensium et erga habitantes et hereditagia habentes quinquaginta librarum turonensium, vel alias prout discretioni nostræ curiæ videretur eisdem habitantibus priusquam nobis de sibi adjudicandis satisfacto ac etiam dictos religiosos ad cessandum de cætero a molestationibus, damnis, inquietationibus et gravaminibus supradictis condemnari, dictosque religiosos jus, causam seu actionem non habere dictis habitantibus talia gravamina vel vexationes inferendi, declarari, ac ipsos religiosos ad capiendum, recolligendum et recipiendum decimas a dictis habitantibus debitas, tempore debito compelli, et in quantum dicti habitantes et hereditagia habentes erant deffensores et opponentes in predicta causa novitatis, eosdem et quemlibet ipsorum manu teneri et conservari in possessione et saisina non solvendi vel faciendi eisdem religiosis corveias, taillias, operas seu emendas prædictas, certis deveriis antiquis dumtaxat exceptis, ac in aliis suis possessionibus et saisinis superius prætensis, impedimentumque et manum nostram præmissis

---

1. Il y a un blanc dans le texte.

appositam ad eorum utilitatem levari et amoveri ; necnon dictos religiosos ad malam et injustam causam conquestos fuisse et dictos opponentes ad bonam et justam causam se opposuisse, pronuntiari, et eosdem ab impetitionibus dictorum religiosorum solvi ac ipsos in eorum damnis interesse et expensis condemnari.

Super quibus et pluribus aliis hinc inde propositis inquesta facta et ad judicandum salvis reprobationibus testium per utramque dictarum partium traditis, recepta ea, visa et diligenter examinata, repertoque quod sine reprobationibus testium poterat judicari, præfata curia nostra, per suum judicium, dictos religiosos, abbatem et conventum, in possessione et saisina habendi et percipiendi a quolibet dictorum manentium et habitantium rosturariorum in dictis parochiis de Sancto Martino et de Souvigneyo, in territorio dictorum religiosorum commorantium, habentium boves et quadrigam, semel in anno unam corveiam vel biannum pro ducendo vel duci faciendo ad dictum monasterium Sancti Maxentii, post præceptum eis per gentes et officiarios dicti abbatis factum, unam quadrigatam lignorum capiendam in nemoribus de Lespau, et habentibus boves sine quadriga pro laborando et arando terras, ut unam corveiam pro laborando cum suis bobus, per unam dietam quolibet anno, in terris seu laboragiis dicti hospitii nuncupati de Lhort de Poictiers post præceptum eis factum, et a non habente boves laboratore brachiorum, unam corveiam pro laborando et serviendo eisdem religiosis quolibet anno per unum diem, ubi per gentes et officiarios prædicti abbatis eisdem fuerit ordinatum ; in possessione et saisina habendi et percipiendi a dictis habitantibus in territorio dictorum religiosorum commorantibus, non habentibus boves et quadrigam, corveias pro fœnando vel fœnari faciendo et in fœnum convertendo primam herbam in pratis seu maresiis dicti hospitii de Lhort de Poictiers excrescentem, vel recipiendi et habendi ab eisdem et quolibet ipsorum pro æquali portione expensam per eumdem abbatem, ad fœnandum vel fœnari faciendum in defectum eorumdem prata prædicta, factam, compellendique prædictos habitantes habentes boves et quadrigam ad adducendum per modum corveiarum dictum fœnum de dictis pratis ad dictam abbatiam, dum et quando eisdem habitantibus fuerit injunctum ; ac etiam prædictos habitantes et quemlibet eorumdem recusantes facere, modo prædicto, corveias prædictas, ad id emendandum emenda septem solidorum sex denariorum turonensium, et ad faciendum corveias prædictas ; in possessione etiam et saisina compellendi dictos manentes et habitantes in eorum territorio commorantes ad eundum molitum blada sua ad molendina ipsorum religiosorum infra banleucam habitationum seu domorum dictorum habitantium extantia, et tradendum et deliberandum officiariis dicti abbatis, pro multuragio decimam sextam partem bladi moliti vel farinæ; levandique et exigendi ab ipsis recusantibus ire ad ipsa molendina et euntibus ad alia emendam septem solidorum sex denariorum turonensium ; in possessione insuper et saisina percipiendi et levandi per eosdem religiosos ab eisdem manentibus et habitantibus dictarum parochiarum, in territorio dictorum religiosorum commorantibus ac aliis in ipso territorio hæreditagia habentibus, dictam tailliam, nuncupatam tailliam medii augusti, quam dicunt dicti religiosi ad sommam quinquaginta librarum turonensium ascendere, videlicet a quolibet dictorum manentium et habitantium ac aliorum hæreditagia habentium, pro qualibet bossellata terræ quam tenet in dicto territorio duos denarios cum obolo, pro quolibet quarterio vine quinque denarios, et pro quolibet quarterio prati quinque denarios turonensium; ac ipsos per eorum officiarios ad solvendum jura et deveria prædicta compellendi aut compelli faciendi, saisiendique, et arrestandi hæreditagia prædicta in eorum territorio situata, videlicet quamlibet peciam terræ, prati vel vineæ, si a detentore ejusdem dictum onus pro taillia debitum non solvetur ; necnon prædicta hæreditagia saisita explectandi, inhibendique, ne manus appositione vel saisina dictorum religiosorum pendente, dicti manentes ac habitantes et hæreditagia habentes ex eisdem aliquid levent vel levare seu percipere possint ; necnon in possessione et saisina habendi, percipiendi et levandi super dictos habitantes ac manentes ac hæreditagia habentes, manum ipsorum religiosorum infringentes, et super quemlibet eorumdem emendam sexaginta solidorum turonensium, manu tenuit et conservavit ac manu tenet et conservat, impedimentaque per dictos manentes et habitantes ac alios hæreditagia habentes in præmissis apposita amovit et amovet, ac manum nostram rebus contentiosis propter debattum partium appositam ad utilitatem dictorum religiosorum levavit atque levat, et per idem judicium præfata curia nostra dictos religiosos ab impetitionibus et demandis dictorum manentium et habitantium ac cæterorum hæreditagia habentium et procuratoris nostri absolvit : proviso tamen quod dicti religiosi, cum dictos eorum boves ad pascendum in pratis dictorum habitantium aut hæreditagia habentium mittere contingeret inter festum Paschæ et fœnationes, bubulcum seu custodem cum eisdem bobus transmittere tenebuntur, ut cum minori et æquali incommodo cujusque dicti boves depascere valeant et possint ; tenebunturque decimas et terragia seu alia jura eisdem debita recipere et colligere, tempore opportuno et congruo, expensas hinc inde factas compensando. Datum Parisiis, in Parlamento nostro, decima quinta die aprilis, anno Domini millesimo quadringentesimo quarto, ante Pascha, et regni nostri vicesimo quinto. Sic signatum super plicam : Per arrestum curiæ. Bayx.

Collation a esté faicte de cette présente coppie à l'original d'icelle par nous Pierre du Sourcis et Jan Ferru, commis à ce, du consentement des dictes parties et par le commandement du dit commissaire, ainsy qu'il appert par l'acte ou procès sur ce faict entre les dictes parties attaché à ces presantes. Faicte la dicte collation le mercredy quatorziesme jour de septembre l'an mil quatre cens soixante et huict. Signé, du Sourcis et de Ferrou.

DXXXVI

Renaut Janvre, seigneur de Saugé, fait abandon à la chapellenie de Saint-Jean, en l'abbaye de Saint-Maixent, d'une rente qu'elle lui devait annuellement à raison de sa vigne de la Briaudière (Orig., arch. des Deux-Sèvres, H 95).

18 janvier 1408.

A touz ceulx qui ces presentes lettres verront et orront, Pierre Gracien, clerc, garde du seel au contraiz à Saint Maixent establi pour mon seigneur le duc de Berri et d'Auvergne, comte de Poictou, d'Estampes, de Bouloigne et d'Auvergne, salut en Dieu nostre seigneur. Savoir fesons que en droit en la court du dit seel, personnelment establi Regnaut Janvre, escuier, sire de Saugié proys de Saint Maixent, non circunvenu, non deceu, ne par crainte, paeur, force d'om, ne par aucune machinacion à ce induit, mès de sa certaine science et bonne volunté, bien conseillé et avisé en cestui son fait, si comme il disoit, a donné et octroié, donnet et octroiet perpetuelement pour luy, pour ses hoiers et successeurs, par donacion pure et absolue dehuement vidimée, faicte entre vis, sans esperance de la revoquer, mès à valoir en touz temps, à religieux hommes et honestes freres Johan Arnaut alias Menaut, ausmoner, Robert Sublea, prevost moyne, et Pierre Bier, secresten du moustier de Saint Maixent, de l'ordre de saint Benest, de la diocese de Poicters, comme procureurs et en nom de procureurs de reverent pere en Dieu monsieur Pere, abbé du dit moustier et du convent du dit lieu, en nom et à cause de la chapellanie fondée on dit moustier, à l'autier de saint Johan Baptiste, par feu monsieur Guillame de Vezançay, jadis abbé du dit moustier, estre servie par le dit convent d'une messe chascun jour à l'aube du jour ou environ, les diz procureurs presens et acceptans à us et proufit de la dicte chapellanie, dix et huyt deners de costume et deux deners de cens, les quiex le dit Regnaut et ses predecesseurs avoient acostumé avoir chascun an à cause et par reson d'une piece de vigne et sur icelle, qui est de la dicte chapellanie, assise on fié de la Briaudere, qui est du dit Regnaut, jouxte les vignes de Guyot Janvre, d'une part, et jouxte les vignes de feu Johan Mengo, à cause de sa fame, d'autre part, c'est assavoir tant pour ce que bien li a pleu et plest que à fin que le dit Regnaut soit participans dores en avant perpetuelment ès messes, oresons et prieres de la dicte chapellanie, qui dores en avant seront faictes et dictes par le dit convent. Cedans et transportans........[1]. Donné à Saint Maixent, en la meson du notaire ci dessoubs escript, tesmoins presens à ce : Estienne Baillargea, parroissien de Exodun, et Guillame Prevostea, demourant à Saint Maixent, le mercredi dix et huitiesme jour du moys de janver l'an mil quatre cens et sept. J. FLORI.

DXXXVII

Le comte de Poitou et les religieux de Saint-Maixent font un accord en vertu duquel il n'est pas tenu compte d'une sentence du bailli des exemptions de Touraine, restituant à l'abbaye de Saint-Maixent la connaissance en appel de la justice de la baronnie de Couhé et laissant pendante la question du ressort de cette justice à laquelle prétendaient le comte et les religieux (D. FONTENEAU, t. XVI, p. 297, d'après l'original).

6 juin 1410.

A tous ceulx qui ces presentes lettres verront et orront, Estienne Ganter, garde du seel establi aux contraiz à Poictiers pour très haut, très excellent et très puissant prince monsei-

---

[1]. Nous avons supprimé en cet endroit trente-huit lignes de formules.

gneur le duc de Berry et d'Auvergne, comte de Poitou, d'Estampes, de Bouloigne et d'Auvergne, salut. Sachent tous que sur les desbats à movoir entre le procureur du dit très haut, très excellent et puissant prince mon dit seigneur le duc de Berry, demandeur, d'une part, et les religieux, abbé et convent de Sainct Maixent, deffendeurs, d'autre part, de et pour cause de ce que le dit procureur disoit que, jaçoit ce que le seigneur de Couhé tienge par homage le chastel et chastellenie de Couhé de l'abbaye de Saint Maixent, neantmoins mon dit seigneur le duc, à cause de sa comté de Poitou et chastel et chastellenie de Sainct Maixent, est fondé par droit commun et en bonne pocession et saisine d'avoir seul et par le tout la court et coignoissance en cas de ressort et souverainneté de la terre et baronnie de Couhec et des hommes et subgiz d'icelle, toutevoyes, ce nonobstant, puis peu de temps en ça, Olivier Barbier, procureur des diz religieux, au lieu et siege de Chinon, par devant le bailli des exempcions de Touraine, d'Anjou, du Maine et de Poitou, avoit demandé le renvoy de certaine cause d'appel pendant en la dite court entre Ytier de Mazeres, appellant, d'une part, et Jehan Pahen, appellé ou intimé, d'autre part, et la quelle appellation le dit Ytier avoit faite de Jehan Castereau, juge de monsieur Jehan de Mortemer, chevalier, seigneur de Couhet, en sa prevosté du dit lieu, et icelle relevé au dit lieu et siege de Chinon, et laquelle cause avoit esté baillée et renvoyée au dit procureur des dits religieux, à leur court et assise du dit lieu de Sainct Maixent, par le moyen de ce que le dit procureur des dits religieux avoit dit et propousé en la dicte court que le dit lieu et justice du dit lieu de Couhec estoit tenuz par homage de la dicte abbaye de Sainct-Maixent, où les dits religieux avoient toute justice haulte, moyenne et basse, et que le dit appellant avoit lessé le moyen de la dicte court, à laquelle il deust avoir relevé sa dicte appellation, et icelle dicte cause depuis avoit le juge des diz religieux renvoyé par devant le seneschal du dit seigneur de Couhet, à sa grant assise du dit lieu, et que en ce faisant les diz religieux avoyent seurprins sur la juridiction de mon dit seigneur le duc auquel appartenoit la cognoissance de la dicte cause, comme dit est, et requeroit le procureur de mon dit sieur que les diz religieux reparoissent le dit exploit, comme il appartenoit en telx cas ; les dits religieux disans et proposans plusieurs raisons au contraire, et mesmement que le dit seigneur de Couhet tient la dite terre de Couhet nuement des dits religieux par homage, soubz l'obeissance que les diz religieux font de leur temporalité au roy nostre sire, en la quelle temporalité ils ont toute justice et juridiction haulte, moyenne et basse, et que par ainsi avoyent droit d'avoir le renvoy et cognoissance de la dicte cause et de toutes autres provenants de la dicte terre de Couhet en cas de souveraineté et ressort, et que de ce qu'ils estoient fondés par droit commun et par la coustume du païs et de ce avoient joy et esté en bonne possession et suffisance ; finablement, aujourdhuy establis en droit en la court du dit seel honorable home et saige maistre Hugues Giraut, procureur de mon dit seigneur le duc, d'une part, et frère Robert Subleau, procureur et en nom de procureur des dits religieux, abbé et convent de Saint-Maixent, d'autre part, a esté accordé et appoincté entre les dictes parties que l'exploit, dont par dessus est faicte mention, sera et est tenu du consentement des dictes parties par non fait et pour non avenu, et d'icellui exploit ne se pourront ayder doresnavant les dits religieux, et que ycelles parties et leurs droits seront et demourront en l'estat et en leurs possessions et saisines, esquelles elles estoient au temps et par avant le dit renvoy, appellacion et exploit, dont par dessus est faite mencion, et sans ce que par le dit exploit soit fait aucun prejudice à mon dit seigneur le duc et ses diz droits, possessions et saisines, ny aussi par cest present appoinctement soit fait aucun prejudice aus dits religieux en leurs droiz, possessions et saisines, autrement que par l'exploit d'avant dit; les quels choses sus dictes, toutes et chascunes si comme elles sont par dessus divisées et declairées, les dits procureurs de chacune des dictes parties ont promis et promettent par les foiz et serment de leurs corps et soubs l'obligation des biens à eulx et chacun d'eulx commis par vertu de leurs dictes procurations, tenir, garder, enteriguer, faire et acomplir, et sans faire ne venir encontre en aucune maniere, et sur ce ont esté jugés et condampnés les dictes parties et chacune d'elles de leurs consentements par le jugement de la court du dit seel, à la juridiction et cohertion de la quelle court elles ont supposé et soubzmis elles et les biens susdiz, quant ad ce. En tesmoing de ce, nous garde du seel dessus dit, ycelluy, à ces presentes lettres originellement doublées, de leurs consentements avons mis et appousé. Donné et fait le sixiesme jour de juign l'an mil quatre cens et dix.

DXXXVIII

Lettres royaux permettant aux religieux de Saint-Maixent de pouvoir adresser une complainte en cas de saisine et de nouvelleté, malgré que le délai d'un an soit écoulé, contre les empiètements de Jean Sachier, substitut du procureur du duc de Berry, qui voulait les déposséder de la place dite la Pierre-Marchande, où se faisaient à Saint-Maixent les criées et ventes judiciaires et où les religieux percevaient leurs cens et rentes (D. FONTENEAU, t. XVI, p. 301, d'après l'original).

3 janvier 1412.

Charles, par la grace de Dieu, roy de France, à nos amez et feaulz conseillers les gens tenans nostre present parlement, et qui tendront ceulx à venir, et aux gens des Requestes de nostre Palais à Paris, au prevost de Paris et au bailli de Touraine, et à tous nos autres justiciers et officiers ou à leurs lieux tenans, savoir faisons nous avoir receu la supplication et complainte de nos bien amez les religieux, abbé et convent de Sainct Maixent en Poictou, estant en nostre protection et sauvegarde, et de nostre ressort et subjection sans aucun moyen, ensemble toutes leurs terres et subgiés, contenant que d'ancienneté il a en la dicte ville une certaine place et lieu, tenant à la maison d'un appellé Jehan Sachier, laquelle fait la couverture de la dicte place, de tel temps qu'il n'est memoire du contraire, et a coustume d'estre ouverte par bas, sauf qu'il y a et doit avoir seulement un petit muret de deux ou trois piés de hault au devant de la dicte place, et dessus icellui muret a accoustumé d'avoir certaines grans pierres plates, pour mectre dessus icelles pierres denrées à vendre, comme draps langes et linges, merceries, et autres marchandises que l'on a acoustumé de mectre à couvert, et se appelle de tout temps cette place la Pierre Marchande; ne ne doit avoir d'ancienneté pour entrer dedans que un petit guichet, par où on entre dedans la dicte place du hault du dit petit muret; et de toutes les denrées vendues en la dite place les dits religieux ont droit d'avoir et prendre, c'est assavoir des ventes des draps langes, de douze deniers une obole, et des autres le devoir acoustumé, qui se doit payer aus dits religieux ou à leurs commis le jour que les denrées sont vendues, sur paine de l'amande qui est de soixante solz, et vaut bien communement ce droit par an aus dits religieux environ vint livres de rentes; et avec ce les dits religieux ont accoustumé de recevoir au dit lieu leurs cens et rentes, que les subgiés demourans en la dicte ville leur sont tenus de paier à divers jours chacun an, et les dits hommes et subgiés sont tenus d'apporter yceulx cens et rentes au dit lieu sur peine de l'amande accoustumée; et aussi ont accoustumé les officiers de la justice des dis religieux faire faire au dit lieu les cris et subhastations et de faire vendre ilec à l'inquant les gaiges, qui se vendent par justice, de oïr les causes d'entre les parties, et de y faire tous autres exploiz de justice; et ne se ferme la dicte place autrement que dit est, ne au dict guichet ordonné pour y entrer n'a point accoustumé d'avoir de serrure, mais seulement une cheville de bois ou de fer pour l'oster ou remectre quant on veult; et c'est le droit et vray domaine de l'Eglise et un des plus notoires signes des prerogatives et droict appartenant à la dicte Eglise, qu'ils aient en la dicte ville de Sainct Maixent; et combien que les diz religieux aient droit et soient en bonne possession et saisine de tenir et faire tenir la dicte place, appellée la Pierre Marchande, on dit estat, et de contredire et empescher toute entreprise au contraire, neantmoins le dit Sachier, qui est un homme cault et malicieux, et se dit estre substitut du procureur de nostre oncle de Berry au pays de Poictou, a voulu, par une maniere couverte et frauduleuse et par moiens damp[nables] et mauvais, empescher en ce que dit est les dis religieux : et advint environ l'an mil quatre cens et neuf dernier passé, que icelluy Sachier affirmant qu'il vouloit refaire le planchier de la maison estant dessus la dicte place, (et aussi est il tenu de le soustenir et ses predecesseurs teneurs de la dicte maison ont esté), et qui disoit aussi qu'il vouloit rappareiller le dict petit mur et y mectre dessus plus belles et plus grandes pierres qu'il y avoit, fit abatre et ruer jus le dit soulier et planchier et le dit auvent, et de fait fist edifier et refaire la besoigne comme toute neufve, en retenant la forme ancienne, et fist mectre dessus le dict per[ron] longues pierres, plus belles et plus larges que n'estoient celles qui y estoient par avant; et cuidoient les dicts religieux qu'il fist tout à bonne fin; et pour ce qu'il tenoit trop longuement le dit ouvrage et la dicte place empeschée, les dits religieux lui dirent qu'il falloit qu'il se avançast, et qu'il fit nettoyer la dicte place, car le delay leur estoit dommageable; à quoy le dit Sachier respondit que voulentiers s'en avanceroit, et s'offrist de faire achever la

dicte besoigne, et en ce faisant il fist ou lieu et à l'entrée
où estoit le dit petit guichet, une droite huisserie, et fist
levér le mur d'icelle jusques au plancher, et disoit que
c'estoit pour bien ; et après ce que le dit ouvrage ut esté
parachevé, les dits religieux userent de leurs drois comme
par avant en la dicte place, et oncques le dict Sachier ne
fist semblant de les y vouloir empescher jusques à ce que
l'abbé de la dicte abbaye, qui avoit esté pendant ce que le
dit Sachier fist le dit ouvrage absent de la dicte abbaye, et
estoit à Paris au conseil des prelas, et fut un de ceux qui
furent ordonnés pour aller à Pise, ce fut parti pour aller
on dit voiage ; et emprès son departement et lui estant à
Pise, on mois d'avril l'an mil quatre cens et neuf, le dit
Sachier, qui avoit fait faire secretement certaines fenestres
de bois, long temps avoit, fist, à certaine heure qu'il advisa,
prendre hastivement et à cachier les diz fenestres et clorre
le dit huis de la dicte huisserie, et incontinent fit mectre
on dit lieu les panonceaulx de nostre oncle de Berry, dont
les religieux de la dicte abbaye furent moult esbays et
dolens, et n'oserent pour les dits panonceaulx oncques
proceder à la demolition, mais furent conseilliez d'attendre la venue du dit abbé, qui estoit à Pise, pour y pour-
vèoir par voye de justice ; et firent pour lors les dits religieux seulement sommer et prier le dit Sachier, qu'il voulsit oster le dit empeschement ; le quel leur respondit que
voulentiers leur y laisseroit recevoir leurs cens, et riens
plus, et leur fit faire de moult grosses et orribles defenses
par les officiers de nostre dit oncle au dit pays ; et par
aucun temps après, le dit abbé revint du dit voiage de Pise,
où il avoit demeuré pour l'espace de neuf mois, et lui
furent les dictes choses exposées ; et quant il advisa le
grant dommaige et prejudice que c'estoit à l'Eglise, il y
voulsist pourveoir, et avoit entencion de prendre une
complaincte en cas de saisine et de nouvelleté pour lui et
les dis religieux, car il estoit encore dedens le temps de l'em-

peschement comme environ un mois : mais le dit Sachier qui le senty, s'affubla de plusieurs gens de fait et autres serviteurs et officiers de nostre dit oncle de Berry, qui lors estoit on dit pays, par les quelx il fist dire et entendre contre verité à ycelui nostre oncle, que le dit abbé et religieux de Sainct Maixent le vouloient detruire pour ce qu'il estoit substitut de son procureur, et pourchasser ses drois, et qu'ils vouloient faire fondre et abatre sa maison, et que les diz religieux usurpoient tous ses droiz, et telement enflama et fit enflamer nostre dit oncle contre le dit abbé et religieux, qu'ils furent en très grans peril de leurs corps et biens ; et parla nostre dit oncle au dit abbé au chasteau de Poictiers, où il estoit lors, moult expouventablement en presence de plusieurs prelats, barons, chevaliers et autres, en disant au dit abbé qu'il le feroit le plus dolent, et les dits religieux aussi, qu'ils ne furent oncques, et ne voulut oïr les justifications et excusations des dits abbé et religieux, mais failli que le dit abbé se partist. Et lors le dit Sachier fist parler au dit abbé, en le requerant que luy et ses dis religieux lui voulsissent bailler la dicte place à rente, en confessant taisiblement les drois dessus diz des diz religieux, et pour ce qu'il ne le veult faire, il fut menacé de rechief en son absence, et lui fust mandé par une personne d'eglise notable, qui estoit lors entour le dit nostre oncle, qu'il ne venist point devant lui, et que lui conseilloit qu'il tenist la besoigne en dissimulation par aucun temps, pour eschever pis ; et est vray que en celle saison le temps se passa de prendre la dicte complainte, et nostre dit oncle se party du dit pays de Poictou accompaigné de moult grant multitude de gens d'armes, et s'en ala à Tours et d'ilec à Chartres, et depuis à Vicest[re] où il fust l'an passé, et plusieurs autres en sa compaignie, comme chacun scet ; et le dit abbé, si tost qu'il peust s'en vint à Paris et s'est retrait à l'Université, où il est à present docteur regent, et n'a osé, ne n'ose le dit abbé aler on dit pays tant pour crainte et doubte des dictes menaces, comme pour les grans perils qui sont on dit pays; et ceulx de ses gens mesmes, qui sont aucune fois alés et venus devers lui à Paris, ont esté prins et empeschés, et n'a osé le dict abbé ne les dits religieux faire aucune impetracion ou poursuites on dit pays, et mesmement contre les puissans et contre officiers : par quoy ils sont en voix de perdre plusieurs de leurs droiz et par especial seroient en..... despoinctiez et dessaisiz, et de perdre la dicte place appellée la Pierre Marchande, et les droiz et prerogatives, qui leur appartiennent à cause d'icelle, qui sont moult à garder, si comme dient yceulx religieux, supplians que comme ils soyent de fondation royal, et tiengnent de nous toute leur temporalité et soubs nostre ressort sans moien, que sur ce, consideré les diz empeschemens, leur vueillons pourvoir de nostre grace et remede. Pour quoy nous, ayans regard aus dictes choses et pour contemplacion de la dicte eglise, à yceux religieux avons ottroyé et ottroyons par ces presentes, on cas dessusdit, que dedans la fin du mois de may prochainement venant ils peussent complaindre en cas de saisine et de nouvelleté ou autrement, ainsi que bon leur semblera, tout ainsi qu'ils eussent fait et peu faire au dedans de l'an, du dit empeschement de clousture des dictes fenestres mises en la dicte place et du dit huys, nonobstant le laps du dit temps, et que le dit temps soit passé, dont nous avons relevé et relevons par ces presentes, pour les dictes causes et consideracions et autres à ce nous mouvans, les dis religieux, abbé et convent. Si vous mandons et enjoignons, et à chacun de vous si comme à lui appartiendra et pourra appartenir, que de nostre presente grace et relievement vous faictes, laissiez et souffrés joir et user les dis religieux paisiblement, car ainsi nous plaist il estre fait, nonobstans quelxconques lettres sur ce empetrées ou à empetrer à ce contraires. Mandons et commandons à tous nos justiciers, officiers et subgés que en ce faisant obeissent et entendent diligemment. Donné à Paris, le troisiesme jour de janvier, l'an de grace mil quatre cens et unze, et de nostre regne le trente deuxiesme.

DXXXIX

Pierre Bernardin rend aveu de la moitié du droit de péage qui se percevait à la porte Châlon et à celle de la Croix de la ville de Saint-Maixent et au dedans des cueilles (D. FONTENEAU, t. XVI, p. 305, d'après l'original).

30 avril 1417.

Sachent tous que ge, Pierre Bernardin, de Saint Maixent, hay et tiens et confesse moy avoir et tenir de reverend pere en Dieu monsieur l'abbé du moustier de Saint Maixent, à foy et homage lige, à cinquante souls de devoir, et dix sols de chambellage par chacune mutation de seigneur et de teneur, et à quatre livres dix souls tournois de annuelle rente ou devoir paiable par chacun an, à la feste de la Nativité nostre Seigneur, c'est assavoir la moitié par indevis du peage ou peagie acoustumé estre levé et amassé à la porte Chaslon et de la Crois de la ville de Saint Maixent et ailleurs ès lieux acoustumés au dedans des cueilles, c'est assavoir : la cueille de Male Mailhe, de Mauvase, et la cueille Poitevine, ainsi que le depart le cour de la Saevre en tirant vers Parthenay, et ainsi que le dit court de Saevre le depart en tirant droit à la riviere en alant droit à Sainte Neomaie, laquelle moitié de peage et tous les droits, prouffits, revenus et emolumens et avecques tous les droits de contrainte et compulcion acoustumé et appartenant à la dicte moitié du dit peage, que moy, que mes predecesseurs avons acoustumé de prendre et havoir et de nous faire jouir de la dicte moitié du dit peage et tout ce qui s'en depent au dedans des dits fins et mettes et lieux acoustumés, fors et excepté les amandes pour ce dhues et acoustumées estre prises et levées sur les contredisans et delaians à paier le dit peage, les quelles amandes appartiennent à mon dit sieur ; et me povent bien valoir les dictes chouses de la moitié du dit peage, paié les charges, vingt sols de rente a coustume de païs ou environ, sauve ma raison d'acrestre, d'amendrer, de corriger, modiffier, speciffier et desclairer plus à plain en mon dit avehu, toutes fois que il vandra à ma notice, qu'il y aura ou plus ou moins, dedans le temps que raison, usage, ou coustume de païs donne. En tesmoings des quelx chouses je ay fait mettre et appouser à cest present mon advehu le seel establi aux contracts à la Mothe pour noble et puissant seigneur messire Johan de Torssay, chevalier, seigneur de Lezay, de la Roche Ruffin, du dit lieu de la Mothe et de Saint-Eraye, le quel seel y a esté mis par le porteur et gardeur d'icelluy à la requeste du dit havouant. Donné et fait le dernier jour d'avril, l'an mil quatre cens dix et sept.

DXL

Quittance d'un curé qui reconnaît avoir reçu plusieurs choses destinées à son église de Pierre Baston, abbé de Saint-Maixent. « de reverendissimi in Christo patris et domini domini fratris Petri Bastonis, decretarum doctoris, abbatis monasterii Sancti Maxentii, ordinis sancti Benedicti (D. FONTENEAU, t. XXXIX, p. 107, extrait de l'original).

16 juin 1421.

DXLI

Sauvegarde accordée par le roi Charles VII à l'abbaye de Saint-Maixent et à tous ses hommes, donnée à Chinon (D. FONTENEAU, t. XXXIX, p. 125, extrait de l'original).

13 décembre 1423.

DXLII

Les religieux de l'abbaye de Saint-Maixent donnent aux habitants de la ville une somme de quarante livres tournois pour les aider à la réparation de leurs murailles, étant réservées sur ce les obligations de l'une et de l'autre partie (D. FONTENEAU, t. XVI, p. 307, d'après l'original).

24 octobre 1427.

Sachent tous que comme certain discorde fust esperé à mouvoir entre les habitans de la ville de Sainct Maixent, demandeurs, contre les religieux, abbé et convent du dit lieu, deffendeurs, sur ce que les dits habitans disoient que les dits religieux estoient tenus de faire la moytié ou autre grant quantité des reparacions des murs de la dicte ville, et pour ce que de nouvel estoit cheu certain quantité des murs et cloison d'icelle ville, et y avoit une bresche, par la quelle l'on pouvoit delogier, entrer en la dicte ville, les dits habitans requeroient que les dits religieux poiassent la moytié de ce que cousteroit à reparer la dicte breche ; les dits religieux disant au contraire qu'ils n'estoient tenus seulement fors reparer certainnes tourelles et autres choses, qui estoient en bon estat, et qu'ils n'estoient tenus de contribuer à autres reparacions : assavoir est que aujourdhui, en droit en la court du seel royal establi aux contracts à Sainct Maixent pour le roy nostre sire, personnellement establis religieux homme et honneste frere Guillaume de Launay, aumosnier du dit moustier de Sainct Maixent, vicaire general en spiritualité et temporalité de reverend pere en Dieu monsieur Pierre Baston, abbé du dit moustier, et procureur des dits religieux, abbé et convent, si comme il a cogneu et confessé, d'une part, et honnorables hommes maistres Jacques Prahier, juge de la prevosté du dit lieu, Jehan Sacher, procureur substitut du roy nostre dit sire au dit lieu, Guillaume Roussea, licencié en loys, Jehan Guytea, Jehan Sejourne, Huguez de Conzay, Jehan Perochon, Pierre Gracien, Helies Ogier procureur, comme il disent, des habitans de la dicte ville, Jehan Saugié, advocats et praticiens en court laye, André Champdenier, Jehan et André Cassez, André de la Jaille, Guillaume Chauveau,

Pierre Tranchant, Regnaut Le Monoyer, André Rodeasme, Jehan Le Monoyer, Jehan Pererea, Pierre Bay, Jehan Bay, Estienne Bodinoe, Jehan Brunet, Jehan Pheliponea, Jehan Tasterea, Jehan Saunier l'aisné, Jehan Fayon le jeune, boucher, Jehan Compaignon, Guillaume Mairentea, Jehan Robeler, Jehan Chamer, Jasme Helion, Pierre et Estienne Belins, Guillaume Riche, Jehan Bougerotons, Geoffroy le Roux, Jehan Billoet l'ainé, bourgeoys et habitans de la dicte ville, d'autre part, tous assemblés en la court du roy nostre dit sire en la dicte ville de Saint Maixent, ainsi que l'on tenoit la prevosté du dit lieu, à l'occasion de la reparation de la dicte ville, dont dessus est fait mencion, le dit frère Guillaume de Launay, vicaire et procureur sus dit, sur ce que les dits religieux, abbé et convent de Saint Maixent, considerans la disposition du temps et des guerres, et le peril eminent qui pourroit arriver aus dits habitans et à la dicte ville si les ennemis ou gens d'armes courans par le pays entroient en icelle ville par ycelle breche, dont dessus est faicte mencion, iceulx religieux, abbé et convent ont donné et donnent et ordonné au dit aumosnier, comme il dit, bailler par maniere de don aus dits habitans la somme de quarante livres tournois pour employer en la reparation de la dicte breche ou muraille abbatue, et laquelle somme de quarante livres, excepté seulement deux sols unze deniers de monoye blanche dernierement courant, poysant le tout unze marcs une unce, pris le tout l'un portant l'autre à quatre deniers six grains de loy, le dit vicaire et procureur sus dit des dits religieux, abbé et convent, et par leur commandement et ordonnance, comme dit est, a baillé, compté, nombré et paié manuellement et deniers comptans aux dessus dits habitans, en presence des notaires et tesmoings cy dessoubs escripts, à fin que les dits habitans soient plus enclins de faire et reparer la dicte breche et muraille abbatue, sans ce que ce present don, que font les dits religieux de la dicte somme, leur puisse tourner à aucun prejudice on temps à venir, ne prouffiter aus dits habitans, et sans ce que les dits habitans pour ce puissent ou doyent dire que les dits religieux pour cause de la dicte somme, par eulx donnée ou baillée, soient tenus ne abstraings on temps à venir de faire autres reparacions qu'ils ne confessent, et aussi sans ce que par ce present don ou bail de la dicte somme les dicts religieux puissent dire qu'ils sont francs et exempts des dictes reparations pretendues par les dits habitans, mais demeurent les dits religieux et habitans, nonobstant ce present don ou bail de la dicte somme, et chacun d'eux tous entiers en leurs droits, possessions et saisines, telx comme ils estoient par avant ce present don, bail ou promesse, et la quelle somme ainsi baillée par le dit vicaire et procureur, comme dit est, les dits habitans presens, et le dit Helies, procureur d'iceulx et autres absens, ont cogneu avoir eu et receu et icelle ont baillé en garde au dit André Champdenier ; les quelles choses dessus dictes, toutes et chacunes, ainsi comme par dessus sont divisées et declarées, en ces presentes contenues, ont promis et promectent les dictes parties et chacunes d'elles, par tant comme le fait de chacune touche et peut appartenir : c'est assavoir le dit vicaire et procureur dessus dit, par et soubs l'obligacion des biens des dits religieux, abbé et convent, à luy commis par ses dits vicariat et procuration, et les dits bourgeoys et habitans presens, par la foy de leurs corps et soubs l'obligacion de leurs biens, et aussi le dit Helies Oger, procureur des dits habitans, par et soubs l'obligation des biens des autres habitans absens, à lui commis par vertu de sa dicte procuration, fealment acte de fermement tenir, garder, entretenir et acomplir et non faire ne venir en contre en aucune maniere. En tesmoing des quels choses, nous Jehan Goniaut, clerc, garde du dit sel royal, iceluy à ces presentes lettres, originalement doublées à la requeste des dictes parties, avons mis et apposé, et sur ce, de leurs consentemens, par le jugement de la court du dit seel les avons jugé et condempné; à la jurisdiction, cohercion et compleccion du quel seel les dictes parties ont soubmis et supposé elles et leurs dits biens, quant à ce. Donné et fait en la court du roy à Saint Maixent, tenant la prevosté du dit lieu, comme dit est, tesmoins présens Pierre Jehan, clerc, et Guillaume de la Porte, sergent de la dicte prevosté, le vendredi vingt et quatriesme jour d'octobre, l'an mil quatre cens vingt et sept.

DXLIII

Monitoire général obtenu du pape Eugène IV par l'abbaye de Saint-Maixent pour se faire restituer les biens de toute nature dont elle était journellement dépouillée (D. FONTENEAU, t. XVI, p. 311, d'après l'original).

1er décembre 1434.

Eugenius, episcopus, servus servorum Dei, dilecto filio officiali Pictavensi, salutem et apostolicam benedictionem. Significarunt nobis dilecti filii Petrus, abbas, et conventus monasterii Sancti Maxentii, ordinis sancti Benedicti, Pictavensis diocesis, quod nonnulli iniquitatis filii, quos prorsus ignorant, decimas, redditus, fructus, census bladi, frumenti, auri, argenti quantitates, terras, agros, ortos, vineas, possessiones, equos, boves, vaccas, porcos, oves, pannas, lineos, laneos, vasa aurea, argentea, ornamenta ecclesiastica, pecuniarum summas, jura, jurisdictiones, ac nonnulla alia bona ad dictum monasterium spectantia, temere et malitiose, occultare et occulte detinere presumunt, non curantes ea prefatis abbati et conventui exhibere in animarum suarum periculum ipsorumque abbatis et conventus ac monasterii non modicum detrimentum; super quo iidem abbas et conventus apostolice sedis remedium implorarunt. Quocirca, discretioni tue, per apostolica scripta mandamus, quatinus omnes hujusmodi occultos detentores decimarum, fructuum et aliorum bonorum predictorum, ex parte nostra, publice in ecclesiis, coram populo, per te vel alium moneas, ut infra competentem terminum, quem eis prefixeris, ea prefatis abbati et conventui a se debita restituant et revelent, ac de ipsis plenam debitam satisfactionem impendant ; et si id non adimpleverint infra alium competentem terminum, quem eis ad hoc peremptorie duxeris prefigendum, ex tunc eos generalem excommunicationis sententiam proferas, et eam facias ubi et quando expedire videris usque ad satisfactionem condignam solemniter publicari. Datum Florentie, anno Incarnationis Dominice millesimo quadringentesimo tricesimo quarto, kalendas decembris, pontificatus nostri anno quarto.

DXLIV

Extrait de la bulle du concile de Bâle validant l'élection de Pierre de Clervaux comme abbé de Saint-Maixent (D. FONTENEAU, t. XXXIX, p. 190, extrait de l'original).

28 novembre 1438-10 février 1439.

Exécution de la bulle du concile de Basle, « *per Joannem Reynelli licentiatum in decretis, canonicum et subdecanum ecclesiæ Pictavensis* », l'an 1438, *indictione* 2, 10 février. Cette bulle est en original. Elle contient l'élection de Pierre de Clervaux, abbé de Saint-Maixent. Dans la bulle il est dit qu'il étoit moine, « *monachus* », du monastère de Saint-Maixent. Le dernier abbé y est appelé Pierre, et y est dit mort « *extra Romanam curiam* ». Il étoit aussi moine ; il avoit été élu par les religieux du monastère, avoit été confirmé par le pape Eugène IV, « *ante suspensionem ab administratione papatus* ». Ce pape avoit réservé à sa disposition cette abbaye, comme vacante, et l'avoit donnée en commende à François, cardinal-prêtre du titre de Saint-Clément, pour la gouverner et la tenir pendant sa vie. Le concile s'étoit opposé à ce que cette abbaye fût ainsi accordée en commande, parce que cela étoit contre le statut et la définition du concile. Pierre de Clervaux, qui avoit été élu canoniquement par les religieux, eut des démêlés avec le cardinal commandataire ; Pierre de Clervaux convint et consentit que le dit cardinal se réservât une pension annuelle et viagère sur cette abbaye, à la condition qu'il s'en démettroit en faveur de Pierre de Clervaux. Il fut enfin arrêté que la pension seroit pour huit ans, et alors le dit cardinal se démit de l'abbaye en faveur de Pierre de Clervaux entre les mains du pape Eugène IV, qui nomma Pierre de Clervaux. Le concile deffendit qu'on exigeât absolument aucune somme d'argent, sans quoi on étoit simoniaque, pour cette collation, confirmation ou aucune expédition de bulle, etc. Par cette bulle, le concile donne commission à l'abbé « *monasterii Aureevallis, diocesis Malleacensis, et subdecano ecclesiæ Pictavensis* », d'absoudre Pierre de Clervaux des sentences d'excommunication, selon la forme de l'Eglise, pour avoir fait des traités simoniaques avec le dit cardinal au sujet de cette abbaye, dont ce dernier s'étoit démis moyennant des sommes d'argent. Et en conséquence le concile avoit voulu que le dit Pierre de Clervaux se démit de l'abbaye qu'il n'avoit eue que par le traité sus dit. Cependant, comme ce Pierre de Clervaux [étoit un homme de mérite, le concile donne commission de confirmer l'élection faite de sa personne pour être abbé de Saint-Maixent, s'il s'en étoit trouvé digne, après qu'il s'en seroit démis cependant. Donné à Basle, « *4 kal. decemb., anno* 1438 ». Au bas de la bulle pend à une corde de chanvre, à double queue, un sceau où d'un côté se lit : « *Sacrosancta generalis sinodus Basiliensis* », et de l'autre, plusieurs évêques et cardinaux, où l'on voit au-dessus le Père éternel qui donne sa bénédiction.

DXLV

Artus de Richemont, seigneur de Parthenay, rend hommage à l'abbaye de Saint-Maixent, pour les fiefs qu'il tenait d'elle dans vingt-trois paroisses (D. FONTENEAU, t. XVI, p. 313, d'après l'original).

12 mars 1440.

Arturus, ducis Britanniæ filius, Richemondæ comes, dominus Partiniaci, connestabularius Franciæ, universis presentes litteras inspecturis, salutem. Notum facimus quod omnia et singula, quæ habemus seu habere debemus, et quæ sunt de feodis et retrofeodis nostris in parochia de Alona, de Busseria, de Sancto Pardulpho, de Belloloco, de Vohé, Sancti Leani, de Sother, de Maseriis, de Verreuia, de Sancto Medardo, de Grosleriis, de Cors, de Champdenier, de Sancto Dionysio, de Champeaux, de Capellabaston, de Germond, de Roure, de Sancto Christophoro, de Bello[1], de Sancto Gelasio, de Esturuo [1], de Sancta Eugenia et apud Vilers, excepto feodo de Volvento, et apud Couldray, habemus et tenere fatemur et advohamus nos tenere et tenere debere a Deo, monasterio et abbate Sancti Maxentii et conventu ejusdem loci ; et de omnibus supradictis homagium ligium fecimus viro religioso et honesto Petro Clarævallis, divina permissione abbati ejusdem loci, et hæredes seu successores nostri similiter in perpetuum facere tenentur. Et est sciendum quod prædicti abbas et conventus feodum suum tenentur garire. Quæ etiam omnia et singula præmissa, nos et hæredes seu successores nostri in perpetuum a dictis abbate et conventu tenere debemus, eodem modo quo prædecessores nostri hactenus tenuerunt, sine præjudicio domini nostri regis atque nostri, et successorum nostrorum. In cujus rei testimonium, nos dedimus et concessimus prædictis abbati et conventui præsentes literas, sigillo nostro sigillatas. Datum Sancti Maxentii, die duodecima mensis martii, anno Domini millesimo quadringentesimo tricesimo nono. Per dominum comitem connestabularium [2].

DXLVI

Lettres de Charles VII transférant à perpétuité à Saint-Maixent le siège des Élus établi à Niort (D. Fonteneau, t. XVI, p. 315, d'après l'original).

Avril 1440.

Charles, par la grace de Dieu, roy de France. Savoir faisons à tous, presens et advenir, que comme puys aucun tems

---

1. Il faut lire *Berlo* et *Eschiré*. Le scribe, comme il est arrivé trop souvent, en se reportant à un aveu antérieur, a mal lu les noms de ces localités ; il est facile de les rétablir d'après l'aveu d'Hugues Larchevêque, du 9 septembre 1265 (V. n° CCCCLXI), où les paroisses dépendant de Parthenay sont énumérées dans le même ordre.
2. Le nom du secrétaire a été reproduit par D. Fonteneau avec ses abréviations ; il semble qu'il doit y avoir N. Philipon.

en ça certaines entreprises ayent esté faictes par nos cousins de Bourbon [1]......; pour ces causes et autres à ce nous mouvans, avons octroyé et octroyons de grace especial, plaine puissance et auctorité royal, et voulons et nous plaist que le siege des esleus sur le faict des aides ordonnés pour la guerre, qui est et a accoustumé estre à Nyort, soit et se tegne perpetuellement à toujours en nostre dicte ville de Sainct Maixent, et que ceulx qui le temps passé ont ressorti au dict lieu de Nyort, ressortissent à present au dit lieu de Sainct Maixent. Si donnons en mandement par ces memes presentes [2]... Donné au dict Saint Maixent, on mois d'avril, l'an de grace mil quatre cens quarante, après Pasques, et de nostre reigne le dix huictiesme. Ainsy signé : Par le roy en son grand conseil, Bude. Et seellé en cerre vert, à lacs de soye. Au dox est escript : Publicata et lecta in camera juvamentorum pro guerra, de precepto dominorum generalium, quinta die augusti, anno Domini millesimo quadringentesimo quadragesimo.

DXLVII

Lettres de Charles VII, qui, en récompense de la fidélité des habitants de Saint-Maixent, rétablit en leur ville les assises qu'avait coutume d'y tenir quatre fois l'an le sénéchal de Poitou, et dont le ressort avait été récemment supprimé pour être réuni à celui de Poitiers (D. Fonteneau, t. XVI, p. 321, d'après l'original).

27 janvier 1441.

Charles, par la grace de Dieu, roi de France, à nos amés et feaulx conseillers les gens tenans et qui tiendront nostre Parlement, salut et dilection. Reçue avons l'humble suppli-

---

1. D. Fonteneau indique en note que ce qu'il omet en cet endroit se trouve mot pour mot dans les lettres patentes d'avril 1440 établissant un corps de ville à Saint-Maixent. (V. ces lettres dans les pièces justificatives de nos *Recherches sur l'organisation communale de la ville de Saint-Maixent avant 1790*, Poitiers, 1870, p. 196.)
2. D. Fonteneau a omis les formules qui suivaient.

cation de nos bien amés les manans et habitans de la ville, chastellenie et ressort de Sainct Maixent, en nostre pays de Poictou, contenant que nostre seneschal de Poictou a plusieurs sieges separez, differans et distingués l'un de l'autre, et de checun des quelx ressortissent et respondent les terres et seigneuries tenues de nous en fief et arrierefief et les hommes et subgects d'icelles à cause des lieux et seigneuries ou les dicts sieges de nostre dict seneschal sont tenus ; en la quelle ville de Sainct Maixent, le dict seneschal a ung de ses dicts sieges, au quel il a accoustumé de tenir ses assises quatre fois l'an, dé tel et si long temps qu'il n'est memoire du contraire, et au dit siege de Sainct Maixent les terres de Parthenay, Vouvant, Mairevent et autres que tient en nostre dict pays de Poictou nostre très cher et amé cousin le comte de Richemont, connestable de France, ont accoustumé leur respondre et ressortir, et semblablement plusieurs autres nos feaulx et vassaulx et leurs hommes et subgects, et ne sont tenus respondre à autres sieges du dit seneschal que à celluy du dict lieu de Sainct Maixent ; et aussy a esté faict et observé du temps de feu nostre très cher et très amé oncle le duc de Berry, comte de Poictou, dont Dieu ait l'ame, le quel a long temps tenu le dict comté en ses mains, et par avant que luy fust baillé, de si long temps qu'il n'est memoire du contraire, jusques à n'a guerres, que par importunité des requerans, les manans et habitans de nostre ville de Poictiers, pour enrichir ou autrement, ont impetré de nous certaines lectres, par les quelles et soubs umbre de leur donner à entendre nous avons voulu et ordonné que toutes et chacunes les causes meues et pendans par devant le dit seneschal à ses autres sieges fussent d'illec en avant decidées et determinées par devant luy à son siege de Poictiers, et les quelles, par nos dictes lectres, nous y avons evoquées, sans ce que plus l'en peust cognoistre d'icelles à autres sieges du dit seneschal que à celluy de Poictiers, ainsi que contenu est ès dictes lectres; par vertu des quelles lectres, nostre dict seneschal ou son lieu tenant a assigné et faict assigner les assises, qui avoient accoustumé estre tenues au dict lieu de Sainct Maixent, par devant luy à son dict siege de Poictiers, à certain jour du mois de juin derrier passé, et la dicte assignation des dictes assises faict publier au dict lieu de Sainct Maixent et autre part; les quelx supplians, qui de tout temps ont esté bons et loyaulx et vrays obeissans à nous et n'ont riens mespris par quoy ils deussent estre privés du dit siege, ne empeschés en leurs droits, franchises et libertés, voyans ces choses estre ainsy faictes à leur tres grant dommaige, charge et prejudice, et que ce estoit et est les fatiguer et travailler et les constraindre à aller hors de leur siege et ressort, envoierent en nostre dicte ville de Poictiers ung nommé Jehan Giraudeau, leur procureur, pour soy expouser on nom d'eulx : le quel procureur se expousa par devant le lieu tenant du dict seneschal à ce que les dictes assises du dict lieu de Sainct Maixent ne fussent tenues en la dicte ville de Poictiers; à laquelle exposition le dit seneschal ou son lieu tenant ou commis à tenir les dictes assises ne le voli recevoir, mais dict ou appoincta qu'il tiendroit et expedieroit les dictes assises de Sainct Maixent au dit siege de Poictiers, dont le dit Giraudeau en appella à nous et à nostre court de Parlement, et aussy depuis en appella le procureur de nostre dit cousin à nous et à nostre dicte court; après le quel appel faict par le dit Giraudeau, procureur comme dit est, et en actemptant folement contre icelluy, le dit seneschal ou son dit lieutenant le fist mectre en prison, et fut contrainct renuncer au dit appel devant qu'il peust partir; les quelles appellacions ont esté relevées .....deuement en nostre dicte court, en faisant adjourner et intimer leurs parties adverses à certain jour passé, ainsi que en tel cas appartient; en la quelle cause tellement a esté procedé que les dits appellans ont faict dire leur cause d'appel et le dit intimé, avecques les quels s'est adjoint nostre procureur....., deffendeur au contraire, en requerant par..... intimez que par provision les dictes assises fussent tenues à Poictiers, et les dits appellans, au contraire, qu'elles fussent tenues au dit lieu de Sainct Maixent. Sur quoy, sans plus aucusne chose repliquer ne duplicquer, ait esté appointé par nostre dicte court que les parties mectroient devers la dicte cour ce que bon leur sembleroit et au Conseil ; et combien que les dits supplians, les quelx traictent du bien publicque de la dicte ville de Saint Maixent et du pays et de nos subgects ressortissans au dit siege et de leurs droits, franchises et libertés, des quelles de raison ils ne doivent estre despointés sans estre oys et sans cause raisonable, actendu mesmement que aussi bien est de nostre dommaine de nostre comté de Poictou la dicte ville de Sainct Maixent comme la ville de Poictiers, maintiennent en ceste matiere avoir esté evidentement grevés et avoir bonne cause d'appel ; neantmoins ils doubtent par le moyen du dit appel estre longuement empeschés on principal de leur dicte cause et sur le dit appel cheoir en grant involucion de procès, et à ceste cause estre grandement molestés et travaillés : et pour ce nous ont humblement fait supplier et requerir, que comme de raison ils ne doivent estre mis ne tirés hors de leur siege et ressort, ne travaillés sans cause raisonnable et sans estre oys, et que d'ancienneté et du temps de nos predecesseurs le dit seneschal a accoustumé tenir ses dictes assises au dit lieu de Sainct Maixent et à ses autres sieges, il nous plaise les dictes lectres octroyées aux dits habitans de nostre dicte ville de Poictiers casser, rescinder, revocquer et adnuller, en remectant les dits supplians en leur premier estat. Pour quoy, nous actendu ce que dit est, informez bien et deuement que le dit seneschal a accoustumé tenir ses assises au dit siege de Sainct Maixent, que ne voullons les dits supplians estre mis ne tirés hors de leur dit siege, mais les conserver et garder en leurs termes, drois, franchises et libertés, les dictes lectres impetrées par les dits habitans de nostre ville de Poictiers, tant en faveur et contemplacion de la bonne et entiere obeissance et loyaulté que les dits supplians nous ont faict et eux de tout temps à nous, tant en resistant à l'entreprise d'aucuns seigneurs de nostre sang et lignage et autres leurs adherans, les quelx puys peu de temps se sont mis sus contre nous et prins nostre dicte ville de Sainct Maixent, excepté une des portes de la dicte ville, la quelle les dits supplians tindrent jusques à nostre venue en la dicte ville, et que leur donnasmes secours, que des grans charges et dommaiges que les dits supplians, à l'occasion des sus dits et autrement, ont soutenu et souffert en plusieurs et maintes manieres, avons, par deliberation de nostre Conseil cassées, revocquées et adnullées, cassons, revocquons et adnullons par ces presentes en tant que touche les dits supplians, et declarrons que nostre entencion et volunté c'est que les dictes assises et siege et ressort d'icelles, les quelx ont accoustumé estre tenus au dit lieu de Sainct Maixent, y soient d'oresnavant tenus et y demeurent à tous jours, et les y avons remis et restitués, remectons et restituons par ces memes presentes par la forme et maniere que par avant l'impetracion des dictes lectres y estoient et soulloient estre, et les dictes appellacions mectons du tout au neant, sans amande, et sans ce que les dits appellans soyent tenus de plus la poursuivre en aucune maniere. Si vous mandons..., nonobstant l'estat du dit procès, l'adjunction de nostre dit procureur, au quel quant ad ce nous avons, comme dict est, imposé et imposons sillence perpetuelle, et lectres quelxconques subreptices impetrées ou à impetrer à ce contraire. Donné à Troyes, le vingt septiesme jour de janvier, l'an de grace mil quatre cens quarente, et de nostre regne le dix neufviesme. Ainsi signé : Par le roy en son Conseil, au quel les contes de Richemont, connestable, et de la Marche, les evesques de Clermont et de Maguelonne, l'admiral, messieurs Symon, Charlet, maistre Renier de Boulegny et autres plusieurs estoient. Et seellé en cere jaulne, à simple queulx.

DXLVIII

Lettres de Charles VII ordonnant à Maurice Claveurier, lieutenant du sénéchal de Poitou, d'aller tenir ses assises ordinaires en la ville de Saint-Maixent, et y commettant à son défaut Guillaume Rousseau ou Hugues de Conzay (D. FONTENEAU, t. XVI, p. 325, d'après l'original).

6 juillet 1441.

Karolus, Dei gratia, Francorum rex, primo Parlementi nostri hostiario vel servienti nostro super hoc requirendo, salutem. Cum per nostram Parlamenti curiam, vicesima prima die januarii ultimo preteriti, in quadam causa in eadem curia inter dilectum et fidelem consanguineum nostrum comitem Divitis Montis, constabularium Francie, tanquam dominum de Partenayo, Vouvant, Mervant et Fontenay-le-Comte, necnon et electos, burgenses et manentes ville Sancti Maxencii in Pictavia, ex una parte, et procuratorem nostrum generalem pro nobis, ex parte altera, mota et pendente, inter cetera ordinatum extitisset quod assisie patrie nostri Pictavie in villa Sancti Maxencii et alibi extra villam nostram Pictavis tenere consuete, in statu in quo erant ante certarum nostrarum licterarum, per quas dictas assisias in dicta villa nostra Pictavis teneri volueramus, concesseramus et ordinaveramus publicacionem, usquequo partibus predictis auditis, alterum foret ordinatum, remanerent; verumtamen, sicut pro parte dictorum manencium et habitancium ville, castellanie et ressorti Sancti Maxencii, dicte nostre Parlamenti curie extitit expositum, magister Mauricius Claveurier, senescalli nostri Pictavie locum tenens, in dicte ordinacionis odium et contemptum, vel alias, predictas assisias in dicta villa Sancti Maxencii, sicut fieri est consuetum, tenere noluit neque curavit, quamvis de dicta ordinacione eidem debite facta fuerit fides, in ipsorum supplicancium prejudicium non modicum, sicut dicunt; et idcirco supplicarunt eidem supplicantes eisdem super hoc per dictam curiam nostram provideri : tibi tenore presencium comictimus et mandamus quatinus precipias et injungas, sub pena centum marcharum argenti, dicto magistro Mauricio Claveurier, locum tenenti, quod ipse dictas assisias, modo et forma antiquis et consuetis, in dicta villa et sede Sancti Maxencii teneat et tenere continuet, secundum ritum antiquum et predictam dicte curie nostre ordinacionem, de qua eidem et sibi licuerit aut liquebit. Quod si facere distulerit seu recusaverit, ipsum magistrum Mauricium Claveurier adjornes ad certam et competentem diem, ordinariam vel extraordinariam, nostri presentis vel proximo futuri Parlamenti, nonobstante quod dictum presens sedeat Parlamentum, et quod partes de diebus, de quibus tunc litigabitur, forsitan non existant, penas predictas centum marcharum argenti declarari visurum, processurum et facturum, ulterius quod fuerit racionis, et una cum hoc, in dicto casu dilacionis, precipias et injungas magistris Guillelmo Rouselli et Hugoni de Conzay et eorum cuilibet, quos et quemlibet ipsorum dicta curia nostra ad hoc commisit et commictit per presentes, quod ipsi seu eorum alter easdem assisias modo et forma predictis teneant, expositionibus et appellacionibus in contrarium faciendis nonobstantibus quibuscumque; de hiis que feceris in hac parte, curiam nostram memoratam debite certificando, ab omnibus autem justiciariis et subditis nostris sibi in hac parte parere volumus et jubemus. Datum Parisius, in Parlamento nostro, sexta die julii, anno Domini millesimo quadringentesimo quadragesimo primo, et regni nostri decimo nono.

DXLIX

Arrêt du parlement de Paris, rendu en interprétation des privilèges concédés par Charles VII à l'abbaye de Saint-Maixent (D. FONTENEAU, t. XVI, p. 327, d'après l'original).

15 septembre 1442.

Karolus, Dei gratia, Francorum rex, universis presentes licteras inspecturis, salutem. Notum facimus quod visis per nostram Parlementi curiam certis litteris carte per nos abbati Sancti Maxencii concessis, per quas volumus et concessimus, ex causis in eisdem licteris contentis, quod dictus abbas et sui successores abbates dicte abbacie, habeant et portent imperpetuum in armis ejusdem abbacie unum scutum, cujus campum sit de gulis, ad unum florem illii auri et unam coronam desuper eciam de auro ; et una cum hoc, quod ipse abbas et sui successores abbates ejusdem abbacie sint in futurum imperpetuum nostri consiliarii de nostro magno consilio ad jura, honores, franchisias, libertates et prerogativas ad statum consiliarii de dicto nostro magno consilio spectantes ; et quod omnes cause personales dicti abbatis et suorum successorum abbatum sint in futurum commisse coram dilectis et fidelibus consiliariis nostris magistris requestarum Hospicii nostri, prout sunt cause aliorum consiliariorum nostrorum ordinariorum ; et insuper quod dictus abbas et dicti sui successores gaudeant imperpetuum piscariis, in riparia dicti loci Sancti Maxencii, Separa nuncupata, quibus piscariis dictus abbas et sui predecessores semper, sicut fertur, gavisi fuerunt, per tantum temporis spacium quod in contrarium hominum memoria non extabat, excepto tantummodo a septem vel octo annis citra, quod Guiotus le Tirant, capitaneus dicti loci Sancti Maxencii, in eisdem piscariis, prout sibi placuerat, piscaverat, et quas piscarias, quatenus opus esset, eidem abbati de novo dedimus ; item et quod omnes servitores, commensales, domestici et in domo dicte abbatie viventes, sint imperpetuum franci, quicti et exempti ab omnibus tailliis et subvencionibus, que pro nobis aut successoribus nostris in patria Pictavie imponentur; item et similiter quod omnes metearii dicte abbacie sint perpetualiter franci et exempti ab omnibus tailliis, quartis, imposicionibus et omnibus aliis subvencionibus quibuscumque, que regno nostro imponentur; item quod dictus abbas et sui successores possint tenere unum servientem principalem, qui suam sergenteriam de dicto abbate in fidem et homagium teneat, et quotidie in negociacionibus dicte abbacie serviat, et quod idem serviens sit francus et exemptus ab omnibus predictis tailliis et subvencionibus, prout alii servitores dicte abbacie ; quarum dictus abbas integracionem requisivit ; viso etiam eo, quod procurator noster generalis pro nobis dixit et allegavit in contrarium, et consideratis considerandis in hac parte, prefata curia nostra, quatenus tangit, dictum primum articulum, videlicet dicta arma, eisdem licteris obtemperavit et obtemperat; et eciam quod dictus abbas modernus sit de nostro magno consilio ; et quod ad causam hujus ipse habeat suas causas personales commissas coram dictis magistris Requestarum, ejus vita durante; et respectu suorum successorum abbatum, quod ipsi dictas suas causas personales coram dictis magistris nostris Requestarum, videlicet de et pro viginti libris turonensibus et majori summa habeant dumtaxat et habebunt commissas ; et quatinus tangit dictas piscarias, dicta curia nostra obtemperavit et obtemperat dictis licteris absque prejudicio, tam juris alieni quam nostri ; item et quantum ad hoc quod nos voluimus et concessimus quod predicti omnes servitores in abbacia predicta viventes sint franci et quieti ab omnibus tailliis, ut dictum est, dicta curia nostra, respectu verorum familiarium, domesticorum, commensalium et continuorum servitorum, sine fraude in dicta abbacia deserviencium et vivencium, dictis licteris obtemperavit et obtemperat ; et ad hoc quod similiter voluimus, ut dictum est, quod omnes metearii dicte abbacie sint perpetualiter franci ab omnibus tailliis et aliis predictis, eadem curia nostra obtemperavit et obtemperat dictis licteris usque ad numerum sex meteariorum, dumtaxat commorancium in sex meteariis dicte abbacie, quas metearias dictus abbas declarare tenebitur et declarabit ; et quatenus tangit dictum servientem, et quod ipse sit francus, ut dictum est, dicta curia quantum ad hoc dictis licteris obtemperavit et obtemperat, proviso quod, in omnibus et per omnia in quibus eadem curia obtemperavit et obtemperat, hoc sit absque dolo et sine fraude. Quocirca universis justiciariis nostris aut eorum loca tenentibus et eorum cuilibet, quibus spectabit sive spectat, et qui in hac parte fuerint requisiti, tenore presencium commictimus et mandamus quatinus presentes, juxta earum formam et tenorem, in hisque execucionem requirunt, execucioni debite demandent seu demandet, nichil in contrarium actemptari permictendo et compellendo, ad hoc viriliter et debite compellendo, quibus et eorum cuilibet ab omnibus subditis nostris in hac parte pareri volumus et jubemus. Datum Parisius, in Parlamento nostro, decima quinta die septembris [1], anno Domini millesimo quadringentesimo quadregisimo secundo, et regni nostri vicesimo. Per Cameram, Cheneteau.

DL

Réception d'hommage par Jean, humble abbé du moutier de Saint-Maixent (D. FONTENEAU, t. XXXIX, p. 246, extrait de l'original).

11 janvier 1443.

---

1. L'arrêt du Parlement est du jeudi 13 septembre (V. Arch. nation. ; X$_{1a}$ 1482, fol. 215 v°).

DLI

Serment de fidélité fait au roi [1] par Jean Chevalier, abbé de Saint-Maixent [2] (Orig., parch.; Arch. Nat., P 566¹, n° II[m] VII[c] LXIII).

18 mai 1443.

DLII

Aveu du temporel de l'abbaye de Saint-Maixent, rendu au roi par l'abbé Jean Chevalier [3] (Orig., parch.; Arch. Nat., Q¹ 1525).

1er août 1443.

DLIII

Indult du pape Eugène IV adressé au cardinal Guillaume, du titre de Saint-Martin [4], pour qu'il confère à Antoine Crespin, chanoine d'Angers et notaire apostolique, alors âgé de vingt-trois ans, l'aumônerie de l'abbaye de Saint-Maixent, bénéfice simple, valant 200 livres de revenu, et vacant par la résignation qu'en avait faite en cour de Rome Jean [Arnaut] en faveur de Bernard de Phelés, prieur de Maulévrier, lequel y renonce au profit dudit Crespin (Orig., parch.; arch. de la Vienne, série H., abbaye de Saint-Maixent [5]).

Entre 1439 et 1447.

---

1. Ce serment de féauté ou foi et hommage et tous ceux qui lui sont postérieurs, dont on trouvera plus loin l'indication, ne sont que la reproduction de celui du 28 mai 1408, publié plus haut (V. n° DXXXIV). Ils sont rédigés en français, mais avec les mêmes formules et toujours sous la forme de lettres patentes de réception de serment.

2. Cet acte est passé à Lusignan.

3. Le préambule et un grand nombre de passages de cet acte sont reproduits dans les notes de l'aveu de 1363 (V. n° DXIII, pag. 144 et suivantes).

4. Guillaume d'Estouteville, d'abord évêque d'Angers, puis archevêque de Rouen de 1453 à 1483, ordonné cardinal prêtre au titre de Saint-Martin-du-Mont (in Montibus), dans le conclave du 15 des kal. de janvier 1439, par le pape Eugène IV.

5. Cette pièce, dont il ne reste qu'une portion et qu'il est par suite impossible de publier in extenso, a été détachée par nous d'un registre de formules auquel elle servait de couverture.

DLIV

Les religieux de l'abbaye de Saint-Maixent et les bouchers de cette ville font un accord, en vertu duquel les bouchers sont autorisés à vendre viande le samedi au lieu du dimanche, pourvu toutefois qu'il y ait de la chair fraîche à l'un de leurs bancs le dimanche, pour le besoin des malades (Vidimus orig., parch., du 1er janvier 1496, en ma possession).

29 avril 1449.

Sachent tous, que comme de longue et ancienne coustume et observance a acoustumé avoir en la ville de Sainct Maixent bouchiers jurez, qui doyvent et sont tenuz vendre et expouser en vente sur les bancs et boucherie de la dicte ville les chairs convenables et neccessaires pour les habitans de la dicte ville et autres affluans en icelle et pays d'environ ès jours du diomanche, lundi, mardi et jeudi, en certaine forme et maniere, et jouxte et selon certains accords et appoinctemens autreffoiz faiz et passez entre les bouchiers de la dicte ville qui lors estoient, et les religieux, abbé et convent de l'abbaye de la dicte ville de Sainct Maixent, à cause de leur office de prevosté, et les prevostz moynes du dit lieu, moiennant les quelles choses aucuns, fors les bouchiers et jurés de la dicte ville et ceulx qui sont nefz et procreés des dits bouchiers en droicte ligne ou mariez avecques les filles en droicte ligne des ditz bouchiers n'ont droit et ne leur peut ou loyst vendre ne expouser en vente aucunes chairs en la dicte ville, ainçoys ont les ditz religieux, abbé et convent et prevost moyne sus dit de la dicte abbaye, et aussi iceulx ditz bouchiers droit et sont en bonne possession et saisine de contredire, garder et empescher que autres, fors les ditz bouchiers et jurez et leurs hoirs procreez en droicte ligne, puissent ou doyvent vendre ne expouser en vente aucunes chairs en la dicte ville de Sainct Maixent, en quelque manière que ce soit ; et pour ce que les bouchiers qui à present sont en la dicte ville et jurez d'icelle dicte boucherie, à l'occasion des chairs qui leur convient vendre et expouser en vente le dit jour de diomanche, perdent souventeffoiz d'oyr la grant messe ès ditz jours de diomanche, et aussi les commandemens et services divins ; aussi font ceulx de la dicte ville et pays d'environ qui achaptent et ont acoustumé achapter la chair en la dicte ville, les ditz jours de diomanches, plusieurs autres denrées et marchandises, et en ce faisant se font et ont acoustumé faire plusieurs seremens illicites, en grande perdicion et destriment des ames de ceulx qui font et perpetrent les cas et choses sus dictes comme dit et remonstré a esté par plusieurs foiz, par plusieurs et notables clercs, docteurs, maistres et bacheliers en theologie et autres, Jehan Bonnet, Jehan du Rivau, Estienne Bougontoy, Jehan Compaign, Jehan Robelier, Jehan Sauner, Jasme Bonnet, filz du dit Jehan Bonnet, Jehan Bouher, Pierre Bouher, Jehan Bahy, Pierre Bahy, Perrot Bonnet, Guillaume Fayo et Jehan Billouhet le jeune, tous jurez du serement de la boucherie sus dicte de la dicte ville, se sont traiz par devers reverend pere en Dieu mon seigneur Jehan Chévalier, à present abbé de la dicte abbaye, et frere Jacques Bertrand, prevost moyne d'icelle, aus quelz la correction et compulsion et cognoissance de vendre et expouser en vente les chairs en la dicte ville compecte et appartient, et leur ont fait dire et remonstrer les grans maulx et inconveniens qui se ensuyvoient et advenoient souventes foiz à l'occasion des chairs qui se vendoient et expousoient en vente les ditz jours de diomanches, et comme ce estoit en grant destriment et perdicion des ames des vendeurs et achapteurs des dictes chairs, et autrement on très grand dommaige et diminucion de la chose publicque, les ont supplié et requis qu'il leur pleust permectre et estre constens et d'accord que dores en avant les ditz bouchiers et leurs successeurs qui sont ou seront pour le temps advenir bouchiers et jurez de la dicte ville vendent et expousent en vente au jour du samedi en la dicte ville et boucherie d'icelle les chairs que eulx et leurs predecesseurs vendoient et estoient tenuz vendre et expouser en vente ès bans et boucherie sus ditz de la dicte ville es ditz jours de dyomanches. Amprès les quelles requestes et choses sus dictes ainsi faictes et proposées de la partie des ditz bouchiers, le dit reverend pere en Dieu et frere Jacques Bertrand, prevost moyne de la dicte abbaye, d'une part, et les ditz Jehan Bonnet, Jehan du Rivau, Estienne Bougontoys, Jehan Compaign, Jehan Robelier, Jehan Sauner, Jasme Bonnet, Jehan et Pierre Bouhers, Jehan et Pierre Bahyz, Perrot Bonnet et Jehan Billouhet, tant pour eulx que pour les autres bouchiers de la dicte ville, d'autre part, les dictes parties pour ce personnellement establies en droit en la court du seel estably aux contraiz à Sainct Maixent pour mon seigneur le comte du Maine, seigneur du dit lieu, sont condescendues, et sur les choses sus dictes, et qui les touche et concerne, peut toucher et concerner, à l'accord et appoinctement qui s'ensuyt : c'est assavoir que les bouchiers sus ditz de la dicte ville et leurs successeurs, et autres qui on temps advenir seront bouchiers et jurez de la dicte ville vendront et expouseront en vente d'ores en avant perpetuellement en la dicte ville et boucherie d'icelle les chairs qu'ilz devoient et sont tenuz vendre et expouser en vente sur les ditz bancs et boucherie de la dicte ville ès ditz jours des dyomanches aux jours des samedis, et jouxte et selon le temps et saison de l'an, et tout ainsi que iceulx ditz bouchiers font et sont tenuz faire ès ditz jours des diomanches, pourveu que depuis le jour de Pasques jusques au jour de la Sainct Michel les ditz bouchiers tueront et seront tenuz tuer les chairs qu'ilz expouseront en vente les ditz jours de samedi, devers le matin d'icelluy jour, et d'icelles fournir et tenir garniz les ditz bancs par chascun jour de samedi tout le cours de l'an, tout ainsi et par la forme et maniere qu'ilz font et ont acoustumé faire ès ditz jours des

dyomanches, et qu'il est contenu en certains appoinctemens autreffoiz passez et faiz entre les religieux, abbé et
convent de la dicte abbaye et prevost moyne d'icelle, d'une
part, et les bouchiers et jurez de la dicte ville, d'autre part,
sur peine d'amende de trente solz tournois, en deffault
des dictes choses non faictes et acomplies ou aucunes d'icelles
pour ung chascun jour de samedi qu'il y auroit deffault,
pour icelle prendre et avoir en iceluy cas par le dit prevost
et ses successeurs sur tous les ditz bouchiers qui sont et seront
pour le temps advenir ensemblement, nonobstant que
autreffoiz, par les accords et appoinctemens faiz entre les
ditz religieux et les ditz bouchiers en deffault de tenir garniz
et fourniz les bancs et boucherie de la dicte ville de chairs,
seullement (*sic*) le contenu des ditz appoinctemens, les
ditz bouchiers ne peussent estre mis et constituez en amende
que de vingt solz seullement ; et auquel appoinctement les
parties sus dictes n'entendent aucunement estre prejudicié ne
desrogié en ses autres poins et articles, mès seullement elles
consentent qu'il demeure en sa force et vertuz, en tous et
chascuns ses autres poins et articles, fors en ce seullement
dont dessus est faicte mencion. Aussi a esté et est dit, convenancé et accordé entre les dictes parties que ung des ditz
bouchiers de la dicte ville, qui sont et seront pour le temps
advenir, sera tenu d'avoir ès ditz jours de dyomanches sur les
bancs et boucherie de la dicte ville, chair fresche selon la sae-
son de l'an, pour les trespassent, femmes ensainctes et gens
dangereux, si aucuns y en avoit qui en voulsissent prendre et
achapter, et moiennant ce les ditz religieux ne pourront contraindre les ditz bouchiers de vendre et expouser en vente
aucunes autres chairs ès ditz jours de diomanches, ne sur eulx
prendre ne exiger aucune amende en deffault de non avoir les
ditz bancs garniz de chairs, comme il estoit acoustumé par
avant. Ices choses dessus dictes et tout le contenu en ces presentes lectres ont promis et promectent les dictes parties et
chascune d'elles, pour elles et les leurs et qui cause auront

d'eulx, par les foy et serement de leurs corps et soubz l'obligacion, c'est assavoir le dit reverend des biens à luy commis et à commectre par vertuz de la dicte abbaye, et le dit prevost moyne des biens à luy commis et à commectre par vertuz de la dicte prevosté, et les ditz bouchiers de tous leurs biens quelxconques, l'une partie à l'autre et aux leurs sus ditz tenir, garder et acomplir perpetuellement sans jamès faire, dire ou venir en contre, par cas qui soit ou adveigne, et amender tous coustz, missions, despens, interestz et dommaiges qui seront faiz et soustenus on temps advenir par deffault des tenement, gariment et acompliment des choses dessus dictes ou d'aucune d'icelles, à croire sur ce au simple serement du complegnant sans autre preuve : renonçans sur ce les dictes parties et chascune d'elles à toutes excepcions de dexcepcions de dol, de mal, de fraude, force, paour et crainte, et en fait de circonvenance, lesion et decepcion à une chose faicte, dicte et autre escripte, à plus fait et moins escript et au contraire, à tout droit escript et non escript, canon et civil, et generalement à toutes les autres excepcions de dexcepcions quelxconques, par les quelz l'on porroit faire, dire ou venir contre la teneur et effect de ces presentes lectres, et au droit disant general renonciation non valloir. En tesmoign des quelz choses, nous le porteur et garde du seel dessus dit iceluy seel que nous gardons à ces presentes lectres avons mis et appousé à la requeste et supplicacion des dictes parties et de chascune d'elles, les quelles et chascune d'elles, sur toutes et chascunes les choses dessus dictes, de leurs consentemens et voluntez, par le jugement et condempnacion de la court du dit seel ont esté jugées et condempnées ; à la jurisdicion, cohercion et compulsion de la quelle court les dictes parties et chascune d'elles ont soubzmis et suppousé elles, leurs hoirs et successeurs et tous et chascuns leurs ditz biens, sans adveu d'autre court quant à ce. Donné, fait et passé en la ville de Sainct Maixent, le penultime jour d'avril, l'an mil quatre cens quarente et neuf.

Ces presentes lectres ont esté par moy escriptes et extraictes, Jehan Gastineau, gradué ès ars et notaire juré de la court du seel estably aux contraiz à Sainct Maixent pour très haulte, très puissente et très excellente princesse madame la comtesse d'Angoulesme, dame du dit lieu de Sainct Maixent, en nom et comme aiant le bail, regime, gouvernement et administracion de mes seigneurs ses enffens, des nothes et prothocolles de feu Symon Fourré, aussi en son vivant notaire juré de la court du seel estably aux contraiz à Sainct Maixent pour mon dit seigneur le comte du Mayne, lors seigneur du dit Sainct Maixent, par vertuz de certaine commission esmanée de très noble et puissent seigneur mon seigneur le senneschal de Poictou ou mon seigneur son lieutenant au dit lieu de Sainct Maixent, à moy dit notaire adroissans, en date du premier jour de janvier, l'an mil quatre cens quatre vings et quinze, signées : G. Paen, et seellées en cere rouge et simple queuhe. J. GASTINEAU.

DLV

Lettres royaux accordées aux religieux de Saint-Maixent sur leur requête tendant à revenir sur un accord intervenu entre Pierre de Clervaux, leur abbé, et les habitants de Saint-Maixent, au sujet des droits que pouvaient percevoir les religieux pour la vente des draps, du pain et d'autres marchandises en leur halle ou en la ville, et aussi pour leur contribution à la réparation des murailles (D. FONTENEAU, t. XVI, p. 335, d'après l'original).

30 mai 1450.

Charles, par la grace de Dieu, roy de France, au premier huissier de nostre Parlement ou nostre sergent qui sur ce sera requis, salut. L'umble supplication de nos bien amés les religieux, abbé et convent de Sainct Maixent en nostre païs de Poictou avons receu, contenant que la dicte abbaye, qui est de fondation royal, fut anciennement notablement fondée et dotée par nos predecesseurs de plusieurs beaux domaines, cens, rentes, revenues, et plusieurs autres grans et notables drois, et à cause d'icelle fondation ont droit de baronnie et de chastellenie au dict lieu de Sainct Maixent avecques toute justice et juridiction haulte, moyenne et basse, plusieurs grans seigneurs, leurs hommes et vassaulx, tenans d'eulx plusieurs gens, terres et seigneuries ; et entre leurs autres droits ont iceulx supplians droit d'avoir foires et marché en la dicte ville : à cause des quels et autrement ils ont droit et sont en possession et saisine de contraindre et faire contraindre par leurs officiers tous les marchans de la dicte ville et fauxbourgs de Sainct Maixent de porter ou faire porter leurs draps et autres denrées et marchandises en la hale ou couhe de la dicte ville de Sainct Maixent, et d'avoir et prendre de toutes les denrées et marchandises, qui sont vendues, revendues ou eschangées aus dicts foire ou marché, certain droit de ventes qui est de dix deniers tournois pour livre le jour mesme que les dictes denrées et marchandises sont vendues, revendues ou eschangées, et de porter le dict droit de vente au receveur ou commis à lever le dict droit soubs peine de soixante sols un denier tournois d'amande ; et pareillement sont les dits marchans habitans en la dicte ville ou autres vendans ou revendans denrées ou marchandises en la dicte ville, hommes et subjets des dits exposans, pareillement tenus de païer le dit droit de vente pour toutes les denrées et marchandises qu'ils vendent, revendent et eschangent en la dicte ville ou fauxbourgs à jours privés et sur sepmaine, et soubs la dicte amande de soixante sols un denier ; et des dits droits ont les dicts exposans usé et joy paisiblement tant par eulx que par leurs predecesseurs, dont ils ont cause, par tel et si long temps qu'il n'est memoire du contraire ; et quant aucuns des dicts habitans, hommes et subgés des dits exposans, ont voulu contredire le dict droit ou ont esté refusans de le païer, ils en ont esté poursuivi par justice par les predecesseurs des dicts exposans et par especial par feu Pierre Baston, en son vivant docteur en droit et abbé de la dicte abbaye, tant en la dicte court que par devant nos amés et feaulx conseillers les maistres des requestes de nostre Hostel, et ailleurs, ès quelles ont estés donnés plusieurs jugemens au proufit des dicts exposans, tellement que ils sont tousjours demourés possesseurs de leur dict droit ; et avec ce combien que les dicts exposans soient seigneurs de toute la dicte ville de Sainct Maixent, ou de la pluspart d'icelle, et que avant que la dicte ville fust fortifiée et environnée de murs, la dicte abbaye fust forte et defensable et souffisante pour le retraict des dicts exposans et de leurs biens, neantmoins, par le moyen des guerres qui sont survenues les temps passés en nostre royaume, les predecesseurs des dicts supplians ont souffert et toleré que les habitans de la dicte ville aient fortifié et environné la dicte ville de murs, et jaçoit ce que ils ne fussent tenus de faire aucune closture en la dicte ville, mais comme les autres seigneurs des autres villes de nostre dict païs ; neantmoins, de leur liberalité et pour solager et relever les dits habitans de fraiz et mises, les predecesseurs des dicts supplians furent anciennement contrains de faire et tenir en estat partie de la muraille de la dicte ville, c'est assavoir depuis l'endroit de la dicte abbaye, en venant du chastel, jusque au lieu appellé la Grisle, et aussi ont fait la porte Charrault, et ont toujours tenu la dicte muraille en estat et fait reparer, quant il estoit besoing ; et aussi tiennent iceulx supplians en estat les gardes du convent de la dicte abbaye et du secrestain, la tour du prieur d'Azay, les gardes et portal Charrault, la tour de l'aumosnier, et les tours du prieur de Souvigné et du prevost moyne d'icelle abbaye, qui leur viennent à très grant charge ; et en faisant la reparacion des choses dessus dictes, les dicts supplians ne furent oncques mais poursuis de faire ne estre tenus à faire autre reparacion ès murailles de la dicte ville : toutes voyes, les dicts habitans de la dicte ville, qui par le fait des guerres qui ont longuement demouré en nostre dict royaume, se sont fort enrichis, considerans que le dict feu Pierre Baston, lors abbé de la dicte abbaye, estoit fort viel et ancien, et ne pouvoit vacquer ne entendre à la defense de ses drois et de la dicte abbaye, comme il avoit fait le temps precedent, l'an quatre cens trente deux ou environ, le mirent en procès en la dicte court, et son convent, pour raison des reparacions de la dicte ville, dont ils lui demandoient le tiers ou autre porcion. Sur quoy fut tant procedé que les dits supplians firent proposer leurs defenses, et que s'ils estoient tenus à faire aucunes reparacions, ce n'estoit que ce qui a esté dessus declaré ; et finablement furent les dictes parties appoinctées en fais contraires et en droit sur la provision requise par les dicts habitans. Depuis le quel appoinctement, les dicts habitans, doubtans l'issue du procès, ne firent une seule diligence de l'avancer, ne quant au dict principal, ne quant à la dicte provision, et assés tost après le dict Pierre Baston alla de vie à trespassement ; après le quel trespas, les religieux d'icelle abbaye se assemblerent pour proceder à l'election d'un nouvel abbé ; mais ils ne furent pas d'acort ; ains il y eut deux elections : par l'une des quelles feu Pierre Clervaux, religieux de la dicte abbaye fut esleu, et ung autre nommé de Felets ; chacun desquels fit toutes les diligences à luy possibles de faire confermer sa dicte election, et finablement demoura abbé le dict Clervaulx, qui despendit tous les biens de la dicte abbaye en la poursuite de la confirmation de la dicte election. Et se endepta et plusieurs de ses amis en grans sommes de deniers; et après ce qu'il eust la possession paisible de la dicte abbaye, il tascha fort à se acquiter et aussi ses dicts parens et amis, et à ceste occasion estoit bien content de trouver maniere d'avoir de l'argent de quelque part qu'il venist ; et pour ce que les habitans de la dicte ville de Sainct Maixent savoient la necessité où estoit icelluy Clervaulx, ils furent parler à lui pour trouver maniere de faire appoinctement entre lui et le convent de la dicte abbaye et les dicts habitans, tant sur le dict droict de ventes, que sur le fait de la reparation de la dicte ville, et que en ce faisant on lui donneroit une somme d'or. Le quel de Clervaulx, qui lors n'avoit pas eu grant peine à garder les drois de la dicte abbaye, sans faire grant inquisicion quels ils estoient, ou seroit fait grand prejudice à la dicte abbaye, ou non, meu de grant convoitise, parla à aucuns religieux, qui estoient simples et ignorans et à sa poste, et qui ignoroient comme lui le prejudice et dommaige que on feroit à icelle eglise, et fit tant que luy et eulx constituerent procureurs on nom du dict convent pour accorder de tous les debats, que icelluy de Clervaulx comme abbé et le dict convent, d'une part, et les officiers et procureurs de feu bon memoire Jehan, duc de Berry, comte de Poictou, nostre oncle, que Dieu absoille, et à present entre nostre procureur et les manans et habitans de la dicte ville de Sainct Maixent, d'autre, tant à cause des privileges, droits, libertés, fruis et revenues de la dicte abbaye, que aussi de la reparacion et fortificacion de la dicte ville, sans aucunement declarer de quelle chose se devoit faire le dit accort, ne à quelle des dictes reparacions. Soubs couleur et par vertu de la quelle procuration, le dict frere Pierre de Clervaulx, en sa personne, et frere Jacques Bertrand, prevost moyne du dict moustier, et Nicolas Chastaigner, prieur de la Font de Lée, comme procureurs du dict convent, passerent certain accord, retenue nostre licence et de la dicte court, par le quel fut dict et appoincté que de tous les draps qui par les marchans de la dicte ville et fauxbourgs seroient vendus, revendus ou eschangés à jour de foire et de marché ès hales de la dicte abbaye ou en la place de devant icelles halles, que les dicts supplians, pour tout droit de ventes, auroient dix deniers pour livre, le quel droit de vente seroit requerable ; et se les habitans de la dicte ville,

demourans en la dicte nostre justice au dict lieu de Sainct
Maixent, ne espousoient ou vendoient leurs dicts draps ès
dictes hales ou place ès dicts jours de foire et de marché,
et eulx ou aultres marchans vendoient draps en leurs hostels et en nostre dicte justice, les dicts supplians auroient
pour tout droit de vente six deniers seullement pour chacun jour de foire et de marché; et s'il avenoit que ès dicts
jours de foire et de marché aucuns de nos subgets vendissent
de leurs draps ès dictes hales ou place aus dicts jours de
marché, dont eust esté paié aus dicts supplians le droit de
vente des dicts deniers pour livres, en cellui cas nos dicts
subgés ne seroient tenus de paier la vente de six deniers
de ce qu'ils auroient vendu en leurs maisons aux jours de
foire et de marché; les quelles ventes seroient requerables
et les pourroient poursuivre et demander les dicts supplians jusques à la huitaine en suivant, la quelle passée, ils
ne les pourroient plus demander ; et si dedans la huitaine
les dicts exposans ou leur receveur ou procureur demandoient le dict droit de ventes, et les dicts habitans ou aucuns d'eulx estoient refusans de les paier, ils encourroient
en l'amende de sept sols six deniers tournois; et se les dicts
habitans ou aucuns d'eulx en delayant ou refusant le dict
paiement, se parjuroient ou faisoient aucune fraude, ils
encourroient en l'amende de soixante sols un denier tournois, les quelles amandes les dicts supplians pourroient poursuir et demander à nos dicts subgés au dict lieu de Sainct
Maixent, en prevosté ou grans assises; des quelles amandes
les dicts supplians auroient la moictié et nous l'autre ; et
que en faisant les choses dessus dictes, tous nos subgés et
aussi tous les autres habitans d'icelle ville demourroient
quictes, à tous jours mais, envers les dicts supplians de
toutes les ventes des denrées et marchandises qui par eulx
seroient vendues ou revendues ou eschangées ès dicte ville
et faulxbourgs de Saint Maixent à autres jours que aux jours de
foires et de marchés. Et avec ce fut appoincté que les dicts sup-

plians auroient et prendroient, par chacun jour de marché sur tous marchans qui apporteroient ou vendroient pain en la hale ou marché des dicts supplians, deux deniers tournois pour tout droit de vente requerable, sans ce que les dicts marchans de pain fussent ou soient tenus de paier autre vente pour cause du pain, qui pourroit par eulx estre vendu ès autres jours de la sepmaine ; et au regard du pain vendu ès hales et marché à jour de foire, les dicts marchans seroient tenus de paier trois deniers de vente requerable ; et en cas de refus de paier les dicts droits de vente, les amendes seroient telles et semblables comme les amendes de la vente de draps, dont cy dessus est faicte mencion. Et pareillement fut appoincté que au regard de la vente de toutes les autres denrées et marchandises, qui seroient vendues, revendues ou eschangées en la dicte ville de Sainct Maixent, que tout le droit des dictes ventes seroit requerable par les dicts supplians, et qu'ils ne pourroient demander aucun droit de vente pour raison des choses qui seroient vendues, revendues ou eschangées en la dicte ville et faulxbourgs de Sainct Maixent, à autres jours, que à jour de foire et de marché. Et en tant que touche les reparacions de la fortiffication et emparement de la dicte ville, dont les dicts supplians se disoient estre exempts par les moyens dessus dicts, et en possession de franchise en faisant la reparacion telle que dessus est declarée, fut appoincté que les dicts exposans, tant pour eulx que pour les prevost moyne et aumosnier de la dicte ville de Sainct Maixent, pour les prieur d'Azay, cenelier et le convent d'icelle abbaye, pour raison et à cause des drois, possessions, saisines, rentes, revenues, hostels et autres choses quelxconques que les dicts exposans, et aussi les dicts prieur, prevost moyne, aumosnier et cenelier avoient ès dicte ville et faulxbourgs de Sainct Maixent et environ, contribueroient pour la quarte partie des dictes reparacions et emparemens d'icelle ville. Et avec ce fut appoincté que tous les procès, qui par avant, le dict accort avoient esté meus par les dicts supplians ou par le dict abbé seulement contre les habitans en general ou en particulier, fust en la dicte court ou ailleurs, pour cause des dictes ventes, seroient mis au neant, et s'en departoient sans despans d'une part et d'autre. Et avec ce fut appoincté entre les dictes parties que si nous ou nos successeurs faisions faire hales en la dicte ville de Sainct Maixent, et que y eussions foires et marchés, et que voulsissions contraindre nos subgès à y aler, que on dict cas nos dicts subgés fussent en l'estat qu'ils estoient par avant l'appoinctement dessus dict, et qu'ils se peussent defendre, et aussi que les dicts exposans leur peussent demander les dicts droits de ventes, sans ce que par le dict accort fust fait prejudice à l'une ne à l'autre des dictes parties, comme ces choses et autres l'on dict plus applain apparoir par le dict accort. En faisant le quel accort les dicts supplians furent grandement et enormement deceus, car, comme dessus est dict, de tous temps et ancienneté et dès la primitive fondation de la dicte abbaïe, ils ont et leur compecte le droit de vente sur toutes manieres de denrées et marchandises vendues, revendues ou eschangées, tant en la dicte ville que ès faulxbourgs du dict lieu de Sainct Maixent, tant à jour de foires que de marché que à autres jours privés et sur sepmaine; le quel droit de ventes les dicts marchans estoient et sont tenus païer le jour mesmes qu'ils vendoient, revendoient ou eschangeoient les dictes marchandises, soubs peine de la dicte amende de soixante sols un denier tournois chacune fois qu'ils vendroient, revendroient ou eschangeroient les dictes denrées et marchandises ; le quel droit, qui est droit seigneurial, povoit par chacun an venir à très grant proufit et emolument aus dits supplians; et toutes vois par le dict accort leur dict droit seigneurial est fait requerable ; et s'ils perdent leur dict droit de vente à cause des denrées et marchandises vendues ou eschangées à jours privés et sur sepmaine, et aussi leur droit de contraincte sur les dicts marchans à apporter leurs draps et autres denrées et marchandises en la halle ou cohe du dict lieu de Sainct Maixent, en quoy, et autrement à declairer en lieu et en temps, ils seroient grandement desceus de fraude et bleciés. Et avec ce seroient iceulx supplians grandement bleciés et desceus s'il convenoit qu'ils païassent la quarte partie des dictes reparacions, attendu les choses dessus dictes et que de tout temps et ancienneté ils ont esté tenus quictes de faire les dictes reparacions, en faisant la reparacion dont dessus est faicte mencion, la quelle ils ont tous jours bien faicte et feront voulentiers, toutes fois que le cas le requerera. Et pour ce nous ont iceulx supplians requis que, actendu ce que dict est, qu'il est question des droits de la dicte abbaye, qui sont droits seigneuriaulx, et les quels le dict frere Pierre de Clervaulx, qui au temps du dict accort estoit abbé de la dicte abbaye, de la quelle il n'avoit que l'administration, ne povoit aliener, et aussi que en faisant le dict accort entre les dictes parties les dicts supplians furent grandement et enormement deceus, et aussi fut le dict accort fait au desceu du convent de la dicte abbaye, au moins de plusieurs des principaulx et plus notables d'icelluy, et sans les y appeller, et par ce de raison ne doit valoir ne tenir le dict accort, et ne povoit le dict de Clervaulx remectre ne quicter les dicts droicts...... que de son temps, et non pas on prejudice de la dicte abbaye, ne de ses successeurs en icelle, il nous plaise sur ce leur pouvoir de nostre grace [1]... Donné à Argentem, le trentiesme jour de may, l'an de grace mil quatre cens cinquante, et de nostre regne le vingt huictiesme.

---

1. D. Fonteneau ayant omis ce qui devait suivre, comme n'étant que des formules, il n'est pas possible de savoir quel accueil le roi fit à la réclamation des religieux; il est à croire qu'il les autorisa seulement à ester en justice.

DLVI

Etat des oblations et offertes appartenant à l'office de sacristain de l'abbaye de Saint-Maixent [1] (D. CHAZAL, *Chronicon*, cap. 89).

1451.

Sensuivent les offertes et oblations apartenantes à l'office de sacristain.

A premierement toutes les offertes faictes et portées tant en l'eglise du monastere que entre les quatres ceuilles poitevines, soient les dictes oblations, or, argent, monoyes, cire, chandelles, et toutes autres manieres d'oblations, et mesme environ le circuit du monastere, avec deus cierges pour chacune des confrairies celebrées en la dicte abbaye, avec toutes les oblations des prebtres nouvaus, quant ils disent leur premiere messe. Si aucun elisoit d'estre inhumé dans l'eglise des religieus de la dicte abbaye, apartient au dit sacristain les compositions avec les emolumens des cloches, et doit on par chascun d'eus vingt et cincq sols, fors de ceus de la confrairie de sainct Maixent qui ne doivent que cincq sols. Item à Sainct Sornin a le dit sacristain, comme premier curé, toutes les offertes des quatres festes solemnelles, sçavoir est Noël, la Pentecoste, Teoussains, et la feste de sainct Sornin, soit or, argent, monoyes, cires, chandelle, vaux, et toutes autres manieres d'oblations, avec la moitié de toutes les offertes, en quelque maniere et especes que ce soient, faictes par tout le cours de l'an en la dicte eglise, avec quarante sols sur le fouase de Pasques, et vingt deniers pour les escrist. Aussi la moitié des cierges delaissés par les confreres et confrairies qui sont en la dicte eglise, partant avec le dit vicaire perpetuel, en baillant par

---

1. D. Chazal dit avoir extrait cette pièce du livre des cens et rentes de la sacristic de l'abbaye, écrit en 1451.

le dit prieur au vicaire perpetuel cinq sols un denier par chascune des dictes festes annuelles avec les oblations des prebtres nouvaus. Item à Sainct Léger a le dit sacristain et doit avoir comme premier curé toutes les offertes des quatres festes annuelles, sçavoir est Noël, la Pentecoste, Teoussains et la feste de sainct Leger; soient comme dessus à Sainct Sornin avec les deux parts de toutes les offertes, en quelque maniere et espece que ce soient, faictes par tout le cours de l'an au grand autel de la dicte eglise, et avec toutes autres, les offertes apartiennent au dit sacristain avec les oblations des prebtres nouvaus. Item apartient au dit sacristain ès paroisses de Souvigné et d'Azai, demi pied de leur cierge paschal. Item à Sainct Martin lès Sainct Maixent a le dit sacristain, comme premier curé, toutes les offertes des quatres festes annuelles en faisant, ou faisant faire le service divin, sçavoir est Noël, la Pentecoste, Teoussains, et la feste de sainct Martin, soient en especes comme dessus à Sainct Sornin, avec les deux pars de toutes les offertes, en quelque manière et espece que ce soient, faictes par tout le cours de l'an, et du surplus et du residu comme à Sainct Sornin; et doibt le dit sacristain au dit vicaire perpetuel cinq sols tournois à chascune des dictes quatre festes annuelles. Item la moitié des offertes en la dicte chapelle de Nostre Dame de Grace, partant avec le curé d'Exireuil; et est dit par une lectre que si l'evesque de Poictiers y demandoit un tiers, que le dit sacristain et curé d'Exireuil n'y auront plus chascun qu'un tiers. Item toutes les oblations des deux aumosneries de la ville de Sainct Maixent, sans qu'aucun y prenne rien. Item en la nouvelle chapelle, appelée Landraude, toutes les offertes appartiennent au sacristain à cause de son dit office.

DLVII

Mandement du sénéchal de Poitou pour faire ajourner par-devant lui les religieux de Saint-Maixent, intervenant en garantie pour Jean Chauvin, prêtre, contre le procureur du duc du Maine en la châtellenie de Saint-Maixent, devant qui les religieux n'étaient pas tenus de plaider (D. FONTENEAU, t. XVI, p. 347, d'après l'original).

7 août 1457.

Loys de Beaumont, chevalier, seigneur du Plessis Macé et de la Fourest, conseiller et chambellan du roy nostre seigneur et son seneschal en Poictou, et commissaire en ceste partie, au premier sergent du roy nostre dict seigneur qui sur ce sera recquis, salut. De la partie des religieux, abbé et convent de Sainct Maixent nous a esté exposé que le procureur pour mon seigneur du Mayne en la ville et chastellenie de Sainct Maixent tient en plait et procès par devant le seneschal du dict seigneur en ses grans assises de Sainct Maixent, messire Jehan Chauvin, prestre, en certaine demande ou demandes que le dict procureur poursuit contre luy ès dictes assises, ès quelles le dict Chauvin a demandé à garieurs ou deffenseurs les dicts exposans, et de la quelle cause ou demande iceulx exposans ont entencion de prendre la garentise ou deffense ; mais pour ce qu'ils ne sont en riens subgets de la court des dictes grands assises de Sainct Maixent, ains sont de fondation royal, et par previleges et concessions royaulx à eulx conferés et donnés de tel temps qu'il n'est memoire du contraire, et confirmés par le roy nostre dict seigneur, qui à present est, ne sont tenus de plaidoier ailleurs que par devant nous ou nostre lieu tenant, à nostre court et siege ordinaire de Poictiers, où ils ont leur dict siege et ressort par leurs dicts previleges, ils doubtent que s'ils prenoient la dicte garentise et deffense ès dictes assises du dict seigneur du Mayne, il leur prejudiciast à leurs droits et previleges, requerans nostre provision sur ce. Pour quoy nous, ces choses considerées, vous mandons et commectons par ces presentes que le dict procureur du dict seigneur du Mayne et autres qu'il appartiendra et dont vous serés requis, vous adjournez à certain jour et compectant par davant nous ou nostre lieu tenant à Poictiers, pour venir veoir par les dicts exposans prendre la garentise et deffense de la dicte cause et demende par luy intentée ès dictes grans assises contre le dict messire Jehan Chauvin, et pour proceder et aler avant en oultre comme de raison, en interdisant et deffandant, de par le roy nostre dict seigneur, sur certaines et grosses peines à luy à appliquer au dict seneschal ou juge des dictes assises pour le dit seigneur du Mayne, la cognoissance de la dicte cause et demande. De ce faire vous donnons povoir et mandement especial, en nous certiffiant d'aucun à vous et faisant obeissent et entendent diligemment. Donné soubz le seel de la dicte seneschaussée, le septiesme jour d'aoust, l'an mil quatre cens cinquante et sept. Signé : de Conzay.

DLVIII

Mémoire pour les religieux de l'abbaye de Saint-Maixent au sujet des empiètements du duc du Maine, seigneur de la ville, sur leurs droits de juridiction (Copie du xviie siècle ; Bibl. Nat., résidu Saint-Germain 1029, p. 152).

Vers 1457.

Premierement, il est vray que l'abbaye de Sainct Maixent est fondée et dottée par feu le roy Clovis, premier roy chrestien de France, et despuis augmentée par ses successeurs qui après luy ont esté roys de France et aultres grands seigneurs. — Item, et la temporalité de la quelle abbaye, tant en chef qu'en membres, est tenue nommement du roy nostre syre, à cause de sa couronne, par un seul hommage et serment de fidelité et à un seul debvoir, et la quelle abbaye, par previlege donné anciennement par les roys de

France à icelle, a esté annexée perpetuellement à la couronne de France sans jamais en despartir. — Item, et à cause de la quelle abbaye, les religieux, abbé et convent d'icelle, tant en chief qu'en membres, ont plusieurs beaux droits et prerogatives en la ville de Sainct Maixent et ès environ. — Item, c'est à sçavoir droit de baronnie et de chastelenie, toutte justice et juridiction, haulte, moienne et basse, et tout ce qui en despend ou peut despendre ; et de ce ont jouy les religieux, de tel temps qu'il n'est memoire du contraire. — Item, et les quels religieux ont plusieurs vassaulx à homaiges et foy, qui sont chastelains, et qui tiennent plusieurs belles seigneuries et chastelenies d'eux à foy et homaige, comme le seigneur du Bois Pouvreaus et de Cherveux, les seigneurs d'Aubigny, du Coudré, de Sainct Heraye et de Villiers [1], et le sieur de Couhé, avec plusieurs aultres des plus qualifiés du païs, les quels ont tous chastelenies belles, grandes et nottables, et les seigneurs des quelles seigneuries et chastelenies tiennent icelles seigneuries et chastelenies à foy et homaige des dits religieux, abbé et convent, et à debvoirs et à services abonys. — Item, aussy ont les dits religieux grande et petite assise ou prevostie, les quelles ils font exercer: c'est à sçavoir la grande assise par leur seneschal, et la petitte assise ou prevostie par le juge du prevost moyne de la dicte abbaye, qui sont droits denotant chastelenie, car nul n'a droit d'avoir seneschal et juge de prevostie, n'y d'avoir grande et petitte assise, s'il n'est chastelain ou baron. — Item, et avec ce ont les dits religieux droit de maladrie à cause de la dicte abbaye ès bourgs de la dicte ville, et aumosnerie, droit de foires et marchés en icelle ville, seuls, de par le tout, droit de peages qui sont semblablement droits de chastelenie, d'y bailler mesure à blé et à vin,

---

1. D. Chazal, qui donne aussi un abrégé de cette pièce (*Chronicon*, cap. 94), a mis Villaines au lieu de Villiers, èt a commis aussi quelques autres fautes de lecture.

ou pris que soit le seigneur d'Aubigny soubs eux comme leur homme de foy et de vigerie de la dicte abbaye de Sainct Maixent. — Item, et oultre ont iceux religieux, à cause de la dicte abbaye, le regard de cognoissance, pugnition et correction en toute la ville de Sainct Maixent, touchant la police d'icelle ville, comme la boucherie et poissonerie, du pain vendu en la dicte ville, des aulnes, et aussy des visites de la dicte ville et sur toutes aultres marchandises exposées en vente en la dicte ville de Sainct Maixent, qui sont droits despendants de chastelenie par la coustume du pays. — Item, et à eux seuls, mesmement à leur prevost et non à aultres, appartient le regard, pugnition et correction des choses sus dictes et d'y prendre les amendes des abus qu'on y faict, sans ce qu'autres quelxconques y aient à y voir ne à y en connaistre ; de ce ont joy les dits religieux *ab omni ævo*. — Item, et encore se trouvera que anciennement la dicte abbaye et les religieux, abbé et convent d'icelle avoient la totalle seigneurie de la dicte ville de Sainct Maixent, et n'y avoit prevost que le prevost moyne, n'y qui exerçast jurisdiction en la dicte ville, fors les officiers des dits religieux. — Item, et que jusques à ce que un nommé messire Guy de Rochefort, chevallier, qui estoit frere du seigneur d'Aubigny, qui lors estoit, le quel chevallier estoit seigneur du temporel que moult puissant seigneur mon seigneur du Maine a en la dicte ville de Sainct Maixent, et le tenoit par hommaige de la dicte abbaye de Sainct Maixent, et forfit envers le conte Alphonse, fils du roy de France, alors conte de Poictou ; par quoi son temporel cheut en consignacion, et appartint au dit conte. Et pour ce que la chose consignée estoit tenue par hommaige de la dicte abbaye, comme dit est, le dit conte, qui estoit fils du roy de France, ne voulut faire hommaige au dit abbé de Sainct Maixent, mès voulut et ordonna que le dit abbé soit recompensé du dit hommaige à luy deu accause des dictes choses confisquées, et de la place en la quelle le chasteau de la dicte ville est assis, qui estoit le domaine de la dicte abbaye, jusques à trente livres de rente, et lui en donna lettres. — Item, mès le dit conte Alphonse, par avant que la dicte recompense fust faicte, fust prevenu de la mort et mourut sans hoirs procreés de sa chair, et retourna la dicte conté au roy Philippes de France, le quel, veues les lettres du conte Alphonse, manda à son seneschal de Xainctonge de faire la dicte recompense et assiette de trente livres de rente aux dits religieux, abbé et convent de Sainct Maixent en la conté de Xainctonge. — Item, et le quel seneschal de Xainctonge fit la dicte assiette de recompense, et par icelle bailla à la dicte abbaye la terre de Bascé, près Mauzé, qui puis a esté eschangée avec la terre de la Garde, près Sainct Maixent ; et par ce ne fust plus faict d'homaige à la dicte abbaye de la dicte terre du dit Rochefort, qui est la terre de present appartenant à mon dit seigneur du Maine. — Item, et neantmoins les dits religieux, abbé et convent, demeurent tous jours seigneurs de la dicte ville de Sainct Maixent, comme ils avoient esté par avant ; quoyque soit la totalle jusridiction et l'exercice d'icelle en la dicte ville leur demeura jusques à ce que un seneschal de Poictou, nommé messire Thibault de Blason, chevallier, en passant par le pays de Poictou, voyant qu'au dit lieu de Sainct Maixent n'y avoit point de provostie pour le roy, y mist prevost induement et contre raison. — Item, et à l'occasion de ce, les religieux, abbé et convent de Sainct Maixent, allerent porter plaintes devers le roy sainct Louis qui lors estoit roy de France, au quel ils donnerent entendre leur cas qu'il n'y avoit en la dicte ville que le leur, et que la totale jusridiction leur competoit et appartenoit, et que le prevost qui avoit esté mis au dit lieu estoit en leur propre jusridiction et contre leurs droits, requerans separation. — Item, et le quel roy donna lettres aux dits religieux, par les quelles il voult et declaira que ce qui avoit esté faict au dit lieu de Sainct Maixent par le dit messire Thibault de

Blason, seneschal de Poictou, seroit nul, sans prejudice des droits des dits religieux et de la dicte abbaye. — Item, et depuis les roys de France ont ennexé la dicte abbaye à leur couronne, et y ont donné previleges, par les quels les religieux, abbé et convent de Sainct Maixent, avec tous leurs hommes et subjects, sont exempts du conte de Poictou ; et jà soit que la dicte abbaye et temporalité d'icelle soit située en la dicte conté de Poictou, touttefois n'est elle point de la dicte conté et n'est qu'une enclave à part soy, et tenant du roy nommement à cause de sa couronne, et ennexée à icelle, comme dit est. — Item, et en signe de ce que la dicte abbaye, ne les hommes et subjects d'icelle ne sont point subjects au conte de Poictou ni tenus d'obeir devant les juges de la dicte conté, les roys de France, de temps immemorial, qui ont esté le temps passé et encore le roy qui à present est, ont donné previlege aux dits religieux, abbé et convent, par les quels, ils ont aucune fois eu leur juge et ressort pour cognoistre de leurs causes, hommes et subjects, ailleurs et hors le dit pays de Poictou. — Item, c'est à sçavoir, si et quand la dicte conté de Poictou a esté hors des mains du roy et que le roy ne tenoit icelle conté à son domaine, les dits religieux avoient aucune fois leur juge commis et ressort au bois de Vincene lès Paris, aucune fois à Chynon, à la Rochelle, à Loudun et ailleurs. — Item, et quand la dicte conté a esté entre les mains du roy comme elle est de present, les dits religieux, abbé et convent ont eu leur juge commis et ressort de par le roy en icelle conté, pour ce que les juges d'icelle estoient et sont juges reaulx, c'est à sçavoir en commission en la ville de Nyort et aultre fois à Poitiers, comme ils ont de present. — Item, devant les quels juges à eux commis et donnés de par le roy, comme dit est, iceux religieux, abbé et convent, leurs hommes et subjects, estre et sont tenus d'obeir, tant en demandeurs qu'en defendeurs, et non ailleurs s'il ne leur plaist, et ainsi en ont ils tous jours usé et encores font de present. — Item, car quand ils sont convenus ailleurs que au dit lieu de Poictiers, et devant aultres juges que monsieur le seneschal de Poictou ou son lieu tenant, leur juge commis, ils declinent et font renvoy de leurs causes au dit lieu de Poictiers. — Item, et les quelles choses dessus dictes, sont pour clere demonstrance que les dits religieux, abbé et convent de Sainct Maixent et leurs hommes, ne sont en rien subjects à mon dit seigneur du Maine, à cause de sa seigneurie de Sainct Maixent, ne seroit il et fut il ores conte de Poictou, et qu'il n'a sur eux ni sur leurs hommes ni sur leur temporalité, justice ni jurisdiction aucune. — Item, et si aucunement mon dit seigneur du Maine avoit faict exercer justice et jurisdiction sur les dits religieux, et sur leurs hommes, leur terre et seigneurie, ce auroit esté par surprise faicte par ses officiers, et par la tollerance des dits religieux qui l'auroient souffert par reverence et doubte de la personne de mon dit seigneur du Maine, combien que ce ne soit par temps dont mon dit seigneur du Mayne se peut aider. — Item, et non obstant que ce mon dit seigneur du Maine vouloit dire que aultre foys les dits officiers du dit Sainct Maixent ayent accoustumé de cognoistre des hommes des dits religieux, car ce auroit esté durant le temps que la dicte ville de Sainct Maixent estoit entre les mains du roy, au quel les dits religieux, leur temporalité, hommes et subjects, estoient subjects et pour ce obeissoient, iceux dits religieux et leurs hommes, devant les dits juges du roy nostre sire. — Item, mès pourtant n'en suit que de present iceulx religieux, leurs hommes et subjects, soient tenus d'obeir aux dits juges de mon dit seigneur du Maine au dit lieu de Sainct Maixent; et tout ce qu'il y a est soubs la dicte conté de Poictou et à la quelle les dits religieux, leur temporalité, leurs hommes et subjects, ne sont en rien subjects, ne justiciables, ains comme dit est sont subjects du roy, sans moyen d'estre exempts de la dicte conté. — Item, et aultre fois, durant le temps de mon seigneur de Berry, qui estoit conte et seigneur de Poictou, il fut deffendu expressement, de par le roy nostre sire, au prevost de Sainct Maixent pour le dit seigneur de Berry et à ses officiers, qu'ils n'eussent à prendre cognoissance des hommes et subjects tenants de la dicte abbaye. — Item, et durant iceluy temps, pour ce qu'un nommé Mauricet de Bruges, sergent de mon dit seigneur de Berry, fit exploit de justice en la terre de la dicte abbaye, c'est à sçavoir inventoire de biens en l'oustel d'un nommé Pagot, plait eut et procès et assise entre les dits religieux et le dit de Bruges, le procureur de mon dit seigneur de Berry joinct avec luy; et en issue du dit procès fut dit par sentence que l'exploit faict par le dit de Bruges seroit tenu pour non faict et seroit effacé, et lui fut faict deffence que dès lors en avant il ne fist exploit de justice en la tenue des dits religieux. — Item, et plusieurs autres cas particuliers sont advenus et autres deffences ont esté faictes au prevost de Sainct Maixent pour mon dit seigneur de Berry et à ses aultres officiers en la dicte conté de Poictou de non cognoistre des hommes et choses de la dicte abbaye, comme il apparaitra en temps et lieu par lettres et aultres enseignements vallables et autantiques.

DLIX

Bref du pape Paul II, donnant commission à l'abbé des Châtelliers d'absoudre Jacques Chevalier, abbé de Saint-Maixent, de la faute qu'il avait commise en ne visitant pas tous les deux ans, ainsi qu'il en avait fait le serment, les tombeaux des apôtres, à condition toutefois que tous les quatre ans il s'y rende en personne ou par un mandataire (D. Fonteneau, t. XVI, p. 349, d'après l'original).

29 novembre 1470.

Paulus, episcopus, servus servorum Dei, dilecto filio abbati monasterii de Castelleriis, Pictavensis diocesis, salutem et apostolicam benedictionem. Apostolice sedis indefessa clementia ecclesiarum et monasteriorum prelatis ad ea post excessum cum humilitate recurrentibus se propiciam et benignam exhibere, eorumque statui et indemnitatibus salubriter providere consuevit. Exhibita siquidem vobis nuper pro parte dilecti filii Jacobi, abbatis, et monasterii sancti Maxencii de Sancto Maxentio, ordinis sancti Benedicti, Pictavensis diocesis, petitio continebat quod licet olim, dum de persona sua, dicto monasterio tunc vacanti per felicis recordacionis Pium papam II, predecessorem nostrum, fuisset auctoritate apostolica provisum, inter cetera de visitando singulis bienniis, per se vel nuncium specialem, limina apostolorum Petri et Pauli de urbe, corporale prestiterit juramentum, ipse tamen, qui regimini et administrationi dicti monasterii per novem annos vel circa prefuit, per se vel nuncium non visitavit limina antedicta, perjurii reatum damnabiliter incurrendo. Cum autem sicut eadem petitio subjungebat, prefatus Jacobus abbas doleat ab intimis de premissis, nuperque ad visitandum limina hujusmodi nuncium specialem destinaverit, pro parte dicti Jacobi abbatis nobis fuit humiliter supplicatum, ut ipsum a reatu parjurii hujusmodi absolvere, ac sibi, quod limina predicta saltem usque ad quadriennium visitare non teneatur, concedere, aliasque sibi et statui suo super hiis oportune providere de benignitate apostolica dignaremur. Nos igitur hujusmodi supplicationibus inclinati, discretioni tue per apostolica scripta committimus et mandamus quatinus ipsum Jacobum abbatem, si hoc humiliter pecierit, ab eodem perjurio et illius reatu auctoritate nostra hac vice duntaxat absolvas, imposita sibi occasione transgressionis dicti juramenti penitentia congruenti, omnemque aboleas infamie maculam sive notam per eum premissorum occasione contractam. Nos enim, si absolutionem et abolitionem hujusmodi per te, vigore presentium, fieri contingat et prefertur, eidem Jacobo abbati quod usque ad quadriennium a data presentium computandum limina supradicta per se vel nuncium visitare minime teneatur, nec ad id a quoquam invitus valeat coarctari, dummodo formam juramenti per eum prestiti in aliis observare sit astrictus, auctoritate apostolica, tenore presentium indulgemus, nonobstantibus juramento et aliis premissis, necnon constitutionibus et ordinationibus apostolicis ceterisque contrariis quibuscumque. Datum Romæ, apud Sanctum Petrum, anno Incarnationis dominice millesimo quadringentesimo septuagesimo, tertio kalendas decembris, pontificatus nostri anno septimo.

DLX

Mathurin Riche, au nom et comme tuteur de Léonnet Riche, rend aveu à R. P. en Dieu M° Jacques, abbé du moutier et abbaye de Saint-Maixent (D. FONTENEAU, t. XXXIX, p. 444, extrait de l'original).

4 juillet 1472.

DLXI

Lettres de Louis XI, rétablissant le bailliage de Saint-Maixent avec son ressort de Parthenay, Vouvant, Mervent et pays de Gâtine, et enjoignant au sénéchal de Poitou de recommencer à y tenir ses assises (D. FONTENEAU, t. XVI, p. 351, d'après l'original).

8 juillet 1482.

Loys, par la grace de Dieu, roy de France, à tous ceux qui ces presentes lectres verront, salut. Receue avons l'umble supplication de nos bien amez les esleus, manans et habitans de nostre ville, chastellenie et ressort de Sainct Maixent en Poictou, contenant que de toute ancienneté nostre seneschal de Poictou, pour soulager les habitans du dit pays de plusieurs paines et travaulx, a plusieurs sieges separés, differens et distingués l'un de l'autre, à chascun des quelx ont accoustumé ressortir et responde les terres et seigneuries tenues de nous en fief et arrierefief et les gens subgets d'icelles à cause des lieux et seigneuries ou les dits sieges de nostre seneschal sont tenus; en la quelle ville et baronnie de Sainct Maixent le dit seneschal a accoustumé d'ancienneté avoir ung des dits sieges, toutes et quantes fois que la dicte ville et seigneurie d'icelle a esté entre nos mains ou de nos predecesseurs; au quel lieu il a accoustumé tenir ses assises troys ou quatre foys l'an, de tel temps qu'il n'est memoire du contraire, et à icelluy siege les terres de Parthenay, Vouvant et Merevent et plusieurs autres ont accoustumé obeir, respondre et ressortir; et ainsi a esté faict et observé du temps de feu nostre tres cher et tres amé oncle le duc de Berry, comte de Poictou, et de feu nostre tres cher seigneur et pere, que Dieu absoille, tant qu'il a eu la dicte seigneurie de Sainct Maixent entre ses mains, qui autres fois declara, par ses lectres patentes, qu'il vouloit les dictes assises estre tenues au dict lieu de Sainct Maixent, combien que ceulx de Poictiers les y eussent voulu empescher; et ainsi en fut usé jusques à ce que nostre dit feu seigneur et pere transporta la dicte seigneurie à feu nostre très cher, très amé oncle le comte du Maine et ses hoirs masles procreés de sa chair; en faisant le quel transport il retint et reserva la souveraineté et ressort de la dicte juridiction à soy, et à ce moyen, durant le temps de nostre dit oncle, les dictes assises et sieges d'icelles, mais des assises qui estoient tenues au dit lieu de Sainct Maixent pour nostre oncle et cousin ressortissoient les appellans et plaideurs en cas de souveraineté en nostre ville de Poictiers, en la quelle depuis a esté tenu et expedié le bailliage de Sainct Maixent au moyen de la dicte reservation par nous faicte; et depuis n'a gueres nostre cher oncle et nostre très cher et très amé cousin le roy de Secille, son fils, sont allez de vie à trespas sans hoirs masles; au moyen de quoy la dicte seigneurie de Sainct Maixent est de plein droit revenue entre nos mains, par quoy doyvent les dits suppplians joïr de pareils droits et previleges qu'ils faisoient et avoient accoustumé faire par avant que la dicte seigneurie fust entre les mains de nostre dict oncle le comte du Maine, et avoir le dict siege et assises, de par nous, ainsi qu'ils avoient accoustumé avoir, sans estre fatigués et travaillés d'aller playdoyer hors de leur dicte baronnie, territoire, siége et ressort ancien, qui seroit contre raison et contre la coustume et usaige ancien du dit pays; et combien que iceulx supplians, ou procureur pour eulx, ayent depuis le trespas de nostre dit feu frere et cousin sommé et requis nostre seneschal de Poictou, son lieu tenant ou commis, qu'il voulsit aller tenir et expedier au dit lieu de Sainct Maixent les assises, bailliages et ressort du dit lieu, ainsi que d'ancienneté avoit accoustumé estre faict et qu'il devoit faire, veu que la dicte seigneurie estoit revenue entre nos mains, neantmoins icelluy nostre seneschal, son lieu tenant ou commis, n'en a rien voulu faire, mais s'est efforcé tenir et expedier au dit lieu de Poictiers et ailleurs le bailliage et ressort du dict Sainct Maixent, fatiguer et travailler en ce les dicts supplians et tous les habitans du pays d'environ, et les priver par ce moyen en leur dicte baronnie de leurs dictes assises en leur très grant grief, prejudice et dommaige; et pour ce nous ont humblement faict supplier et requerir que, comme de raison ils ne doivent estre mis ne tirés hors de leur baronnie, siege et ressort, et que d'ancienneté et du temps de nos predecesseurs, comme dict est, le dit seneschal a accoustumé tenir les dictes assises au dit lieu de Sainct Maixent comme à ses autres sieges, il nous plaise leur impartir nostre grace et sur ce faire declaration de nostre voulloir, en remectant les dictes assises, siege, ressort et bailliage, ainsi qu'ils ont accoustumé estre d'ancienneté, au dit Sainct Maixent : pour quoy nous, ces choses considerées et que le dict seneschal a accoustumé tenir ses assises d'ancienneté au dit siege du dit Sainct Maixent et autres sieges du dit pays, qui ne voullons les dits supplians estre mis ne tirez hors du dit siege ne estre de pire condicion que nos autres subgects de Poictiers, Nyort, Thouars et autres du dit pays de Poictou, mais les conserver et garder en leurs droits, franchises et libertés; pour ces causes et autres à ce nous mouvans, avons declairé et declairons, de grace especial, plaine puissance et auctorité royal, que nostre entencion et voulenté est que les dictes assises, siege, ressort et bailliage d'icelluy, qui par cy devant ont esté expediées avec les dictes terres et siege de Parthenay, Vouvent et Merevent et ressort de Gastine qui ont accoustumé d'ancienneté, tant que la dicte seigneurie du dit Sainct Maixent a esté entre nos mains et de nos predecesseurs et des comtes de Poictou, ressortir au dict lieu de Sainct Maixent, y soient dores en avant tenues et y demeurent à tous jours mais, et les y avons remis et restitués, remectons et restituons par ces presentes, sans ce que les habitans de la dicte ville, baronnie et ressort sus dit soient tenus aller plaider ne obeir hors la dicte ville pour quelque cause, matiere simple ou previlegiée que ce soit; ainsi voulons que des dictes causes et autres qui leur toucheront, la cognoissance, procedure et decision soit faicte au dit lieu de Sainct Maixent. Si donnons en mandement au seneschal de Poictou, son lieu tenant ou accesseur, que les dits supplians il face joir de nostre presente declaration et voulloir, et qu'il tiengne et expedie dores en avant les dictes assises, bailliage et ressort au dit lieu de Sainct Maixent, ainsi qu'il a esté accoustumé faire d'ancienneté, sans plus tirer, fatiguer ne travailler au dit lieu de Poictiers ne ailleurs les dits supplians, et en son reffus ou delay mandons au premier de nos amez et feaulx conseillers les maistres des requestes ordinaires de nostre Hostel, gouverneur et prevost de la Rochelle, seneschal de Xainctonge et leurs lieu tenans et chacun d'eulx, de tenir et faire tenir et expedier de par nous les dictes assises, ressort et bailliage au dit lieu de Sainct Maixent, en contraignant nostre greffier de nos dictes assises de Poictou de venir au dict Sainct Maixent ou bailler les papiers des dits ressorts et bailliage pour iceulx expedier au dit Sainct Maixent. Car ainsi le voulons et nous plaist il estre fait, nonobstant oppositions ou appellations quelxconques, faictes et à faire, et lectres impetrées ou à impetrer à ce contraires. En tesmoing de ce, nous avons faict mectre nostre seel à ces dictes presentes. Donné à Clery, le huictiesme jour de juillet, l'an de grace mil quatre cens quatre vingt et deux, et de nostre regne le vingt deuxiesme. Ainsi signé sur le reply : Par le roy, Geauffroy. Et seellé en cere jaulne, à double queuhe.

DLXII

Lettres de réception de l'acte de foi et hommage fait au roi par Hugues Parpas, chanoine d'Autun, en vertu de la procuration qui lui a été donnée à Rome le 15 janvier 1481 (1482), par Philibert Hugonet, cardinal, évêque de Mâcon, pourvu par le pape de l'abbaye de Saint-Maixent [1] (Orig., parch.; Arch. Nat., P. 593, n° LXVIII, f° 169).

30 juillet 1482.

DLXIII

Acte du refus fait par le lieutenant général du sénéchal de Poitou de consentir à l'entérinement des lettres patentes du 8 juillet 1482 accordées par le roi aux habitants de Saint-Maixent (D. FONTENEAU, t. XVI, p. 355, d'après l'original).

5 novembre 1482.

Sachent tous que aujourdhuy cincquiesme jour de novembre l'an mil quatre cens quatre vingt et deux, nous Charles Guissarme et Jacques Furgaut, licentiés en loix,

---

1. Cet acte est passé à Saint-Laurent.

avons presentées à honnorable homme et sage maistre Jehan Chambon, lieutenant general de noble et puissant monsieur le seneschal de Poictou, les lectres patentes du roy nostre sire, impetrées par les manans et habitans de Sainct Maixent, touchant le siege et assises royaulx que le dict seigneur veult par icelles estre dores en avant tenues et expediées au dict Sainct Maixent, ainsi qu'il avoit accoustumé d'ancienneté durant que la dicte ville de Sainct Maixent estoit entre les mains du dict seigneur, comme elle est de present, et avons requis pour les dicts habitans l'enterignement et executoire des dictes lectres; et par avant que deux autres foys maistre Guillaume Paien, esleu du dict Sainct Maixent et Aymery de Nyort, procureur des habitans du dict lieu, avoient semblablement requis le dict executoire et enterignement au dict Chambon, en presence de moy dict Guissarme, qui de ce faire avoit tousjours esté deslayant : aujourdhuy emprès plusieurs parolles eues entre le dict Chambon et nous, icelluy Chambon nous a dict et declairé qu'il ne vauldroit point l'executoire des dictes lectres; des quelles choses, delay et reffus, nous avons donné acte aux dicts manans et habitans de Sainct Maixent, ce requerant le dict de Nyort, leur dict procureur, signé de nos seings manuels, et à plus grant approbation faict seeller du seel establyaux contracts au dit Sainct Maixent pour le roy nostre dit seigneur, les jour et an que dessus. Ainsi signé : Guissarme et Furgaut ; et seellé en cere vert, à double queuhe.

DLXIV

Aveu et dénombrement de l'abbaye de Saint-Maixent, rendu au roi par Hugues Parpas, en vertu de la procuration du 15 janvier précédent [1] (Orig., arch. ; Arch. Nat., P. 63², cote II^m VI^c XIIII).

2 décembre 1482.

---

1. Cet acte est passé à Tours.

DLXV

Lettres royaux accordant un délai d'un an à l'abbé de Saint-Maixent pour faire ses aveu et dénombrement, parce qu'il est retenu en cour de Rome au service du roi [1] (Orig , parch. ; Arch. Nat , P. 593, n° LXIX, fol. 171 v°).

11 février 1483.

DLXVI

Lettres de Philippe de Commines pour faire un ajournement sur des lettres du roi retenues à la requête du cardinal de Mascon, abbé commendataire de Saint-Maixent (D. Fonteneau, t. XXXIX, p. 546, extrait de l'original).

13 janvier 1484.

DLXVII

Procuration générale donnée par Pierre Chauvin, abbé de Saint-Maixent, à Philippe Chevalier, aumônier de l'abbaye (Orig., parch., jadis scellé ; arch. de la Vienne, G³ *bis* 11).

12 juin 1499.

Sachent tous que en droit en la court du seel estably aux contraictz à Sainct Maixent pour le roy nostre sire, personnellement estably reverend pere en Dieu monsieur maistre Pierre Chauvyn, abbé de Sainct Maixent, le quel reverend, en toutes et chascunes ses causes, querelles et negoces, meuhes et ad mouvoir, soit en demandant ou en deffendant contre tous et chascuns ses adversaires, d'office ou autrement, par devant tous juges et commissaires quelzconques, soient de court d'eglise ou seculiere, de quelconque povoir et auctorité qu'ilz usent ou soient fondez, a fait, constitué, ordonné et establi ses procureurs generaulx et messagiers especiaulx religieuse personne frere Phelippes Chevalier, aumos-

---

1. Ces lettres sont données au Plessis-du-Parc.

nier de l'abbaye de Sainct Maixent.... [1], et chascun d'eulx pour soy et pour le tout, ainsi que la condicion du premier occuppant ne soit la meilheur, mais tout ce qui par l'ung d'eulx sera ou aura esté encommaincé par l'autre puisse estre reprins, poursuyvy, parachevé et mis à fin deuhe, donnant et octroyant le dit reverend constituant à ses dits procureurs et à chascun d'eulx plain pouvoir, auctorité et mandement especial, par ces presentes, d'eulx comparoir et presenter en jugement et dehors pour et en nom du dit constituant, et de faire, poursuyr et intenter toutes manieres de demandes, actions, requestes et deffenses, de donner libelles et articles, et de les demander et recevoir, de louher et advouher garieurs et assisteurs ou deffenseurs, d'assister en causes et prandre garimens et deffenses, d'excepter, replicquer, dupplicquer et tripplicquer, de contester causes, de jurer de calumpne et de verité, dire et deppouser, respondre aux posicions, interrogatoires, faiz et articles de parties adverses, de produire lectres et tesmoings en forme de preuve et autrement, de dire contre les tesmoings et preuve, de requerir et faire mectre à execucion les memoires et jugements, de conclure et renuncer en causes, l'excuser et exonier une foiz ou plusieurs, et ses exoines et excusacions jurer et veriffier en l'ame du dit reverend constituant estre vrayes, et de faire toutes autres manieres de seremens que ordre de droit veult et requiert, d'oyr droiz, arrestz interlocutoires et deffinitives sentences, d'appleger, contrappleger, advouher, contradvouher, d'appeller et provocquer d'appellacions et provocacions, intimer, innover, conduyre et delaisser, et de faire toutes autres chouses pertinans à fait et ordre de plaidoirie, et y substituer procureurs, ung ou plusieurs, tout scelon l'usage, stille et coustume du lieu ou lieux où les procès se peuvent mouvoir, tout ainsi et pareillement que le dit reverend cons-

---

1. Le nom des autres procureurs est resté en blanc.

tituant feroit si present y estoit; et par especial a donné et donne le dit reverend constituant au dit Chevalier, aumosnier sus dit, plain povoir, auctorité et mandement especial, par ces presentes, de bailler et affermer, pour et en nom du dit reverend constituant, et à son prouffit, tous et chascuns les prez, boys, terrages, dixmes, complans, estans des appartenances de la dicte abbaye, aussi au dit reverend constituant appartenant, de bailler et affermer les terres et seigneuries de Marsay et de la Fondelée, avec les fruiz, prouffitz, revenuz et esmolumens des dictes seigneuries au dit reverend appartenans, et de prandre et recevoir tous les fruiz, prouffitz et revenuz des dictes seigneuries de Marsay et de la Fondeslée, soient cens, rentes, coustumes et autres devoirs et restes deuz au dit reverend constituant, tant escheuz que à escheoir, et d'iceulx bailler bonnes quictances et vallables aux personnes qu'il appartiendra, tout ainsi que si le dit reverend constituant feroit si present y estoit, et generallement de faire, procurer et negocier toutes et chascunes les autres choses que bons, vrays et loyaulx procureurs font, peyent et doibvent faire en poursuicte et deffenses de causes, et que le dit reverend y feroit faire, pourroit et devroit si present et en sa propre personne y estoit, jaçoit ce que mandement plus especial y contrevyene; promectant le dit constituant, en bonne foy et soubz l'obligacion de tous ses biens quelxconques, avoir ferme et agreable tout ce qui par et avec ses dits procureurs et chascun d'eulx sera fait, procuré et negocié, et pour eulx paier le jugie, en les reliesvant dès maintenant de toutes charges de satisdacion. En tesmoing des quelx chouses, nous, le porteur et garde du scel dessus dit, icelluy à ces presentes avons mis et appousé. Donné, fait et passé au dit lieu de Sainct Maixent, le douziesme jour de juing, l'an mil quatre cens quatre vingts dix neuf. GUYARD, à la requeste du dit reverend constituant. DECHAUME, à la requeste du dit constituant.

DLXVIII

Serment de fidélité fait au roi par Louis Goutlier, abbé commendataire de Saint-Maixent ¹ (Orig., parch. ; Arch. Nat., P. 555¹, n° IIII^c IIII xx VII bis).

22 mai 1502.

DLXIX

Serment de fidélité fait au roi par frère Louis de Paris, abbé de Saint-Maixent ² (Orig., parch. ; Arch. Nat., P. 555¹, n° V^c XIII).

7 juillet 1506.

DLXX

Marché passé entre Jacques de Saint-Gelais, abbé de Saint-Maixent, et Nicolas Moré, maître fondeur à Niort, pour la fonte d'une cloche pesant 1,500 livres, destinée au gros clocher du milieu de l'abbaye (Protocole original de Gilles Bonizeau, notaire royal à Saint-Maixent).

5 juin 1515.

Sachent tous que en droit en la court du seel estably aux contraictz à Sainct Maixent pour très haulte et très excellente princesse madame la duchesse d'Angolesme, d'Anjou, contesse du Maine et dame du dit Sainct Maixent, et en la court de venerable et discrete personne monsieur l'archeprebtre du dit Sainct Maixent et en chascune d'icelles cours, ont esté presens et personnellement establys reverend pere en Dieu monsieur Jacques de Sainct Gelays, evesque d'Uzès et abbé commandataire de l'abbaye de Sainct Maixent, d'une part, et Nicollas Moré, maistre fondeur, demourant en la ville de Nyort, d'autre part, lesquelles parties et chascune d'elles respectivement ont congneu et confessé, congnoissent et confessent avoir

---

1. Cet acte est passé à Blois.
2. Cet acte est passé au Montils-lès-Tours.

fait et font entre elles les accords, appoinctemens et convenances qui s'ensuyvent : savoir est que le dit Moré a promis et promect au dit reverend fondre et faire de son mestier une cloche en la dicte abbaye, poisant mil cincq cens livres de metal ou environ, fournir de toutes choses ad ce neccessaires, la rendre toute preste, sonnant bien et convenablement, montée, pendue, atachée et entornée dedans le gros clochier du meillieu d'icelle abbaye, et mectre sur la dicte cloche les armes et nom du dit reverend avec la date de l'année, elevé bien nect, et fournir de batail, le tout à ses propres coutz et despens, et ce dedans la my juillet prochenement venant, et pour ce faire et sallaire duquel Moré et pour toutes estoffes le dit reverend a promis, promect et sera tenu rendre et payer à iceluy Moré dedans Pasques prochenement venant la somme de vingt escuz d'or ou bien la somme de trente cincq livres tournois, et en oultre fournir au dit Moré de tout metal qu'il fauldra pour la dicte cloche. Et aussi est appoincté entre les dictes parties que si le dit Moré mect en la dicte cloche oultre et plus des dits mil cincq cens livres de metal, il sera tenu le payer à ses despens, ensemble reprandre celuy metal qui demourra, la dicte cloche faicte, au prix de trois solz la livre. Ces choses sus dictes et tout le contenu en ces presentes ont promis et promectent les dictes parties et chascune d'elles respectivement : savoir est le dit reverend, etc., et le dit Moré pour luy, etc., et obligation de tous biens, etc., tenir, etc., et amender, etc., renunçants, etc., jugez et condempnez, etc., soubzmectans, etc. Faict à Lort de Poictiers, le cinquesme jour de juin, l'an mil cincq cens et quinze.

DLXXI

Marché passé entre Jacques de Saint-Gelais, abbé de Saint-Maixent, et Berthomé Frugier, menuisier, pour la confection et la sculpture des stalles du chapitre de l'abbaye (Protoc. orig. de Gilles Bonizeau, notaire royal à Saint-Maixent).

25 mai 1517.

Le xxve jour de may l'an mil cincq cens dix sept, reverend pere en Dieu messire Jacques de Sainct Gelays, evesque d'Uzès et abbé de l'abbaye de Sainct Maixent, d'une part, et Berthoumé Frugier, menuzier, demourant au dit Sainct Maixent, d'autre, pour ce personnellement establiz en droit en la court du seel establiy aux contraictz à Sainct Maixent pour Madame, mère du roy nostre sire, et en la court de monsieur l'archeprebtre du dit lieu, etc., lesquelz ont fait les marché et convenance qui s'ensuivent : c'est assavoir que le dit reverend a baillé et baille à faire au dit Frugier des bancs et sieges ou doussiers de son mestier de menuzerie on chappitre de la dicte abbaye, tout à l'entour par le dedans du dit chappitre, garnys de sieges haultz et bas compectament, et les penneaux d'iceulx ouvrez à double drapperie, par dessus des clervoyses et espitz, le tout de bon boys sec et nect et de telle espesseur et façon, tant en menbreures, panneaux, clervoys, sieges et espictz que les doussiers du reffectouer de la dicte abbaye, et de haulteur les sieges bas, d'un piet de hault et autant de large, et le siege hault à prandre dès le dit petit siege bas, d'un piet et demy, et de largeur aultant ou environ, et le doussier, comprins les membreures, penneaux et espiez et clervoix de la façon que dessus, de troys pietz d'aulteur, non comprins les espietz; et fera en oultre, tant que porte l'arceau des ymages et crusifif et autres ymages, troys cheszes, et à l'endroit des dictes ymages, clervoyses à jour, par lesquelz l'en pourra veoir les dits houvrages; et aussi seront les penneaux du devant du dit chappitre, le long du cloistre, à double parement et sans recovryses ne espiez, mès y aura une bonne membrure à acoudouher. Et sera tenu le dit Fruger faire et asseoir les dictes choses dedans la Nostre Dame de my aougst prochaine venant ; et pour ce faire sera tenu et a promis le dit reverend bailler et payer au dit Fruger la somme de quarente solz pour chascune brasse que paracoutera le dit ouvrage à mesure de boys en ouvrage, dont il sera payé faisant la dicte besogne, et sur laquelle luy a esté payé par avance et sur le dit prix fait la somme de dix livres tournois, qui sera la premere desduycte sur le dit principal. Et ces choses et tout le contenu en ces presentes ont promis et promectent les dictes parties et chascune d'elles pour elles, etc., par les foy et serement de leurs corps et soubz l'obligation de tous et chascuns leurs biens meubles et immeubles presens et advenir quelxconques, tenir, etc., et amender, etc., renunçans, etc., jugez et condemnez, etc., soubzmectans, etc. Faict et passé au lieu de Lort de Poictiers, les jour et an que dessus. PARCHEMINIER. G. BONIZEAU.

DLXXII

Marché passé entre Jacques de Saint-Gelais, abbé de Saint-Maixent, Gilles Gaignart et André Belion, vitriers, pour la réfection des vitraux du chœur de l'église de l'abbaye (Protoc. orig. de Gilles Bonizeau, notaire royal à Saint-Maixent).

26 avril 1548.

Sachent tous que en droit en la court du seel estably aux contraictz à Sainct Maixent pour Madame, mère du roy nostre sire, et en la court de monsieur l'archeprebtre du dit lieu, et en chascune des dictes cours ainsi, etc., ont esté presens et personnellement estabiz reverend pere en Dieu messire Jacques de Sainct Gelays, evesque d'Uzès et abbé commandataire de l'abbaye du dit Sainct Maixent, d'une part, et Gilles Gaignart et André Belyon, vitriers, demourans en la dicte ville du dit Sainct Maixent, d'autre part, le dit reverend a baillé à faire et reparer, nettoyer, rabiller, laver et mectre en plomp, le tout d'ung parement, les huyt vitraulx estans seur le cueur, environ le grant aultier de la dicte eglise, ès voultes haultes et croysées d'icelle partie, desquelz font de present encores en divers tons, armirages et à l'enticque, et les parfourniront de mesme estoffes et coulleurs et anticques au plus vray près et apparant du dit vieil ouvrage que faire ce pourra, et pour parfournir le dit ouvrage de pareille parure que celluy qui est de present ou au plus près semblable, pourront les dits vitriers prandre et eulx ayder des autres vitreaulx de la dicte eglise qu'ilz voiront et congnoistront à ce les plus propices, au moins endoumaigeable que faire ce pourra, hors les deux vitraulx de Nostre-Dame et de Sainct Jehan qu'ilz laisseront en leur antier, sans desmolucion; et seront tenuz les dits vitriers nectoyer et plomber bien et convenablement les dictes vitres des dicts huyt vitraulx antierement, en ce qui y sera neccessaire pour la dicte reparation, despuys le hault jusques au bas, toute la place et ouverteure des dits vitraulx qui portent jour ; et au regard de la place estant de tout au bas des dits vitraulx qui est offusquée par les couvertures des basses voultes estant contre les murailles des dits vitraulx, ne seront tenuz y mectre vitres, mès le fera fermer le dit reverend de bricque ou autre pierre qui luy plaira, et le faire blanchir à ses despens : contre laquelle blanchisseure seront tenuz les dits vitriers y faire poincture la plus convenable qu'ilz pourront, resemblant aus dits vitraulx; et s'il advient que en la dicte eglise, non comprins ès dits deux vitraulx exceptez, ne se trouve vitres poinctes à la dicte anticque à suffire pour parfournir les dits vitraulx, seront tenuz les dictes vitres fournir de verre aussi poinct à la dicte anticque comme le parsus du vieulx verre, pour ramplir et parfournir les dits vitraulx; et fourniront les dictes vitres tout plomp et estaign et ce qui depend de leur mestier, estoffes, chaffaudages, cordages et autres choses qu'il conviendra pour rabiller les dictes vitres outre les dits verres vieulx qu'ilz pourront prandre en la dicte eglise comme dit est, fors de chaul et sabble pour le cyment qu'il conviendra à assoir et seller les dits vitraulx, que le dit reverend sera tenu fournir à ses despens. Pour lesquelles reparacions par la maniere sus dicte sera tenu et a promis le dit reverend bailler et payer aus dits vitriers la somme de cent livres tournoys, dont il leur a baillé et payé par maniere d'avance la somme de vingt livres tournoys, et le parsus sera tenu le dit reverend ou son recepveur payer aus dits vitriers, faisant la dicte besoigne, scelon la quantité qu'elle sera par eulx faicte et advancée ; et seront tenuz iceulx dits vitriers parachever les dits vitraulx dedans la feste de sainct Michel prochainement venant. Et est dit entre les dictes parties, que les dits ouvrages et reparations faictes, s'il se trouve par gens exprès du dit mestier qu'elles n'ayent esté faictes par les dits vitrés selon qu'elles sont dessus convenues, et seront tenuz y oster et reparer à l'ordenance des dits maistres du mestier qui les vissiteront ; et cestuy appoinctement et choses sus dictes ont promis et promectent les dictes parties et chascune d'elles pour elles et, etc., savoir est le dit reverend payer, etc., et les dits vitrés faire les dictes choses, etc., obligeant, etc., jugez et condemnez, etc., soubzmectans et, etc. Faict et passé au lieu de Lort de Poictiers lez Sainct Maixent, le xxvie jour d'apvril, l'an mil cinq cens et dix huyt.

Le dit reverend, d'une part, et Françoys Feudry, sarrurier, demourant au dit Sainct Maixent, d'autre part, le dit reverend a baillé à faire et fournir au dit Feudry toutes les barres de fer garnyes de locquetures et verges, aussi de fer, qu'il conviendra et sera neccessaire pour la garniteure de huyt vitraulx qu'il a baillé à refaire et reparer ès voultes haultes de la dicte abbaye, au prix, chascune livre du dit fer des dictes barres locquetures, de dix deniers chascune livre, et pour chascun pied des dictes verges pour les panneaux six deniers tournoys ; soy aidera le dit sarrurier de vieulx fer estans de present ès dits vitraulx pour les reforger si elles en ont mestier, et desduyra pour chascune livre de fer vieulx III deniers obole; et sera tenu, les dits vitrés faisans les dits vitraulx, et on cas qu'ils choumeroient pour luy, sera tenu les en desinteresser et cestuy marcher [1].

DLXXIII

Marché passé entre Jacques de Saint-Gelais, abbé de Saint-Maixent, André Belion et Gilles Gaignart, vitriers, pour la réfection de trois des vitraux de l'église de l'abbaye (Protoc. orig. de Gilles Bonizeau, notaire royal à Saint-Maixent).

30 septembre 1518.

Sachent tous que en droit en la court du seel estably aux contraictz à Sainct Maixent pour Madame, mere du roy, dame du dit Sainct Maixent, et en la cour de monsieur l'archeprebtre du dit lieu, et en chascune des dictes cours, sans prejudice, etc., personnellement establys reverend pere en Dieu messire Jacques de Sainct Gelays, evesque d'Uzès et abbé de Sainct Maixent, d'une part, et André Belion et Gilles Gaignart, vitriers, demourans en la ville du dit Sainct Maixent, d'autre part, les dits Belion et Gaignart ont promitz et promectent par ces presentes faire mectre et apposer de leur mestier de vitrier, tout à neuf, de voirre blancq d'Allemaigne, bon et marchant au dire de gens de bien du mestier, les troys vitraux, savoir est le grant vitral de la croizée dessus le tresor, le vitral de la chappelle Nostre Dame estant environ sus la porte pour entrer de l'eglise à l'abbaciale et le vitral de la chappelle Baston, tous degarniz de voirre, et fournir de voirre, plomp, estaing et toutes autres choses à ce requises et necessaires, excepté le fer et chaux requis pour ce faire; et les dits vitraux seront bordés en chascun jour et forme d'un demi pié commun et de brasse, et sera la dicte bordure bonne, bien cuyte et en diverses divises d'ouvrage; et au dit grant

---

1. Cet acte, qui n'est pas de l'écriture du notaire Bonizeau, et n'est pas signé, est fort incorrect de style et d'orthographe.

vitral de la dicte croizée y feront, mectront et apposeront deux panneaux aux deux principaulx jours et formes, de cincq piedz de voirre en carré, et à chascun des dits deux autres vitraux, ung panneau de mesme grandeur et forme, esquelz panneaux seront les armes du dit reverend avecques ung triumphe et sa divise escripte, qui est *Non plus*, en rolleau, et le voirre des dits panneaux non remplys des dictes armes sera de damas blanc ; et ce dedans la feste de Noël prouchainement venant. Et le dit reverend a promitz et promect rendre et payer aus dits Bellion et Gaignart, pour chascun panneau où seront les armes du dit reverend, par la forme sus dicte, la somme de quarante solz tournois, et pour chascun pied de voirre blanc, bordé comme dit est, paier la somme de quatre solz tournois ; et seront mesurés les dits vitraux au grand pied commun des vitriers de la ville de Poictiers ; et paiera le dit reverend aus dits André et Gilles les dictes sommes ainsi et aprez qu'ilz auront apposé chascun paneau. Et les dictes choses et chascune d'elles les dictes parties ont promitz et promectent tenir, garder et accomplir comme dit est, soubz l'obligation de tous et chascuns leurs biens meubles et immeubles, etc., renuncent, etc., soubzmectent, etc. Donné, fait et passé à Lort de Poictiers, le dernier jour de septembre mil cinq cens dix huyt. PARCHEMINIER. G. BONIZEAU.

Et ont accordé les dits Bellion et Gaignart que le dit Bellion fera la partie du grand vitral où sont les troys jours et le vitral de la chappelle Baston, et le dit Gaignart le parsus des dits troys vitraux.

DLXXIV

Marché passé entre Jacques de Saint-Gelais, abbé de Saint-Maixent, et trois charpentiers, pour la construction de huit chambres dans le dortoir de l'abbaye et autres travaux au même lieu (Protoc. orig. de Gilles Bonizeau, notaire royal à Saint-Maixent).
29 avril 1524.

Sachent tous que en droit en la court du seel estably aux

contractz à Sainct Maixent pour Madame, mere du roy nostre sire, et en la court de venerable et discrete personne monsieur l'archeprebtre du dit lieu, ont esté presens et personnellement establis reverend pere en Dieu monsieur messire Jacques de Sainct Gelays, evesque d'Uzès et abbé commendataire de l'abbaye du dit Sainct Maixent, d'une part, et Mathurin Hurtault, Estienne Amilhain et Phelippon Rousseau, charpentiers, demourans au dit Sainct Maixent, d'autre part, lesquelles parties et chascune d'elles, de leur consentement et volunté, ont congneu et confessé, en la presence des notaires jurez des dictes cours cy soubzscriptz, avoir fait et convenancé et par ces presentes font, passent et accordent les marchez, pactz et convenances qui s'ensuyvent : c'est assavoir les dits Hurtault et Amilhain et Rousseau, charpentiers, ont promis et promectent doubler ou couvrir de soliveaux, de quatre à la brasse, et porteront de grosseur chascun demy pied d'ung costé et de l'autre ung petit empans, huyt chambres neufves, estans on dortouher de la dicte abbaye, et la grant chambre du dit dortouer garnir de soliveaux de demy grant pied d'ung costé et ung grant empans de l'autre, de grosseur, et à icelle grant chambre mectront deux soliveaux sur le tout pour expessir à plus de quatre à la brasse ; et entre les dits soliveaux, tant à la dicte grant chambre que ès autres petites neufves, garnyr de barreaux, foen et terre en torchis, bien et convenablement, icelluy torchis par le dedans des dictes chambres, et les vieilles murailles blanchir à deux enduictz et une laictance ; item, de garnyr de feustz les portes des dictes chambres à une pièce de membrure avecques enreyneure on meilleu des dictes portes ; item, de reparer le tout de la charpente et teilliz de la gallerie de l'orange, et oster tout le boys gasté, et en fournir de neuf en lieu en faisant servyr du vieil ce qui se trouvera bon, et icelle blanchir d'une laictance ; item, de refaire tout à neuf la chapeuse d'ung petit appentif estant à la porte de la chambre de monsieur, par l'on va dedans la galerie dessus le petit cloistre, o ce qu'ilz pourront faire servir le boys qui se trouvera bon ; item, de faire deux luycanes à la dicte grant chambre du dit dortouer au dessus des deux croizées en forme de courpes, pour bailler lumiere, aus dictes croizées ; item, de faire et fournir de boys les deux grans croizées de la salle basse du logis de mon dit sieur à la dicte abbaye, sçavoir est à paneaux à parement par le dehors et razés par le dedans, avecques huissetz aux fenestres basses, et faire aussi une fenestre estant entre les deux croizées. Et tout le dit ouvrage ont promis les dits charpentiers faire et parachever dedans la feste d'Assumption Nostre Dame prouchaine, moyennant la somme de cent livres tournois ; de laquelle somme le dit reverend a baillé et payé presentement et manuellement aus dits cherpentiers la somme de quarante livres tournois, qui s'en sont tenuz pour contens, etc., et le reste, qui est soixante livres, le dit reverend a promis et promect rendre et payer aus dits cherpentiers, savoir est moytié à la Sainct Jehan Baptiste, et à la fin de la dicte besoigne. Et ces choses et tout le contenu en ces presentes ont promis et promectent les dictes parties et chascune d'elles, par tant que à chascune d'elles touche et puyt toucher, par les foy et serement de leurs corps, et soubz l'obligation de tous et chascuns leurs biens meubles et immeubles, presens et advenir quelxconques, tenir, etc., et renunçans, etc., jugé et condemné, etc., soubzmectans, etc. Fait et passé au lieu de Lort de Poictiers, le XXIXe jour d'avril mil cincq cens vingt et ung. PARCHEMINIER. G. BONIZEAU.

DLXXV

Devis de travaux de maçonnerie à exécuter au boulevard de l'église de l'abbaye de Saint-Maixent et à l'escalier du grand autel de cette église (Protoc. orig. de Gilles Bonizeau, notaire royal à Saint-Maixent.)

Vers 1522.

Memoire de ce qui fault pour faire le balouart devant la

grant porte de l'eglise de l'abbaye de Sainct Maixent : premierement, y convient faire sept brasses de mur ; et pour chascune brasse fault quatre charretées de gros quartiers, sans les deux lyons qui porteront les armes de monsieur ; et en chascune pierre pour faire les dits lyons y aura une charretée, qui est en tout xxx charretées de quartiers ; item, convient pour paver le dit balouart xxxii brasses de pavés, et en chascune brasse y aura une charretée ; item, rabiller le coy jusques à six pieds, et si plus y fault monsieur le fera faire.

Pour abiller et refaire les marches du grant aultier : pour faire les dictes marches, premièrement convient en refaire neuf marches tout au long, lesquelles contiennent en longueur chascune dix huyt pieds ; item, et pour ce faire fault xviii charretées de quartiers.

Monsieur entant que l'ouvrage cy dessus mencionné soit faict en la forme qui s'ensuit : premierement, que la muraille qui se fera par le devant du parvis sera bien parée de carreau toute avecques le chapeau par dessus les molures pour rebatre l'eau des deux coustés ; item, à l'entrée du dit parvis, de chascun cousté, y aura ung pillier de pierre qui naistra dès le bas, et sur le hault y aura une pomme ronde avecques ung lyon par dessus qui tiendra les armes de monsieur par dehors, pendues au coul du dit lyon, ung triomphe autour des armes, et ung roleau autour ou y aura *Non plus* ; item, le pavé du dedans sera faict de carreaux de mesure, scelon la proporcion, c'est assavoir ceulx qui seront grans feront la brasse et les autres demie mesure à l'entour, en forme de carreau, et bien joinctz l'ung à l'autre ; item, aux degrés du grant autel qu'ilz soient de mesure et non trop haults, et que l'ung soit de prise et assiete sur l'autre.

Pour le prix de soixante dix livres tournois, une charge de seigle.

DLXXVI

Remise de la moitié de leurs fermages, pour cause de la stérilité de l'année, faite par Jacques de Saint-Gelais, abbé de Saint-Maixent, à ses métayers (Protoc. orig. de Gilles Bonizeau, notaire royal à Saint-Maixent).

13 mai 1524.

Sachent tous que en droit en la court du seel estably aux contraictz à Sainct Maixent pour Madame, mere du roy nostre sire et dame du dit Sainct Maixent, ont esté presens et personnellement establiz et soubzmis reverend pere en Dieu monsieur messire Jacques de Sainct Gelays, evesque d'Uzès et abbé de l'abbaye du dit Sainct Maixent, d'une part, et Pierre Guydays, mestaer de Lort de Poictiers, Loys Monnet, mestaer de Tynefort, Pierre Yvon, mestaer de Bourneuf, Hillairet Morisson, mestaier du Sault, Jehanne Gueline et Phorian Rivau le jeune, mestaiers de la Garde, Pierre Sarrault, mestaer de Souvigné et de Fonfrairour, et Georges Goy, mestaer de Vallectes, toutes les dictes mestaeries appartenant au dit reverend à cause de la dicte abbaye, d'autre part, les dictes parties ont fait, et aujourduy convenancé et accordé entre elles les choses qui s'ensuyvent : c'est assavoir que le dit reverend, pour la sterelité et gelée des blez qui a heu cours l'an present, ne prandra et n'aura des dits ses mestaiers les fermes qu'ilz luy doyvent pour les dictes mestaieries, ains pour charité prandra iceluy reverend la moytié de tous les blez, avoyne, feuves, poix, cherves et lins qui se amasseront la dicte presente année et prochaine cueillecte ès dictes mestaeries et chascune d'elles, lesquelz blez et fruytz les dits mestaers et chascun d'eulx seront tenuz amasser et en rendre et bailler à leurs propres coustz et despens la moytié quicte et franche ès greniers du dit reverend, et en oultre entretenir à chascune des dictes mestaeries, à leurs dits despens, ung homme qui sera commis par le dit reverend ou autres de par luy pour veoir amasser, baptre et mesurer les dits blez et fruytz; o protestacion expressement faicte par le dit reverend que par cestuy accord ou convenance qu'ilz n'entend et ne veult prejudicier ès fermes des dictes mestairies par cy devant par luy faictes aux dessus dits ses mestaers, et qu'il ne s'en puisse ayder pour l'advenir contre eulx comme il heust peu auparavant le dit present accord, lequel ne durera et ne vauldra que pour la dicte presente année et prochaine cueillecte seullement. Pour et ausquelles choses susdictes tenir et garder de point en point, les dictes parties et chascune d'elles pour tant que à chascune d'elles touche et puyt toucher, ont esté de leurs dits consentemens et voluntez jugez et condempnez par le jugement et condempnation de la court sus dicte et à ce fere ont obligé et yppothecqué tous et chascuns leurs biens quelxconques, les foy et seremens de leurs corps sur ce donnez, et renunciations neccessaires fetes. Donné et fait à Lort de Poictiers, ès presences de monsieur de Bresdon et maistre Jehan Parcheminier, prebtre, curé de Dampvix, le xiiie de may, l'an mil cincq cens vingt et quatre. G. BONIZEAU.

DLXXVII

Serment de fidélité fait au roi par Jean de Saint-Gelais, abbé de Saint-Maixent [1] (Orig., parch.; Arch. Nat, P 556¹, n° VIIe XXI).

24 juin 1526.

DLXXVIII

Marché passé pour la réfection de la couverture du grand clocher

---

1. Cet acte est passé à Angoulême. A la suite, sous le n° VIIe XXII, est un mandement à la chambre des Comptes d'enregistrer lesdites lettres de réception de serment, bien qu'elles ne lui aient pas été encore présentées, donné à Paris, le 26 septembre 1528.

de l'abbaye de Saint-Maixent, abimé par la foudre (Protoc. orig. de Gilles Bonizeau, notaire royal à Saint-Maixent).

22 octobre 1526.

Le marché du grant clochier fait avecques Mathurin Cousin, recouvreur d'ardoyse, pour recouvrir ce que le tounaire gasta derrierement, en l'esté, en l'an mil v^e xxvi, et toutes autres faultes y estant auparavant : est que le dit Cousin sera tenu rabiller et recouvrir toutes les faultes du dit clochier advenues au moyen du dit vymaire et autres auparavant, et conduyre, adroisser et assister les charpentiers pour mectre et asseoir le boys neccessere pour le rebillement du dit clochier, et iceluy boys assis le vestir de plomp, bien estannée et convenablement ; faire et mectre ung gros bouton par dessus les crestes qui de present sont au dessus la couverture du dit clochier ; asseoir et planter la croix dedans l'estoc qui sera à la fin du dit bouton ; seeller et remplir le pertuys du dit estoc avecques les dictes croix et bouton assemblez en maniere que l'eaue n'y puisse entrer ne faire doumage, et rendra la dicte croix, jau et pommes, estoffez et dorés, savoir les dictes pommes et jau dorez d'or et la dicte croix huyslée et blanchie de blanc de plomp, rabillera l'espic, et toutes les dictes choses sera tenu habiller, monter et remettre chascune en son lieu sur le dit clochier ; et pour ce faire aura la somme de quinze livres tournois et ung coustret de vin pour ses salleres, vaccations, journées et despenses, que luy sera tenu et a promis payer messire Archambaud Floury, recepveur de la dicte abbaye, lequel recepveur sera tenu fournir au dit recouvreur de toutes matieres et estoffes requises au dit euvre, fors d'eschelles et cordages et tous autres houstilz qui concernent le mestier du dit Cousin. Lesquelles choses les dictes parties ont promis et promectent fere, tenir, garder et acomplir de poinct en poinct, et à ce fere ont obligé et yppothequé, etc., et accomplir, etc., renuncent, etc., jugez, condemnez, etc., renunciations, etc. Fait et passé au dit Sainct Maixent, soubz les cours de Madame et archeprebtre du dit Sainct Maixent, le xxii⁰ jour d'octobre, l'an mil v⁰ xxvi. PARCHEMINIER. G. BONIZEAU.

DLXXIX

Déclaration faite par Jean de Saint-Gelais, abbé de Saint-Maixent, qu'il ne détient pas les bulles de réservations apostoliques de Jacques de Saint-Gelais, évêque d'Uzès, ancien abbé de Saint-Maixent (Protoc. orig. de Gilles Bonizeau, notaire royal à Saint-Maixent).

22 janvier 1532.

Personnellement establv reverend pere en Dieu monsieur maistre Jehan de Sainct-Gelays, abbé commendataire de l'abbaye de Sainct Maixent, ordre de sainct Benoist, diocese de Poictiers, lequel en toutes causes *ad lites* au plus brief et par especial le dit reverend abbé sus dit a donné et donne plain povoir et mandement exprez à ses dits procureurs et chascun d'eulx de jurer et affermer, en l'ame du dit reverend et declairer en jugement et dehors que les bulles ou signatures des pensions et reservations apostolicques, creées, faictes et assignées de son consentement à reverend pere en Dieu messire Jacques de Sainct Gelays, evesque d'Uzès et nagueres abbé de la dicte abbaye, de la despouille et biens delaissés par les religieux de la dicte abbaye decedans, ne furent jamais et ne sont par devers luy ne en sa puissance, ayns en la puissance et garde du dit reverend messire Jacques, et generallement, etc. Fait, lundi, xxii⁰ janvier mil v⁰xxxi. G. BONIZEAU.

DLXXX

Bail à ferme par Micheau Ressegand, prêtre, curé de Sérignac, de son office de maitre queux de l'abbaye de Saint-Maixent (Protoc. orig. de Gilles Bonizeau, notaire royal à Saint-Maixent).

16 mai 1534.

Sachent tous que en droit en la court du seel estably aux contraictz à Saint-Maixent pour le roy nostre sire, ont esté presens et personnellement estably et soubzmis messire Micheau Ressegand, prebtre, curé de Sainct Martin de Serignac et maitre queux de l'abbaye de Sainct Maixent, d'une part, et Jehan Albert, cuysiner, demourant au dit Saint Maixent, d'autre, les dictes parties ont au jour duy fait et font entre elles les ferme et convenances qui s'en-suyvent : savoir est que le dit Ressegand a baillé, louhé et affermé, baille et afferme au dit Albert, present et acceptant, dès le jour et feste de Nostre Dame de mars derrière jusques à la feste de Nostre Dame de mars prouchaine, pour le prix et ferme de cent solz tournoys payables par le dit Albert preneur, par quartes et par les quatre quartiers de l'an, au dit bailleur ou autres de par luy au dit Saint Maixent, c'est assavoir le prouffit, fruictz, revenu et esmolumens du dit office et cuysine, pour en joir par le dit preneur tout ainsi que avoient acoustumé fere Micheau Herbert, Pierre Texier, et autres par cy devant fermers du dit bailleur ; et sera tenu le dit preneur servir la dicte cuysine, bien et deuhement, et fere tout ce que le dit bailleur doit et est tenu fere, et l'en acquicter envers messieurs les religieux de la dicte abbaye ; et pour seureté de la dicte somme et choses sus dictes le dit preneur a baillé plege et caution Jacques Monyn, clerc, lequel, à ce present, et pour ce personnellement estably en droit en la court sus dicte, a plegé et cautionné le dit Albert de la dicte somme et choses sus dictes, moyennant ce que le dit Albert sera tenu et a promis desinteresser le dit Monyn de tous doumages et interestz. Promectans les dictes parties et chascune d'elles, par les foy et seremens de leurs corps sur ce donnez, et soubz l'obligation et yppothèque de tous et chascuns leurs biens meubles, etc., jugez et condempnez, etc. Fait et passé en la dicte abbaye, le xvi⁰ jour de may, l'an mil cincq cens trente et quatre. Presens : venerables personnes, frere Raoul de Lestang, celerier, et messire Archambauld Floury, recepveur de la dicte abbaye.

DLXXXI

Commande faite par Jacques de Saint-Gelais, évêque d'Uzès, à Pierre Prévost, orfèvre de Saint-Maixent, de deux vaisseaux d'argent à porter le *Corpus Domini* (Protoc. orig. de Gilles Bonizeau, notaire royal à Saint-Maixent).

19 mai 1535.

Sachent tous que en droit en la court du seel estably aux contraictz à Sainct Maixent pour le roy nostre sire, personnellement establiz et soubzmis reverend pere en Dieu messire Jacques de Sainct Gelays, evesque d'Uzays, d'une part, et Pierre Prevost, marchant orfiebvre, demourant au dit Sainct Maixent, d'autre, les dictes parties ont agreablement faict les marché et accord qui s'ensuyvent : c'est assavoyr que le dit reverend a baillé à faire au dit Prevost deux vesseaulx d'argent à porter le *Corpus Domini* le jour du sacre et autres jours, quant besoyn sera, poisant chascun des dits vesseaulx troys marcz d'argent, et ung calice, aussi d'argent, poisant deux marcz et une once aussi d'argent, qui est en tout pour les dits vaisseaulx et calice huyt marcz et une once ; pour faire lesquelz dits vesseaulx et calice le dit reverend a baillé presentement au dit Prevost neuf marcz une once d'argent de marc, duquel dit argent le dit Prevost a baillé au dit reverend ung eschantillon; et le residu du dit argent, qui est ung marc d'argent, la dicte besoigne faicte, sera rendu au dit reverend par le dit Prevost, ou bien icelluy Prevost prendra le dit marc au prix qu'il vault, qui sera desduict au dit reverend sur les façons et dorures des dits vesseaulx ; pour lesquelles façons le dit reverend sera tenu bailler et payer au dit Prevost la somme de seze livres tournois, et fournir d'or pour faire les dictes dorures où il en convyendra, oultre la valleur du dit marc d'argent ; et sera tenu le dit Prevost faire les dits vesseaulx et calice convenablement, comme il appartient, et iceulx rendre et bailler au dit reverend dedans cinq semaynes prouchainement venant. Ausquelles dictes choses acomplir les dictes parties ont baillé les foy et serment de leurs corps et obligé, sçavoir est le dit reverend tout son temporel, et le dit Prevost tous ses biens, dont tous et chascun d'eulx ont de leurs consentemens esté jugez et condempnez par le jugement et condempnation de la dicte court. Donné, faict et passé en l'houstel noble de Lort de Poictiers lez la ville du dit Sainct Maixent, le dix neufiesme jour de may, l'an mil v^e trente et cinq. G. Bonizeau. Guillot.

DLXXXII

Quittances du don gratuit pour Jean de Saint-Gelais, abbé de Saint-Maixent (Protoc. orig de Gilles Bonizeau, notaire royal à Saint-Maixent).

23 juillet et 11 août 1538.

Nous Gilles Bonizeau et Jehan Peign, notaires de la court du seel establys aux contractz à Sainct Maixent pour le roy nostre sire, certiffions à qui il appartiendra que le vingt cinqiesme jour de mars l'an mil cinq cens trente et neuf nous sommes transportés du dit Sainct Maixent jusques on chastel de Lort de Poictiers près du dit Sainct Maixent, deppendant de la dicte abbaye, où illec nous a esté monstré et exhibé une quittance, signée : M. de Troys, laquelle nous avons leu et veu de mot à mot, et de laquelle l'acteneur s'ensuit :

Je, Martin Detroys, commis de par le roy à tenir le compte et faire le payement des fraictz extraordinaires de ses guerres, confesse avoir receu comptant de reverend pere en Dieu messire Jehan de Sainct Gelays, abbé de Sainct Maixent, la somme de cincq cens soixante et deux livres dix solz tournois en deux cens cinquante escuz sol, en la presence de maistre Amaury-Bouchard, conseiller du roy et maistre des requestes ordinaires de son houstel, commissaire en ceste partie, dont il a faict prest au roy pour soubvenir à ses très grans et urgeans affaires de ses guerres : la somme de cincq cens escuz sol, à quoy il a esté taxé par le roy, et par le dit commissaire a moderé à la dicte somme de deux cens cinquante escuz sol ; icelle somme à moy ordonnée par le dit seigneur pour convertir et employer au faict de ma dicte commission. De laquelle somme de cincq cens soixante deux livres dix solz je me tiens contens et bien payé, et en quitte le dit de Sainct Gelays, abbé sus dit, tesmoing mon seign manuel cy mis, le vingtroisiesme jour de juillet, l'an mil cincq cens trente et huict. Ainsi signé : M. Detroys.

Aussi nous a esté exhibé ung acquit en papier, signé, dont l'acteneur s'ensuit : Je, Estienne Escolier, commis à recepvoir les deniers du don gratuit octroyé au roy par l'evesque et clergé du diocese de Poictiers en l'année mil cincq cens trante et sept, confesse avoir eu et receu de l'abbé de Sainct Maixent, par les mains de Gilbert Fournier, recepveur de la dicte abbaye, la somme de cincq cens quatre vingts dix sept livres dix sept solz six deniers tournois, à laquelle la dicte abbaye fut taxée la dicte année, et cest sans prejudice des fruictz telz que de rayson; de laquelle somme je quitte le dit abbé et Fournier, recepveur sus dit, par ces presentes, signées de ma main, le unzeiesme jour d'aougst, l'an mil cincq cens trante et huict. Ainsi signé : E Escoffier.

Desquelles choses nous a esté requis acte par Pierre de la Houterie, secretaire du dit reverend, et comme ayant de luy charge, que luy avons octroyé, les jour et an que dessus.
G. Bonizeau. J. Peign.

DLXXXIII

Marché passé entre Jacques de Saint-Gelais, évêque d'Uzès, François Limousin et Micheau Mahée, maçons, pour la reconstruction du dortoir de l'abbaye de Saint-Maixent (Protoc. orig. de Gilles Bonizeau, notaire royal à Saint-Maixent).

23 avril 1539.

Sachent tous que en droict en la court du seel estably aux contraictz à Sainct-Maixent pour le roy nostre sire, ont esté presens, personnellement estably et deuhement soubzmys reverend pere en Dieu messire Jacques de Sainct Gelays, evesque d'Uzès, naguerres abbé du dit Sainct Maixent et à present par provision appostolique ayant reservation de partie des fruictz et revenus de la dicte abbaye, d'une part, et Francoys Lymousin et Micheau Mahée, maçons, demourans, sçavoir le dit Lymousin en la dicte ville de Sainct Maixent et le dit Mahée ès faulxbourgs Charrault d'icelle, d'autre part, lesquelles parties ont aujourd'huy faict et font entre elles les marché, baillette et convenance qui s'ensuyvent : assavoir est que le dit reverend a baillé à faire et refaire les murs et muraille du dortouer de la dicte abbaye, lesquelles les dits maçons seront tenuz faire à neuf du cousté du logis de mon dit seigneur, puys la despence et garde robbe du dit logis jusques contre la muraille de l'eglise de la dicte abbaye, à prandre la dicte muraille puys le pied et place des chambres du dit dortouer jusques à l'araison de la couverture d'icellui, et de l'aulteur et espesseur qu'elles sont à present ; en laquelle muraille ilz seront tenuz faire sept demyes croysées de pierre de taille, belles et honnestes ; aussi seront tenuz faire une muraille à parpoinct de l'autre cousté du dit dortouer, puys la muraille de la dicte eglise jusques et joignant celluy qui est à present et naguerres a esté faict à neuf, et de telle estoffe et aulteur ; et rassoir et reculler sur le fort et marey de la muraille des cloistres, du cousté du preau d'icelle, le parpoinct estant puys la chambre frere Jehan Champbiron jusques à la fin du dit parpoinct, qui sera joing et à la venue de celluy qui a esté dernierement faict ; et seront tenuz faire les dits maçons le mur à neuf, puys la dicte chambre du dit Chambiron jusques à la dicte eglise, de telle aulteur et espesseur qu'elle est à present, et defferont la cheminée et aparail d'icelle estant on dit mur, laquelle sera reservée au dit reverend ; et aussi feront les dits maçons ès six chambres qui seront du cousté du dit pereau, puys la dicte chambre jusques à la dicte eglise, à chascune d'icelle une porte et une demye croussée : le tout des dictes portes, fenestres et parpain, de pierre de taille, que les dits maçons seront tenuz et ont promys fournir avecques toutes aultres pierres d'aparail, bonne et convenable, laquelle le dict reverend fera charroier à ses despens, et oultre fournira icelluy reverend de chaffauldage et tous charroys de pierre et terre qui y conviendra. Et pour faire les dictes choses par les dits maçons, lesquelx seront tenuz icellui faire dedans la myaoust prouchaine venant, le dit reverend a promys et promect rendre et bailler aus dits maçons la somme de sept vingtz dix livres tournois : sçavoir est dedans quinze jours prouchains la somme de quarente livres tournois, et le parsus, qui est cent dix livres tournois, par my faisant la dicte besoigne ; et ce pourront les dits maçons ayder de la periere de la dicte abbaye, en payant autant de ferme qu'elle a acoustumé estre lhoué par an ; et seront les dits parpoint, portes et fenestres faictes à chau et sable. Ausquelles choses sus dictes faire, tenir, garder et accomplir, les dictes parties ont obligé et ypothecqué eulx et les leurs, et tous et chascuns leurs biens, presens et futurs, et mesmement les dits maçons, par detemption et emprisonnement de leurs personnes, comme les propres deniers du roy, les foy et serment de leurs corps sur ce donnés. Dont elles ont esté jugées et condemnées par le jugement et condemnation de la dicte court par les notaires cy soubscriptz, jurez d'icelle. Donné, faict et passé à Lort de Poictiers, le xxiii⁰ jour d'apvril, l'an mil v⁰ trente et neuf. G. BONIZEAU; PINGAULT[1].

DLXXXIV

Révocation de François de Saint-Gelais, curé de Sanxay, vicaire spirituel et temporel de Jean de Saint-Gelais, abbé de Saint-Maixent (Protoc. orig. de Gilles Bonizeau, notaire royal à Saint-Maixent).

30 octobre 1539.

Aujourduy penultime jour d'octobre l'an mil cincq cens trente et neuf, ès presences de nous Gilles Bonizeau, notaire royal en la ville de Sainct Maixent, et Thomas Faydy, notaire du seel establyaux contraictz à Aubigné pour noble et puissant monsieur du dit lieu, estans en la ville de Sainct Maixent, discrete personne messire Archambauld Floury, prebtre, curé d'Azay, en nom et comme procureur par vertu de procuration specialle passée aux contraictz au dit Sainct Maixent le xxvii⁰ de ce present moys d'octobre, signée : G. Bonizeau et M. Denyort, de reverend pere en Dieu messire Jehan de Sainct Gelays, evesque d'Uzès et abbé commandataire de l'abbaïe du dit Sainct Maixent, a dit, signiffié et declaré à venerable personne maistre François de Sainct Gelays, curé de Sanxay, illec estant, que par cy devant il avoit esté constitué par icelui reverend son grant vicaire à conferer beneffices, tant en son evesché d'Uzès que en la dicte abbaïe, vacquans par mort et autrement, et pour faire tous autres actes de vicaire, tant en spiritualité que temporalité ; mès que depuys le dit

---

1. Dans le même registre, on trouve que, le 25 avril de cette année, Jacques de Saint-Gelais fit marché avec Vincent Grillier et Mathurin Aultin, charpentiers, demeurants à Saint-Maixent, pour la charpente du nouveau dortoir, moyennant la somme de 225 livres tournois.

reverend l'avoit revocqué en presence de notaires [1], et que partant que mestier estoit ou seroit, icelui Floury en vertu de sa dicte procuration et du pouvoir et mandement à luy donné par icelle, que encores il revocquoit et de faict a revocqué le dit vicariat pour le dit reverend; et de ce, le dit Floury, on dit nom, a requis à nous dits notaires acte, ung ou plusieurs, pour luy servir en temps et lieu ce que de raison : que luy avons octroyé, signé de noz seigns manuelz, les jour et an que dessus. G. BONIZEAU. FAYDY.

DLXXXV

Aveu du temporel de l'abbaye de Saint-Maixent rendu au roi par l'abbé Jean de Saint-Gelais, évêque d'Uzès [2] (Orig., parch.; Arch. Nat., P. 558², n° XII° XXVII).

10 décembre 1539.

DLXXXVI

Acte de foi et hommage fait au roi par Jean de Saint-Gelais, abbé de Saint-Maixent [3] (Orig., parch.; Arch. Nat., P.560², n° XVII°XXV)

29 juillet 1548.

DLXXXVII

Aveu du temporel de l'abbaye de Saint-Maixent rendu au roi par l'abbé Jean de Saint-Gelais [4] (Orig., parch.; Arch. Nat., P. 560², n° XVII° XXVI).

7 septembre 1548.

DLXXXVIII

Arrêté de compte entre Gilbert Fournier, notaire, et Jean de Saint-

---

1. La minute de cette révocation, signée de G. Bonizeau et M. Denyort, notaires, est dans le même registre, à la date du 27 octobre.
2. Cet acte est passé à Saint-Maixent.
3. Cet acte est passé à Mâcon.
4. Cet acte est passé à Saint-Maixent.

Gelais, abbé de Saint-Maixent, au sujet des dépenses faites par ledit Fournier pour le compte de cet abbé et celui de ses prédécesseurs (Protoc. orig. de Jacques Defonboisset, notaire royal à Saint-Maixent).

12 avril 1549.

Aujourduy, par devant nous notaires soubscriptz, jurez soubz la court du seel estably aux contraictz à Sainct Maixent pour le roy nostre sire et à Aubigné et Faye pour monseigneur des dits lieux, a esté present et personnellement estably maistre Gillebert Fournyer, notaire en court laye, demeurant en ceste ville de Sainct Maixent, lequel a congneu et confessé et par ces presentes congnoit et confesse avoir eu et receu et estre bien et deuhement satisfaict par reverend pere en Dieu messire Jehan de Sainct Gelays, evesque d'Uzès et abbé commendataire de l'abbaye de ceste dicte ville de Sainct Maixent, des sommes de deniers cy après contenues et declarées : savoir est de la somme de trente livres diz solz quatre deniers tournois, plus de la somme de quatre vingtz unze livres quatorze solz pour la nourriture, chairs et vin des religieulx de la dicte abbaye ; plus de la somme de sept livres quinze solz tournois pour l'achapt de deux pourceaulx ; plus de la somme de vingt six livres douze solz dix deniers pour les reparations d'ung grenyer faict au lieu de Pamproul ; plus de la somme de quatre vingtz deux livres sept solz six deniers tournois pour le chapault de la tour des houmaiges[1] ....
..... d'icelle de la dicte abbaye ; plus de la somme de six livres pour la reparation des chasses du moulyn qui est près la dicte abbaye ; plus de la somme de quatre livres tournois pour ung lict de moulyn ; plus de la somme de vingt cincq solz pour tyrer la sentence de M. Pierre Rousseau contre le seigneur de Gourville ; plus de la somme de

---

1. L'original de ce document étant fort raturé ou effacé, il y a des endroits, indiqués par des points, qu'il a été impossible de lire.

vingt troys livres dix solz tournois pour les reparations des douhes du logis neuf de Lor de Poictiers ; plus de la somme de trente sept livres dix solz tournois pour une garde robbe et ung reffreschissouer d'arain par le dit Fournyer achapté pour feu reverend pere en Dieu messire Jacques de Sainct Gelays, evesque d'Uzès et abbé de la dicte abbaye ; plus de la somme de treze livres troys solz pour du beurre achapté par le dit Fournyer, par luy envoyé au lieu d'Engoulesme au dit feu ; plus de la somme de six vingtz livres pour la cherpante du dortouer des religieulx de la dicte abbaye, faicte par le commandement du dit feu ; plus de la somme de cent treze livres dix solz tournois pour les murailles du dortouer de la dicte abbaye ; plus de la somme de cent cinquante livres tournois par le dit Fournyer baillés au dit feu, en son vivant abbé de la dicte abbaye ; plus de la somme de troys livres dix solz tournois pour une chappelle de plomb; pour monter toutes les dictes sommes la somme de sept cens dix livres dix sept solz quatre deniers tournois contenus par les dits quinze articles estant......... et non allouhez par le compte du dit Fournyer par cy devant rendu au dit reverend de Sainct Gelays, ses commis et depputez, de la charge et recepte de la dicte abbaye par le dit Fournyer........................... mil cincq cens trente et neuf. Desquelles dictes sommes de deniers contenues ès dits articles, revenans à la dicte somme de sept cens dix livres dix sept solz quatre deniers, le dit Fournyer a acquicté et quicte le dit reverend de Sainct Gelays, à ce present, stippullant et acceptant honorable homme et sage maistre Jehan Jauseleau, licencié ès loix, sieur de la Fuye, senechal du dit reverend de Sainct Gelays ; renonce le dit Fournyer à toutes exceptions de.... ......, ensemble de tout ce que les dits reverend de Sainct Gelays et Fournyer ont de tout temps par cy devant eu............ ensemble jusques à present; moyennant aussi que le dit Fournyer demeure quicte envers le dit reverend de Sainct Gelays de toutes les charges et negociations qu'il a heu du dit reverend evesques à la Nostre-Dame de mars dernierement passée, en et ce comprys la somme de cent troys livres six solz contenues et comprises par deux cedulles que le dit de Sainct Gelays a par cy devant baillées au dit Fournyer, lesquelles demeurent en leur force et vertuz, et laquelle dicte somme de cent troys livres six solz seront payées au dit Fournyer et allouhées en.......... de mise sur son prouchain compte de la recepte de la dicte abbaye. Les dictes parties stippullans et acceptans comme dessus qu'elles promectent tenir, garder et acomplir par les foy et serement de leurs corps et soubs l'obligation et ypothecque de tous et chascuns leurs biens, presens et futurs quelxconques; et pour plus grande aprobation le dit Fournyer a signé la presente de son seign. Faict à Sainct Maixent, le douziesme jour d'apvril, l'an mil et cincq cens quarente et neuf. G. Fournyer. J. Defonboisset. Boucher.

DLXXXIX

Formule du serment prêté au pape par Jean de Saint-Gelais, abbé de Saint-Maixent, comme prieur commendataire du prieuré de Fontblanche (D. Fonteneau, t. XVI, p. 361, d'après l'original [1]).

Entre 1555 et 1559.

Forma juramenti. Ego Johannes, episcopus Uticensis et commendatarius prioratus forsan conventualis Beatæ Mariæ Fontis Albi aliàs de Fontblanche, ordinis sancti Augustini, Pictavensis diocesis, ab hac hora in antea fidelis et obediens ero beato Petro sanctæque apostolice Romane ecclesiæ et domino nostro domino Paulo pape quarto ac ejus successoribus canonice intrantibus; non ero in consilio, consensu, tractatu vel facto, ut vitam per-

---

1. Au même trésor (archives de l'abbé de Saint-Maixent) est une semblable formule de Jean de Saint-Gelays, commendataire *prioratus Beatæ Mariæ de Barbezillo, Cluniacensis ordinis, Xantonensis diocesis* (Note de D. F.).

dant aut membrum, seu quod alicujus eorum personam, vel in ipsorum aut ecclesiæ ejusdem sive sedis apostolicæ auctoritatis, honoris, privilegiorum, jurium vel apostolicorum statutorum, ordinationum, reservationum, dispositionum, seu mandatorum derogationem vel prejudicium, machinaciones aut conspirationes fiant ; et si ac quociens aliquid horum tractari scivero, id pro posse ne fiat impediam, et quamtocius commode potero, eidem domino nostro vel alteri, per quem ad ipsius notitiam pervenire possit, significabo. Consilium vero quod michi per se, aut nuntios seu litteras, credituri sunt, ad eorum damnum me sciente nemini pandam ; ad retinendum et defendendum principatum Romanum et regalia sancti Petri contra omnem hominem adjutor eis ero ; auctoritatem, honorem, privilegia et jura, quantum in me fuerit, potius adaugere et promovere statuta, ordinationes, reservationes, dispositiones et mandata hujusmodi observare ac eis intendere curabo, legatos ejusdem sedis honorifice tractabo, et in suis necessitatibus adjuvabo ; hereticos et scismaticos et qui alicui ex domino nostro, successoribusque prædictis rebelles fuerint, pro viribus persequar et impugnabo ; possessiones vero ad prioratum meum pertinentes non vendam, nec donabo, impignorabo, nec de novo infeudabo vel aliquo alio modo alienabo, etiam cum consensu prioratus mei, inconsulto Romano pontifice. Sic me Deus adjuvet et hæc sancta Dei evangelia.

DXC

Refus par Jean de Saint-Gelais, abbé de Saint-Maixent, de remettre entre les mains de l'aumônier de l'abbaye les aumônes habituelles du jeudi de la Cène, à raison des malversations qui avaient été précédemment commises lors de leur distribution (Protoc. orig. de Jacques Defonboisset, notaire royal à Saint-Maixent).

31 mars 1556.

Aujourduy dernyer de mars l'an mil cinq cens cincquante et six, maistre Emery Denyort, en nom et comme procureur de maistre Emery Chevallier, escuyer, en nom et comme aumousnier de l'aumousnerie de l'abbaye de ceste ville de Sainct Maixent, a dict et declaré à André Boiceau, marchant, demourant en ceste ville de Sainct Maixent, en nom et comme fermyer du temporel et revenu de la dicte abbaye, et comme entremetteur des affaires de la dicte temporalité pour reverand pere en Dieu messire Jehan de Sainct Gelays, abbé commendataire de la dicte abbaye, qu'il est de louable coustume que le dit abbé ou ses entremetteurs, et comme feit l'an passé le dit Boiceau, et l'année precedante mil v^c cincquante et quatre et auparavant autres entremetteurs pour le dit abbé, de temps immemorial, ont baillé et mys entre les mains de deputez à distribuer les aumousnes du dit aumousnyer comme est à present messire Jehan Giret, prebtre, à ce present, et deputé à la dicte distribution des dictes aumousnes de la dicte aumousnerie de la dicte abbaye par le dit Chevallier, ou dit nom, les plomps et marreaulx jusques au nombre de sept vingtz quatorze pour distribuer ès pauvres personnes pour recepvoir le paen, vin, febves, harentz que doibt faire distribuer le dit reverand par les mains du dit deputé par le dit aumousnyer à la dicte distribution des dictes aumousnes, chascun jour de jeudy de la Cene, qui est à chascun des dits paulvres ung grand paen vallant ung douzain et plus, une pinte de vin, une escullée de feubves, deux harentz, le tout bon et raisonnable, ce qui a ainsi tousjours esté faict de temps immemorial, et les dits paens, feubves, harentz et vin distribuez ès dits paulvres ayans les dits plomps et marreaulx, qui doibvent prandre chascun ung double vallant deux denyers tournois, par les mains du prevost moyne de la dicte abbaye, et en ce faisant rendre les dits plomps et marreaulx et iceulx remettre sur l'heure et le dit jour entre les mains du dit deputé du dit aumousnier qui les remect entre les mains du dit reverand abbé ou au deputé de luy ayant charge, parce que les dits marreaulx ont acoustumez estre marchez de telz signes et armoiries que bon semble au dit aumousnier, affin qu'il ne se commette abbuz pour les années subsequantes; et doibt le dit abbé ou ses deputez, le lundy en demain des Rameaulx, prochain du dit jeudy de la Cene, ou aucuns jours precedans les dits Rameaulx, mettre entre les mains du dit deputé du dit aumousnier les dits plomps et marreaulx pour les acoustrer et remarcher, si mestier est ; et affin que la dicte louable coustume et droictz soyent gardez à qui il apartient le dit Denyort, ou dit nom, a sommé le dit Boiceau, ou dit nom de fermyer et entremetteur du dict temporel et revenu de la dicte abbaye, qu'il ayt à mettre les dits plomps et marreaulx entre les mains du dit Giret pour les marcher et distribuer aux plus pauvres dont il a cougnoissance, comme distributeur de l'aumousne ordinaire de la dicte aumousnerie, et aussi delivrer quatre boiceaulx de feubves pour les acoustrer et en faire du tout distribution le dit jour de jeudy de la Cene à la manyere acoustumée ; et où la dicte forme ne seroyt gardée, seroyt fraulder les paulvres des choses sus dictes ou de parties d'icelles et doubles que doibt bailler le dit prevost ; protestant le dit Denyort, ou dit nom, on reffus de ce que dessus, pour les troubles et empeschemens qui pour ce seroient faictz ès droictz du dit aumousnier, de s'en pourveoir ainsi qu'il verra à faire par raison. Le dict Boiceau a dict que touchant ce que doibt le dit reverand au dit jour de jeudy de la Cene le fera porter et mettre au lieu acoustumé, et quant aux feubves est prest à les bailler à qui il apartiendra, comme il a par cy devant faict au dit Giret ; et quant aux marreaulx et plomps le dit Boiceau dict qu'il n'a aulcunes charges, et luy est deffandu de non s'en mesler, et que le jour de sabmedy dernyer, Loys de Beauvoir, escuyer, seigneur de Sainct Florent, maistre d'outel du dit reverend, luy avoyt dict que mon dit seigneur et reverand l'auroyt chargé de envoyer ès parroisses de Souvigné et Sainct Martin, aux vicaires des dictes parroisses, d'eulx enquerir de la pauvreté des habitans des dictes parroisses pour en faire rapport aus dits reverand et de Beauvoir; et avoyt le dit de Beauvoir donné charge à quelques ungs de s'enquerir par la ville et lieux circonvoisins pour trouver des paulvres affin de leur bailler la dicte aulmousne; et quant aus dits marreaulx ne sçayt le dit Boiceau qui les donnera, parce que mon dit seigneur reverand n'est icy, ains à Verines, distant de quatre lieues d'icy, et penset qu'il viendra cejourduy, et pourra le dit Denyort, ou dit nom, en parler se bon luy semble au dit reverand. Et en ce disant est arryvé le nommé missire Pierre, prebtre du dit reverand, auquel le dit Denyort, ou dit nom, veu la declaration du dit Boiceau, qui est que les dits marreaulx estoyent entre les mains du dit missire Pierre, marchez du coign et armes du dit reverand, mettre entre les mains du dit Giret, ou dit nom, les dits marreaulx, pour en faire à la manyere acoustumée; lequel missire Pierre a faict responce qu'il avoyt charge du dit reverand d'en envoyer jusques au nombre de quinze au lieu de Pamproul, et quant au parsus qu'il les renderoyt au dit reverand. Veu lesquelles responces et dire des dits Boiceau et missire Pierre, qui sonnent reffus, le dit Denyort, ou dit nom, a requis acte, comme aussi a le dit Boiceau, que leur avons auctroyé pour leur valloir et servir ce que de raison. Faict en la chaulme, près le lieu noble de Lort de Poictiers, parroisse sus dicte de Sainct Martin, les jour et an que dessus. TEXIER. J. DEFONBOISSET.

Et par après, environ l'heure de onze heures du matin du dit jour, est venu en la maison de moy, Sebastien Texier, l'un des notaires cy soubzscriptz, en ceste ville de Sainct Maixent, le dit de Beauvoir, maistre d'outel du dit reverand, lequel a dict qu'il a commandement du dit reverand, son maistre, a tantost quinze jours, de dire au dit Boiceau, fermyer de la dicte abbaye, qu'il eust à faire son debvoir, aprester les aumousnes que le dit reverand est tenu bailler le dit jour de la Cene, luy disant que le dit reverand n'entendoyt que la dicte aumousne fust mise entre les mains du dit Giret, deputé du dit pretandu aumousnyer, pour les plainctes que le dit reverand a tous les jours des larrecins et maltraictemens que le dit Giret faict envers les dits paulvres, mesme pour raison de la distribution des dictes aumousnes qui furent baillées l'année dernyere passée ; dict en oultré le dit de Beauvoir que le dit reverand luy a commandé de dire aux vicaires de Sainct Saturnyn et Sainct Leger de ceste dicte ville, Soulvigné, Sainct Martin, Nantheul, Pamproul que Azay, affin de declarer par devant le dit reverand ou ses dits deputez les plus necessiteux des dictes parroisses, pour à iceulx, sans dol et fraude, comme ont esté faictes et commises et faict frauldes ès années precedantes à la distribution des dictes aulmousnes ; et croyt que le dit reverend se trouvera ès dictes distributions pour obvyer aus dits larrecins et abuz qui ont acoustumé se y commectre, et que les dits marreaulx seront distribuez aux pauvres par le dit missire Pierre, selon la nomination des dits vicaires : dont au dit de Beauvoir, le requerant, a esté octroyé acte pour luy valloir et servir ce que de raison. Et le dit jour, environ l'heure de cinq heures du soir, après avoir par nous dits notaires faict communication du dire du dit Loys de Beauvoir, seigneur de Sainct Florend, au dit Giret, a dict que le dire du dit de Beauvoir sonnoit et improperoit injure au dit Giret, dont il proteste d'en avoir reparation par voye et auctorité de justice, selon et comme il trouvera par raison ; dont au dit Giret, ce requerant, avons octroyé acte, pour luy servir comme de raison. Faict comme dessus. TEXIER. J. DEFONBOISSET.

DXCI

Aveu du temporel de l'abbaye de Saint-Maixent rendu au roi par l'abbé Jean de Saint-Gelais [1] (Orig., parch.; Arch. Nat., P. 561*, n° XIX° XXXVI).

21 février 1559.

DXCII

Serment de fidélité fait au roi par Jean de Saint-Gelais, évêque d'Uzès et abbé de Saint-Maixent [2] (Orig., parch.; Arch. Nat., P 561*, n° XIX° XXXV).

3 mars 1559.

DXCIII

Déclaration des charges de l'aumônerie de l'abbaye de Saint-Maixent [3] (Copie du xvii° siècle; Bibl. Nat, résidu Saint-Germain 1029, p. 177-178).

1566.

Premierement convient au dit aulmosnier nourrir un hospitalier, sa femme et un serviteur pour recevoir, gouverner, traitter et blanchir les pauvres malades à ses frais et despens et gaiger les dictes personnes. *Cela ce faict* [4].

2. Les gages du medecin et chirurgien, les frais et parties de l'appotyquaire qu'il convient avoir ordinairement. *Donné douze livres, sans ce qui est de l'appotyquaire.*

3. Luy convient avoir un serviteur boulanger pour cuire le pain des aulmosnes ordinaires, qui se faict trois foys la sepmaine à tous ceux qui s'y presentent. *Il y en a bien deux et encore ont de la peine.*

---

1. Cet acte est passé à Saint-Maixent.
2. Cet acte est passé à Amboise.
3. Cette déclaration fut faite en vertu d'une ordonnance du roi du 26 août 1566.
4. Les observations en italique qui se trouvent à la fin de chacun des paragraphes de la déclaration sont en marge dans l'original ; elles émanent du religieux qui, après l'entrée de l'abbaye de Saint-Maixent dans la congrégation de Saint-Maur, envoya à Saint-Germain un grand nombre d'extraits de pièces de ses archives.

4. Fault annuellement au dit aulmosnier plus de dix huyct milliers de fagots pour cuire le pain des pauvres. *Il ne luy en faut gueres moins.*

5. Doibt le dit aulmosnier faire grande despense tant pour la couppe des dits bois que pour le conduire en son four, comme aussy doibt nourrir les charetiers et aultres pour serrer les dits bois, et les salarier ; doibt aussy donner du foin aux bœufs qui ont conduit les dits bois. *Cela est.*

6. Plus faict grande despense pour les charettes et charetiers qu'il luy convient faire pour la conduitte des grands bleds et grains qu'il luy faut pour l'aulmosne. *Cela est.*

7. Item, luy fault trois hommes et chevaulx ou harnois pour amasser les dixmes et dixhuictains à luy deubs sur quantité de biens du monastere pour faire l'aulmosne, et fault à cela faire grande despence. *Il a des fermiers pour cela, qui font qu'il gaigne.*

8. Doibt le dit aulmosnier entretenir douze ou treize licts dans l'hospital pour les pauvres passants, sains ou malades, garnys de paillasses, mattelas, traversins, linceulx et couvertes. *Il y en a de present huict.*

9. Item, doibt faire ensevelir les pauvres morts à l'hospital et fournir tout ce qu'il fault. *Il fournit les suaires.*

10. Fault nourrir, entretenir tous les enfants masles, trouvez ou donnés, jusques à l'âge de douze ou treize ans, puis les mettre à mestier pour trois ans, et tout cela avec grands frais. *Cela ce faict.*

11. Fault entretenir en la dicte aulmosnerie une chappelle avec les ornements, et faire service quand besoin est. *Elle n'est point à present desservie.*

12. Fault donner annuellement de pain aux aulmosnes generales par trois jours de la sepmaine, les dimanche, mardy et jeudy, pour laquelle ne peut estre quitte pour dix huict à vingt charges de bleds par sepmaines ; et tous les lundy, mercredy, vendredy et samedy du caresme lui fault par sepmaine huict à dix charges de febves. *Donne à*

present par an la valeur de quatorze cens boisseaux de bleds ou febves.

13. Doibt le dimanche de la Quinquagesime aulmosne generale de chair de pourceau, où affluent quantités de monde, revenant à plus de cent cinquante livres, frais faicts. *Donne à present, au lieu de lards, un liard à chacun, la valeur de quatre vingts livres.*

14. Doibt aussy traitter les pauvres malades de pain blanc, de viandes delicates et de bon vin, ce qui luy vient à grands frais. *Cela ce fait, non pas tous jours.*

15. Fault aussy entretenir de couvertures le dit hospital, chappelle, maison du gardien et hospitalier, comme aussy le four et faire reparer de carraux ; fault aussy de quatre en quatre ans faire reparer les devants du four et circuits ; l'hospital a aussy certain lieu du faulxbourg Charraux, le tout en consideration des pauvres. *Cela ce faict.*

16. Item, à certaines années que le bled est rare et cher, luy convient achetter quantités de bleds plus qu'à l'ordinaire, d'autant que partie de ces bleds viennent de dixmes, dixains ou dixhuictains. *Cela ce presente.*

17. Luy convient aussy entretenir des lavandieres pour faire les lessives pour blanchir les pauvres. *Cela ce faict.*

18. Doibt aussy le dit aulmosnier, aux quatre festes annuelles et à la feste de saint Maixent, la valeur de cinquante deux pintes de vin à chaque solennité, et pour ce lui doibt monsieur l'abbé une pippe de vin. *Cela ce faict.*

DXCIV

Procuration de Jean de Saint-Gelais, abbé de Saint-Maixent, pour faire entendre à l'évêque de Poitiers que, dans le cas où cette abbaye serait sécularisée, ledit évêque et ses successeurs jouiraient du droit de nommer à la première prébende qui y deviendrait vacante (D. Fonteneau, t. XVI, p. 363, d'après l'original).

28 mai 1567.

Sachent tous que en droict en la court du seel estably aux

contraicts à Saint Maixent pour le roy nostre sire et la roine d'Escosse, dhouairiere de France, personnellement estably et soubzmis reverend pere en Dieu monseigneur messire Jehan de Saint Gelays, evesque d'Uzès, et abbé commendataire de l'abbaye du dit Saint Maixent, lequel a fait et constitué, fait et constitue son procureur. . . . . . . auquel il a par exprès donné et donne pouvoir et puissance de dire et declarer à reverend pere en Dieu monseigneur l'evesque de Poitiers, que icelluy seigneur reverend constituant veult et consent que le dit seigneur reverend evesque de Poitiers et ses futurs successeurs evesques du dict Poitiers ayent en la dicte abbaye de Saint Maixent la premiere prebande vacante d'icelle abbaye, comme ils ont ès eglises collegialles du dict Poitiers, après que la secularisation requise et demandée par les religieux et convent d'icelle abbaye estre faicte en chanoynes seculiers aura esté faicte, accordée et executée. Promettant le dit seigneur reverend constituant avoir agreable ce qui sera fait par son dict procureur, par les foy et sermens de son corps obligés, et ypotheque de ses biens presens et advenir ; dont il a esté jugé et condamné, de son consentement, par nous Jehan Pillot et Jehan Tutault, notaires de la dicte court. Fait et passé au lieu de Lort de Poictiers, membre dependant de la dicte abbaye de Saint Maixent, le vingt huitiesme jour de may, l'an mil cinq cens soixante sept. Et le dit seigneur reverend a signé l'original de ces presentes.

DXCXV

Procuration donnée par plusieurs religieux de l'abbaye de Saint-Maixent pour obtenir la sécularisation de l'abbaye (Protoc. orig. de Jean Pillot, notaire royal à Saint-Maixent).

5 juillet 1567.

Sachent tous que en droict en la court du seel estably aux contraicts à Saint Maixent pour le roy nostre sire et la royne d'Escosse, douairiere de France, ont esté presens et personnellement establis et soubzmis venerables hommes, freres René de la Tour, prieur, Pierre Dalouhe, chantre, Phelippes Rivault, aumousnier, Jehan de Ceris, prevost, Phelippes de Lestang, celerier, Jehan Morin, prieur de Vouilhé ès maroys, Jacques de Luzieres, prieur de Verruyes, Raoul de Lestang, Jehan Picard, François des Ages, Georges Villain, Eutrope Baguenard, Jehan Martin, Lancelot de Villetremaise, Olyvier du Chasteau, tous pretres, François de Delizeau, Pierre Barthonnier et Alexandre Morin, tous religieulx de la dicte abbaye de l'ordre de saint Benoist, on diocese de Poictiers, residans en la dicte abbaye fors le dit de Luzieres qui est residant en son dit prieuré de Verruyes, membre deppendant d'icelle dicte abbaye, lesquels faisans et representans la plus grande et saine partie des religieulx et covent d'icelle abbaye, pour ce assemblés capitulairement au son de la cloche à la maniere acoustumée en icelle abbaye, ont faict et constitué, font et constituent leurs procureurs maistre Emery Chevalier, prieur de Pamproul, et frere Lucien Grymouard, religieulx et secristain en icelle dicte abbaye, et par special pour poursuyvre par les dits Chevalier et Grymouard et chascun d'eulx envers la majesté du roy et nos seigneurs de son conseil pryvé la secularization de la dicte abbaye de Sainct Maixent ; sur ce presenter telz placetz ou requestes qui en ce cas seront requises et convenables, avecques puissance de substituer en tout ou en partie ungou plusieurs procureurs et substitutz, ausquelz les dictz Chevalier et Grymouard pourront octroyer pour et au nom des dicts constituantz aussi grande ou moindre puissance à leur discrection qu'elle leur est octroyée par ces presentes ; et generallement de faire dire et procurer, en ce que dessus et qui en deppend, tout ce que les dictz constituans feroient et faire pourroient et devroient s'ilz y estoient en leurs personnes, jaçoys ce que le cas requis mendement plus especial ; promectans iceulx dictz constituans avoir agreable tout ce qui par leurs dits procureurs, substitutz et chascun d'eulx sera faict, dict et procuré en ce que dict est, et rembourcer les dictz Chevalier et Grymouard de tous fraictz qu'ilz feront à la poursuicte de ce que dict est, et les en croire à leur serment sans aultre preuve ; et à ce faire et tenir ont les dictz constituans juré leur foy et obligé et ypothequé leurs biens presens et advenir quelsconques, dont ilz ont esté jugez et condempnez, de leur consentement et volunté, par nous Jehan Pillot et Jehan Tutault, notaires royaulx jurez de la dicte court. Faict et passé en la dicte abbaye du dit Saint Maixent, le cinquiesme jour de juillet, l'an mil cinq cens soixante et sept. Et ont les dits constituans signé de leurs mains l'original de ces presentes avecques nous dits notaires. R. de Latour. P. Dalloué. J. de Céris. Phelippes Rivault. P. Delestang. Roulx de Lestang. J. Morin. J. de Luzières present. Picard. Desages. Baguenard. L. Devilletremaise. G. Villain. F. Martin. O. du Chasteau, chappelain de Saint Leger. De Denezeau. A. Morin. P. de Barthonier. Pillot. Tutault.

Et le dit jour nous sommes transportez par devers et aux personnes de venerables hommes freres Martin Rougier et Hillaire Motard, eulx requerans, residans en la dicte abbaye et religieulx en icelle, estans malades en leurs chambres, lesquelz, personnellement establiz et soubzmis en la dicte court, ont faict et constitué leurs procureurs les dictz Grymouard et Chevalier pour poursuyvre la dicte secularisation, et de faire pour eulx toutes les choses contenues cy dessus en la sus dicte procuration, qu'ilz ont promis avoyr agreables, et faire pour leur regard aus dicts Chevalier et Grymouard le rembourcement des fraictz cy dessus mentionnez, par les foy et serment de leurs corps, obligacion et ypotheque de leurs biens presens et advenir, dont ils ont esté jugez et condempnez de leur consentement et volunté par nous dits notaires. Faict au lieu sus dit, les jour et an que dessus. Et a le dit Rougier signé l'original de ces presentes et le dit Motard declaré ne pouvoir pour le present les signer, au moyen de sa maladie de gouctes où il est detenu. M. ROUGIER. PILLOT. TUTAULT.

DXCXVI

Remise faite par Claude Gallant, commissaire établi à Saint-Maixent par le sieur du Plessis pour lever les fruits des biens des ecclésiastiques, entre les mains d'Antoine Ducroux, receveur de Jean de Saint-Gelais, abbé de Saint-Maixent, des clés des caves, greniers et maisons de l'abbaye, conformément à la mainlevée accordée audit abbé par le prince de Condé (Protoc. orig. de Pierre Defonboisset, notaire royal à Saint-Maixent).

30 septembre 1568.

Aujourd'huy trantiesme de septambre mil cinq cens soixante et huict, à la requeste et en la compaignie de Anthoine Ducroux, recepveur, directeur et entremecteur des affaires de messire Jehan de Sainct Gelais, nous notaires soubzcriptz, nous sommes transportez en la maison de l'eschevinnage et communité de Sainct Maixent, où est dressé et entretenu le magasin des vivres et munitions pour les causes et affaires qui à present s'offre, et illec parlant à noble homme Claude Gallant, commis et establis de par le sieur du Plessis, general de ses vivres, pour lever et cuillir tous et chacuns les fruictz et biens des eclesiastiques de par très hault et très puissant et très magnanime prince monseigneur le prince de Condé, duc d'Anguien, pair de France, le dit Ducroux pour et au nom du dit sieur de Sainct Gellais a monstré et signiffié audit sieur du Plessis, general, parlant comme dessus, la main levée par le dit prince donnée et octroyée au dit seigneur de Sainct Gelais de tout ce qui a esté par les dits commissaires des vivres ou autres saisi ès abbaye de Sainct Maixent, prieuré de Verines et aultres deppandances d'icelle, comme Pamproul, Vouillé, Rommans, la Fondellée, la prevosté, le tout au dit seigneur de Sainct Gellais appartenant, sommant et requerant le dit Ducroux, le dit sieur du Plessis, general sus dit, ensemble le dit Gallant, son commis, de obeyr à la dicte main levée, et en ce faisant de faire cesser la dicte saisie et mainmise et tous exploictz qui en deppandent, et de rendre ou faire rendre au dit seigneur de Sainct Gellais, ou au dit Ducroux, porteur de la dicte main levée, procureur du dit seigneur de Sainct Gellais, tous grains, vins, argent et autres choses prins ès lieux cy dessus declairez, tout ainsi qu'il estoyt auparavant la dicte saisie et main mise faicte sur les dictes choses; laquelle main levée est donnée à la Rochelle, le vingt septiesme jour du present mois, signée : Lois de Bourbon, et au dessoubs : Robert, et seellé en placard, en cere rouge, du seel des armes du dit seigneur prince : lequel après avoir veu, leu et tenu la dicte main levée, de laquelle luy a esté baillé coppie par nous dits notaires, et de nous signée, a faict responce qu'il n'empesche l'execution de la dicte main levée et a offert et de faict a rendu les clefs des caves, greniers et maisons de la dicte abbaye, le dit Ducroux ; dont nous avons respectivement octroyé acte aus dits abbé et general des vivres pour leur valoir et servir comme de raison. Faict les jour et an sus dits. GALLAN. DUCROUX. PYNEAU, notaire royal. DEFONBOISSET, notaire royal.

DXCXVII

Procuration de Catherin Chrestien, abbé de Saint-Maixent, pour faire savoir aux religieux de son abbaye qu'ayant été forcé, à cause de la guerre, de se retirer en la ville de Poitiers, il entend que son absence ne préjudicie en rien à ses droits, et qu'il s'offre, dans le cas où il conviendrait aux religieux de se réfugier aussi à Poitiers, d'y faire avec eux son service d'abbé comme s'il était en son abbaye (D. FONTENEAU, t. XVI, p. 365, d'après l'original).

29 janvier 1577.

Sachent tous que en la cour du seel estably aux contracts à Poictiers pour le roy nostre sire et royne d'Ecosse, douairière de France, a esté present en sa personne estably reverend pere en Dieu maistre Catelin Chrestien, abbé commandataire de l'abbaye de Sainct Maixent, ordre de sainct Benoist, diocese de Poictiers, estant de present au dit Poictiers, lequel en toutes ses negoces et affaires a faict, constitué, establi et ordonné ses procureurs maistres Nicollas Petit et frere Jehan Martin..., à chascun desqueulx, seul et pour le tout, le dit reverend constituant a donné et donne plain pouvoir, autorité et mandement special de presenter pour lui et en son nom en l'abbaye et convent de Sainct Maixent ou autre lieu où il appartiendra, par devers les religieux et convent de la dicte abbaye et autres que besoin sera, leur dire et declarer à telle fin que de raison et à ce qu'ils n'en pretendent cause d'ignorance, pour obvier au dangier de sa personne et à l'incursion et violence des gens de guerre de la nouvelle pretendue rellligion, qui sont en armes et en guerre près la dicte ville de Sainct Maixent, dont le bruit est tout commun que la dicte ville est en grand dangier, et mesme les personnes ecclesiastiques y estant, dont desjà la pluspart sortent hors de la dicte ville a l'occasion sus dicte et des troubles qui sont au dit païs, il a esté contraint et necessité, pour la seureté de sa personne, se retirer du lieu de sa dicte abbaye en la ville de Poictiers, luy estant impossible faire plus longue demeure au dit Sainct Maixent sans dangier extreme de sa personne, et que pour raison de sa dicte absence necessaire et contrainte, les dits religieux et convent et membres de la dicte abbaye de Sainct Maixent n'y puissent pretendre à l'encontre du dit reverend abbé aulcun reffus, dilayement ou diminution des droits, pensions, distributions deuhes et aultres charges quelzconques, ordinaires ou extraordinaires, au dit reverend abbé competant et appartenant, ains eussent à luy paier et continuer ses dits droits comme de coustume ; les somme que où ils se vouldroient transporter pour l'injure du tems et des

troubles en la ville de Poictiers, seul lieu de seure retraicte
de ce païs de Poictou pour les personnes de sa dicte qualité,
en consequence et y faire le service divin qu'on a accoustumé faire en la dicte eglise de la dicte abbaye, y assister et
y faire tous debvoirs de bon abbé, comme il est tenu ; en
faire faire toutes autres declarations, requisitions et sommations que au cas appartiendra, et que ses dits procureurs ou l'un d'eux verront estre affaire, et comme feroit
et faire pourroit le dit reverend constituant, si present en
sa personne y estoit, pour la seureté du dit reverend abbé
et des dits religieux et convent, veu le dit temps de guerre
où nous sommes, mesme qu'elle est contre ceux de la religion catholique, apostolique et romaine, et de tout ce que
dessus en faire prendre acte, ung ou plusieurs, de personnes publicques pour servir au dit constituant ce que de
raison ; promettant le dit constituant soubs sa foy et soubs
l'obligation et ypotheques des revenus et temporel de la
dicte abbaye avoir agreable ce qui sera faict par ses dits procureurs ou l'un d'eux, dont à sa requeste et consentement
il a esté jugé et condamné par le jugement et condamnation de la dicte cour, à la jurisdiction de laquelle il s'est
soubzmis et ses dits biens quant à ce. Faict et passé au dit
Poictiers, le vingt neufviesme jour de janvier l'an mil cinq
cens soixante dix sept. Et a le dit constituant signé en la
minute des presentes.

DXCXVIII

Ordonnance du lieutenant-général de la sénéchaussée de Poitou
portant que les deniers restant à employer de l'aliénation du temporel de l'abbaye de Saint-Maixent seront affectés aux réparations
de cette abbaye (D. FONTENEAU, t. XVI, p. 369, d'après l'original).

5 février 1580.

Sur la requeste presentée par messire Catherain Chrestien, abbé commendataire de l'abbaye de Sainct Maixent, tendant affin que la somme de quatre vingt deux escus et demi, restant de l'alienation du temporel de la dicte abbaye, soit employée aux reparations des ruines d'icelle advenues par les guerres; procès verbal de la visitation des dictes ruines du vingt deuziesme may mil cinq cens soixante dix huit; autre procès verbal du bail fait à Estienne Guintard et Jean Perot des dictes reparations au rabais à la somme de cent quarente neuf escus; conclusions du procureur du roy, avons dict et disons que delivrance sera faicte aus dits Estienne Guintard et Jehan Perot de la dicte somme de quatre vingt deux escus et demy, sçavoir est d'ung tiers par avance, d'ung tiers en raportant certification du lieutenant de Sainct Maixent que la moitié des dictes reparations a esté faicte, et l'autre tiers en raportant certification du dit lieutenant de Sainct Maixent que les dictes reparations ont esté entierement et bien et deuement faites et parfaites, et ce par le recepveur de la recette generale des deniers provenans de la dicte alienation ou son commis, lequel en ce faisant en demeurera deschargé, en raportant les certifications du dit lieutenant de Sainct Maixent, et avec les quictances des dits Estienne Guintard et Jehan Perot, sans qu'il soit tiré à consequence, attendu que par les memoires attachés soubs le contreseel de nostre commission, il nous est mandé emploier les deniers restans des allienations du temporel de l'eglise en rente et revenu au nom et profit des benefices. Donné et faict par nous René Brochard, conseiller du roy et lieutenant general en Poictou, et François de Brilhac, escuyer, conseiller du roy nostre sire, juge magistrat, lieutenant general criminel en Poictou, le cinquiesme jour de febvrier l'an mil cinq cens quatre vingt.

DXCXIX

Aveu rendu à messire Catheurin Chrestien, éc., abbé commendataire de l'abbaye de Saint-Maixent, par Jean Vernou l'aîné, éc., sgr du Peyré, pour son hôtel et maison noble du Peyré, sis en la paroisse de la Mothe-Saint-Héraye (D. Fonteneau, t. XLI, p. 844, extrait de l'original).

23 juillet 1585.

DC

Sauvegarde du duc de Joyeuse pour l'abbaye de Saint-Maixent (D. Fonteneau, t. LXVI, p. 373, d'après l'original).

17 juillet 1587.

Le duc de Joyeuse, pair et amiral de France, gouverneur de Normandie et lieutenant general pour le roy en son armée de Poitou.

A tous capitaines, chefs et conducteurs de gens de guerre, tant de cheval que de pied, leurs lieutenans, marechaulx des logis et fourriers des compagnies ausquels ces presentes seront monstrées, nous vous mandons et enjoignons très expressement de ne loger ny permectre estre logé aucunes des compaignies ès maisons, terres et mestayries dependans de l'abbaye de Sainct Maixent ny dans l'enclos d'icelle, ne prendre, enlever ou fourrager dans icelle terre aucuns grains, vivres, vins, foins, pailles avoyne, ne autres commodités et biens quelsconques, si ce n'est du gré et consentement des religieux de la dicte abbaye de Sainct Maixent, leurs gens et mestayers, lesquels nous avons pris et mis, prenons et mectons par ces presentes en la protection et sauvegarde du roy en ce que nous vous deffendons expressement d'enfraindre, leur permectant mectre et apposer aux endroicts plus eminens des dictes maisons et mestayries les escussons et panonceaux de noz armoiries en signe de cette presente sauvegarde, par laquelle mandons à tous vis baillifs, leurs lieutenans et autres justiciers, officiers et subjects de Sa Majesté qu'il appartiendra, tenir soigneusement la main à l'execution d'icelle et punition de ceux qui y contraviendront, sans y faire faulte. En tesmoing de ce nous avons signé ces presentes de nostre main, et à icelles faict mectre le seel de nos armoiries. A Boisragon, le dix septiesme jour de juillet mil cinq cens quatre vingt sept. ANNE DE JOYEUSE.

DCI

Lettres du duc de Mayenne, comme lieutenant-général du royaume, ordonnant au sénéchal de Poitou de faire restituer à Catherin Chrestien, abbé de Saint-Maixent, sa maison abbatiale de Lort de Poitiers dont s'est emparé M. de Parabère, et de le remettre en jouissance des biens et revenus de l'abbaye [1] (D. FONTENEAU, t. XVI, p. 373, d'après l'original).

18 juin 1592.

Charles de Lorraine, duc de Mayenne, lieutenant general de l'estat et couronne de France, au senechal de Poitou ou son lieutenant, salut. Nous avons depuis le deceds du feu sieur vicomte de la Guerche, luy vivant gouverneur de Poitou, confirmé à messire Cathurin Crestien, abbé commendataire de l'abbaye de Saint Maixent, du vivant du dit feu sieur de la Guerche et en sa faveur, par nous à luy accordés et dont il a obtenu à notre recommandation les bulles et provisions apostoliques en cour de Rome ; toutes fois nous sommes advertis qu'au prejudice de ses dictes provisions et de notre dicte confirmation, il est troublé en la jouissance des fruits et revenu de la dicte abbaye, et meme que le sieur de Parabele s'est emparé de la maison du Lort de Poitiers, deppendant de la dicte abbaye, et y a laissé garnison, qui consomme tout le revenu d'icelle, tellement que le dit abbé n'ayant plus lieu où se loger a

---

1. D. Fonteneau, t. XLI, p. 888, donne, à la date du 17 février 1593, un extrait des nouvelles lettres que le duc de Mayenne adressa à ce sujet aux sénéchaux de Poitou et de Civray, M. de Parabère ne s'étant pas exécuté ; il fait remarquer que Catherin Chrestien a été pourvu de son abbaye en cour de Rome par Charles IX, confirmé par Henri III, et qu'il en jouit depuis dix-sept ans.

esté contraint de se retirer à Poitiers, ce qui lui cause une très grande incommodité, contre notre voulloir et intention, qui a esté tousjours et est qu'il jouisse entierement du revenu de la dicte abbaye que nous lui avons, comme dit est, confirmée, et de nouveau en tant que besoing est ou seroit nous luy confirmons par ces dictes presentes; à ces causes, desirans pourvoir et subvenir, à ce que dessus, au dit Chrestien, abbé de Saint Maixent, nous vous mandons et enjoignons en vertu de nostre pouvoir, par ces presentes signées de nostre main, que tout le trouble et empeschement qui luy est et peut estre faict en la jouissance des biens, fruits et revenu temporel de la dicte abbaye, vous ayez à faire cesser, et si aulcune saisie a esté faicte d'iceulx, luy en donner comme de fait nous luy en donnons par ces dictes presentes plaine et entiere mainlevée et..... de la dicte maison du Lort, deppendante d'icelle abbaye, que le dit sieur de Parabele sera tenu et contraint, par toutes voies deues et raisonnables, lui remettre en ses mains pour y faire sa retraicte et demeure, ou aultrement en disposer ainsi que bon luy semblera, ensemble des fruits et revenu d'icelle, comme à luy appartenans, le tout nonobstant oppositions ou appellations quelsconques, pour lesquelles et sans prejudice ne sera differé de quelsconques choses à ce contraires, car ainsi desirons estre faict. Donné à Rouilt le dix huictiesme jour de juing mil cinq cens quatre vingt douze.

DCII

Extrait du Rôle des placets présentés au roi le deuxième jour d'avril 1594, par lequel on voit que Catherin Chrestien est préféré au seigneur de Parabère en l'abbaye de Saint-Maixent (D. Fonteneau, t. XVI, p. 375, d'après l'original).

1594.

De la vefve du feu sieur vicomte de la Guierche pour luy confirmer le don fait par les feus roys Charles et

Henry, ses predecesseurs, au dit feu sieur vicomte de la Guerche et elle, au survivant d'eulx deux, de l'abbaye de Saint Maixent, ensemble la nommination que leurs Majestés ont faictes de la personne de maistre Catherin Chrestien et les bulles de provision expediées en son nom, et que le dit Chrestien en jouira, nonobstant le don que Sa Majesté en a fait au sieur de Parabelle. Et à costé est ecrit : Renvoyé au conseil, par, le dit sieur de Parabelle ouy, y estre pourveu. Collationné sur le dit rôle par moi conseiller, notaire et secretaire du roi.

DCIII

Procuration donnée par Catherin Chrestien, abbé de Saint-Maixent, à Pierre Pasquier, pour rendre foi et hommage au roi à raison de son abbaye[1] (Orig., parch.; Arch. Nat., P 563², n° II^m III^c V).

30 juillet 1598.

DCIV

Aveu du temporel de l'abbaye de Saint-Maixent, rendu au roi par l'abbé Catherin Chrestien[2] (Orig., parch.; Arch. Nat., P 563², n° II^m III^c IIII).

14 décembre 1598.

DCV

Acte de foi et hommage fait au roi par Pierre Pasquier, comme procureur de Catherin Chrestien, abbé de Saint-Maixent[3] (Orig., parch.; Arch. Nat., P 563², n° II^m III^c VI).

3 janvier 1599.

---

1. Cet acte est passé à Lort de Poitiers, dépendance de l'abbaye, où demeurait alors Catherin Chrestien.
2. Cet acte est passé à Saint-Maixent ; sauf les modifications apportées par le temps dans les noms des possesseurs des fiefs, il reproduit l'aveu de 1363 dans sa disposition et sa teneur.
3. Cet acte est passé à Paris.

DCVI

Relation d'un grand nombre de coutumes qui existaient dans l'abbaye de Saint-Maixent [1] (D. CHAZAL, *Chronicon*, cap. 92).
12 janvier 1603.

Le célerier doit servir le convent tous les jours maigres de l'année.

Depuis le jour de Noël jusques aux octaves de Saint Hilaire il y a tous les jours une douzaine d'œufs pour la cène, un fromage, excepté les vendredys, auxquels jours il n'y a jamais cène.

Le jour de la Pentecoste, le jour de Saint Maixant, la Toussains et le jour de Noël, le célerier doit pour chacun des dits jours trente danrées de pain pour les pauvres.....

Durant le temps de la Septuagésime, il n'y a point d'œuf pour la cène, excepté les dimanches, auxquels jours il y a toujours cène.

Le prieur reçoit le double de tout.

La chapelle Saint Léger, le donné, reçoivent comme les autres relligieux...

Les dévotions que l'on doit faire le saint temps de Caresme.

Pour le mois de février :

Le premier jour, on doit faire la déposition de l'abbé Bernard [2], lequel ne gist pas céans ;

---

1. Ce document est une sorte de procès-verbal, dressé par le prieur claustral, P. Trocheri, des usages qui existaient dans l'abbaye avant la dispersion des religieux en 1558, et pour lequel il a utilisé des textes anciens, tel que l'état des dévotions que l'on devait faire pendant le carême. D. Chazal, qui nous a conservé cette intéressante pièce, dit toutefois qu'il ne l'a pas copiée en entier ; il a passé sous silence ce qui lui paraissait d'un moindre intérêt: « *quæ alicujus momenti sunt tantum attingam, omissis minutioribus* ».

2. Nous renvoyons pour cet abbé et pour tous ceux qui sont nommés dans ce nécrologe à ce que nous en avons dit dans notre introduction.

Le sixiesme jour, la déposition de messire François Girard, archevesque de Bourdeaux [1], lequel ne gist pas céans;

Le huitiesme, la déposition de l'abbé Constantin, lequel gist devant l'autel de Nostre Dame ;

Le quatorziesme jour, la déposition de l'abbé Benoist, lequel ne gist pas céans ;

Le vingt sixiesme, la déposition de l'évesque Ebuli [2], lequel ne gist pas céans.

Pour le mois de mars :

Le cinq de ce mois, l'on doit faire la déposition du comte Alphonse [3], qui est en la rhue de derrière le chœur ;

Le huit, la déposition de l'évesque Ronis [4], lequel ne gist pas céans ;

Le treize, la déposition de l'abbé Aymeri, lequel ne gist pas céans ;

Le quinze, la déposition de l'évesque Guillaume Temperii [5], lequel ne gist pas céans ;

---

1. Cet archevêque ne peut être autre que Gérard, d'abord évêque d'Angoulême, de 1101 à 1127, puis archevêque de Bordeaux, de 1137 à 1136. Fougueux partisan de l'anti-pape Anaclet, vivement pris à partie par plusieurs de ses contemporains, on aurait lieu de s'étonner de voir son nom parmi ceux de personnages recommandés aux prières des moines de Saint-Maixent, si l'on ne devait considérer cette faveur comme une récompense des services rendus à l'abbaye. Il paraît dans une charte de 1117 (V. t. I, p. 311). Le *Gallia Christiana* ne lui donne pas d'autre nom que Gérard, ou Gérard de Bayeux, d'après son pays d'origine. On voit par notre texte qu'il possédait aussi le prénom de François.
2. Il s'agit d'Ebles, évêque de Limoges, dont le nom se trouve au X⁰ siècle, dans la suite des abbés de Saint-Maixent.
3. Alphonse de Poitou, frère de saint Louis, mourut à Savone le 21 août 1270. Son corps fut porté à Saint-Denis et son cœur à Maubuisson. La date du 5 mars, indiquée dans ce nécrologe, doit être vraisemblablement celle du jour de la sépulture d'une portion de son corps dans l'abbaye de Saint-Maixent, peut-être de ses entrailles. A Saint-Cyprien de Poitiers, on célébrait aussi son anniversaire pendant le carême.
4. Ce nom de Ronis paraît être une déformation défectueuse de celui de *Ramnulfus*, que l'on rencontre dans plusieurs chartes de l'abbaye. L'évêque Ronis doit, ce nous semble, être identifié avec Ramnulfe, évêque de Saintes, de 1083 à 1105 environ, qui fut un des bienfaiteurs de l'abbaye (V. t. I, pag. 236).
5. Guillaume Tempier, évêque de Poitiers de 1181 à 1197.

Le dix sept, la déposition de messire Guillaume de Vesançai, abbé de céans, qui gist devant Nostre Dame, entre deux piliers ;

Le dix neuf, la déposition de messire Pierre Pichier, abbé de céans, qui gist devant l'autel de Nostre Dame ;

Le vingt six, la déposition de l'abbé Gualfert, lequel ne gist pas céans ;

Le dernier du même mois, la déposition de l'abbé Pierre de la Tour, qui gist au chapitre.

Pour le mois d'avril :

Le premier, la déposition de Pierre Odo, lequel ne gist pas céans ;

Le trois, la déposition du comte Guillaume[1], lequel ne gist pas céans ;

Le cinq, le déposition de l'abbé Amblard, lequel ne gist pas céans.

Aux jours que l'on fait les services des dites dépositions, le célerier doit à chacun des relligieux estants en l'abbaye, un couple de harangs sorets, outre l'ordinaire, avec le double du prieur ; la chapelle sous Saint Léger, à laquelle est dû tous les jours une couple de harangs sorests, ou cinq œufs selon le tems.

Nota qu'aux jours qu'il y a grand may, le célerier ne doit rien ballier que les six harangs sorets pour les matines et huit pour les potages.

Aux jours qu'il se fait second may, le célerier ne doit rien ballier au convent que le plat de pittance, merlu ou sèches, et les harangs de matines, lesquels se doivent ballier tous les jours de caresme.

---

[1]. Guillaume I, dit Tête-d'Étoupe, comte de Poitou. La chronique de Saint-Maixent indique seulement la mort de ce comte dans le monastère en 963, sans préciser de date ; il convient de lui donner celle du 3 avril, qui ne peut être attribuée à aucun de ses successeurs.

Pour le temps de caresme :

Le premier jour de caresme, le plat du convent doit estre de merlu et de hárangs, pour généraus ; lesquels se doivent servir tous les jours du saint caresme, sil n'y a grande ou seconde messe.

Le deuxiesme jour de caresme le plat du convent doit estre de sèches, qui est le nombre de douze sèches parées, huit simples [1]; et au jour que le plat est de merlu, soixante cloches de merlu pour les plats ; et tout ainsi des autres jours, comme un jour merlu, l'autre sèches, pour la pittance.

Tous les jours de caresme le célerier doit au convent trente coubles de noix pour la cène.

Le célerier est tenu de fournir en tout tems l'huile pour la friture, et pour le potage ès jours maigres.

Ceus qui doivent être servis aux jours de grand may : monsieur l'abbé pour six, tous les relligieux, le double au prieur et son clerc, la chapelle de Saint Léger, le maistre queus, le scribe du convent, le boulanger, et le plat du convent pour la pittance, qui est de douze généraus de poissons, et dix généraus pour les pauvres.

Aux jours de grand may, le célerier doit la tierce partie du plat, qui est de quatre généraus.

Aux jours de second may, doit estre servi le convent et les pauvres ordinairement. Si il y a déposition aux jours de second may, les harangs sorets se doivent servir.

Au jour de l'Annonciation Nostre Dame, il y a généraus de poissons frais, et le plat de merlu avec un harang soret, s'il y a grand may à ce dit jour.

Le premier dimanche de caresme, dimanche *Lætare*, le plat du convent doit estre de poissons frais, harangs blancs et sorets, s'il n'y a grand may à ces jours ; les beignones le soir, faites avec des pommes, qui est du nombre de trente coubles.

Le dimanche des Rameaux, généraus de poissons frais, le plat de merlu et les harangs sorets et les beignones.

Les dimanches de caresme qu'il n'y a point de beignones, il y a une douzaine de harangs sorets pour la cène.

Le jeudy de la semaine sainte, il y a généraus de poissons frais, le plat de merlu; il faut servir le dit jour le convent ordinaire et extraordinaire, les quatre sergens, le barbier, le frogier, et celuy qui fait des tarres de bois, à chacun une sèche fraiche.

Le vendredy saint, le plat doit estre de merlu parée et harangs, deux panniers.

Le samedy, vigile de Pasques, le plat doit estre de poisson frais et les harangs.

Nota que le vendredy saint le prieur de Nanteuil doit un second may de six pourraus à chacun relligieux et les pauvres; monsieur l'abbé, douze pintes de vin à diné et autant à soupé.

Ces trois jours précédens, il n'y a que quatre harangs sors pour les matines.

Le jour de Pasques, le célerier doit la chair et le rous....

Le mercredy après Pasques, le plat du convent doit estre servi de merlu.

Les flameaus pour les trois jours des Rogations : premièrement monsieur l'abbé pour six, et tout le convent, à chacun un flameau, douze pour le plat et dix pour les pauvres;

trois petits flameaus pour les pittances des matines et trois autres pour les bacheliers qui les servent ordinairement; le double au prieur et son clerc, le maistre queus, la chapelle sous Saint Léger, le scribe et son queus, le fournier, huissier, frogier, le barbier, le lavandier, le valet de l'aumosnerie, le valet du sacristain, le valet des infirmeries;

le lundy, le prieur d'Azay doit fournir les fromages pour faire les dis flameaus;

le mardy, monsieur l'abbé, à cause de son prieuré de Souvigni ;

le mercredy, le prieur de Pamprou ;

le célerier de l'abbaye doit six boisseaux de farine pour les dits flameaus, et la façon qui est la somme de quinze sols, et dix huict douzaines d'œufs. . . . . . .

Le jour de la Pentecôste, le jour de Saint Maixant, Toussains et Noël, il y a livraison ; le célerier doit cinquante danrées de pain, et il reçoit quatre pintes de vin, outre l'ordinaire. . . . . .

Nota que depuis le jour de la Sainte Croix des vandanges jusques à Noël, il n'y a point d'œuf pour les cènes du soupé, excepté les dimanches et jours de douze leçons.

Le jour de la Translation de saint Maixant, qui est le lendemain de Saint Simon et Saint Judes et du grand chapitre des abbés, le célerier doit le rous, et à jours maigres, généraus, et le plat de poisson frais. . . . . . .

Quand il décède un relligieux, il doit estre servi trente jours en après son décès, à jours maigres seulement, et on doit ballier son service aux pauvres.

Le célerier doit servir tous les jours dix pauvres, sçavoir est les jours de chair, deus pièces, et les jours maigres, deux généraus d'œufs ou harangs, selon le tems.

Aux novices est deu aux jours de livraisons à Noël la seconde pièce patisserie de bœuf, prest à manger, après la messe du jour ; le sieur abbé leur doit quatre pintes de vin.

En caresme, le célerier doit les oignons et épices pour le potage ; s'il advient grand ou second may, il doit la sausse verte, et pour la faire le prieur d'Azay doit la miche pour les roties, et l'abbé le verjus et vinaigre.

Le prieur d'Azay doit au mardy gras un cartault de farine pour faire les crespes, et le célerier les œufs. . . . .

Le sieur abbé à la Saint Martin doit à un chacun des relligieux, petits et grands, novices et profès, cinq bariques de vin, bon et raisonnable ; aux relligieux officiers, trois pipes, et au prieur, dix barriques.

Il doit à un chacun des relligieux, en caresme, aux jours qu'il fait grand may, trois quartiers de carpe ; au prieur, le double.

Pour le second may, à chacun, une demi carpe ; au prieur, le double.

Le premier jour de l'an l'abbé doit aux relligieux la collation à la fin de vespres, ensemble deux poulets à chacun, qui est pour le festin que le dit sieur abbé doit depuis Noël jusques au mardy gras de toutes sortes de viandes.....

Pour le vestiaire, il doit à tous les relligieux, à la Sainct Michel, une robe longue et autres vestiaires.

Il doit fournir à chaque relligieux cinq charetées, tant de gros bois que de fagots...

Le dit sieur abbé doit fournir de médecin, d'apotiquaire, et barbier ; doit loger les relligieux et entretenir leurs maisons de couvertures.

S'il advient que quelque relligieu qui eut dévotion approchante de la règle de saint Benoist, qui voulut porter au lieu d'estamine blanche, la haire, le prieur de Vérines sera tenu la fournir ; et le devoir du dit prieur est d'hériter après la mort des relligieux des dites estamines, haires, bottes, esperons, s'il s'en trouve.

Le dit prieur doit les souliers à la Nostre Dame de mars ; à la feste de saint Jean Baptiste, fournir les estamines pour les grands et petits frocs ; à la Saint Michel doit fournir les grandes robes ; à la feste de Noël, les grands frocs, et les 000, dont les 000 sont communs à tout le convent, tant les officiers, les serviteurs et servants.

Le jour de la cène doit au prieur vingt sols ; aux prestres, dix sols ; à ceux qui ne le sont pas, cinq sols.

Les relligieux ayant pris leur réfection doivent, comme la coutume qui est de leur profession, rendre Grâces au dit lieu, et en après, sortant d'iceluy, doivent tous ensemble aller au chœur de l'eglise, chantans le pseaume *Miserere mei Deus*. Après les Grâces rendues, ils viennent au dit lieu pour boire le vin de charité, qui sont quatre pintes, mesure de l'abbaye. Ce fait, chacun se retire au dedans de la dite eglise ou cloistre pour estudier et prier Dieu pour les bienfaicteurs, en attendant l'heure de relevée.

Le prieur d'Azay doit fournir le pain blanc de farine de froment à l'abbé, au prieur, aux relligieux et aux pauvres, qui sont au nombre de sept pelerins, de mesme pain du sieur abbé.

Le dit prieur doit trois miches tous les soirs à trois petits enfans orphelins, à la sortie des vespres, excepté depuis la Toussains jusques au premier jour de caresme.

Nota que le dit sieur abbé ou autre relligieu mis en sa place, à l'honneur de Dieu et de la Sainte Cene, doivent laver les pieds et mains aux enfans, leur baiser les pieds, et en ce faisant, estant congregés ensemble, on doit chanter *Mandatum novum, etc.* Pour ce faire, le celerier doit faire chauffer l'eau, le barbier doit avoir le bassin, le frogier le linge ; est du à un chacun des dits nommés une seche, une miche, et une pinte de vin, par l'abbé. Le nombre des pauvres est de sept vingt dix. C'est au chapitre que se fait le lavement, après le service du matin ; tous les relligieux s'y trouvent, et on doit donner, à chacun des pauvres, un pain de trois onces, quatre sols, une pinte de vin, un harang ; les sergents de l'abbaye y assistent avec leurs verges blanches.

Nota que le prieur d'Azay doit le pain, de la pesanteur de quarante cinq onces en pâte.

Nota que les grands et seconds mets qui se font en caresme, l'abbé doit le premier, et les prieurs officiers, les autres.

Nota que pour le regard de ce qui est du aux pelerins passans et autres voyageurs et necessiteux, à faute de pelerins, est du le pain de messieurs l'abbé, prieur et convent :

1° le samedy, pour trois jours, quarante deux pains; pour le mardy et mercredy, vingt-huit; pour le jeudy et vendredy, vingt-huit; et quand il y a disné, une miche outre le surplus;

Item, pour les dits pauvres, deux pieces de chair les dimanches et lundys; pareillement le mardy, deux autres pieces de chair;

Les mercredy, deux generaus d'œufs ou harangs; de même les relligieux; le jeudy, deux autres pieces de chair, le tout pour les pauvres;

Et quand il arrive un grand mets, les pauvres doivent avoir sept generaus et quatre pintes de vin.

Nota qu'il n'y a point de manda depuis Toussains jusques au premier jour de caresme.

L'abbé, outre le vin ordinaire, doit dix pintes la vigile des Roys, pour la collation; autant la vigile de la Circoncision;

A chaque jour de feste de precepte, quatre pintes;

A chaque jour de caresme et dimanche que le prieur a, au jour qu'il y a trait, quatre pintes de vin;

Le dimanche *Lætare*, quatre pintes de vin;

Le dimanche des Rameaux, quatre pintes de vin; autant le dimanche de la Passion et le jour de l'Annonciation Nostre Dame;

Le jour de la Sainte Cene, douze pintes de vin blanc; les jours de traits et processions, quatre pintes.

L'abbé fournissoit encore quatre pintes de vin pour la collation à l'heure de relevée. . . . .

Les novices ne doivent porter bonnets ni chaperons depuis Pasques jusques à la Saint Michel, et depuis ce jour jusques à Pasques doivent porter chaperons de drap, que doit le dit sieur abbé.

Outre est du aux novices une somme de poires et une de cerises à chacun jour de la grande feste de saint Maixant, qui est au mois de juillet.

Item le prevost doit à tous les relligieux qui se trouveront à l'armée la vigille de Saint Maixant, la collation, en chantant *Sancte Maxenti*. . . . .

Nota que quand il y a un relligieux malade, doit estre porté aux infirmeries, là où il doit avoir deux chambres, garnies tant de lit que d'autres choses nessaissaires.

Quand les dits relligieux viennent à decéder, l'infirmier doit prendre après leur decès l'argent, s'il s'en trouve, sans toutesfois degarnir les dites chambres.

Nota que l'infirmier doit gouverner les relligieux malades et advertir le sieur abbé pour avoir le medecin, l'apotiquaire et barbier; et l'infirmier doit prendre la portion des dits malades, et convertir la portion en autres viandes ordonnées par les medecins.

Nota que quand un relligieux decède, l'infirmier doit le premier suaire, et le second doit estre son froc, et enveloppé en iceluy, teste et pieds.

Le sieur abbé doit faire l'obseque à ses frais et despens; le segrestain doit fournir les cierges, et devant, deux novices revêtus, pour encenser le corps; après les obseques, le sieur abbé est tenu de dire et faire dire dix messes pour l'âme du defunct; chacun des relligieux prêtres, cinq messes; les novices, vigiles des morts durant huit jours; toute la huitaine se doit dire vigiles *in choro* au soir, avec la messe de *Requiem* le matin, en attendant le bout de l'an, auquel tous doivent un service general.

Nota que quand les relligieux viennent à guerison doivent demeurer un mois aus infirmeries, selon leur dispositions, pour ne . . . . . sitôt les autres relligieux.

Pendant ce tems, l'infirmier doit dire ou faire dire la messe en la chapelle des dits malades; et pour leur recreation, il y a un beau grand jardin, pour s'aller recreer, joignant les infirmeries et la chapelle; le dit jardin s'apelle l'Orange.

Nota. Le chapelain de la Majesté, bien fondée au dedans

de l'enclos de l'abbaye, en la presentation du sieur abbé, est appellée la cure de la Majesté ; lequel chapelain curé doit administrer le Saint Sacrement de l'autel aux relligieux et les visiter en leurs maladies, leur porter l'extrême onction, accompagné de tous les relligieux ; il fait la même fonction à l'egard des serviteurs servans au dedans de l'abbaye.

Le dit curé doit messe tous les dimanches à sept heures du matin, que l'on apelle la messe de trente coups ; doit administrer le Sainct Sacrement le jour de Pasques aus susnommés, et autres en ayant la devotion.

Nota que le chapelain doit messe toutes les festes de Nostre Dame, et festes des Apostres ; et tous les samedys au soir, à vespres, doit benir l'eau avec la solemnité requise.

Nota que le Roy met quand il luy plaist, et qu'il advient par decès, un donné en la dite abbaye ; lequel ayant fait apparoir à sa Majesté de son service, ayant perdu ses moyens au service d'iceluy et estant estropiat de ses membres, en faisant apparoir que cela est venu pour son service, par son capitaine, il plaist à sa Majesté de commander de le recevoir en la dite abbaye royale, donner au sieur donné pension tout ainsi qu'un relligieux prebtre ; toutes fois, sa Majesté entend que le dit donné estant servi et nourri comme l'un des relligieux, il doit assister à l'office divin, tant la nuict que le jour, et pour estre cogneu, estant le portier, doit estre habillé d'une robe longue d'un gros drap tanné, et boutonné jusques au bas, et sa ceinture de même, et le chaperon doit tenir estre attaché et cousu à la robe pour s'en couvrir la teste au lieu de chapeau ; est l'estat d'iceux comme freres lais. Et pour son devoir, doit assister au divin service, et porter livres, croix, feu, chandelles, encensoir, repondre à la messe, assister à icelle, et sonner la cloche au clocher. Et son lieu pour assister au divin service est au bas chœur, par dessous les novices. Comme frere lai doit avoir la teste et la barbe rasée, de quinzaine en quinzaine, et est subject à remontrance, defaillant en son devoir.

Si advenant que les relligieux gisans aux infirmeries malades viennent à decéder, le sieur abbé doit payer leurs debtes, faisant apparoir de la verité, tant aux marchands, serviteurs que servantes, et s'il se trouve des meubles, jusques à un chandelier; car c'est les statuts et ordonnances de la relligion, qui doit payer au prorata, sçavoir le seigneur abbé, l'infirmier, autres officiers pretandans aux dits meubles et non les parents, et si plusieurs meubles se trouvent aus logis et chambres des relligieux, le sieur abbé prend tout, excepté un lict, qui appartient à l'infirmier, et robe; s'il y a plusieurs licts, l'aumosnier de l'abbaye en doit avoir un pour le mettre à l'hospital de l'aumosnerie pour coucher les pauvres qu'iceluy aumosnier y retire.

Nota que l'aumosnier doit l'aumosne trois jours de la semaine : sçavoir est le dimanche, mardy et jeudy, et en caresme, les fèves cuittes les mescredy et samedy; et iceluy doit fournir de medecin, apotiquaire et barbier aux pauvres malades dans l'hospital; et quand advenant qu'il decède quelque pauvre, iceluy aumosnier doit son suaire, et le faire enterrer à ses frais et despens.

Nota que le prieur claustral doit estre *primus in choro et in capitulo*. Iceluy doit faire vivre devotement et civilement les relligieux claustriers, et leur monstrer bon exemple, et les accorder ensemble s'ils ont quelque litige; doit leur faire donner tout ce qui leur est neccessaire, tant *victum* que *vestitum*; et pour avoir esgard à cette charge, iceluy doit avoir le double de tout, et particulierement des vin, pain, œufs, viande, poisson, habits, et autres choses dues aux religieux. Et doit le dit prieur veiller sur le troupeau, et faire recherche tant les soirs et matin, et les renfermer en dortoir, despuis complies finies jusques au matin à matines; à minuit, pour aller au service la nuit, leur doit ouvrir iceluy dortoir et faire le semblable le matin, et doit faire la recherche par eurs chambres, s'il y a aucun scandale et diffamatoire.

Nota que quand l'on donne l'habit aux novices en l'abbaye, lesquels doivent estre de famille, sans reproches et legitimes, sains de corps et d'esprit, et doivent estre mis entre les mains du chantre ou sous chantre, pour aprendre l'ordre et l'estat de la dite abbaye, y aprendre à faire et celebrer le divin service; et le jour de la reception des dits novices, le chantre ou sous chantre pour leurs peines doivent avoir de chacun des dits novices deux doubles liards, et les dits novices doivent faire leur demeure avec le chantre et sous chantre, et là apprendre la forme et maniere de vivre de la rellligion ; et doit prendre la pension des dits novices, comme *victum* et *vestitum*.

Le chantre doit estre le chef pour le divin service ; il doit avoir les livres de la chantrerie en garde et les entretenir, de main de maistre seulement; le sieur abbé doit fournir d'estoffes à faire iceux. Le chantre doit avertir les relligieux hebdomadaires, estant au chapitre ou au chœur, la forme comme ils doivent celebrer le divin service.

Nota que quand les novices ont fait vœu et profession de la regle de Monsieur saint Benoist, le sieur abbé les doit envoyer estudier à Poitiers, à ses despens, et pour ce faire il y a des maisons au dit Poitiers, dependantes de l'abbaye, fondées pour l'entretenement des dits relligieux [1].

Nota que quand il est temps d'envoyer les dits relligieux aux ordres, le seigneur d'Aubigné doit fournir argent et chevaux ; le seigneur de Reignié, le seigneur de Villaines,

---

1. L'abbaye de Saint-Maixent possédait deux maisons avec jardins dans la paroisse de Notre-Dame-la-Grande de Poitiers, près de la Cathédrale ; l'une était le logis de l'abbé ; l'autre, qu'on appelait la maison de Saint-Maixent, était contiguë à ce logis et au collège des Deux-Frères. L'abbé Jean de Saint-Gelais donna cette dernière à ferme le 27 avril 1537, moyennant la somme annuelle de 100 sous tournois, ce qui semble indiquer que l'usage d'envoyer des religieux aux ordres à Poitiers s'était perdu dès le commencement du xvie siècle (Protoc. de Gilles Bonizeau, not. royal à Saint-Maixent). La rue où se trouvaient ces deux logis avait, d'après eux, pris le nom de rue Saint-Maixent, qu'elle porte encore.

celuy de Cherveus, doivent faire comme dessus, par intervalles d'années.

Nota que quand il advient un des relligieux hebdomadaires malades, le chantre doit faire le service pour iceluy, et l'aumosnier pour le second, et pour le troisiesme, le prevost moine, et doivent prendre leurs emolumens.

Nota qu'il est dû des parents des novices, à l'entrée de leur reception, deus aubes de toile de chenevin ou de lin, l'une grande, l'autre petite, pour revestir les dits novices.

Nota que le premier jour des Rogations les relligieux doivent aller processionellement au prieuré d'Azay, estans revestus en leurs habits ; les novices et bacheliers doivent estre revestus de blanc, portant chandeliers avec cierges flamboyans, et benistiers, et croix, et tous les relligieux doivent avoir chacun en main une verge blanche, avec leur serviteur domestique, et l'aumosnier doit fournir les dites verges ; et doivent chanter, estans par la voie, hymnes et cantiques ; estans arrivés, dire la grande messe, et le prieur leur doit le desjeuner avec œufs, beurre, et autres choses nessessaires, et puis les relligieux vont rendre Grâces à l'eglise, commençant la litanie, pour revenir en même forme ; et le mardi ensuivant en l'Hort de Poitiers, faire le semblable, et le mercredy à Saint Maixant de Pamprou, semblablement.

Nota que s'il advient à decéder quelquns des relligieux qui ayent une robe fourrée, la fourrure appartient au prieur de Verines.

Nota que si après le decès des relligieux il se trouve du lard, graisse, huile, filasse, toiles, cordes, cela appartient au sacristain pour l'entretenement du luminaire, comme torches, lampes, qui sont au nombre d'onze ardantes pour le jour et quatorze pour la nuit, d'huille franc, et pour le luminaire des cierges de la dite eglise.

Les rataux doivent estre garnis de six vingt cierges à

toutes les festes annuelles, sans comprendre toutesfois l'ordinaire, tout au long de l'année ; et des dits six vingt cierges en doit estre mis deux devant le grand autel, et l'autel de saint Jean deux, deux autres au sepulchre de saint Maixant; quatre sur l'autel de la Majesté, quatre sur les piliers des Sibilles et deux aux lanternes et verrieres, de jour et de nuict, qui sont et doivent estre à chacun bout du grand autel, là où est le precieux corps de Nostre Seigneur.

Et tout ce que dessus a esté bien gardé et observé jusques en l'an MDLVIII, que les troubles sont survenus.

Nota que le prieur de Saint Pierre de Mesle et de Fouras, le prieur de Lorgné et de Cogulet doivent les verges aux deux chapitres, sçavoir le chapitre de Saint Simon et Saint Judes et le chapitre du premier lundy de caresme, au chantre ou sous-chantre, pour la correction et discipline des novices.

Sic signatum : fr. M. Trochery, prieur claustral, le douze anvier mille six cens trois.

DCVII

Consentement donné par les religieux de l'abbaye de Saint-Maixent à l'union du prieuré de Pamprou, dépendant de leur monastère, au collège des Jésuites de Poitiers (D. FONTENEAU, t. XVI, p. 381, d'après un vidimus original qui se trouvait entre les mains de M. Venet, procureur à Poitiers).

19 janvier 1608.

L'an mil six cens et huit et le dix neufviesme du mois de janvier, en l'abbaye de Saint Maixent, ordre de saint Benoit, diocese de Poitiers, au chapitre tenu en icelle, issue de vespres, ou estoient illec assemblés et convoqués capitulairement au son de la cloche en la maniere accoustumée les nobles et venerables religieux de la dite abbaye, sçavoir est freres Isac Martin, prieur claustral, Mathurin Trochery, souprieur, Jean Ferrand, chantre, Isac Marchand, prevost, Eutrope Baguenard, segretin, Jean Martin, cellerier, Adrien Chevallier, infirmier, Jean Douet, André Chapelin, Jean Belliard et François Pergy, tous religieux de la dite abbaye, representant et faisant la plus grande part et saine partie d'iceux, ausquels auroit esté exposé et fait entendre de la part des reverends peres recteur et religieux de la compagnie de Jesus establis à Poitiers, comme pour le bien de la religion catholique, apostolique et romaine en cette province de Poitou, et pour l'instruction de la jeunesse ès bonnes mœurs et lettres, il auroit plu au Roi d'octroyer l'etablissement d'un college de leur dite compagnie en la ville de Poitiers, auquel et pour l'entretennement des sus dits peres et religieux, il auroit plu à sa Sainteté d'y unir et incorporer le prieuré de Saint Maixent de Pamproux, immediatement sujet et dependant de la dite abbaye de Saint Maixent, pour estre le revenu d'icelui, à tousjours cy après, annexé et incorporé au dit college ; sur laquelle union et incorporation les dits sieurs religieux auroient esté priés et requis d'y donner et prester leur consentement et volonté ; ce que ayant esté entendu par les dits sieurs religieux susnommés, capitulairement à cet effet assemblés comme dit est, et considerant la grande necessité qu'il y a d'etablir en cette province un college de personnes religieuses, lesquelles faisant profession des sciences humaines, philosophie et theologie, enseignent les bonnes mœurs avec les sciences et bonnes lettres, et d'ailleurs les grands biens et avancement qui s'en peut esperer à l'honneur de Dieu, au bien de la religion catholique, apostolique et romaine, et au service du roi par l'etablissement d'un tel college, et desirant y contribuer par quelque temoignage de leur bonne volonté au bien du public, ont unanimement dit et declaré qu'ils prestoient, comme par ces presentes ils prestent, leurs consentement et volonté à la dite union du prieuré de Saint Maixent de Pamproux, faite au dit college ; voulant et consentant que la bulle d'union et incor-

poration du dit prieuré soit fulminée et executée par monsieur l'official de Poitiers, juge à ce delegué par notre saint père le pape, et à ces fins ont constitué, font et constituent
. . . .
leurs procureurs, absent comme present, et l'un d'iceux au lieu de l'autre, pour et au nom des dits sieurs constituans comparoir par devant le dit sieur official de Poitiers ou autres juges et lieux qu'il appartiendra, dire et declarer que les dits constituans consentent à la dite union et incorporation, fulmination et execution d'icelle, et que les susdits reverends peres jouissent à l'avenir de tous les fruits, revenus et emoluments, droits, raisons et actions du dit prieuré à eux uni et incorporé, à la charge neantmoins expresse et non autrement, de faire dorenavant et perpetuellement à l'avenir, bien et duement le service divin, payer et acquiter toutes les charges et devoirs dont le dit prieuré de Saint Maixent de Pamproux est tenu et chargé, et qui ont accoutumé estre solu et payé aux dits sieurs religieux et convent de la dite abbaye, et sans prejudice des droits de visite appartenant au prieur claustral de la dite abbaye; brief que les dits procureurs ou l'un d'eux fassent tout ce que les dits sieurs constituants feroient ou faire pouroient, si presents y estoient ; promettans avoir agreable, ferme et stable ce qui sera par eux geré et negocié, et ce, par le serment qu'ils en ont à cette fin preté. En tesmoin de quoi ils en ont fait rediger par ecrit le present acte, qu'ils ont tous soussignés et fait signer à maitre Hercule Caillon, scribe de la dite abbaye, et apposer le scel des armes d'icelle, le jour et an susdits. Ainsi signé en la minutte : Isac Martin, Mathurin Trochery, J. Ferrand, J. Marchand, E. Baguenard, J. Martin, A. Chevallier, J. Douhet, A. Chapelain, J. Belliard, F. Pergy. Signé : Caillon, scribe de la dite abbaye [1].

---

1. Outre cet acte, les manuscrits de D. Fonteneau, contiennent

DCVIII

Serment de fidélité fait au roi par Guillaume Fouquet de la Varenne, maître des Requêtes ordinaires de son hôtel, comme abbé de Saint-Maixent [1] (Orig., parch. ; Arch. Nat., P 565¹, n° II^m VI^c XXIIII).

19 février 1609.

DCIX

Présentation faite au chapitre de l'abbaye de Saint-Maixent des lettres de Jacques Le Ber, pourvu de l'abbaye en commende (D. Fonteneau, t. XLII, p. 227, extrait de l'original).

18 octobre 1616.

Le 18 octobre 1616, en présence d'Hercules Chevalier, aumônier de l'abbaye de Saint-Maixent, François Thoreau, prêtre, « *in utroque jure licenciatus* », prieur de Sainte-Radegonde de Poitiers et chanoine de Saint-Hilaire-le-Grand, comme procureur de « *nobili et reverendi Jacobi Le Ber, presbiteri Aurelianensis diocesis, abbatis commendatarii Sancti Maxentii* », a présenté au chapitre les lettres de Paul V, données à Rome en 1615, « *pridie idus aprilis* », contenant la donation en commende de ladite abbaye.

DCX

Concordat passé entre Bertrand d'Échaus, archevêque de Tours, abbé commendataire de Saint-Maixent, et les religieux de la Congrégation de Saint-Maur, pour l'union de cette abbaye à leur congrégation

---

cinq extraits d'autres actes relatifs au passage du prieuré de Pamprou entre les mains des P. Jésuites et qui se trouvaient comme celui-ci chez M. Venet. (Les archives de la Vienne possèdent des copies des deux premiers de ces actes.) Ce sont : 1° la bulle de Paul V, du 25 juin 1607, portant commission à l'official de Poitou d'unir le prieuré de Pamprou au collège des Jésuites de Poitiers ; 2° la procuration de l'abbé de Saint-Maixent, du 24 décembre 1607, pour consentir à cette union ; 3° le procès-verbal de fulmination de la bulle de Paul V, faite par l'official de Poitiers le 6 février 1608 (t. LXVI, p. 402) ; 4° et 5° deux indications des charges du prieuré envers l'abbaye de Saint-Maixent, extraites l'une du Livre des charges de l'an 1656, l'autre d'un procès-verbal de la sénéchaussée de Poitou du 30 avril 1762 (t. XVI, p. 383 et 384).

1. Cet acte est passé à Paris.

(Orig., papier, protocole de Pierre Poictevin, notaire royal à Saint-Maixent. D. Fonteneau donne aussi cette pièce, t. XVI, p. 385, et t. LXVI, p. 363, d'après le vidimus original d'un arrêt du Parlement de Paris du 18 mai 1634, homologuant et le concordat du 27 septembre 1633 et les consentements des religieux [1]).

27 septembre 1633.

Comme ainsy soit qu'illustrissime et reverendissime messire Bertrand de Chaulx, par permission divine et du Saint-Siege appostolique archevesque de Tours, conseiller du Roy en ses Conseils d'estat et privé, commendeur de l'ordre et milice du benoist Saint Esprit et abbé commendataire de l'abbaye royalle de Sainct-Maixent ayt tous jours esté porté d'ung saint desir et affection de remettre la dicte abbaye en sa premiere splendeur et restablir la discipline reguliere et monastique selon la regle de l'ordre de saint Benoist, et eust à ces fins mendé et fait venir les reverends freres de la Congregation de Sainct-Maur en France, observants lad. reigle dud. ordre ponctuellement, aux fins de voulloir aggreger, assocyer, unir et incorporer lad. abbaye et convent dud. Sainct-Maixent à leurd. congregation, pour icelle abbaye former au modelle et façon

---

1. Voici le texte de cette homologation : « Veu par la cour la requeste à elle presentée par les religieux benedictins de l'ordre de saint Benoist, de la congregation de Saint-Maur, contenant que par concordat passé entre eux et messire Bertrand De Chaux, archevèque de Tours, abbé de l'abbaye de Saint-Maixent, le vingt-septiesme septembre mil six cens trente et trois, ils ont agreé et associé, et mis à leur dite congregation la dicte abbaye de Saint-Maixent, du consentement des anciens religieux de la dicte abbaye, lesquels ont ratifié le dit concordat et acte du vingt et huit du dit mois de septembre du dit an et vingt et sept janvier, dont et chacun d'eux ont consenty l'omologation du dit concordat estre faicte en la dicte cour : à ces causes, requeroient l'omologation du dit contrat et qu'il fust registré au greffe d'icelle pour y avoir recours et estre executé selon sa forme et teneur. Veu aussi ledit contrat duquel la teneur en suit :
. . . . conclusions du procureur general du roy, tout consideré, la dicte cour a omologué et omologue le dict contract, ordonne qu'il sera enregistré au greffe d'icelle pour estre executé selon sa forme et teneur. Faict en Parlement le dix-huict may mil six cens trente quatre. »

de vivre de lad. Congregation, conformement à leur reigle, suivant la permission et patantes de Sa Majesté en faveur de lad. Congregation données au moys d'aoust mil six cens dix-huict. Pour ce est-il qu'au jour d'huy, vingt-septiesme de septembre mil six cens trente et trois, ont esté presants, personnellement establis et deuhement soubzmis en droict soubz la court du scel royal aux contracts à Sainct-Maixent led. illustrissime et reverendissime messire Bertrand de Chaulx, abbé sus dict, demeurant de present en son chastel de Lor-de-Poictiers, membre deppendant de lad. abbaye, d'une part, et venerables et religieuses personnes dom Jehan Harel, prieur de l'abbaye de Sainct-Jehan d'Angely et y demeurant, en nom et comme procureur special du reverend pere dom Gregoire Tarisse, superieur general de lad. Congregation de Sainct-Maur, par vertu de procuration receue et passée au Chastellet de Paris, dattée du dixiesme du present mois, signée Benorey et Lemoyne, notaires aud. Chastellet, assisté de dom Leonard Hanotel, religieux de lad. Congregation et cellerier de lad. abbaye de Sainct-Jehan d'Angely, lad. procuration passée par led. Tarisse, tant de son chef que pour tout le corps et communauté de lad. Congregation, d'autre part, entre lesquelles parties, ès dits noms, ont esté arrestés, consentis et accordés les articles, pactions et convenances cy apprès exprimées et declairées, que lesd. peres Harel et Hanotel ont promis, promettent et se sont obligés faire ratiffier et avoir aggreable au chappitre general prochain de lad. Congregation :

Sçavoir est que led. illustrissime et reverendissime archevesque de Tours et abbé de Sainct-Maixent consent que soubz le bon plaisir de notre sainct pere le Pappe, scelon et conformement aux bulles jà obtenues par lesd. peres de lad. Congregation en faveur des aggregations et unions des abbayes à icelle et du Roy par ses dictes patentes, l'abbaye et convent du dit Sainct-Maixent soyent aggregés et unis à lad. Congregation, et introduits en lad. abbaye te nombre de religieux qu'il sera jugé à propos par les superieurs d'icelle Congregation pour faire le service divin en lad. abbaye, convenablement et avec la devotion et biensceance requise, à commencer dans ung moys apprès la feste de Pasques prochainement venant ;

Qu'il sera au choix et option des religieux à present residantz et deservantz en lad. abbaye d'embrasser la vie reguliere scelon les statutz de lad. Congregation, sy bon leur semble, et qu'à ce faire ilz n'y pourront estre contrainctz en façon quelzconque ;

Que toutte la direction dud. monastere en ce qui regarde le spirituel, service divin et heures canonialles sera en la disposition desd. religieux de lad. Congregation ;

Que le superieur du convent aura la direction de tout l'office, sans que le superieur des antiens religieux, ny aulcuns d'iceux, puisse l'empescher de faire dire et celebrer le divin office aux heures prescriptes par les statuts et reiglemens de lad. Congregation, et scelon l'usage et ceremonie du breviaire monastique receu en icelle, ausquels lesd. antiens religieux seront obligés de se conformer lorsqu'ilz assisteront aud. office ; le susd. superieur de lad. congregation donnera les signes et benedictions, led. seigneur abbé absant, et generallement exercera toutte superiorité au regard du dit office, et neantmoins lesd. antiens religieux precederont tant au cœur que procession et en tous autres lieux les religieux de lad. Congregation, fors et excepté que les cellebrans qui tiendront les rangs prescripts au ceremonial de lad. Congregation ;

Que lesd. religieux antiens ny lesd. peres de Saint-Maur ne pourront pretendre aulcune jurisdiction respectivement les uns sur les autres, et que lesd. antiens seront regis et gouvernés par ung de leur corps qui sera institué superieur en la maniere accoustumée, lequel superieur ne pourra neantmoins pretendre en vertu de lad. quallité aulcuns doubles ne gaiges, ains se contentera de la portion monnacalle comme les autres religieux, et que lesd. peres seront gouvernés scelon les statuts de leur Congregation ;

Que les dits antiens religieux ne pourront à l'advenir recepvoir aulcuns novices ny à l'habit ny à la profession, et au regard de freres Philippes Faidy[1], René Roherteau et Raoul Beraud, seront entretenus aux estudes comme ils sont à present et jouiront de leurs pentions et prebandes monnacalles accoustumées et comme ilz en sont à presant servis, jusques à l'aage de dix huict ans accomplis, et ayantz attainct led. aage seront obligés d'opter ou d'entrer en lad. congregation et y faire profession sy ilz en sont trouvés cappables par les supperieurs d'icelle apprès l'approbation accoustumée, ou se retirer libres dans leur maison ;

Que la fonction de la sacristie et chantrie de lad. abbaye apartiendra ausd. peres de la Congregation et neantmoins les noms, quallités, tittres, gaiges, proffitz, revenus, esmollumens, maisons, apartenances et deppendances desd. offices demeureront à ceux quy les pocedent de present en faisant les charges ordinaires, sy mieux ilz n'aiment convenir avec lesd. peres pour l'acquit de leursd. charges ;

Que toutte l'administration temporelle comme la spirituelle de l'eglise de lad. abbaye sera en l'entiere disposition desd. peres et que pour ce quy concerne lad. sacristie de lad. eglise, ilz en prendront la direction et gouvernement et se chargeront par inventaire des meubles et ornements quy se trouveront en icelle et en deschargeront le sacristain et lesd. antiens religieux et s'en chargeront envers le dit seigneur abbé ;

Qu'il sera delaissé auxd. peres la plaine disposition et administration de l'ausmosne ou mendat, quy se donne

---

1. Laurent-Philippe Faidy, seul, persévéra dans la voie religieuse ; il fit profession à l'âge de vingt ans, le 31 août 1637, dans l'abbaye de Saint-Augustin de Limoges.

journellement en lad. abbaye aux pauvres pellerins et autres honteux de lad. ville, de pain, vin et viandes et pour ce recevoir lesd. pain, vin et viandes en la quantité que sont obligez de fournir ceux qui doibvent led. mendat;

Que les beneficiers commenceaux et officiers clostraulx de lad. abbaye ne pourront faire aulcune desmission ny resignation de leursd. benefices et offices, sy ce n'est en faveur desd. peres de Sainct-Maur, et que lesd. benefices commenceaux et offices claustraulx venantz à vacquer par mort ou autrement, demeureront unis et incorporez à la mence commune desd. peres et la perpetuité des tiltres d'iceulx convertie en administration annuel ou triannal, scelon les uz et statutz de lad. Congregation;

Que lesd. antiens religieux, officiers et beneficiers, jouiront des revenus de leurs offices, benefices, portions, prebandes monnacalles, tout ainsy qu'ils font à present, sauf de ce que de leur bonne et franche vollonté ilz ont quitté et quitteront cy après auxd. peres;

Que le decedz advenant desd. antiens religieux les prebandes et portions monnacalles des deceddez accroistront et appartiendront auxd. peres quy en jouiront, comme pareillement advenant que dès à present ou cy apprès aulcuns desd. antiens religieux entrassent parmy lesd. peres et feussent receuz à y faire la profession, leurs portions, prebandes et offices tourneront au proffit desd. peres dès le jour de leur entrée au noviciat; et advenant le decedz desd. relligieux antiens, lesd. peres fairont en lad. abbaye les services, honneurs et prieres funebres pour eux, comme pour ceux de leurd. congregation;

Et pour assigner fondz et revenu suffisant pour entretenir lesd. peres en lad. abbaye, a consenty et consent led. seigneur abbé que le revenu du chappitre demeure dès à present uny et incorporé à la mence commune desd. peres, comme pareillement les tiltres de prieur claustral, de cellerier d'icelle abbaye, scelon et au desir de la resignation quy a esté faicte desd. offices en faveur desd. peres ;

Faira semblablement led. sieur abbé dellivrer ausd. peres, outre ce que dessus, par ses fermiers de lad. abbaye, la somme de deux cens soixente et deux livres dix huit solz, un bœuf, huict boisseaux de scel, quatre chartées de gros bois, sept pippes et une barricque de vin et cinq chartées de foing ;

Consentant que lesd. peres suppriment sy bon leur semble les menuz officiers de lad. abbaye, excepté le medecin, chirurgien, verdier et forestier, à condition que lesd. peres, sur lesd. choses cy dessus, distribueront à l'acquit dud. sieur abbé six pippes de vin au mendat, sans estre tenu d'en distribuer davantage, et outre l'acquitteront des autres charges dont il leur sera baillé estat particulier, jusqu'à la concurrence desd. sommes et especes ;

Que l'encloz de lad. abbaye sera delaissé auxd. peres de Sainct-Maur pour y reediffier et construire ung cloistre, dortouer, refectouer, cuisine et autres lieux reguliers, sauf toutesfois que led. seigneur abbé s'est par exprès reservé son logis abbatial, estant au devant la maison du chantre de lad. abbaye, proche l'antien refectouer servant à present d'église pour la celebration du divin service, et ce en l'estat qu'il est maintenant pour le faire reediffier et y faire sa demeure quant bon luy semblera [1], comme aussy sont réservés les logis des antiens religieux quy n'ont esté ceddés ausd. peres, esquelz pourront lesd. antiens religieux faire et continuer leur demeure, tant et sy longtemps que bon leur semblera ;

Que lesd. peres ne pourront pretendre dud. sieur abbé pour ses successeurs, pour les prebandes et portions mon-

---

1. Le 26 septembre 1634, l'abbé Bertrand d'Échaus renonça à la réserve contenue dans cet article, à la condition toutefois que si les religieux faisaient réédifier le logis abbatial, lui ou ses successeurs pourraient venir y loger, quand il leur plairait (Protoc. de P. Poictevin).

nacalles quy leur escherront par le deceds desd. antiens religieux ou entrée d'iceux parmy lesd. peres, plus grande portion que celle quy est portée par les concordats passés entre led. seigneur ou ses predecesseurs et lesd. antiens religieux ; et en consideration de ce que lesd. reffectouer, dortouer, cuisine, cloistres et autres lieux regulliers ont esté antierement ruynez par l'injure des guerres civiles et troubles de la religion, led. seigneur abbé a promis et promet ausd. peres de Sainct-Maur pour le restablissement desd. lieux regulliers la somme de quatre mil livres tournois qu'il leur faira payer par ses fermiers de lad. abbaye en quatre années prochaines, sçavoir : par chacune d'icelles la somme de mil livres à deux termes, à commencer le premier payement au premier jour de l'année que l'on comptera mil six cent trente et quatre, et le second au dernier jour de may et à continuer ès dits termes durant lesd. quatre années, laquelle somme lesd. peres ont promis employer aux bastimens desd. lieux regulliers, sans que les heritiers dud. seigneur abbé soyent obligez au payement de lad. somme de quatre mil livres ou aulcune partie d'icelle advenant son deceds, auparavant lesd. quatre années espirées, ains de payer et acquitter les termes qui seront escheus lors du dit deceds ; ne pourront lesd. peres poursuivre aulcunes actions pour les droicts consernant lad. abbaye et convent, par devant aulcuns juges de la province, pour ce quy concerne les droitz de l'abbaye, sinon par devant les officiers d'icelled. abbaye ;

Et affin que le contenu en ces presentes soit et demeure ferme et stable à jamais ont lesd. parties voulleu et consenty, veullent et consentent que le present concordat soit omollogué et autorisé en la court de Parlement de Paris ; et pour faire et consentir lad. esmollogation, ont lesd. parties de leur bon gré et vollonté creé et constitué leurs procureurs generaulx et speciaux en lad. court de Parlement les porteurs des presentes pour requerir, demander et consentir pour et au nom desd. constituans lad. omollogation, donnant par ces presentes plain pouvoir, charge et auctorité à leursd. procureurs de consentir lad. omollogation et d'icelle en requerir acte et en obtenir arrest en bonne et dheue forme, promettant avoir pour aggreable, ferme et stable, tout ce que par leursd. procureurs sera geré et negotyé au faict de la presente omollogation.

A ce faire et tenir lesd. parties, respectivement stipullantes et acceptantes, ont juré leur foy, obligé et yppothequé led. Harel, tant en son nom que comme procureur dud. Tarisse et en chacun d'iceux seul et ung pour le tout, renonçant au benefice de division, d'ordre, discution et esviction de biens à luy donné à entendre et qu'il a dit bien sçavoir et y renonce, tous et chacuns leurs biens presents et futurs quelzconques, dont à leur requeste elles ont esté jugées et condempnées du jugement et condempnation des notaires soubsignés jurés de lad. cour. Faict et passé aud. chastel de Lor de Poictiers, environ deux heures après midy, leu et donné à entendre ausd. parties les jour et an sus dits. BERTRAND D'ECHAUS, AR. DE TOURS, ABBÉ DE L'ABBAÏE ROYALLE DE ST-MAIXANT. FR. JEHAN HAREL. FR. LEONARD HANOTEL. GREFFIER. POICTEVIN.

Comme ainsi soit que l'illustrissime et reverendissime messire Bertrand de Chaulx, par permission divine et du Saint-Siege apostolique, archevesque de Tours, conseiller du roy en ses conseils d'Estat et privé, commendeur de l'ordre et milice du benoist Sainct-Esprit et abbé commendataire de l'abbaye royalle de Sainct-Maixent ayt par traicté et concordat receu et passé le jour d'hier par les notaires soubsignés entre led. sieur abbé, d'une part, et venerable et relligieuse personne dom Jehan Harel, prieur de l'abbaye de Sainct-Jehan d'Angely, au nom et comme procureur special de reverend pere dom Gregoire Tarisse, superieur general de la Congregation de Sainct-Maur, consenty et accordé que le monastere et convent de lad. abbaye de Sainct-Maixent, soyent, soubs le bon plaisir de Sa Saincteté, du Roy et de la court du parlement de Paris unys et aggregés à perpetuité à lad. Congregation pour y estre par lesd. peres d'icelle, introduict tel nombre de religieux qu'ils advyseront bon estre pour faire le service divin en lad. abbaye, convenablement et avecq la devotion requise, conformement aux bulles obtenues par lesd. peres de Sa Sainteté et patantes de Sa Majesté, est-il que, ce jour d'huy, en la cour du scel royal aux contracts à Sainct-Maixent, ont esté presents, personnellement establis et dheuement soubzmis venerables et discrettes personnes frères Mathurin Naullet, soubzprieur, Jacques Guerynet, chantre, Laurens Symon, sacristain, Jehan Douhet, Jehan Lambert, André de Cochefillet, cellerier, et Louys Caillaud, tous religieux de lad. abbaye de Sainct-Maixent, et faisant la plus grande et majeure partie desd. religieux, lesquels en presence dud. venerable pere Harel, stipullant et acceptant pour lesd. peres de lad. Congregation de Sainct-Maur, après avoir heu lecture de mot à mot des susd. concordat et articles y contenus, ont icelluy, pour et au nom des religieux et convent de lad. abbaye, agreé, consenty, accordé et approuvé, agreent, consentent et accordent, veullent et entendent qu'il sorte son plain et entier effect en tous ses poincts et articles, sauf pour le regard des menus officiers, lesquelz exerceront leurs charges à l'acoustumée sy mieux ilz n'ayment s'accommoder avec lesd. peres de lad. congregation ; comme aussy approuve et promet led. venerable pere Harel, pour lad. congregation, bailler et delivrer ausd. sieurs Naullet et Douhet annuellement et à chacun d'iceulx la somme de vingt livres, payables à deux termes lesd. sommes, sçavoir à la feste de sainct Symon et chacun premier lundy de Caresme pour le droict que lesd. sieurs Naullet et Douhet peuvent pretendre on revenu du convent de lad. abbaye.

Et pour l'entretien dud. concordat et des presentes ont lesd. Naullet, Guerinet, Simon, Douhet, Lambert, de Cochefillet et Caillaud, religieux susd., obligé et yppothequé le bien et temporel du dit convent, dont à leur requeste ils ont esté jugés et condempnés du jugement et condempnation des notaires soubssignés jurés de lad. cour. Faict et passé aud. Sainct-Maixent, en la maison dud. sieur Simon, leu et donné à entendre auxd. parties, le vingt-huictiesme de septembre mil six cens trente et trois.

Et par ces mesmes presantes, et pour l'esmologation d'icelles et dud. concordat ont lesd. Naullet, Guerinet, Simon, Douhet, Lambert, de Cochefillet et Caillaud constitué leur procureur general et special le porteur des presentes auquel ils ont donné pouvoir de requerir et consentir lad. omollogation en lad. cour de parlement de Paris en la forme dheue et requise et en tel cas accoustumé. Faict comme dessus. F. M. NAULET, SOUBS PRIEUR. J. GUERINET, CHANTRE. LAURENS SIMON. SACRISTAIN. J. DOUHET. ANDRÉ DE COCHEFILLET. FR. JEAN HAREL. FRÈRE JEHAN LAMBERT. L. CAILLAUD. GREFFIER. POICTEVIN.

Il ne nous paraît pas utile de reproduire toutes les homologations de cet acte, émanées individuellement de divers autres religieux, à savoir : le 28 septembre 1633, de Jean Béliard, prieur claustral de l'abbaye ; le 3 janvier 1634, d'Hercule Chevalier, écuyer, aumônier ; le même jour, d'Isaac Marchant, prieur de Ternant et religieux, qui signe « sans préjudice aux pauvres et à l'église », et le 27 janvier 1634, de François Peign, infirmier, « sans préjudicier aux droicts de l'autruy ». Nous nous contentons seulement de reproduire comme type l'acte suivant, fait au nom d'Hercule Chevalier, qui nous semble le plus complet :

« Advenant le troiziesme jour de janvier mil six cens trente et quatre, par devant les notaires royaux à Sainct-Maixent soubssignés, venerable et relligieuse personne frere Herculles Chevallier, escuier, aumosnier de l'abbaye royalle de ceste ville de SainctMaixent, après avoir heu lecture de mot à mot du concordat faict le vingt et septiesme septembre dernier mil six cens trente et trois, par devant les notaires soubssignez, entre messire Bertrand de Chaulx, archevesque de Tours et abbé commendataire de lad. abbaye, d'une part, et venerable et relligieuse personne dom Jehan Harel, prieur du monastere de Sainct-Jehan d'Angely, pour et au nom des reverends peres de la Congregation de Sainct-Maur, led. concordat contenant l'aggregation et union du monastere et convent de lad. abbaye de Sainct-Maixent à la susd. Congregation, a icelluy dit concordat agreé, consenty et accordé, aggrée, consent et accorde, veult et entend qu'il sorte son plain et entier effect, force et vertu, soit et demeure invyolable, ferme et stable à jamays en tous ses poincts et articles ; et à l'entretennement d'icelluy et des presentes led. sieur Chevallier, personnellement estably et soubsmis en la dicte cour du seel royal aux contracts à Sainct-Maixent, a juré sa foy, obligé et ypothequé tous et chacuns ses biens presents et futurs quelsconques, dont à sa requeste il a esté jugé et condampné par le jugement et condampnation des notaires soubssignés jurés de lad. cour. Faict et passé aud. Sainct-Maixent, demeure dud. Chevallier, leu et donné à entendre aud. Chevallier soubssigné les jour et an susd., les presentes stipullées par nous notaires soubssignés pour led. pere Harel ou dit nom en tant qu'il l'aura aggreable. Faict comme dessus. HERCULES CHEVALIER. GREFFIER. POICTEVIN. »

DCXI

Déclaration des aumônes que devaient faire annuellement l'abbé et plusieurs dignitaires de l'abbaye de Saint-Maixent (copie du XVII° siècle ; Bibl. Nat., résidu Saint-Germain 1029, p. 179-181).

XVII° siècle.

De l'aulmosne et mandat qui se donne tous les jours de l'année à la porte du monastere aux pelerins et passants.

Ce que doibt monsieur l'abbé.

Doibt monsieur l'abbé par an suivant sa declaration [faite] le 28 septembre mil cinq cent vingt deux :

Doibt donner pour faire l'aulmosne et mandat pour la

nourriture des pelerins et pauvres passants, chacun jour de l'année, la quantité de douze pippes de vin annuellement. — *Le sieur abbé n'en donne que six pippes*[1].

Doibt fournir tous les ans en ladite abbaye tous les jours despuis le premier jour de caresme jusqu'à la feste de Tous les Saincts, la valeur de quatre aultres pippes de vin pour faire la cœne. — *Il n'en donne plus.*

Item, pour la cœne qui se fait le jeudi saint en ladite abbaye à sept vingt quatorze pauvres, doibt une pippe de vin pour leur estre distribuée avec chacun deux harans blanc et un pain de deux livres. — *Cette cœne et mandat se faisoit avant notre introduction par le prieur et religieux avec les solennités requises ; à present sont les fermiers qui font le contenu en ces deux articles suivants hors du monastere.*

Item, ledit jour de jeudy saint doibt monsieur l'abbé pour l'aulmosne qui se faict ce jour-là dix charges de bleds converties en pains.

Plus doibt la portion aux pauvres des livraisons qu'il doibt aux officiers et à eux de la chair d'un bœuf, la vigille de Noël. — *Cela se faict.*

Item, doibt le sieur abbé fournir le sel, pour saller le pain et viande des pauvres. — *Cela se donne.*

Est aussy deubs par le sieur abbé treize charretées de gros bois pour cuire la viande des pauvres qui se donne au mandat. — *On reçoit ledit bois.*

Ce que le prieur d'Azay doibt fournir pour le mandat en pains de froment :

Le prieur d'Azay doibt le pain des pauvres pour le mandat : sçavoir par sepmaines, despuis la feste de Toussaincts jusqu'au Caresme, soixante-dix miches en fleur de froment, pesant chacune en pastes quarante onces et cuites revenant au pesant de deux livres, et despuis le Caresme jusqu'à la feste de Tous les Saincts, doibt auxdits

---

1. Voy. note 4, page 299 de ce volume.

pauvres quatre-vingt-dix miches de mesme poids et mesure que dessus.

Item, doibt le prieur d'Azay la chair d'un bœuf, la vigille de Noël, pour estre distribué à tous les officiers du monastere, tant reguliers que seculiers, et le restant donné aux pauvres.

Le prieur de Saint-Maixent de Pamproux doibt la chair d'un bœuf tous les ans, à la vigile de Noël, pour estre aussy distribué aux officiers sus dits de l'abbaye et le restant donné aux pauvres.

Le prevost moyne, accause de son office, doibt semblablement un bœuf tous les ans, chaque vigille de Noël, pour estre distribué comme dit est, et le reste donné aux pauvres.

Le cellerier de l'abbaye doibt, aussy accause de son office, fournir toutte la viande necessaire pour les pauvres, environ pour quarante-cinq sols par sepmaine, et le Caresme, des harans, pour estre le tout distribué aux pelerins et pauvres passant, avec le reste que dessus ; et ce que donne ledit cellerier vault bien deux cent francs par an.

Fault aussy comprendre en tout ce que dessus pour le mandat, qu'il faut un boulanger et cuisinier ou au moins un serviteur qui fasse l'un l'autre. Plus, fault force bois pour la cuitte du pain.

DCXII

JOURNAL DES CHOSES MÉMORABLES DE L'ABBAYE DE SAINT-MAIXENT.
1634-1735.

Aux pages 119 à 160 du tome LXVI de la collection de D. Fonteneau se trouve une pièce portant pour titre : *Journal des choses memorables de l'abbaye de Saint-Maixent*. Cette relation, dont le point de départ est l'introduction des religieux réformés de la Congrégation de Saint-Maur dans l'abbaye en 1634, se poursuit jusqu'à la fin de l'année 1735 avec plus ou moins de suite, selon le point de vue auquel ses auteurs se sont placés. Si quelques-uns des faits qu'ils ont ainsi conservés peuvent nous paraître un peu oiseux, nous avons toujours l'avantage d'être initiés par eux à l'esprit qui régnait alors dans l'établissement. Il n'est, du reste, pas sans intérêt de voir comment les efforts de Louis XIV pour rétablir l'unité religieuse ont été secondés par le plus puissant des ordres monastique du royaume, et nous-même nous ne trouvons pas qu'il nous soit rapporté trop de détails sur la reconstruction et la décoration de la grande église abbatiale, aujourd'hui véritablement le seul monument du passé que conserve la ville de Saint-Maixent.

Notre publication n'est pas toutefois absolument conforme à la copie de D. Fonteneau. En lisant celle-ci, nous nous sommes aperçu que, pour la période antérieure à 1672, l'auteur renvoyait parfois à des descriptions plus détaillées des faits qu'il rapportait ; nous avons recherché si ces dernières ne pouvaient point avoir survécu à l'incendie des archives de l'abbaye, et nous avons été assez heureux pour les retrouver à la Bibliothèque nationale, dans le volume coté : Résidu Saint-Germain 1029, fonds latin 12684. Ce volume renferme un grand nombre de pièces relatives à l'abbaye de Saint-Maixent, dont voici le détail :

1° f° 104. — Lettres de Philippe le Bel de juillet 1306 (Voy. ci-dessus, p. 134).

2° f° 106. — Concession d'armoiries à l'abbaye en 1442 (Voy. ci-dessus, p. 230).

3° f° 108. — *Histoire chronologique de la royalle abbaye de Saint-Maixent en Poictou.* — Cet écrit, dont le récit s'arrête au 25 janvier 1667, a pour principal auteur D. Boniface Devallée, religieux de l'abbaye, et son premier historien ; un certain nombre d'erreurs qu'il contient, entre autres celles relatives à l'origine de l'abbaye, n'ont cessé d'être acceptées jusqu'à ce jour (Voy. notre *Etude critique sur les origines du monastère de Saint-Maixent*, 1880, p. 17).

4° f° 134. — Relation des faits qui se sont passés à l'abbaye de Saint-Maixent de 1669 à 1671. — Pendant ces trois années, D. Ambroise Frégeac fut prieur de l'abbaye. C'est lui qui entreprit la reconstruction de l'église, opération au sujet de laquelle l'auteur de ce récit entre dans les détails les plus précis, tout en gardant sur celui qui l'a dirigée la plus grande réserve, aussi y a-t-il lieu de le considérer comme étant l'œuvre de D. Frégeac.

5° f° 140. — *Abregé de l'histoire de l'abbaye royale de Saint-Maixent en Poictou. De la situation et fondation de lad. abbaye. Des eglises et saintes reliques de lad. abbaye. Des prerogatives de l'abbaye de Saint-Maixent. Catalogue des abbés de Saint-Maixent* (jusqu'en 1670). *Des dépendances de l'abbaye de Saint-Maixent.* — Ces six petits traités semblent tous émaner de la même personne, soit de D. Boniface Devallée, soit d'un religieux, abréviateur de ses notes, correspondant des PP. de Saint-Germain-des-Prés.

6° f° 146. — *Introduction de la congregation de Saint-Maur en l'abbaye de Saint-Maixent en Poictou, l'année 1634.* — Cette relation originairement due à D. Devallée, ainsi que l'indique D. Chazal (*Chronicon, cap.* 83), et continuée par un de ses confrères a en outre, été insérée en entier dans l'*Histoire chronologique*, avec adjonction d'une seule mention que nous reproduisons en supplément au *Journal*.

7° f° 152. — *Extraict des privileges et droits de l'abbaye de Saint-Maixent.* — D. Chazal, *loc. cit.*, indique encore D. Devallée comme l'auteur de cette pièce.

8° f° 155. — *Catalogue des abbés de la royale abbaye de Saint-Maixent.* — Même observation que pour la pièce précédente.

9° f° 167. — *Abregé de ce qui s'est passé touchant la reformation de la royale abbaye de Saint-Maixent et l'union qui en a été faite à la congregation de Saint-Maur, avec ce qui y est arrivé de plus remarquable depuis ce temps, pour servir à l'histoire de cette abbaye.* — L'auteur de ce récit, qui ne suit pas rigoureusement la forme annalistique des pièces qui se trouvent aux folios 134 et 146, a eu surtout en vue de faire connaître l'état dans lequel les abbés et autres possesseurs de l'abbaye de Saint-Maixent avaient réduit cet établissement depuis le milieu du XVI° siècle. Rien n'empêche de croire que ce soit une des premières œuvres de D. Devallée ; toutefois nous serions plutôt tenté, en voyant la façon dont il y est parlé de D. André Faye, prieur de l'abbaye en 1651, année où s'arrête l'auteur de cet écrit, de croire que c'est à ce prieur qu'il faut l'attribuer.

10° f° 175. — *Catalogue des abbayes, priorés, offices et chapelles qui dépendent de l'abbaye royale de Saint-Maixent.* — Par D. Devallée, d'après D. Chazal (*Chronicon, cap.* 83).

11° f° 177. — *Extrait sur la declaration que fit l'aumosnier des charges qu'il est obligé de faire à cause de son office* (Voy. ci-dessus, p. 299).

12° f° 179. — *De l'aumosne et mandat qui se donne tous les jours à la porte du monastère* (Voy. ci-dessus, p. 342).

13° f° 182. — Vers sur l'incendie de la ville de Saint-Maixent, tirés de la chronique de l'abbaye (Voy. Labbe, *Nova bibl. manuscrip.*, t. II, p. 212, et Marchegay, *Chronique des églises d'Anjou*, p. 407).

14° f° 182. — Lettre de Thibault de Blazon à saint Louis (Voy. ci-dessus, p. 60).

15° f° 183. — Lettre du prieur de l'abbaye de Saint-Maixent en 1717, dans laquelle il relève des erreurs de Mabillon au sujet de Goderan, qui fut abbé de Maillezais et non de Saint-Maixent.

De cette importante collection de pièces, nous avons publié toutes celles qui offraient un véritable intérêt ; les autres ont été utilisées dans notre introduction. Pour ce qui est des n°s 4 et 6, ce sont de véritables annales : les premières, n° 6, allant de 1634 à 1668 ; les secondes, n° 4, comprenant les années 1669, 1670 et 1671. Or le journal copié par D. Fonteneau débute, lui aussi, par l'année 1634 : jusqu'en 1671, il n'est qu'un résumé des deux pièces susnommées, ainsi qu'il résulte de l'annotation que nous avons signalée plus haut. Il nous a donc semblé bon de reproduire celles-ci *in extenso*, au lieu de la portion du journal comprise dans la période de temps auquel elles se réfèrent ; toutefois, comme ce dernier contient, aussi bien que la pièce n° 9, quelques faits omis par les auteurs des deux premiers écrits, nous avons rapporté en note tout ce que ceux-ci venaient ajouter au récit que nous suivions. A partir de 1672, le texte reproduit est uniquement celui du *Journal*.

Ce dernier a dû avoir pour premier rédacteur D. Liabeuf, qui a condensé les relations de D. Devallée, de D. Frégeac, voire même les siennes, et le tint jusqu'à sa mort, advenue en 1677 ; D. Chazal reprit ensuite son œuvre et la mena jusqu'à son départ du monastère en 1717. Un de leurs successeurs la continua jusqu'en 1735, mais son récit laisse beaucoup à désirer ; on sent que l'on n'est pas en face d'un historien, mais seulement d'un écrivain d'occasion qui poursuit une tâche commune. Nous ne savons si ce dernier a eu des continuateurs, mais la chose paraît peu probable ; le mouvement historique, auquel la Congrégation de Saint-Maur avait pris une si grande part, s'était arrêté pour faire place aux discussions théologiques, puis philosophiques, qui prédominèrent dans les couvents comme dans toute la société française pendant la seconde moitié du XVIIIe siècle.

Ceste abbaye ayant esté ruinée par les heretiques calvinistes en l'année 1562, l'abbé commendataire d'icelle, Jean de Saint-Gelais, evesque d'Uzès, ayant publiquement presché l'heresie sous la halle de cette ville de Saint-Maixent, pillé et emporté toute l'argenterie, vases et ornements pretieux de l'eglise, ce monastère est demeuré dans la desolation sous plusieurs abbés, ou soi-disants, dont quelques uns ont esté seculiers, mariés ou huguenots [1]. Enfin elle tomba ès mains de messire Bertrand Deschaux, archevesque de Tours, et durant qu'il estoit abbé, environ l'an mil six cent trente deux, le zele et ferveur d'un bon pere capucin, nommé le pere Denis de Nevers, celebre predicateur, ne pouvant voir ce sanctuaire si profané sans douleur et sans compassion, il en tesmoigna son deplaisir dans ses predications, et exhorta en particulier messieurs les antiens religieux ; il en gaigna en effet quelques-uns, et les disposa à contribuer à ce pieux dessein. Il eut toutefois bien de la peine d'obtenir leur consentement pour la reforme ; il ne pouvoit trouver moyen de les assembler

---

1. Nous ne reviendrons pas, au sujet des accusations portées ici contre Jean de Saint-Gelais et ses successeurs, sur ce que nous en avons dit dans notre introduction, à laquelle nous nous contentons de renvoyer.

tous, et si quelques-uns se rencontroient ensemble, quelque autre leur parloit puis après et renversoit toutes ses propositions : de sorte que ce bon père fut obligé de les gaignier separement[1]. Il obtint la signature de cinq ou six, et avec ce consentement il fut trouver monseigneur l'archevesque de Tours auquel il proposa cette reforme de son abbaye, et demanda son adveu : à quoy d'abord il ne voulut entendre, et trouva mauvais ce que quelques uns de ces messieurs les religieux avoient fait sans lui, mais l'un de ces messieurs les antiens, nommé frere André de Cochefilet, cellerier, et un des principaux officiers du monastere, rendu plus courageux et plus resolu par la resistance du dit seigneur abbé, s'en alla à Saint-Jean d'Angely, tant pour traiter de son office avec les peres de la Congregation de Saint-Maur que pour les obliger de venir à Saint-Maixent pour recevoir eux-mêmes le consentement et le temoignage de la bonne volonté de ceux qui desiroient la réforme. Le R. P. dom Jean Harel, prieur du dit monastere de Saint-Jean, et le R. P. dom André Betoulaud, accompagnerent le dit cellerier, et allerent voir monseigneur l'archevesque qui les receut fort bien et leur donna esperance de faire reussir cette affaire, avec ordre d'en advertir le T. R. P. superieur general[2]; duquel ayant eu procuration, ils firent le concordat le 27 septembre 1633[3] avec le dit seigneur et religieux, pour

---

1. « Quelles allées et venues ne fit ce bon pere pour gagner les
« esprits reveches, les allant chercher les uns après les autres pour
« les faire signer leur consentement : aucuns lui avoient promis un
« jour, mais il falloit plus de quatre pour les remettre ; il en attrapa
« quelques par les rues qu'il fit signer sur des boutiques, qui bientôt
« se repentoient après ; d'autres dans leurs maisons ; d'aucuns ayant
« signé, à peine avoient-ils achevé la derniere lettre ; les cris de la
« servante fit qu'un certain voulut donner un coup de plume au
« travers son seing, mais par bonheur il donna du-dessous, et ce
« reverend pere tira promptement son papier » (*Abrégé*).
2. D. Grégoire Tarisse.
3. Voy. cette pièce plus haut, n° DCX.

l'establissement de la dite Congregation en cette abbaye de Saint-Maixent [1]. Ils en prirent possession le premier jour de juillet 1634, la veille de la Visitation de Notre-Dame, aux premieres vespres, que les peres de la dite Congregation chanterent, et ensuite prirent possession de tout le dedans de la dite abbaye, ce qui se fit avec grand concours de peuple, et temoignage et satisfaction de toute la ville, de voir le restablissement de l'observance reguliere en ce lieu [2]; et pour rendre encore cette action plus celebre, mon dit seigneur l'archevesque convoqua le lendemain, dans son château abbatial hors de la ville, nommé l'Hort de Poictiers [3], tant messieurs les antiens religieux que les peres de la Congregation de Saint-Maur, et les fist marcher, chantant processionnellement, le dit seigneur abbé y assistant en personne, depuis le dit chasteau jusques à l'abbaye, où estant arrivés dans le grand refectoire, qui sert d'eglise depuis la ruine de la grande, fust chanté le *Te Deum laudamus;* à la fin duquel le dit seigneur abbé plaça les dits peres aux chaires du chœur, après messieurs les anciens, ensuitte de quoy il dit la

---

1. « Le premier qui fut envoyé pour preparer les logements fut « le R. P. dom Cyprien Richart et son compagnon, dom Agantange. « Ledit R P. Cyprien fit faire le dortoir sur l'ancien refectoire, qui « est aujourd'huy l'eglise, et entreprit ce beau pavillon qui paroit « aujourd'huy » (*Abrégé*). Pour plus de détails on peut consulter le marché passé, le 27 avril 1634, entre ce religieux et Jean Rullier, maitre maçon de Poitiers, pour la construction de ce dortoir, qui devait avoir dix-huit fenêtres de chaque côté; l'entrepreneur s'engageait, moyennant le prix de 1161 livres 4 sols, à livrer le bâtiment pour la Madeleine, et était autorisé à prendre dans la nef de la grande église les briques nécessaires au briquetage des murs, qui par le dedans devaient être en briques (Protoc. de P. Poictevin).

2. On peut lire dans D. Chazal (*Chronicon*, cap. 7) l'acte authentique de la prise de possession de l'abbaye, le 2 juillet 1634, d'après les protocoles d'Emery Denyort, notaire public apostolique à Saint-Maixent.

3. La venue des religieux de la Congrégation de Saint-Maur à Saint-Maixent y attira fréquemment Bertrand d'Échaus et l'incita à faire des réparations à son logis de Lort-Poitiers, qui avait été fort négligé par ses prédécesseurs immédiats (Voy. les prot. de P. Poictevin, marchés du 24 octobre 1633, du 16 mai et du 7 octobre 1635, et du 7 octobre 1636).

grand'messe, et y communia, tant messieurs les antiens que les religieux de la dite Congregation qui n'estoient pas prêtres, et à la fin on chanta l'*Exaudiāt* pour le Roy.

La reforme ne fut pas plustot etablie en ce monastere, dont le premier prieur fut le R. P. dom Anselme Dohin, que les religieux joignant leur zele et pieté à celle de monseigneur leur abbé, firent assigner les Huguenots aux Grands-Jours qui se tenoient à Poictiers, pour faire demolir leur temple basti sur le fond ou censive de l'abbaye: dont arrest fust donné, portant condamnation et injonction aux Huguenots de faire cette demolition, dans les huit jours après la signification du dit arrest, du temple qu'ils avoient dans la ville de Saint-Maixent, ce qu'ils executerent, et ils l'ont rebasty ensuitte hors la ville, dans un des faubourgs [1].

---

1. Deux arrêts furent rendus par la cour des Grands-Jours de Poitiers au sujet des protestants de Saint-Maixent ; l'un et l'autre ont été imprimés : 1° *Arrest de la Cour des Grands Iours de Poictiers. Par lequel il est ordonné que le bastiment du temple que ceux de la Religion pretendue reformée ont faict construire dans la ville de Saint Maixant sera desmoly et abbatu dans huictaine. A Poictiers, par Abraham Mounin, imprimeur ordinaire de la cour des Grands Iours.* MDCXXXIIII. In-8°, 23 pages. Autre édition, avec titre différent. Paris, A. Estienne, P. Mettayer et C. Prevost, MDCXXXIV. In-8°, 16 pag.
2° *Arrest de la Cour des Grands Iours de Poictiers. Faisant deffences à ceux de la Religion pretendue reformée de S. Maixant et lieux circonvoisins d'enterrer leurs morts ès cimetieres des catholiques, sur les peines indictes par les eedicts et arrests. A Poictiers, par Abraham Mounin.* MDCXXXV. In-8°, 6 pag.
Le temple démoli en 1634 était situé rue Calabre, au coin de la rue du Plat-d'Etain ; il avait été construit sur l'emplacement d'un jardin et de maisons donnés pour cet objet par Jacquette Vasselot, veuve de Charles Payen, éc., sgr de Chauray, le 8 décembre 1598, par Joseph de Beaudéan, chev., sgr de Parabère, lieutenant-général pour le Roi en Poitou, le 11 février 1599, et par Pierre Vasselot, éc., sgr du Portault et de Régné, le 15 février de la même année (Insinuations du siège royal de Saint-Maixent, en ma possession).
En vertu des lettres closes du roi, en date du 22 avril 1635, M. de Villemontée intendant du Poitou, se rendit à Saint-Maixent et y acheta un pré, situé derrière l'hôtel des Trois-Marchands, au faubourg Châlons, et dans le fief de Gourville. Un nouvel édifice fut construit en ce lieu dans le courant de l'année 1636, avec sortie sur une nouvelle rue à laquelle on donna la nom de rue du Temple qu'elle porte encore aujourd'hui ; il fut démoli le 30 avril 1685 (Titres de l'église réformée de Saint-Maixent, en ma possession).

L'impiete des heretiques ayant desolé tout ce monastere, pillé les choses saintes, aussi la piété des peres de la Congregation de Saint-Maur commença aussitôt à travailler à son retablissement, et receurent peu après qu'ils y furent establis un present pour leur eglise de quantité de reliques pretieuses, que leur fit le R. P. dom Girard des Aleux, visiteur de la province d'Aquitaine et abbé de Saint-Augustin de Limoges. Voici le nom des principales : une parcelle de la vraye croix de Notre Seigneur, quelques petits ossements de saint Savin, abbé, de saint Vitus, martir, saint Peregrin, evêque d'Auxerre et martir, sainte Eulalie, vierge et martire, une dent de saint Thierry abbé, un doigt de saint Adelard, abbé de Corbie, de saint Antoine, abbé, de saint Girard et de saint Odon, abbés, de saint Placide, martir, de sainte Gaudence, vierge et martire, des saints Emerantien, Boniface, Zenon, Potian et Vincent, martirs, de saint Sosthene, martir, disciple des apostres, de sainte Aurelie, vierge et martire, desquelles choses fut dressé procès-verbal le 20 janvier 1635 [1].

Quoyque lesdits Peres de la reforme fussent fort pauvres dans le commencement, ils ne laisserent pas de faire travailler aux reparations des lieux reguliers. Ils firent un dortoir de dix-huit chambres sur le grand refectoire qui sert d'eglise et un pavillon au bas [2] ; dans l'eglise une chapelle de Nostre-Dame [3], proche la chaire du lecteur,

---

1. « La mesme année a été donné à l'eglise par monseigneur « Des Chaux, archevesque de Tours, abbé de ce monastere, un orne- « ment blanc de satin à fleurs vertes et rouges dont les orfrois sont « à fond d'argent, garnis d'une dansette d'or, le tout complet, sçavoir « trois chappes, une chasuble et deux dalmatiques avec le devant « d'autel » (Journal).

2. « Qui est à côté dudit refectoire » (Journal).

3. La construction du dortoir fut, comme nous l'avons vu plus haut (p. 350 n. 1), entreprise par D. Richard ; quant au pavillon, il fut l'objet d'un nouveau marché, passé le 21 juillet 1634, entre le prieur claustral, Anselme Dohin, et le même maitre maçon, Jean Rullier. Ce bâtiment devait avoir de 26 à 27 pieds d'un côté et de 24 à 25 de l'autre ; il devait être reconstruit sur les anciens fondements que l'on reprendrait jusqu'à la profondeur de 8 ou 9 pieds

quelques petits autels, et autres decorations. Et Nostre Seigneur benissant les travaux de ces Peres, meut frere Charles Chrestien, antien religieux de cette abbaye, de donner son prieuré d'Azé à l'un d'iceux, avec reserve de deux mille et deux cens livres de pension annuelle, le 20 fevrier 1636. Les autres antiens se demirent aussi de leurs offices au profit de la communauté.

Les peres de la reforme ne jugerent pas seulement necessaire de restablir l'abbaye pour le spirituel et le temporel, mais ils penserent qu'il estoit encore de leur zele de s'employer au bien de toute la ville, et au salut des âmes, autant que leur profession religieuse le pourroit permettre et sans prejudice de leur observance et de leur esprit de retraite ; c'est pourquoi ils establirent les predications ordinaires dans leur eglise, par leurs religieux, toutes les festes de Nostre Seigneur, Nostre Dame, et autres grandes festes de l'année, ce qu'ils ont toujours continué du depuis, et mesme de temps en temps des catechismes et instructions familieres qu'ils y ont fait les dimanches, selon qu'ils ont estimé necessaire et à propos, ce que l'esperience a fait connoître estre fort utile au peuple.

La mesme année 1636, le R. P. dom Antoine Dohin fut confirmé prieur de ce monastere au chapitre general de la Congregation [1], et le R. P. dom Cyprien Richard lui

---

et s'élever de 3 pieds plus haut que le dortoir ; le prix fut fixé à 6 livres par toise de construction pour la main d'œuvre seulement, l'entrepreneur étant défrayé de tous matériaux (Prot. de P. Poictevin).

1. « Le R. P. dom Anselme Dohin, que par respect je n'ose parler
« de ses merites, fut le premier prieur qui establit la communauté
« d'environ huit ou dix religieux, qui s'aquit tellement l'amitié et bien-
« veillance tant du sieur archevesque que de messieurs les religieux
« antiens, que ceux mesme qui avoient plus traversé la reforme
« furent nos plus grands amis ; monsieur l'aumosnier, l'un des plus
« contraires, fut lui qui nous ceda son logis, qui nous sert encore de
« cuisine, refectoire, salle d'hôtes, d'infirmerie, caves et autres com-
« modités, et que sans cela il nous auroit fallu faire de grands frais,
« le tout gratuitement. Ce bon pere prieur et nos confreres donne-
« rent si bon commencement à cette reforme par leur bonne obser-
« vance, que tout le pays en estoit ravi : ce fut ce bon pere prieur
« qui envoya au secretariat de Limoges frere Eutrope Marchant

succeda en 1637. En ce temps là le vicaire perpetuel de l'eglise de Saint-Saturnin de cette ville de Saint-Maixent, dependante de l'abbaye, ayant refusé les droits ordinaires qu'a le sacristain du dit monastere dans la dite eglise, et mesme fait scandale le jour et feste du patron, pour le bien de la paix fut transigé entre le dit vicaire, le sacristain et la communauté, et fust arresté de quels droits on jouiroit desormais dans la dite paroisse [1].

En l'an 1639, fust eslu au chapitre general de la Congregation, tenu à Vendosme, pour prieur de ce monastere, le R. P. dom Bernard Pattier, lequel en 1641 retira le jardin, dit communement le jardin de l'abbaye, sis près la porte de la ville, nommée Charraux [2].

Le 7 juin 1642, fust eslu pour prieur le R. P. dom Urbain Vaillant [3], qui retira huict charges de bled seigle, dependantes du prieuré d'Azé, qui avoient esté vendues autrefois pour le droit de subvention.

« dit et nommé à present D. Maixent, prevost-moine du monastere,
« l'un des plus nobles offices de l'abbaye, qui par ce moyen fut
« reuni à la communauté, rejouissant tout le monde par ce change-
« ment et l'exemple de vertu qu'il donnoit à tous ses confreres »
(Abrégé).

1. « Le 29 novembre 1637 » (Journal).
2. « Après lui (D. Ciprien Richard) fut prieur R. P. D. Bernard Pattier,
« qui gagna tellement le cœur de monseigneur de la Meilleraye, que
« de son temps il fit faire un beau retable avec deux beaux piliers de
« marbre, ses armes aux deux costés, un excellent tableau au milieu,
« enfin tel que l'eglise et la place le pouvoient permettre ; et le dit
« seigneur l'ayant veu, blama ses gens de ne l'avoir fait encore plus
« beau : ce bon pere, dans son temps, fut fort zelé pour l'obeissance
« et regularité, et s'acquit un grand respect dans le pays à cause de
« sa venerable vieillesse » (Abrégé).
3. « Homme apostolique et bon predicateur de son temps » (Abrégé).
« Le monastere traita avec le prieur de Verrines touchant le
« vestiaire des religieux et termina le procès entre le dit sieur
« prieur et la communauté » (Abrégé).
« Le 25 octobre 1642, l'office de seneschal de la provosté vac-
« quant a esté conferé par la communauté à monsieur Peing, avocat
« de cette ville [1].
« L'an 1643, a esté refait le plancher de la vieille cuisine, qui
« estoit tombé le jour de l'Octave de l'Ascension.
« L'an 1644, a esté rebaty le logis du prieur, appelé Logis Abbatial,
« joignant le grand refectoire du costé du levant et midy » (Journal).

1. Louis Peing, qui avait été maire de Saint-Maixent en 1639.

En l'an 1646, le R. P. dom Boniface Le Tam[1] et la communauté confera le prieuré de Saint-Germain d'Isarné, dependant de ce monastere, le siege abbatial vaquant par la mort de monseigneur le cardinal de Richelieu, abbé, laquelle collation fut empeschée par un indultaire, qui obtint ce prieuré en vertu de son droit d'indult.

L'an 1647, fut faite une transaction entre monsieur le marquis de Parabere et la communauté de ce monastere, pour quelques droits qu'il pretendoit lui estre dus[2] pour sa terre de la Rebillardiere, disant qu'on lui devoit à diner certain jour de l'année, à lui, à six hommes de sa suite, et à ses chiens de chasse, ce qui fust compensé et commué en cinq livres de rente annuelle.

Le R. P. dom Ambroise Faucher fut eslu prieur en l'année 1648 par le chapitre general de la Congregation[3].

L'an 1649, monsieur le mareschal de La Meilleraye, baron de Saint-Maixent, voulant establir un banc à vin dans toute la ville, et demandant pour cet effet le consentement de la communauté de ce monastere, à ce qu'ils ne pourroient vendre aucun vin durant le dit banc, les religieux, voyant que le dit seigneur n'observoit aucune formalité de droit, et que c'estoit une nouveauté qu'il vouloit establir, ils refuserent le dit acte de consentement, quoique pour-

---

1. « Le R. P. D. Boniface Le Tan fut deux ans prieur après le
« susdit : aussi, bon predicateur, savant, sage et prudent ; la theo-
« logie fut establie en ce monastere de son temps pour nos religieux
« seulement, sans prejudice de l'observance reguliere » (Abrégé).
2. « Sur le fief de Rochefond » (Journal).
3. « De sous-prieur, procureur et cellerier du monastere [il] fut
« fait prieur. Grandement porté pour le temporel du monastere,
« entre autres choses faites de son temps, c'est d'orner l'eglise des
« choses dont elle avoit bon besoin ; il y avoit une pauvre croix de
« cuivre et un encensoir malpropre ; il procura par son epargne cet
« accroissement au bien du monastere : par la permission des supe-
« rieurs consentant de la communauté, il garnit la sacristie d'une
« très belle et riche croix, avec le baston ciselé et tout garni de
« fleurs de lis couronnées, armes du monastère, le tout d'argent
« artistement travaillé. L'ancien prieur d'Azay, à sa sollicitation,
« donna un encensoir, le plat et burettes d'argent tout ciselé, garni
« de ses armes » (Abrégé).

tant ils ne s'opposassent point à ce dessein par un acte formel à cause de l'autorité du dit seigneur mareschal [1].

L'an 1651, le 12 juin, le R. P. dom André Faye fut eslu prieur de ce monastere par le chapitre general de la Congregation, tenu à Marmoustier, et continué dans la mesme charge en 1654 [2]. Le grand refectoire menaçant de ruine entiere, les voutes s'estant entrouvertes, et n'y ayant sureté, ni pour les religieux, ni pour les seculiers qui venoient à l'office divin, suivant les procès-verbaux qui en furent dressés, on fut contraint de faire l'office dans la basse salle du pavillon, jusqu'à ce qu'ils eurent traité avec monsieur l'abbé [3], ce qui fut fait l'année suivante, qu'il donna la metairie de Valette et les bois de l'Espeau [4] aux religieux, qui se chargerent des reparations presentes et à l'advenir en quitterent le dit sieur abbé.

L'an 1657, le cinquiesme de juin, fut eslu pour prieur de ce monastere le R. P. dom Jacques Sergent, et la mesme année, frere Hercule Chevalier, religieux ancien et aumosnier de ce monastere, estant mort sans s'estre desmis de son office, M. de Fortia, maistre des Requestes, Intendant de la province de Poictou, vint icy pour requérir cet office de l'aumosnerie au nom de frere Jean de L'Arche, religieux de l'abbaye de Saint-Calais, en vertu d'un indult; à quoy le pere dom Joseph Baudichon, syndic de la communauté, s'estant opposé, disant que cet office estoit uni à la mense conventuelle après la mort du dit ancien religieux, en vertu des bulles de notre Congregation et privi-

---

1. « Le 21 mars 1651, transaction a esté faite entre la ditte commu-
« nauté et le pere dom Pradines, prieur d'Azay, concernant ce que
« devoit le dit prieur aux religieux; pour quoy s'acquitter il a laissé
« un fond du dit prieuré, la dite transaction ayant esté émologuée en
« Parlement le 29 novembre 1651 » (*Journal*).
2. « La modestie m'empesche de parler de lui davantage ; c'est
« neammoins un savant et bon predicateur, bien receu en cette ville
« des plus avisés de ce lieu qui l'estiment beaucoup » (*Abrégé*).
3. « Jacques de Crevant, chevalier d'Humières » (*Journal*).
4. « Et le droit de pascage dans les prez de la Fraignée, et ce par
« contrat du premier jour de may 1656 » (*Journal*).

leges d'icelle ; sur quoy procès fut intenté au Grand-Conseil, et donné jugement, et dit par arrest que le dit office estoit uni et appartenoit à la communauté [1].

La charpente du grand clocher ou grosse tour de l'ancienne eglise menaçant ruine, elle fut descendue avec la grande croix qui est au-dessus ; il se trouva dans la boule du milieu une boîte de plomb, dans laquelle estoit un taffetas huileux qui enveloppoit trois petites bourses, aussi de taffetas, dans l'une desquelles estoient de petits morceaux de bois, et dans les deux autres de petits ornements, et un escriteau de parchemin, dont l'huile avoit tellement joint les plis ensemble et effacé les lettres qu'on n'a su les lire. L'on a jugé que ce pouvoit estre du bois de la vraie Croix de Nostre Seigneur et des reliques de nos saints patrons, saint Maixent et saint Leger. Toutes lesquelles choses ont esté remises dans une petite fiole de verre, et en outre fut mis dans une fiole une parcelle de la vraie Croix, enveloppée d'un morceau de la chasuble de saint Furcy, abbé de Lagny, et d'une petite pièce de la tunique de saint Mayeul, abbé de Cluny ; y furent mises encore quelques reliques de saint Rustique, de saint Barthelemy, de saint Hugon, abbé d'Ambournay, et une autre fiole où il y avoit du saint chrême : le tout enveloppé dans du coton et taffetas vert, avec un procès-verbal, et mis dans une boite de plomb, attachée avec du fil d'archal sur le bras de la croix dans la grosse pomme du milieu ; toutes les cinq pommes de cuivre furent refaites, la croix repeinte et dorée, et tout ce gros clocher reparé [2].

---

1. « Le 30 mars 1658 » (*Journal*).
2. « En cette mesme année 1658, a esté refait le grand mur de la
« clôture du monastère, du costé des halles, avec le pavillon sur le
« coin, proche les dittes halles. En cette mesme année, a esté refait
« depuis les fondemens, le mur de la clôture du monastere, proche
« le grand portail de la basse-court, la grange à battre, et ont esté
« acheptés des ornements de velours violet, un soleil d'argent doré,
« un calice d'argent, toutes les œuvres de saint Augustin, celles
« de saint Thomas, la *Bibliothèque des Pères* et *Gallia Christiana*
« de Sainte-Marthe » (*Journal*).

L'an 1659, monsieur Baugier, procureur du Roy en cette ville, et mademoiselle sa femme [1], par leur testament fait devant les notaires royaux, fonderent trois messes à dire par semaine dans la chapelle de Notre-Dame de Grace, et laisserent cent cinquante livres de rente à prendre sur tous leurs biens, et declarerent les RR. PP. prieurs de ce monastere pour collateurs de cette chapelle et fondation, qui y doivent pourvoir un prêtre natif de cette ville [2].

Le 7 avril 1660, monsieur Hillerin, religieux de l'abbaye de Maillezais, arriva en ce monastere, accompagné de monsieur Laurenceau, aussi religieux de la mesme abbaye, et apporta une partie de la tête, appelée occiput, de notre glorieux pere et patron saint Leger, abbé de ce monastère, evesque d'Autun et martyr; laquelle relique fut presentée le lendemain, huitieme du mesme mois, à tout le chapitre, et mise sur un autel à ce preparé. Et ayant lu les pieces justificatives comme c'estoit une parcelle du dit chef, et premierement l'acte capitulaire de messieurs les venerables religieux de Saint-Pierre de Mortagne, faisant foi, comme à notre requeste, et selon la permission qu'ils ont eue de monsieur Le Grand, prieur de Saint-Michel en L'Herm, suivant l'acte capitulaire daté du 8 mars 1660, ils avoient delivré au dit sieur Hillerin, comme procureur des religieux de l'abbaye de Saint-Maixent, l'occiput de la tête dudit saint Leger, comme aussi la bulle de notre Saint Pere le pape Pie, qui fut donnée aux dits religieux de Saint-Pierre de Mortagne, faisant foi de la dite relique et mesme indulgence pleniere à qui visiteroit l'autel du dit saint Leger, où estoit son chef; lesquelles pieces justificatives ayant esté lues, le serment pris du dit sieur Hillerin, sur sa foi de prêtre,

---

1. Pierre Baugier, procureur du roi au Siège royal, et Catherine Fradin, sa femme.
2. « Le premier mars 1660, a esté solemnellement chanté dans nostre
« eglise le *Te Deum*, avec les ceremonies accoustumées, en action de
« grâces de la paix conciliée entre les royaumes de France et d'Es-
« pagne » (*Journal*).

que c'estoit la mesme partie qui avoit esté tirée du dit chef de saint Leger, la dite relique a esté receue avec respect, et fut chanté le *Te Deum laudamus*, avec un hymne et oraison du dit saint, et puis cachetée et mise au depost de la sacristie, pour estre puis après presentée à monseigneur l'evesque de Poitiers, et avoir d'icelui permission de l'exposer en public [1].

---

1. On trouvera ci-après un récit détaillé de cette translation et des circonstances dans lesquelles elle s'est produite, ainsi que quelques autres faits se rapportant aux reliques de saint Léger, d'après une curieuse lettre que D. Fonteneau avait trouvée dans les archives du prieuré de Mortagne en Bas-Poitou et que son intérêt nous engage à publier en entier (D. F., t. XIX, p. 761).

« J'ai apris par monsieur des Fauchetières que vous souhaitiés
« une copie des actes de la relique de saint Léger dont j'ai eu l'hon-
« neur de vous parler. J'en ai fait une copie, telle que telle, que je
« vous envoye; vous voulés bien que je vous marque en même tems
« comme j'ai eu ces pièces.

« Feu monsieur Hilaire de Hillerin ayant été prié par les moines de
« Saint-Maixent d'obtenir des moines de Saint-Michel en Lherm une
« relique insigne de la tête de saint Léger qui est gardée en leur
« prieuré de Mortagne, fut obligé de garder une copie originale de
« l'acte de la coupure de cette relique, qu'il fit du consentement des
« moines de Mortagne, afin qu'on ne put pas l'accuser d'en avoir
« pris plus qu'il n'en avoit pris, ni de l'avoir fait sans la permission
« des dits religieux de Mortagne. Il fallut avec cet acte avoir la copie
« autentique de la permission des religieux de Saint-Michel en
« Lherm. On y mit en même tems la copie de la bulle du pape Pie II,
« de 1462. Aussitôt qu'il eut la relique qu'il devoit porter à Saint-
« Maixent, il s'y transporta et y arriva trois jours après, le 3 avril
« 1660. Il déposa la relique entre les mains des moines. On en passa
« un acte, qu'on fit apparemment en double, dont un original sera
« resté à Saint-Maixent et se sera écarté depuis, et l'autre lui sera
« resté en main pour sa décharge.

« Mais lorsqu'il coupa la relique pour Saint-Maixent, il en tomba
« une petite portion de la grosseur d'une petite noix qu'il demanda
« aux moines de Mortagne, qu'ils lui donnèrent. Il la donna en mou-
« rant, avec toutes les pièces, à monsieur Guy d'Hillerin de Puyraveau,
« son frère, qui avoit été temoin de la coupure de la dite relique, de
« la donation que les dits religieux de Mortagne en avoient fait au
« dit Hilaire de Hillerin, et l'avoit accompagné à Saint-Maixent lors-
« qu'il avoit porté cette relique qui y est; le dit sieur de Hillerin de
« Puyraveau est encore vivant, âgé de plus de 90 ans.

« Ma mère étant en couche, et se trouvant en grand péril, envoya
« demander au dit sieur de Puyraveau sa relique; il la lui envoya
« aussitôt, et dans le même moment que la relique entra en la cham-
« bre de ma mère, et qu'on la lui eut montrée, elle fut délivrée et
« accoucha heureusement de ma sœur, Marie-Thérèse de Saint-
« Augustin, qui est présentement religieuse hospitalière en cette
« ville; ce que ma mère regarda comme une espèce de miracle. Cela
« engagea M. de Puyraveau à donner la relique à ma mère avec
« toutes les pièces qui la concernoient. Ma mère la fit enchasser en

— 360 —

En cette mesme année 1660, le 22 avril, fut mise la premiere pierre de la construction de la grande porte de la cour de ce monastere, en la figure suivante, et sous cette premiere

« un reliquaire d'argent, et quand je fus fait curé de Lande-Genusson,
« elle me donna la relique et les pièces. Monsieur de Puyraveau m'a
« donné un certificat de tout ce que je viens de marquer.

« J'ai présenté requête à monseigneur l'évêque, qui, voyant toutes
« ces pièces et le sus dit certificat, m'a donné permission d'exposer à
« la vénération des fidèles la dite relique, dont j'ai fait faire la trans-
« lation solennelle le 4 avril 1710, et dont j'ai fait un procès-verbal où
« toutes ces pièces sont citées, et qui a été signé de près de 25 prêtres
« qui se trouvèrent à la translation.

« Vous voyés par là, mon revérand père, que ces pièces appartien-
« nent à la famille de messieurs de Hillerin, qui me les ont données,
« et qu'on ne peut s'en deffaire à cause de la relique, dont elles
« certifient la vérité.

« Pour la tête de saint Léger, il est certain que ce saint fut mar-
« tyrisé en une forêt d'Artois, où le comte Robert l'envoya par ordre
« de la Cour. Aussitôt que le nommé Vradard lui eut coupé la tête,
« on chercha un pays pour y jetter son corps; mais n'en ayant pu
« trouver, la femme du comte Robert le fit ensevelir en une chapelle
« à Serein, maintenant Saint-Léger. Le différend entre les évêques de
« Poitiers, d'Autun et d'Arras pour avoir ses reliques ayant été vidé,
« Ansoald, évêque de Poitiers, commit Audulphe, abbé de Saint-
« Maixent, pour enlever son corps qui fut conduit à Poitiers et de là
« à Saint-Maixent. Nonobstant cela, on montre une tête de saint
« Léger à Saint-Vaast d'Arras, une autre à Maimac en Limousin, une
« autre à Marbach en Allemagne, diocèse de Basle (cette dernière
« prétention est dès le 8 ou 9e siècle), une autre à Jumege, diocèse de
« Rouen, sur la Seine, une autre à Saint-Pierre de Preaux, sur la
« Rille, diocèse de Lizieux (ces derniers produisent une chasse donnée
« en 1183), ce qui n'empêche pas que les religieuses de Notre-Dame
« de Soissons (monastère où a vécu et est morte sainte Sigrade, mère
« de saint Léger, et qui cependant a été bâti par Ebrouin, ennemi et
« meutrier de notre saint) ne prétendent avoir les têtes en entier,
« aussi bien que les corps de saint Léger et de saint Guérin, son
« frère, qu'elles montrent, sans compter celle de Mortagne, qui est
« peut-être la véritable, puisqu'il est certain que les moines de Saint-
« Maixent, fuyant les Normands qui ravageoient la France, vinrent
« d'abord en Bretagne, de là en Auvergne, de là en Bourbonnois jus-
« qu'à Auxerre, et qu'ils distribuèrent de leurs reliques en différens
« endroits où ils avoient passé. Or le chemin de Saint-Maixent à
« Nantes est par Mortagne; ils y ont pu laisser la tête de Saint Léger,
« et en effet, vers la fin du xe siècle, lorsqu'ils revinrent à Saint-Mai-
« xent, on prétend qu'ils n'avoient plus la tête de saint Léger, et que
« ce qu'ils avoient du reste de son saint corps fut envoyé par eux à
« Ebreuil, au diocèse de Clermont en Auvergne, lorsqu'on y eut bâti
« une église en son honneur et celui de saint Guérin, son frère.

« Voila, mon révérend père, tout ce que j'ai pu découvrir de la tête
« de saint Léger; je souhaite que vous en appreniés davantage. J'ai
« l'honneur de vous l'offrir avec bien de l'empressement et d'être
« avec bien du respect, M. R. P., votre, etc. C. Corneille, chanoine
« de la Rochelle. A la Rochelle, ce 14 août 1716. »

pierre fut mise un boite de plomb, cachetée du sceau du monastere, dans laquelle est un parchemin écrit et signé de la main du R. P. prieur et du secretaire du chapitre, en la forme ci-dessous, et dans la mesme boite on a encore enfermé une piece de quinze sous, de monnoie courante, dont le sou vaut douze deniers.

FIGURE DE LA PREMIÈRE PIERRE FONDAMENTALE

Verbo Incarnato, Virgini matri, S^{tis} Benedicto, Maxentio et Leodegario patronis, hæc porta vetustate collapsa, augustius sumptibus monachorum cœnobii S^{ti} Maxentii, Congregationis S^{ti} Mauri, ordinis S^{ti} Benedicti, est restituta, anno Domini 1660, summo pontifice Alexandro septimo, Pictavorum episcopo Gilberto de Clerambaut, Ludovico à Deo dato octimo quarto pacifice regnante, Jacobo d'Humieres abbate commendatario hujusce cenobii, reverendissimo patre domno Bernardo Audebert superiore generali, et domno Germano Morel visitatore provinciæ Casalis Benedicti ejusdem Congregationis, domno Jacobo Sergent priore, domno Joseph Baudichon supriore et cellerario, D. Martino Bonet, D.

Felice Sarlande, D. Fiacrio Pomet, D. Anselmo Inguimbert, D. Godofredo Pays depositario, D. Jacobo Flaviny, D. Petro Le Clerc, fratre Bartholomeo Calemard, fr. Gabriele Cochon, fr. Antonio Audet, monachis ejusdem monasterii, à quibus et cœleri muri hoc anno et præcerdati sunt reedificati. Delineavit autem schema hujus portæ frater Lucas de La Borye, monachus conversus, pictor et architectus ; quisquis hoc reedificationis monimentum invenerit, oret pro nobis. (Lieu des signatures.)

En la mesme année 1660, le troisiesme de juin, fut continué prieur de ce monastere le R. P. dom Jacques Sergent par le chapitre general de la dite Congregation.

Le 21 du mesme mois, sur les quatre heures du matin, arriva un grand tremblement de terre, qui esmut tellement l'ancien refectoire qui sert d'eglise et le dortoir qui est dessus, que toutes les chambres en furent ebranlées, et les lits des religieux secoués comme si on les eut renversés ; plusieurs villes en sentirent des effets semblables, comme Lymoges et autres.

En la mesme année furent faits les feux de joie et rejouissances publiques en cette ville de Saint-Maixent, pour la paix conclue entre la France et l'Espagne ; le *Te Deum* fut chanté solemnellement en l'eglise de ce monastere, selon la coutume, auquel assisterent tous les corps, savoir : les vicaires perpetuels des deux paroisses avec leurs prêtres et paroissiens, les R. P. Cordeliers et Capucins, les conseillers et officiers du Siege royal, ceux de la Maison de ville et de l'abbaye. Un religieux de la communauté, nommé dom Jean Damascène Couder, y prescha sur le present sujet, aux applaudissements de son auditoire. La mesme ceremonie fut encore faite dans notre eglise, le vingt-uniesme juillet de la mesme année, au sujet du mariage du roi avec l'infante d'Espagne[1].

---

1. « Le 15 août, sur les dix heures du soir, la grange neufve a

Le dix-neuviesme de mars de l'année 1661, fut mise la premiere pierre du fondement du chapitre, sacristie et grand dortoir, par le R. P. Chouquet, visiteur de cette province de Chezal-Benoit de notre Congregation.; voici la figure de cette premiere pierre fondamentale et l'acte capitulaire qui en fut dressé pour memoire :

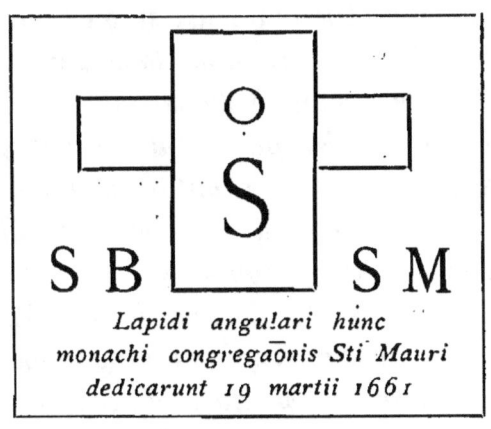

Lapidis primi, pro constructione hujus monasterii appositi, memoriale sempiternum.

Jamdiu regalis hujus cœnobii Sancti Maxentii ædificia, antiquæ pietatis regum monumenta (quæ à furantibus Calvinianæ hæresis fautoribus, impiè diruta, non sine piorum luctu per centum annos visa sunt), æquata solo jacuerunt. Et licet à viginti septem annis, monasterium istud, famosæ congregationi Sancti Mauri in Gallia, ordinis sancti Benedicti,

---

« esté brulée et trois mois après reédifiée comme elle estoit aupa-
« ravant; la perte en a esté estimée jusqu'à 4,000 livres.
   « Le premier septembre, on a commencé la muraille du jardin
« qui fait l'enclos du monastere du costé de la rue ditte des Bou-
« chers.
   « Le 14 février 1661, on a commencé à ouvrir les terres et dé-
« molir les murailles de l'ancien chapitre et arcade proche où est la
« sacristie, joignant à une des croisées de la grande eglise, dans
« lesquelles ont esté trouvés plusieurs concavités en forme de sepul-
« chres, d'un pied de large et de dix de longueur, et rien dedans
« que des planches pourries, et en un endroit s'est trouvé quantité
« de froment brulé » (*Journal*).

fodcitibus adunatum fuerit, cum omnimodo spe quantocius restaurandorum eorumdem ædificiorum, voluti optatæ strictioris observantiæ innanimum, nullas tamen vires, nullas facultates moliendi opus suppeditavit, totum hoc viginti septem annorum infrastitium per hoc non sine aliquo corporum et observantiæ sanctæ gravamine, tempori cedere coacti toleravimus usque ad presentem annum, quo extinctis majori ex parte antiquæ observantiæ patribus, si quæ forsitan residuæ nobis facultates exercaverint, tam laboriosum opus aggredi tentamus, factoque hoc voto, ab illa parte quæ templi quondam augusti murum contigit incipimus, ubi sacristiæ, capitulo et dormitoriis lata sex pedium sternuntur fundamenta apponere, scilicet primarium lapidem, R. P. domno Placido Chouquet, visitatore ejusdem congregationis in hac provinciâ Casalis Benedicti, assistente R. P. domno Jacobo Sergent priore, ceterisque monachis, quorum nomina ordine supposita leguntur, cum formâ et inscriptione præfati lapidis, qui positus fuit intrà murum capituli, à parte orientis retro sedem superioris, cum cœlesti benedictione, solemnique majorum campanarum sonitu. In quorum fidem, post cætera præsentium monachorum chirographia, præsentem actum, ego scriba, capituli jussu, subscripsi die 23ª mensis aprilis anni 1661.

Fr. Jacobus Sergent, prior. Fr. Felix Sarlande. Fr. Fiacrus Pomet. Fr. Jacobus Flaviny. Fr. Godofredus Pays. Fr. Petrus Clerc. Fr. Jacobus Lolier. Fr. Johannes Cladierc. Fr. Raphaël Boyge, scriba capituli [1].

---

[1]. « Le 10 juillet, dans les fondemens des bastimens où doit estre la
« sacristie, s'est trouvé du costé du cloître, vis-a-vis et joignant la
« muraille qui sépare l'escalier d'avec la ditte sacristie, une grande
« tombe de pierre, couverte de quatre pierres bien cimentées, et
« dedans un corps tout consumé, où l'on a reconnu par le baston de
« bois qui s'y est trouvé en façon de crosse, que c'estoit un abbé
« religieux, dont les souillers et habits parroissoient estre d'étoffe
« noire ; ses cendres et ossemens ont esté reservés pour estre mis
« dans le chapitre avec les autres ossemens trouvés dans le dit
« chapitre lorsqu'on a fait les fondemens, au long desquels ont esté
« découverts plusieurs autres tombeaux de pierre, fort profonds,
« avec plusieurs ossemens qui ont esté remis en l'un d'iceux »
(*Journal*).

L'an 1661, le douziesme aoust, fut envoyé par messieurs les grands vicaires de Poitiers la bulle de notre Saint-Pere le pape Alexandre septiesme, pour publier un jubilé universel ; sur quoi le R. P. prieur convoqua les vicaires perpetuels pour leur donner l'ordre de publier le dit jubilé, dont l'ouverture se fit le quatorziesme du dit mois, avec procession generale de tous les corps ecclesiastiques et seculiers, et les stations ordonnées dans les eglises de la ville par le dit R. P. prieur.

En la mesme année, le 2 de septembre, mourut à Toulon d'une dissenterie messire Jacques de Humieres, de la maison de Crevant, abbé de cette abbaye, laquelle il avoit tenu dix-sept ans ; on fit pour lui un service solemnel [1] dans l'eglise de ce monastere, auquel assisterent tous les messieurs de la ville [2].

La mesme année, le vingtiesme novembre, furent faites les rejouissances publiques pour la naissance de monseigneur le Dauphin, et le *Te Deum* fut chanté en l'eglise de ce monastere, à l'accoutumée, auquel assisterent tous les corps ecclesiastiques, reguliers et seculiers.

Sur la fin de cette mesme année 1661, il y eut grande cherté de blé, les pauvres en très grande quantité, et ès aumosnes que nous faisions trois jours de la semaine il y avoit chaque jour sept à huit mille pauvres, de sorte que les aumosnes ont monté jusques à la somme de quatorze mille livres, ce qui a empesché de faire aucun batiment [3].

---

1. « Le dix-huit octobre ensuivant » (*Journal*).
2. « Le 27 du mois de septembre, nous a esté signifié par l'archi-
« prêtre une ordonnance de la part de monseigneur de Poitiers
« portant ordre à tous les ecclesiastiques de signer la condamna-
« tion des cinq propositions attribuées à Cornelius Jansenius : ce
« qui a esté executé par la communauté le 29 du dit mois (*Journal*).
3. « On n'a fait cette année que le pont qui va au jardin dans le
« pré de l'Abrevoir, le fossé qui ferme le pré de la Garenne, et
« netoyé le vivier du jardin. »
« Le 14 janvier 1662 est arrivé sur la minuit un grand trem-
« blement de terre qui a encore fort ébranlé le corps de logis qui
« sert d'eglise et de dortoir » (*Journal*).

L'an 1662, le 23 septembre, sur l'avis que le R. P. prieur de ce monastere avoit eu du R. P. dom Placide Roussel, abbé de Saint-Augustin de Lymoges, qu'après plusieurs lettres et prieres faites à M. Belin, religieux et prieur de l'abbaye de Meymac, pour avoir quelque relique de notre bienheureux patron saint Leger, duquel la plus grande partie du corps se garde en la dite abbaye de Meymac, et que le dit sieur prieur avoit mis entre les mains du pere dom Vincent Villemonteys partie d'une vertebre du dit saint pour estre envoyée en ce monastere et y estre honorée selon les merites d'un si grand saint, la dite relique estant entre les mains du dit R. P. abbé de Lymoges, le pere dom Felix Sarlende, sacristain de ce monastere, fut deputé pour l'aller querir, ce qu'il fit; et estant arrivé icy le cinquiesme d'octobre, le lendemain après les vespres, le R. P. prieur ayant convoqué au son de la cloche tous les religieux devant le grand autel et ayant exposé comme le dit dom Felix lui avoit apporté une petite boite de fer blanc, dans laquelle l'on disoit y avoir une relique de saint Leger, comme faisoit foi les lettres qu'avoit apporté ledit dom Felix, la dite boite fut ouverte, après que les sceaux furent reconnus sains et entiers, et en icelle trouvé un paquet contenant l'attestation du sus dit prieur de Meymac et de dom Vincent Villemonteys, en date du 20 juillet 1662, le tout scellé du sceau du dit sieur prieur.

Ce qu'ayant esté reconnu et verifié, on chanta un hymne, antienne et oraison, et le *Te Deum* à l'honneur du saint, et le tout remis dans la sus dite boite et cacheté du sceau du R. P. prieur de ce monastere.

Le huitiesme octobre fut faite la solemnité de la translation de la relique de saint Leger, qu'avoit apporté M. Hillerin, le 7 avril 1660, laquelle solemnité avoit esté différée sur l'attente d'avoir en outre des reliques du dit saint de l'abbaye de Meymac. De quoy le R. P. abbé de Saint-Augustin de Lymoges ayant donné advis qu'il en avoit une en son pouvoir pour nous, l'on prit resolution de faire au plutôt la dite translation, et on choisit pour cela le dimanche dans l'octave du dit saint, qui se fit en cette façon : avant midi, le R. P. prieur ayant mis la relique apportée de Meymac sur l'autel, dans une petite chasse de broderie faite à dessein, et après midi tous les corps assemblés au son de la cloche, les religieux estant au chœur, le R. P. prieur accompagné de deux chantres alla à l'autel, où estant, dom Félix apporta la sainte relique qui nous avoit esté donnée de Mortagne, et ayant appelé les curés, le president, lieutenant et autres du Siege royal, et le maire et eschevins de la ville, leur dit qu'en la dite boite estoit l'occiput de saint Leger. Les sceaux reconnus sains et entiers, la boite ouverte, l'on y trouva un satin blanc dans lequel estoit le dit occiput de saint Leger, et pour temoignage de la verité, fut lue la permission de M. de la Roche-Guyon, abbé, grand-vicaire de monseigneur l'evesque de Poitiers, faisant foi d'avoir vu titres et pieces justificatives de ce que dessus, avec permission de l'exposer et honorer comme l'on fait les reliques des autres saints. Et à mesme temps fut chanté *Iste sanctus* par tout le peuple avec grande joie, puis encensé la dite relique, dit une oraison du saint, et ensuitte le R. P. dom Michel Maillet, religieux de la Congregation de Saint-Maur a fait le panegyrique du dit saint, et s'est fait admirer. A l'issue de la predication, l'on fit la procession generale où tous les corps ecclesiastiques et reguliers se trouverent et se fit en l'ordre suivant : precedoient les bannieres, puis celle de l'abbaye faite exprès, en laquelle estoit peint d'un costé saint Leger en l'habit benedictin, avec la crosse, mitre, chappe et croix pastorale d'evesque, et ayant en une main un bassin, où estoit depeinte sa langue et ses yeux ; de l'autre costé il estoit avec saint Maixent, portant en leurs mains la ville de Saint-Maixent ; la dite banniere accompagnée d'un riche damas cramoisy avec ses franges. Après suivoient les R. P.

Capucins, les Cordeliers, les croix des paroisses, puis les prêtres : ceux de la ville estoient à costé gauche, et ceux des champs et les curés forains du costé droit; après lesquels estoient les curés ou vicaires perpetuels de la ville avec les stipendiaires, revestus de chappes, pour chanter alternativement. Après les prêtres suivoient le thuriferaire, la croix de l'abbaye, puis les religieux qui avoient quatre chantres revestus, et enfin le R. P. prieur qui portoit la sainte relique; l'on fit des stations à Saint-Saturnin, Capucins, Cordeliers, et Saint-Leger, où se chanta le *Te Deum*, qui s'acheva à l'abbaye, pendant lequel le R. P. prieur encensa la dite sainte relique et après la baisa, et donna à baiser à tous les religieux, à tous les prêtres, à tous messieurs du Siege royal, le maire et eschevins, et après le sacristain revestu d'aube et etole, la porta baiser au peuple, pendant que vespres furent chantées solemnellement. On fut jusques à six heures du soir à la faire baiser, tant il y avoit affluence de peuple, et rejouissance en toute la ville, dont toutes les cloches sonnoient durant la procession.

L'an 1663, le R. P. dom Antoine Savy fut elu prieur de ce monastere par le chapitre general, tenu à Saint-Benoît-sur-Loire.

L'an 1664, le mercredi septiesme du mois de mai, monseigneur l'illustrissime Gilibert de Clairambaut, evesque de Poitiers, faisant sa premiere entrée solemnelle en cette ville de Saint-Maixent, fut receu par le R. P. prieur à la porte de la ville, accompagné de tous ses religieux, et de tous les autres corps, tant reguliers que seculiers, et en qualité de curé primitif, il fit harangue[1] au dit seigneur, d'où il fut conduit processionnellement dans notre eglise, où il donna au peuple la benediction episcopale, la crosse à la main, où neanmoins il ne donna aucun tesmoignage de

---

1. « En latin » (*Journal*).

pretendre droit à la visite du très-saint Sacrement [1].

La mesme année, au mois d'octobre, il y eut en cette ville une celebre mission de prêtres seculiers, qui fit beaucoup de fruit, et quelques conversions de huguenots, à la fin de laquelle se fist une procession generale où le R. P. prieur porta le très-saint-Sacrement [2].

---

1. « Le dernier du mois de juillet 1664 nous a esté envoyé un
« mandement de la part de monseigneur de Poitiers, Gilbert de
« Clairambaut, portant ordre à tous les ecclesiastiques de signer la
« condamnation des cinq propositions attribuées à Cornelius Jan-
« senius, ce qui a esté executé par la communauté le sixiesme du
« mois d'aoust au dit an, en la forme qui s'en suit: Je me soumets
« sincerement à la constitution du pape Innocent X, du 31 may 1653,
« selon son veritable sens qui a été determiné par la constitution
« de nostre Saint Pere le pape Alexandre VII, du 16 octobre 1656 ;
« je reconnois que je suis obligé en conscience d'obeir à ces cons-
« titutions et je condamne de cœur et de bouche la doctrine des
« cinq propositions de Cornelius Jansenius contenues dans son
« livre intitulé « *Augustinus* », que ces deux papes et les evesques
« ont condamnés ; laquelle doctrine n'est point celle de saint
« Augustin, que Jansenius a mal expliqué contre le vray sens de ce
« saint docteur. Fr. Antoine Savy ; fr. Vincent Dumas ; fr. A. Celle-
« ron ; fr. Fiacre Pomet ; fr. Abr. Seillard ; fr. Pierre [Clerc] ; fr.
« Jean-François Gerault » (*Journal*).

2. Au lieu de cette mention fort sommaire, le *Journal* entre, au sujet de cette mission, dans les détails fort intéressants qui suivent et dont nous nous sommes servi pour interpréter une des poésies de Jean Drouhet : *Lez bon et bea prepou do boun-home Bretau, su la mission de monsu Demur, foete à Sen-Moixont, et le viremont de tré Contz huguenau d'alentou en la sason d'authonne 1664* (Les Œuvres de Jean Drouhet, maître apothicaire à Saint-Maixent. Nouv. éd. Poitiers, 1878, p. 175 et s.).

« Au mois d'octobre 1664, arriverent en cette ville des prêtres
« missionaires, vingt-cinq en nombre, par ordre de Mgr l'evesque
« de Poitiers, Gilbert de Clairambaut, qui avoit donné aux dits
« missionnaires mesme pouvoir et authorité dans son dioceze que
« luy mesme avoit. Ils firent ouverture de leur mission par une
« procession solennelle où le superieur des dits missionaires
« porta le très-saint Sacrement de l'autel par la ville ; ils fesoient
« cathechisme et predication trois fois le jour dans l'eglise de Saint-
« Saturnin et celle de Saint-Leger, et en l'eglise des religieuses
« Benedictines de cette ville. Le superieur, nommé M. de Mur,
« instruisoit quantité de personnes en l'oraison mentale ; de plus il
« y avoit trois fois la semaine predication de controverse sous la
« grande halle où se trouvoient grand nombre de monde de l'une et
« de l'autre religion.

« Quantité de personnes de la R. P. R. firent abjuration de l'he-
« resie en public et en particulier. De plus, ces messieurs missio-
« naires establirent en cette ville une confrerie des sœurs de la
« Charité et establirent une superieure, laquelle confrerie subsiste
« encore ; enfin, après avoir sejourné en cette ville environ deux

L'an 1665, le 26 juin, M. le duc Mazarin de la Meylleraye[1], avec madame sa femme, firent leur premiere entrée en cette ville, et vinrent descendre devant le grand portail de l'eglise de l'abbaye, où tous les corps reguliers et seculiers se trouverent: Le R. P. prieur leur presenta la croix à baiser, et leur fit la harangue; de là ils furent conduits dans l'eglise, où fut chanté le *Te Deum* et les oraisons accoutumés en semblables receptions. Le lundi suivant fut faite la mesme ceremonie à monsieur le duc de la Vieuville, gouverneur du Poitou ; le clergé et les corps de ville le receurent à la porte nommée Chalon [2]. Le R. P. prieur après lui avoir presenté la croix lui fit la harangue, et ensuite il fut conduit processionnellement sous un dais dans notre eglise où fut chanté le *Te Deum* et les oraisons accoutumez [3].

Le... may 1666, le R. P. dom Antoine Savy, prieur de

« mois, et avoir fait beaucoup de fruit en cette ville et aux envi-
« rons, ils firent la clôture de leur mission par une procession
« generale où assisterent tous les corps de ville ; ils firent supplier
« civilement la Communauté d'y vouloir assister : auxquels il fut
« repondu que n'ayant point assisté à l'ouverture de la dite mission,
« qu'il n'y avoit point d'apparence de nous trouver à la clôture.
 « Neanmoins, la Communauté s'y trouva, et les religieux revestus
« en chappes, firent la procession, le R. P. D. Antoine Savy, prieur
« de ce monastere, portant le Saint-Sacrement, et deux des dits
« missionaires firent chantres avec deux religieux de l'abbaye. La
« procession estant arrivée sous la grande halle, le Saint-Sacrement
« fut mis sur un autel elevé au dessus d'un théâtre superbement
« paré. Ensuite M. de Mur, revestu d'un surplis et d'une etole
« par dessus, ayant adoré le Saint-Sacrement, commença à l'apos-
« tropher, le tenant de temps en temps entre les mains, et ce avec
« tant de pieté et de devotion, que par la force et la beauté de son
« discours il tiroit les larmes des yeux de la plupart des assistans;
« enfin le sermon et la clôture de la ditte mission estant faits, la
« procession s'en retourna dans notre monastere. Il est à remar-
« quer que ces messieurs les missionaires estaient gens grandement
« zelés pour le salut des âmes, fort riches et de condition, qui
« vivoient à leurs frais et dépens et mesme en commun » (*Journal*).
 1. Armand-Charles de la Porte, duc de Mazarin et de la Meilleraye, époux d'Hortense Mancini, nièce et héritière du cardinal Mazarin.
 2. « Où estant arrivé en compagnie de M. le duc de Mazarini » (*Journal*).
 3. « Le 15 du mois de juillet 1665, estant prieur le R. P. dom
« Antoine Savy, ont esté fait les fondemens des pilliers d'un costé du
« cloître ; en creusant on a trouvé quelques ossemens et une tête
« fort grosse où ne manquoit aucune dent.

cette abbaye, receut une relique notable de saint Maixent, patron de la dite abbaye, savoir une vertebre entiere et la moitié d'une côte, laquelle messire P. de Combes, abbé regulier de N. D. de Breuille, assisté de ses religieux les plus qualifiés et les plus anciens, comme aussi de son senechal et autres officiers seculiers, de son medecin, chirurgien et autres personnes, avoit le... de mars 1666, à la requeste de toute notre communauté, à lui presentée par escrit, tiré de la chasse du dit saint Maixent, laquelle est gardée en l'esglise de la dite abbaye de Breuille, et ensuite après l'avoir fait envelopper et cacheter de son sceau, l'avoit mise entre les mains du R. P. dom Edmond Le Mulier, prieur claustral de l'abbaye de Saint-Allire de Clermont, present à l'ouverture de la dite chasse, comme estant deputé vers lui avec procuration à cette fin. (Tout ceci et le surplus est amplement declaré dans le procès-verbal qui en a esté fait en bonne forme en la dite abbaye de Breuille, de qui nous a esté envoyée la sus dite relique)[1].

Le... juin 1666, le R. P. prieur fit assembler toute la

« Le 16 du mois d'aoust, nous a esté envoyé un mandement de la
« part de Mgr l'evesque de Poitiers, Gilbert de Clerambaut, portant
« ordre à tous les ecclesiastiques de signer la condamnation des
« cinq propositions extraites du livre de Cornelius Jansenius, inti-
« tulé « *Augustinus* »,ce qui a esté executé par la communauté dans
« leurs chapitres, les jour et an que dessus, en la forme qui s'en suit:
« Je soussigné, me soumets à la constitution apostolique d'Innocent X
« souverain pontife, donnée le trente. et uniesme jour de may de
« l'an 1653, et à celle d'Alexandre VII, son successeur, le seize
« d'octobre 1656, et rejette et condamne sincerement les cinq pro-
« positions extraites du livre de Cornelius Jansenius, intitulé
« *Augustinus* », dans le propre sens du mesme auteur, comme le
« Siege Apostolique les a condamnés. Ainsy Dieu me soit en aide
« et sur SS. Evangiles Fr. Antoine Savy prieur ;|fr. Louis Thoumery
« souprieur; fr. Fiacre Pomet; fr. Vincent Dumas; fr. Pierre [Clerc];
« fr. Placide Larnault; fr. F. Luant; fr. Ant. Mosnier; fr. Benoit Plai-
« gnard; fr. Jean-François Giraud; fr. Claude L'Abat; fr. Benoit Du
« Payron ; fr. Anthoine Auder » (*Journal*).

1. Un récit succinct de l'acquisition par les religieux de Saint-Maixent des reliques de saint Léger, provenant de Mortagne, de Meymac et d'Ebreuil, se trouve dans une lettre envoyée à Mabillon par D. Antoine Savy, prieur de l'abbaye (Bibl. Nat., Saint-Germain, 579). Cette lettre a été publiée par D. Pitra, *Hist. de saint Léger*, p. 437.

communauté et lui presenta une petite boëte d'argent dans laquelle la sus dite relique de saint Maixent avoit esté enfermée, et en ayant fait l'ouverture publiquement, il exposa la dite relique à la vue de tous les religieux ; il leur fit faire lecture du procès-verbal fait par monsieur l'abbé de Breuille, touchant la donation à nous faite de la sus dite relique et de l'acte d'approbation de M. l'evesque de Clermont ; après quoi tous les religieux, les uns après les autres, baiserent à nu la dite relique avec une joie et une devotion singuliere.

Le 27 de juin 1666, jour de dimanche dans l'octave de saint Maixent, fut choisi pour exposer au peuple et porter solemnellement en procession la sus dite relique, laquelle peu auparavant avoit esté mise dans un beau grand reliquaire de bois doré, representant à demi-corps le mesme saint, et revestu pontificalement ; pour rendre la ceremonie plus solemnelle et plus agreable on fit venir la musique de Saint-Hilaire de Poitiers, laquelle chanta ce mesme jour la grande messe en laquelle le R. P. prieur officia solemnellement, et il s'y trouva grande affluence de peuple. A une heure après midi, tous les religieux et les paroisses de la ville s'estant rendues processionnellement dans notre eglise, les vespres y furent chantées en musique ; à l'issue desquelles quatre de nos confreres, revestus en aube et dalmatique, porterent sur deux brancards les reliquaires de saint Maixent et de saint Leger, et tous les autres religieux estant vestus en chappes, la procession generale se commença, dont l'ordre fut tel que s'ensuit : premierement, la procession alla par notre cloitre dans la grande eglise antienne, et fit la premiere station devant les tombeaux de saint Maixent et saint Leger ; de là, sortant par notre jardin, le long du dortoir neuf, et par la basse-cour du monastere, elle s'en alla tout droit en l'eglise du monastere des religieuses Benedictines, puis elle revint sur ses pas en celle de Saint-Saturnin, et ensuite monta à celle des peres Capucins; de là, en faisant le tour, elle se rendit en celle des peres Cordeliers, puis vint s'assembler sous les halles, où se fit la predication par un de nos confreres [1]; après laquelle, continuant son chemin par l'eglise de Saint-Leger, elle se termina en notre eglise, environ les six à sept heures du soir. Durant toute la procession, les litanies de la Sainte Vierge furent chantées par deux des chantres de Saint-Hilaire, auxquels les autres musiciens repondoient en faux-bourdon; nos confreres, pour donner aux musiciens loisir de reprendre haleine, chanterent à deux diverses reprises quelques hymnes, et à la fin le *Te Deum*. En toutes les sus dites eglises, on chanta en musique à la station autant de motets fort beaux et tous differens, et nos domestiques avec quelques autres firent deux belles salves de mousqueterie de la haute galerie de notre clocher, et bon nombre de jeunes gens de la ville qui estoient en armes, en firent autant dans les places; la joie, l'affluence et la devotion du peuple furent extraordinaires.

L'an 1667, l'on a achevé de bâtir les deux grands dortoirs neufs, composés de trente-quatre chambres, sous lesquels il y a un chapitre, une sacristie et une grande salle bien voutés, et l'on a commencé de travailler aux voutes et arceaux du cloître, entre l'ancien refectoire et la grande eglise ruinée [2].

L'an 1669, le reverend pere dom Ambroize Fregeac, cy-devant prieur de Saint-Jehan d'Angely, fut esleu prieur de ce monastere par le chapitre general tenu à Saint-Benoist-sur-Loire [3].

L'an 1670, le 21 mai, fut posée la premiere pierre pour la construction ou reédification de la grande eglise, cent et

---

1. « Dom François Duvivier, pour lors superieur et lecteur en « theologie à Nouaillé » (*Journal*).
2. « Le 23 janvier audit an (1667), fut chanté le *Te Deum* pour la « naissance de la fille de France, en presence de monsieur le comte « de Pardaillan, par l'ordre du Roy, et ensuite feu de joye » (*Histoire chronologique*).
3. « L'an 1669, ce monastere fut choisi pour l'establissement d'un « cours de philosophie par le chapitre general tenu à Saint-Benoist

huict ans après sa destruction par les heretiques calvinistes. Cette entreprise de rebâstir ce beau vaisseau avoit esté aussi longtemps dans les souhaits de tous les peuples catholiques, tant de la ville que des champs, tant seculiers qu'ecclesiastiques, qui voyant les ruines d'un si saint et si auguste edifice soupiroient après sa restauration : mais plus particulierement les religieux, se voyant contraints depuis tant d'années à faire les offices dans le vieil refectoire avec peril évident, les voûtes estant entrouvertes en plusieurs endroits, adjoutoient les larmes aux soupirs et importunoient le ciel par leurs ferventes prieres, afin qu'il plut à Dieu faire naître ce jour auquel ils pussent voir la reparacion de son temple, l'ouvrage magnifique de nos premiers rois et l'asile autrefois de tous les pauvres affligés qui s'y rendoient des pays les plus esloignés pour obtenir les santés et les grâces du Saint Sauveur par l'intercession de saint Maixent et saint Leger, patrons et tutelaires.

Après donc tant de larmes et de soupirs, Dieu inspira le R. P. prieur d'entreprendre l'ouvrage, et comme estant poussé du desir de la gloire de Dieu, et se confiant en sa divine misericorde, il s'adressa au très reverend pere dom Bernard Audebert, superieur general de la Congregation, luy presentant une humble réqueste qu'il fit signer par les plus anciens de sa communauté, affin qu'il lui plust

---

« sur Loire, en la mesme année, qui fut composé de vingt-huit
« escoliers, sçavoir : douze religieux de notre Congregation, et seize
« seculiers de cette ville, auxquels le très R. P. general, requis par
« le R. P. dom Ambroise Fregeac, prieur de ce monastere, permit
« d'estre receus, en consideration de la foy catholique. Dom Michel
« Fouqueré, qui estoit lecteur, en fit l'ouverture dans notre eglise le
« quinziesme de septembre de la mesme année, en presence de tous
« les corps de ville, par un discours en latin, dont le sujet estoit le
« Triomphe de la philosophie chrestienne sur l'humaine, divisé en
« deux arcs triomphaux qui en faisoient les deux parties, dont le
« premier estoit la certitude que la philosophie des fidelles a sur
« celle des infidelles, estant appuyée sur la foy, l'autre estoit la fin
« bienheureuse et surnaturelle où les fidelles referent leur philo-
« sophie, en comparaison de la fin basse et vaine où les infidelles
« portent la leur » (*Journal*).

donner sa permission pour commencer le saint edifice.

Il y avoit desjà plusieurs dessins qui avoient esté tirés sur le lieu par divers maistres architectes, et tous tendoient à rendre l'eglise plus belle et plus claire qu'elle n'avoit jamais esté dans sa première construction; mais comme il falloit s'attacher à un seul d'entre plusieurs, et que les deux premiers, savoir dom Joseph de La Baraudiere et frere Luc de La Borie, estoient de divers sentiments, le très R. P. superieur general commanda à frere Robert Plouvié, qui conduisoit le bastiment de Sainte-Croix de Bordeaux, de se transporter en ce monastere, et tracer un dessin tel qu'il voiroit bon estre: ce qui fut executé [1]. De plus, le reverend

---

1. Une partie de ces plans existe aux Archives Nationales, section des plans, n°s 3 et 4 des plans du département des Deux-Sèvres.
Ils portent les désignations suivantes :
N° 3. a. Plan général des bâtiments avec les jardins et les dépendances. (Dans les blancs se trouve un avis signé par Fr. Jacques Sergent, prieur, Fr. Benoist Cibelle, sous-prieur, Fr. Dunstan Coty, prieur, Fr. Pierre Ledoc, en date du 6 février 1663, portant qu'après révision du plan présenté par fr. Luc à des architectes et personnes intelligentes, et en vertu de la lettre du supérieur général en date du 29 octobre 1662, on a tracé à nouveau ce plan, avec demande qu'il soit exécuté conforme. Suivent l'approbation de fr. G. Verthamont, visiteur de la province de Chezal-Benoît, en date du 6 février 1663, et celle de fr. Bernard Audebert, supérieur de la Congrégation de Saint-Maur, du 18 mars 1663. Comme nous l'apprend le *Journal*, ce plan ne reçut pas son entière exécution; le cloître entre autres fut considérablement augmenté).
b. Profil et élévation de la nef et des collatéraux à rebâtir sur les anciens fondements. (Plan modifié).
c. Partie des piliers de la nef refaite.
d. Plan des piliers.
e Profil et élévation de la nef ancienne. (On y voit que l'ancienne église, dont la voûte centrale s'élevait à 50 pieds, ne recevait de jour que par les fenêtres des collatéraux).
f. Partie des piliers de la nef ancienne.
g. « Profil de l'église de St-Maixent, 1670. Signé: fr. Hilaire Pinet. » (Plan non exécuté).
h. Elévation de la coupe de la nef.
N° 4. a. « Elévation de la face du dortouer du côté de l'Orient. »
b. « Moitié du plan des stalles du chœur qui doit estre fait dans l'eglise des reverends peres benedictins de l'abbaye de Saint-Tibéry. (Ce plan a dû être appliqué en partie à Saint-Maixent, et c'est ce qui explique sa présence parmi les nôtres.)
c. « Cinquiesme plant des bastimans des gallatas de la royalle ab-« baye de Saint-Maixant en Poictou ».
d. Second étage.

pere visiteur, dom Joseph Seguin, receut encore ordre du mesme superieur general, de recognoistre sur les lieux quels moyens et commodités le monastere pouvoit avoir pour conduire à chef une telle entreprise ; et pour ne rien oublier, le R. P. visiteur estant venu en ce monastere, et pris toutes les cognoissances possibles, il donna son consentement, et ensuite par ordre exprès, il fallut envoyer à Paris tous les dessins qui avoient esté faicts pour y estre de rechef examinés et corrigés par les architectes de la Congregation, en presence du R. P. superieur general, lequel ayant fait tirer le plan qui lui sembla le plus beau et plus conforme, l'envoia tout correct au R. P. prieur avec pouvoir de le faire executer, sans y souffrir aucun changement ou alteration [1].

Le R. P. prieur ayant receu le plan, avec la main-levée pour commencer l'ouvrage, le prix faict de dix pilliers, arrachements des solives et echafaudages fut donné à maistre François Duc, dit Toscane, normand de la ville de Caudebec [2], et le jour fut assigné au 19 may pour poser la premiere pierre, laquelle sert de base au premier pillier qui porte son arcade sur le clocher du costé de l'epitre, sur laquelle pierre ont esté gravées ces paroles :

A et Ω

Sammaxensis ecclesiæ à monachis Benedictinis congregat. S[ti] Mauri reparatæ lapis primarius, à R. P. priore huius

---

[1]. On trouvera à la fin de ce volume le plan de l'église et de la crypte tels qu'ils furent exécutés. Le dessin en a été fait en 1717 par Antoine Du Bois, curé de Saint-Saturnin de Saint-Maixent, sur l'invitation de D. Chazal, qui voulait le placer à la suite de son *Chronicon sammaxentianum*. Il n'en existe d'autre exemplaire que celui qui accompagne le manuscrit du *Chronicon* conservé à la Bibliothèque d'Orléans, et que nous avons fait reproduire.

[2]. François Le Duc, qui s'intitulait maître entrepreneur et architecte, après avoir reconstruit les églises des abbayes de Saint-Maixent et de Celles, et fait en Poitou d'autres grands travaux, revint mourir à Saint-Maixent en 1698 et fut enterré dans le côté gauche de l'église.

monasterii inauguratus et à serenissimo duce Mazarino collocatus, xii. *Kal. Jun. an.* MDCLXX.

Et dans la mesme pierre fut mise une boëte de fer contenant, avec le nom de tous les religieux faisant la communauté, l'escriture qui suit :

Ad æternam Christi Jesu, regis æterni, gloriam et ecclesiæ Sammaxensis reparatæ memoriam, anno à Nativitate eiusdē millesº sexentesº septuagesº, summo ecclesiæ antistite Clemente X, episcopo Pictaviensi dño Gilberto de Clerembaut, Gallis imperante Ludovico XIIII, Congregaūis Sancti Mauri benedictinæ præposito generali reverendissimo patre domno Bernardo Audebert, monasterii huius abbate Dº Dº Gaspare d'Humières, equite Melitensi, ac priore reverendo patre domno Ambrosio Fregeac, duodecimo calendas junias, timpanis, buccinis atque tormentis bellicis resonantibus, visu plausuque civiū, solemnissimo primarium hic reparandæ ecclesiæ lapis, juxtà eiusdē inscriptionē ē collocatus : cuius in medio inserta est hæc theca ferrea, in quâ sacræ divi Herculani martiris reliquiæ : item et capsæ sanctissimi patris Benedicti lignea particula, nec non sæva massa vulgò Agnus Dei continetur. In quorū omniū testimoniū et indubitatam fidem reverendus pater prior supradictus cum omnibʼ religiosis hoc in monasterio tunc temporis sub suavissimo sanctæ regulæ jugo degentibus, præsenti instrumento subsignavit, die et anno quibʼ supra.

Or, cette premiere pierre fut posée par monsieur Pavin, maire de la ville et lieutenant particulier au siege de Saint-Maixent[1], et ce par commission et ordre special de monsieur le duc de Mazarin, lequel ayant esté prié par le R. P. prieur, et par deputation du R. P. dom Laurens Faydit, religieux de ce monastere, vers son altesse, aux fins qu'il luy plust honnorer de son nom cette ceremonie, il receut de bonne grâce l'offre qui luy fut faict et tesmoigna qu'il eut desiré

---

1. Paul Pavin, sieur de la Fortranche.

s'y trouver en personne ; mais comme ses grandes affaires ne lui permettoient pas de quitter Paris, il nomma le dit sieur Pavin, maire et son agent au chasteau de la Milleray, pour tenir sa place, avec recommandation par escrit de ne rien obmettre de ce qui pourroit rendre la ceremonie honorable et magnifique.

Le jour donc, 12 may, estant arivé, il ne causa pas moins de joie à tous les catholiques que ce jour fatal auquel l'eglise avoit esté demolie avoit causé de tristesse à leurs ancestres, car despuis le soir du jour precedent toutes les cloches sonnant dans l'abbaye et dans les paroisses annonçoient la rejouissance du lendemain, et chascun se preparoit à tesmoigner l'allegresse de son cœur. Tous les corps ecclesiastiques et reguliers furent priés de bonne heure d'assister, et environ les huit heures du matin, le R. P. prieur dit la messe solemnelle du Saint-Esprit, à laquelle les principaux de la ville assisterent. Et l'après-disnée, environ les trois heures, vespres estant dictes, tous les corps ecclesiastiques reguliers et seculiers se rendirent dans la petite eglise, qui estoit le refectoire, et marchant processionnellement à la grande eglise, toutes les cloches sonnant, le R. P. prieur, revestu de chape, avec les officiers et ministres de l'autel revestus de mesme, precedé par tous les corps ecclesiastiques, estoit suivi par monsieur le maire accompagné de tous les corps seculiers ; cependant, on entendoit le bruit des fusiliers et mousquetaires qui, estant arrangés sur les voûtes et galeries du grand clocher en grand nombre, tiroient sans cesse, et le bruit de l'artillerie estoit meslé des fanfares des trompettes, tambours et acclamations de tout le peuple. Estant arrivés au bas de la nef, près du clocher et autour du pilier sus dict, il se fit un grand silence, et le R. P. prieur ayant faict la benediction avec la ceremonie requise sur la premiere pierre, le maistre architecte presenta la truelle garnie de rubans de diverses couleurs à monsieur le maire qui s'en servit adroitement pour garnir de mortier l'assiette de la dite pierre, laquelle fut aussitost posée, et ensuite il jeta sur icelle pierre plusieurs pieces de monnoye blanche pour le vin du maistre architecte et de ses ouvriers. Après quoy tous les corps ecclesiastiques se retirerent parmi la saluë des fusiliers et M. le maire avec les principaux de sa suite entra dans la salle du monastere, où ils prirent le rafraichissement d'une honneste collation. Et estant rendu à sa maison, il fit largesse d'un bon vin au public, le tout au nom de monsieur le duc de Mazarin, duquel il representoit la personne. Voilà au plus près ce qui se passa en la benediction de la premiere pierre : j'en ay faict ce discours historique pour servir de memoire à la posterité [1].

Le 27 may, en l'an 1670, mardy de la Pentecoste, fut commencée la mission dans l'eglise et paroisse d'Azay, prieuré de notre dependance, et ce en vertu du bref donné à toute nostre Congregation par le pape Clement IX et de la speciale permission de monseigneur l'evesque de Poictiers, donnée très amplement par son vicaire-general en la teneur qui s'en suit :

« Louis Guyon, prestre, docteur de Sorbonne, abbé de
« Tonné-Charente, vicaire-general de monseigneur l'illus-
« trissime et reverendissime evesque de Poictiers, à tous
« ceux qui ces presantes verront, salut. Desirant favoriser
« le pieux et louable dessein des prieur et religieux benedic-
« tins de l'abbaye de Saint-Maixent en ce diocese, et faire
« davantage fructifier la mission qu'ils veulent entreprendre
« dans les paroisses de leur despendance, conformement à
« la bulle qu'ils en ont obtenu de nostre Saint-Pere Clement

---

1. Le *Journal*, qui ne donne qu'un récit sommaire de cette cérémonie, ajoute ensuite : « Cette premiere pierre est la baze du « premier pillier qui porte son arcade sous le clocher du costé de « l'epitre. Les autres circonstances et particularités sont ample- « ment decrites dans un cahier particulier de la suitte de l'histoire « du monastere, page 64 et les suivantes. » C'est le « Discours his- « torique » que nous publions.

« neuvieme, dont nous avons cydevant permis la publica-
« tion : nous permettons au pere prieur de l'abbaye, comme
« le chef de la dite mission, de choisir tel nombre qu'il
« jugera à propos des religieux de sa charge et en substituer
« d'autres, si besoin est, auxquels, comme au pere prieur
« nous donnons pouvoir, pendant le cours de la dite mis-
« sion, de prescher, catechiser, confesser et absoudre des
« cas reservés à monseigneur, les mariages clandestins
« exceptés, et affin de rendre la dite mission plus celebre
« et plus solemnelle, nous y permettons l'exposition du
« très-saint Sacrement dans les lieux et dans les temps, au
« choix et option des dits peres Benedictins, auxquels nous
« donnons pouvoir de convoquer les curés circonvoisins,
« qui seront tenus d'y assister personnellement avec leur
« peuple, affin de pouvoir participer aux exercices et ins-
« truction des dites missions; les presentes valables pour
« un an. Fait à Poictiers, le 22 septembre 1669. » Signé :
« L. Guyon, abbé de Tonné-Charante, vicaire-general ». Et
plus bas : « Par mon dit sieur vicaire-general, Pelourd, *loco*
« *secretarii.* »

Pour donc preparer le monde à cette mission, dès le dimanche de la Pentecoste, on distribua les imprimés ou copies de la bulle pour estre affichées aux portes des eglises, et messieurs les curés advertirent leurs peuples en faisant leurs prosnes, comme fist aussi un religieux, qui preschant dans le prieuré d'Azay au dict jour de la Pentecoste, annonça la mission future dans la mesme eglise, et prepara les auditeurs à recevoir les grâces du ciel.

Mais le mardy suivant, le R. P. prieur partit de bon matin avec plusieurs religieux et s'y en alla faire l'ouverture de la mission en exposant le Saint-Sacrement, disant la messe solemnelle, et preschant en presence de la procession de Saint-Saturnin, qui donna l'exemple à toutes les autres ; ensuite ils firent la procession du très-saint Sacrement, et continuerent tout le jour à faire les autres exercices qui se devoient pratiquer durant toute la mission.

Despuis ce premier jour, pendant un mois entier, il s'y rendit beaucoup de monde, tant de la ville que des champs, qui s'approchoient des sacrements pour gagner l'indulgence pleniere, assistoient à l'exercice du matin, qui estoit le bon propos ou une forte predication sur le debvoir du chrestien, et les mesmes attendoient l'exercice du soir qui estoit encore une autre predication sur les matieres les plus touchantes ; après cette predication suivoit l'examen de conscience avec les litanies de la Vierge, chantées par des religieux ou par des enfants ; après les litanies, on donnoit la benediction du très-saint Sacrement, pendant laquelle le R. P. dom Laurent Faidy, qui conduisoit tous ces beaux exercices et qui se monstroit infatigable à prescher matin et soir, à confesser, catechiser et instruire, faisoit à haute voix, ainsin que l'examen, trois protestations contenant une entiere renonciation aux trois ennemis de notre âme, le monde, le diable et la chair.

Mais aux jours des festes, ces exercices redoubloient, parce que plusieurs processions y abordoient. Car outre celle de Saint-Saturnin, qui y arriva le 27 may comme il a esté dict, celle de Saint-Leger y vint bien solemnellement le dimanche suivant 1er de juin, et assista à tous les exercices du jour. Le 11 juin, jour dedié à la memoire de saint Barnabé, il y avoit cinq processions, savoir : de Cyreuil, d'Augé, de Berlou, de Renié et de Sauvigné, et celle de Saint-Martin hors les meurs de Saint-Maixent y vint le 15 juin.

Dans ces jours de dimanche et autres festes, comme la feste du Saint-Sacrement, accause de l'affluence du peuple qui passoit tout le jour en devotion sur le lieu, il falloit porter la chaire hors de l'eglise, soubs le grand hormeau, où l'on preschoit la controverse, à laquelle se trouvoient plusieurs huguenots Calvinistes qui n'osoient entrer dans l'eglise pour entendre la predication. Et cette controverse ne fut pas sans fruit, parce que plusieurs des heretiques, voyant les mysteres de notre foi traités avec tant de clarté, recognoissoient la fausseté de leur religion, et entre un grand nombre de ceux qui furent touchés et ebranlés, il y en eut plusieurs qui se convertirent, abjurerent la maudite heresie, et receurent l'absolution du R. P. prieur.

La devotion alloit tousjours en augmentant, et durant quatre sepmaines entieres que dura cette mission, trois ou quatre confesseurs estoient occupés despuis les cinq heures du matin jusques à deux heures après midy ; mais le 24 de juin, auquel l'Eglise celebre la feste du grand saint Jean-Baptiste, et auquel devoit se terminer la mission, le peuple tesmoignoit qu'elle ne duroit pas assez, aussi l'affluence fut fort grande, chacun desirant d'avoir part à tant de saints exercices, les confesseurs ne suffisoient pas, et fallut dire toutes les messes basses et sans chantre pour gagner temps et en laisser pour les predications et confessions dedans et dehors l'eglise.

L'après-dinée fut fort courte, et parce qu'il falloit planter une belle croix, environ les quatre heures, le R. P. prieur se revestit en chappe pour le très-saint Sacrement ; ensuite on chanta les vespres solemnellement. Les vespres estant finies, on sortit en procession, chantant l'hymne *Vexilla Regis* jusques au lieu où se devoit planter la croix, devant la porte du prieuré; et l'hymne estant achevé, le R. P. prieur benit et encensa la croix et incontinent elle fut eslevée ; ensuite chacun prit place sous le grand hormeau, où la chaire estoit preparée, et le R. P. dom Laurens Faidy fit à son ordinaire une belle et puissante controverse sur l'adoration de la croix, à la confusion de plusieurs heretiques qui estoient presents, et à la grande consolation des catholiques, qui se sentirent tellement attendris que la pluspart fondoient en larmes. Aussi, la predication achevée, tout ce peuple, dans cette tendresse de cœur, vint se jetter au pied de la mesme croix arborée, et par le chant d'un très devot hymne en françois, chanté par de belles voix, ils lui rendirent tous autant d'adorations qu'il y avoit de versets.

Cela estant faict, tous rentrerent dans l'eglise, où le R. P. prieur prit le très-saint Sacrement, et le porta sous le dais dans la procession qui fut faite autour de la mesme croix et des arbres qui ornent cette place, et estant revenus à l'autel, et les adorations accoutumées à haulte voix, avec les protestations, estant rendues à cet auguste sacrement, chacun receut la benediction ; tous se retirerent gemissant et neammoins consolés, pour avoir pratiqué tant de saints exercices et participé à tant de grâces et benedictions celestes [1].

Le 13 juin 1670 fut faite l'entrée et reception de monsieur le compte de Parabere en cette ville, comme lieutenant du Roy dans le Haut Poictou [2], et parce que cette reception fut faite sans confusion et avec un bel ordre, j'ai jugé à propos d'en marquer les circonstances :

Primo, monsieur Pavin, maire de la ville, donna l'ordre aux corps seculiers et fist mettre sous les armes environ douze cens hommes, partie à cheval et partie à pied, et en huict ou neuf heures du matin M. le prevost des archers s'en alla au-devant de monsieur le gouverneur jusques à Nanteuil ; tost après suivit monsieur le maire avec sa cavalerie, monsieur le president des Elus l'harangua sur les fossés, et monsieur le lieutenant-general le receut hors les portes de la ville.

Mais le R. P. prieur, dom Ambroize Fregeac, ayant esté averti du jour et de l'heure, se tint prest avec sa communauté, qui estoit seulement de vingt religieux, et de bonne

---

1. Le *Journal*, après avoir mentionné sommairement cette mission, ajoute : « Voyez les autres particularités au mesme cahier, « page 66 et suivantes ».
2. Jean de Baudéan, comte de Parabère, marquis de la Mothe-Saint-Héraye, conseiller du roi en ses conseils, lieutenant-général au gouvernement du Haut-Poitou, Châtelleraudais et Loudunais.

heure, il fit prier par un religieux prestre messieurs les curés de Saint-Saturnin, de Saint-Leger et de Saint-Martin de se rendre en nostre eglise avec les prestres ; il fit aussi prier de mesme les RR. PP. Cordeliers et Capucins de se trouver à cette ceremonie; tous lesquels se rendirent sur la fin de notre grand-messe entre neuf et dix heures du matin. Et estant ainsin assemblés dans nostre eglise, ils marcherent avec ordre, processionnellement et en silence, vers la porte Châlon ; le R. P. prieur avec les ministres de l'autel estoient revestus des plus beaux ornemens, et le porte-croix avoit à ses costés des acolytes portant les chandeliers, sans benitier ni encensoir.

Despuis la porte de nostre esglise jusques à la sus dite porte de Châlon, où se devoit faire l'entrevue ou reception, la procession marcha tousjours entre une double haye de mousquetaires et fusiliers, si pressés dans leurs rangs qu'ils se touchoient l'un l'autre.

Estant arrivés à la porte Châlons, ils s'arrestèrent tous entre les portes, à double cheux, pour donner passage à la cavalerie, sçavoir à l'escadron de monsieur le prevost qui marchoit le premier, puis à la cavalerie de monsieur le maire, qui estoient en grand nombre et tous l'épée nüe à la main. Ensuite passerent les gardes de monsieur le gouverneur.

Enfin parut entre les deux portes monsieur le gouverneur, dans son carrosse, qui estant descendu aborda le R. P. prieur, qui luy fict une belle harangue en françois, à laquelle monsieur le gouverneur respondit agreablement et avec tesmoignage de grande satisfaction. Pour lors on luy mist un carreau de velours sous les genoux, et le R. P. prieur lui donna la croix à baiser. S'estant relevé, on lui presenta le poësle, porté par quatre avocats, mais il ne voulut pas se mettre dessoubs. Cependant les chantres entonnerent le *Te Deum*, qui fut chanté par tout le clergé jusques dans notre esglise, marchant tousjours entre le double rang des mousquetaires et fusiliers, et toutes les cloches de l'abbaye sonnant en signe de rejouissance.

Estant parvenus devant le grand autel, monsieur le gouverneur se mist à genoux devant son fauteuil sur le prie-Dieu ou oratoire preparé à costé de l'Evangile, et les oraisons dites sur lui par le R. P. prieur, on commença une messe basse, laquelle estant achevée M. le gouverneur et les principaux de sa suite entrerent dans la salle du monastere où ils disnerent au nombre de quatorze avec M. le maire et le R. P. prieur [1].

Le mesme jour, 3 juin, après disner, environ les quatre heures, fut faict le feu de joye par l'ordre du Roy pour l'exaltation du cardinal Altieri au souverain pontificat, nommé Clement X, et monsieur le gouverneur voulut mettre le feu au buscher preparé en la grande place du chasteau, au bruit de toute l'artillerie qui avoit assisté à sa reception ; ce qu'estant faict, il se retira à son chasteau de La Mothe.

Il faut notter qu'il n'y eut pas d'autre *Te Deum* chanté à l'occasion du feu de joye, parce que comme dict alors monsieur le gouverneur, il n'y avoit point d'ordre de la part de monsieur l'evesque, qui seul le peut donner. Et cependant, ceux de cette ville, en cette occasion et aultres semblables, ont pressé le R. P. prieur de le chanter sans l'ordre du susdict evesque, ce qu'ils n'ont pourtant jamais obtenu, et à cette fois icy, ils ont appris comme il y faut proceder, de la bouche de M. le gouverneur, et de la part de monseigneur de Poictiers, lequel en cette mesme occasion fit actionner les chanoines de Partenay parce qu'ils l'avoient chanté sans son ordre.

Le 4 août 1670, jour dedié à la memoire du patriarche saint Dominique, le fleau des heretiques Albigeois, il

---

1. Le *Journal*, après le récit de cette fête, ajoute : « Voyés au long « les particularités dans le cahier de l'histoire, page 71 et suivantes, « et remarqués la notte qui est à la fin ».

arriva un cas extraordinaire à une petite demie-lieue de cette ville, sur le chemin de Celles, et au lieu communement dit les Belles-Croix. Il y avoit là une croix de pierre, elevée de douze ou quatorze pieds par les soins et le zele de frere Jehan Peing, religieux et infirmier de ce monastere ; cette croix servoit d'un signal de pieté aux bons catholiques pour les faire souvenir de la mort et passion de notre bon Sauveur, comme font toutes les autres plantées sur les grands chemins ; mais d'autant que la plus grande part des paysans qui habitent en ces quartiers-là sont heretiques, ennemis de la croix, celle-là, qui se voyoit de loin, estoit l'objet de leur envie et irrisions, l'appelant par mocquerie « un virevent, un viremouche, un espouvantail » et d'autres semblables sobriquets, et mesmes ils ajoutoient aux sobriquets des insolences, en sorte que les garçons qui gardoient leurs troupeaux aux environs, ou qui travailloient durant les moissons aux champs voisins, grimpoient dessus et s'esbattoient à qui se mettroit à cheval sur le croizon d'icelle croix adorable.

Mais Dieu qui avoit si souvent souffert semblables insolences se lassa enfin et laissa agir sa justice au dit jour, permettant qu'un malheureux huguenot estant dans le champ à cueillir la gerbe, il dict comme il avoit accoutumé d'autres fois : « Voyons si je monteray bien sur ce viremouche » ; il y monta et se mit à cheval sur le croizon ; mais, malheur pour luy ! car estant dessus, le croizon, par permission divine, se rompit à l'endroit où il estoit enté sur le pied avec un gros fer, et ce malheureux fut precipité de telle sorte que le croizon, tombant sur lui, par un double coup miraculeux lui fendist le crâne et lui coupa le col sans parole ni cognoissance aucune.

Ce malheureux s'appeloit Daniel Yury, du village de la Chevalerie, paroisse de Souvigné ; il estoit mestayer de M. Chevalier, âgé de 30 ans ; son corps fut aussitost enlevé et enterré à la sourdine, comme font les heretiques.

La justice de monsieur l'abbé se porta au lendemain sur le lieu pour informer du fait ; mais ayant trouvé le corps enlevé, ils se contenterent d'avoir vu la croix renversée avec les marques du sang et les poils collés au croizon, et, faute de tesmoings ou de zele, ils negligerent les procedures qui eussent esté requises en semblable cas [1].

Durant tout ce temps-là, le R. P. dom Laurens Faidy continuoit ses predications de controverse qu'il avoit commencé le jour de la Pentecoste sous les halles, et ne desista point durant vingt-trois dimanches consecutifs, et mesme quelques jours de festes particulieres, expliquant si clairement les matieres, qu'il faisoit toucher au doigt les erreurs des heretiques à ceux mesme du parti, qui estoient contraints d'avouer qu'ils n'avoient jamais entendu mieux dire ; ils y assistoient en grand nombre, aussi bien que les catholiques, et encore bien que le pere fut ordinairement fort long, et dura bien souvent les deux heures entieres, personne n'en estoit ennuyé et tous se retiroient contents et dans l'admiration. Les catholiques estoient confirmés dans la veritable religion et les heretiques tesmoignoient estre bien esbranlés, ce qui parut mesme en quelques particuliers qui obeirent à la grâce, abjurant leur heresie, et si tant d'autres s'endurcirent, quoique convaincus, c'est qu'ils resistoient opiniâtrement à la grâce, et meprisèrent le don du ciel qui leur estoit offert. Mais en cela parurent-ils avoir mauvaise cause et se confesserent vaincus quand le pere, qui estoit tous les dimanches au presche, accompagné des magistrats pour ecouter le ministre et voir s'il lui fourniroit quelque matiere à refuter, il ne fit rien moins et se tint durant tout ce temps-là sur la retraite, et esvita le combat, ne parlant jamais de matieres controversées.

---

1. A la suite du récit sommaire qu'il donne de ce fait, le *Journal* ajoute : « Une croix plus belle et plus haute a esté élevée au mesme « lieu. Voyés le cahier de l'histoire, page 74 et suivantes ». On trouvera plus loin la suite de ce récit.

Encore bien que la croix de laquelle a esté fait mention ci-dessus eust esté victorieuse de l'heretique auquel elle ecrasa la teste en tombant, neammoins les religieux du monastere et tous les bons catholiques portoient impatiemment de la voir abattue, mais plus particulierement monsieur Peign, infirmier, qui vivoit encore, aagé de soixante-dix-huit ans et qui l'avoit fait eriger à ses despens : aussi resolut-il de la faire remettre au mesme lieu avec plus de gloire que jamais; c'est pourquoi, poussé d'un plus grand zele, il en fit faire une, beaucoup plus haute et plus belle, au maistre architecte qui travailloit à remettre la grande esglise, et n'espargna rien pour l'ornement et decoration d'icelle croix, y faisant graver une couronne d'epines avec les armes du monastere et les siennes particulieres, et le quinziesme jour du mois de mars, en 1671, le lundi de la semaine de la Passion, il fit eslever ladite sainte croix au mesme lieu où elle avoit esté deshonorée par le malheureux heretique et où elle est autant reverée par les bons catholiques, qui la voyant de loin la saluent avec grand respect [1].

Le lendemain, seize mars, le R. P. prieur dom Ambroise Fregeac, accompagné de plusieurs religieux et seculiers, s'en alla sur le lieu pour benir et adorer la mesme croix. Et pour un surcroit de victoire et de zele sur les ennemis de la croix, au mesme temps, monsieur l'infirmier fit transporter la premiere croix qui avoit esté abbatue par l'heretique et la fit eslever sur le mesme chemin, vers le faubourg Charroux, proche les perrieres, parce qu'il y avoit eu autrefois en ce mesme lieu une croix, et fort à propos, d'autant que c'est sur la division des chemins où passent tous les jours et à toute heure plusieurs heretiques.

L'an 1671, le deux avril, le cours de philosophie estant

---

1. Cette nouvelle croix n'existe plus; son socle toutefois est toujours en place.

fini, on commença à soutenir les theses publiques en ce monastere, de l'impression de Poictiers, et comme le cours estoit composé de nos confreres et des seculiers enfans de cette ville, aussi y eut-il plusieurs actes et plusieurs soustenans en cet ordre. Du costé de nos confreres il y eut deux actes publics, soustenus par quatre confreres, sçavoir est deux en chaque acte, et ce soubs une mesme these desdiée à monsieur notre abbé, Balthazar de Crevant, chevailler d'Humieres. La these de satin lui fut presentée à Paris, à son retour de Malte. Il tesmoigna une grande satisfaction, et receut agreablement l'honneur de ces premices que lui offroient les religieux de son abbaye, le deux et dix avril, auxquels jours furent faits les dits actes.

Le troisiesme acte fust fait le onze du mesme mois, et soutenu par M. Valée, enfant de cette ville, qui avoit desdié sa these à monsieur le compte de Parabere, lieutenant du Roy dans le Haut Poictou, qui honora l'acte de sa presence après avoir pris son disner dans la salle du monastere.

Le quatriesme acte fust fait le treiziesme jour suivant, et fust soutenu par M. Fialon, enfant de cette ville. Il avoit desdié sa these à messieurs du Siege royal de Saint-Maixent ; ils y assisterent tous avec grande satisfaction, comme ils firent à tous les autres actes, mais à cestuy-ci tous les conseillers et advocats estoient en robe de palais, et pour faire voir combien ils faisoient cas de cet honneur, M. le president Beliard[1], sexagenaire, voulut ouvrir la these, ce qu'il fit de fort bonne grâce et en beau latin d'où estoit tissue son harangue. M. Ferriol[2], advocat du Roy, argumenta ensuite et plusieurs autres advocats et medecins, mesme des huguenots, firent monstre de leur sçavoir, non sans admiration des assistants, et pour une eternelle memoire, ces messieurs qui avoient receu la these de satin dans l'au-

---

1. Simon Béliard, sieur de Coutans, président au Siège royal.
2. François Ferruyau, avocat du roi au Siège royal.

diance, avec les ceremonies accoutumées d'harangue et de replique, voulurent que la dite these fust exposée dans la mesme salle du palais.

Le cinquiesme et dernier acte fust fait le jeudy suivant, seize du mois, et fust soustenu par M. Fradin, enfant de ceste ville, qui avoit dedié sa these à monsieur le duc de Mazarin, qui, estant à Paris, n'y assista point, ni ne commit personne qui le representast, mais soubs son nom et son portrait gravé dans la these, les principaux de la ville ne manquerent pas de s'y trouver.

Or comme c'estoit une grande nouveauté de voir soustenir des theses dans Saint-Maixent, aussi ce fust un sujet digne d'admiration de voir que tous les actes furent garnis d'un bon nombre de personnes honnestes et capables, tant de la ville que des champs, en sorte que jamais il n'y eust faute d'arguments. Et quoyque nos freres fussent preparés pour fournir au deffaut et remplir le temps, il ne fust pas neammoins besoin qu'ils parlassent en ces occasions, estans bien aises de donner lieu à plusieurs, ecclesiastiques, conseillers, advocats, medecins et autres personnes qualifiées, qui faisoient paroître que pour n'avoir fait de longtemps l'exercice, ils n'avoient pas tout oublié, la pluspart faisant des preludes et harangues fort belles et remplies de points très subtils. Le lieu où se faisoient tous ces beaux actes estoit la salle basse qui avoisine la grande eglise et qui estoit destinée pour la sacristie.

Le R. P. visiteur, dom Joseph Seguin, assista au premier acte seulement, soustenu par nos confreres, avec beaucoup de satisfaction, et ne peut se trouver aux autres, estant pressé du voyage de Paris, où il alla pour assister à la diete[1].

Le dix may 1671, le R. P. dom Laurens Faidy estant de retour du monastere de Rhedon dans la Bretaigne, où il avoit presché l'Advent et Caresme, recommença le dimanche

---

[1]. Le *Journal*, qui contient le même récit, ajoute ceci : « Il y eut

dans l'Octave de l'Ascension, au sus dit jour, les predications de la controverse sous les halles de cette ville, où il eust tousjours grand concours de peuple, tant des huguenots que des catholiques. Il esbranla fort les heretiques qui ne pouvoient resister à la force de ses raisonnements et mesme plusieurs dès lors, et despuis un bon nombre ont abjuré leur heresie et faict profession de la foy catholique.

Durant l'Octave du Saint-Sacrement, le sus dit pere laissa la chaire entierement libre au predicateur ordinaire, et cependant monsieur de Parabere, gouverneur, sçachant qu'il restoit de repos, l'appela à la Mothe et le fit prescher sous les halles du bourg le jeudy du Saint-Sacrement et le dimanche suivant, tousjours à la confusion des heretiques qui s'y trouverent en grand nombre, à l'exemple de monsieur le gouverneur, de madame et de tous les domestiques, et ces predications ont esté suivies de la conversion de plusieurs.

L'Octave estant finie, le pere reprit les predications sous les halles de Saint-Maixent, et les continua jusques au mois d'octobre suivant, qu'il fust appelé à Fescamp en Normandie pour y prescher l'Advent et Caresme.

Les heretiques firent paroître avec quelle impatience et creve-cœur ils supportoient le zele et assiduité du pere dom Laurens à aller au presche pour entendre les ministres et refuter leurs erreurs, en ce qu'ils s'essayerent de l'ennuier en faisant asseoir un gentilhomme, nommé La Bouchetiere[1],

---

« mesme plusieurs huguenots qui y assisterent et quelques-uns « d'entre eux, professeurs de medecine, argumenterent à leur « tour. » Jean Drouhet a, de son côté et dans une forme un peu accentuée, relaté le succès qu'obtint cette tentative des Pères de la Congrégation de Saint-Maur pour établir des cours de haut enseignement en dehors des Universités, et son opuscule intitulé : *La defonse dos enfons de la ville de Sen-Moixont contre les railleries do gens de Poetey* (*Les Œuvres de Jean Drouhet*, n. éd., pag. 146 et s.), est un témoignage irrécusable du mauvais œil dont elle fut vue par ces corps privilégiés.

1. Daniel Janvre, chev., sgr de La Bouchetière, zélé protestant,

dans le banc où les magistrats et officiers du Roy, qui accompagnoient le pere, avoient accoustumé de s'asseoir avec lui. C'estoit le dimanche de la Pentecoste, qu'il y avoit grand peuple dans le presche ; auquel jour la partie avoit esté faite pour incommoder les religieux et officiers du Roy, les contraignants de se tenir debout durant tout le presche, qui dura une heure et demie. Monsieur Ferruyau, advocat du Roy, requit le dict de La Bouchetière[1] de ceder la place qu'il avoit accoustumé d'occuper avec sa suitte en semblables occasions par ordre du Roy ; mais il respondit fierement et avec chaleur qu'il ne feroit rien et qu'il n'en craignoit pas les evenements.

En suitte de ce refus, le dict sieur advocat du Roy dressa son proces-verbal, qu'il envoya au Conseil, lequel donna commission à M. Roulié, intendant du Poitou, d'examiner le fait sur le lieu, et faire droit aux parties, ce qu'il fit genereusement, faisant venir devant soi au logis du Plat-d'Estain un des ministres, l'autre estant absent ou le feignant, un samedy au soir, au commencement du mois d'octobre, où en presence du R. P. prieur, de M. l'avocat du Roy, et de M. Peign, conseiller, après lui avoir objeté la plainte, il le reprimanda fort aigrement, et lui enjoignit d'assembler le lendemain le consistoire, et après deliberation faite, donner un acte, deuement signé, qu'ils mettroient entre les mains de M. l'advocat du Roy, par lequel acte ils assigneroient un banc pour messieurs les officiers du Roy, lorsqu'ils voudroient aller entendre le presche, suivant les ordonnances de Sa Majesté, pour recognoistre quelle doctrine les ministres debitent en iceluy. Et est à remarquer que nonobstant les embusches et jalousies des heretiques, ny le pere qui refutoit tousjours, ny les officiers du Roy,

---

dont les ancêtres, en vertu du droit de haute justice attaché à leur domaine de La Bouchetière, en la paroisse de Saint-Lin, y avaient établi, comme seigneurs de fief, l'exercice public de leur religion, lequel fut interdit par arrêt du Présidial de Poitiers du 13 mars 1646.

ne decesserent jamais d'aller au presche et prendre place jusques au mois d'octobre qu'ils eurent raison de cette insulte, comme dit est.

Le dernier de may, jour de dimanche dans l'Octave du Saint-Sacrement, le maire et eschevins s'assemblerent en la maison de ville, où ils resolurent entre eux, par un acte signé, que d'ors.en avant, le mardy de la Pentecoste, ils s'assembleroient pour faire l'eslection du maire, après avoir entendu la messe dans l'eglise de l'abbaye, où ils iroient en corps, au lieu que cy-devant ils avoient accoustumé d'aller en semblables occasions à l'eglise de Saint-Saturnin [1]; et que le jour et feste de saint Maixent, qui est desdié par eux pour installer le maire esleu, ils s'assembleroient encore pour faire leur ceremonie et iroient en corps au son des hautbois, trompettes et tambours, dans la mesme eglise de l'abbaye, pour y entendre la messe.

Cette resolution prise fut annoncée au R. P. prieur par M. Pavin, qui sortoit de maire, accompagné d'autres trois eschevins, entre trois et quatre heures du soir, priant le R. P. prieur de l'avoir pour agreable, et faire en sorte qu'ils trouvassent des bancs pour se placer durant le service divin.

Tout cela fut ainsin executé au dit jour en ceste année avec la joye publique, laquelle fut augmentée par la presence de M. le comte de Parabere, lieutenant du Roy dans

---

1. Jusqu'à ce jour, en vertu des statuts de l'Echevinage, l'élection du maire avait lieu le mardi de Pâques de chaque année ; en outre, son installation fixée d'abord au dimanche de la Quasimodo, successivement portée au premier dimanche de mai, puis au dimanche avant la Pentecôte, se faisait le premier dimanche de juin. Le changement apporté à ces usages en 1671 nous paraît avoir eu pour cause, non pas tant la raison donnée dans la délibération du 11 mai, à savoir le désir de marquer le respect dû par les échevins à leur patron, que la tendance, exprimée plus d'une fois dans le *Journal*, à rétablir au profit de la Congrégation de Saint-Maur la prépondérance ancienne de l'abbaye sur tous les établissements de la ville. (Voy. nos *Recherches sur l'organisation communale de Saint-Maixent*, 1870, p 53).

le Haut Poictou, qui ayant esté invité à cette ceremonie, marcha en teste avec ses gardes et assista à tout.

Le cours de philosophie ayant esté heureusement achevé, comme dist est cy-devant, le cours de theologie fut ensuitte establi en ce monastere par la diete annuelle tenue cette année au monastere de Saint-Benoist-de-Fleury. Et pour cette fin furent nommés deux maistres lecteurs : sçavoir est le R. P. dom Henry Fermelys, qui fust aussy sous-prieur, et dom Jacques de Lespine. L'oraison pour l'ouverture de la classe fut prononcée par le R. P. sous-prieur, le sept juillet, jour de dimanche, en presence des plus honorables personnes de la ville. On ne trouva pas à propos d'admettre en ce cours des escholiers seculiers de la ville, comme on avoit fait en philosophie.

Le septiesme juin 1672, mardy de la Pentecoste, M. Greffier, lieutenant-general et maire de la ville [1], estant accompagné des eschevins, s'en vindrent dans notre eglise pour y entendre la messe du Saint-Esprit avant que proceder à l'eslection du maire, suivant le decret fait entre eux, dont est fait mention en la page 28ᵉ [du Journal] et ce pour la seconde fois, et le 26ᵉ.

Feste de saint Maixent. Les sus dits maire et eschevins revindrent à nostre eglise pour y entendre la grande messe et office, et ensuite fut installé maire le mesme M. Greffier, lieutenant, qui fust continué pour la seconde année.

Le troisiesme juillet, premier dimanche du mois, fut fait un feu de joye par l'ordre du Roy envoyé à M. de Parabere, lieutenant du Roy, mais le *Te Deum* fut differé parce que nous n'avions pas receu l'ordre de Mgr de Poitiers. Le sujet de la joye estoit la naissance de M. le duc d'Anjou. M. de Parabere qui assista au feu de joye et les magistrats vouloient que nous chantassions le *Te Deum* au

---

1. René Greffier, sieur de Touvois, lieutenant-général au Siège royal.

mesme jour sans attendre autre ordre de l'evesque, ce que nous refusasmes de faire. De quoy estant averti Mgr de Poitiers, il loua le refus que nous avions fait, et nous envoya l'ordre pour le second dimanche, dixiesme jour du mois ; il fit escrire son promoteur en ces termes (c'estoit en l'absence du R. P. prieur, qui n'estoit pas encore arrivé après le chapitre general) :

« Au reverend pere, le reverend pere superieur de
« l'abbaye de Saint-Maixent. Mon reverend pere, Monsei-
« gneur de Poitiers m'a commandé de vous faire sçavoir
« que vous aviés agit très prudemment en ne voulant point
« deferer aux ordres de M^{rs} les magistrats de votre ville
« pour faire chanter le *Te Deum* dans votre eglise ; que
« vous en deviés toujours usé de la sorte ; mais qu'il est
« aussi fort surpris de voir qu'on ne vous aye fait tenir
« encore les siennes, par lesquelles il vous mandoit, comme
« il a fait à l'esgard des autres villes de son diocese, d'en
« faire chanter deux, l'une pour la reddition des quatre
« premieres villes que Sa Majesté a prise sur les Hollandois,
« et l'autre pour la joyeuse naissance de Mgr le duc d'An-
« jou, après en avoir fait advertir à la maniere accoustumée
« toutes les personnes qui doivent assister à ces ceremo-
« nies ; c'est ce que vous ferés donc sur la presente, que je
« vous escris par son ordre, vous asseurant de ma part que
« je suis, mon reverend pere, vostre très humble et très
« obeissant serviteur. P. Laborde, promoteur ».

Ensuite donc de cet ordre nous chantasmes le *Te Deum* le dimanche 2, qui estoit le dixiesme ; tous les corps ecclesiastiques seculiers et reguliers y assisterent à la fin de vespres ; monsieur le gouverneur de Parabere n'y assista pas parce qu'il estoit à Nyort et monsieur le curé de Saint-Saturnin estoit allé en procession à la Lande.

Le seiziesme juillet 1672, le R. P. dom André Liabeuf, nommé prieur de ce monastere de Saint-Maixent par le chapitre general tenu à Saint-Benoist-de-Fleury le dix-septiesme juin, arriva en ce monastere un samedi au soir, ayant esté durant les six ans precedens prieur de la Chaize-Dieu, et à son arrivée il trouva un nouvel ordre de chanter pour la deuxiesme fois un *Te Deum* pour de nouvelles conquestes faites par le Roy sur les Hollandois.

Le dix-septiesme, troisiesme dimanche de juillet, fut de rechef chanté le *Te Deum* en nostre eglise pour le susdit sujet, où se trouverent tous les corps ecclesiastiques et seculiers, sur la fin des vespres, M. de Parabere estant encore à Nyort, et le R. P. prieur presida à cette solemnité.

Le vingt-deuxiesme juillet, jour de vendredi, desdié à la sainte Madelaine, fut chanté comme dessus le *Te Deum* pour troisiesme fois en action de grâce pour plusieurs autres villes conquises sur les Hollandois. M. de Parabere, comme gouverneur, y assista, prit son disner dans la salle du monastere, et aïant allumé le feu de joïe s'en retourna à la Mothe.

Après l'arrivée du reverend pere prieur en ce monastere le cours de theologie, qui avoit duré un an entier en ce monastere, fut changé au monastere de Saint-Jean, où les deux maistres, avec leurs escoliers, s'en allerent pour y continuer le mesme exercice, et à leur place vinrent en ce monastere de jeunes profès pour estudier en rhetorique sous le R. P. dom Odo Clergé, qui fit l'ouverture de la classe par une belle oroison, en presence de toute la communauté, le dernier jour d'aoust.

Durant tout cet esté, le R. P. dom Laurent Faidi continua pour la troisiesme année les predications de la controverse sous les halles, avec son zele ordinaire ; il eut toujours grand foule de peuple qui prenoient plaisir de l'entendre, et mesme plusieurs quiterent la maudite herezie et firent profession de la foy catholique.

Le vingt-sixiesme juin 1673, jour et feste de saint Maixent, M. le maire et eschevins vinrent dans nostre eglise, suivant leurs statuts, pour entendre la grande messe, ainsi qu'ils avoient fait les deux années precedentes.

Le neuviesme juillet commença dans nostre eglise l'oroison de Quarente heures pour la conservation de la sacrée personne de nostre Roy et pour la prosperité de ses armes durant la guerre qu'il avoit contre les Hollandois, et durant le siege de Mœstric, en suite de l'ordre à nous donné par monsieur de Poitiers ; pour cette fin, tous les corps, tant ecclesiastiques que seculiers et reguliers, estans avertis, assisterent à la grande messe qui fut dite solemnellement du tres-saint Sacrement par le R. P. prieur, et à une heure après midi il y eut predication par un des nostres sur le mesme sujet, où chacun a pris à prier Dieu pour le Roy.

Le vingt-troisiesme juillet, le feu de joie pour la prise de Mœstric sur les quatre heures du soir ; M. de Parabere s'y trouva et y mit le feu comme lieutenant du Roy. Le *Te Deum* ne fut pas chanté parce que l'ordre de M. de Poitiers n'estoit pas encore venu.

Le vingt-quatriesme juillet, l'ordre fut donné au R. P. prieur de la part de M. de Poitiers pour chanter le *Te Deum* en action de grâce de la prise de Mœstrich le 30, jour de dimanche ; tous les corps assemblés dans nostre eglise en la maniere accoutumée, à la fin des vespres, nous chantasmes le *Te Deum* et l'*Exaudiat* pour la prosperité du Roy et de ses armes.

Le quinziesme d'avril 1674, le *Te Deum* fut chanté dans nostre eglise à la fin des vespres, en action de grâce de la prise de Gray ; tous les corps y assisterent selon la coutume, et l'*Exaudiat* fut ajouté.

Le quinziesme de mai, mardi de la Pentecoste, le corps de la Maison de ville, maire et eschevins, vinrent dans notre eglise pour assister à la grande messe, et à la sortie s'en allerent dans la Maison de ville où ils eslurent M. Pavin pour maire [1].

---

1. Paul Pavin, dont il a déjà été parlé pag. 377.

Le vingt-quatriesme de mai, feste du très-saint et très-auguste Sacrement de l'autel, commença dans nostre eglise l'oroison de Quarente heures pour la conservation de la sacrée personne de nostre Roy, et pour la prosperité de ses armes durant la guerre qu'il a contre les Espagnols en la Franche-Comté et ailleurs, et la station faite dans nostre eglise ; elle a continué dans chacune des autres eglises de cette ville.

Le dix-septiesme, jour de dimanche, fut fait le feu de joie en cette ville ; après avoir chanté le *Te Deum* en nostre eglise, où assistèrent tous les corps ecclesiastiques et seculiers à l'ordinaire, et ce pour la prise de Besançon, dans la Franche-Comté, par notre roi Louis quatorze, l'*Exaudiat* fut chanté ensuite et les oroisons, pour la paix et la prosperité des armes et conservation de la personne sacrée de nostre monarque.

Le vingt-sixiesme juin, jour celebre pour la feste et solemnité de nostre bienheureux pere et glorieux fondateur saint Maixent, M. Pavin, maire eslu, fut installé et receu en cette charge, et les ceremonies faites en la Maison de ville, il s'en vint accompagné de tous les corps des eschevins et personnes honorables dans nostre eglise, sur les neuf heures, pour assister à la grande messe, suivant la coûtume. Et après diné vinrent entendre la predication et les vespres ; le Saint-Sacrement fut exposé, tant à cause de l'indulgence pleniere que pour continuer les prieres pour nostre Roy, qui estoit toujours exposé aux hazards de la guerre contre les ennemis de sa couronne, aussi l'ordre fut donné par M. de Poitiers que chaque eglise prendroit un dimanche ou jour de feste dans le mois pour exposer le Saint-Sacrement et continuer les mesmes prieres.

En ce tems, la nef de la grande eglise estoit achevée et couverte, excepté deux voustes superieures qu'on reservoit à faire durant le mauvais tems, en travaillant sous le toit, et l'on commensoit les deux pilliers derriere le sepulcre de saint Maixent, quatre ans après la premiere pierre posée.

Après bien de la resistance, contribua enfin honorablement M. l'abbé à la decoration du dit sepulchre : c'est Balthazard d'Humière, à present reignant.

Le vingt-deuxiesme juillet, le *Te Deum* fut chanté dans notre eglise, où assisterent tous les corps ecclesiastiques et seculiers à l'ordinaire, et en action de grâces de la prise de Dôle et tout ce qui estoit à conquerir dans la Franche-Comté, et autres victoires emportées par M. de Turenne sur les Imperiaux et Lorrains, ennemis de la France ; le feu de joie pour le mesme sujet avoit esté fait le premier jour du dit mois.

Le dernier jour d'août, en la mesme année, monsieur monseigneur le duc de Mazarin arriva en cette ville, et le premier septembre, jour de samedi, il prit son dîner dans la salle du monastere apres avoir ouy la messe en nostre eglise ; le second jour de septembre, jour de dimanche, il assista aux vespres et au *Te Deum* qui fut chanté à l'ordinaire, en presence de tous les corps, en action de grâces de la victoire emportée par M. le prince de Condé sur les Imperiaux, Espagnols et Hollandois à Cenef.

Apres le *Te Deum*, le dit seigneur duc s'en alla sous les halles pour entendre la controverse, dont l'ouverture se fit alors par un de nos peres, et qui fut continuée tous les dimanches jusques à l'Avent.

L'onziesme novembre, jour et feste de saint Martin, le *Te Deum* fut encore chanté à l'ordinaire par l'ordre de monsieur de Poitiers en action de grâces d'une seconde victoire emportée sur les Espagnols et Holandois par M. le maréchal de Turenne.

Le troisiesme fevrier mil six cent soixante et quinze, jour de dimanche, le *Te Deum* fut chanté dans nostre eglise à la fin des vespres pour la troisiesme victoire que M. le maréchal de Turenne emporta sur les Imperiaux, Espagnols et Hollandois, lesquels il chassa d'Alsace ; il y eut un grand nombre de tués, et un très grand nombre de prisonniers : tous les corps de la ville, tant seculiers que reguliers, assisterent à l'ordinaire.

L'onziesme de juillet 1675, auquel nous celebrons la translation de nostre bienheureux pere saint Benoist, le Saint-Sacrement fut exposé en nostre eglise pour obtenir la cessation des pluies qui depuis longtemps avoient esté continuelles et retardoient tous les fruits de la terre. Le peuple fut averti, par une affiche attachée à la porte, de joindre leurs prieres et importuner le ciel par l'intercession de saint Maixent, les reliques duquel estoient aussi exposées. Le peuple, à l'exemple des magistrats, assisterent avec devotion et plusieurs communierent, et il arriva que dans le mesme jour le tems se changea, les pluies cesserent, le beau tems qui succeda anima et rejouit tout ce qui estoit languissant sur la terre.

Le vingt-deuxiesme juillet, feste de la Madelaine, le *Te Deum* fut chanté dans notre eglise en action de grâces pour la prise de Limbourg et autres villes de ce duché ; tous les corps de la ville, tant seculiers que reguliers, y assisterent en la maniere accoustumée ; l'on fit aussi le feu de joie sur les neuf heures du soir, qui fut retardé pour attendre M. l'intendant de Marillac, qui voulut y assister et mit le feu au bûcher.

Le quatorziesme septembre, dedié à l'Exaltation de la sainte Croix, le dôme ou clocher qui est posé au milieu de la croisée fut achevé et la croix posée sur la cime, après avoir esté benite, et dans la pome du milieu de la ditte croix, ont esté mises plusieurs saintes reliques, avec une medaille de saint Benoist pour servir de deffense contre les attaques des demons, avec d'autres inscriptions des personnes et du tems pour servir de memoire à la posterité [1].

---

1. Ce clocher, qui existait encore lorsque furent gravées les planches du *Monasticon Gallicanum*, a disparu dans les remaniements de la toiture de l'église.

Denombrement ou evaluation de ce qu'a couté le grand dortoir. — Ce bâtiment, qui fut commencé le dix-neuviesme mars 1661, a esté achevé et logeable dans huit ans après, au quel tems la communauté quitta le petit dortoir qui est sur le refectoire ancien et se logea dans ce nouveau, et la supputation faite de l'argent qu'il a couté, avec les lieux communs qui sont au bout, le tout revient à environ cinquante-cinq mille livres, à sçavoir pour la massonnerie, carrelage et bousillage trente et quatre mille livres, et pour la charpente, couverture, ferrure, menuiserie et vitres, vingt et une mille livres, et ce tant pour les materiaux que pour la main des ouvriers.

Le dernier jour de mai 1676, de la très sainte Trinité, l'ordre aïant esté envoïée par M. de Poitiers, le *Te Deum* fut chanté dans notre eglise avec les ceremonies accoutumées, et tous les corps, tant ecclesiastiques que seculiers, y assisterent à la fin de vespres ; à l'*Exaudiat*, l'antienne *Da Pacem*, fut ajoutée pour la prosperité des armes du Roy, auquel le ciel c'estoit depuis peu montré propice et favorable en la prise de Condé et Bouchain dans le Païs Bas, en la presence de toute l'armée ennemie composée des Imperiaux, Espagnols et Hollandois.

Le dix-neuviesme juillet, le *Te Deum* fut chanté dans notre eglise à la fin des vespres ; tous les corps ecclesiastiques, reguliers et seculiers, y assisterent, et ensuite le feu de joie fut fait par M. le maire. Le sujet estoit la victoire sur mer emportée par les François sur les Hollandois auprès de Palerme ; plusieurs navires ennemis aïant esté brûlés avec ceux qui estoient dedans.

Le vingt-troiziesme aoust 1676, le *Te Deum* fut chanté en la mesme forme et maniere que cy devant, en action de grâces de la prise de la ville d'Ayre par M. le marechal d'Humieres.

Le dix-neuviesme avril 1677, le lundy de Pasque, les vespres estant dites, la procession fut faite à la chapelle de

Grace, selon la coutume, et le *Te Deum* fut chanté en y allant ; et au retour de la procession l'*Exaudiat* fut chanté autour du feu de joie, dans la place du château, et ce en action de grâce pour la prise de Valencienne.

Le seiziesme jour de may suivant, l'ordre estant donné par M. de Poitiers, portant commandement de chanter à trois divers jours le *Te Deum* pour la grande victoire emportée par Mgr le duc d'Orleans sur le prince d'Orange et pour la prise de Saint-Omer et de Cambray, cet ordre fut executé au dit jour seiziesme de may et au dimanche suivant vingt-troisiesme du mesme mois, et le jour de l'Assension, tous les corps ecclesiastiques et seculiers estant assemblés en notre eglise, sur la fin des vespres, en la manière accoutumée.

Le cinquiesme decembre 1677, le *Te Deum* fut chanté dans notre eglise immediatement après vespres en la manière accoutumée, et ce pour la prise de Fribourg.

Le vingt-troisiesme janvier 1678, le *Te Deum* fut encore chanté pour la prise de Saint-Guilhen.

Le quatorziesme avril 1678, le lendemain de Pasque, le *Te Deum* fut chanté au retour de la procession qui se fait en ce jour là à la chapelle de Notre-Dame de Grace, pour la prise de Gand.

Le premier jour de may 1678, troisiesme dimanche après Pasques, le *Te Deum* fut chanté dans notre eglise à la fin des vespres; tous les corps, tant ecclesiastiques que seculiers, y assisterent en la maniere accoutumée, en action de grace pour la prise de la ville d'Ypres.

Le dixiesme juillet 1678, le *Te Deum* fut chanté dans notre eglise en la maniere accoutumée ; tous les corps, tant ecclesiastiques que seculiers, y assisterent. C'estoit un jour de dimanche, le sixiesme après la Pentecoste, et les premieres vespres de la Translation saint Benoit. Le *Benedicamus* estant dit, le R. P. prieur dom Charles Thierry entonna le *Te Deum*, qui fut suivi de l'*Exaudiat* et l'antienne *Da pacem*, et pour lors nous tenions la paix faite par notre Roy très-chrestien entre les Hollandois, l'Empereur et le roy d'Espagne qui l'accepterent lorsqu'ils la leur presenta à la teste d'une puissante armée, et après de glorieuses et triomphantes conquestes sur les uns et les autres ; le sujet principal et particulier du *Te Deum* et du feu de joie qui fut fait ensuite par M. Pavin[1], maire de la ville, estoit la prise de Puycerda dans la Catalogne.

Le sixiesme novembre, jour de dimanche, en l'an 1678, le *Te Deum* fut chanté dans notre eglise par l'ordre de M. de Poitiers, immediatement après vespres, en action de graces de la paix faite entre notre Roy très-chrestien et le roy d'Espagne et les Hollandois ; tous les corps, tant ecclesiastiques que seculiers, s'y trouverent à l'acoutumée, et après le *Te Deum* fut fait le feu de joie, au bruit de l'artillerie, en la place du chasteau et dans l'abbaye sur le grand clocher.

Le jour suivant, septiesme du mois, à huit heures du matin, fut faite la benediction solemnelle de la nouvelle eglise des religieuses Benedictines de cette ville par notre R. P. prieur dom Charles Thierry[1], qui en avoit receu l'ordre et commission de Mgr l'evesque de Poitiers. Tous les corps ecclesiastiques et seculiers honorerent cette ceremonie, excepté le curé de Saint-Leger qui n'y assista point.

Le vingt-neuviesme janvier 1679, dimanche de la Septuagesime, le *Te Deum* fut chanté dans notre eglise, à la

---

1. Le même que précédemment ; il avait été pourvu de la charge de lieutenant-général au Siège royal par provisions du 4 avril 1675.
2. Cette église, devenue la chapelle de l'hospice, a été démolie avec les autres bâtiments de l'ancien couvent, au mois d'octobre 1884. L'inscription qui fut posée au-dessus de la porte d'entrée de l'église a été sauvée par M. le docteur Beaudet, à qui l'on doit d'avoir arraché à la destruction de nombreux débris du couvent des Bénédictines, qu'il a fait mettre en place avec soin dans sa maison de Saint-Maixent ; elle est ainsi conçue : D̄. Ō. M̄. ET B̄. V. HOC || TEMPLVM SVMPTIBVS || MONIALIUM. B̄. ÆDIFICATVM. EST. IN. FVNDO CLARISSIMI || DOMINI. IOANNIS. TEXIER, HUIUSCE MONASTERII || FVNDATORIS. ANNO. M.DC LXXVIII. Une reproduction fidèle de cette inscription a été donnée par M. L. Lévesque dans la *Revue Poitevine et Saintongeaise*, t. I, p. 302.

fin des vespres, en la maniere accoutumée ; tous les corps y assisterent, et ce en action de grace de la paix signée par les Espagnols, qui avoient differé jusques ici, lorsque les Hollandois avoient signé les articles comme dit est ci-devant : le *Te Deum* fut suivi du feu de joie.

Le quatriesme juin, dimanche dans l'Octave du très-saint Sacrement, l'an 1679, le *Te Deum* fut chanté dans notre eglise, à la fin des vespres, pour la paix entre notre Roy et l'Empereur ; tous les corps y assisterent à l'ordinaire, et après on fit le feu de joie avec les rejouissances publiques.

Le vingt-sixiesme du mesme mois, jour dedié à la memoire de notre patron saint Maixent, le corps de ville, maire nouvellement élu avec les echevins, vinrent dans notre eglise, selon leur louable coutume, pour entendre la grande messe ; cette année, M. Favier, dit la Lambertiere[1], medecin de profession, estoit à la mairie.

Le mardy de la Pentecoste 1680, après monsieur de Lambertiere, fut elu maire M. Gogué, procureur du Roy, lequel fut continué en la mesme charge en l'année suivante 1681, vingt-septiesme jour de may.

Monseigneur l'evesque de Poitiers, Ardouin Fortin de la Hoguette, arriva de Paris à Poitiers le unziesme septembre mil six cent quatre-vingt, à la grande joie de tout son diocese, excepté des Huguenots, qui ne peuvent goûter son grand zele et rare vertu[2].

---

1. Georges Favier, sieur de la Lambertière.
2. « Dans ce dit mois (janvier) 1681, le roi Louis XIV a commencé
« à donner de l'argent à tous les huguenots qui se feront catholi-
« ques, fait defense à tous catholiques de se faire huguenots, cassé
« tous les officiers huguenots, tant juges que procureurs, notaires,
« greffiers, etc., s'ils ne faisoient abjuration.
« Sur la fin du dit mois, a paru une comète blanchastre, ayant
« en teste une petite etoile.
« Le 13 dudit mois (mars) Mgr Hardouin Fortin de la Hoguette,
« evesque de Poitiers, est venu à Saint-Maixent pour la conversion
« des huguenots et a donné quelque argent à ceux qui se sont con-
« vertis.
« Le dernier jour dudit mois, Mgr de Marillac, intendant de

Le vingt-septiesme avril 1681, commença la mission des Prêtres de Richelieu, laquelle fut terminée le vingt may suivant par une procession generale à laquelle monseigneur de Poitiers porta le très-saint Sacrement [1].

Le vingt-sixiesme juin 1681, toute la Chambre de ville assemblée en corps se rendit dans l'eglise de l'abbaye pour assister à la grande messe et mettre M. Gogué, procureur du Roy, en possession de la mairie à laquelle il avoit esté elu [2].

Le chapitre general de notre congregation de Saint-Maur, celebré la presente année 1681 dans le monastere de Saint-Benoit de Fleury, a continué le R. P. dom Charles Thierry, prieur de ce monastere et abbaïe de Saint-Maixent [3].

Le .... 1682, l'on demolit le temple de la Mote-

« Poitou, a fait ôter les armes du Roy qui estoient sur les portes du
« temple. »
« Le 19 dudit mois (avril) 1681, la terre a tremblé environ les sept
« ou huit heures du matin. » (*Journal de G. Texier.*) Ces notes et quelques autres que l'on trouvera par la suite sont dues à Guillaume Texier, docteur en médecine à Saint-Maixent, qui avait consigné dans son livre-journal, sous forme d'éphémérides mensuelles, quelques faits compris entre les années 1670 et 1691. Nous les avons transcrites en 1870, sur le manuscrit original, qui appartenait alors à M. de Corralès-Texier, descendant de l'auteur.

1. « Le 28 dudit mois (avril) 1681, Mgr Hardouin Fortin de la Hoguette
« a commencé sa visite ordinaire à tous les evesques et ouvert la
« mission le 29 dudit mois en l'eglise de Saint-Saturnin.
« Le 19 dudit mois (mai), on a chanté la grande messe sous les
« halles, et Mgr de la Hoguette a communié tous ceux qui se sont
« presentés, et ensuite fait procession generale avec le Saint-Sacre-
« ment pour la clôture de la mission. » (*Journal de G. Texier.*)

2. Hilaire Gogué, sieur de Bois-des-Prés, procureur du roi au Siège royal.

3. « Le 20 dudit mois (février) 1682, M. de Ronseray, mission-
« naire, a commencé à faire faire des retraites de quatre jours au
« chasteau. »
« Le 13 dudit mois (mars), M. l'abbé Hervé et autres missionnaires,
« ont brûlé les mechants livres au bout des halles. »
« Le 28 dudit mois (avril), Mgr de Bâville, intendant, a fait sa
« premiere entrée en cette ville, avec les habitants sous les armes,
« et a esté harangué par les messieurs du Siège, ceux du Corps de
« ville et ceux de l'Election. Mgr de La Hoguette, evesque de
« Poitiers, estoit avec lui. » (*Journal de G. Texier.*)

Sainte-Eraïe, dans lequel les heretiques Calvinistes s'assembloient et exerçoient leur religion [1].

Pendant les années 1681, 1682 et 1683, messieurs l'evesque de Poitiers, de Marillac et de Lamoignon de Basville, reciproquement intendants du Poitou, travaillans de concert à la conversion des heretiques Calvinistes, on a compté jusques au nombre de quarente mille huguenots qui ont abjuré leurs erreurs et fait profession de la religion catholique, apostolique et romaine [2] ; plusieurs temples où les dits heretiques s'assembloient pour les exercices de leur religion ont esté demolis dans la province et comté de Poitou [3].

Le trentiesme jour d'aoust 1682, l'esglise de l'abbaye de ce monastere de Saint-Maixant fut benite, dediée et consacrée par Mgr l'evesque de Poitiers, Hardouin Fortin de la Hoguette ; la ceremonie commença sur les cinq heures du matin et se termina à une heure après midy [4].

---

[1]. Guillaume Texier raconte ainsi le même fait : « Le 5 dudit mois « (mai), 1682, l'on a renversé le temple de la Mothe Saint-Héraye « par arrêt du Parlement, et monseigneur de Bâville, intendant, a « frappé le premier sur la chaire où preschoit le ministre ».
Cet événement a encore été célébré par un poète local, qui nous semble être Jean Babu, curé de Soudan, dans une pièce de vers en patois poitevin, restée jusqu'ici inédite, et que nous avons l'intention de publier avec d'autres œuvres du même auteur. Elle a pour titre : *Dialoge su la destruction do tomple de la Mothe S. Héraie. 5 mai 1682*.

[2]. Il fut dressé des listes nominatives de tous ceux qui avaient ainsi changé de religion ; conformément à un arrêt du Conseil d'Etat du 17 juin 1682, elles furent imprimées et réunies en un volume in-4° portant pour titre : *Rolle des nouveaux convertis de Poitou à la foy catholique, apostolique et romaine*, lequel fut signifié et remis à tous les ministres de la province, afin qu'ils n'eussent plus désormais à recevoir dans leurs temples, sous les peines portées par les édits, les personnes dénommées sur les listes.

[3]. « Dans le dit mois (juin) 1682, monseigneur de la Hoguette, eves« que de Poitiers, a retranché les festes les moins considerables. » (*Journal de G. Texier.*)

[4]. Voici le procès-verbal de cette cérémonie : « *Harduinus For« tin de la Hoguette, Dei et sanctæ sedis apostolicæ gratiâ episcopus « Pictaviensis, regi à consiliis etc. Universis præsens publicum ins« trumentum inspecturis, salutem et benedictionem in Domino. « Notum sit omnibus Christi fidelibus quod nos, die trigesimâ mensis « augusti, anno ab Incarnatione Verbi millesimo sexcentesimo octo-*

— 407 —

Le mesme jour, vespres estant finies, monsieur de Poitiers chanta le *Te Deum* en action de graces de l'heureuse naissance de monsieur le duc de Bourgogne, premier fils de monsieur le Dauphin, et ensuite il alla dans le refectoire, où estoit encore le Saint-Sacrement, lequel il prit et porta dans l'eglise, accompagné de tout le clergé, non seulement de la ville mais encore de toute la campagne, qui avoit accouru et assisté à la dedicace de l'eglise. J'ai décrit bien au long toutes les particularités des rejouissances des habitans et des ceremonies qui se firent pendant toute l'octave

---

« gesimo secundo, ad requisitionem reverendorum Patrum regii
« monasterii Sancti Maxentii, ordinis Sancti Benedicti, congrega-
« tionis Sancti Mauri, nostræ Pictaviensis diœcesis, qui dicti monas-
« terii ecclesiam olim Clodovæi Francorum regis liberalitatibus fun-
« datam, sed in novissimis temporibus grassante calviniană hæresi ab
« hæreticis penitus destructam, de novo impensis propriis reædifica-
« runt, postquam nobis ex ipsorum reverendorum Patrum testimo-
« nio prædictam ecclesiam satis sufficienterque dotatam esse constitit,
« ipsam in honorem et majorem Dei optimi maximi gloriam, gloriosæ
« semperque Virginis Mariæ et omnium sanctorum; in memoriam
« beatissimi Maxentii abbatis consecravimus et dedicavimus: et
« in die anniversario consecrationis hujus modi, singulis Christi ipsam
« visitantibus, quadraginta dies de verá indulgentiă, in formâ eccle-
« siæ consuetă, concessimus. In majori dictæ ecclesiæ altari reliquias
« sancti Irænei et sanctæ Piæ martyrum; in altari tumuli seu sepulchri
« sanctorum Maxentii et Leodegarii reliquias ipsorum sanctorum,
« nec non SS. Vincentii et Fortunati martyrum; in altari Beatæ
« Mariæ de Pietate reliquias SS. Mathæi, Valentini et Apolloniæ
« martyrum; in altari sancti Benedicti, reliquias SS. Damiani et
« Juliani, martyrum; in altari sancti Mauri, reliquias SS. Aurelii
« et Virgiliæ, martyrum; in altari sancti Michaëlis et sanctæ Catha-
« rinæ, reliquias SS. Crescentii et Pamphylii martyrum, in altari
« SS. Eligii et Ludovici reliquias SS. Innocentii et Cœlestini, mar-
« tyrum; in altari sancti Petri, reliquias SS. Bonifacii et Eugeniæ,
« martyrum; in altari denique sancti Joannis Baptistæ, reliquias SS.
« Severini et Marcellæ, martyrum, inclusimus. Consecratio autem et
« dedicatio hujus modi facta est, abbate illustrissimo, nobilissimo ac
« de ipsâ ecclesiâ et monasterio bene merito Baltazare de Crevant
« d'Humieres, præsentibus clarissimo abbate Jacobo de Voyer d'Ar-
« genson, venerabili viro magistro Petro Pigouillet, rectore sancti
« Aventini de Vandeuvres, nostræ Pictaviensis diœcesis, reverendis
« admodum patribus domnis Carolo Thyery, prædicti regalis monas-
« terii Sancti Maxentii priore, D. Germano Claveau Sancti Cypriani
« Pictaviensis, D. Stephano Rouleau Sancti Savini, D. Adriano de Rely
« Sancti Michaëlis in Heremo, D. Francisco de Monclar Sancti Jo-
« vini, D. Claudio Vidal Sancti Juniani Nobiliacensis, monasteriorum
« dignissimis prioribus præfati ordinis Sancti Benedicti, nec non
« aliis quam plurimis, tam ecclesiasticis quam nobilibus viris, nobis-

de la dedicace, que vous trouverés dans le nouveau cartulaire [1].

Le dimanche, sixiesme jour de decembre 1682, M.M. les abbés de la Perouse, de Chalussé, du Saut et autres, tous docteurs de Sorbonne, au nombre de douze, ayant leur mission de Mgr de Poitiers, après avoir demandé et obtenu permission du R. P. prieur de faire les fonctions et exercices de leur mission dans l'eglise de l'abbaye, l'ont commencée ensuite de la procession solemnelle du très-saint Sacrement, porté par le R. P. Prieur au dedans de l'eglise seulement à cause des pluies qui ne permirent pas de sortir; la procession finie, M. de la Perouse fit la premiere predication, à la fin de laquelle le R. P. prieur donna la benediction du tres-saint Sacrement à tous les corps, tant ecclesiastiques que laïques, qui avoient assistés à la procession et predication.

Le vendredi, premier jour de l'année 1683, M. de Poitiers termina la mission par la messe solemnelle qu'il celebra dans l'abbaïe, assisté et servi par les religieux, pour

---

« cum subsignatis. In cujus rei fidem et testimonium, præsens publi-
« cum instrumentum ad perpetuam memoriam fieri jussimus et man-
« davimus. Datum in dicto regali monasterio Sancti Maxentii, sub
« signo sigilloque nostris et secretarii nostri subscriptione, die, mense
« et anno præmissis. Harduinus, episcopus Pictaviensis. Rabereuil,
« decanus ecclesiæ Pictaviensis. J. de Voyer d'Argenson. P. Pigouil-
« let, rector de Vendeuvres. P. Pavin, lieutenant general. Fr. Caro-
« lus Thiery, prior Sancti Maxentii. Fr. Stephanus Roulleau, prior
« Sancti Savini Pictaviensis. Fr. Adrianus de Rely, prior. Fr.
« Germanus Claveau, prior Sancti Cypriani. Fr. Claudius Doujan.
« Fr. Franciscus de Montclar, prior. Fr. Joannes Damascene Cou-
« der. Fr. Franciscus Peigné. Fr. Joannes Des Prez. Fr. Laurentius
« Faidy J. de Razes de Verneuil. Fr. Raymondus Tabourin. Fr. Jean
« Michel Cladiere. Fr. Josephus Rougier. Charles Chevalier de la
« Coindardiere. Fr. Joannes Baptista Vuatel. Joannes Babu, rector
« Beatæ Mariæ de Soudan. Michaël de Vallée, rector Sancti Pauli de
« Baussay. F. Favier, doctor medicus et urbis consul. C. Dousset,
« prêtre. Fr. Raphaël Boyge. Texier. Fr. Franciscus de la Chapelle,
« dominicanus. De mandato: J. Amette, pro secret. (D. FONTENEAU,
« t. LXVI, p. 371.)

1. Ce récit n'a pas été conservé. Pour ce qui est du nouveau cartulaire dont il est ici question, nous renvoyons à ce que nous en avons dit dans notre introduction.

officiers; sur le soir, tous les corps s'estant rendus dans l'abbaïe, Monsieur porta solemnellement le très-saint Sacrement par la ville à laquelle M. le duc Mazarin et M. le duc de la Meilleraïe, son fils, assisterent, aussi qu'à la derniere predication qui succeda à la procession, laquelle fut faite par M. l'abbé de la Perouse, qui prescha devant le très-saint Sacrement reposé sur un autel preparé à la porte du chœur, sous le jubé ; ensuite Mgr ayant donné la benediction du très-saint Sacrement, il conféra le sacrement de confirmation à plusieurs personnes.

Le jeudi, deuxiesme septembre 1683, tous les corps ecclesiastiques et seculiers s'estans rendus dans l'eglise de l'abbaïe sur les neuf heures du matin, fut celebré un service solemnel pour le repos de très-haute et puissante dame Marie-Therese d'Autriche, reine de France ; l'oraison funebre fut prononcée par un religieux de l'abbaïe. J'ay fait dresser procès-verbal de l'ordre et des séances que chaque corps garda dans cette action [1].

L'an 1684, le chapitre general fut tenu à Saint-Benoit de Fleuri ou sur Loire ; le R. P. dom Claude Hemin y fut elu prieur de ce monastere de Saint-Maixant.

Le mesme chapitre destina ce monastere pour un cours de theologie ; les maitres en furent dom Charles Viriot, souprieur et dom Marin Bourgoin ; ils eurent douze de nos religieux pour ecoliers et quelques seculiers, qui eurent la permission des superieurs majeurs de faire leur theologie avec nos confreres.

Ce fut le R. P. dom Claude Hemin, qui pour exercer la jeunesse et leur donner de l'emulation, comme quelques-uns disent, ou comme d'autres veulent par une raison trop timide que les seculiers n'eussent à se plaindre de nous qu'aïant un revenu considerable dans Saint-Maixent nous ne rendions aucun service au public, mit avec la permission

---

[1] Ce procès-verbal est perdu.

des superieurs majeurs les dominicales qu'on a continué du depuis ; mais il est à craindre que bientost on n'ait à se plaindre d'avoir eu en cela trop de facilité à metre des predications qui se trouveront à grande charge. Le mesme R. P. prieur, pour mettre plus de regularité dans son monastere, entreprit de faire un cloître ; mais soit que la place ne fut pas assez grande, alors qu'on n'avoit pas le terrain qu'on a eu depuis, il fut obligé de laisser et d'abandonner ce qu'il avoit commencé, qui depuis n'a de rien servi.

De son tems, la communauté fut assignée de la part de M.M. les chevaliers de Jerusalem, comme heritiers du pecule de messire Balthazar de Crevant d'Humieres, qui estoit mort abbé de ce monastere et à qui messire Henry Arnault de Pomponne avoit succedé dans l'abbaïe, pour avoir à se voir condamner à reparer les ruines des bâtiments dependants de l'abbaïe, à quoi elle se trouvoit obligée, en vertu d'une transaction passée entre le dit sieur abbé et dom Charles Thiery, lors prieur de ce monastere, et dom François Pigné ; sur quoy, le R. P. dom Claude Hemin voïant que cette transaction avoit esté passée sans la participation de la communauté, fit faire un acte par lequel la dite communauté, assemblée en chapitre, desavoue la sus dite transaction comme contrevenant aux droits des religieux, et aïant esté faite sans observer les formalités requises. Mais cela n'a pas empesché qu'on n'ait esté condamné à faire toutes ces reparations des ruines des bâtiments dependans de l'abbaïe.

Ce fut encore du tems du R. P. dom Claude Hemin que le s^r de la Bourliere, chanoine de Nantes, jeta un devolu sur le prieuré d'Azé, dont dom René Goustimenil, religieux de la Congregation estoit alors prieur, et l'impetra en cour de Rome *per obitum*, disant que le nom de dom René Goustimenil estoit un nom en l'air ; on tient que M. Pavin le père eut beaucoup de part dans ce procès où il pretendoit faire tomber entre les mains de son ainé, chanoine de Menigoute [1], le prieuré d'Azé ; mais celui qui ce comporta en notre veritable ami dans cette affaire fut M. Palustre, alors lieutenant-particulier dans le Siege de Saint-Maixant [2], par la sentence qui intervint dans ce Siege, dont il est parlé cy-après, contre celui qui avoit impetré le susdit benefice : monsieur Palustre ne pouvant nous avertir par lui-mesme, nous fit donner secretement avis de tout par madame sa femme; et on peut dire qu'on doit tout le gain de ce procès dans ce Siege à ce monsieur, et que nous luy en avons toute l'obligation et luy en devons toute la reconnoissance.

L'an 1685, messire Henry Arnault de Pompone, abbé de ce monastere, pour son joyeux avenement, a fait faire plusieurs choses pour la decoration de l'eglise et sacristie, et premierement un ornement complet pour la couleur blanche aux festes de premier ordre, de brocard d'argent à fleurs d'or, consistant en trois chappes, une chazuble, deux dalmatiques et un parement d'autel, avec une belle echarpe d'un riche satin relevé de plusieurs fleurs d'or et d'argent, le tout du goût et du choix du reverend pere dom Claude Hemin, prieur. Item, le mesme R. P. a fait faire sur ce qu'a donné monsieur l'abbé deux beaux chandeliers d'argent pour les turiferaires, qui ont coûté plus de sept cent livres. Item, le mesme a fait faire un encensoir d'argent, valant deux cent trois livres.

L'an mil six cens quatre-vingt-six, à la diete annuelle tenüe après Pasque dans l'abbaye de Saint-Germain-des-Prez, le R. P. dom Claude Hemin et le R. P. dom Guillaume Camuset, qui par le chapitre general dernier

---

1. Jean Pavin, fils du lieutenant-général de Saint-Maixent.
2. René Palustre, lieutenant-particulier, assesseur civil, enquêteur et commissaire examinateur au Siège royal de Saint-Maixent, époux de Louise Vandier.

avoient esté nommés prieurs de Saint-Maixant et de la Chaize-Dieu changerent l'un avec l'autre.

Le vingt-neuf septembre de la mesme année, le R. P. prieur, après avoir receu le mandement de monseigneur l'evesque de Poitiers et estre convenu du jour avec MM. le maire, officiers de la justice, de l'Election et les curés, fit chanter le *Te Deum* en action de grâce de l'heureuse naissance de M. le duc de Berry; tout le clergé et le peuple se rendit dans notre eglise pour assister à cette ceremonie.

Le vingt-septiesme octobre de la mesme année, M. le marquis de Verac, nommé lieutenant du Roy dans le Poitou, fit sa premiere entrée dans cette ville de Saint-Maixant[1] : selon la coutume pratiquée en semblables occasions, les religieux de l'abbaye, revestus d'aubes et de chappes, et précedés par les R. P. Capucins et Cordeliers et tous les ecclesiastiques des paroisses, lui allerent au devant jusqu'à la porte Châlon, où il fut reçu par nostre R. P. prieur, qui, après luy avoir fait baiser la croix, luy fit une harangue à laquelle mon dit sieur aïant repondu d'une maniere fort obligeante, il fut conduit dans l'eglise abbatialle, au milieu de la bourgeoisie qui estoit sous les armes et formoit deux haies depuis la dite porte Chalon jusqu'à celle de la ditte esglise, où mon dit sieur estant entré, et s'étant mis dans la chaire de M. l'abbé qui lui avoit esté preparée, le R. P. prieur commença le *Te Deum laudamus* qui fut chanté, le psalme *Exaudiat* pour le Roy, et les prières achevées, MM. le maire et eschevins de la ville conduisirent mon dit sieur de Verac dans le logis qu'ils luy avoient preparé.

Le vingt-huitiesme octobre de la mesme année, jour consacré à la memoire des apostres saint Simon et saint Jude,

---

1. Olivier de Saint-George, marquis de Couhé-Vérac. Il avait abjuré le protestantisme le 7 avril 1685 et le 12 octobre suivant avait été pourvu de la charge de lieutenant du roi en Poitou.

se fit l'ouverture d'une des plus celebres et des plus memorables missions qui se soient jamais faites dans la province du Poitou ; elle estoit composée de treize religieux de nostre Congregation qui, les R. P. dom Guillaume Camuset, prieur de Saint-Maixant, dom François Du Vivier, prieur de Saint-Pierre de la Couture du Mans, dom Joseph Boisse, prieur de Saint-Maixant en Gascogne, dom Claude Cernay, prieur de Soleme, dom Michel Valeix, prieur de Saint-Jouïn, dom Placide Le Duc, souprieur de Saint-Maixant, dom Barthelemy Du Noüaud, souprieur de Saint-Cyprien de Poitiers, dom Jacques Merle, souprieur de Saint-Michel en Lerme, dom Barthelemy Gerentes, souprieur de Noaillé, dom Antoine de Varennes, souprieur de Château-Gontiers, dom Laurent Faidy, religieux de Saint-Jean d'Angely, dom Claude Salesse, religieux de Sainte-Croix de Bourdeaux, et dom Charles Poirier, religieux de Saint-Jean d'Angely. Monseigneur de Saillant, evesque de Treguier et nommé à l'evesché de Poitiers, celebra pontificalement la grande messe et porta le très-saint Sacrement dans la procession generalle qui fut faite par la ville, à laquelle outre le clergé de Saint-Maixant assisterent plusieurs parroisses circonvoisines, conduites par messieurs leurs curés avec les croix et bannieres. Monsieur le marquis de Verac, lieutenant du Roy, y assista aussi, accompagné d'un grand nombre de gentilshommes ; après laquelle mon dit seigneur donna la benediction du très-saint Sacrement.

Voici l'ordre des exercices qui furent observés pendant tout le cours de la mission :

Tous les jours le très-saint Sacrement estoit exposé depuis le commencement de la grande messe jusqu'au soir.

Il y avoit chaque jour trois predications, dont la premiere qui estoit precedée par les prieres publiques du matin et les litanies du très saint nom de Jésus, chantées par un religieux, commençoit à cinq heures et demie, et duroit trois quarts d'heures; la seconde se faisoit à dix heures, sur la fin de la grande messe, et la troisiesme se faisoit à quatre heures du soir, sur la fin des vespres et complies, après laquelle on chantoit pour le salut un hymne du très-saint Sacrement et le psalme *Exaudiat* avec les oraisons, et ensuite on donnoit la benediction du très-saint Sacrement. Cela fait, un religieux montoit dans la chaire du predicateur, pour y faire à haute voix les prieres du soir qui estoient terminées par les litanies de la très-sainte Vierge, chantées comme celles du matin.

Outre ces trois predications, on faisoit tous les jours deux catechismes sur une heure après midy, l'un dans la nef pour les filles, et l'autre dans la croisée septentrionale de l'eglise pour les garçons.

C'est une chose bien remarquable, et mesme digne d'admiration, et qui doit passer pour un effet des benedictions de Dieu sur ce grand ouvrage, dont le dessein, l'entreprise et l'execution n'ont eu pour objet que sa gloire et le salut des âmes, que tous ces frequens exercices de pieté aient toujours esté suivis d'un grand concours de peuple, tant de la ville que de la campagne, nonobstant la pluie et les autres injures du temps qui sont ordinaires dans le mois de novembre; n'estoit-ce pas quelque chose de bien édifiant de voir des personnes de l'un et l'autre sexe, de tout aage et de toute condition, anciens catholiques et nouveaux convertis, qui marquoient un saint empressement pour assister à toutes les predications, aux grandes messes, aux vespres et aux benedictions du très-saint Sacrement. Pouroit-on douter que ce ne fut nostre seigneur Jesus-Christ qui les appeloit dans son eglise, et que la ferveur avec laquelle ils s'y rendoient ne fut une suite des attraits que sa sainte grâce leur donnoit pour toutes les pratiques de pieté qui s'y exerçoient.

Monsieur le duc de Mazarin, seigneur temporel de la ville de Saint-Maixant, se rendit aussi sur les lieux pour participer aux avantages spirituels et recevoir les indulgences attachées aux exercices de la mission dont la clôture se fit le jour de saint André apostre, par la procession generalle, dans laquelle Mgr l'evesque de Poitiers porta le très-saint Sacrement, et à laquelle assisterent le clergé, messieurs les officiers de la justice, le maire et échevins, messieurs de l'Election et un concours extraordinaire du peuple.

Voici le mandement de monseigneur l'evesque de Poitiers, addressé au R. P. prieur de l'abbaïe de Saint-Maixent pour faire la mission :

« François Ignace de Baglion de Saillant, par la grace de
« Dieu et du Saint Siege apostolique, evesque et comte de
« Treguier, nommé par sa Majesté à l'evesché de Poitiers,
« vicaire general de monseigneur Hardoüin Fortin de la Ho-
« guette, evesque de Poitiers, nommé à l'archevesché de Sens.
« N'aïant rien plus à cœur que de voir extirper l'heresie dans
« ce diocese et de pourvoir, suivant les pieux et saints
« desirs de nostre incomparable monarque à l'instruction du
« grand nombre de ceux et de celles de ce diocese auxquels
« Dieu a fait la grace de rentrer dans le sein de l'Eglise et la
« connoissance des principaux mysteres de la foy, deüement
« informés de la capacité, vie exemplaire et pieté singuliere
« des religieux benedictins de la congregation de Saint-Maur
« établis dans l'abbaïe roïalle de la ville de Saint-Maixent de
« ce dit diocese, et de leur zele pour la propagation de la
« foy. A ces fins, nous avons approuvé et commis, approu-
« vons et commetons par ces presentes pour faire la mission
« dans la dite ville et paroisses voisines le prieur de la dite
« abbaïe et autres religieux benedictins de la dite congre-
« gation de Saint-Maur qui luy seront nommés par le pere
« superieur general de la mesme Congregation, ou que luy
« mesme choisira, leur donnant pouvoir de prescher, faire des
« conferences, discours de controverse et de morale aux
« tems et heures qu'ils jugeront à propos, catechiser, con-

« fesser et administrer les autres sacremens, mesme d'ab-
« soudre des cas reservés et de l'heresie, y faisans toutes sor-
« tes de benedictions auxquelles nous pouvons commettre
« deposer le Saint-Sacrement, inviter les processions des pa-
« roisses voisines et generallement de faire tout ce qu'ils juge-
« ront utile et advantageux pour la conversion de ceux de la
« dite religion pretendüe reformée qui restent à convertir et
« pour l'instruction, consolation et edification des catho-
« liques, tant nouveaux qu'anciens ; mandons aux curés et
« vicaires du dit Saint-Maixent et lieux circonvoisins, d'ex-
« horter leurs parroissiens d'assister aux exercices de la dite
« mission et de les y conduire mesme processionellement à
« l'ouverture et clôture, à laquelle, Dieu aidant, nous nous
« trouverons en personne, et de contribuer de leur part à ce
« qui dependra d'eux et dont ils seront requis par les dits
« religieux pour le bien et succès de la ditte mission. Donné
« à Poitiers, au palais episcopal, le vingt-cinquiéme d'oc-
« tobre mil six cens quatre-vingt-six. Signé: François-
« Ignace, evesque et comte de Treguier, nommé à l'evesché
« de Poitiers, vicaire general ». Et plus bas : « Par mon-
« seigneur : Pelourde, secretaire ».

Le jour de la clôture de la mission, la communion generale se fit dans la nef de l'eglise, où après que dom Laurent
Fédy eut apostrophé le très-saint Sacrement par un discours fort touchant et conceus en forme d'une amende
honorable, monseigneur l'evesque communia de sa propre
main une grand nombre de fideles ; et comme le concours
en estoit extraordinaire, il fut aidé par quatre des missionnaires pour satisfaire à la devotion du peuple. Cette communion generalle dura jusqu'à deux heures après midi.
La derniere predication qui se fit ce jour-là eut pour
sujet la Perseverance ; elle fut faite par le R. P. François
Du Vivier, prieur de la Couture, qui approfondit et expli-
qua cette matiere avec tant de force que toute l'auditoire
en fut charmée et très bien édifiée. Après cette predication,

monseigneur l'évesque de Poitiers parla encore du lieu où il estoit pendant une demie-heure, tant pour exhorter le peuple à profiter des instructions salutaires qui leur avoient esté données, que pour remercier au nom de la ville et de tout son diocèze nostre Congregation, qui, sans avoir en veüe aucun autre interest que celui de la gloire de Dieu et du salut des âmes, avoit entreprise, continuée et achevée une mission, la plus considerable qui se fut faite jusqu'alors dans toute la province, avec un succès si avantageux qu'on ne pouvoit douter que le dessein et la consommation de ce grand ouvrage n'eussent esté inspirés et conduits par la grâce de Nostre-Seigneur Jesus-Christ.

Le dix-septiesme jour du mois de novembre 1686, la cloche, dont les Calvinistes s'estoient servis pour convoquer leurs assemblées et qui après la demolition de leur temple avoit esté donnée aux R. P. Cordeliers de cette ville, fut solemnellement benite dans leur eglise sur les deux heures après midy par le R. P. dom Guillaume Camuzet, prieur de Saint-Maixant, à qui monseigneur l'evesque de Poitiers en avoit donné la commission ; le dit R. Pere, revestu en chappe et accompagné d'un diacre et d'un sous-diacre, commença cette ceremonie par un discours qu'il fit sur ce sujet, après lequel il proceda à la benediction de la dite cloche, selon la forme prescrite dans le pontifical romain. M. Pavin, lieutenant general et maire de Saint-Maixant, en a esté le parrain, et Mme la marquise de la Carte [1], la marraine.

Le 8 decembre 1686, on fit elever une grande croix de bois, peinte en rouge, proche la porte Châlon [2], faite par nostre Congregation dans cette ville.

Le second jour de fevrier 1687, le *Te Deum* fut chanté dans notre eglise après les vespres, en action de grâces du

---

1. Jeanne Berland, femme de François Thibault, chevalier, marquis de la Carte.
2. Les mots « en mémoire de la mission » doivent avoir été omis en cet endroit dans le manuscrit.

retablissement de la santé du Roy, qui avoit esté dangereusement malade ; tout le clergé et les corps de MM. les officiers de la ville y assistèrent. Le mandement de Mgr l'evesque de Poitiers en avoit esté addressé à notre R. P. prieur.

La mesme année, au mois de............., une sentence fut rendüe par le Siège roïal de Saint-Maixent en faveur de dom René Goutimenil, prêtre et religieux de nostre Congregation, titulaire du prieuré d'Azay, par laquelle il fut maintenu dans son dit titre et possession, et le sieur La Bourliere, chanoine de Nantes, qui avoit impetré en cour de Rome le dit benefice comme vaquant *per obitum*, débouté avec dépens de ses pretentions.

Item. La mesme année, le R. P. dom Guillaume Camuset fut continué prieur de cette abbaïe de Saint-Maixent par le chapitre general de nostre Congregation, celebré dans l'abbaïe de Saint-Benoit-sur-Loire.

Le....jour du mois........1687, se fit l'ouverture du cours de philosophie dans ce monastère, qui avoit esté ordonné par le Chapitre-General ; dom Gilbert Maugenet fut choisy et nommé pour en estre le lecteur[1]. Le dit cours fut composé de dix religieux et de quinze seculiers qui obtinrent la permission, pour y estre admis, du très R. P. superieur general, après en avoir esté requis et supplié par messieurs le maire et echevins de Saint-Maixant.

Item. Dans la mesme année on fit faire une chazuble et deux tuniques de velours de Venise, à fond d'aurore, relevé de grands fleurons rouges cramoisis ; ces ornemens servirent pour la première fois le jour de la Pentecoste.

L'an 1688, les offices propres de saint Maixant et de saint Leger, patrons de ce monastere, qui jusque alors ne s'estoient chantés que dans des cahiers de papier, fort

---

1. C'est pendant son séjour à Saint-Maixent que D. Maugenet composa le traité intitulé : *Metaphysica thomistica*, qui est conservé à la bibliothèque de Bourges sous le n° 163 des manuscrits. (U. Robert, *Supplément à l'histoire littéraire de la congrégation de Saint-Maur*, 1881.)

mal écrits et notés, ce qui causoit beaucoup de cacophonie, furent imprimés à Paris [1].

Le 27 fevrier de la mesme année, sur l'avis donné à M. Foucault, intendant de cette province, que les nouveaux convertis, au prejudice des defenses portées par les declarations du Roy, faisoient une assemblée proche le château de Granry, mon dit sieur se transporta sur les lieux, avec deux compagnies de dragons, et ayant surpris ces seditieux dans le délit, qui d'abord firent quelques resistances de peu de durée, parce qu'ils furent obligés de prendre la fuite, qui de ça, qui de là, dans un étrange désordre et confusion, M. l'Intendant en fit arrester un grand nombre, dont cinq des plus coupables furent condamnés d'estre pendus, et qui estant conduits au lieu où leur sentence fut executée, firent amande honorable à Dieu et au très-saint Sacrement devant le grand portail de nostre eglise ; quarente autres furent condamnés aux galères, et le château de Granry, démoli rez terre [2]. On tient que cette assemblée estoit composée d'environ dix-huit cent personnes, qui se prometoient d'en faire une autre, et bientost beaucoup plus nombreuse, si celle-cy n'avoit pas esté rigoureusement reprimée [3].

---

1. Nous n'avons pu retrouver aucun exemplaire de cette impression ; tous ont été probablement mis au rebut en 1745, après la composition du nouvel office dont il sera parlé plus loin.
2. Le logis de Grand-Ry, paroisse d'Aigonnay, appartenait alors à M. de Meillac, éc., sgr du dit lieu.
3. Voy., pour plus de détails sur cette terrible répression, les *Mémoires de Foucault* dans la collection des Doc. inédits, p. 218, 249, 223, 539. Voici le récit de Guillaume Téxier : « En ce mois
« [février] 1688, les huguenots ont voulu susciter quelque sédi-
« tion parmi le peuple et recommencer leurs exercices ; toute la
« campagne s'estant révoltée, M. de Foucault, intendant de cette
« province, s'est transporté sur les lieux, assisté de dragons et des
« maréchaussées, et ayant trouvé ces huguenots assemblés à
« Grandry, se saisit de plusieurs, fit tuer à coups de pistolets les
« plus opiniastres, et après avoir fait leur procès, comme à des
« rebelles et des criminels de lèze-majesté, en fit pendre cinq ou
« six, en condamna dix ou douze aux galères, et ainsi éteignit et
« extermina cet hydre naissante. »

Le seizièsme avril 1688, le grand crucifix de la nef de nostre eglise, qui dans son genre passe pour une piece très bien faite, et pour un chef d'œuvre du sieur Girouard [1], sculteur de Poitiers, après avoir esté beni par le R. P. prieur, en presence de toute la communauté et d'un grand concours des habitans de la ville, fut elevé sur le jubé le propre jour du Vendredy Saint, et dans la predication fut apostrophé d'une manière très edifiante par le R. P. Chrysostome de Bourges, capucin, qui cette année remplissoit la station du Caresme.

Le vingt-troisiesme août 1688, veille de saint Barthelemi apostre, on mit en place dans l'eglise du prieuré d'Azay, dedié à cet apostre, un fort beau retable d'autel, enrichi de colonnes et autres ornemens de bois de chêne, avec un tabernacle de mesme matiere, bien travaillé, dont le monastere de Saint-Maixant fit present à la dite eglise, comme dependante de l'abbaïe [2].

Le premier jour de septembre de la mesme année, MM. les maire et échevins de la ville se rendirent dans l'abbaie pour representer au R. P. prieur que la secheresse menaçant les biens de la terre d'une perte generalle il estoit à propos d'avoir recours à Dieu et lui addresser des prieres publiques pour avoir de la pluie. Sur quoi le dit R. P. prieur aïant fait appeler MM. les curés et conferé avec eux de ce qu'il falloit faire dans cette occasion, il fut arresté que dès le lendemain on commenceroit de faire des prieres dans toutes les eglises de la ville, et que le R. P. prieur ecriroit à Mgr de Poitiers pour obtenir la permission de faire une procession generalle. Cependant, pour nous conformer aux autres eglises, tous les jours les prêtres disoient à la messe une oraison propre au sujet, et après le *Benedicamus Domino* de vespres nous faisions la procession

---

1. Ce chef-d'œuvre du sculpteur poitevin fut brûlé pendant la Terreur, sous la direction d'un sieur Ayrault, prêtre défroqué.
2. De toute cette décoration il ne subsiste plus rien.

dans nostre eglise, chantans le répons *Si clausero cœlum*, etc., qui achevé à la station devant l'autel de Nostre-Dame, on ajoutoit les antiennes *Sub tuum præsidium* et *Hic vir despiciens mundum* avec les oraisons de la très-sainte Vierge, de saint Maixant et celles qui sont marquées dans le processional pour avoir de la pluie. La permission de Mgr de Poitiers estant arrivée pour faire une procession generalle, on la mit au dimanche dans l'Octave de la Nativité de Nostre-Dame, après vespres ; tout le clergé et messieurs les officiers de la ville et de la justice y assisterent en corps. La station se fit dans l'eglise des RR. PP. Cordeliers, qui ce jour là avoient eu l'exposition du très-saint Sacrement. C'est pourquoi notre R. P. prieur qui s'estoit rendu à la procession, revestu d'une chappe, accompagné de diacre et soudiacre, estant arrivé dans la dite esglise y encensa le très-saint Sacrement, et après l'hymne *Pange lingua gloriosi*, et les prieres achevées, il donna la benediction du très-saint Sacrement : laquelle finie, on reprit les litanies des saints pour le retour de la procession dans nostre eglise.

Le vingt-deuxiesme septembre mil six cent quatre-vingt-huit, monseigneur l'evesque de Poitiers se rendit à Saint-Maixant pour assister le lendemain aux thèses de logique que six des écholiers seculiers lui avoient dediées et faites imprimer avec son portrait, à Paris, à leurs frais et dépens ; les dites thèses furent soutenües dans la nef de nostre eglise, en presence d'une compagnie considerable par le nombre et par le merite des personnes, ecclesiastiques et seculiers, qui s'y trouvèrent : Brunet, fils de M. le lieutenant criminel[1], fit l'ouverture des dittes thèses par une harrangue qu'il adressa à mon dit seigneur et qui fut fort bien receue de sa Grandeur et de toute l'assemblée ; le R. P.

---

1. François Brunet, lieutenant-général criminel à Saint-Maixent.

prieur des chanoines reguliers de l'abbaïe de Selles argumenta le premier, comme en aïant esté invité : tous les soutenans repondirent avec un succès qui leur acquit l'estime et l'approbation de toute la compagnie.

Dans le mesme tems, messieurs l'abbé de la Salle, nepveu de Mgr l'evesque de Poitiers et de Boisleve, curé de Fare en Brie, diocèse de Meaux, finirent une mission qu'ils avoient commencé au mois de juillet ; ils prescherent seulement les dimanches et les jeudis, alternativement dans les paroisses de Saint-Leger et de Saint-Saturnin. M. l'abbé de la Salle faisoit aussi tous les soirs les prières avec quelques reflexions morales sur l'evangile, alternativement dans les dites paroisses ; leur principale aplication estoit de visiter les nouveaux convertis dans leurs maisons, afin de les attirer par des conversations familieres à la croïance des misteres de nostre religion. Ils logeoient dans notre maison de la Popelière [1], qu'à la consideration de monseigneur l'evesque de Poitiers, nous, leur avions prestée ; ils avoient composé avec un traiteur de la ville pour leur fournir pain, vin, viande et tout le reste de leur norriture.

Ce fut aussi dans ce mesme tems que monseigneur l'evesque de Poitiers nous aïant recommandé l'administration de la cure de Verines, d'autant que le curé, par sentence de l'officialité avoit esté interdit, le R. P. prieur, avec l'agrement du très R. P. superieur general, et par l'authorité de mon dit seigneur envoïa au dit lieu de Verines dom Jean Damascene Couderc et dom Pierre Gouthiere, pour faire une mission qui dura trois semaines.

Au mois d'octobre 1688, M. le marquis de Verac, lieutenant du Roy dans le Haut Poitou, s'estant rendu à Saint-Maixent, fit désarmer tous les nouveaux convertis de la ville ; il en fit autant à Niort, et ensuite par ordre de la

---

1. La maison de la Poupelière, dépendance de l'Infirmerie, existe encore à l'entrée de la rue Saint-Léger ; elle a conservé sa porte en gothique flamboyant.

Cour, la mesme chose fut observée dans tout le Poitou, dans la Xaintonge, dans le Païs d'Aunix, et dans plusieurs autres provinces du roïaume.

Le 28ᵉ novembre 1688, premier dimanche de l'Avent, le *Te Deum* fut chanté solemnellement dans nostre eglise, après les vespres, en action de grâces de la prise de Philisbour par les armes du Roy, sous la conduite de M. le Dauphin et de plusieurs autres conquestes faites en Allemagne. La bourgeoisie de Saint-Maixant, qui s'estoit mise sous les armes, fit pendant la ceremonie plusieurs salves et décharges devant le portail de nostre eglise ; on en fit aussi plusieurs de la grosse tour. Tout le clergé et les corps de MM. les officiers de la justice et de la Ville y assisterent. Le mandement de Mgr l'evesque de Poitiers en avoit esté adressé à nostre dom prieur.

Le 6ᵉ avril 1689, le R. P. prieur de l'abbaïe, en vertu de la commission que Mgr l'evesque de Poitiers lui avoit adressée, se rendit sur les deux heures après midi dans l'eglise des RR. PP. Cordeliers de cette ville, pour y benir la chapelle de Notre-Dame de Pitié, qui après avoir demeuré un siècle sous les ruines où la fureur des heretiques l'avoit réduite, fut reédifiée par les dits RR. PP. Cette benediction ce fit avec les ceremonies portées par le pontifical romain en presence d'un grand concours de peuple qui y assista.

Le 14ᵉ mai 1689, nos confreres étudians soutinrent des thèses publiques de toute la philosophie dans la nef de nostre eglise, en presence de Mgr l'evesque de Poitiers, à qui les dittes thèses avoient esté dediées par permission et ordre du très R. P. superieur general de nostre Congregation. M. l'abbé de la Salle, neveu de mon dit seigneur, et tous MM. les officiers de la justice roïale, avec leurs habits de palais, assistèrent à cette action. Le R. P. Rocheret, correcteur des pères Minimes du couvent de Poitiers, fit l'ouverture de la dispute.

L'an 1689, monsieur le duc de Mazarin, aïant conceu le

dessein et pris la resolution de faire à ses propres frais et dépens une mission à Secondigny, bourg dependant de son duché de la Milleray, et situé dans le ressort de l'evesché de la Rochelle, s'adressa à notre R. P. prieur et lui escrivit plusieurs lettres pour le prier d'entreprendre cette action de piété et d'en confier l'exécution à quelques religieux de nostre Congregation. Nostre très reverend pere superieur general en aïant esté informé, approuvant cette entreprise, et ce fut avec sa permission et le consentement du R. P. visiteur de notre province que les pères dom Jean Guillon, dom Leger Chadebec, dom Jean Cladiere, et dom Jean Alamargot, furent destinés pour ce ministere. Ce fut après ces dispositions et ces mesures prises que le R. P. prieur se transporta à la Rochelle pour en conférer avec monseigneur l'evesque, qui receut avec plaisir et loüa beaucoup ce dessein, dès la première ouverture qui lui en fut faite, et fit pour cet effet expédier son mandement dans la forme qui suit :

« Henry de Laval, par la misericorde de Dieu, eves« que de la Rochelle, au R. P. dom Guillaume Camuset,
« prieur de l'abbaïe roïalle de Saint-Maixent, salut. Estant
« bien et deüement informés de votre piété, prudence et
« zele pour le salut des âmes, nous vous avons commis et
« commetons par ces presentes pour faire, par vous mesme
« ou par tel nombre de vos religieux que vous voudrés choi« sir, la mission dans les parroisses de Secondigny, Fenioux
« et Beceleu, vous permettans et à vos religieux, pendant la
« ditte mission, d'absoudre des cas que nous nous sommes
« reservés, rehabiliter les mariages, et vous donnans gene« rallement tous les pouvoirs necessaires à l'effet de la ditte
« mission. Donné en notre chateau episcopal de l'Herme« naud, ce vingt-troisième avril 1689. Signé : Henry de
« Laval, evesque de la Rochelle ». Et plus bas : « Par
« Monseigneur, Merand, secretaire ».

L'ouverture de la ditte mission se fit le 29 mai, jour de

Pentecoste, par une procession où fut porté le très-saint Sacrement, et à laquelle, outre nos missionnaires et MM. le curé et les vicaires de Secondigny, assisterent plusieurs prêtres et ecclesiastiques des parroisses circonvoisines, avec un concours extraordinaire de peuple. Après la procession, dom Jean Cladiere monta en chaire et fit une prédication très édifiante ; le soir après vespres, dom Jean Guillon en fit une seconde qui fut suivie de la bénédiction du très-saint Sacrement. Pendant le cours de la mission, tous les jours les prières se faisoient le matin et le soir ; après la bénédiction du très-saint Sacrement on faisoit le catechisme pour l'instruction des enfans ; on preschoit une fois, deux fois les jours de festes. C'estoit une chose fort edifiante de voir le peuple des villages et parroisses voisines qui tous les jours venoit en foule à Secondigny, tant pour assister à la predication que pour aprocher du sacrement de penitence ; le nombre estoit si grand que souvent on estoit obligé de donner la communion jusqu'à deux et trois heures après midy pour satisfaire à la dévotion des étrangers. La cloture de la mission se fit le troisiesme dimanche d'après la Pentecoste, avec les mesmes cérémonies qui avoient esté observées en son ouverture.

Coppie d'une lettre de M. le curé de Secondigny, écrite à notre R. P. prieur sur le succès de la mission : « Mon très « reverend pere. Je me donne l'honneur de vous ecrire cette « lettre pour vous temoigner ma reconnoissance des grands « secours et des biens spirituels que moy et mes paroissiens « avons receue de vos reverends peres missionaires ; on ne « pouvoit pas attendre plus de fruit d'une mission qu'ils en « ont fait. Ce n'est pas ma parroisse seullement qui en a pro- « fité, mais encore toute la Gastine ; on y est si édifié de leur « grande charité et de leur zele extraordinaire qu'on ne peut « pas l'estre d'avantage. Il n'y a que la feste de saint Jean- « Baptiste qui m'empesche de m'aller acquitter de ces de- « voirs de vive voix et vous assurer combien je suis avec

« respect, Monsieur et reverend pere, Votre très humble et
« très obeissant serviteur. Grimaud, curé de Secondigny.
« A Secondigny, ce 22 juin 1689 ».

Le 31 mai 1689, toute la Chambre de Ville assemblée en corps se rendit dans nostre eglise pour assister à la grande messe; après laquelle s'estant transporté dans la Maison de ville on fit en sa présence la lecture d'une lettre de cachet du Roy, par laquelle Sa Majesté declaroit avoir choisi pour maire de la ville M. Sarget, sieur de la Béjardière [1], qui le 26 de juin suivant, jour de saint Maixant, assista à notre grande messe et prit possession de la mairie avec les cérémonies accoustumées et fit presenter un pain béni magnifique; la grande messe et les vespres furent en partie chantées par quelques musiciens de Sainte-Radegonde de Poitiers que mon dit sieur maire avoit invité à cette cérémonie.

La diette annuelle de cette année ordonna que nostre monastere seroit destiné pour un cours de théologie, composé du mesme maître et des mesmes écholiers que celui de philosophie dont l'ouverture se fit le.......

Ce fut dans cette année que fr. André Guerin et fr. Bonnaud, religieux convers de nostre Congregation, commencerent les peintures de nostre eglise qui représentent les mystères de la naissance, de la vie, de la passion, de la mort et de la resurrection de Nostre-Seigneur Jesus-Christ, qui font un très bel effet, et un des plus riches ornemens de nostre eglise [2].

Le retable d'autel de la chapelle des tombeaux de saint Maixant et de saint Leger, patrons de l'abbaïe, fut aussi achevé et mis en place par fr. Joachim [3].

---

1. Pierre Sarget, sieur de la Berjardière, contrôleur en l'Élection de Saint-Maixent.
2. Ces peintures, exécutées sur la muraille extérieure du chœur, qui à l'intérieur était garni par les magnifiques boiseries dont on admire les restes tant à l'entrée de l'église qu'à la porte de la sacristie, ont disparu lors de la démolition de cette clôture, pendant la Révolution.
3. Une portion de ce retable est restée en place jusqu'en 1860; il en existe des débris dans la sacristie.

Item. La boiserie de la sacristie où on a pratiqué plusieurs tiroirs et layettes propres à renfermer les chasubles, tuniques et autres ornemens, les aubes et tout le linge de l'eglise comme aussi les grandes armoires où sont renfermées l'argenterie et les saintes reliques.

Item. Dans la mesme année on nous fit present de deux bustes de bois argenté, qui forment un regard de Nostre Seigneur et de sa très sainte mère, de la hauteur naturelle, qui ont esté faits par un des meilleurs sculteurs de la ville de Lyon [1].

Au chapitre general de la Congregation tenu en 1693, a esté eslu prieur de ce monastere dom Jacques Denesde.

Dom Jacques Denesde, prieur de ce monastère, estant mort au mois d'octobre 1693, dom Maur Marchand fut eslu prieur du susdit monastere, le vingt-et-uniesme novembre, par le très reverend pere superieur general et ses assistans.

Au mois d'août 1694, on achepta un tabernacle de bois doré; il est au grand autel. Il coûte, tant pour le port de Paris icy que d'achapt, deux cent onze livres [2].

Le chapitre general de l'année 1693 ordonna que nostre monastere seroit destiné pour la recollection, composée de douze religieux.

La diette annuelle de l'année 1694 ordonna que nostre monastere seroit destiné pour un cours de philosophie, composé d'un maître et de neuf écholiers.

Le chapitre general de 1695 ordonna que ce monastere seroit destiné pour un cours de philosophie de neuf écholiers.

Dom René Droüinet, prieur de ce monastere, estant mort le vingt-quatre septembre de l'année 1696, dom Joseph Lachaud fut eslu prieur du susdit monastere le 29

---

1. Ces deux bustes, qui depuis ont été dorés, sont aujourd'hui placés dans des niches ménagées à cet effet au fond du retable de l'autel de la Vierge.
2. Ce tabernacle a dû être détruit à la Révolution, en même temps que les boiseries du chœur.

novembre de la ditte année par le très R. P. superieur general et les assistans.

Le premier décembre 1697, premier dimanche des Avents, nous chantasmes le *Te Deum* en nostre eglise pour la paix generalle ; on fit un beau discours sur la paix, faisant en mesme temps l'éloge du Roy ; tous les corps y assisterent, et un fort grand concours de peuple, quoique actuellement on dit le sermon à Saint-Saturnin.

Environ le mesme tems on a achevé de poser la belle chaire de predicateur qui est attachée à un pillier de la nef du costé du nord [1].

Le vingt-six janvier 1698, on chanta le *Te Deum* dans nostre eglise, comme cy dessus, par ordre de Mgr de Poitiers, pour la paix entre la France et l'Allemagne, à cause que l'Empereur n'avoit voulu signer la paix que quelques mois après les Espagnols, Anglois et Hollandois.

On vient d'achepter un encensoir d'argent avec sa navette, du prix de deux cent trois livres ; on a aussi achepté une coupe d'argent pour la communion, fait accomoder le bâton d'argent qui estoit trop bas, fait faire le bâton de la croix d'argent et mettre une coupe à un calice.

Le 4me decembre 1697, on a acheté des dames Miget une petite grange derrière Saint-Saturnin, qui a coûté trois cent livres et cinquante livres de pot de vin.

La diette annuelle, tenüe à Saint-Germain des Prés à Paris cette année 1698, a ordonné que ce monastere seroit destiné pour un cours de théologie de dix écholiers, dont le maître sera dom Jean Guerrier [2].

Le 30e mai 1698, le contract d'une fondation faite

---

1. Cette chaire, dont le motif de décoration consistait en un cep de vigne qui la soutenant sur son pied l'enlaçait ensuite de ses rameaux, a aussi été détruite pendant la Révolution. Celle qui existe aujourd'hui a été composée en 1825 avec des débris du chœur et de cette même chaire.

2. Le 27 mars 1699, eut lieu la soutenance des thèses. La Société des Archives Historiques du Poitou (Fonds de Bernay, F 3) pos-

par feu Mme de la Frappiniere, d'une lampe ardente devant les tombeaux de saint Maixant et de saint Leger et de neuf messes par an, a esté passé, et la communauté a accepté la ditte fondation, après en avoir obtenu la permission du très R. P. general; il a esté donné pour le fonds de cette fondation sept cent livres qui ont esté emploiés pour païer partie de l'acquisition que nous avons faite d'une maison joignant notre cloître, appartenant à M. Hillaire Goguet, s^r de Féolle; le dit contrat a esté passé le mesme jour trente mai 1698 pour le prix de quinze cent quarante livres.

Le 9me août 1698 a esté rendu un arrest au Parlement de Paris, qui nous maintient dans notre possession des droits honnorifiques et qualité de curés primitifs dans les eglises de Saint-Maixant. Ce procès avoit duré cinq ans, pendant lequel tems les curés avoient entierement secoüé le joug; celuy de Saint-Leger, qui n'avoit pas esté mis en cause, quoiqu'il eût esté condamné en cent-soixante et neuf livres par sentence des requestes du Palais, c'est soumis, voïant que celui de Saint-Saturnin avoit esté condamné par le dit arrest.

Aujourd'hui, troisiesme dimanche des Avents, quatorziesme du mois de décembre 1698, le R. P. dom Sylvestre Morel, abbé de Saint-Augustin de Limoges, a fait la consécration de l'autel de Saint-Benoit qu'on avoit démoly pour placer plus commodément le retable que nous y avons fait faire. Mgr de Poitiers en a accordé de bon cœur la permission à notre dit reverand père abbé. Cette céré-

---

sède le placard qui fut imprimé à cette occasion par Guillaume Darbis, imprimeur à Saint-Maixent. En voici la description : *Deo opt. max. Quæstio theologica. Qui sunt fontes Salvatoris? Isaiæ, 12.* Vient ensuite le sujet qui est divisé en sept paragraphes, et à la fin on lit : *Has Theses (Deo duce et auspice Deipara) tueri conabuntur religiosi Benedictini, in lycæo Benedictino regalis abbatiæ Sammaxentinæ, die (27 mensis martii), anno Domini 1699 (à secunda ad quartam). Sammaxentii, apud Guillelmum Darbis, Regis et regalis abbatiæ typographum et bibliopolam.* Cette pièce est le seul spécimen d'impression sorti de la presse de Darbis que nous connaissions.

monie fut très belle. On y a aussi consacré quantité de marbres, et ensuite la messe a esté chantée à nostre grand autel par le R. P. abbé, officiant avec crosse et mitre, au son des haubois et des trompettes ; il s'est aussi trouvé à cette cérémonie les RR. PP. prieurs de Saint-Cyprien, de Nouaillé et de Saint-Jouin, et un peuple infini.

Cette mesme année 1698, on a fait faire le bâtiment des écuries ; on a aussi démoli les voûtes du refectoire qui menaçoient ruine.

Cette mesme année mourut messire Ignace de Saillant de Baglion, evesque de Poitiers, prelat tout remply de bonté pour la Congregation et pour ce monastere en particulier. En sa place, et dans la susditte année, fut nommé par le Roy messire Antoine Girard de la Borna, qui n'a pas moins de bonté pour tous religieux que ces predecesseurs.

Le 20 juillet 1699, messire Antoine Girard de la Borna, evesque de Poitiers, fit son entrée publique à Saint-Maixant. Tout le clergé, tant seculier que regulier, et tous les corps et communautés de cette ville s'estant rendus dans l'eglise de l'abbaïe, selon la coutume, sur les sept heures du matin, on commença à marcher par la rüe Châlon pour aller prendre Monseigneur au Château. Tous estant arrivés, le père prieur de l'abbaye lui présenta l'étole et la lui mit au col ; dans ce moment on commença la marche de la procession, droit à nostre eglise, par la mesme rue Châlons. Après que les chantres eurent entonné l'hymne *Te Deum* à l'entrée de nostre eglise on lui fit la cérémonie de réception en lui présentant la croix à baiser, et après quoi le père prieur lui fit sa harangue, à laquelle il répondit avec de grands témoignages de bonté et d'estime pour nostre Congregation ; on le conduisit ensuite au son de l'orgue au grand autel, où on dit les prières accoustumées. Monseigneur célébra la grande messe et vespres ce mesme jour dans nostre eglise, où nos confreres lui servirent de ministres ; il prescha deux fois le mesme jour et donna la confirmation, à laquelle cérémonie l'assisterent aussi nos confreres en aubes. Il resta ceans huit jours, où il fit toutes les fonctions épiscopales, donna la tonsure, la confirmation par deux fois dans nostre eglise, n'aïant pas voulu le faire dans les parroisses, disant que nostre eglise estoit l'eglise matrice et principale de la ville, et nous, ayant droit de curés primitifs sur toutes les eglises de Saint-Maixant, il ne falloit pas aller ailleurs. Depuis le Château, Monseigneur se mit sous nostre poële, porté par le maire et échevins de Saint-Maixant.

On a fait cette année 1699 les greniers qui sont à main droite en entrant dans la basse-cour, qui aboutissent au pavillon des lieux communs.

Aujourd'hui 24ᵉ juillet 1699, on a fait marché pour un côté de cloître, qui est celui qui est le long du dortoir, pour la somme de trois mille livres, et fournir tous les mathériaux rendus dans le préau.

Cette mesme année 1699, nostre chapitre general a esté tenu à Marmoutier, qui a ordonné que nos écholiers continuroient ici leur théologie ; maître, dom Jean Guerrier.

Item. La mesme année 1699, dom Joseph Lachaud fut continué prieur de cette abbaïe de Saint-Maixant par le chapitre general tenu à Marmoutiers.

Le 19 octobre 1699, nous avons fait un échange, avec M. nostre abbé, de la halle et parquet, contre le grand jeu de paume qui nous appartenoit, où nous faisons une halle [1] et un parquet à la place de celle que nous donne M. l'abbé ; cette halle doit nous servir à achever la clôture

---

1. Cette nouvelle halle, dite halle du mardi, qui remplaça le grand jeu de paume, est aujourd'hui une maison particulière, portant le n° 8 de la rue de l'Abbaye. La partie supérieure de cette maison seule existait et formait voûte, sous laquelle se tenait le marché ; au fond du jardin était le parquet où l'on rendait la justice au nom de l'abbaye. Quant à la halle que l'abbé abandonnait aux religieux, c'était celle-là même où, selon Rabelais, Villon joua ses diableries ; elle se trouvait au coin de la place de l'église et de la rue qui descend au pont Charrault. En cet endroit, dans l'enceinte du monastère, existe une petite porte ronde, aujourd'hui bouchée, dont le claveau central porte la date de 1719.

du monastere. Le contract reçu par Faydi, notaire roïal.

La mesme année nous avons consenti un arrentement perpetuel pour l'acquisition de la maison dite de Lamiraut, qui joignoit à la vieille halle ci-dessus ; c'estoit la seule qui restoit pour la clôture du monastere.

Le 22e septembre 1700, nous avons fait un marché general pour achever tous les lieux réguliers du monastere : cloître, refectoire, bibliotheque, hôtellerie, infirmerie, dix chambres pour les religieux et autres lieux, le tout concistant en deux grands corps de logis, l'entrée du monastere, (le contrat reçu par Faydi, notaire roïal), moïenant vingt-sept mille livres, païables en neuf ans, à mil écus par an, et toute la besogne doit estre faitte en huit années ; nous devons en outre fournir tous les matheriaux. Maistre Pierre Le Duc [1], qui est l'architecte, doit repondre de la besogne, comme il est plus amplement dit dans le contract.

Au mois d'août 1701, nous avons fait fondre et refaire la grosse cloche du gros clocher, et en mesme tems, on a fait un timbre d'environ unze cens pour le gros horloge.

Item. Au dit tems, on a fait un ornement de brocard à fons blanc avec des fleurs de diverses couleurs, relevé par ers fait d'un gros de Tours.

Le 8 mars 1708 mourut messire Antoine Girard de la Borna dans sa maison episcopale à Poitiers, en odeur de sainteté, regreté de tout son diocese, où il avoit commencé de faire de grand biens ; c'estoit un très digne prelat, qui avoit de très hautes idées de la Congregation et beaucoup d'affection pour ce monastere, aagé de quarante-six ans, et commençoit sa quatriesme année d'episcopat.

L'an 1702, le chapitre general se tient à Marmoutier, où le R. P. dom Charles Conrade fut elu prieur de ce mo-

---

1. Pierre Le Duc, fils de François Le Duc, premier architecte des religieux de Saint-Maixent. Il entreprit aussi la reconstruction des abbayes de Montierneuf et de Saint-Cyprien de Poitiers, au sujet de quoi il eut de nombreux procès.

nastere de Saint-Maixant ; après en avoir pris possession, il se retira à Saint-Cyprien de Poitiers, d'où il poursuivit sa decharge de prieur de Saint-Maixant qu'il obtint au mois d'octobre suivant de la mesme année. Auparavant de s'en venir prendre possession de ce monastere en qualité de prieur, il avoit fait sa resignation du prieuré de Saint-Maixant de Verine, dont il estoit pourveu, entre les mains du très R. P. superieur general.

Le mesme chapitre general destina ce monastere pour y avoir une rethorique de sept écholiers où le R. P. visiteur, dom Gabriel Gerentes, a envoïé pour maistre, dom Pierre Brutel ; dom Antoine Chassein, qui avoit esté destiné par le Chapitre pour enseigner cette rethorique, s'en estant excusé.

Le costé du cloistre qui est du costé du chapitre, fut commencé du temps du R. P. dom Joseph Lachaud, prieur ; il fut continué et achevé au commencement du mois d'octobre de cette année 1702. Il a esté fait en plate-forme, pour que la couverture qu'il auroit fallu mettre autrement ne bouchast les fenestres du bas dortoir ; cette plate-forme, pour avoir esté trop hastée, a esté fort mal faite et jusques ici elle rend l'eau en plusieurs endroits.

Le deuxiesme d'octobre de cette année 1702, après plusieurs excuses que fit le R. P. dom Charles Conrade de vouloir reprendre ou continuer l'administration de ce monastere de Saint-Maixant, dom Louis Landrieu en fut elu prieur par le très R. P. superieur general, dom Claude Boistard, et ses assistans.

Dans le commencement de l'année 1703 on acheva d'oster la multitude des terres qui estoient devant l'eglise et qui en fermoit autrefois la moitié de l'entrée, et ensuite furent faites les murailles avec l'escalier de pierre de la place de devant l'eglise, du costé des deux rues [1].

---

[1]. Cette clôture, que l'on peut voir indiquée dans la vue cavalière de l'abbaye donnée par le *Monasticon Gallicanum*, a disparu.

Dans cette mesme année 1703, au mois de may, dans la dietté annuelle tenue à Saint-Germain-des-Prés, on mit dans ce monastere un cours de philosophie de huit écholiers, dont dom Leonard Bruniet fut nommé lecteur.

Cette mesme année, jour de sainte Madelaine, monseigneur Jean-Claude Poype de Verterieu, evesque de Poitiers, fit son entrée dans Saint-Maixant ; nous fusmes le prendre en chappe avec tout le clergé qui nous précédoit, comme nos predécesseurs avoient fait aux autres evesques et lieutenans de Roy de la province, dans la maison où il logeoit, et le conduisismes jusques dans notre eglise où il dit la messe pontificalement, et prescha à la fin. A la reserve d'un jour, il fit les fonctions episcopales dans notre eglise.

Cette mesme année, au mois d'août, l'horloge qui estoit au grand clocher fut transporté dans le petit dôme ou petite tour qui joint la plate forme qui est sur un côté de l'eglise, au commencement du dortoir ; après qu'on eust fait élever de huit pieds et percer de quatre grandes fenestres la dite tour on a mis le timbre et les deux autres cloches qu'on avoit fait fondre au mois de mai precedent, d'un grand timbre imparfait sur lequel l'horloge frapoit au grand clocher. On fit aussi dans ce temps la petite chambre qui joint la tour dans la plate forme où on a mis l'horloge, avec le reste de la muraille, pour couvrir les poids de l'horloge ; diverses raisons obligérent de transporter le dit horloge pour éviter la peine excessive qu'avoit le religieux qui le gouvernoit, parce que l'horloge sonnant au grand clocher, les religieux ne le pouvoient aucunement entendre de leurs chambres du dortoir, et pour remédier à cet inconvenient on n'a pas trouvé d'endroit plus propre pour faire entendre l'horloge de tous les endroits du monastere que celui où on vient de dire qu'on l'a placé.

Dans le mois d'octobre et de novembre de cette mesme année, les murailles et les piliers du cloistre de l'eglise furent elevées jusques à la naissance des voutes ; on jetta aussi les fondemens de la muraille de l'entrée de la porte du monastere.

L'an mil sept cent quatre, à la veille de l'Assomption, M. de Rochebonne, comte de Lyon, et un des grands vicaires de monseigneur l'evesque de Poitiers, qui lui avoit en particulier commis ce district de Saint-Maixant, vint porter les ordres pour chanter dans notre eglise, comme cela c'est toujours fait, le *Te Deum* pour la prise de la ville de Verseil en Italie, mais en mesme tems il demanda de l'entonner lui-mesme, c'est-à-dire de faire tout l'office le jour de l'Assomption dans notre eglise, car devant officier à vespres pour entonner le *Te Deum* à la fin, il falloit bien le faire aussi à la grande messe ; il insistoit à cela, en ce qu'estant grand vicaire, et tenant la place de Monseigneur, cela lui estoit deu en son absence dans les lieux où il se trouvoit. La communauté, sans raisonner sur le principe qu'il présuposoit, se contenta de lui faire dire par le superieur qu'elle ne pouvoit y consentir de peur que dans de semblables occasions MM. les grands vicaires ne prétendissent venir officier de droit dans notre eglise, ce qui estoit contre nos privileges. Ce monsieur n'aïant pu réussir, fit surseoir le *Te Deum*, et le transporta au dimanche suivant, croïant que la communauté condescendroit à lui accorder de l'entonner. Le pere prieur aïant rendu visite le lendemain de l'Assomption au dit M. de Rochebonne, et l'aïant trouvé dans son premier sentiment, en fit le rapport à la communauté, qui persista dans le sien ; de quoi il en fut dressé un acte, ou deux dans un, afin qu'on en puisse estre informé à l'avenir.

Au chapitre general de 1705 fut élu prieur de ce monastere dom François de Grandsaigne ; il y eût une recollection de neuf religieux.

Monseigneur l'evesque de Poitiers voulant que M. de Rochebonne, comte de Lyon et son grand vicaire, fit une mission en cette ville avec trois RR. PP. Jesuites, et souhaitant qu'elle se fit dans notre eglise, on la lui offrit, tant pour lui faire plaisir et pour la commodité du public, qu'à cause des conséquences qu'il y eut eu de la laisser faire dans les parroisses. Le seigneur prelat accepta cet offre avec action de grâces et commença cette mission le vingtiesme novembre 1705, qui dura jusqu'au premier janvier 1706. L'ouverture et la cloture s'en firent par une procession generalle de tout le clergé seculier et regulier, où Monseigneur officia et celébra la grande messe, porta le Saint-Sacrement à la procession, qui se fit dans l'eglise à cause des pluies continuelles. Le R. P. prieur donnoit ordinairement la benediction du Saint-Sacrement et quelques fois il l'accordoit à M. de Rochebonne, comme aussi d'officier une fois à vespres ; mais dans toutes ces occasions on ne l'a regardé que comme ami, et afin que d'autres grands vicaires du diocese ne pussent se prévaloir des honneurs qu'on accordoit à celui-ci, on ne lui a jamais donné au chœur que la place du pere supérieur, et on a eu de lui le billet dont voici le contenu :

Coppie du billet donné par M. le comte de Rochebonne :
« Comme la mission à la tête de laquelle j'ai l'honneur
« d'estre, se fait dans l'eglise des RR. PP. Benedictins, et
« comme la dignité de grand vicaire dont j'ai l'honneur
« d'estre revestu pourroit leur faire quelque peine par rapport
« à leurs privileges, je declare au très R. P. prieur, dès le
« commencement de cette mission, que dans tout ce que je
« pourrai faire dans leur eglise, ou aïant l'honneur d'estre
« avec eux dans les occasions qui se pourront trouver, que
« je ne l'exige ni le demande comme grand vicaire, et que
« je ne le reçois que comme une honnéteté que les RR. PP.
« me font pendant cette mission, dont je leur suis obligé.
« Fait à Saint-Maixant, ce vingt novembre mil sept cent
« cinq. De Rochebonne, comte de Lyon ».

Ce qu'il y eut de particulier dans cette mission est que

tous MM. les curés de la ville et de Saint-Martin, que les reverends peres gardiens des Cordeliers et Capucins firent apporter leurs confessionaux dans notre eglise, hors de laquelle on ne confessa point, tant qu'elle dura.

A la diette de mil sept cent six il fut establi en ce monastere un cours de philosophie de six de nos confreres et quelques seculiers à qui le très reverend pere general en accorda la permission ; lecteur, dom Martial Poilevet.

En mil sept cent sept, madame des Grois, des écoles charitables, fit dorer le retable et les chapitaux des colonnes de la chapelle de saint Maixant, fit faire l'autel en forme de tombeau, tel qu'il est à present.

En mil sept cent huit, nos confreres soutinrent des thèses generales ; les seculiers en soutinrent aussi et les dedièrent à Messieurs du Siege. Cette année, fut nommé lecteur de la theologie dom Louis Duret.

En mil sept cent neuf, le froid fut si violent dans le mois de janvier et fevrier, qu'il gela presque tous les noïers, et presque tous les gros bleds, ce qui causa une grande disette, ni aïant eu ni bled ni vin, ne s'estant pas ramassé dans toutes nos vignes ou dans Azay une bassée de raisins ; sans les baillarges qui furent très abondantes à cause des pluies continuelles du mois de may et de juin les trois quarts du peuple seroient mort de faim.

La multitude des pauvres dont nous fusmes accablés nous obligea de faire faire une boulangerie dès la fin de mars, et on voit par les comptes du sous-cellerier de cette année les avantages qu'on en tira, à cause surtout du soin qu'on prit de corriger les abus qui s'estoient glissés tandis que Greffier, l'hospitalier, faisoit le pain de l'aumône et en estoit d'ordinaire le seul distributeur, car quoique les pauvres augmentassent du tiers depuis le mois d'avril la distribution des second et troisiesme trimestre n'est pas plus forte que celle du premier.

En mil sept cent dix, on a fait une orgue de quatre pieds,

le petit buffet qui y estoit auparavant ne pouvant plus servir..........

En mil sept cent dix, on a achepté une grange, maison, écurie et autres bâtimens necessaires pour la métairie de Mons qui n'en avoit aucun.

Depuis mil sept cent cinq jusqu'en mil sept cent onze on a chanté plusieurs fois le *Te Deum*, auxquels MM. les curés, les RR. PP. Cordeliers et Capucins, avec les Messieurs du Siege et du Corps de Ville ont toujours assisté à la manière accoutumée, comme aussi aux processions ordinaires et de deux jubilés accordés pendant ce temps.

Au chapitre general de l'année mil sept cent unze, tenu à Marmoutier, fut nommé prieur de Saint-Maixant le R. P. dom Antoine Vaslet ; pendant son triennal il n'y eut point ici de jeunesse parce qu'on devoit bâtir entierement la maison, conformement aux marchez et transactions passés avec le nommé Le Duc, architecte [1]. Par ce dessein, le R. P. prieur accomoda avec lui, fors le different et procès qui avoient duré pendant la precedente administration [2] et passa une transaction, après laquelle il fit jetter tous les fondemens jusqu'à niveau du cloître, depuis la tour du clocher jusqu'aux écuries, et depuis le dortoir jusqu'à l'eglise de Saint-Saturnin ; mais comme on vit que Le Duc ne suivoit pas les plans et alinemens, on a esté obligé de lui faire un nouveau procès, qui dure encore et est à Paris, après une sentence contre nous du conservateur des privileges de l'Université de Poitiers [3].

---

1. Ce marché est du 7 décembre 1712.

2. Ce premier procès avait été en Parlement, comme celui qui suivit, ainsi que nous l'apprend la pièce suivante : « *Mémoire pour les religieux, prieur et convent de l'abbaye de Saint-Maixent, défendeurs et demandeurs, contre Pierre le Duc, architecte de la ville de Poitiers, demandeur et défendeur.* (Paris), impr. Jacques Vincent, 1709. In-f°, 10 pag.

3. Les religieux de Saint-Maixent devaient à Le Duc 9,500 livres sur les marchés de 1700 et de 1712. Ils furent condamnés, par sentence du conservateur du 23 septembre 1713, à lui payer 600 livres de provision, sans préjudicier au fond aux droits des parties. (Arch. judiciaires de Poitiers, greffe de la Cour conservatoire.)

Comme les batimens ont esté suspendus pendant un tems considerable, le principal soin du R. P. prieur a esté de rembourser une grande partie des rentes constituées, lequel remboursement est de trente mille livres, ce qui n'a pas empesché de commencer et d'achever cette belle grange qui est au bas du jardin, commencée sous le R. P. dom François Chazal, à present prieur.

Pendant le triennal du R. P. Antoine Vaslet, nous avons chanté plusieurs fois le *Te Deum* à l'accoutumée, auquel ont assisté tous les corps de ville, mais le plus solennel de tous est celui que nous chantâmes le vingt-sixiesme juin, jour de saint Maixant, de l'année 1713, pour la paix entre la France, l'Angleterre, la Hollande, le Portugal, etc. La ville fit son feu de joie à l'accoutumée, à la sortie du *Te Deum*, les habitans sous les armes ; nous fimes le notre le soir, après la benediction du Saint-Sacrement et complie. Outre le feu de joie dans la place à l'entrée de l'eglise, qui montoit presque aussi haut que le premier étage de la tour du clocher, il y avoit aussi un feu d'artifice et une représentation ; toute la tour et le clocher estoient illuminés d'une infinité de bougies, qui firent un très bel effet, aussi bien que la mousqueterie qui ne cessa de tirer de la tour pendant plus de deux heures : tous nos domestiques et gens dépendans de la maison, gardes, fils de fermiers, estoient aussi sous les armes et faisoient des décharges continuelles ; tous les tambours de la ville, deux trompettes, les haubois et quelques violons firent un perpetuel concert. Il arriva un accident de six douzaines de fusées qui prirent feu dans la boite où on les gardoit à proportion qu'on les faisoit voler ; un artisan, qui estoit auprès les déroboit, et comme il les découvroit de tems en tems, une bluette prit à une, qui mit le feu à toutes les autres, en sorte qu'elles firent un terrible éclat, jusqu'à brûler dans les poches celles qui estoient dérobées, et brûlèrent en mesme temps le ventre de cet artisan, qui mourut huit jours après, nonobstant les médicamens et entretien qu'on lui fit charitablement fournir. Le R. P. prieur, avant la feste, avoit fait distribuer une aumône generale de pain et de vin dans la mesme place où il y avoit une barique qui faisoit une fontaine. Toute la ville qui estoit présente fut fort édifiée et en eut sujet de loüer le Seigneur de ce que les fusées embrasées ne firent d'autre mal à personne parce que la boite se trouva très forte, et résista à l'effort du feu; elle se cassa cependant en haut et en bas.

Il estoit arrivé deux ou trois jours auparavant un accident; monseigneur le duc Mazarin aïant esté invité à dîner par le R. P. prieur, qui estoit allé le prendre au château, se laissa tomber sur les débris d'une maison qui estoit écroulée et se blessa au front et obligé de rester malade dans l'abbaïe où la fièvre le prit. On le logea à la sale, sous le dortoir, où il resta pendant près d'un mois, donnant au R. P. prieur et à la communauté toute sorte de marques de bienveillance, de considération et de reconnoissance; il mourut six mois après de cette chûte en son château de la Meillerais.

La mesme année 1713, les pluies continuelles qu'il fit au mois de juillet et août firent germer par la terre presque tous les bleds. Nous fîmes pendant neuf jours des dévotions aux tombeaux des saints Maixant et Leger; après vespres, nous faisions une procession autour de l'eglise qui se terminoit dans la chapelle des saints où nous avions fait porter les saintes reliques, après l'avoir très bien ornée: beaucoup de peuple y assistoit avec dévotion, s'y rendant aussitôt qu'on le convoquoit au son de nos cloches. Il seroit à propos que de tems en tems on fit de pareilles dévotions qui ne laissent pas d'exciter celles des personnes de ce païs, qui n'est pas fort grande depuis les ravages que l'hérésie y a fait.

Au mois d'octobre 1712, le sixiesme et le septiesme, il se fit de grands tremblemens de terre dans toutes ces provinces, qui ébranlerent et firent mesme tomber plusieurs bâtimens et tous, les premiers jours ; le neuf de décembre, il se fit un ouragan furieux, qui fit échoüer et périr quantité de batimens, la flèche du clocher de Saint-Laon en Lande de Thouars, abbaïe de chanoines reguliers, qui estoit parcoisement à elle, fut renversée sur les voûtes de l'eglise qui en furent abbatues pendant que les religieux disoient la grande messe ; il n'y eut cependant qu'une pauvre femme ensevelie sous les ruines. Cet ouragant enleva près de la moitié de notre dortoir, et incomoda beaucoup la voûte de la croix de notre eglise ; nos confrères de Saint-Jouin n'osoient pendant quelques jours entrer dans le cœur de la leur, tant ces tremblemens de terre en avoient ébranlé la voûte.

A la diette provinciale pour le chapitre general de l'année 1714 le R. P. dom Antoine Vaslet, prieur de Saint-Maixant, disputa le dernier pour la députation et fut vicaire de la diette.

Le mesme chapitre tenu à Marmoutier-lès-Tours l'année 1714 a élu prieur de cette abbaïe dom François Chazal. Le monastere a esté destiné pour le seminaire de dix jeunes profés ; le R. P. Prieur en a esté le père maître, et dom Jean Malvergne, le lecteur.

Durant le reste de l'année 1714 on a chanté divers fois le *Te Deum* dans notre eglise pour la paix que le Roy faisoit avec diverses provinces, et enfin on le chanta pour la paix generale ; les parroisses de Saint-Saturnin et de Saint-Leger avec les RR. PP. Cordeliers et Capucins, les messieurs du Siege de la ville y ont assisté à la manière accoutumée.

Cette mesme année on a achetté de Mme Eymond le droit de sergentise du prieur d'Azay pour la somme de trois mille livres.

L'année suivante on a aussi acheté de Mme La Mitiere, qui demeure à la Rochelle, le droit de sergentise du prieur d'Azay dont elle jouissoit, pour la somme de deux mille livres.

L'an 1715, le dixiesme de mars, feste de l'Invention de

saint Maixant, on chanta pour la première fois l'office nouveau de saint Maixant ; le premier estoit fait à l'encienne maniere ; dans celui-ci, tout est tiré de l'Ecriture sainte ; on a pris tout ce qui convenoit le mieux aux actions de ce saint. C'est le R. P. prieur qui l'a receuilli et dom Claude Chaussandier, organiste, religieux de cette maison, a notté cet office [1].

Au moulin de Vellion on a fait faire deux moulins à drap et construire une maison, ce qui a beaucoup augmenté le revenu de ce moulin.

On a fait la mesme année les deux credences pour le grand autel, avec une crépine d'or, qui servent au premier ordre.

On a aussi achepté beaucoup d'autres ornemens pour

---

1. Ces offices furent imprimés à Paris en 1720. Il en existe deux exemplaires à la sacristie de Saint-Maixent. Ce sont des volumes in-f° (0,42-0,27), avec rubriques et musique réglée en rouge ; ils n'ont jamais eu de titres, et sont divisés en trois parties distinctes à paginations séparées :

1° Office de saint Maixent, 45 pages ; le dernier feuillet est blanc. Pag. 1. *In festo S. Adjutoris Maxentii abbatis. Ad primas vesperas.* — Pag. 45. *Parisiis, Typis Ludovici Sevestre, viâ Amydalinâ, è regione Collegii Grassinæi.*

2° Office de saint Léger, 28 pages. Pag. 1. *In festo S. Leodegarii, episcopi et martyris. Ad primas vesperas.* — Pag. 28. *Parisiis, è typographiâ Lud. Sevestre, viâ Amydalinâ, propè Sanctum Stephanum è Monte.* 1720.

3° Office de saint Léger, 14 pages. Pag. 1. *In festo S. Leodegarii, episcopi et martyris. In missa.* — Pag. 14. *Parisiis, è typographiâ L. Sevestre, viâ Amydalinâ, sub Monte Sancti Hilarii.*

Vers la même époque, les religieux de Saint-Maixent firent imprimer dans cette ville le propre des saints de l'abbaye, dont voici la description d'après l'exemplaire qui nous a été donné par notre ami M. A. Garran de Balzan, ancien magistrat :

Proprium sanctorum regalis monasterii sancti Adjutoris Maxentii, Diœcesis Pictaviensis, Ordinis sancti Benedicti, Congregationis sancti Mauri. San-Maxentii, apud Leonardum Dessables, abbatiæ et urbis typographum et bibliopolam. In-8, 123 pages.

Sur le titre, au lieu de la marque du libraire, se trouve une vignette représentant un écu aux armes de l'abbaye, surmonté de la crosse et de la mitre et encadré de deux palmes.

Après le titre vient un *Index proprii sanctorum*, puis un feuillet non chiffré, et à la fin du volume est aussi ajouté un autre feuillet, intitulé : *Addenda in officio translationis et inventionis sancti Adjutoris Maxentii Abbatis.*

Le volume est bien imprimé, sauf les feuillets ajoutés et quelques cartons dont le tirage est mauvais.

l'eglise, savoir : une chappe toute en broderie d'or relevée en bosse ; la coquille et les orffrois sont des portraits de laine de l'Angleterre et de soie, qui expriment les principaux mistères de Notre-Seigneur Jésus-Christ ; elle coûte près de cent pistoles [1]. Plus une chasuble, toute en ouvrage de soie ; la croix est toute de broderie d'or relevée en bosse ; il y a quelques mignatures ; elle coûte trois cent livres. Plus une chasuble double pour le blanc et le violet, toute couverte de broderie d'or et d'argent ; il y a une chappe ; de même la chappe coûte deux cent livres. Plus une chasuble de moire d'argent, parsemée de fleurs d'argent et de soie ; elle sert au celebrant les festes de deuxiesme ordre. Plus on a achepté trois autres chasubles de moire, l'une verte, l'autre violette, l'autre rouge, qui ont coûté, avec les autres chasubles dont il est parlé ci-dessus, quatre cent livres. Il faut encore y joindre une autre chasuble d'un velours noir cizelé, qu'on a aussi acheté. On a aussi acheté un cordon de soie rouge avec de grand florens d'or ; il coûte vingt livres.

On a acheté la *Poliglote* d'Angleterre, en huit volumes ; elle coûte trois cent livres. On a aussi acheté quantité d'autres livres, qui sont fort beaux.

Monseigneur de la Poype, evesque de Poitiers, ayant resolu de faire la visite des paroisses de cette ville, avec l'agrement du pere prieur, qu'il demanda le vingt-cinquiesme d'août 1715, se rendit dans notre eglise, où il avoit assemblé les trois curés ; après plusieurs prieres chantées, il monta en la chaire du predicateur et fit un petit discours au peuple, indiqua une retraite pour le reste de la semaine, qui fut donnée par trois jesuites : on préchoit à cinq heures et demie, à deux heures après diné, et sur les six heures.

---

1. Cette magnifique chappe fut dépecée à la Révolution pour en tirer la matière d'or et d'argent ; quelques-uns des tableaux brodés en laine et soie échappèrent à la destruction : nous en avons vu deux, en 1860, encadrés sous verre, chez M. Chevalier, propriétaire à Saint-Maixent.

Monseigneur l'evesque donna plusieurs fois la confirmation dans notre eglise ; il y eut un grand nombre de confessions et de communions.

Le premier septembre suivant mourut très-haut et très-puissant seigneur Louis XIV, roi de France et de Navarre. Le vingt de décembre de la mesme année on fit un service solemnel, pour le repos de son âme. Dès la veille, on chanta les vespres des morts et après complies les trois nocturnes. Notre eglise estoit très bien ornée ; il y avoit quantités de tentures et d'escussons aux armes du roïaume ; au milieu du chœur, il y avoit une catafalque sous un pavillon noir ; les degrés de la catafalque ou représentation estoient garnis de cierges ; la couronne et le sceptre estoient au haut, sous un grand crêpe. A neuf heures, la ceremonie commença par les laudes, chantées solemnellement ; ensuitte on chanta la grande messe ; à l'offertoire l'oraison funebre fut prononcée avec beaucoup de succès par monsieur de Vallée, prieur curé de Baussay ; après la messe, quatre religieux, revetus en chappe, firent quatre absoutes, qui furent suivies de la derniere absoute faite par le celebrant. Les parroisses de la ville, les RR. PP. Cordeliers et Capucins, le Siège roïal, la Maison de ville se trouverent à la ceremonie avec un concours prodigieux de peuple ; tout se passa avec beaucoup d'ordre, sans embaras et sans confusions.

Le neuviesme juillet 1716, monseigneur l'illustrissime Mathieu Isoré, archevesque de Tours et abbé de cette abbaïe, mourut dans son hotel à Paris ; il fut enterré chez les peres Augustins dechaussés.

Comme les chaleurs de cet été 1716 furent excessives, on fit une neuvenne de procession au tombeau de saint Maixant et saint Leger ; les reliques estoient aux portes, aux deux coins de l'autel, sur deux credences.

Comme les chaleurs continuoient, les Messieurs de la Ville prièrent le R. P. prieur de faire faire une procession où l'on porteroit les reliques de nos saints patrons ; le huitiesme de septembre fut choisi pour cela. Après vespres, les corps ecclesiastiques religieux et seculiers de la ville se trouverent en notre eglise ; quatre religieux revestus portoient les deux bustes : la première station se fit dans l'eglise de Saint-Saturnin ; de là on fut en celle des dames Benedictines, on en fit plusieurs dans la rüe de la Croix et dans celle de l'Aumônerie, on entra dans l'eglise des RR. PP. Capucins, ensuite on descendit chez les RR. PP. Cordeliers, on entra en celle de Saint-Leger et la procession vint finir dans notre eglise. On chanta divers répons à chaque station. MM. les curés, revestus de chappes, reçurent avec bienseance les reliques des saints à la porte de leurs eglises ; les superieurs des religieux firent la mesme chose. Durant la procession, la cloche de la Maison de ville sonna toujours ; le peuple, soit de la ville soit du voisinage, alloit à l'infini. Le Seigneur daigna exaucer nos veux. Le surlendemain de la procession, au contentement de tout le monde, on vit tomber une pluie douce qui fut toujours en augmentant et qui produisit des vandanges assés abondantes.

A l'occasion de cette procession on prit la resolution de faire faire deux armoires à l'autel qui est dans le tombeau, pour renfermer les reliques de saint Maixant et de saint Leger, ce qui fut exécuté la mesme année.

Quelques jours auparavant, on avoit placé au milieu du chœur l'aigle [1] de bronze doré que l'on y voit à present ; elle a esté faite à Paris. Elle coute, avec le port et l'embalage, mil trois cent vingt-six livres.

Cette mesme année on fit faire l'ornement vert qui sert les jours de dimanches à la grande messe, sçavoir : une chasuble et les deux dalmatiques.

En 1717, on fit faire deux chasubles violettes, afin de

---

1. Cet aigle a disparu à la Révolution.

servir de planettes avec une croix de moire d'argent et le reste de l'ornement, qui sert les jours de dimanches d'Avent et de Caresme.

Durant les trois années, le séminaire des jeunes profès a toujours continué ici; dom Jean Baptiste Poncet, souprieur, fut le lecteur la derniere année, et aïant esté nommé par le R. P. general prieur de Noüaillé, son frere dom Maurice Poncet lui a succedé et a fait quatre messes propres pour les festes de saint Maixant, de saint Leger, et pour leurs translations; elles sont approuvées de l'Ordinaire; on les a chantées; dom Claude Choussandier les a mises en notes et le Pere prieur les a composées [1].

On a encore acheté une chasuble de drap d'or violet, qui sert pour le celebrant, avec les planetes susdites, et on a fait faire le drap mortuaire de velours noir, chargé d'une croix de moire d'argent; l'année précédente on a fait faire le chapier qui est dans la sacristie.

Au chapitre general de Marmoutier, tenu en 1717, fut élu prieur de saint-Maixant le R. P. dom Nicolas Vignoles.

On a fait faire deux planetes de velours cizelé violet, avec les croix de damas venitien bleu, pour servir aux jours de festes d'Avent et de Caresme, avec la chasuble des dalmatiques, qui est aussi d'un autre velours cizelé; les deux planetes sont de l'ancien devant d'autel violet.

On a aussi fait faire la mesme année une chasuble et deux dalmatiques de damas blanc, avec un orfroy bleu de damas venitien, pour servir les dimanches dont la couleur est le blanc; les deux dalmatiques sont du devant d'autel blanc. On a aussi fait une echarpe d'un damas venitien bleu, qui sert pour le Caresme, et une autre echarpe, à peu près de mesme etoffe, mais rouge, et qui sert pour les festes d'apostres. On a aussi fait une petitte chasuble rouge, qui sert

---

1. Voy. le texte et la note de la page 442, que cette mention vient compléter.

aux festes pour les messes basses ; elle est d'un petit satin rayé avec une croix qui porte son galon de soye jaune en façon d'or. On a aussi fait du devant d'autel vert deux chasubles vertes, de moire de soye, dont l'une a esté donnée à monsieur le curé de Nanteuil et l'autre sert aux messes basses les jours ouvriers ; elle a une croix rouge. On a aussi relevé l'ornement vert, qui sert à présent pour les grandes messes de férie, d'un orfroy de mesme etoffe que l'ornement des dimanches, qui est de la mesme couleur. On a fait aussi la mesme année une quatriesme chappe du devant d'autel du premier ordre, qui sert au celébrant lorsqu'il n'y a que trois chantres. On a fait pareillement du devant d'autel du...... blanc une chappe pour le célébrant, et celle du........ sert pour les dimanches, relevée d'un orfroy rouge. On a encore fait du devant d'autel rouge une quatriesme chappe pour le célébrant, lorsque cet ornement sert au premier ordre. On a encore fait d'un ancien devant d'autel de moire d'or, une chappe avec un orfroy à fleurs d'or, qui sert au célébrant certaines festes du premier ordre, quand on se sert de l'ornement du second ordre que l'on a un peu relevé avec de nouveaux galons de soie ; la chape mesme qui sert au célébrant ou au premier chantre a un galon d'or fin et une crépine de mesme à la coquille.

Ce qui a donné moïen de faire tous ces petits ornemens est la démolition du grand autel qui fut fait l'année 1678 ; au mois de may, on érigea à la place un autel en tombeau, de bois de chêne, dont la structure seule coute quatre cent livres ; la peinture en marbre, soixante livres ; on posa sur cet autel une crosse de fer doré avec une couronne du mesme ouvrage pour la suspension ; elle coute 200 livres sans la dorure [1].

---

[1]. M. de la Liborlière, qui avait vu en place tout les objets dont les Bénédictins avaient décoré leur église abbatiale, a fait spécialement de cette crosse la matière d'un article publié dans les Bulletins de la Société des antiquaires de l'Ouest, 1re série, t. II,

On fit en mesme temps un pavillon, ou espèce de tabernacle suspendu, où est renfermé le très-saint Sacrement; il est de bois, couvert de larmes d'argent, et orné de pierres assés brillantes, et d'une plaque massive, où sont les armes du monastere. Il est entré dans la structure du dit pavillon sept marcs d'argent, dont la sacristie a fourni environ vingt-cinq onces ; il coûte, en façon ou pour l'achat de l'argent, environ deux cent quatre-vingt-six livres.

On avoit fait l'année d'auparavant, c'est-à-dire 1717, une balustrade en pierre au fond de l'eglise pour orner l'ouverture du clocher qui paroit dans la nef; elle coûte quatre vingt-dix livres de pierre et de façon.

On fit encore une verge pour le bedeau, d'une large baleine, qui coûte sept livres d'achapt et quatorze livres pour la garnir de trois plaques d'argent.

En 1719 on a fondu la grosse cloche du gros clocher, qui pese deux mille cinq cens livres ; il en a couté quarante écus de façon, ne fournissant que le métail et la place, la brique et le bois [1].

---

p. 22, et intitulé: *Particularité relative à l'ancienne abbaye de Saint-Maixent*. Elle était depuis la Révolution restée reléguée dans un coin de l'église paroissiale ; il s'y était même attaché une légende: on disait que c'était la crosse de l'évêque constitutionnel ! En 1856 Mgr Pie, lors d'une visite pastorale, l'ayant remarquée, se la fit donner par M. Dugué, curé de Saint-Maixent ; elle fut emportée à l'évêché de Poitiers (où elle doit se trouver encore), afin d'entrer dans un musée religieux qui est toujours resté à l'état de projet.

1. Cette cloche, après avoir été transportée, à la Révolution, dans le beffroi de l'hôtel de ville, dit Tour de l'horloge, en fut descendue le 21 novembre 1854 et replacée dans le clocher de l'église, où l'on installait le nouvel horloge de la ville. Elle a 1^m 20^c de diamètre et 1^m 33^c de hauteur; son poids exact est de 1,060 kilos. Elle porte l'inscription suivante :

✠ ANNO A NATIVITATE DNI 1719 DIE 25ᴬ MEN NOVEMB SUB PONTIFICATV CLEMENTIS XI REGNANTE LVDOV XV ‖ ✠ ABBATE HVIVS MORII SERENISSIMO PRINC HONOR FRANCI DE GRIMALDI EX PCIPIBVS MONCECI PRIORE DOM NI CL ‖ VIGNOLES CVRA ET SVMPTIBVS MONACH REGALIS ABB Sᵀᴵ MAX ORDIN Sᵀᴵ BENED CONGR Sᵀᴵ MAVRI HÆCCE CAMPANA REFECTA ‖ EST IN HONOREM DEI B V MARIÆ ET Sᵀᴵ MAXENTII. STVS BENEDICTVS.

FAICT PAR ‖ N DE LA PAIX ‖ ET I LE BRVN.

De chaque côté est un cachet rond aux armes de l'abbaye.

On a ensuite en 1720 fondu au mois de mai une troisiesme cloche au gros clocher, qui pèse mil trois cens livres, qu'on a païé sur le pied de 26 s. la livre du métail tout travaillé.

On a fondu à Paris l'an 1721 une garniture d'autel, c'est-à-dire une croix haute de sept pieds et demi et six chandeliers hauts de trois pieds trois pouces, le tout de cuivre jetté en fonte et doré au feu; cette chapelle coûte d'achat et de port deux mille quatre cens livres [1].

La mesme année on a fait des greniers sur les anciennes caves qui confrontent la rüe du côté de Saint-Saturnin.

On a aussi cette mesme année diminué la communauté pour continuer à bâtir plus aisément; dans le cours de cette année on a fait huit voûtes du cloître qui joint l'eglise et commencé à élever le mur des infirmeries qui est au couchant.

La mesme année, au mois de décembre, fut envoïé ici par ordre du très R. P. general le cours de philosophie qui estoit à la Chaise, composé de douze écholiers, et le maître, dom Gilbert Chasseing [2].

Monseigneur de Poitiers et monseigneur le coadjuteur estant ici au retour de son sacre, qui fut fait à la Rochelle, nos confreres furent ordonnés dans notre eglise par monseigneur le coadjuteur, qui leur donna le matin la confirmation et tonsure et le soir les quatre moindres ; cela se fit au mois de fevrier.

---

1. Tous ces objets, aussi bien que ceux dont on trouvera plus loin l'énumération, ont disparu à la Révolution.
2. L'année précédente, un cours de théologie, fait aussi dans l'abbaye, avait été terminé le 21 janvier 1721 par une soutenance de thèses, dont le souvenir nous est conservé par l'imprimé suivant que possède la bibliothèque de la Société de Statistique des Deux-Sèvres. Divo Maxentio || cognominis hujus abbatiæ || et parenti et patrono || colendissimo || se suasque theses de sacramentis || V. D. C. || monachi benedictini e congregatione || Sancti Mauri || (Vase de fleurs) — San-Maxentii. || Apud Leonardum Dessables, abbatiæ || et Urbis typographum et bibliopolam. 1720. || In-4°, 13 pages (non paginé), avec titre et feuille de faux-titre en blanc, au verso de laquelle sont les armoiries de l'abbaye.

Le premier dimanche des Avents, vingt neuviesme, le *Te Deum* fut chanté dans notre eglise, après vespres, pour le sacre du roi Louis XV ; tous les corps seculiers et reguliers y assisterent, et ensuite le reverend pere prieur, avec monsieur le lieutenant-general et monsieur le maire, avec chacun un flambeau, mirent le feu à un feu de joie preparé devant la porte de l'eglise ; messieurs les curés et religieux Cordeliers et Capucins y assisterent ; tous les habitans y estoient sous les armes, qui firent une décharge.

Le 29 décembre de la mesme année on fit dans notre eglise un service solemnel pour Mme d'Orléans, mère de monseigneur le Regent ; le R. P. prieur fit prier tous les corps ecclesiastiques et seculiers, qui y assisterent.

La mesme année, au mois de septembre, on a acheté la grande lampe de cuivre doré qui coûta trois cent cinquante livres.

En 1725, on acheta les ornemens qui sont autour de l'autel.

L'année 1727, on fit faire les deux bancs ou canapés qui sont au côté du grand autel, et meublé les chambres du bas étage du bâtiment neuf et fini l'escalier.

L'année 1730, au mois d'avril, on fit fondre la seconde cloche du gros clocher ; elle fut bénite par le R. P. dom Pierre Vialle, prieur du monastere.

La mesme année, on a fait faire les burètes d'argent avec la cuvette par un orphevre de Poitiers.

La mesme année, on a fait faire pour la sale trois grandes cuilleres d'argent, une potagere et deux à ragouts.

La mesme année, on a fait faire la rampe de fer qui est aux degrés du batiment neuf [1].

La mesme année, on a fait faire à Paris le benitier d'argent

---

1. Cette rampe est encore en place dans le bâtiment principal de l'abbaye, aujourd'hui caserne d'infanterie.

qui pese avec le goupillon onze marcs sept onses quatre gros ; il revient à huit cens livres.

L'année 1731, ont esté fait les lieux communs ; ils furent commencés au mois de mars et finis au mois d'octobre ; ils ont coûtés trois mille livres.

La mesme année, la diette a mis ici un cours de théologie, composé d'onze écoliers, venant de la Chaize-Dieu ; maître, dom Jean Amoureux. Ce cours n'a point prospéré ; il est mort trois écoliers de ce cours, le R. P. prieur dom Vialles, le prédicateur dom Léonard Colons, et un commis, en cinq mois de temps, c'est-à-dire depuis le mois de mars jusqu'au six de juillet de l'année 1732.

En 1733, on a acheté une chappe pour le célébrant aux festes du premier ordre ; elle coûte six cens livres et on a fini les chambres du haut étage du bâtiment neuf. Quoique nous aïons perdu l'année dernière 1733 le prieuré de Verines, nous avons pourtant bâti les deux ailes de cloître du côté du couchant et du midi ; le pere dom François Perbé, prieur de ce monastère, a posé la premiere pierre, et le cloître s'est trouvé fait et parfait au 1er juin 1736.

On a chanté cette année 1734 plusieurs *Te Deum* avec les cérémonies accoutumées.

On a fait deux chasubles pour servir les festes des premier et second ordre ; on a fait aussi cette mesme année la treille du jardin.

Le 7 aoust 1735 nous avons fait une procession solemnelle où l'on a porté les reliquaires de saint Maixant et de saint Leger, pour avoir le beau tems ; on a esté exaucé, grâce à Dieu.

Nous avons cette année 1735 renouvelé et augmenté considérablement toute la baterie et tout l'étain de la cuisine ; on a aussi fait quantité de réparation dans nos domaines de la campagne. On a acheté deux lits verts pour les infirmeries, avec toute la garniture, couverture, etc. On a fait faire plusieurs matelas et lits de plumes pour les malades.

On a acheté cette mesme année plusieurs livres de chœur, avec la *Physique* du pere Regnaud en sept tòmes.

On a aussi acheté trois habits de femmes des plus magnifiques, une écharpe et un point d'Espagne de la dernière beauté.

On a rétabli la dominicale dans notre eglise, qui avoit esté interompüe depuis plus de trois ans.

Le chapitre tenu cette année à Marmoutier a transféré le père dom François Perbé, prieur de ce monastere, en l'abbaïe de Saint-Augustin de Limoges, pour y remplir la place d'abbé et de pere maître des novices; il a aussi établi un cours de théologie en ce monastere.

ADDITIONS

DCXIII

Mémoire sur les droits de baronnie et de seigneur haut justicier de l'abbaye de Saint-Maixent (Copie du temps, non signée. Bibl. Nat., Coll. Dupuy, n° 820, man. de Besly, fol. 200-204 [1]).

Vers 1440 [2].

Mémoire pour les religieux, abbé, prieurs, officiers et convent du moustier et abbaye de Sainct-Maixent.

Et primo pour remonstrer les droitz, noblesses, prærogatives, franchizes et libertés, et droitz d'icelle abbaye, tant en chief que en membres, et pour fonder l'entencion desdits religieux, iceulx religieux feront, en bref, narracion de pluseurs droitz, franchizes et libertés à la dicte abbaye appartenans, non pas pour vouloir dire que au playdoyé de la cause et debat present soit necessité de faire mencion du tout, mais pour en prandre ce que le conseilh avisera estre necessaire et expedient.

---

1. Lorsqu'en 1880 nous avons publié notre *Etude critique sur les origines du monastère de Saint-Maixent*, nous ne connaissions de ce curieux mémoire que quelques lignes, recueillies dans les notes de D. Le Michel, et qui nous avaient servi à retrouver l'origine du nom de Vauclair, donné au siècle dernier à la ville de Saint-Maixent (V. pag. 29). Nous avions aussi pressenti le caractère de cette pièce qui, par les détails intéressants et précis qu'elle fournit sur une des principales prérogatives de l'abbaye, mérite à tous égards d'être publiée.

2. Bien que l'auteur de ce mémoire dise qu'il l'a écrit neuf cent dix-huit ans après l'entrevue de Clovis et de saint Maixent, qui eut lieu en 507, ce qui en porterait la rédaction à l'année 1425, on ne peut accepter cette date, attendu que Philippe de Melun, seigneur de la Borde, dont il fait mention, comme seigneur de la Mothe, ne put posséder ce fief qu'en 1437 ou 1438, époque de son mariage avec Jeanne de Torsay, qui, le 6 juillet 1437, prenait encore la qualité de veuve de Jean de Rochechouart.

Item et pour condescendre ad ce remonstrer, est vray qué la dicte abbaye de Sainct Maixent, tant en chief que en membres, est de moult encienne fondacion royale, et tousjours a ainsi esté tenue, reputée et nommée de tel temps qu'il n'est memoire du contraire, comme par notables escriptures enciennes et nouvelles apparoist et apparoistra quant mestier sera.

Item et pour ce remonstrer, est vray que le roy Clovis, premier roy crestien de France, se fit crestien v^e ans ou environ après la passion de Jeshu Crist et le xve an de son regne.

Item et tantost deux ans après qu'il fut crestien ou environ, il vint et descendi on païs de Guyenne et de Poictou contre les Gotz et herezes errans la foy catholique.

Item que en procedant et alant son voiage, luy et son host approcherent de une fourest qui s'appelloit Vaux Clère ou Vaulx Clade, en laquelle avoit une petite chapelle fondée de monsieur sainct Saournin, et lequel fut l'un des disciples de Jeshu Crist et de la compagnie des Apoustres, et y avoit certain nombre de religieux qui vivoient comme hermites.

Item en laquelle chapelle estoit descendu monsieur sainct Maixent, qui estoit venu d'estrange region, et lequel, pour la saincteté que les dits religieux virent en luy le firent et ordonnerent leur pere ou abbé, qui vault autant dire comme pere.

Item et onquel temps iceulx religieux et abbé vivoyent d'aulmosnes et du labour de leurs mains, car pour lors ilz n'avoient rentes ny revenues dont ilz peussent vivre sens les aulmosnes des bonnes gens et sens labourer de leurs mains.

Item et en quel temps n'estoit aucune reigle de sainct Benoist, car il n'estoit pas ne ny fut de long temps après.

Item aussi n'estoit lors nulle compillacion de decretz ny de decretales ny ne fut de iiii^c ans après.

Item mais avoit on dit païs et autres contrées plusieurs gens layz et autres preudes hommes qui vivoient ensemble par my les boys en maniere d'ermites et n'avoient riens propre, mais estoit tout commun entre eulx.

Item et vivoient en la maniere que faisoient les disciples de Jeshu Crist et fasoient leur maistre ou abbé du plus preude homme qu'ilz povoient choizir, et fust ores lay, et l'apelloient leur pere ou leur abbé.

Item et ainsi que dist est fut receu et esleu monsieur sainct Maixent, qui estoit prebtre, en la compaignie des preudes hommes qui estoient en la dicte fourest et chapelle de Sainct Saournin.

Item et le firent et esleurent leur pere abbé à la requeste et du consentement d'un preude homme prebtre, qui par avant estoit leur pere et abbé, nommé Agapius, comme par la legende de monsieur sainct Maixent appert à plain.

Item qu'en l'ost du roy Clovis avoit gens de plusieurs nacions desquelx les aucuns, comme coureurs et pilleurs ont acoustumé courir par les pays, sourvindrent en la dicte fourest et chapelle de Sainct Saournin.

Item et desquelx l'un d'iceulx coureurs, qui n'estoit pas encores crestien, voulu frapper et tuer, d'une gisarme ou espée qu'il avoit, monsieur sainct Maixent.

Item mais il advint que quant il ot haussé le brax et la main avec l'espée ou gisarme qu'il tenoit pour cuider tuer monsieur sainct Maixent, il enraja, et demoura son brax et sa main estans en l'air, sens qu'il la peust restraindre à soy, et menja son autre main et mouru ilec tout enragé.

Item et advint que tous ceulx de sa compaignie et la plus part de ceulx de l'ost du roy Clovis cheurent soudainement en une telle maladie qu'ilz estoient tous comme enragés.

Item ce miracle et ceste maladie vint à la cognoissance du roy Clovis, et lui fut dit et raconté que en la fourest sus dicte avoit ung preude homme, qui fasoit plusieurs et grans miracles, et que l'un de ses gens l'avoit voulu tuer, mais que tantost il estoit mort enragé, et la maladie sus dicte prise aux gens de l'ost du roy.

Item que le roy Clovis, sur ce deuement informé, se transporta en la dicte fourest où il trouva sainct Maixent, qui luy fit la reverence comme il appert, et aussi le roy le receu en grant reverence pour l'honneur de Dieu, et le pria qu'il vousist empetrer envers Dieu santé aux gens de son ost de la grant maladie qu'ilz avoient.

Item et lors sainct Maixent fit tantost faire grant nombre de petites hosties de pain et les benoy, et après les donna et fit donner aux malades qui tantost furent guaris de leur dicte maladie, le dict roy Clovis voyant et present.

Item que le dit roy Clovis, moult joyeulx de la santé de ses gens donna à monsieur sainct Maixent pluseurs chouses, et mesmement le lieu où il estoit, et autres terres et seigneuries pluseurs, comme les choses sus dictes apparoissent à plain par la legende de monsieur sainct Maixent.

Item et aussi apparoissent, si comme l'on dit par les canoniques de France qui parlent du dit roy Clovis, selon lesquelles il puit avoir ix^c xviii ans ou environ que les choses sus dictes furent faictes.

Item et moyennant lesquelles chouses appert evidaument que l'abbaye de Sainct Maixent est moult encienne et de fondacion royale.

Item et est vray que tant que le dit roy Clovis vesqui il tint monsieur sainct Maixent en moult grant amour et reverence, et le fasoit souvent visiter en departant à luy et à ses compaignons largement de ses biens, et ce appert par sa legende.

Item, que pour la grant multitude du peuple qui après le trepassement de sainct Maixent afluoit à la dicte chapelle pour les grans miracles qui si fasoient pluseurs habitacions furent faictes auprois de la dicte chapelle.

Item et tousjours cressoient de bien en mieulx les miracles de monsieur sainct Maixent et aussi les bastimens et edifices que le peuple y fasoit pour sa demourance y avoir, et dès lors pour reverence et en memoire de sainct Maixent fu appellée Sainct Maixent, et fut faicte l'églize de la dicte abbaye en lieu où elle est, et y fut translaté le corps de sainct Maixent.

Item que certain temps après les Sarrazins entrerent en reaulme de France en plusieurs parties, et avecques eulx soy allya l'empereur de Rome qui lors estoit, et firent telle persecucion en crestienté que à peine estoit nul qui se ozast nommer crestiain ny religieux.

Item et par ce moyen la dicte abbaïe de sainct Maixent qui jà estoit fort bastie et avancée fut gastée et destruicte et aultres abbaïes et eglises plusieurs et en moult grant nombre et quantité.

Item et dura la dicte persecucion jusques au temps du roy Pepin, pere de Charlemaigne, lequel Pepin reforma de tout son povoir le roialme de France en religion et chassa la plus part des ennemis de la foy et du reaulme.

Item et ala à Rome avec grant chevalerie et gens de guerre secourir l'eglise et le pape, qui s'apelloit Estienne le Martir; et y fit moult de biens et puis mouru.

Item et auquel roy Pepin Charlemaigne, son filz, succeda, qui paracheva de gicter hors du roiaulme de France les Sarrazins et nón, mie seulement de France, mais de plusieurs aultres roiaulmes, et du pays de Rome, et fit tant par sa vaillence qu'il fu roy paisible de France jucques à la riviere du Rim et empereur de Rome, et mouru roy de France et empereur sus dit de Rome et seigneur de plusieurs aultres seigneuries.

Item et durant sa bonne vie reforma et mist plusieurs abbayes qui avoient esté destruictes et desolées par les guerres, dont dessus est faicte mencion et mesmement la dicte abbaye de Sainct Maixent.

Item et auquel Charlemaigne succeda son filz, que on

appelloit Louys le Debonnayre, et lequel conferma à la dicte abbaïe de Sainct Maixent les donacions et previleges que ses predecesseurs y avoient fait et donné, c'est assavoir que juges quiconques n'eussent puissance et auctorité de cognoistre ne juger de nulles chouses à iceulx religieux, leurs hommes et subgetz appartenans, fors seulement le roy ; et ce appert par lettres et previleges.

Item et d'abondant le dit Loys et Lotayre, son filz, voulirent et ordonnirent que l'abbaye de Sainct Maixent avecqués toutes ses appartenances, qui avoit esté baillée par aucun temps aus comtes de Poictou en recompensacion de certains services qu'ilz avoient fait au roy, fust retournée à son premier estat, par telle maniere que la dicte abbaye, que les religieux d'icelle, leurs hommes et subgetz, ne fussent jamais soubz aultre seigneurie, fors soubz la leur et soubz celle de leur filz, et ce appert par lettres et previleges; puis lequel temps ilz ont tousjours heu leur juge commis pour les roys de France.

Item le dit roy Loys le Debonnaire fit son filz roy de Guienne, lequel ratifia et approuva les dons et previleges sus dits que le dit Loys et Lotaire avoient fait et aus dits religieux leurs hommes et subgetz ; et ce appert par lettres et previleges.

Item et d'abondant le dit roy de Guienne, nommé Pepin, en confermant les previleges par ses predecesseurs donnés aus dits religieux, leurs hommes et subgetz, voulu et ordonna que juges quelxconques n'eussent puissance ny auctorité sur les dits religieux, leurs hommes et subgetz, fors que les roys, et desclaira les foyres et marchés de Sainct Maixent estans en leur ville de Sainct Maixent estre et appartenir aus dits religieux.

Item et donna icelui Pepin, roy de Guyenne, merveilleuzes maledicions contre ceulx qui vouldroient ou feroient le contraire de ses donacions et previleges, et tout ce appert par lettres.

Item et aussi est vray que les ducz de Guyenne et comte de Poictou et mesmement la royne Alienor, ont ratiffié et approuvé les dons et previleges à iceulx religieux, leurs hommes et subgetz donnés par les roys de France, et de ce appert par lettres.

Item et d'abondant que la dicte abbaye et les bourgois de Sainct Maixent et toutes les villes à icelle abbaye appartenans fussent quictez et libers de toutes les tailles appartenans à la seigneurie du roy et duc de Guienne, comme il appert par lettres et previleges qui puis ont esté approuvés et confermés par plusieurs roys de France, comme il appert et apperra deuement par belles lettres et previleges sur ce faitz et donnés, quant mestier sera.

Item et après ce le roy Phelippes, qu'on appelloit le Conquerant, voiant la dicte abbaye estre cheue en grant desolacion et deuement acertené qu'elle estoit de la fondacion de ses predecesseurs, la retint expresséement, tant en chief que en membres, et toutes les chouses à icelle appartenans aux droitz de la couronne de France, sens jamais en partir, et ce appert par lettres.

Item et veritablement parler, les religieux de la dicte abbaye estoient deuement seigneurs de la ville de Sainct Maixent, et ce se monstre par pluseurs lectres et escriptures par lesquelles pluseurs roys de France et autres les nommoyent seigneurs de la dicte ville, ce qu'ilz estoient.

Item et ny avoit autres seigneurs en icelle quelxques soient qui ne teinssent des dits religieux à foy et hommage ou autrement toutes les terres et seigneuries qu'ilz avoient et tenoient en la dicte ville de Sainct Maixent et environ, comme il appert par belles lectres et feages sur ce faictz.

Item et par les moyens touchés appert et est vray que en celui temps les dits religieux estoient *insolidum* seigneurs de la ville de Sainct Maixent, car tout estoit à leur domayne ou tenu d'eulx, comme dit est dessus, et ny avoit le roy fors son droit de souveraineté.

Item, est vray que les dits religieux ont droit et sont en bonne possession et saizine d'avoir et tenir leurs terres et seigneuries comme barons et à droit de baronnie, du roy nuement, et ce appert assetz par les tiltres dessus desclairés.

Item et sont iceulx religieux et ont esté leurs predecesseurs et mesmement en bonne saizine et pocession d'avoir et tenir leurs hommes francs et quictes et libers de faire guet et garde ny reparacion au chastel et ville de Sainct Maixent.

Item et avec ce est vray que par avant que le chastel de Sainct Maixent fust fait et basti et la ville close et fermée, les hommes subgetz des dits religieux fasoient guet et guarde en la dicte abbaye de Sainct Maixent, et ainsi le dit on communement. Item et après la closure de la dicte ville et bastiment du chastel de Sainct Maixent les hommes des dits religieux, demourans en la dicte ville et au prois d'icelle y ont fait guet et guarde. Ce a esté à l'occasion de ce que, en la dicte abbaye qui est refformée au dedans de la closure de la dicte ville, n'est plus mestier y faire guet tant que la dicte ville est bien guectée et guardée, et aussi pour ce eulx et leurs biens.

Item, par autre moien peut on monstrer clerement que mon dit sieur l'abbé est seigneur baron en ses terres, et que, de ce et en ce il est bien fondé, selon raison et par la coustume, gouvernement et observance du pays. Item, pour ce remonstrer et est vray que des dits religieux sont tenues plusieurs nobles seigneuries, chasteaux et chastellenies, tant par hommage que autrement. Item et entre autres choses est vray que enciennement ceulx de Rochefort, qui estoient grans seigneurs ès païs de Xantonge et de Poictou, tenoient par homage des dits religieux tout ce qu'il avoient en la ville de Sainct Maixent, avec la moitié du chastel et chastellenie de Villiers, comme il appert par lectres et feages. Item avec ce tenoient iceulx de Rochefort des dits religieux et par hommage le chastel et chastellenie d'Aubigné et la Tour Chabot et vigerie de Sainct Maixent, qui vindrent par mariage ou autrement aux Chaboz, qui sont moult enciens barons, et des Chaboz à ceulx de Vivonne, et lesquelx dessus nommés successivement en ont heu fait les foiz et hommages aus ditz religieux, et ce est tout notoire et tenu pour notoire, et aussi appert par feages.

Item, aussi est vray que monsieur de Parthenay, qui est l'un des plus nobles et enciens barons de ce roiaulme, est home de foy des dits religieux et en tient la baillie Baston ou il a xxii parroiches. Item et si on vouloit dire que le dit homaige et les autres homaiges que plusieurs barons font à la dicte abbaye et aux abbés d'icelle ne est vray, comme il appert et apperra par les feages sur ce rendus. Item et monsieur de la Tremoille, qui est si haut et puissent seigneur que ung chascun puit sçavoir, est home de foy des dits religieux et abbaye, et en tient par homage et à certains devoirs les chastel et chastellenie du Boispouverea et de Xansay, et le chastel fondu et chastellenie de Cherveulx, qui sont de grant valeur. Item avec ce est tenu des dits religieux par homaige et à certain devoir la terre, seigneurie et chastellenie de Sainct-Eraye, par monsieur de la Bourde et dame Jehanne de Torsay, sa femme, à cause d'elle.

Item et oultre ce est tenu par homage et à certain devoir des dits religieux et abbaye le chastel, baronnie et seigneurie de Couhé, qui naguères partit de la seigneurie et comté de la Marche, comme il appert par lectres et feages enciens. Item et d'abondant sont tenus des dits religieux et abbaye plusieurs autres homages notables jucques au nombre de sept à huit vingts, et soubz lesquelx homages en sont tenus en arrere fief jucques au nombre de sept à viii^c homages, et sur lesquelx homages et detenteurs d'iceulx, iceulx religieux ont droit de ressort à leur grant assise ; et de ce sont bien fondés par la coustume du païs tout notoire. Item et de leur dit ressort ont esté et sont en bonne possession et saisine par temps suffisant. Item et se trouvera veritablement que de certaines causes d'appel qui ça en arreres furent faictes de la court du sire de Couhé et aussi de la court de Sainct Eraye et aussi de la court du prieur de Marsay et relevées en parlement, l'obeissance fu renvoiée par la dicte cour de parlement, *obisso medio*, à la grant cour de la grant assise des dits religieux ; quelle chose fait apparoir grandement à la conservacion du droit du ressort des dits religieux.

Item, aussi ne porroit on avoir par escript touchant le dit droit de ressort dont les dits religieux sont fondés de droit commun et par la coustume du païs, *nisi apere contradicionis*. Item et si les gens du roy vouloient dire qu'ilz auroient tousjours joy et usé du dit ressort, le contraire est vray. Item, mais il y a plus, car iceulx religieux ont obtenu lectres de monsieur de Berry, comte de Poictou, et du roy derrer trespassé, que Dieu abseuille, et aussi du roy qui à present est, que surprise ny exploiz qui puissent avoir esté faiz contre et en prejudice des dits religieux et de leurs droictz ne leur face ou porte aucun prejudice. Item, avec ce ont leur justice patibulaire à huit piliers, que aucun ne doit et n'ozeroit avoir et tenir, non pas à quatre pilliers, sinon qu'il fust seigneur baron, car ainsi le veult et porte la coustume du pays. Item et d'abondant est vray que par l'inspeccion de la muraille de la dicte abbaye appert magnifestement qu'il y avoit chastel et forteresse par avant que la dicte ville de Sainct Maixent fust close, car la muraille de la cloison de la dicte abbaye est faicte à belles tours et à haulx meurs crenellés, comme par icelle muraille appert. Item, aussi est vray que le portal du pont Charraut est de la dicte abbaye et en souloient avoir les clefz et garde iceulx religieux et tousjours ont heu jucques ad ce que messire Aubert Danxays, capitaine de Sainct-Maixent pour monsieur de Berry, les prist et ousta aus dits religieux par force et violence. Item et dont iceulx religieux firent plainte à monsieur de Berry qui leur fit responce qu'il ne leur vouloit aucune sorprinse estre faicte contre eulx et que lui venu au païs il leur feroit rendre et restituer, car pour lors mon dit sieur de Berry n'estoit pas demourans en païs de Poictou, et pour ce ne peurent lors bonnement metre à execucion son bon vouloir. Item et donna, mon dit sieur de Berry, ses lectres patentes aus dits religieux, par lesquelles il vouloit que la prinse des dictes clefz et tout le temps que son dit cappitaine les detendroit et garderoit ne tournast à aucun prejudice des droitz de la seigneurie des dits religieux au regard de la garde des clefz. Item, que par avant que la ville de Sainct Maixent fust fortiffiée les homes des dits religieux fasoient guet et garde à la dicte abbaye, mais puit estre que après ce que la dicte ville fu, pluseurs des hommes des dits religieux si logerent et retraissirent, à cause duquel retrait on les a contraint à faire guet et garde, car le retrait donne cause et est cause principal de faire guet et garde aus forteresses. Item, et pour autrement monstrer que les dits religieux sont seigneurs barons en leurs terres, seigneuries et prieurés, vray est que monsieur l'abbé de Sainct Maixent a ses grans assises esquelles on cognoist et a l'on a coustume cognoistre des fiefz nobles et gens nobles.

Item et pour ce ont les dits religieux leur prevost moyne et droit de prevosté et juge d'icelle prevosté pour cognoistre des parties, causes et aultres, ascendans jucques à LX sols I denier. Item, d'abondant est vray que les prieurs de la dicte abbaye et sinon tous, au moins la pluspart, sont hauts justiciers en leurs terres et prieurés et ressortissans aux grans assises de mon dit sieur l'abbé.

DCXIV

Calendrier de l'abbaye de Saint-Maixent (D. Chazal, *Chronicon*, cap. 96, d'après l'original) [1].

JANUARIUS.

Habet dies xxxi et luna xxx.

a. Circumsitio Domini. xii lect., quatuor in cappis.
b. Octava s[ti] Stephani. xii lect.
c. Octava s[ti] Johannis. xii lect.
d. Octava sanctorum Innocentium. iii lect.
e. Vigilia Epiphaniæ. iii lect.
f. Epiphania Domini. xii lect., quatuor in cappis.
g. . . . .
a. Luciani, Maximiani et Juliani. xii lect.
b. *c*. *d*. . . . .
e. Octava Epiphanie. xii lect.
f. Hilarii episcopi. xii lect., quatuor in cappis.
g. Neomadiæ virg. viii lect. Felicis in Pincis. iv lect.
a. Mauri abbatis. xii lect.
b. Marcelli papæ et martiris. iii lect.
c. Antonii abbatis. xii lect.
d. Priscæ virg. et mart. xii lect.
e. Octava s[ti] Hilarii. xii lect.
f. Fabiani et Sebastiani mart. xii lect.
g. Agnetis virg. et mart. xii lect.
a. Vincentii mart. xii lect., quatuor in cap.
b. Emerentianæ et Macarii martirum. iii lect.
c. Christiani mart. xii lect.

---

1. D. Chazal ayant omis de nous renseigner sur l'âge du bréviaire manuscrit de l'abbaye, en tête duquel se trouvait ce calendrier, nous ne pouvons lui assigner de date; en tout cas, il est certain qu'il ne peut être antérieur à l'année 1297, date de la canonisation de saint Louis, dont la fête y est portée à sa date du 25 août.

d. Conversio s⁽ᵗⁱ⁾ Pauli. xii lect. duo in cappis.
e. Genovefæ virg. xii lect.
f. Juliani episcopi. xii lect.
g. Octava s⁽ᵗⁱ⁾ Vincentii. viii lect. Agnetis. iv lect.
a. Gildasii abbatis. xii lect.
b. c. . . . .

FEBRUARIUS.

Habet dies xxviii et luna xxx.

d. Leonis confess. viii lect. Brigidæ virg. iv lect.
e. Purificatio B. Mariæ. xii lect. quatuor in cappis.
f. Blasii mart. et epis. xii lect. quatuor in cappis.
g. . . . .
a. Agathæ virg. et mart. xii lect.
b. c. d. . . . .
e. Apolloniæ virg. et mart. xii lect.
f. Scholasticæ virg. xii lect. Sotheris virginis. com.
g. a. b. . . . .
c. Valentini martiris. iii lect.
d. . . . .
e. Julianæ virg. iii lect.
f. g. a. b. c. . . . .
d. Cathedra s⁽ᵗⁱ⁾ Petri apostoli. xii lect. duo in cappis.
e. . . . .
f. Matthiæ apost. xii lect. duo in cappis.
g. a. b. c. . . . .

MARTIUS.

Habet xxxi dies, luna xxx.

d. Albini episcopi. xii lect.
e. f. g. a. b. . . . .
c. Perpetuæ et Felicitatis mart. iii lect.

d. e. . . . .
f. Inventio corporis s^ti Maxentii [1].
g. Pientii episcopi. xii lect.
a. Gregorii papæ et conf. xii lect. duo in cappis.
b. c. d. e. f. g. a. b. . . . .
c. Benedicti abb. xii lect. duo in cappis.
d. e. f. . . . .
g. Annunciatio B. Mariæ. xii lect. quatuor in cappis.
a. b. c. d. e. f. . . . .

APRILIS.

Habet xxx dies, luna vero xxix.

g. a. b. . . . .
c. Ambrosii epis. et conf. xii lect. Isidori epis. com.
d. e. f. g. a. b. . . . .
c. Leonis papæ. iii lect.
d. . . . .
e. Euphemiæ virg. iii lect.
f. Tiburtii, Valeriani et Maximiani. iii lect.
g. a. b. c. d. e. f. g. . . . . . .
a. Georgii mart. xii lect.
b. . . . .
c. Marci evangelistæ. xii lect. duo in cappis.
d. e. f. g. a. . . . .

MAIUS.

Habet xxxi dies et luna xxx.

b. Philippi et Jacobi apost. xii lect. duo in cappis.
c. Athanasii epis. et conf. iii lect.

---

1. *Manu recenti:* quatuor in cappis (Note de D. Chazal).

d. Inventio sanctæ Crucis. iiii lect. Alexandri, Eventii et Theoduli. viii lect.
e. f. . . . .
g. Johannis ante Portam Latinam. xii lect. quatuor in cappis.
a. b. . . . .
c. Translatio s^{ti} Nicolai. xii lect.
d. Gordiani et Epimachi. iii lect.
e. Mamerti, Maioli, Goteri. xii lect.
f. Nerei, Achillæi atque Pancratii mart. iii lect.
g. a. b. c. d. e. . . . .
f. Potentianæ virg. iii lect.
g. Utregesili epis. et conf. iii lect.
a. . . . .
b. Quitteriæ virg. et mart. iii lect.
c. . . . .
d. Donatiani et Rogatiani mart. iii lect.
e. Urbani papæ et mart. iii lect.
f. g. . . . .
a. Germani epis. et conf. xii lect.
b. . . . .
c. Germerii conf. iii lect.
d. Porcharii conf. iii lect.

JUNIUS.

Habet xxx dies et luna xxix.

e. Jovini conf. viii lect. Nicomedis mart. iiii lect.
f. Marcellini et Petri mart. iii lect.
g. a. b. c. d. . . . .
e. Medardi epis. et conf. iii lect.
f. Primi et Feliciani mart. iii lect.
g. . . . .
a. Barnabæ apost. xii lect. duo in cappis.

b. Basilidis, Cyrini, Naboris et Nazarii mart. III lect.
c. Propitiatio Domini super burgum. XII lect. quatuor in cappis [1].
d. Basilii confes. et epis. XII lect.
e. Viti, Modesti et Crescentiæ mart. XII lect.
f. Cirici et Julittæ mart. III lect.
g. . . . .
a. Marci et Marcelliani mart. III lect.
b. Gervasii et Protasii mart. III lect.
c. d. e. . . . .
f. Vigilia.
g. Nativitas s^{ti} Johannis Bap. XII lect. quatuor in cappis.
a. . . . .
b. Translatio Adjutoris Maxentii.
c. Johannis et Pauli mart. III lect.
d. Leonis papæ et conf. III lect. — Vigilia.
e. Petri et Pauli apost. XII lect. quatuor in cappis.
f. Commemoratio s^{ti} Pauli apost. XII lect.

JULIUS.

Habet dies XXXI, luna vero XXIX.

g. Oct. s^{ti} Johannis Bapt. VIII lect. Eparchii. com. IIII lect.
a. Processi et Martiniani. III lect.
b. Oct. s^{ti} Maxentii conf. XII lect. quatuor in cappis.
c. Translatio s^{ti} Martini. XII lect.
d. . . . .
e. Octava apostol. Petri et Pauli. XII lect.
f. Martialis epis. et conf. XII lect.
b. Martinæ virg. XII lect.
a. . . . .
g. Septem Fratrum martirum. III lect.

---

1. E regione, manu recenti, additum : propitiatio, etc *Faire l'office de saint Maixent* (Note de D. Chazal).

c. Translatio s^{ti} p. Benedicti. xii lect. quatuor in cappis.
   Savini mart. com.
d. . . . .
e. . . . .
f. Cypriani mart. xii lect.
g. a. b. . . . .
c. Octava s^{ti} Bened. abb. xii lect.
d. . . . .
e. Margaritæ virg. et mart. xii lect.
f. Praxedis virg. xii lect.
g. Mariæ Magdalenæ. xii lect. quatuor in cappis.
a. Apollinaris episc. et mart. iii lect.
b. Christinæ virg. et mart. xii lect.
c. Jacobi apost. xii lect. quatuor in cappis.
d. Annæ matris Beatæ Virg. xii lect. quatuor in cappis.
e. Christophori et Cucufatis mart. xii lect.
f. Pantaleonis mart. iii lect.
g. Marthæ virg. viii lect. Fausti, Felicis, Beatricis et Simplicii. iv lect.
a. Abdon et Sennum mart. iii lect.
b. Germani epis. et confes. iii lect.

AUGUSTUS.

Habet dies xxxi et luna xxx.

c. Vincula Petri. xii lect. duo in cappis. Machabeorum. com.
d. Stephani papæ et mart. iii lect.
e. Inventio Stephani protom. xii lect. Nicomedis, Gamalielis et Abibi. com.
f. g. . . . .
a. Sixti. xii lect. Felicissimi et Agapiti. com.
b. Donati mart. iii lect.
c. Ciriaci, Largi et Smaragdi. iii lect

d. Vigilia. — Romani mart. iii lect.
e. Laurentii mart. xii lect. duo in cappis.
f. Tiburtii mart. iii lect.
g. . . . .
a. Hipolyti et sociorum ejus mart. Radegundis virg. xii lect.
b. Eusebii confess. com. tantum. — Vigilia.
c. Assumptio Beatæ Mariæ Virginis. xii lect. quatuor in cappis.
d. . . . .
e. Octava s^{ti} Laurentii. com.
f. Agapiti mart. com.
g. Gaireni mart. xii lect.
a. Maximi, Philiberti, Juniani. xii lect.
b. . . . .
c. Octava Assumptionis Beatæ Mariæ virg. xii lect. quatuor in cappis.
d. Thimotei et Symphoriani mart. xii lect.
e. Bartholomœi apost. xii lect. duo in cappis.
f. Leodegarii mart. xii lect.
g. Ludovici confess. xii lect.
a. Augustini episc. et confess. xii lect. Hermetis, Juliani. com.
b. Rusti mart. iii lect.
c. Decollatio s^{ti} Joannis Bap. xii lect. quatuor in cappis. Sabinæ. com.
d. Felicis et Adaucti mart. iv lect. Gaudentii mart. viii lect.
e. . . . .

SEPTEMBER.

Habet xxx dies et luna xxix.

f. Ægidii abb. xii lect. quatuor in cappis. Prisci mart. com.
g. Antonii mart. iii lect.
a. b. c. d. . . . .

— 471 —

e. Clodoaldi conf. viii lect. Evurtii episc. et conf. iv lect.
f. Nativitas Beatæ Mariæ Virg. xii lect. quatuor in cappis. Adriani mart. com.
g. Gorgonii mart. iii lect.
a. . . . .
b. Proti et Hyacinti. mart. iii lect.
c. Reverentii conf. xii lect.
d. . . . .
e. Exaltatio s^{tæ} Crucis. iiii lect. Cornelii et Cypriani mart. viii lect. duo in cappis.
f. Octava Nativitatis Beatæ Mariæ. xii lect. Nicomedis, mart. com.
g. Lamberti episcopi et mart. iii lect.
a. Euphemiæ virg. iii lect.
b. c. . . . .
d. Vigilia.
e. Matthæi apost. et evangelistæ. xii lect. duo in cappis.
f. Mauritii et sociorum mart. xii lect.
g. Teclæ virg. iii lect.
a. b. . . . .
c. Justinæ virg. iii lect.
d. Cosmæ et Damiani mart. xii lect.
e. . . . .
f. Michaëlis archangeli. xii lect. quatuor in cappis.
g. Hyeronimi conf. xii lect.

OCTOBER.

Habet xxxi dies et luna xxx.

a. Germani, Remigii et Vedasti episcoporum. xii lect.
b. Leodegarii epis. et mart. xii lect. quatuor in cappis.
c. Translatio s^{ti} Maxentii. xii lect.
d. Francisci confess. xii lect.
e. . . . .

f. Fidis virg. III lect. Oct. s^{ti} Michaëlis. XII lect.
g. Marcelli, Sergii et Bacchi mart. III lect.
a. Octava s^{ti} Leodegarii. XII lect.
b. Dyonisii cum sociis suis. XII lect.
c. d. e. . . . .
f. Geraldi conf. XII lect.
g. Calixti papæ et mart. III lect.
a. . . . .
b. Repetitio s^{ti} Michaëlis. XII lect.
c. . . . .
d. Lucæ evangel. XII lect. duo in cappis. Justi. com.
e. . . . .
f. Undecim millium virg. XII lect.
g. Severini epis. XII lect.
a. Benedicti epis. XII lect.
b. . . . .
c. Martini Vertavensis abb. XII lect.
d. Frontonis epis. VIII lect. Crispini et Crispiniani mart. IV lect.
e. Amandi confess. et epis. III lect.
f. Vigilia.
g. Simonis et Judæ apost. XII lect. duo in cappis.
a. Translatio s^{ti} Maxentii XII lect. quatuor in cappis.
b. . . . .
c. Quintini mart. III lect. — Vigilia.

NOVEMBER.

Habet dies XXX, luna XXIX.

d. Festivitas omnium Sanctorum. XII lect. Cæsarii epis. III lect.
e. Eustachii cum sociis suis. III lect.
. *g. a.* . . . .
b. Leonardi confes. III lect.

c. . . . .
d. Octava omnium Sanctorum. xii lect.
e. Mathurini epis. xii lect. Theodori mart. iiii lect. [1].
f. . . . .
g. Martini epis. et conf. xii lect. quatuor in cappis. Mennæ mart. com.
a. Leodegarii epis. xii lect.
b. Bricii epis. xii lect.
c. . . . .
d. Macuti epis. xii lect.
e. . . . .
f. Aniani, Gregorii episcopor. iii lect.
g. Octav. s^{ti} Martini. xii lect.
a. Odonis abbat. xii lect.
b. Mandeti abb. xii lect.
c. Columbani abb. xii lect.
d. Cæciliæ virg. et mart. xii lect.
e. Clementis pap. et mart. xii lect. Felicitatis. com. [2].
f. Chrisogoni mart. iii lect. Romani conf. viii lect.
g. Catharinæ virg. et mart. xii lect. quatuor in cappis.
a. Petri epis. et mart. iii lect.
b. c. . . . .
d. Saturnini epis. et mart. xii lect. — Vigilia.
e. Andreæ apost. xii lect. quatuor in cappis.

DECEMBER.

Habet dies xxxi et luna xxx.

f. Eligii conf. et epis. viii lect. Florentiæ virg. iiii lect.
g. a. . . . .
b. Translatio s^{ti} Benedicti.

---

1. *Manu recenti* (Note de D. Chazal).
2. *Sed recenti manu* (Note de D. Chazal).

c. . . . .
d. Nicolai epis. et conf. xii lect. [1].
e. Octava s^ti Andreæ apost. xii lect.
f. Conceptio B. Mariæ. xii lect. quatuor in cappis.
g. . . . .
a. Valeriæ virg. viii lect.
b. Damasi papæ et conf. iii lect.
c. . . . .
d. Luciæ virg. et mart. xii lect.
e. Fortunati episcopi. xii lect.
f. . . . .
g. Ô Sapientia.
a. . . . .
b. Confortatio Joseph et B. Mariæ. xii lect. [2].
c. d. . . . .
e. Thomæ apost. xii lect.
f. g. . . . .
a. Vigilia.
b. Nativitas Domini nostri Jesu-Christi. xii lect.
c. Stephani protomartiris. xii lect. quatuor in cappis.
d. Johannis evangelistæ. xii lect. quatuor in cappis.
e. Sanctorum Innocentium. xii lect. quatuor in cappis.
f. Thomæ epis. et mart. xii lect. quatuor in cappis.
g. . . . .
a. Silvestri papæ et conf. xii lect. quatuor in cappis.

---

1. Duo in cappis; *recenti manu* (Note de D. Chazal).
2. Quatuor in cappis, *sed recenti manu* (Note de D. Chazal).

DCXV

Fondation par Guillaume Chabot, seigneur d'Aubigny, d'une redevance annuelle de deux cierges pour la fête de saint Maixent. (Copie de D. Fonteneau, d'après le cartul. fol. 5, recto, en ma possession.)

XIIe siècle.

Antiqua patrum sanxit auctoritas quod, qui bene fecerit, multiplicabitur sicut cedrus Libani ; qui autem malum fecerit cruciabitur penis inferni. Qua propter ego Willelmus Jabot, dominus de [Albi]niaco [1], pro quadam victoria quam mihi dedit Deus de quodam duello, quod ego feci, vovi Deo et beato Maxentio duos cereos de [trede]cim libris in festivitate sua annuatim persolvendos. Concesserunt filii mei Briendus Jabot, Petrus, reddituros [annuatim] de propriis et justis redditibus suis inperpetuum, vidente et audiente Audeberto Cogu et Gauterio Stulto.

DCXVI

1672, 26 novembre. — Arrêt du Parlement qui supprime la donnée ou aumône générale qui se faisait dans l'abbaye de Saint-Maixent le jour du Jeudi-Saint, et la convertit en une redevance annuelle de vingt-deux charges de blé affectée aux pauvres des deux paroisses de Saint-Maixent et de celles de Saint-Martin et de Souvigné. (Copie du temps, sur papier, en ma possession.)

Extrait des registres du Parlement.

Veu par la Cour la requeste à elle presentée par M. Balthasard de Crevant Dhumiere, chevalier de l'ordre de Saint-Jean de Jerusalem, abbé commendataire de l'abbaye royalle de Saint-Maixent, diocese de Poitiers, contenant

---

1. Les mots laissés en blanc dans la copie de D. Fonteneau par suite de déchirures de l'original ont été complétés d'après l'analyse de cette pièce, donnée par D. Chazal, *Chronicon*, cap. 13.

qu'en lad. qualité d'abbé, à cause de lad. abbaye, il estoit tenu de faire une aumosne generalle tous les ans le jour du Jeudy-Saint dans la maison abbatialle ; lors de la distribution de la quelle il se commettoit des desordres, viollances si extraordinaires par ceux qui alloient recevoir lad. aumosne, que personne ne pouvoit estre en seureté dans lad. abbaye, estant mesme presque impossible de trouver des personnes pour faire lad. distribution, ce qui obligeoit mesme les fermiers d'abandonner la ferme : lesquelles viollances avoient esté à un si grand excès l'année derniere que toutes les vitres et ardoises de lad. maison furent cassées par la populace et vagabonds attroupés qui estoient venus recepvoir lad. aumosne, desquels au nombre de quatre à cinq mille, il ne si rencontroit pas quatre cents veritables pauvres, la pluspart estant des serviteurs, gens de boutiques et vagabonds qui n'avoient pas besoin de lad. aumosne, lesquels après avoir receu chacun leur pain le vendoient pour employer l'argent en debauches ; d'ailleurs que cela empeschoit que le suppliant ne trouvast des fermiers, elle consommoit en reparations ; d'autant que pour ce desordre estant arrivé dans l'abbaye d'Ervaut, du mesme diocese de Poitiers, à l'occasion de pareille donnée, sur la plainte qui en fust rendue à la Cour par l'abbé de lad. abbaye, par arrest de l'année 1668 ; ladite aumosne generalle avoit esté changée en une beaucoup plus utile aux pauvres, en ordonnant qu'elle seroit faite tous les jeudis de chacune sepmaine : le suppliant requeroit qu'il plust à lad. Cour ordonner commission estre delivrée au lieutenant general de Saint-Maixent pour informer des desordres, abus, viollances et excès contenus dans lad. requeste, en presence du substitut du procureur general du Roy aud. lieu, ensemble des habitans de lad. ville, qui seront tenus de donner leur advis de la forme en laquelle lad. aumosne pourroit estre faite à l'advenir ; pour ce fait, rapporté et communiqué au procureur general du Roy, estre ordonné ce que de raison ; arrest du 21 novembre dernier, par lequel auroit esté ordonné que par le lieutenant general de Saint-Maixent il seroit informé à la requeste du substitut du procureur general du Roy audit siege de la commodité ou incommodité que cause lad. donnée ou aumosne generalle le jour du Jeudi-Saint de chacune année en lad. abbaye de Saint-Maixent, en la maniere qu'elle avoit esté faite jusqu'à present, et donneroient les officiers aud. siege leur advis de la forme en laquelle lad. aumosne pourroit estre faite à l'advenir, sans que les pauvres en reçoivent aucune incommodité, et ledit procès-verbal, informations et advis rapporté et communiqué au procureur general du Roy estre ordonné ce qu'il appartiendra ; l'information faite en consequence par led. lieutenant general au bailliage et siege royal de Saint-Maixent à la requeste du substitut du procureur general du Roy aud. siege, poursuite et diligence dud. de Crevant Dhumieres, abbé commendataire de lad. abbaye, le 25 janvier dernier ; l'advis des officiers dud. siege du 28 dud. mois ; requeste dud. abbé à ce qu'il fust ordonné que la donnée et aumosne de dix-huit charges de blé, moitié seigle et moitié baillarge, mesure de lad. abbaye, qui s'est faite par le passé en lad. abbaye de Saint-Maixent le Jeudy-Saint de chacune année, à la réserve des pains qui se donnent aux bienneurs pour fenner les foins de lad. abbaye, seroit faite à l'advenir suyvant et ainsi qu'il plairoit à lad. Cour, signée lad. requeste, Simon, procureur ; conclusions du procureur general du Roy, ouy le rapport de M. Charles Perrot, conseiller, et tout considéré, lad. Cour a ordonné et ordonne que, suivant l'advis du lieutenant general et autres officiers dud. siege de Saint-Maixent, lad. aumosne de vingt-deux charges, moitié seigle et baillarge, la charge vallant huict boiceaux et le boiceau pesant cinquante livres, sera distribuée par l'advenir aux pauvres des deux paroisses de la ville de Saint-Maixent et de Saint-

Martin et Souvigné, dependans de lad. abbaye, de laquelle deux charges seront données aux hommes subjets aux bians et courvées envers l'abbé et quatre charges, moitié seigle et baillarge, distribuées aux depositaires des deniers de la charité des pauvres malades de la ville, et les seize charges restant données en egale portion aux pauvres des deux paroisses de la ville, de Saint-Martin et Souvigné, par chacun quartier, et en outre, s'il n'est nombre suffisant, aux pauvres des villages voisins, à commencer à la feste de Nostre-Dame de Mars et continuer aux termes de Saint-Jean-Baptiste, Saint-Michel et Noël, et à cet effet huict jours avant l'echéance desd. termes, les curés et marguilliers desd. parroisses rapporteront l'estat et le nombre de leurs pauvres en lad. abbaye où se fera la distribution en presence du lieutenant general, substitut du procureur general du Roy aud. siege, du bailli et procureur d'office de lad. abbaye, suivant la necessité desd. pauvres, et sera le present arrest executé en vertu de l'extrait fait en Parlement le vingt-six novembre mil six cent soixante et douze. Signé : ROBERT.

ERRATA

Tome I.

P. xxiv, ligne 17. Au lieu de « Forien » lire « Forain ».
« Bonaventure Forain, éc., lieutenant d'artillerie pour le roi en
« la province de Normandie, seigneur de Boissec, à cause de
« Marguerite de Saint-George, sa femme. »

P. xxix, ligne 12. Effacer « Bonneuil. »

P. xxxvii. A ajouter à la fin de l'article : « Comme complé-
« ment de ces dates on trouve :

« L'indiction, entre 928 et 1147 ; l'épacte, entre 985 et 1147 ;
« le concurrent, deux fois seulement, en 1110 et 1111 ; le quan-
« tième et le jour du mois, et le jour de la lune.

« Enfin nous avons relevé quatre emplois de cette formule du
« xie siècle, le Christ régnant, entre 1040 et 1044 : *regnante* ou
« *imperante Domino nostro Jeshu Christo* ou *Domino Deo Jesu*
« *Christo.* »

(Ces quelques lignes avaient été égarées lors de l'impression et
n'ont été retrouvées qu'après le tirage de la feuille.)

P. xlii, ligne 9. Au lieu de « l'Ouest » lire « l'Est ».

P. liv, ligne 23. En indiquant Saint-Cybard de Cours comme
ayant appartenu à l'abbaye, nous avons suivi l'opinion commune ; mais il est probable que le nom latin *Carvio*, de la bulle
de Pascal ii, s'appliquait à Saint-Pierre-ès-Liens de Cherveux,
qui était aussi passé entre les mains de l'évêque de Poitiers dès
avant 1300.

P. lv, ligne 10. Après « Jazeneuil » ajouter « Sainte-Soline;
« à l'abbaye, vers 1132, aux chanoines réguliers de Saint-Au-
« gustin en 1300 ».

— Ligne 12. Lire « Sainte-Crescence » et non « Saint-Crescent ».

— Lignes 22-23. L'église de Saint-Gildas, que nous avons placée à tout hasard dans le diocèse de Vannes, pourrait bien n'être autre que l'église de Saint-Gildas de Tonnay-Boutonne, momentanément enlevée à l'abbaye de Saint-Gildas-sur-Indre.

P. XCIII, ligne 28. Lire : « la Coindardière ».

P. CI, ligne 31. Lire « oncle » au lieu de « frère », Georges de Villequier étant le neveu de René.

« P. CX, ligne avant-dernière. Intercaler : « PIERRE MARTEAU, « *Martellus*, 1158-1163 (Ch. n°s 340-359). D'après cette der-« nière pièce, on voit qu'un personnage du prénom de Pierre « (le nom manque) aurait été prévôt entre Tetmer et Pierre de « Vérines ».

— Dernière ligne. Corriger ainsi : « PIERRE DE VÉRINES, 1178-1182 (Ch. n°s 357-363) ».

P. CXII, ligne 18. A la place de « 1546 » lire « 1549 ».

P. CXIV, ligne 10. Lire « 1449 » au lieu de « 1440 », et ajouter « Prot. Bonizeau ».

— ligne 14. Lire « 1532 » au lieu de « 1536 ».

— — 15. Supprimer cette ligne, l'infirmier G. Bonfils, indiqué en 1549, n'étant autre que celui porté plus haut en 1449.

P. CXXIII, ligne 10. Après « reg. paroissiaux » ajouter : « de « Saivre ».

P. 20, ligne 26. Lire « Bagnault » au lieu de « Bonneuil ». Cette attribution est déterminée par le rapprochement d'une autre charte intéressant la même localité, pag. 192 et 193 du Cartulaire.

P. 41, ligne 1, note. « Cette église, qui porte le nom si caractéristique de Porte du Seigneur, *Porta Domini*, n'est autre que l'église primitive de l'abbaye de Saint-Liguaire.

Pour arriver à cette détermination, il a fallu que le hasard nous permît de faire le rapprochement de deux textes tout à fait probants. L'un est l'acte de notre cartulaire, daté du 13 mai 988 (n° LVI), l'autre est un document du XIII° siècle, publié par

M. Peigné-Delacourt dans un écrit intitulé : *Les Normans dans le Noyonnais*. Ce dernier texte est un récit des ruses employées par les églises et les monastères de l'Ouest de la France, et particulièrement de la Saintonge, pour sauver leurs objets précieux des rapines des Normands. Le § 18 est ainsi conçu : « A Sainta « M. deus portes De, sevelirent lo tresor et les ornamenz de « l'iglise à l'auter saint Vincent ». M. Peigné-Delacourt a vainement cherché à placer cette église dans l'île de Ré. Il aurait dû pourtant remarquer que l'auteur du récit suit une marche régulière allant du nord au sud, et que le passage relatif à l'église de Sainte-Marie est intercalé entre ceux consacrés à l'abbaye de Saint-Maixent et à l'église de Saint-Séverin près de Saint-Jean d'Angély. Les recherches se trouvant par suite circonscrites au sud-ouest du Poitou, c'est dans cette région qu'il fallait chercher l'église de « Sainte-Marie deus portes Dieu » et que nous-même avons tâché de retrouver celle que notre charte désigne sous le nom de *Sancta Maria que vocatur Porta Domini*, qui ne peut être autre que celle visée dans le texte du narrateur du XIIIe siècle. Pour complément d'information, nous voyons aussi, dans ce texte, que l'un des principaux autels de l'église de Sainte-Marie était dédié à saint Vincent.

Or les noms de ces deux patrons, Marie et Vincent, se trouvent réunis dans un établissement religieux de la portion de région où devaient nécessairement se porter nos investigations ; celui-ci n'est autre que l'abbaye de Saint-Liguaire, laquelle, avant de porter ce dernier nom, était d'abord, nous dit la charte du 13 mai 988, connue sous le nom d'église de Sainte-Marie et de Saint-Vincent.

P. 51, ligne 1. Lire « Deprecati » et non « Depreeati ».

P. 53, ligne 17. Lire « Guntardi » et non « Guitardi ».

P. 70, ligne 16. Lire « 987 » au lieu de « 988 ».

P. 148, ligne 20. Besly a lu « Divitis » au lieu de « Duntis ».

P. 156. Nous avons retrouvé récemment dans les manuscrits de Besly, tome 805, fol. 54, la copie de cet acte, laquelle diffère sur plusieurs points de la copie de D. Estiennot que D. Fonteneau avait eu seule à sa disposition. Comme elle modifie d'une façon essentielle le texte que nous publions, nous donnons à nouveau cet acte in extenso.

CXXIV

Hugues VI de Lusignan se reconnaît vassal de l'abbaye de Saint-Maixent, déclare qu'il tient d'elle son fief et trois églises, et renonce aux mauvaises coutumes qu'il levait sur ses terres.

10 mars 1069.

« Anno ab Incarnatione Domini millesimo sexagesimo nono,
« presidente Rome papa Alexandro, Francorum rege Philippo,
« Aquitanis duce Guidone, Pictavensibus Isemberto presule,
« Sanctonensibus Goderanno, indictione III, VI idus marcii, die
« Inventionis sancti Maxentii, fuit Hugo de Liziniaco homo
« abbati Benedicti, et ei hominium fecit de casamento suo,
« quod habebat de sancto Maxentio, et propter guerram quam
« habuit comes cum eo, ipse Hugo monachos sancti Maxentii de
« terra sua fugaverat. Benedictus abbas hoc ei reclamaverat. In
« placito recognovit se male egisse et ecclesias sancti Maxentii,
« sancte Marie, sanctequo Genovefe nominatas, cum aliis pluri-
« busque in rotulis et cartis sancti Maxentii continentur, cum alio
« suo feodo ab ipso sancto se et patrem suum habuisse affirma-
« vit. Postea ibidem dimisit idem Hugo abbati predicto D solidos
« quos habuerant antecessores ejus de abbatibus precedentibus
« sancti Maxentii in augmento...... beneficium suum, dimisit
« omnes malas consuetudines quas temporibus suis immiserant
« ipse et homines sui in terris sancti Maxentii pro redemptione
« anime sue et parentum suorum ; pro qua bonitate promisit
« eidem Hugoni predictus abbas quamdiu vixerit, per unam-
« quamque ebdomadam unam pro eo cantare missam; post mor-
« tem vero ejus anniversarium plenum, tam de vigiliis quam de
« missis, pro anima ejus agendum spopondit, si eum super-
« vixerit. Quod si autem ipse abbas ante obierit, fratres super-
« stites ita anniversarium ut dictum est complebant, nomen
« quoque ejus scribetur in martyrologium et recitabitur quotan-
« nis. »

P. 192. Note de la ligne 19. Au lieu de « David » on doit lire « Deodata », D. Fonteneau ayant, dans sa transcription, mal interprété le sigle $\overline{dd}$. Voy. la note 2 de la page 252, même volume.

P. 214, ligne 25. Supprimer la virgule entre « Ademarus » et « Froterius ».

P. 219, ligne 1. Lire « Tonnay-Boutonne » au lieu de « Tonnay-Charente ».

P. 239, ligne 20. Lire : « de Boscho ».

P. 248, note 1. Cette note est à supprimer et à remplacer par celle-ci : « Selon la Chronique de Saint-Maixent, l'abbé Garnier
« serait mort le jour de Noël 1106, ce qui placerait la rédaction
« de cette charte dans les premiers mois de l'année suivante,
« avant l'élection de l'abbé Geoffroy qui n'eut lieu qu'au mois de
« juillet 1107 ».

P. 312, ligne 25. Lire « Willelmo » et non « Willelemo ».

P. 378. Les détails de la note consacrée à Pierre de Cognac et à Pierre Abrocit, abbés de Saint-Liguaire, sont à modifier ainsi qu'il suit : « Pierre de Cognac, ayant été sacristain de Saint-
« Maixent entre 1133 et 1141, n'a pu être abbé de Saint-
« Liguaire qu'après cette date, et P. Abrocit ayant rempli les
« mêmes fonctions de sacristain entre 1142 et 1158, et celles de
« prieur de Pamprou vers 1178, il s'ensuit que ce n'est que
« postérieurement et sans doute après 1181 qu'il a été mis à la
« tête de l'abbaye de Saint-Liguaire ».

Tome II.

P. 26, ligne 3. La Chronique de Bernard Itier (p. 70) dit expressément que Pierre Poitevin mourut en 1205.

P. 36, ligne 3. Lire « Xantonenses » et non « Xantonensis ».

P. 51, ligne 1. Lire « R. de Azaio » et non « B. de Azaio » ; et ligne 2, lire « Baclet » et non « Blaclet ».

P. 54, ligne 16. Lire « Geoffroy » au lieu de « Thomas ».

P. 95, note 2, ligne 17. Lire « p. 107 » et non « p. 101 ».

P. 104, ligne 2. Lire « valetus » et non « valeti ».

P. 115, ligne 5. Lire « camerario » et non « camarerio ».

P. 174, ligne 9. Lire « Xanctonas » et non « Xanctonem ».

P. 183, ligne 10, note. La date de 1380, indiquée par D. Fonteneau, ne peut être exacte ; à cette époque le Poitou était sous la domination du roi de France, et, du reste, Guillaume de Vezançay ne fut garde du scel du roi d'Angleterre à Saint-Maixent que pendant l'année 1372. C'est donc cette dernière date qu'il convient de donner à notre acte.

P. 304, ligne 19. Au lieu de « De Denezeau » lire « De Devezeau ».

P. 321, ligne 19, note. Il y a contradiction entre les énonciations contenues dans ces deux lignes. En 1603 Trochery n'était pas prieur, et le fut seulement de 1619 à 1630 ; nous n'avons même pas la preuve qu'il fut sous-prieur en 1603 : aussi y a-t-il lieu de supposer que D. Chazal a, dans sa copie, omis le chiffre vingt et qu'il faut lire « mille six cent vingt-trois ».

P. 353, ligne 22. « Antoine » est une faute de copiste, le nom du prieur de Saint-Maixent étant sûrement « Anselme » Dohin.

P. 369, note 2, ligne 6. Lire « Çontz » et non « Contz ».

P. 420. Mettre en tête de la note 1 : « Le 31 octobre 1697, la chaire de l'abbaye fut parachevée ». (Extrait du Journal de Samuel Lévesque, lieutenant de maire et lieutenant particulier au siège royal de Saint-Maixent.)

P. 432, ligne 23. Au lieu de « 1708 » lire « 1702 ».

P. 438, note de la ligne 5. « Le 30 décembre 1711, les « officiers du corps-de-ville de Saint-Maixent firent mettre un « banc dans l'église de l'abbaye, et signèrent un acte comme ils « reconnoissoient que c'étoit par grâce que les pères Bénédictins « accordoient ce droit. » (J. de S. Lévesque.)

P. 441, ligne 28. Ajouter le mot « et » entre « Siege » et « de la ville ».

P. 448, note de la ligne 16. « Le 29 mars 1718, le R. P. « Vignol, prieur aux Bénédictins de cette ville, fondé de procu- « ration de M. le prince de Monaco, prit possession en qualité « d'abbé de l'abbaïe royale de cette ville ; la cérémonie se fit « dans l'eglise et sous le clocher ». (J. de S. Lévesque.)

TABLE GÉNÉRALE

DES NOMS DE PERSONNES ET DE LIEUX

CONTENUS DANS LES DEUX VOLUMES DES CHARTES

DE L'ABBAYE DE SAINT-MAIXENT

Tomes XVI et XVIII *

A

A. . . . . . . I, 132.
— abbas Sancti Leodegarii. Voy. Arnaudus.
— abbas Sancti Maxentii. Voy. Ademar II.
— cardinalis titulo Sancti Laurentii in Lucina. Voy. Albertus de Morra.
— episcopus Ostiensis, legatus papæ, I, 344.
— Fazet, subcapellanus Sancti Martini, I, 381.
Aaugis, testis, I, 67, 68.
Ab..... Cato, I, 254.
Abba, soror Lamberti, I, 112.
Abbagns, salina, I, 331. *Saline, vers Laleu, Charente-Inf.*
Abbo, sartor, 1, 238.
— testis, I, 24.
Abbon, Abbo, abbé de Saint-Maixent, I, LXIII, 11, 12, 13.
Abdon martyris (fest. sancti), II, 469.
Abelin, Abelins, Abelinus (Aimericus), I, 166, 207, 208.
— (Petrus); I, 166.
— (Willelmus), miles, II, 39, 48.

Abelina, de Regnec, I, 227.
— uxor J. Rater, II, 62.
Abiathar, testis, I, 79.
Abibi (fest. sancti), II, 469.
Abietet, filius Focaudi de Niorto, I, 327.
Abiron, Abiran, I, 14, 39, 40, 44, 70, 73, 76, 79, 92, 93, 102, 106, 107, 112, 114, 122, 124, 127, 131, 143, 151, 155, 166, 176, 182, 280.
Ablardus, abbas Sancti Maxentii. Voy. Amblard.
Aboci, Abocit. Voy. Abrocit.
Aboinus Mercator, I, 279.
Abraham, patriarche, I, 313.
Abram, testis, I, 190.
Abriial (Hu.), II, 28.
Abrios, Abris (Willelmus), vel de Grois, homo ligius abbatis Sancti Maxentii, II, 25, 52.
Abrisello (Rotbertus de), I, 241.
Abroci, Abrocit (Guillaume), bibliothécaire de l'abbaye de Saint-Maixent, I, CXVI; II, 27, 30, 32, 33.
— Abrociz (P., Pierre), *alias* Aufret, sacristain de l'abbaye de

---

* Pour plus de simplicité, on a désigné dans cette Table le Tome XVI par le chiffre I, et le Tome XVIII, par le chiffre II.
Ce n'est qu'à partir de l'an 1200 qu'il a été établi, dans cette table, une distinction entre le nom propre et le prénom ; jusqu'à cette date on trouvera les personnages portant deux noms à l'un et à l'autre de ces noms.

Saint-Maixent, abbé de Saint-Liguaire, prieur de Pamprou, I, CXIII, 366, 367, 372, 374, 376, 378 ; II, 483.
Absia (abbas de). *L'Absie, Deux-Sèvres.* Voy. G. abbas.
Abundus, maritus Ermengardis, I, 85, 86.
Abziacus villa. Voy. Azay.
Acardus, testis, I, 26, 50.
— Acart (Ramnulfus), I, 286, 287.
— (Stephanus), I, 185.
Acarias Armant, I, 296.
Acbrannus, testis, I, 52.
Acerrimus Mons, I, 299. *Ténement, vers la Mothe-Saint-Héraye, Deux-Sèvres.*
Acfredus, monachus, I, 121, 170, 262.
— Acfridus, vicecomes de Castello Adraldo, I, 54, 101, 112, 143 n.
— de Brisiaco, I, 128.
Achardus, archidiaconus Engolismensis, I, 229, 230, 296.
Achilles, filius Ebulonis de Niorto, I, 209.
— testis, I, 233.
Achillæi martyris (fest. sancti), II, 467.
Achon (Gauterius), I, 350.
Acteldis, testis, I. 98.
Ad Crochela, ad Ines, etc. Voy. Crochela, Ines.
Adai (Johannes de), I, 340.
Adalardus, testis, I, 33.
Adalbaldus, servus, I, 49.
Adalbertus, scriba, I. 22, 24.
Adalelmus, testis, I, 24.
Adalfredus, colibertus, I, 142.
— frater Aldonis et Ranardi, I, 17.
Adalgardis, I, 39.
Adalgardus, testis, I, 46 n., 47, 69.
Adalgisus, monachus, I, 56.
Adaliardis, testis, I, 80.
Adalradus, maritus Helisabet, I, 79, 80.
Adalrannus, testis, I, 26.
Adam, Ada, abbé de Saint-Maixent, I, XXXIII, XXXIV, LXXVIII, LXXXIII, 191, 199, 200, 201, 202, 206, 208, 209, 210, 211, 224, 229, 230, 242, 254, 264, 270, 325.
— Cacaut, I, 234.

Adamus, testis, I, 324.
Adaucti, martyris (fest. sancti), II, 470.
Adelaiz, uxor Ramnulfi, I, 136, 137.
Adelard (saint), abbé de Corbie, II, 352.
Adelelmus, monachus, I, 56.
— testis, I, 21, 64, 71.
— (Willelmus), episcopus Pictaviensis. Voy. Willelmus.
Ademar I, Ademarus, abbé de Saint-Maixent, I, LXIII, LXIV, LXVI, 23, 25.
— II, abbé de Saint-Maixent, I, LXXXI, LXXXII, 375, 376 ; II, 1.
— chantre de l'abbaye de Saint-Maixent, I, CXV, 165.
— de Chabannes, chroniqueur, I, LXXIII.
Ademarus, Engolismensis episcopus, I, 189, 206, 223, 229, 230.
— filius Ademari Froterii, I, 214, 215.
— filius Ademari vicarii, I, 144.
— filius Costantini Mincuns, I, 207.
— filius Fulcherii Cabiranni, I, 214.
— filius Hugonis comitis Marchie, I, 83.
— filius Lamberti, I, 76.
— filius Martini Esperunt, I, 193, 200, 201, 202, 207, 247.
— frater Fulconis, I, 125.
— frater Morandi, I, 280, 281.
— frater Petri Gerini, I, 193, 214, 288.
— monachus, I, 56, 152, 163, 198, 212, 272.
— obedientiarius Marciaci, I, 270.
— puer, I, 172, 182, 186.
— subcantor Sanctæ Radegundis, I, 144.
— subscriptor, I, 182.
— testis, I, 41, 74, 79, 84, 96, 161, 217.
— vicarius Pictavensis, I, 100, 101, 104, 140, 144.
— Arundellus, I, 207.
— d'Augé, I, 194.
— de Barbaste, I, 194, 199, 207.
— de Chisec, I, 233.
— de Garda, I, 262.
— de Maisuns, I, 190.

Ademarus de Rochâ, I, 265.
— Esperun, I, 184, 186.
— Froterius, I, 214.
— Giraldus, monachus, I, 219.
— Giraudus, I, 290.
— Goslenus, I, 246.
— Letardi, I, 176.
— Luscus, I, 304, 305.
— Male Capsa, I, 147.
— Mincun, I, 328, 329.
— Rufi, I, 133.
— Talefer, I, 246, 273, 282.
— Toselinus, I, 328.
— Toselinus, monachus, I, 219.
Ademarius Austench, I, 340.
Adierius de Vitrac. Voy. Audierius.
Adjutor (saint). Voy. Maixent.
Adjutoris (locus sancti). Voy. Saint-Maixent.
Adraldus, donator, I, 100, 101.
— monachus, I, 131.
— testis, I, 24.
— vicecomes Castri-Adraldi, I, 33, 50.
Adralt, maritus Constanciæ, I, 88.
Adriani martyris (fest. sancti), II, 471.
Adrianus IV, papa, I, 357.
Adroerius, testis, I, 22.
Adventus dies. Voy. Avent.
Aduret (Borellus), I, 235.
Adzo, I, 139.
Ægidii abbatis (festum sancti), II, 470.
Aelina testis, I, 285.
— uxor Isemberti de Castellione, I, 325.
Aelis, mater Aimerici Theobaldi, II, 59.
Aen, Aient, Daent, Daient (baillie d'), seigneurie, I, L, 258 267. Le Breuil ou le Breuil d'Aen, comm. de Saint-Eanne, D.-S. Voy. Brolium.
Aenor, mater Cadelonis juvenis, I, 194.
— uxor Albuini, I, 131.
Aeribertus, testis, I, 20.
Aeynordis, domina Podii Manguerelli, II, 105.
Africa, Afriacensis, vicaria. Voy. Aiffre.
Affre, Affret (Constantinus), homo ligius abbatis Sancti Maxentii, II, 22, 29, 32, 33, 48, 52, 55.

Agantange (dom), religieux de la cong. de Saint-Maur, II, 350 n.
Agapit (saint), Agapitus, Agapius, abbé de Saint-Maixent, I, XIX, XXXVIII, XLV, LXI, LXII ; II, 455.
— (fest. sancti), II, 469.
— martyris (fest. sancti), II, 470.
Agardus, frater Ademari, I, 144.
Agarnius, Agesne, mariscus, I, 52, 70. La Jarne, Charente-Inf.
Agath, testis, I, 317.
Agathæ martyris (fest. sanctæ), II, 56, 465.
Agde, I, XXXVIII, LXII. Hérault.
Agec (ecclesia de). Voy. Augé.
Agennensis episcopus, I, 270.
Agen, Lot-et-Garonne. Voy. Simo.
Ageno, testis, I, 20.
Agenordis, regina. Voy. Alienordis.
Agenulfus, fidejussor, I, 138.
Agenus, maritus Cristinæ, I, 27.
Ages (François des), religieux de Saint-Maixent, II, 303, 304.
Agient. Voy. Aen.
Aginonus, clericus, I, 62.
Aglulfus, testis, I, 22.
Agnes, comitissa. Voy. Agnès de Bourgogne.
— sœur de Guillaume le Gros, comte de Poitou, I, 114. Voy. Ala.
— uxor Johannis Aragnum, II, 84.
— uxor Sebrandi Chabot, II, 44.
— de Bourgogne, comtesse de Poitou, I, 104, 106, 107, 114 n., 115, 118, 119, 121, 123, 126, 127, 128, 129, 130, 132, 133, 134, 136, 138, 140, 141, 142, 149, 151, 153, 175, 196.
Agnetis virginis (fest. sanctæ), II, 464.
Agonense pascherium, I, 293. Aigne ? Vienne.
Agorret (Tetbaudus), I, 324 ; II, 64.
Agreia, terra, I, 231. Aigrée, cne de Mazières-en-Gâtine, D.-S.
Agradinus, testis, I, 21.
Aguilla, I, 179. L'Aiguille, cne de Fouras, Charente-Inf.
Aguluns (Hugo), I, 328.
Aient. Voy. Aen.
— (Johannes de), I, 239, 310.
Aiffre, Aifra, Africa, I, XXVIII, 54, 73, 258. Deux-Sèvres.

Aiffre, Afriacensis vicaria, I, 29, 52, 55.
Aifre (Fulchardus de), I, 164.
Aigaiget (Tetbaudus), I, 292.
Aigec (ecclesia de). Voy. Augé.
Aiglemier, seigneurie, I, XLIX. C^{ne} *de Goux, Deux-Sèvres.*
Aiglo, testis, I, 26.
Aigonnay, paroisse, I, XLVII, 113, 419. *Deux-Sèvres.*
Aigulfus, testis, I, 17, 46 n., 47.
Ahaudus, capellanus ecclesiæ de Flornac, I, 287.
Aimeri, vicomte de Thouars. Voy. Aimericus.
Aimericus, abbas Sancti Maxentii. Voy. Maintrole.
— coquus, I, 242, 277.
— decanus Pictavensis, I, 209, 214, 232, 240.
— diaconus, I, 202.
— filius Aimerici de Sala, I, 270.
— filius Arberti, I, 72.
— filius Cathalonis, I, 162, 163.
— filius Petri Maintrolii, I, 324.
— frater Ademari de Chisec, I, 233.
— frater Aldeerii, I, 166, 167, 168.
— frater Bosonis Borelli, I, 142.
— frater Goffredi de Mota, I, 230.
— frater Ugonis Clerambaudi, I, 235.
— frater Uncberti Cabot, I, 279.
— gener Aimerici de Vetrinis, I, 172.
— genitor Raimbaldi, I, 74.
— grammaticus, I, 317. Voy. Haimericus.
— monachus, I, 51, 57, 129, 166, 173, 294.
— pater Goscelmi, I, 172.
— presbyter, I, 226, 290, 304.
— presbyter, filius Arnaldi de Perers, I, 172.
— presbyter, filius Aymerici, I, 171.
— sacrista Sancti Maxentii. Voy. Roine.
— servus, I, 122.
— testis, I, 33, 59, 96, 128, 284, 285.
— vicecomes Thoarcensis et advocatus Sancti Maxentii, I, LXIV, 22, 23, 24, 79, 150.
— Abelin, I, 166, 207, 208.
— Bislingueas, I, 215.

Aimericus Brito, monachus, I, 183.
— Caluet, I, 200.
— Clerembaudus, I, 284.
— Cogivus, I, 239, 240, 307.
— Cogul, Cogus, Cogut, I, 285, 286, 310.
— de Bun, I, 171.
— de Cereis, I, 296.
— de Maroil, I, 313.
— de Mota, I, 176, 208.
— de Ponte, I. 200, 313, 329.
— de Sancto Projecto, I, 273.
— de Vetrinis, I, 171.
— Fortis, frater Guillelmi Fortis, I, 293, 294, 309.
— Garolie, castellanus Sancti Maxentii, I, 349.
— Guitbertus, I, 171.
— Homo, I, 242.
— Iterius, I, 296.
— Joscelmus, I, 268.
— Loubet, évêque de Clermont, I, 308.
— Maintrole, abbé de Saint-Maixent et de Saint-Liguaire. Voy. Maintrole.
— Maintrolia, miles, I, 176, 182, 193, 195.
— Maintralem, Mantralia, miles Sancti Maxentii, I, 376, 377, 378.
— Malacorona, I, 172.
— Marot, I, 334.
— Milet, I, 271.
— Mimaldi, Mimauldi, I, 313.
— Paganus, I, 170.
— Raine, sacrista Sancti Maxentii. Voy. Roine.
— Rufinus, I, 334.
— Rufus, I, 195, 210.
— Sepcherii, I, 355.
— Sustaid, I, 271.
— Taschers, Tascherius, I, 165, 173, 184, 206, 338.
— Tuet, I, 122.
Aimo, testis, I, 194.
— (Guillelmus), I, 234.
— (Rainaldus), I, 220, 282.
Aina, uxor Gisleberti, I, 81, 82.
Ainard, Ainardus, sacristain de Saint-Maixent, I, CXIII, 283.
Ainardus, monachus, I, 107, 310.
— testis, I, 24.
— Balbus, I, 123, 124.
— (Gosbertus), I. 273.
Aîné (nom erroné), II, 154.

Ainor, Ainordis, conjux Rainaldi Pilot, I, 246, 273.
Ainoria, uxor Petri Topinelli, II, 28.
Ainriccus, testis, I, 53.
Ainricus, rex Anglorum. Voy. Henricus.
— rex Francorum. Voy. Henricus.
Airaldus. puer, I, 165.
— de Aifre, I, 73.
Airalt (Constantinus), I, 167.
Airardus, genitor Raimbaldi, I, 74.
Airaud, Airaudus, archiprêtre de Saint-Maixent, I, LXXX, CXXI, 365, 372, 373.
Airaudus, clericus archipresbyteri Sancti Maxentii, I, 349.
— cliens abbatis, I, 358.
— homo, I, 54.
— nepos Mainardi Lemovicis, I, 276.
— magister, presbyter, I, 354, 357, 365.
— Berjuns, I, 292.
— Borer, I, 268, 269.
— (Hugo), I, 355.
— Airaut (Petrus), I, 286, 287.
— Porcarius, I, 226.
Airemer (Ascho), I, 238, 249.
Airic (Tetbaudus), I, 291.
Airicus, testis, I, 53.
Ainricus imperator, I. 206. *Henri IV, empereur d'Allemagne.*
— Einricus, rex Anglorum. Voy. Henricus.
Airip, seigneurie, I, XLIX; II, 52. *Cne de Romans, Deux-Sèvres.*
Ainardus, testis, I, 67, 68.
Aiteldis, I, 92, 93.
— filia Ramnulfi, I, 93.
Aitré, II, 70. *Aytré, Charente-Inf.*
Aix (prior de), I, 284, 285. *L'île d'Aix, Charente-Inf.*
Aix, I, CVII. *Bouches-du-Rhône.*
— (archevêque d'). Voy. Boisgelin.
Ala, Alis, Agnes comitissa, soror Willelmi comitis, I, 113, 114.
Alaardus, pater Aimerici, I, 84.
— prepositus, I, 252.
Alagnerannus, testis, I, 18.
Alait la Grasse, I, 268.
Alamannia. Voy. Allemagne.
Alamargot (Jean), religieux bénédictin, II, 424.
Alant (Johannes), I, 200.

Alantia, terra, I, 180. *La Lance, cne de Breuil-Magné, Charente-Inf.*
Alassone (fief). Voy. Assonées.
Albano (évêque d'). *Italie.* Voy. Saint-Yrieix.
Albaric, filius Alaardi, I, 84.
Alberada (Constantinus de), I, 161.
— (Johannes de), I, 160, 161, 211, 234, 292.
Albert, faux abbé de Saint-Maixent. Voy. Girbert.
— (Jean), cuisinier, II, 283.
Albertus Crassus, I, 118.
— de Morra, Beneventanus, presbyter cardinalis S. Laurentii in Lucinia, I, 367, 369.
Albiniaco (dominus de). Voy. Aubigny.
Albini episcopi (fest. sancti), II, 465.
Alboini (Petrus), I, 169.
Alboinus Aymericus, I, 154.
— frater Joscelini, I, 83, 84.
Albuinus, major de Mota, I, 118.
— miles, I, 130, 131.
— testis, I, 106.
Alburga, testis, I, 62.
Alby, I, CXVIII. *Tarn.*
Alcherius, maritus Atteldis, I, 108 n.
— maritus Plectrudis, I, 108.
— testis, I, 45.
Alda, ancilla, I, 107.
Aldeardis, ancilla, I, 150.
— comitissa, I, 220.
— conjux Johannis de Mascllis, I, 244.
— filia Abeline de Regnec, I, 227.
— testis, I, 45.
— uxor Marcardi, I, 54.
Aldeberti (Willelmus), presbyter, I, 335.
Aldebertus, frater Goffredi, I, 168.
— monachus, I, 191.
— presbyter, frater Fulcaldi de Multenbo, I, 168.
— puer, I, 122.
— servus, I, 107.
— testis, I, 114, 177.
Aldebrandus, papa. Voy. Gregorius VII.
— (Petrus), I, 291.
Aldeburgis, testis, I, 128.
Aldeerius, clericus, I, 69.
— Aimerici, frater Audecrii de Campaniâ, I, 166, 167, 168.

Aldeiart, Aldeiarz, uxor Ucberti, I, 119.
Aldelelmus, Aldelelme (Guillelmus), episcopus Pictavensis. Voy. Guillelmus.
Aldemarus de Vicinolio, I, 148.
Alderius, pater Rainaldi, I, 187.
Aldo, frater Ranardi et Adalfredi, I, 17.
Aldoenus, abbas. Voy. Audouin.
Aldoinus, abbas. Voy. Audouin
— testis, I, 45, 93.
Aldricus, cancellarius, I, 6.
Alduinus, filius Viviani Brochardi, I, 130.
— testis, I, 37, 45.
Alduzon, servus, I, 105.
Aleait, conjux Hugonis, I, 38, 39.
Aleaiz, filius Raimundi, I, 214, 215.
Alealdus, possessor fevi, I, 124.
Alealme (Guillelmus), episcopus Pictavensis. Voy. Guillelmus.
Aleardus prepositus, I, 198.
— de Mello, I, 158.
— de Sognum, I, 307.
Aleart (Giret), I, 191.
— (Petrus), I, 208.
Aleendis, filia Rainaldi, I, 190.
Aleent, testis, I, 128.
Alelmus (Guillelmus), episcopus Pictavensis. Voy. Guillelmus.
Aleré, feodum. Voy. Asleré.
Aleux (Girard des), abbé de Saint-Augustin de Limoges et visiteur de la province d'Aquitaine, II, 352.
Alexander, canonicus Pictavensis, I, 382.
— filius Ebulonis de Niorto, I, 209.
— frater Gauvini, I, 271.
— papa. Voy. Alexandre.
— presbyter cardinalis. Voy. Albertus de Morra.
— Ivonensis, I, 270.
Alexandre II, Alexander, pape, I, 155, 156, 157, 159, 161.
— III, pape, I, LXXX, LXXXI, 367, 369, 370.
— V, pape, I, XCI.
— VII, pape, II, 364, 365, 369 n., 371 n.
Alexandri (fest. sancti), II, 467.

Alfonsus, comes Pictavensis. Voy. Alphonse.
Alfredus, testis, I, 61, 62, 67, 69, 70.
Alianensis pagus. Voy. Alienensis.
Alibertus, testis, I, 29, 52, 53, 64.
Alienensis, Alianensis, Alnianensis, Alnienensis pagus, I, XIV, 9, 17, 27, 38, 46, 52, 53, 60, 62, 69, 88, 93. Pays d'Aunis, province de France. Voy. Alinisius, Aunis.
Alienor, Alienordis, comtesse d'Anjou, duchesse d'Aquitaine et de Normandie, reine de France, I, LXXX, LXXXI, 335 n., 346, 347, 348 n., 352, 375 ; II, 15, 16, 17, 35, 459.
Alilulfus, testis, I, 18.
Allemagne, Alamannia, I, 360 n., 423, 428.
— (empereurs d'), I, 266 ; II, 404. Voy. Carolus, Henri le Noir.
— (verre d'), II, 274.
Allionis (dominus). Voy. Ebulo.
Alliot, historien, I, 146 n.
Almodie de Limoges, comtesse de Poitou, I, 99.
Alnianensis, Alnieninsis pagus. Voy. Alienensis.
Alnisiensis archidiaconus. Voy. Petrus.
Alnisius, Alnisiensis pagus, I, XIV, 9, 12, 28, 46 n., 47, 56, 63, 76, 94, 99, 135, 179. Voy. Alienensis. Pays d'Aunis, province de France.
— planus. Voy. Alnisius pagus.
Alnisiolus. Voy. Rainaldus.
Alo, frater Ugonis Lobet, I, 283.
— monachus, infans, I, 294.
— testis, I, 53, 96.
— Lobet, miles, I, 335, 371, 372.
— (Raynaldus), I, 189.
Alodus, salina, I, 331. Laleu, Charente-Inf.
— de Torgnié, I, 263. Laleu, cne de Thorigné, D.-S.
Alonâ (Reginaldus d'), I, 358.
Alonne, Alona, paroisse, I, LII, CXX ; II, 94, 147, 221. Deux-Sèvres.
Alphonse, comte de Poitou, I, XLII, XLVI, 137 n. ; II, 78, 113, 116, 147, 120, 136, 253, 254, 315.

Alsace, province de France, II, 399.
Alticia, I, 92. *L'Autise, affluent de la Sèvre Niortaise.*
Altieri, cardinal. Voy. Clément X.
Alyenor. Voy. Alienor.
Am..., miles de Rocha, I, 265.
Amalfredus, Amalfridus, maritus Odulgardis, I, 22.
Amalricus, maritus Cristinæ, I, 34, 35.
— testis, I, 24.
Amalui, testis, I, 125.
Amalvinus archidiaconus Sanctonensis, I, 292, 293 n.
Amandi confessoris (fest. sancti), II, 472.
Amatus, archiepiscopus Burdegalensis, I, 206, 229.
— legatus romanus, I, 197.
Amblard, Amblardus, Ablardus, abbé de Saint-Maixent, I, LXXIII, 107, 111, 113 n., 114 n.; II, 316.
— filius Anselmi, I, 428.
— prévôt-moine de Saint-Maixent, I, CXI; II, 30, 34, 39, 40, 47, 48, 51 n.
Amboise, II, 299 n. *Indre-et-Loire.*
— (Pierre d'), évêque de Poitiers, I, XCIV.
Amblart, testis, I, 60.
Ambournay (abbé d'). Voy. Hugon.
Ambrosii episcopi (fest. sancti), I, 466.
Amelia, uxor Alexandri Ivonensis, I, 271.
Amelius, filius Bartholomei, I, 169.
— monachus, I, 140.
— pater Hugonis, I, 209, 233.
— testis, I, 24, 33, 50.
— vicarius, I, 53.
— (Ugo), I, 238, 249, 253.
— (W.), possessor fevi, I, 354.
Amenum (Petrus), miles, I, 382.
Amette, secrétaire de l'évêché de Poitiers, II, 408 n.
Amilhain (Estienne), charpentier, II, 276.
Amire (Petrus), I, 307.
Amiret (R.), homo ligius abbatis Sancti Maxentii, II, 25.
Amoureux (Jean), maître de théologie à l'abb. de Saint-Maixent, II, 454.

Anaclet II (P. de Leo), anti-pape, I, 315, 319, 320, 321, 332.
Anastasia, testis, I, 80.
— uxor Quintini, I, 85.
Andegavensis episcopus, moneta. Voy. Anjou.
Andegavie comes. Voy. Anjou.
— comitissa. Voy. Alienor.
Andiacum, I, 4. *Angeac-Champagne, Charente.*
Andraude (Andrée), mère de Jehan Gisler, II, 154 n.
Andrault (Jacques), II, 169.
— (Jean), avocat, II, 149, 152, 167, 169.
— (Jean), clerc, II, 167 n.
André (fête de saint), II, 21, 124, 415, 473; octave, II, 474; vigile, II, 473.
— Andreas, aumônier de Saint-Maixent, I, CXI, 238.
Andrea, monachus, I, 324.
— presbyter de Macheries, I, 288.
— testis, I, 215.
Andreas, archidiaconus Briocensis, II, 55, 56.
— cliens eleemosinæ Sancti Maxentii, I, 238.
— clericus, II, 78.
— clericus de Verruca, I, 243, 244.
— eleemosinarius Sancti Maxentii. Voy. André.
— filius Aimerici Abelini, I, 207.
— frater Arberti, I, 165.
— parens Rainaldi, I, 187, 188.
— presbyter, I, 213.
— testis, I, 60, 325.
— Borrea, I, 268.
— Cobaut, I, 333.
— Cruisvin, I, 328.
— de Pauto, I, 365.
Andreas de Vergo, I, 265.
— Girbertus, I, 254.
— Radulfi, I, 370, 371.
Aneros (feodum de), II, 34. *Anières, c^{ne} de Saivre, D.-S. ?*
Angelia. Voy. Anglia.
Angeliacensis ecclesia. Voy. Saint-Jean-d'Angély.
Angers, *Maine-et-Loire.*
— abbaye de Saint-Aubin, I, 344 n.
— abbé de Saint-Nicolas. Voy. Ruccellai.
— (chanoine d'). Voy. Crespin.

— 492 —

Angers, chanoine de Saint-Jean. Voy. Charlet.
— (évêques d'), II, 179, 233 n. Voy. Estouteville.
— (infirmier de Saint-Nicolas d'). Voy. Simon.
Angervilliers, I, CVII. *Seine-et-Oise.*
Angevin (Pierre), sergent du prince d'Aquitaine, II, 165.
Anglais (les), peuple, II, 428.
Angleterre, Anglia, royaume, I, CVII ; II, 439, 443.
— cancellarius. Voy. Simo.
— primogenitus regis. Voy. Edwardus.
— regina. Voy. Alienor.
— (rois d'), I, LXXXVII ; II, 42, 44, 54, 137, 143, 145, 173, 183, 357. Voy. Henricus, Johannes, Richardus.
Angoisse (Ytier d'), s^r de la Touche d'Aigonnay, valet, II, 124.
Angotus, capellanus, I, 176.
— testis, I, 335.
— Babotus, I, 339.
Angoulême, Engoulesme, II, 280 n., 292. *Charente.* Voy. Engolisma.
— altare sancti Petri, I 296.
— chapelle de Saint-Gelais, I, XCVII.
— (comtesse d'), dame de Saint-Maixent, II, 239, 268, 270, 271, 274, 276, 279, 282.
— diocèse, I, LVI, LVIII.
— (doyen d'). Voy. Saint-Gelais.
— (doyenné d'), I, XCVI.
— (évêché d'), I, LVI.
— (évêque d'). Voy. Gérard, Guillot.
Angoumois, province de France, I, 226 n.
Anguien (duc d'). Voy. Condé.
Aniani episcopi (fest. sancti), II, 473.
Anians, prepositus, II, 99.
Anjou (bailli des exemptions d'), II, 178, 206. *Province de France.*
— (chroniques d'), I, LXIX.
— comitissa. Voy. Alienor.
— (comtes d'), I, LXXIII, 114 n. Voy. Henricus, Johannes.
— (duc d'), II, 394, 395.
— (duchesse d'), dame de Saint-Maixent. Voy. Angoulême.

Anjou (monnaie d'), I, 343, 357, 359 ; II, 4, 24.
Annæ, matris Beatæ Virginis (fest. sanctæ), II, 469.
Annonciation (fête de l'), I, XXXV, LXXXIII ; II, 59, 317, 322. Voy. Notre-Dame de Mars.
Antiquaires de l'Ouest (Société des), I, XVIII, XXII, 405 n.
Antoine (saint), abbé, II, 352.
Antonii abbatis (fest. sancti), II, 464.
— martyris (fest. sancti), II, 470.
Anscher de Cordoau, I, 253.
Anscherius, I, 187.
— frater Rainaldi Bercho, I, 129.
Anségise, Ansegisus, abbé de Saint-Maixent, I, XXXIV, LXVII, LXXVIII, 175 n., 177, 183, 184, 185, 186, 187, 188, 190, 196, 264.
Anselme, doyen de Saint-Maixent, I, CXVI.
— père d'Amblard, I, XXXIII.
— (le P.), historien, I, LXXX, CVI.
Anselmus, consanguineus Acfredi de Brisiaco, I, 127.
— decanus, I, 51.
— Ansemus, pater Willelmi, I, 112.
— testis, I, 21.
Ansoald, évêque de Poitiers, II, 360 n.
Anstrudis, genitor Raimbaldi, I, 74.
Apercé (Guillaume), II, 155.
Apollinaris episcopi (fest. sancti), II, 469.
Apolloniæ virginis (fest. sanctæ), II, 465.
— (reliquiæ sanctæ), II, 407 n.
Apôtres (fêtes des), II, 324.
Aprilius (Petrus), I, 254.
Aqua aus Pendus, I, 173. *Tènement situé vers Pamprou, D.-S.*
Aquisgrani palatium, I, 3. *Aix-la-Chapelle, Prusse.*
Aquitaine, Aquitania, province de France, I, 4, 8 n., 37, 136, 144, 137, 367 ; II, 166, 175.
— comes palatii. Voy. Guillelmus.
— (comtes du duché). Voy. Guillaume.
— ducissa. Voy. Alienor.
— (ducs d'). Voy. Henricus, Johannes, Ludovicus, Otho, Ricardus.

Aquitaine (lieutenant du prince en). Voy. Chandos.
— presul. Voy. Willelmus. I, 301.
— (princes d'), I, LXXXVII, 109 ; II, 143, 165, 169, 171, 301. Voy. Edouard.
— (rois d'), I, XXVII, XLI, 9. Voy. Pipinus.
— (visiteur de la province d'). Voy. Aleux.
Aquitani, les Aquitains, peuple, I, 301 n.
Aragnum (Johannes), II, 84.
Aragon (comte d'). Voy. Saint-Séverin.
Arainun (Cadelo), I, 184.
Arainuns (Hugo), I, 182. Voy. Araneo.
Arambors (Petrus), piscator, I, 315.
Araneo, Aranea (Ugo), I, 157, 159, 177, 187, 192, 201, 212, 217, 273, 317. Voy. Aragnum, Arainuns.
Arannus (Wigo), I, 150. Voy. Araneo.
Aranon (Oliverius), miles, II, 31.
Arbaleters (Andreas), II, 100.
Arbaudus, vicarius, I, 79.
Arbert, vicomte de Thouars, I, 72 n.
Arberti, Arbertus (Johannes), prior de Fouras, II, 187.
— (Guillelmus), I, 354.
— (Guillelmus), capellanus Sancti Saturnini, I, 366.
— (P.), decanus Asianensis, II, 50, 51.
— (Ugo), I, 220, 235, 253, 328.
Arbertus, arbalesterius, I, 277.
— filius Viviani Broca, I, 122.
— frater Guillelmi, I, 326.
— miles, I, 246.
— monachus, I, 221.
— presbyter, I, 157, 164, 165, 182, 234, 292.
— probus homo, I, 275.
— testis, I, 161.
— vicecomes Thoarcensis, maritus Audeardis, I, 33, 50, 72, 74.
— de Talamundo, I, 170.
— Lemovix, I, 216.
— Madut, I, 239, 240.
— Travers, I, 138.
— Truaudus, I, 253.
Arbolutus, Arboluta (Constantinus), I, 340.

Arbolutus (Constantinus), vicarius, I, 217.
— (Goffredus), I, 239, 240, 309, 310.
— (Tetbaudus), I, 239, 240.
Arborde (Willelmus), I, 336.
Arcambaldus, pater Isembardi et Berlanni, I, 21.
Arcambertus, frater Fausberti, I, 21.
Arces (Ambroise), prieur de Saint-Maixent, I, CXIX.
Archembaud, Archimbaldus, Archimbaudus, Archenbauldus, Archambaudus, Archimbalt, abbé de Saint-Maixent, archevêque de Bordeaux, I, LXXIV, LXXV, LXXVI, LXXVII, LXXXI, 113 n., 116, 118, 119, 121, 122, 123, 124, 125, 126, 127, 128, 129, 130, 131, 132, 133, 134, 136, 138, 139, 140, 141, 143, 144, 146, 147, 153, 175.
— Archimbaudus, Archibaldus, Archembaldus, prieur claustral de Saint-Maixent, I, CIX, 222, 223, 225, 230, 238, 239, 246.
— Archimbaldus, prieur de Saint-Maixent, I, CIX, 282, 283, 287, 289, 291, 294, 297, 298, 307, 317, 318, 320, 322, 324, 363.
— Archimbaudus, prévôt- de Saint-Maixent? I, LXXVI, LXXVII.
— sous-prieur de Saint-Maixent, I, CXV, 217.
— (Guillaume), prévôt-moine de Saint-Maixent, I, CXI ; II, 22, 23, 24.
— Archembaudus, monachus, I, 114.
— testis, I, 327.
— Archimbaldus Borrellus, I, 337, 338, 342.
— (Symons), II, 98.
Archenbaut (David), homo ligius abbatis Sancti Maxentii, II, 22.
— (P.), homo ligius abbatis Sancti Maxentii, II, 25, 49.
Archibaldus. Voy. Archembaud.
Archiepiscopi (Hugo), dominus Partiniaci, I, 381, 382, 383, 384 ; II, 45, 94, 95.
— (Willelmus), dominus Partiniaci, II, 50, 103.
Archimbaldus. Voy. Archembaud.

Archimbaldus, clericus, I, 129.
— cliens, I, 243.
— monachus, I, 218, 278.
— testis, I, 164, 215, 266.
— Aufret, Aufrez, I, 246, 247, 224, 242, 248, 251, 273, 275, 285, 294.
— Hortolanus, I, 279.
— (Iterius), I, 296.
Archimbaut (P.), cliens Aimerici Mantrolie, I, 379.
Arcuzum. Voy. Arainum.
Ardin, paroisse, I, XLVII, LII. Deux-Sèvres.
Ardoinus, testis, I, 21.
— de Salâ, I, 270, 271.
Arduinus Besardit, I, 221.
Aredia, beata, I, 116. Voy. Héraye.
Aredius, sanctus. Voy. Héraye.
Aregnum (Oliverius), I, 357.
Aregnuns, (feodum de), II, 32. Le fief aux Arignons.
Arembertus (Wuido), I, 153 n.
Aremburgis, filia Albuini, I, 131.
— filia Viviani Broca, I, 122.
— mulier, I, 228.
— uxor Arberti de Talamundo, I, 170.
— uxor Ademari Froterii, I, 214, 215.
Argentem, II, 247. Argentan, Orne.
Argentière, seigneurie, Argenteriæ, I, XLIX, 135. C^{ne} de Prailles, Deux-Sèvres.
Argenton (Aymeric d'), chevalier, II, 152.
Arguenbadus. Voy. Arquembaldus.
Arierius, monachus, I, 56.
— testis, I, 71.
Ariezhun, silva, I, 143. Forêt d'Argenson, aujourd'hui forêt d'Aunay et bois de Couture d'Argenson, Deux-Sèvres.
Arignon (Ay.), II, 78.
Arignonne (Guiote), II, 157 n.
Arlaudus, mercator, I, 34.
Armant (Acarias), I, 296.
Armenjou (Hugues), chevalier, I, LXXXV.
Arnaldus, Arnaudus, archidiaconus Pictavensis, I, 353, 254.
— caballarius, I, 126.
— clericus, I, 229.
— cocus abbatis Sancti Maxentii, I, 335, 340.

Arnaldus, episcopus Petragoricensis, I, 110.
— episcopus Pictavensis, camerarius papæ, II, 135.
— filius Aimerici, I, 171.
— filius Arnaldi, I, 126.
— germanus Acfredi de Brisiaco, I, 128.
— monachus, I, 213, 276, 329.
— sacerdos, I, 165.
— testis, I, 79, 221, 300 n., 325.
— Bertranno, I, 188.
— Boverius, I, 221.
— de Bosco, I, 174.
— de Porta, clericus, I, 206, 229, 230.
— de Perers, I, 172.
— Guillelmus, I, 230.
— Mimarot, I, 218, 348.
— Parnarmes, I, 244.
— Pesant, I, 238.
— Rusticus, I, 277.
Arnaud, abbé de Saint-Liguaire, II, 19 n., 37, 50, 56, 57.
— Arnaldus, faux abbé de Saint-Maixent, I, LXXXIII.
— Bernard de Preissac, abbé de Saint-Maixent. Voy. Preissac.
— (Jean), archiprêtre de Saint-Maixent, chanoine de Poitiers, I, CXXI.
Arnauld de Pomponne (Henri-Charles), abbé de Saint-Maixent et de Saint-Médard de Soissons, I, CVI ; II, 410, 411.
Arnaudus. Voy. Arnaldus, Arnaud.
— prior Fontis Loci, II, 36.
— prepositus Sancti Johannis Angeriacensis, II, 37.
— Cogus, I, 365.
— Clavie, I, 363.
— de Lineriis, I, 305.
— Grosset, I, 200.
— Proterius, I, 303.
Arnaut (Jean), aliàs Menaut, aumônier de Saint-Maixent, I, CXII ; II, 204.
— (Jean), II, 233.
Arneis, ortus, I, 179. Vers Fouras, Charente-Inf.
Arneudis, mater Gauvini, I, 271.
Arveus, archidiaconus Pictavensis, patruus Guillelmi Fortis, I, 264, 293, 294, 302.
— pigmentarius, I, 305.

— 495 —

Arveus, de Rocha, I, 330.
— Fortis, I, 263.
Arnoul, Arnulfus, abbé de Saint-Maixent, I, LXIII, 20, 21.
Arnulfus, Sanctonensis episcopus, I, 219.
— testis, I, 18, 93.
— (Ulrichus), I, 225.
Arnulphus, servus, I, 105.
Arquembaldus, filius Gofredi de Gordone, I, 177.
— Arguenbaldus, testis, I, 53.
— de Gordun, I, 173.
Arras (évêque d'), II, 360 n. *Pas-de-Calais.*
Arroget (Johannes), I, 326.
Arsendis, filia Abiete, mater Forcaldi de Niorto, I, 327 n.
— mater Ugonis de Niorto, I, 272.
— soror Forcaldi de Niorto, I, 326, 327 n.
— uxor Audierii de Campania, I, 237.
— uxor Giraudi Esperuns, I, 358.
— uxor Petri, I, 97, 98.
— uxor Rainaldi Venatoris, I, 266.
Arsent, uxor Viviani, I, 122.
Arsitius, monachus, I, 72.
Artitius villa, Artis, I, 135, 258; II, 106. *Arty, cne de Saint-Hilaire-des-Loges, Vendée.*
Artois province de France.
— (forêt d'), II, 360 n.
Artus, comes Richemondæ, II, 221, 224, 227, 228.
Arundellus (Ademarus), I, 207.
Arve, frater Bosonis Borelli, I, 142.
Arvernat, Avernicus, Arvernus, Auvernet (Hugo), I, 247, 266.
— Tetbaudus, I, 216, 226, 247, 269, 286.
Arvernensis (Wuillelmus), I, 153.
Arvernensium comes, I, 42. Voy. Willelmus.
Arveus, archidiaconus, I, 214, 253.
— cocus, I, 212.
Asali, testis, I, 228.
Asce (Constantinus), II, 90.
— Ace (Raoul), archiprêtre de Saint-Maixent, I, CXXI; II, 58, 59.

Asce, Asces (Radulfus), de Sancto Maxentio, clericus, II, 39, 48, 49, 50, 51, 52, 53.
— (Radulphus), II, 105.
Ascelin, Ascelinus, archiprêtre de Saint-Maixent, chanoine de Poitiers, I, CXXI, 125, 126, 131 n.
Ascelina, filia Martini Esperum, I, 317.
Ascension (fête de l'), I, XXXVII, 239 n., 402 n.; II, 116, 354 n., 391, 420.
Asces (P.), juratus, II, 55.
Ascho, cliens, I, 240.
— Airemer, I, 238, 249.
— Gandoti, I, 251.
— Asco Roset, I, 309, 342.
Ascio, testis, I, 162.
Asco Rufus, aurifex, burgensis, I, 283, 349.
Asianensis decanus. Voy. P.
Asleré, Aleré, fief, II, 100, 108, 155, 163. *Alleré, cne de Mougon, Deux-Sèvres.*
Asneres, II, 102. *Asnières, cne de Sainte-Soline, D.-S.*
— (ballia d'), II, 28. *Asnières, cne de Saivre, D.-S.*
Asneriæ, terra, I, XXIX, 173, 278.
Asnier, cne de Vernou, con de Briou, D.-S.
Asnier. Voy. Asneriæ.
Asnière, paroisse, I, LVI. *Deux-Sèvres.*
Assomption (fête de l'), II, 63, 191, 195, 198, 277, 435.
Assonées (feodum au), fief Alassone, II, 105, 152. *Fief, autrement dit fief Martreuil, à Saint-Maixent, D.-S.*
Assigny (seigneur d'). V. Crevant.
Aszo, clericus, I, 114, 115.
— testis, I, 41.
Atenduz (Jocelmus), homo ligius abbatis Sancti Maxentii, II, 24, 51.
Aterea (Ad.). Voy. Baterea.
Athanasii episcopi (fest. sancti), II, 466.
Atonus, testis, I, 46 n., 47.
Atteldis, uxor Alcherii, I, 108 n.
Atto, vicecomes, I, 25.
Aubiers, Aubers (moulins des), seigneurie, I, L; II, 98, 150. *Cne de Saint-Martin de Saint-Maixent, Deux-Sèvres.*

Aubert, Aubertus, Autbertus, faux abbé de Saint-Maixent. Voy. Girbert.
Aubertus, testis, I, 18.
Aubigné, Aubignet. Voy. Aubigny.
Aubigny, Albiniacus, châtellenie, puis baronnie, I, xxiii, xlii, xliii, xlviii, lii; II, 41, 42, 146, 147. C^{ne} d'Exireuil, Deux-Sèvres.
— (notaires d'). Voy. Boucher, Faydy.
— (scel aux contratsd'), II, 291.
— (seigneurs d'), I, xcii; II, 34, 252,253,326. Voy. Rochefort.
Aubouin, chevalier, I, 132 n.
Auboyn (Meriot), II, 157 n.
Aucherius, frater Passebruni, I, 303.
Audeardis, uxor Arberti, I, 72.
— uxor Marcardi, I, 55.
Audeart Tascher. Voy. Aldeiart.
Audebert, Audebertus, cellerier de Saint-Maixent, I, cxiv; II, 37.
— (Bernard), supérieur général de la Congrégation de Saint-Maur, II, 364, 374, 375 n., 377.
Audebertus, comes de Marchia, I, 176.
— frater Johannis, monachi, I, 289.
— monachus, I, 192, 225, 265; II, 48.
— monachus, frater Fulcherii de Montebo, I, 289, 290.
— prepositus monachus Sancti Maxentii. Voy. Amblard.
— testis, I, 21.
— Broterius de Motâ, I, 284.
— Cogu, II, 475.
— de Pampro, I, 269, 270.
— de Sancto Leone, I, 176.
— de Villacasa, I, 290.
— Faviet, prior Sancti Leodegarii, I, 378.
— Fulcherius, I, 295.
— (Gauterius), I, 244.
— (Girardus), I, 278.
— Giraudus, I, 229, 241, 273, 276, 289.
— Lupardus, I, 305.
— (Petrus), I, 253.
— Taupeia, I, 231.
Audeburgis, ancilla, I, 105.
Audeerius, testis, I, 222, 224.
— de Campaniâ. Voy. Audierius.

Audemant, Audemandus (Goffredus), I, 284, 285.
Audet (Antoine), religieux de Saint-Maixent, II, 362, 371 n.
Audierius Borbeas, I, 304.
— de Campania, I, 236, 237, 254, 290.
— Adierius, de Vitrac, I, 225, 230, 237.
Audinet (Jean), chantre de Saint-Maixent, I, cxv.
Audoin, Auduinus, abbé de Saint-Jean-d'Angély, I, lxiii, 94 n.
— Alduinus, faux abbé de Saint-Maixent, I, lxiii, lxxxiii.
— (Guy), infirmier de Saint-Maixent, I, cxiv.
— (P.), valetus, II, 53.
Audoinus, episcopus Lemovicensis, I, 79.
Audoyn (Jehan), II, 159.
Auduinus Mischet, I, 295.
Audulf, Audulfus, abbé de Saint-Maixent, I, lxii; II, 360 n.
Aufertus. Voy. Aufré.
Aufré, Aufred, Aufrez, Aufertus (Archimbaldus), I, 216, 217, 224, 242, 248, 251, 273, 275, 285, 294.
— (Waufredus), I, 200.
Aufredi (Petrus), I, 338.
Aufret (Pierre), alias Abrocit, sacristain de Saint-Maixent, I, cxiii, 356.
Augé, Augec, Agec, paroisse, I, xlvii, liii, lvii, cxx; II, 146, 232, 257, 381. Deux-Sèvres.
— baronnie, I, xlvii.
— ecclesia Sancti Gregorii, I, 314; II, 7.
— (Ademarus d'), I, 194.
— Augerio, Augeiaci (Johannes d'), I, 297, 298, 331, 355.
— (Petrus d'), Daalgé, I, 177, 182, 193, 195, 198, 199, 210.
Augi comes. Voy. Exoudun (Radulphus). Eu, Seine-Inférieure.
Augier (pré), près la Forge, I, xlix. C^{ne} de Montigné, D.-S.
Augonès, Aygonès, II, 417, 421. Aigonnay, Deux-Sèvres.
Augot, magister, I, 363.
Augustini episcopi (fest. sancti), II, 470.
— (ordo sancti), II, 293.
Aultin (Mathurin), charpentier, II, 289.

Aulnys. Voy. Aunis, province.
Aumerejan (Saupe Joscelin dictus), I, 308.
Aumosnier. Voy. Homoner.
Aunay, vicomté, Aunaium, Aunayum, Œnacum, Oniacum, II, 113, 117, 121. *Charente-Inférieure.*
— vicecomes, I, 325. Voy. Cadelo.
Aunis (pays d'), I, XIV, XXVIII, 9 n., 44, 45, 55, 64, 65, 66, 67, 68, 75, 86, 153 ; II, 146, 423. Voy. Alienensis, Alnisius. *Province de France.*
— (archidiacre d'). Voy. Clarea.
Aunisius pagus. Voy. Aunis.
Aureævallis abbas, I, 315 ; II, 19 n., 221. *Airvault, Deux-Sèvres.* Voy. Pierre II.
Aurelianensis diœcesis. Voy. Orléans.
Aurélie (sainte), martyre, II, 352.
Aurelii. (reliquiæ sancti), II, 407 n.
Aureus Fons, II, 10.
Ausiria, mater Goffredi (Rebochet?), I, 282.
— uxor Gofredi domini Rocafortis. Voy. Osiria.
Austench (Ademarius), I, 340.
Austrasie (royaume d'), I, LXII.
Auter, cliens, I, 322.
Antissiodorensis episcopus. Voy. Auxerre.
Autun, I, XCIV. *Saône-et-Loire.*
— (l'anonyme d'), historien, I, LXII.
— (chanoine d'). Voy. Parpas.
— (évêque d'), II, 360 n. Voy. La Barrière, Léger.
Auvergne, I, XXXIX ; II, 360 n. *Province de France.*
— (comte d'). Voy. Berry.
— (duc d'). Voy. Berry.
Auvernet, Auvernicus. Voy. Arvernat.
Auxerre, I, CXIX, 360 n. *Yonne.*
— (évêque d'), II, 187. Voy. Peregrin.
Avent (dimanches de l'), II, 399, 423, 428, 429, 446, 450.
Avierna, uxor Hugonis, I, 89.
Avignon, I, XLIII, LXXXVI, LXXXVIII. *Vaucluse.*
Aving (Jean), sous-prieur de Saint-Maixent, I, CXVI.

Ay, abbas Sancti Severini, II, 90.
Aye, femme de Jehan Isoré, II, 70, 71.
Aymar Karonatus, servus, I, 107.
— (René), prévôt-moine de Saint-Maixent, I, CXI.
Aymeri (Guillaume), Aymerici, archiprêtre de Saint-Maixent, I, CXXII.
— (Hélie), archiprêtre de Saint-Maixent, I, CXXII.
— (Pierre), archiprêtre de Saint-Maixent, I, CXXII.
Aymericus, abbas Sancti Maxentii. Voy. Maintrole.
— filius Agardi, I, 144.
— filius Alaardi, I, 84.
— filius Lamberti, I, 77.
— notarius, II, 47.
— testis, I, 25.
— Alboinus, I, 154.
— Comes, I, 327.
— Gotmars, I, 154.
Aymon (Mathurin), sous-chantre de Saint-Maixent, I, CXVII.
Aynon (Hugo), gerens sigillum senescallie Pictavensis apud Sanctum Maxentium, II, 129, 131.
— Eymond, (Madame), II, 441.
Aynors, uxor Josfredi, vicecomitis Toarcensis, I, 106.
Ayrault, prêtre défroqué, II, 420.
Ayrich, servus, I, 105.
Ayre, ville, II, 404. *Aire, Pas-de-Calais.*
Ayron (Guillaume), II, 155.
Azai, Azay, Azé, Azaicus, Abziacus, Aziacus, I, CXX, 29 ; II, 8, 25, 145, 147, 185, 373, 374, 437. *Azay-le-Brûlé, Deux-Sèvres.*
— (baillia de), II, 98, 100.
— (curé d'), II, 289. Voy. Floury.
— curia, I, 244, 347, 362, 377.
— ecclesia Sancti Bartholomei, I, 257.
— (foires d'), II, 168.
— (ligence d'), seigneurie, I, XLVII.
— obedientia, II, 11.
— paroisse, I, XLVII, LIII, LVII, 137 n. ; II, 99, 249.
— presbyter, I, 329, 336. Voy. Guntard.
— (prévôté d'), seigneurie, I, XLVII ; II. 153.
— prieur, I, 359 ; II, 96, 241, 245, 318, 319, 321, 343, 344, 355, 441.

TOME XVIII.

Voy. B., Bernardus, Chrestien, Feletz, Goutiménil, Pradines.

Azai, prieuré, I, XLV, LVII, CI, CIV ; II, 19, 20, 146, 327, 354, 380, 410, 411, 420.
— (rentes sur la prévôté d'), seigneurie, I, XLVII.
— (vicaire d'), II, 298.

Azai (B. d'), *aliàs* R., sacristain de Saint-Maixent, I, CXIII ; II, 51, 483.
— (Baldo de), I, 216.
— (Bernardus d'), I, 283.
— (Johannes d'), I, 208, 325.

Aze (Jean), archiprêtre d'Exoudun, II, 115.

B

B., filius Willelmi Bernardi, II, 49.
— Gocelmus, I, 307.
— prior de Azaio, II, 19, 20.
Babinot (Guillelmus), II, 106.
— (Hugo), II, 49.
Babolet, testis. Voy. Babotus.
Babot, Bobart, frater Birojons, I, 352.
— testis, I, 351.
Babotus, Babolet, testis, I, 335, 336.
— Angotus, I, 339.
Babu (Jean), curé de Soudan, II, 406 n., 408 n.
Bacchi martyris (fest. sancti), II, 472.
Bacées, villa. Voy. Bassée.
Bachelier (Nicolas), infirmier de l'abbaye de Saint-Maixent, I, CXIV.
Bacherii (Arbertus), II, 131, 132, 133, 134.
— (Johannes), II, 131, 132, 133, 134.
Bachiacensis, vicaria. Voy. Basiacensis.
Baclet (A.), serviens, II, 51, 483.
— (Gi.), homo ligius abbatis Sancti Maxentii, II, 22, 50, 54.
Baclez (P.), II, 98.
Badeni, salina, I, 56.
Badenus, monachus, I, 42.
— testis, I, 31.
Bacles (Catharina), uxor Matthæi Trios, II, 87.
— (Girbertus), II, 87.
Baglion de Saillant (François-Ignace de), évêque de Tréguier et de Poitiers, II, 413, 415, 416, 430.
Bagnault. Voy. Banogilus.
Baguenard (Eutrope), chantre de Saint-Maixent, I, CXV ; II, 303, 304.

Baguenard (Eutrope), sacristain de Saint-Maixent, I, CXIII ; II, 329, 330.
Bahon (Guillaume), II, 185.
Bahy (Jehan), boucher, II, 235, 236.
— (Pierre), boucher, II, 235, 236.
Baidonnus, villa, I, 19, 49. *Baidon*, c^{ne} *de Marigny-Brizay, Vienne,*
Baigorri (vicomte de). Voy. Chaux.
Baillargea (Estienne), II, 205.
Baillie de Romans (la), fief, I, 329. C^{ne} *de Romans, Deux-Sèvres.*
Bainolius, villa, I, 78.
Baisinià (Girbertus de), I, 332.
Baissé (Willelmus de), II, 50.
Bajelers (Joannes), I, 373.
Bajepnec, frater Ademari Lusci, I, 305.
Bajuli (Petrus), grand-chantre de la Chaise-Dieu, I, XCI.
Balant (Guillelmus de), II, 63.
Balbus, Baubus (Ainardus), I, 123, 124.
Baldo de Azai, I, 216.
Baldoinus, testis, I, 35.
Baldricus, testis, I, 35.
Baldrinus, maritus Constantiæ, I, 82, 83.
Bâle (concile de) I, XCII ; II, 220, 221. *Suisse.*
— (diocèse de), II, 360 n.
Bannogilus, Banolium, villa, I, XXIX, 21, 59 ; II, 480. *Bagnault, c^{ne} d'Exoudun, D.-S.*
Barabinus (Guido), I, 254.
Baraldus, I, 18.
Barba, Barbe (Garinus), I, 204, 221.
— (Giraudus), I, 269.
— (P.), homo ligius abbatis Sancti Maxentii, II, 22.
— (Tetbaudus), I, 266.

Barba (Willelmus), II, 48.
Barbaste, furnus, II, 8. *Four sis près de Saint-Maixent, D.-S.*
— (Ademarus de), I, 194, 199, 207.
Barbaut (Johannes), homo ligius abbatis Sancti Maxentii, II, 32, 53.
Barbezillo (Beata Maria de), prioratus, II, 293 n. *Barbezieux, Charente.*
— (prior de), II, 293 n. Voy. Saint-Gelais.
Barbier (Olivier), procureur des religieux de Saint-Maixent, II, 206.
Barbins (W.), subprior Sancti Leodegarii, I, 378.
Bardini (Galterius), baillivus regis in Turonia, II, 93.
Bardonnet (Abel), historien, I, XLVI, 137 n.
Bardons (Hugo), I, 376.
Barduns (Johannes de), I, 327.
Barnabæ apostoli (fest. sancti), I, LXXXIII; II, 467.
Baronellus (Vilelmus), I, 324.
Baronis (Johannes), prior de Nantolio, II, 187.
Barrault (Jean), II, 179.
— (Joseph), archiprêtre de Saint-Maixent, I, CXXII.
Barreria (Petrus de). Voy. La Barrière.
Barril (R.), homo ligius abbatis Sancti Maxentii, II, 24.
Barrilarius (Rainaldus), I, 138.
Barthélemy (saint), II, 357. Voy. Bartholomei.
— prieur de Saint-Maixent, I, CIX, 379.
Bartholomea, uxor Willelmi Maingoti, II, 36.
Bartholomei apostoli (fest. sancti), II, 359, 420, 470.
Bartholomeus, Bartolomeus, archipresbyter de Xanccayo, II, 83.
— filius Willelmi clerici, II, 52.
— frater Andree Radulfi, I, 370, 371.
— pater Amelii, I, 169.
— prior Sancti Maxentii. Voy. Barthélemy.
— testis, I, 67, 68.
— (Venderius), I, 294.
Barthon de Monbas, famille, I, XCI.

Barthonnier (Pierre), religieux de Saint-Maixent, II, 303, 304.
Basiacinsis, Basiachinsis, vicaria, I, XXVIII, 53, 60, 64, 65, 66, 69, 86. *Bessac, quartier de Niort, Deux-Sèvres.*
Basilidis martyris (fest. sancti), II, 468.
Basiliensis, Basle. Voy. Bâle.
Basilii episcopi (fest. sancti), II, 468.
Bassac, I, CXX. *Charente.*
Bassée, Baccées, Batées, village, II, 116, 118, 119, 122, 254. *Cne de Frontenay-Rohan-Rohan, D.-S.*
— (prévôt de), II, 119.
Bastard (Pierre), cellerier de Saint-Maixent, I, CXIV.
— (Willelmus), I, 184.
Bastart (Hélie), archiprêtre de Saint-Maixent, I, CXXII.
— (Stephanus), I, 182.
Baston (baillie), II, 461. *Fief relevant de l'abbaye de Saint-Maixent et réuni à la baronnie de Parthenay.*
Baston (Pierre), abbé de Saint-Maixent, I, XCI, XCII; II, 188, 204, 215, 219, 220, 241, 242.
Bataille (Savari), bourgeois de la Rochelle, II, 88, 89.
— (Johane), enfant de Savari, II, 88.
— (Philippe), enfant de Savari, II, 88.
— (Richard), enfant de Savari, II, 88.
Batées, villa. Voy. Bassée.
Batreau, Baterea seigneurie; I, XVI, L; II, 130, 150.
— (moulin de), seigneurie, I, L; II, 99, 103. *Cne de Saint-Martin de Saint-Maixent, D.-S.* Voy. Fief Rousset.
Batresse (seigneur de). Voy. Nucheze. *Cne de Château-Larcher, Vienne.*
Bauberia (Jodoinus de la), I, 319.
Bauçay (Marguerite de), dame de Chéneché, I, XC; II, 148.
Baudéan (Jean de), seigneur de Parabère, gouverneur de Niort, I, CII, CIII, CIV; II, 383 n.
— (Joseph de), seigneur de Parabère, II, 354 n.
Baudetroteas (Martinus), homo ligius abbatis Sancti Maxentii, II, 53.

Baudet, sorores, I, 310.
Baudichon (Joseph), cellerier de l'abb. de Saint-Maixent, I, cx ; II, 356, 361.
Baudoinus, cliens, I, 246.
Baudricus, abbas Buguliensis, I, 241.
Baudriz (J.), homo ligius abbatis Sancti Maxentii, II, 53.
Baugier (Pierre), procureur du roi à Saint-Maixent, II, 358.
Baussay, Baussais, paroisse, I, XLVIII. *Deux-Sèvres.*
— châtellenie, I, XLVIII.
— (vignes à), seigneurie, I, XLVIII.
— (Hugues de), II, 74.
— (prieur-curé de Saint-Paul de). Voy. Vallée.
Bay (Pierre), II, 217.
— (Jehan), II, 217.
Bayeux (Gérard de). Voy. Gérard (François).
Beafo (Stephanus), II, 78.
Beatus, Beata. Voy. Sanctus, Sancta.
Beatricis (fest. sanctæ), II, 469.
Beatrix, uxor Beraldi, I, 149.
Beauchet-Filleau, historien, I, 223 n. ; II, 19 n.
Beaudet (docteur), cité, II, 403 n.
Beaufort (comte de). Voy. Cars.
Beaulieu, Bealoc, Belleeu, paroisse, I, LII, CXX, 351 ; II, 147. (*Deux-Sèvres.*)
Beaumont (Loys de), seigneur du Plessis-Macé et de la Forest, sénéchal de Poictou, II, 250.
— (Madeleine de), femme de Mellin de Saint-Gelais, I, XCVII.
Beaussais. Voy. Baussais.
Beauvoir (Loys de), maître d'hôtel de l'abbé de Saint-Maixent, seigneur de Saint-Florent, II, 296, 297, 298.
Béceleu, II, 424. *Bécelleuf. D.-S.*
Bechet (Stephanus), obedienciarius Fontis Lois, I, 285.
Bechineo, molendinum, I, 186. *Pinocheau, c^{ne} de Lhermenault, Vendée.*
Becket (Thomas), archevêque de Cantorbéry, I, 367 n.
Bego, auditor, I, 20, 24.
— fidelis comitis Pictavensis, I, 32, 33.

Bego maritus Senegundis, I, 57.
— testis, I, 27, 35.
— (Geraudus), I, 230.
Begonus, testis, I, 59.
Beireverius (Ebroinus), I, 326.
Beitron, rivus, I, 83. *Ruisseau de Bougon, affluent du Pamprou.*
Bel Enfant (Bernardus), I, 118.
Belane, fluvium, I, 51. *La Belle, affluent de la Boutonne.*
Belator (Willelmus), sacerdos, II, 37.
Belet (Froterius), I, 131, 237, 243, 295, 309.
— (Himebertus), I, 238.
— (Tetbaudus), I, 299.
Beliar (novellæ), II, 43. *Les Nouelles Beliar, vers Niort, D.-S.*
Béliard, Belliard (Jean), prieur claustral de l'abb. de Saint-Maixent, I, cx ; II, 329, 330, 341.
— (Simon), président du siège royal de Saint-Maixent, sieur de Coutans, II, 389.
Beliardis, uxor Ugonis Amelii, I, 249.
Belins, prieur de Meymac, II, 366.
Belin (Estienne), II, 217.
— (Petrus), I, 357.
— (Pierre), II, 217.
Belles-Croix (les), II, 386. *La Belle-Croix, carrefour, c^{ne} de Souvigné, D.-S.*
Belleeu. Voy. Beaulieu.
Belleria (Gaufridus de), valetus, II, 132.
Belli Podii (Goscelmus), I, 211.
Bellomonte (Alanus de), miles, capitaneus Sancti Maxentii, II, 176, 177.
Bellum Podium de Vignau, I, 271. *Beaupuy, c^{ne} de Mouilleron, Vendée.*
Bellus Homo, Belhomo, testis, I, 90.
Bellus Locus, parrochia, II, 94, 221. *Beaulieu, D.-S.*
Belyon (André), verrier, II, 271, 274, 275.
Benayz (J. de), II, 102.
Benedicti episcopi (fest. sancti), II, 472.
Benedictus. Voy. Benoît.
— monachus, I, 51, 148, 165, 180.
— sacerdos, I, 164.

Benedictus testis, I, 285.
— Fornerius, I, 251.
— (Ramnulfus). I, 330.
Bennez, testis, I, 376.
— dominus, I, 252.
Bennaciacus, Bennait, I, 192, 374. *Benet, Vendée.*
Benoit I, Benedictus, abbé de Saint-Maixent, I, LXXVII, 155, 156, 157, 158, 159, 160, 161, 162, 163, 164, 165, 166, 167, 170, 190, 210, 212, 243, 309; II, 31 n., 32 n, 482.
Benoît II, Benedictus, abbé de Saint-Maixent, I, LXXXII, LXXXIII, LXXXIV; II, 24, 25, 26 n., 29, 31, 32, 33 n., 36 n., 39, 40.
— I ou II, abbé de Saint-Maixent, II, 314.
— évêque de Limoges, I, LXVII.
— faux abbé de Saint-Maixent, I, LXXXIV.
— le jeune, abbé de Saint-Michel de Cluse, I, LXXX.
— XIII, pape, I, XCI.
— (saint), abbé, II, 377, 448 n.
— (fête de saint), II, 466.
— (fête de la translation de saint), II, 400, 402, 469, 473.
— (habit de saint), I, 109.
— (médaille de saint), II, 400.
— (octave de la fête de saint), II, 469.
— (Ordre de Saint), II, 145, 166, 176.
— (règle de saint), I, 7, 11, 12, 186; II, 320, 326, 332, 361, 454.
— sous-prieur de Saint-Maixent, I, CXV, 173.
— (Jean), sergent de l'abbaye, I, LIX.
Benorey, notaire au Châtelet de Paris, II, 333.
Bequet (Goslenus), I, 191, 194.
Beraldus, judex, I, 58.
— maritus Beatricis, I, 149, 150.
— puer, I, 161, 165.
— testis, I, 124, 162.
Berengarius, frater Petroni, I, 98.
Beranger (Isembert), chevalier, II, 70.
— testis, I, 24, 30, 58.
Berardus, sutor, I, 328.
Beraud (Raoul), novice de l'abbaye de Saint-Maixent, II, 335.
Beraudi (Petrus), de Marnhaco, II, 86.

Beraudus, decanus obedientie de Isernai, I, 281.
— monachus, I, 264.
— testis, I, 326.
Beraut (Raimundus, II, 24.
Berbeziellus, II, 18. *Barbezieux, Charente.*
— prieur de Notre-Dame. Voy. Saint-Gelais.
Bercho (P.), II, 53.
— Berchos (Rainaldus), I, 129.
— (Simo), prepositus, II, 53.
Berengerius (Johannes), I, 200.
Berjardière (sieur de la). Voy. Sarget.
Berjuns (Airaudus), I, 292.
Berlai (Giraudus), baro, I, 346.
— testis, I, 121.
Berland (Jeanne), femme de François Thibault, marquis de la Carte, II, 417.
Berlandière (la), seigneurie, I, 41. *C*^{ne} *de Soudan, D.-S.*
Berlannus, filius Arcambaldi, I, 21.
Berlaum. Voy. Brelou.
Berlère (Aymericus de la), miles, II, 52, 90, 101, 115.
— (Benevenuta de la), uxor Hugonis, Popardi, II, 90.
— (Gaufridus de la), II, 52.
— (Hugo de la), II, 98, 111.
Berlo, Berlou. Voy. Brelou.
Berlière (la), seigneurie, I, XLIX. *C*^{ne} *de Goux, Deux-Sèvres.*
Bernard, Bernardus, prévôt et abbé de Saint-Maixent et de Saint-Liguaire, I, LXVII, LXVIII, LXXI, LXXII, LXXIII, 70, 71, 72, 76, 77, 94, 95, 96, 98; II, 314.
— faux abbé de Saint-Maixent, I, LXXXII; II, 49.
— Bernardus, aumônier de Saint-Maixent, I, CXI, 245.
— prévôt-moine de Saint-Maixent, I, CX, 208.
— de Monz, I, LXXXII.
Bernardi (Benedictus), II, 78.
— (Guillelmus), II, 99.
— (J.), II, 103.
— (Petrus), II. 107.
— Bernardus (Willelmus), homo ligius abbatis Sancti Maxentii, II, 24, 49, 51.
— mansus, II, 87. *Vers Vitrac, Charente.*

Bernardi (ortus), I, 221. *Jardin à la Fraignée*, c^ne *de Saint-Martin de Saint-Maixent*, D.-S.
Bernardin (Pierre), II, 214.
Bernardus, cancellarius Alienordis, ducissæ Aquitanorum, I, 353.
— clericus, I, 61, 62, 69, 70.
— comes Pictavensis, I, 3.
— frater Airaudi, I, 276.
— frater Arberti, I, 165.
— maritus Christinæ, I, 95.
— maritus Rigburt, I, 103.
— miles, I, 191.
— monachus, I, 51, 98, 173, 270, 283.
— nepos abbatis Benedicti, II, 32, 33.
— ortolarius, I, 171.
— prepositus, I, 56.
— prior Compniaci, II, 36.
— prior de Azaio, II, 39.
— sacerdos, I, 87, 88.
— testis, I, 24, 41, 59, 67, 125, 130.
— (B.), homoligius abbatis Sancti Maxentii, II, 49.
— Bel Infant, I, 118, 119.
— Bregart, I, 168.
— Brunetus, I, 207, 208.
— d'Azai, I, 283.
— de Rofec, I, 376.
— de Sivrac, I, 250.
— de Taslai, I, 129.
— Episcopus, I, 230.
— Faber, I, 212.
— Gislebertus, I, 224.
— Goscelmus, I, 217, 235, 298, 309, 317.
— Joscelmus, I, 350.
— (Petrus), I, 250, 251, 290.
— (Petrus), clericus, I, 384.
— Serviens, I, 182.
— Tiroil, caballarius, I, LXXIV, 122, 131, 133, 140, 148, 187, 193, 199.
— Venator, I, 167.
Bernefredus, frater Lamberti, I, 78.
— maritus Roszæ, I, 65.
Berneria, terra, I, 314. *La Bernerie*, c^ne *d'Augé*, D.-S.
Bernerius, testis, I, 304.
— (Petrus), I, 233.
Bernexays (Johannes), II, 96.
Bernulfus, Bernoul, doyen de Saint-Maixent, I, CXVI, 58.

Bernulfus, maritus Ingelæ, I, 29.
Beronna, alveus, I, 30. *La Béronne, affluent de la Boutonne.*
Beroenus, testis, I, 21.
Bertha, uxor Willelmi Maingoti, II, 36.
Bertholomeus, frater Girberti, I, 138.
Berto, maritus Christinæ, I, 256.
— testis, I, 299.
Bertonere (la), II, 147. *La Bertonnière*, c^ne *d'Augé*, D.-S.
Bertonus de Metulo, I, 207, 208.
Berry, province de France, I, 354 n.
— (duc de), comte de Poitou, II, 186 n., 204, 206, 210, 211, 212, 224, 243, 257, 260, 412, 462, 463.
Bertaudus (Stephanus), I, 317, 321, 324.
Bertrand (Jacques), prévôt-moine de Saint-Maixent, I, CXI ; II, 235, 236, 243.
— du Soc (fief), seigneurie, I, XLIX ; II, 164. *C^ne de Marsais-Sainte-Radegonde, Vendée.*
Bertrandus, abbas Sancti Juniani, I, 197.
— Bertranus, maritus Mariæ, I, 245.
— testis, I, 395.
— de Vareizia, I, 314.
— Evrui, I, 313.
Bertranno (Arnaldus), monachus, I, 188.
Bertrannus, frater Guillelmi, I, 279.
— gener Stephani, I, 291.
— testis, I, 52.
— de Granzai, I, 272.
— (Goffredus), I, 238.
Bertrans (Constantinus), I, 212.
Berugea (Johannes), II, 111, 112, 113, 124, 131, 132, 133, 134.
Besardit (Arduinus), I, 221.
Besly, historien, I, XIX, XXII, LXXI, 39 n., 50 n., 57 n., 128 n., 131 n., 134 n., 147 n., 241 n., 256 n., 376 n, 481.
Bessac. Voy. Basiacinsis.
Bessière (la), seigneurie, I, 41 ; II, 113. *C^ne de Vitré*, D.-S. Voy. Vexeria.
Béthune (Maximilien de), duc de Sully, gouverneur du Poitou, I, XLV, CIV, CV.
Betin (Jehan), II, 184.

Betletrudis, uxor Raimbaldi, I, 74, 75.
Betoulaud (André), religieux, II, 349.
Beugnot (M⁺), cité, I, xxii, 95 n., 123 n., 134 n.
Besançon, II, 398. *Doubs.*
— (archevêque de). Voy. Grimaldi.
Bia, Bian, Biaz (J. de), archipresbyter Sancti Maxentii I, cxxi ; II, 26, 28, 47 n., 48, 50, 54.
Biaroe (Rainaldus de), I, 209.
Bier (Pierre), sacristain de Saint-Maixent, I, cxiii ; II, 204.
Bidaus, homo ligius abbatis Sancti Maxentii, II, 104.
Bidolière (la), seigneurie, I, L, xciii. *Cⁿᵉ de Saint-Martin de Saint-Maixent, D.-S.*
Bigotère (la), Bigoteria, I, 78, 148. *La Bigotière, cⁿᵉ de Marsais-Sainte-Radegonde, Vendée.*
Bigou (Regnaut), alias Rigoulx, II, 160.
Bijatret (Joscelinus), monachus, II, 6.
Billas (P.), I, 354.
Billaut (Willelmus), homo ligius abbatis Sancti Maxentii, II, 23, 52.
Bilhot (Johan), II, 156.
Billoet, Billouhet l'ainé, II, 217.
— le jeune, boucher, II, 235, 236.
Billot (Gaufridus), II, 107.
Billette (la), femina ligia abbatis Sancti Maxentii, II, 98.
Billola, femina, I, 268.
Billom, I, cxix. *Puy-de-Dôme.*
Biraudus (Willelmus), vicarius Metulensis, II, 65.
Birochons, Birojons, Birochuns, famulus abbatis , I, 335, 336, 341, 342, 352, 355, 364.
Birolée (Eustachia), II, 100.
Biron (Guilleimus de), prior Sancti Petri de Metulo, II, 187.
Bisaiet (Radulfus), I, 332.
Bisardus, Bisart (Radulfus), I, 266, 285, 294, 304, 310, 312, 324.
Bislingueas (Aimericus), I, 245.
Bituricensis archiepiscopus. Voy. Bourges.
Bituricaria, villa, I, 78. *Vers Marsais-Sainte-Radegonde, Vendée.*

Blacherie (la), hébergement. Voy. Blouherie (la).
Blancaspels (Lambertus), I, 190.
Blanchard (Pierre), archidiacre de Poitiers, I, 354 n.
Blanchardière (la), seigneurie, I, 41. *Cⁿᵉ de Saivre, D.-S.*
Blanchardus (Willelmus), II, 78.
Blanchia , Blanche de Castille, reine de France, II, 61 n.
Blangardus (Hugo), I, 334.
Blasii martyris (fest. sancti), II, 465.
Blaun (Helia de), I, 188.
Blaya, II, 12. *Blaye, Gironde.*
Blazon (Maurice de), évêque de Poitiers, II, 16, 17, 18, 21, 26 n., 28, 31.
— Blason (Thibaut de), sénéchal de Poitou, II, 60, 61 n., 254, 255, 347.
Blin (Jean de), J. de Blino, cellérier de Saint-Maixent, I, cxiv.
Bloeas (J.), homo ligius abbatis Sancti Maxentii, II, 22.
Blois, I, c ; II, 268 n. *Loir-et-Cher.*
— abbé de Saint-Lomer. Voy. Fouquet.
Blouherie (la), hébergement, II, 150. Voy. La Bocherie.
Boaterus (Hugo), I, 295.
Bobart. Voy. Babot.
Bobins (P.), homo planus abbatis Sancti Maxentii, II, 48.
Bobinus, testis, I, 251.
Boca (Tetbald), I, 122.
Bocardus de Volvent, I, 285.
Bochardus, testis, I, 344.
Boche (Aimericus), miles, II, 30.
Bocherie, Blouherie (la), II, 106. *La Boucherie, cⁿᵉ de Saint-Germier, D.-S.*
Bochos (Gi.), homo ligius abbatis Sancti Maxentii, II, 22.
Bodinoe (Estienne), II, 217.
Boemundus, capellanus Sancti Martini, I, 354.
Boetus, cella, I, 255. *Bouet, Charente-Inf.*
Bofart (Costantinus), homo ligius abbatis Sancti Maxentii, II, 25.
— (Willelmus), homo ligius abbatis Sancti Maxentii, II, 25, 96.
Boffart (Simon), homo ligius, II, 48.
Boiceau (André), marchand, II, 295, 296, 297, 298.

Boicheron Morante, II, 154 n.
Boillete (Hugo), I, 182.
Bois-Pouvreau (le), Boc Posverel, (lo), châtellenie, I, xlvii, xlix, 411 ; II, 26, 47, 147, 464. *Moulin et étang de Bois-Pouvreau, cne de Menigoute, D.-S.*
— (seigneur de), II, 252.
Bois-des-Prés (sieur de). Voy. Gogué.
Boisellus (Radulfus), I, 245.
Boiseria. Voy. Boissière-en-Gâtine (la).
Boisferrant, seigneurie, I, xlviii. *Cne de Fontperron, D.-S.*
Boisgelin de Cucé (Jean-de-Dieu Raymond), vicaire-général de Pontoise et de Rouen, évêque de Lavaur, archevêque d'Aix et de Tours, abbé de Saint-Maixent, I, xvii, cvii.
Boislève, curé de Fare en Brie, II, 422.
Boisragon, II, 311. *Cne de Brelou, Deux-Sèvres.*
— (Le Chesne en), seigneurie, I, xlviii.
— (l'hôtel de J. Frondebœuf à), seigneurie, I, xlviii.
— (l'hôtel d'Antoine Maintrole à), seigneurie, I, xlviii.
— (L'Olivier en), seigneurie, I, xlviii.
Boisroux, châtellenie, I, l. *Cne de Saint-Martin - des - Fontaines, Vendée.*
Boissa (Simo), miles, I, 384.
Boisse (Joseph), prieur de Saint-Maixent en Gascogne, II, 413.
Boissec (seigneur de). Voy. Forain.
Boisseguin (seigneur de). Voy. Jay.
Boissière (la), Boiseria, I, cxx. *La Boissière-en-Gâtine, Deux-Sèvres.*
— paroisse de Saint-Martin, I, lii, liii, 351.
Boistard (Claude), supérieur général de la Congrégation de Saint-Maur, II, 433.
Boleta (Hugo). Voy. Bolleta.
Bolgon. Voy. Bougon.
Bolio (Ramnulfus de), I, 173.
Bolleta, Boleta (Hugues), prieur de Saint-Maixent, I, cix, 194, 199, 211, 217, 218, 221, 238, 245, 246, 263, 273, 277, 308, 331 n.

Bolletus (Rainaldus), I, 269.
Bolosa (Rainaudus de), I, 262, 285.
Bompart (Antoine), prieur de Saint-Maixent, I, cxix.
Bona (Emeltrudis), I, 133.
— uxor Hugonis Grossins, II, 73 n.
Bonaudi (P.), prieur de Pamprou, II, 47, 51.
Bonaudus, cellerarius Sancti Maxentii. Voy. Bonnaud.
Bonet (Martin), religieux de Saint-Maixent, II, 361.
Boneti (Guillelmus), II, 178.
Bonfils (Guillaume), infirmier de l'abbaye de Saint-Maixent, I, cxiv ; II, 480.
Boni (Gauterius), I, 285.
— (Joannes), I, 285.
Boniface (saint), martyr, II, 352.
Bonifacis (reliquiæ sancti), II, 407 n.
Bonioti (Gaufridus), II, 105.
Boniotus, canonicus Pictavensis, I, 303.
Boniparus, testis, I, 79.
Bonizeau (Gilles), notaire à Saint-Maixent, II, 271, 274 n., 275, 277, 280, 282, 289, 290, 326 n., 480.
Bonnaud, cellerier de Saint-Maixent, I, cxiv ; II, 27.
— religieux bénédictin, II, 426.
Bonnais, locus, I, 76. *Vers Surgères, Charente-Inf.*
Bonnay, Bosniacus, I, 81, 247 n. *Bonnay, cne de la Chapelle-Bâton, D.-S.*
Bonnennes, seigneurie, I, l. *Cne de Sainte-Néomaye, D.-S.*
Bonnet (Jehan), boucher, II, 235, 236.
— (Jasme), boucher, fils de Jehan, II, 235, 236.
— (Perrot), boucher, 235, 236.
Bonneuil, I, 364 ; II, 480, 479. Voy. Conol. *Cne de Sainte-Soline, D.-S.*
Bonneuil, Bonolium, Bonuyl, I, xxix, xcii, 39, 111 ; II, 52, 103, 158, 161, 162, 479. *Cne de Verrines, Deux-Sèvres.*
— decima, II, 102.
— (fief de), I, li, lxxxvii ; II, 105, 106, 107, 462, 165 n.
— (hébergement à), I, 41 ; II, 158.
— (hébergement, puis seigneurie), I, 41. Voy. : Fief Thibaut, les Cartes, la Remivie.

Bonneuil (levée des dimes de), seigneurie, I, 41.
Bonobria, I, 225. *La Bonnieure, affluent de la Tardoire.*
Bonolio (Rotbertus de), I, 183.
Bonuyl. Voy. Bonneuil.
Bonvoisin (André de), aumônier du roi, prévôt-moine de Saint-Maixent, I, cxi.
Bonyot (Aymeri) dit Guyllot, II, 168.
Borains, testis, I, 300. Voy. Berto.
Borbeas (Audierius), I, 304.
Borbel (Petrus), I, 184, 279.
Borde (seigneur de la), la Bourde. Voy. Melun.
Bordeaux, I, 335 n.; II, 12. *Gironde.*
— (abbaye de Sainte-Croix de), II, 375.
— (archevêques de), I, 144, 147, 175, 206, 229, 315. Voy. Gérard, Archembaud, G., Geoffroy II, Goscelin, Got, Guillaume, Hélie, Willelmus.
— (conciles de), I, 36 n., 178.
— (doyen de l'église métropolitaine). Voy. Châteauneuf, Macanan, Pontac, Saint-Gelais, Stephanus.
— (religieux de Sainte-Croix de), II, 413.
Bordelais, province de France, I, lxxxv.
Bordet, II, 40. *Le Bourdet, D.-S.*
— (Giraudus), I, 379, 380.
Bordeyl (Gilbertus), II, 82, 83.
Boreas (Humbertus), prior claustralis Sancti Leodegarii, I, 378.
Borer (Airaudus), I, 268, 269.
Borgails (Guillaume), garde du scel royal à Saint-Maixent, II, 21 n., 137.
Borgals, Borguail (P.), II, 62, 104.
Borgayls (Jean), archiprêtre de Saint-Maixent, I, cxxii.
Borgeric (Lanbertus), I, 200.
Borgle (J.), miles, II, 50.
Bormaudus, judex, I, 247.
— testis, I, 250.
Bormaus (Petit), II, 108.
— (Philippus), II, 99.
Borrea (Andreas), I, 268.
Borrel, Bofrel (Radulphus), I, 186 n., 187.

Borrel, Borrelli (Petrus), I, 340, 342.
Borellus, filius Garini de Botnai, I, 247.
— Aduret, I, 235.
— (Archembaudus), I, 337, 342.
— (Bos), I, 212.
— (Boso), maritus Maxime, I, 142.
— (Constancius), I, 250, 262, 273, 278, 285.
— Radulfus, I, 157, 163, 233.
Borrucan (Goscelmus), I, 250.
Boruchuns (Johannes), I, 212.
Bos Borrellus, I, 212.
Boscho (Stephanus de), monachus, I, 234, 239, 292; II, 483.
Bosco (Arnaldus de), I, 174.
Boscus Valet, I, 187. *Ténément de la c^{ne} de Romans, D.-S.*
Bosniacus, villa. Voy. Bonnay.
Boso, filius Adraldi, I, 101.
— filius Joscelini de Vivedona, I, 166.
— testis, I, 48, 98.
— Borellus, maritus Maxime, I, 142.
— (Galentus), I, 249.
Bosonus, frater Rainaldi decani, I, 79.
— testis, I, 59.
Bosse (la), seigneurie, I, xlix. *C^{ne} de Goux, Deux-Sèvres.*
Bossiaco, I, 111. *Lieu sis vers Verrines, D.-S.*
Botaudus, testis, II, 52.
Botavilla (Raimundus de), I, 179.
Botba (Guillelmus), I, 191.
Botel (Unbertus), I, 192.
Botin (P.), 78.
Botina, femina, I, 238.
Botnai (Garinus de), I, 246, 247.
Bouchain, II, 404. *Nord.*
Bouchard (Amaury), maître des requêtes de l'hôtel, I, xcvi; II, 286.
— (Jacques), indultaire, I, xcv.
Boucher (François), archiprêtre de Saint-Maixent, I, cxxiii.
— (René-François), archiprêtre de Saint-Maixent, I, cxxiii.
— notaire d'Aubigny et Faye, II, 293.
Bouchetière (seigneur de la). Voy. Janvre.
— seigneurie, II, 392 n. *C^{ne} de Saint-Lin, D.-S.*

Bouffart (Jehan), II, 157 n.
Bougon, Bolgon, I, XXIX. Deux-Sèvres.
— (parrochia Sancti Petri de), I, 83, 84, 89.
Bougeratons (Jehan), II, 217.
Bougontay (Estienne), boucher, II, 235, 236.
Bougouin, châtellenie, I, XLVIII. C^{ne} de Chavagné, D.-S.
Bouguerot (Jehan), II, 153.
Boue (Jehan), II, 88.
Bouher (Jehan), boucher, II, 235, 236.
— (Pierre), boucher, II, 235, 236.
Bouju (Pierre), sacristain de l'abbaye de Saint-Maixent, I, CXIII.
Boule (prieuré de la), I, LXVII. C^{ne} d'Augé, Deux-Sèvres.
Boulegny (Renier de), II, 228.
Bouleur (la), rivière, affluent de la Dive, I, 41 n.
Boulogne (comte de). Voy. Berry.
Bounet (Guillaume), II, 185.
Bourbias, seigneurie, I, L. C^{ne} de Saint-Gelais, D.-S.
Bourbon (Louis de), prince de Condé, II, 305, 306.
— (sires de), II, 223.
Bourbonnois, province de France, II, 360 n.
Bourg-sur-Mer (abbé de). Voy. Saint-Gelais.
Bourgailh (Johan), II, 154. Voy. Borgails.
Bourges, II, 418 n. Cher.
— (archevêque de). Voy. Leodegarius, Vulgrin.
Bourgneuf (le), seigneurie, I, XLVIII. C^{ne} de Chauray, D.-S.
— (le), seigneurie, I, XLIX. C^{ne} de Marsais - Sainte - Radegonde, Vendée.
Bourgogne, province de France, I, XXXIX, LXIV.
Bourgoin (Marin), lecteur en théologie, II, 409.
Bourlière (M. de la), chanoine de Nantes, II, 410.
Bourneau (paroisse Saint-Jean-l'Evangéliste de), I, LV, 146 n, 258. Vendée.
Bourneuf, Burgus Novus, II, 132, 279. Le Bourgneuf, c^{ne} de Prailles, D.-S.

Boussard (fief de Jean), I, LI. C^{ne} de Marsais-Sainte-Radegonde, Vendée.
Boutaric (M.), historien, I, XXII, 74 n.
Boutaudière (la), borderie de terre, XLVIII. C^{ne} de Chantecorps, D.-S.
Bouyer, historien, I, XCV.
Bovelin (Rainaldus), I, 211.
Boverius (Arnaldus), I, 221.
Bovis (Johannes), clericus, II, 130.
— (Willelmus), II, 99.
Boycea (Johan), II, 156.
Boyer (D.), religieux bénédictin, I, XXI.
Boyge (Raphaël), religieux de Saint-Maixent, II, 364, 408.
Boylesve (Aymeric), II, 164.
Boysse (Guillelmus de), miles, II, 115.
Boyx, secrétaire du roi, II, 203.
Braborus (Tetbaldus), I, 147.
Bracidunensis, Bracidunonsis, villa, I, LVI, 16, 36, 258. Brédon, Charente-Inf.
Braconers (Willelmus), homo planus abbatis Sancti Maxentii, II, 103, 408.
Braconnière (la), seigneurie, I, L. C^{ne} de Saint-Georges de Noisné, D.-S.
— (la) seigneurie, I, L. C^{ne} de Sainte-Néomaye, D.-S.
Braiacinsis, vicaria, I, 86. Braye, Indre-et-Loire.
Branda (Jordanus de la), I, 230.
Bréchy, I, CII. Brécy, Aisne.
Bregart (Bernardus), I, 168.
Breiart (Durandus), I, 256.
Brelou, Bello, Berlo, Berlaum, paroisse, I, XLVIII, LIV, CXX, 261 ; II, 94, 147, 222, 381. Deux-Sèvres.
— ecclesia sancti Petri, I, 258.
Brenance (évêque de). Voy. Picart.
Bresdon. Voy. Bracidunensis.
— (M^r de), II, 280.
Bretagne, province de France, I, XXXIX, XL, LXIII, LXIV, 21 n.; II, 360 n.
Bretau (Pierre). Petrus Bretellos, chantre de Saint-Maixent, I, CXV.

Breteos (Paganus), I, 365.
— (Petrus), I, 373.
Bretonea (W.), II, 70.
Breuil (le), seigneurie, I, XLVII. C^{ne} d'Aigonnay, D.-S.
— Galleri (le), seigneurie, I, XLIX. C^{ne} de François, D.-S.
Breuille (Notre - Dame de). Voy. Ebreuil.
Briançais, archidiaconé de Poitou, I, CXX.
Briaudère, Briaudière (la), fief, I, 41 ; II, 205. La Briaudière, c^{ne} de Saivre, D.-S.
Brice, Brixius, faux abbé de Saint-Maixent, I, LXXI, LXXII.
— (Gauffridus), II, 118.
Bricholonia, uxor Hugonis Lobeth, I, 297.
Bricii episcopi (fest. sancti), II, 473.
Briffaut (Johannes), camerarius abbatis Sancti Maxentii, II, 115.
Brigidæ virginis (fest. sanctæ), II, 465.
Brignon, seigneurie, I, XLIX. C^{ne} de Marsais-Sainte-Radegonde, Vendée.
Brigul (Petrus de), I, 237.
Brillac (François de), lieutenant général criminel en Poictou, II, 309.
Briderias ou Briderii (Petrus de), I, 154, 170, 176, 183, 184.
Briencius Chabot, I, 353.
Briendus Jabot, I, 475.
Brient, Brientius, sacristain de Saint-Maixent, I, CXIII, 336, 338, 350 n.
Brientius, testis, I, 194.
Brinus, II, 10. Brin, c^{ne} de Breuillet, Charente-Inf.
Briocensis archidiaconus. Voy. Andreas, G.
— pagus, I, 43, 44, 89, 191. Briou, D.-S.
— vicaria, I, 35, 44, 58.
Brisiaco (Acfredus de). Voy. Brizay.
Briscius, capellanus abbatis Sancti Leodegarii, II, 37.
Brisque de Gascogne, comtesse de Poitou, I, 99 n.
Brissonea (Stephanus), II, 178.
Brissonnet (Pierre), archiprêtre de Saint-Maixent, I, CXXIII.

Britanniæ filius. Voy. Artus, comes Richemondæ.
Britannolia, villa, I, 28.
Brito (Aimericus), monachus, I, 183.
Brittaniolia, villa, I, 74. La Petite-Bretagne, c^{ne} de Montreuil-Bonnin, Vienne.
Brizay (Acfred de), de Brisiaco, I, LXXIII, 128.
Broca (Guillelmus de), I, 225.
— Vivianus, I, 122.
Broce (la), II, 48, 105, 149 n. La Brousse, c^{ne} d'Azay-le-Brûlé, D.-S.
Brochard (René), lieutenant général en Poictou, II, 309.
Brochardus Vivianus, I, 130.
Broil (Helye dau), II, 89.
Brolio (Gauterius de), I, 296.
— (Guillelmus de), I, 286, 287.
— (Petrus de), I, 290.
— (Willelmus de), I, 169 ; II, 52.
Brolio, (prior de). Voy. Stephanus.
— (capellanus de). Voy. Giraudus. St-Jean du Breuil, c^{ne} de Muron, Charente-Inf.
Brolium Aient, d'Aen, d'Oyen, I, 267 ; II, 152 n. Le Breuil d'Aen, c^{ne} de St-Eanne, D.-S. Voy. Aen.
— baillia, II, 98, 107.
— judex, II, 107.
— sergenterie du Breuil, II, 155.
— Riote, le Broyl, le Bruyl, I, XVI ; II, 101, 155. Le Breuil-Riote, c^{ne} de Saint-Germier, D.-S.
Brossart (Hugo), II, 65.
Broterius (Audebertus) de Motâ, I, 281.
Brousse d'Azay (la). Voy. la Broce.
Broyl (le). Voy. Brolium-Riote.
Brucardus, frater Pagani, I, 228.
Bruges (Mauricet de), sergent du duc de Berry, II, 257.
Brul, salina, 1, 96. Vers Aytré, Charente-Inf.
Brûlain, paroisse, I, LII. D.-S.
Brunaudus Unaudus, I, 241.
Brunelli (Dossinus), II, 106.
— (P.), II, 99.
Brunet (...) fils de François, II, 421.

Brunet (Bernardus), I, 208.
— (Costantius), I, 209.
— (François), lieutenant-général criminel de Saint-Maixent, II, 424 n.
— (Jehan), II, 64 n., 247.
— (Pierre), cellerier de Saint-Maixent, I, cxiv, 182, 256.
Brunetus (Bernardus), I, 207.
— Maufé, Malfet, I, 169, 173, 182, 186, 205.
— testis, I, 214.
Bruni (Petronus), I, 166.
— Petrus), I, 328.
Bruniet (Léonard), lecteur de philosophie de l'abb. de Saint-Maixent, II, 434.
Bruno (Johannes), II, 96.
Brunus (Hugo), de Lizianico. Voy. Lusignan.
Brutel (Pierre), maître de rhétorique à l'abbaye de Saint-Maixent, II, 433.
Brux, paroisse, I, LII. Vienne.
Bruilh d'Oyen (le). Voy. Brolium d'Aen.
Bruyl de Prailles (le), hébergement, II, 155. Le Breuil, cne de Prailles, D.-S.
Bu... (Rorgo), I, 249.
Buart (Arnaud). Voy. Bernard.
Bucca (Elias), I, 238.
— (Tetbaudus), I, 192, 304.
Buceus Gauterius, II, 11.
Bude, secrétaire du roi, II, 223.
Buer (François), prieur de Saint-Maixent, I, cxix.
Bugaudo. Voy. Rugaudan.

Bugnum, I, 273. Le Beugnon, cne de Mazières-en-Gâtine, D.-S.
Buguliensis, abbas, I, 241. Bourgueil, Indre-et-Loire.
Buisseriæ, la Buissière. Busseria, parrochia, II, 94, 147, 221. La Boissière-en-Gâtine, D.-S.
Bun (Aimericus de), I, 171.
Bungunt (Giraudus de), I, 239.
Burdegale. Voy. Bordeaux.
Bure (Gaufridus de), II, 87.
Burele (Symon de), chevalier, II, 148.
Burelli (Aymericus), II, 83.
Burgaillerie (la), seigneurie, I, L. Cne de Saint-Martin de Saint-Maixent, D.-S.
Burgauz (maison aux), II, 88. Maison à Saint-Rogatien, Char.-Inf.
Burgo-Novo (ecclesia de). Voy. Bourneau.
Burgundi (Rotbertus), I, 176, 192.
Burgondio, villa, I, 58. Quartier de la Ville de Mirebeau, Vienne.
Burgus Novus, villa. Voy. Bourgneuf.
Burlé (Geoffroy de), sénéchal de Poitou, I, xxxiv ; II, 54, 483.
Burochun, frater Angoti Baboti, I, 339.
But (Constantius), I, 56.
Buya (fief), I, LI ; II, 155. Fief sis à la Fontenelle, communes de Sainte-Néomaye et de Romans, D.-S.
Buzanel (Gauterius), I, 218.
Buzeis (abbaye de), II, 70. Buzay, Loire-Inférieure.

C

Caamin, terra, vineæ, I, 268. Terre sise vers Nanteuil. D.-S.
Cabacius (Ramnulfus), I, 254.
Cabanneis (castrum de), I, 188. Chabanais, Charente.
Cabaret (Jean), sr de Luché, économe de l'abbaye de Saint-Maixent, I, cii, civ.
Cabenac (Gérard de), archevêque de Bordeaux, I, 301 n.
Cabirannus (Fulcherius), I, 214.

Cabot (Uncbertus). Voy. Chabot.
Cacarel (Hugo), I, 315.
Cacareu (Johannes), miles burgi sancti Maxentii, I, 379.
Cacaut (Adam), I, 231.
Cadelo, Kadelo, abbé de Saint-Maixent ou de Saint-Liguaire, I, LXXII, 95.
— Chadelo, filius Ademari Froterii, I, 244, 215.
— mercator, I, 176, 211.

Cadelo, testis, I. 30, 45, 90, 96.
— vicarius, I, 30.
— Chadelo, vicecomes (Audenacensis), maritus Geilæ, I, 25. Voy. Catalo.
— vicecomes (Audenacensis), I, 26, 33, 37, 50, 79, 82, 87, 92, 96. Voy. Catalo.
— vicecomes Œnacensis, I, 159, 160.
— Arcuzun, I, 134.
— juvenis pater, I, 194.
— juvenis filius, I. 194.
Cadelonus, testis, I, 59.
Cadurcus, cancellarius regis, I, 345 n., 346.
Cahit, campus, I, 248. *Terre sise vers Montamisé, Vienne.*
Caiacus, II, 10 *Lieu sis vers Breuillet, Charente-Inf.*
Caillaud (Louis), religieux de Saint-Maixent, II, 340, 341.
Caillère (la), Callerii castrum, I, 146, 270. *Vendée.*
Caillon (Hercule), scribe de l'abb. de Saint-Maixent, II, 330.
— (Johannes), II, 78.
Caïphan, grand-prêtre hébreu, I, 124.
Cairui, Carui, I, 221. *Ténement sis près de Leigne, c^ne de Saint-Martin de Saint-Maixent, D.-S.*
Calcaporret (Rainaldus), miles, I. 231, 244.
Calcar (Martinus), I, 158.
Calemard (Barthélemy), religieux de Saint-Maixent, II, 362.
Calixti papæ (fest. sancti), II, 472.
Calixtus II, papa, I, 298, 305.
Callerii castrum. Voy. La Caillère.
Callerius (Petrus), I, 271.
Calmundea, I, 284. *P.-e. Chaumon, c^ne de Thairé, Charente-Inf.*
Calracinsis, Calriacinsis vicaria, I, 18, 38, 84. *Chauray, D.-S.*
Calvellus (Constantinus), I, 223.
Calvet (Aimericus). I, 200.
— (Johannes), I, 328.
Calviniana hæresis, II, 363.
Calvinus, frater Goscelini presbyteri, I, 264.
— Orbus, II, 12.
Calvus (Constantinus), I, 246.
— (Johannes), coquus abbatis, I, 221, 226.

Calvus (Willelmus), I, 165.
Camberlarius, Cubicularius, (Petrus), I, 297, 298.
Cambray, II, 402. *Nord.*
Camdes (P.), de Bonoil, II, 52.
Campania, I, 191. *Champagné-le-Sec, Vi.*
Campania, castrum, I, 237. *Champagnac, c^ne d'Yvrac, Charente.*
— (Audeerius de), I, 168, 236, 237, 251, 290.
Campanola, terra, I, 173. *Champagné, c^ne de Périgné, D.-S.*
Campdinarium. Voy. Champdenier.
Campelli, villa, ecclesia, I, 80 n., 81, 157, 247, 258. *Champeaux, Deux-Sèvres.*
Campels (Engelbaudus de), I, 171.
Campi, arbergamentum, II, 102. *Les Champs, c^ne de Chavagné, D.-S. ?*
Campis (Ademarus de), valetus, II, 86, 87.
— (Petrus de), II, 87.
Campum, terra, I, 94. *Ténement de la c^ne d'Yves, Charente-Inf.*
Campus Barzella, borderia, I, xxix, 152. *P.-e. Chambardelle, ténement de la c^ne de la Mothe-Saint-Héraye.*
— Clausus, I, 187. *Ténement de la c^ne de Romans, D.-S.*
— Roset, I, 322. *Champ-Roset, ténement sis vers Melle, D.-S.*
Camuset (Guillaume), prieur de Saint-Maixent, I, cxviii, 411, 413, 417, 418, 424.
Canaberils (les), I, 187. *Ténement de la c^ne de Romans, D.-S.*
Candelarius (Unbertus), I, 87.
Cantacorvus. Voy. Chantecorps.
Canutus (Johannes), I, 364.
— (Stephanus), I, 221.
Canybis (Goffredus de), I, 168.
Capellâ (Girbertus de), I, 306.
— Baston, Bastoni, parrochia, I, xlviii, liii, cxx ; II, 6, 41, 94, 147, 221.
— ecclesia Sanctæ Mariæ, I, 257. *La Chapelle-Bâton, D.-S.*
Caprarum furnus, II, 104. *Four sis à Cerzeau, c^ne d'Azay-le-Brûlé, D.-S.*
Caprosiæ (Guido), miles, II, 54.
Capud expolti, villa, I, 78.

Caquereas (Aimericus), miles, II, 39.
Carantinus, fluvius, I, 13. *La Charente, fleuve.*
Carbis, (vicarius de), I, 168. *Cherves, cne de Cherves-Châtelars, Charente.*
Carême (dimanches de), II, 446.
— (premier lundi de), II, 340, 343, 344.
Carigné (Johannes de), I, 313.
Carl (Guillelmus), I, 118.
Carmenol (Giraudus), I, 276.
Carniacus, pré, I, 161. *Charnay, ténement de la cne de Nanteuil, D.-S.*
Carnotensis (Goffredus), legatus, I, 341.
Carolingiens (les), I, XLIV.
Carolus, imperator Alamanniæ, I, 266. (Il faut lire Heuricus).
Carophio, (Willelmus de), prior Sancti Maxentii. Voy. Charroux.
Cars (Jacques des), comte de Beaufort, I, CIII.
Carte (marquis de la). Voy. Thibaut.
— (marquise de la). Voy. Berland.
Cartes (les), seigneurie, I, LI. *Cne de Verrines-sous-Celles, D.-S.*
Cartières de Mongey (les), I, XLIX. *Cne de Montigné, D.-S.*
Carvio. Voy. Cherveux.
Casa-Dei, abbas. Voy. Chaise-Dieu.
Casa (Petrus de), capellanus Sancti Leodegarii, I, 332.
— (Stephanus de), I, 207.
Casanogili palatium, I, 6. *Chasseneuil, Charente.*
Cæsarii episcopi (fest. sancti), II, 472.
Cassez (André), II, 216.
— (Jehan), II, 216.
Castelers, abbé (des). Voy. Châteliers.
Castellarii, monasterium. Voy. Châteliers.
Castellario (campus de), I, 125. *Le Châtelier, champ de la cne de la Mothe-Saint-Héraye, D.-S.*
Castellione (Isembertus de). Voy. Castrum Alionis.

Castello (Guilotus de), I, 313.
— Adraldo, Airaudi (vicecomes de). Voy. Castri Airaudi.
— Allione (Isembertus de), miles. Voy. Castrum Alionis.
Castereau (Jehan), juge de Couhé, II, 206.
Castillon (François), administrateur de l'abbaye de Saint-Maixent, I, c.
Castratus (Laurentius), I, 324.
Castri Airaudi vicecomes, de Castello Adraldo, de Castello Airaudi, I, 322; II, 3. Voy. Adraldus, Acfridus, Hugo, Surgeriis. *Châtellerault, Vienne.*
— (Petrus), episcopus scismaticus Pictavensis, I, 332.
Castro Airaudi (Johannes de), clericus monachus, II, 40.
— Ayraudi (Johanna de), relicta Gaufridi de Lesigniaco, II, 114.
Castri Julii dominus. Voy. Castrum Alionis, Maloleone.
Castrum Alionis, Castrum Julii, I, 284, 286; II, 71. *Châtelaillon, Charente-Inférieure.*
— consuetudo, II, 73.
— dominus. Voy. Isembertus, Maloleone.
— (Isembertus de), miles, I, 261, 325.
Castrum Tizon, Tyzon. Voy. Château-Tizon.
Castrum novum, II, 80. *Châteauneuf, cne de Vitré, D.-S.*
Catharinæ martyris (fest. sanctæ), II, 473.
Catalo, monachus, I, 56.
— vicecomes (Audenacensis), I, 54, 73. Voy. Cadelo.
— (Audenacensis), pater Guillelmi, I, 101.
Cathalo, filius Gofredi de Sancto Maxentio, I, 195.
— pater Rorgonis et Aimerici, I, 162, 163.
— testis, I, 100, 195. Voy. Cadelo.
Catiner, villa, I, 187. *Chatenay, cne de Saint-Valérien, Vendée.*
Catoloys (Johan), II, 158.
Caudebec, II, 376. *Seine-Inférieure.*
Cauvellus Orbus, I, 306

Cavaniacus, villa, I, 84. *Chavagné, D.-S.*
Cavellus (Johannes), II, 63.
Cazelis (Bertrand de), Bertranyet, II, 152, 160.
Ceaux, paroisse, I, 411. *Ceaux-en-Couhé, Vienne.*
Celeis, locus. Voy. Celesium.
Celestinus III, papa, I, 382.
Celesium, Celeis, I, 92, 105, 160, 192, 233 n., 234, 252. *Damvix, Vendée.*
— obedientia, II, 11.
Cella (eleemosinarius beatæ Mariæ de). Voy. Celles.
— (Gaufridus de la), senescallus Pictavensis, II, 15, 18.
— (Hugo de), I, 295.
— (Hugo de), miles, senescallus Pictavensis, II, 138.
Cellensis abbas, eleemosinarius. Voy. Celles.
Celles, I, XLVIII; II, 385. *Celles-sur-Belle, D.-S.*
— (abbaye de), II, 422.
— abbé. Voy. P.
— eleemosinarius, II, 19. Voy. P.
Celleron (A.), religieux de Saint-Maixent, II, 369 n.
Cereis (Aimericus de), I, 296.
Cène (jeudi de la), II, 295, 296, 298. (Le jeudi-saint).
Cenef, II, 399. *Senef, Belgique.*
Cercerea, fief, II, 153. Voy. Tanterea.
Cerezeays, Voy. Cerzeau.
Cerget (Guirardus), I, 294.
Céris (Charles de), I, XCIX, CXII.
— (Hélie de), seigneur de la Motte-Saint-Claud et de Châteaurenault, I, XCIX.
— (Jean de), prévôt-moine de Saint-Maixent, prieur de Romans, I, CXI; II, 303, 304.
Cernay (Claude), prieur de Solême, II, 413.
Cerseos, terra. Voy. Cerzeau.
Cersiolo (terra de). Voy. Cerzeau.
Cerzeau, Cerezeoys, Cerseos, Cerziolus, seigneurie, I, XLVII, 193, 316, 317; II, 104, 153. *Cne d'Azay-le-Brûlé, D.-S.*
Cestrie comes. Voy. Edwardus.
Cestre (comte de). Voy. Edduart.
Chabanessio (Guillelmus de), miles, II, 87.

Chabot, Chaboz, Jabot, famille, I, XLII; II, 461.
— (Briencius), I, 353; II, 28.
— (Briendus), II, 475.
— (Constânt), chev., sgr de Pressigny, I, XCI.
— (Gaufridus), miles, II, 98.
— (Hugo), pater Briencii, II, 28.
— (Petrus), miles, II, 59, 475.
— (Sebrandus), nobilis vir, I, 353; II, 41, 97.
— (Sebrandus), miles, dominus de Rocha-Cervere, II, 109, 110.
— (Theobaldus), pater Sebrandi, II, 67, 109, 110.
— Theobaldus, I, 371, 374.
— (Thibaut), I, 308 n.
— Willelmus, dominus de Albiniaco, II, 475.
— Cabot (Uncbertus), I, 279.
— burgus, vicus, turris. Voy. Saint-Maixent.
— vineæ, I, 221. *Vers Lortpoitiers, cne de Saint-Martin de Saint-Maixent, D.-S.*
Chabote (Eschive), aliàs Meschine), II, 160.
Chaceporc, Chaisporc, Chayspor (Hugo), miles, II, 52, 65, 75.
Chadebec (Léger), religieux bénedictin, II, 424.
Chadelo. Voy. Cadelo.
Chafaut, propriétaire de vignes, II, 70.
Chaignée (la), I, L. *Cne de Sainte-Néomaye, D.-S.* Voy. La Braconnière et les Vouvannes.
Chaille (Jehan), de Nyort, II, 157 n.
Chaise-Dieu, Chaize-Dieu (la), Casa-Dei, abbaye, I, XCI. CXIII, 308 n.; II, 396, 449, 454. *Haute-Loire.*
— (abbés de la), I, 265, 311, 382 n. Voy. Aimeri Loubet, Stephanus, Vissac.
— (prieur de la). Voy. Henin, Liabeuf.
Chale (Pierre), II, 162.
Chales (Guillelmus), II, 101.
— (Petrus) de Pampro, serviens, II, 39, 51.
Chalez (fief des), II, 162. *Ténement de la cne de Pamprou, D.-S.*
Châlis (abbé de). Voy. Boisgelin.
Challes (l'ouche aux), seigneurie

— 512 —

I, XLIX. C*ne* de Pamprou, D.-S.
Châlons, porte. Voy. Saint-Maixent.
Chalussé (abbé de), docteur de Sorbonne, II, 408.
Chamberleens (J.), II, 28.
Chamberlens (Petrus), I, 335.
Chamberlencs (Willelmus), II, 31, 49.
Chambon (Jehan), lieutenant du sénéchal de Poitou, II, 264.
Chamdos (Johan), lieutenant du prince de Galles en Poitou. Voy. Chandos.
Chamer, Chamier, Chatmer, I, XLVII; II, 103. 152, 161. *Chamier, c*ne *d'Azay-le-Brûlé, D.-S.*
— (Jehan), II, 217.
Champ-Barzelle. Voy. Campus Barzella.
Champ-Saint-Paul, seigneurie, I, XLVIII. *Ténement de la c*ne *de Baussais, Deux-Sèvres.*
Champagne (comte de). Voy. Tetbaudus.
— (Charlotte de), femme de François de Saint-Gelais, I, C.
Champagné, I, XXIX. C*ne de Périgné, D.-S.*
Champbiron (Jehan), moine de Saint-Maixent, II, 288.
Champdener, Champdenier, parrochia, I, LII, CXII, 194; II, 94, 147, 221. *Champdenier, D.-S.*
Champdenier (André), II, 216, 218.
Champeaux, Champeas, Champeays, Chapeays, I, XXIX, XLVIII, CXX, 358; II, 94, 107, 147, 153, 154, 221. *Deux-Sèvres.*
— ecclesia sancti Petri, I, 81.
— paroisse de Saint-Vincent, I, LIV.
— (prepositus de), II, 99.
Champollion-Figeac, cité, I, 57 n., 128 n., 147 n., 376.
Chandos (Johannes), vicecomes, Sancti Salvatoris, II, 143, 173.
Champeus (R. de), homo ligius abbatis S*ti*-Maxentii, II, 25.
— (Segnoris de), homo ligius abbatis S*ti* Maxentii, II, 25.
Chantecorps (paroisse de Saint-Philbert de), Cantacorvus, I, XLVIII, LIV, CXX, 258. *Deux-Sèvres.*
Chapeays. Voy. Champeaux.
Chapelin (André), religieux de Saint-Maixent, II, 329, 330.

Chapelle-Bâton (la). Voy. Capella Baston.
— Mouton (la). I, CII, *autrement Champagne-Mouton, Charente.*
— Thireuil (la), I, LXXV. D.-S.
Chapons (Willelmus), senescallus comitis Pictavensis. I, 376.
Charanton (Symon), II, 150.
Charavay, cité. II, 16 n.
Charchenay, II, 449, 168, C*ne de Saint-Martin de Saint-Maixent, D.-S.*
Charcot (Jean), prieur de Saint-Maixent, I, CXIX.
Chardé (Jacques), prieur de Saint-Maixent, I, CXX.
Charierii (Hugo), consocius prioris de Marciaco, II, 187.
Charlemagne, empereur, I, XXXIX, XLII, L; II, 457.
Charles le Chauve. Karolus, roi de France, I, 9, 21 n., 36.
— le Simple, roi de France, I, 18, 20, 21, 24.
— V, roi de France, I, LXXXVII, LXXXVIII; II, 171, 172, 178, 179, 185.
— VI, roi de France, II, 188, 208.
— VII, roi de France, I, LVIII; II, 215, 222, 223, 228, 230, 239.
— IX, roi de France, I, XXXV, XCIX, CI, CII; II, 314 n., 312.
— duc de Normandie, régent de France, II, 124, 142.
Charlet, membre du Conseil du roi, II, 228.
— (Antoine), chanoine de Saint-Jean d'Angers, I, CVI.
Charmenol (Giraudus), I, 276.
Charnai, vinee, I, 168, 336; II, 62. *Ténement de la c*ne *de Nanteuil, D.-S.*
Charos (Willelmus de). Voy. Carophio.
Charros (abbas de), II, 45. *Charroux, Vienne.* Voy. Karrofense.
Charroux (Guillaume de). W. de Karrofo, prieur de Saint-Maixent, I, CIX; II, 27, 30, 31, 32, 33, 39, 40. Voy. Carophio.
Chartres, II, 242. *Eure-et-Loir.*
Charuns, II, 40. *Charron, Charente-Inf.*
Charveos. Voy. Cherveux.
Chassein (Antoine), religieux bénédictin, I, 433.
Chasseing (Gilbert), maître de

philosophie à l'abb. de Saint-Maixent, II, 449.
Chastanei (Aubertus de), miles, II, 37.
Chastagner, Chatagners (Hugo), miles, II, 65.
— (Guillermus), miles, II, 66.
— (Guillelmus), valetus, II, 78, 103.
Chastaigner (Nicolas), prieur de la Font de Lée, II, 243.
Chasteatizon. Voy. Château-Tizon.
Chastelaillon, Chatelaillon. Voy. Castrum Alionis.
Chastelers (les), couvent. Voy. Châteliers.
Chastelle (Pernelle), femme de Johan Betin, II, 184.
Château-Gontier (sous-prieur de). Voy. Varennes.
Châteauneuf (Antoine de), doyen de l'église de Bordeaux, I, xcviii.
Châteaurenault (seigneurs de), Voy. Céris.
Château-Tizon, Chastea Tizon, Castrum Tizon, seigneurie, I, li ; II, 103, 107, 150. C^{ne} de Souvigné, D.-S.
— (prévôt de), II, 107.
Châteliers(les),Castellarii,abbaye, I, xxxv, lxxxiii, lxxxviii ; II, 147, 257, c^{ne} de Fonpéron, D.-S.
— (abbé des), II, 162. Voy. Reginaldus.
Châtelleraudais, pays de Poitou, II, 383 n.
Chatmer. Voy. Chamer.
Chatulonus, pater Ugonis, I, 84.
Chauceponera (la), terra, I, 290. Chaussepanier, c^{ne} de Vitrac, Charente.
Chauman (Galterius), socius obedienciarii Fontis Lois, I, 285.
Chaunis ou Chaunys (Pierre), abbé de Saint-Maixent. V. Chauvin.
Chauray, Chorray, I, xxviii, xlviii ; II, 163. Deux-Sèvres. Voy. Calriacinsis.
— (Guillaume de), faux abbé de Saint-Maixent, I, lxxxiv, lxxxix.
— famille, I, xc.
— (seigneur de). Voy. Payen.
Chausea vel Guarellus (R.), II, 52.

Chaussandier (Claude), organiste de l'abbaye de Saint-Maixent, II, 442.
Chauvea (Pierre), garde du scel à Saint-Maixent, II, 143.
Chauveau (Guillaume), II, 216.
— (Jean), prieur de Saint-Maixent, I, cix.
Chauvet (Gauterius), I, 228.
Chauvin (Aymeri), chevalier, II, 162.
— (Jehan), prêtre, II, 250, 251.
— (Pierre), prieur de Saint-Gelais, abbé de Saint-Maixent, I, xciv ; II, 265.
Chauvine (Catherine), femme de Philippe du Paile, II, 150.
Chaux (Bertrand de), archevêque de Tours, abbé de Saint-Maixent. Voy. Echaus.
Chavagné, paroisse, I, xlviii, Deux-Sèvres.
Chavaniaco (P. de), monachus, II, 31.
Chaycepor (Hugo), miles. Voy. Chacepor.
Chayne (fief de la), I, lxxxiii.
Chazal (D. François), prieur de l'abbaye de Saint-Maixent, I, xix, xx, xxi, xxii, xxiii, xxiv, xxv, xlv, lx, lxv, lxvi, lxxvi, lxxvii, lxxx, lxxxi, lxxxii, lxxxiv, lxxxviii, lxxxix, xc, xciv, xcv, civ, cxviii, cxix, 16 n., 117, 118 n., 145 n., 156 n., 169, 170, 174, 189 n., 210 n., 350 n., 366 n., 367 n., 373 n. : II, 12 n., 18, 249, 314 n., 346 n., 347 n., 348 n., 350 n., 439, 444, 464 n., 466 n., 468 n., 473 n., 474 n., 475 n., 484.
Chazay, seigneurie, I, l. C^{ne} de Saint-Christophe-sur-Roc, Deux-Sèvres.
Chebrea (Costantinus dau), I, 357.
Chelio, villa, I, 43. Chail, D.-S.
Chemaillere (Ugo), I, 249.
Cheneau (Nicolas), prieur de Saint-Maixent, I, cix.
Cheneché (dame de). Voy. Bauçay
Chenet (Geoffroy), faux abbé de Saint-Maixent, I, lxxix.
— (Garinus), de Niort, I, 249.
Cheneteau, clerc du Parlement de Paris, II, 232.
Chep Blanz (domus aus), II, 84.

Maison du v^{ge} de l'Ile, c^{ne} de Brelou, D.-S.
Cherveux, Charveos, Cherveaus, Cherveaux, Cherveos, Chervos, Carvio, I, XVI, XLVIII. CXX ; II, 79, 113, 117, 147, 149, 164, 258, 479. Deux-Sèvres.
— châtellenie, I, XLVII ; II, 461.
— (fief dans le bourg), seigneurie, I, XLVIII.
— (hébergement dans le bourg), seigneurie, I, XLVIII.
— (seigneur de), II, 252, 327.
Chesiacus, castrum. Voy. Chisec.
Chesne (le), seigneurie. Voy. Boisragon.
Chevaler (Emery), prieur de Pamprou, II, 303, 304.
— (G.), II, 31, 49, 50, 52, 53.
— (Huguet), II, 154 n.
— (Johan), II, 157.
— (Johan), des Linaux, II, 157.
— (Teobaldus), II, 84, 85.
Chevalerie (la), II, 386. C^{ne} de Souvigné, D.-S.
Chevalier (Adrien), infirmier de Saint-Maixent, I, CXIV ; II, 329, 330.
— (Aimeri, Emery), aumônier de Saint-Maixent, I, CXII ; II, 295.
— (Bonaventure), sacristain de Saint-Maixent, I, CXIII.
— (François), éc., aumônier de Saint-Maixent, I, CXII.
— (Hercule), éc., aumônier de Saint-Maixent, I, CXI ; II, 331, 341, 342, 356.
— Jacques, abbé de Saint-Maixent, I, XCIII, XCV ; II, 258, 259.
— (Jean), abbé de Saint-Maixent, I, XCIII ; II, 144 n., 145 n., 232, 233, 235.
— (Philippe), éc., aumônier de Saint-Maixent, prieur de Romans et de Pamprou, I, CXII.
— (Jacques), éc., aumônier de Saint-Maixent, prieur de Pamprou, I, CXII.
— (Samuel), éc., aumônier de Saint-Maixent, I, CXII.
— (Mr), II, 386.
— (M.), propriétaire, II, 443 n.
— de la Coindardière (Charles), II, 408 n.
— Chevallers (fief au), seigneurie, I, XLIX ; II, 163. C^{ne} de Marsais-Sainte-Radegonde, Ve.
Chevalière (Phelippe). II, 162.
Chevau (Johan), II, 161.
Chevilleays (Philippus), II, 102.
Chezal-Benoit (province de), de la Congrégation de Saint-Maur, II, 361, 363, 364, 375 n.
Chimbert, seigneurie, I, LI. C^{ne} de Soudan, D.-S.
Chinon, Chynon, I, XLI ; II, 18 n., 178, 179, 206, 215, 255. Indre-et-Loire.
Chiron-Morant (le), seigneurie, I, XLVIII. C^{ne} de Champeaux, D.-S.
Chiruns, I, 249. Ténement vers Montamisé, Vienne.
Chisec, Chesiacus, castellum, I, 193 n., 272, 376. Chizé, D.-S.
— (Ademarus de), I, 233.
Chocaroia (dominus de), I, 383.
Chausseraye, c^{ne} de Soudan, D.-S. Voy. Meingoti.
Cholet (Durandus de), I, 249.
Chorée, personnage de la Bible, I, 44, 73, 106, 166.
Chorray. Voy. Chauray.
Chosinan (Gauterius), monachus Sancti Maxentii, I, 297.
Chosmaing (Rainaldus), I, 170.
Chosmant (Johannes), I, 335.
Chouquet (Placide), visiteur de Chezal-Benoit, I, 363, 364.
Choursses (Jean de), seigneur de Malicorne, gouverneur du Poitou, I, CII.
Chouzé, I, CXVIII. Indre-et-Loire.
Chrestien, famille, I, CIV.
— (Catherin), sieur de Juyé, abbé de Saint-Maixent, I, CI, CII, CIII, CIV ; II, 307, 308, 311, 312, 313.
— (Charles), prieur d'Azay, II, 353.
Chrisogoni, martyris (fest. sancti), II, 473.
Christiana, ancilla, I, 105.
Christiani, martyris (fest. sancti), II, 464.
Christianus, monachus, I, 194, 199, 201, 286, 292.
— de Pampro, I, 197.
— (Petrus), I, 301, 309, 321, 344, 344, 349, 364.
Christina, Christianus, testis, I, 46 n., 47.

— 515 —

Christina, Cristina, mater Marbaudi, I, 256, 299, 300.
— uxor Ageni, I, 27.
— uxor Amalrici, I, 34, 35.
— uxor Bernardi, I, 95.
— Cristina, uxor Girberti, I, 62.
Christinæ martyris (fest. sanctæ), II, 469.
Christoforus, testis, I, 21.
Christophori martyris (fest. sancti), II, 469.
Chrysostôme de Bourges (le P.), capucin, II, 420.
Chynon. Voy. Chinon.
Cibelle (Benoît), sous-prieur de l'abb. de Saint-Maixent, II, 375 n.
Cineres, II, 88, 96, 123, 127. *Le jour des Cendres, fête.*
Cinnomanensis comes. *Le Mans, Sarthe.* Voy. Hugo.
Circoncision (fête de la), Circumsisio Domini, II, 322, 464.
Ciriaci (fest. sancti), II, 469.
Cirici, martyris (fest. sancti), II, 488.
Civray (sénéchal de), II, 311 n. *Vienne.* Voy. Sivraicum
— seigneurie, I, XLVIII. *Cne de Cherveux, Deux-Sèvres.*
Cladière (Jean), religieux de Saint-Maixent, II, 364, 408 n., 424, 425 n.
Claravalle (P. de). Voy. Clervaux.
Claravallis vexillum, II, 13.
Clarævallis (Petrus). Voy. Clervaux.
Clarea (Costantins de), archidiacre d'Aunis, II, 89.
Claremundis episcopus. Voy. Clermont.
Claret (Hugo), miles, II, 47.
— (Lones), II, 26.
— (Rainaldus), monachus, I, 169.
— (Renaldus), I, 339.
— (Ugo), I, 122, 167, 169.
Claruinus, maritus Ingenildis, I, 88, 89.
— testis, I, 29.
Clarulet (Raimundus), Clarult, I, 235.
Clavé, I, XLVIII, CXX, 258. *Deux-Sèvres.*
— (capellanus de), II, 28. Voy. Girardus.
— paroisse de Notre-Dame, I, LIV.

Clavea (Jehan), dit Roussigneo, II, 157.
Claveau (Germain), prieur de Saint-Cyprien de Poitiers, II, 407 n., 408 n.
Clavelli (Johannes), miles, II, 135.
— (Oliverius), II, 135.
Claveurier (Maurice), lieutenant du sénéchal de Poitou, II, 228, 229.
Clavicularius (Bartholomeus), II, 107.
Clavie (Arnaudus), 1, 363.
Clausus, vinea, I, 246. *Le Clos, vigne dans le fief de Saziliers, c^ne de St-Martin-de-St-Maixent, D.-S.*
Clemens, filius Garini de Botnai, I, 247.
Clement III, pape, I, 381.
— V, pape, I, LXXXV.
— VII, pape, I, LXXXVIII.
— IX, pape, II, 379.
— X, pape, II, 377, 385.
— XI, pape, II, 448 n.
Clementis papæ (fest. sancti), II, 473.
Clerc (Pierre), religieux de Saint-Maixent, II, 369 n., 371 n.
Clerembaudus (Aimericus), I, 284.
— (Ugo), I, 235.
Clérembaut (Gilbert de), évêque de Poitiers, II, 361, 368, 369 n., 371 n., 377.
Clergé (Odo), religieux de Saint-Maixent, II, 396.
Clericus (Willelmus), homo ligius abbatis Sancti Maxentii, II, 23, 52.
Clermont, Claremundus, I, CXIX. *Puy-de-Dôme.*
— (diocèse de), II, 360 n.
— (évêque de), I, 307, 308 n.; II, 228, 372. Voy. Aimeri Loubet.
Clervaux (Pierre de), Petrus de Clarevallis ou de Claravalle abbé de Saint-Maixent, prieur de Saint-Pierre-de-Melle, I, XCII, XCIII; II, 220, 221, 222, 242, 243, 247.
— famille, I, XCIII.
Cléry, II, 263. *Loiret.*
Cliens (Baudoinus), I, 216.
— (David), I, 278.
— (Fulcaldus), I, 285.
— (Girbertus), I, 207.
— (Ricardus), I, 202.

Clodoaldi confessoris (fest. sancti), II, 471.
Clodoveus, rex Francorum. Voy. Clovis.
Closeæ, terra, I, 249. *Ténement sis vers Montamisé. Vienne.*
Clotaire III, roi de Neustrie, I, LXII.
Clovis I, roi de France, I, XXVIII, LXII; II, 254, 274, 407, 453 n., 454, 455, 456.
Cluniacensis monachus. Voy. Gauterius.
— ordo, II, 293 n.
Cluny, abbaye, I, LXXVII. *Saône-et-Loire.*
— (abbé de). Voy. Mayeul.
Cluse (abbaye de Saint-Michel de) ou de l'Ecluse, Clusa, I, LXXIX, LXXV. *Ville de Piémont, Italie.*
— (abbé de). Voy. Benoît.
Cobaut (Andreas), I, 333.
Coccus. Voy. Cocu.
Cochart (Jacques), aumônier de Saint-Maixent, I, CIX.
— (Jean), prévôt-moine de Saint-Maixent, I, CXI.
Cochefillet (André de), cellerier de l'abbaye de Saint-Maixent, I, CXV; II, 340, 341, 349.
Cochon (Gabriel), religieux de Saint-Maixent, II, 362.
Cocu, Coccus (Geraldus), I, 138, 484.
Cocus, Coquus (Constantinus), I, 233.
— Cristianus, I, 188.
— Giraldus, I, 167, 188, 204.
— (P.), moine, infirmier de Saint-Maixent, I, CXIV; II, 25, 27, 36, 37, 48, 49, 52.
— (Rosellus), homo ligius abbatis Sancti Maxentii, II, 48.
Codreius. Voy. Coudray-Salbart.
Codunio (archipresbyter de). Voy. Exoudun.
Coec. Voy. Couhé.
Coeco (Guillelmus de), I, 303.
Cœciliæ martyris (fest. sanctæ), II, 473.
Cœlestini (reliquiæ sancti), II, 407 n.
Cœna Domini, la sainte Cène, II, 11, 321, 322. Voy. Pascha.

Cœur (Jacques), conseiller de Charles VII, I, XCIII.
— (Jean), fils de Jacques Cœur, I, XCIII.
— (Nicolas), évêque de Luçon, I, XCIII.
Cogivus (Aimericus), I, 239, 240, 307.
Cognac (Pierre de), sacristain de Saint-Maixent et abbé de Saint-Ligaire, I, CXIII, 366, 367, 378; II, 483.
Cogu (Audebertus), II, 475.
Cogul (Aimericus), I, 285.
Cogulet, Coguletus, Cugulet, prieuré, I, LVIII, 226 n.; II, 86, 146, 168, 237, 250, 254, 265. *Cne de Vitrac, Charente.*
— ecclesia Sancti Stephani, I, 189, 258.
— (homines de), I, 237.
— obedientia, II, 63.
— (prepositus de), I, 290.
— (prieur de), II, 328.
Cogunis. Voy. Cogivus.
Cogus, Cogut (Aimericus), I, 286, 310.
— (Arnaudus), I, 365.
Cohec. Voy. Couhé.
Coie (Rainoldus), I, 430.
Coignac (Pierre de). Voy. Cognac.
Coindardière (la), seigneurs de. *Cne de Sanxay, Vienne.* Voy. Chevalier.
Col, bénédictin, I, 24 n.
Colardus, Collardus (Lanbertus), I, 292.
Colas (Berthomé), II, 153.
— (Jehan), II, 153.
Colin. Voy. Yvonet.
— (Jean), *alias* Moreau, prieur de Saint-Maixent, I, CIX.
Colombier (le), seigneurie, I, LI. *Cne de Souvigné, D.-S.*
Colongia, villa, I, 86. *Coulon, D.-S.*
Colons (Léonard), prédicateur, II, 451.
Columbani abbatis (fest. sancti), II, 473.
Columberii vicaria, I, 49. *Colombiers, Vienne.*
Combes (P. de), abbé d'Ebreuil, II, 371.
Comes (Aymericus), I, 327.
— (Johannes), I, 295.

Comes (Rainaldus), I, 163, 165, 185.
— (Tetbaldus), I, 169, 174, 182, 192, 194, 201, 267.
Comitissa, terra, I, 94. *Terre sise vers Voutron, c^{ne} d'Yves, Charente-Inf.*
Commines (Philippe de), II. 265.
Comnaico, Compniaco (Willelmus de), clericus abbatis Sancti Maxentii, II, 22, 25.
Compaign (Jehan), boucher, II, 235, 236.
Compaignon (Jehan), II. 155 n., 247.
— (Picart), II, 455.
Compangnus, testis, I, 347.
Compendium, palatium, I, 8. *Compiègne, Oise.*
Compniaci prior. *Cognac, Charente.* Voy. Bernardus.
Comportatum, Comporté, molendinum, I, 70, 323; II, 100. *Moulin de Comporté, c^{ne} de Saint-Eanne, D.-S.*
Compostelle, I, 335 n. *Espagne.*
Condé, II, 404. *Nord.*
— (prince de), duc d'Anguien, pair de France, II, 305, 399.
Condelmère (François), cardinal de Saint-Clément, I, xcii.
Confolent, castrum, I, 189. *Confolens, Charente.*
— (Petrus de), I, 167.
Connay (le bois de), seigneurie, I, L. *C^{ne} de Saint-Georges-de-Noisné, D.-S.*
Conol, Conollium. Convol, Cunvol, Cunolium, I, 364. *Convol, depuis Bonneuil, prieuré de l'Ordre de Fontevrault, c^{ne} de Sainte-Soline, D.-S.*
Conon, mariscus, I, 67, 68. *Marais vers Esnandes, Charente-Inf.*
Conpendio (Laurinus de), II. 131.
Conrade (Charles), prieur de l'abbaye de Saint-Maixent, I, cxviii; II, 432, 433.
Constancia, Constantia, ancilla, I, 154, 166.
— uxor Adralt, I, 88.
— uxor Balduini, I, 82, 83.
— uxor Ucberti, I, 56.
Constancius, Constantius, Costancius, infans, I, 186.
— monachus, I, 56, 57.
— Borrellus, I, 250, 262, 273, 278, 285.

Constancius But, monachus, I, 56.
— Brunet, I, 209.
— Hostiarius, Ostiarius, I, 245, 278.
— (Petrus). I. 305.
— Sanz Boche, I, 325.
Constantin I, Constantinus, abbé de Saint-Maixent, I, LXVII, LXVIII, LXIX, LXX, LXXI, LXXII, LXXXIV, 56, 56.
— II, Constantinus, abbé de Saint-Maixent, I, LXXXIII; II, 126, 344.
Constantinet, testis, I, 341.
Constantinus, Costantinus, archipresbyter, I, 270.
— filius Bertholomei, I, 138.
— frater Girberti presbyteri, I, 138.
— frater Johannis Calvi, I, 224.
— genitor Raimbaldi, I, 74.
— monachus, I, 57, 65, 224.
— prepositus comitis Pictaviensis, I, 277.
— presbyter, I, 174, 234.
— prior beati Petri de Metulo, II, 39.
— servus, I, 107.
— testis, I, 93, 98, 114, 114, 161.
— Airalt, I, 167.
— Arboluta, I, 217, 310.
— Bertram, I, 212.
— Calvellus, I, 223.
— Calvus, I, 216.
— Chibresemblant, forestarius, I, 277.
— Cocus, I, 233.
— Cotin, I, 212, 219, 224, 245.
— Cotirus, I, 267.
— Crassus de Ponto, II. 10.
— Cuneus de Muro, I, 174.
— dau Chebrea, I, 357.
— Daniel, I, 208.
— de Metulo, Mellensis, I, 112, 118, 138, 140, 253.
— Enforce, I, 282, 283.
— Gairaudus, I, 340.
— Garrellus, I, 337.
— (Goffredus), I, 286, 287.
— Goscelmus, I, 186, 199, 233, 243, 246, 293.
— Mellensis. Voy. de Metulo.
— Mincuns, I, 217.
— Petit, I, 209.
— Rufus, I, 327, 328.
Contatius, monachus, I, 65.

Conzay (Hugues de), avocat, II, 216, 229, 251.
Coquus, Coqus. Voy. Cocus.
Coralès-Texier (M. de), II, 305 n.
Corbie (abbé de), II, 352. Voy. Adelard.
Cordoau, I, 253. *Courdault, cne de Bouillé-Courdault, Ve.*
— (Anscher de), I, 254.
Cordusos (Garinus), I, 328.
Corgnié, I, 263 n. Voy. Torgnié.
Corlidavant, molendinum. Voy. Courdevant.
Cormarici (Guibertus), I, 209.
Corneille (C.), curé de la Lande-Genusson, chanoine de la Rochelle, II, 360 n.
— (Marie-Thérèse de Saint-Augustin), religieuse, II, 359 n.
Cornelii martyris (fest. sancti), II, 471.
Cornerius (G.), I, 374.
Cornoailles (duc de). Voy. Edduart.
Cornubie dux. Voy. Edwardus.
Corona (Gauterius), I, 327.
— (Rainaudus), monachus, I, 318.
Corone (Reginaudus), prior claustralis Sancti Leodegarii, I, 378.
Cors, Cos. Voy. Cours.
Cortina, Curtina, mariscus, I, 55.
Corzai, locus, I, 164.
Cos. Voy. Cours.
Coscheis, homo abbatis Sancti Maxentii, II, 52.
Cosmæ martyris (fest. sancti), II, 471.
Cosman, Cosmas (Rainaldus), I, 174, 177.
Cosmerus, testis, I, 17.
Cossée (feodum de la). Voy. Coussaye (la).
Cosseia, terra, I, 187. *Ténement de la cne de Romans, D.-S.*
Costa (vineæ de), I, 224. *La Côte, cne de Saint-Adjutory, Charente.*
Costancius, Costantius. Voy. Constancius.
Costantinus. Voy. Constantinus.
Costeriæ, Costeres. Voy. Coutières.
Costet, homo, I, 179.

Costis (Reginaudus de), I, 268.
Costure (la), II, 41. *La Couture, cne d'Aigonnay, D.-S.*
Cotin, Cotins (Constantinus), I, 212, 215, 245.
— (Guillelmus), magister, I, 363.
Cotinus (Ramnulfus), I, 285.
Cotirus (Costantinus), I, 267.
Coty (Dunstan), prieur, II, 375 n.
Coudasson (Guillaume), II, 160.
Couder (Damascène), religieux de Saint-Maixent, II, 362, 408 n., 422.
Coudray, Coudray-Salbart (le), châtellenie, I, XLI, XLVIII; II, 94, 147, 222. *Château-Salbart, cne d'Echiré, D.-S.*
Coudré (sgr du), II, 252.
Couhé, Coec, Couhec, I, XLVIII; II, 26, 47, 65, 79, 83. *Vienne.*
— (baronnie de), II, 206, 207, 461.
— castrum, II, 108.
— châtellenie, I, XLVIII, LII; II, 148, 206.
— feodum, II, 138.
— (honor de), II, 65, 79.
— (seigneur de), II, 138, 206, 207, 252, 462. Voy. Mortemer.
— (sénéchal de), II, 207. Voy. Casterea.
Coulonges-lès-Royaux, I, LXXV. *Deux-Sèvres.*
Courci (M. de), agent de l'abbé de Saint-Maixent, I, XVII.
Courdevant, Corlidavant, Courlidavant, seigneurie, I, L.
— (moulin de), seigneurie, I, L; II, 104, 105, 149, 168. *Cne de Saint-Martin de Saint-Maixent, D.-S.*
Coureau, seigneurie, I, XLIX. *Cne de Pamprou, D.-S.*
Courleu, seigneurie, I, XLVII. *Cne d'Augé, D.-S.*
Courlidavant. Voy. Courdevant.
Courolle (la), borderie de terre, I, XLVIII. *Cne de Chantecorps, D.-S.*
Cours, Cors, Cos, I, CXX; II, 94, 147, 221, 351. *Deux-Sèvres.*
— paroisse de Saint-Cybard, I, LII, LIV; II, 479.
Cousin (Mathurin), recouvreur d'ardoise, II, 284.
Coussaye, Cossée (la), seigneurie, I, LI; II, 62. *Cne de Soudan, D.-S.*

Coustaux (les), II, 168.
Coutancière (la), seigneurie, I, LI. Cne de Saivre, D.-S.
Coutans (sieur de). Voy. Béliard.
Coutent (Johannes de), I, 312.
Coutières, Costeriæ, Costères, I, LII, CXX, 258 ; II, 41. Deux-Sèvres.
— paroisse de Saint-Hilaire, I, LIV.
Coutin. Voy. Colin.
Couture (la), seigneurie, I, XL II. Cne d'Aigonnay, D.-S.
Coux, seigneurie, I, LI. Cne de Saivre, D.-S.
Craon (Mr de), II, 147.
Cramal (Mainardus), clericus, I, 208.
Crassus (Raimundus), I, 124.
— de Ponto (Costantinus), II, 10.
Crechet (Gauterius), I, 224.
Crescentii (reliquiæ sancti), II, 407 n.
Crescentiæ martyris (fest. sanctæ), II, 468.
Cresec, I, 290. Césac, cne de Vitrac, Charente.
Crespin (Antoine), chanoine d'Angers, II, 233.
Crestiens (Petrus), I, 324.
Crevant d'Humières (Balthazar de), seigneur d'Assigny, commandeur de Villiers-au-Liège, abbé de Saint-Maixent et de Preuilly, I, CVI ; II, 377, 389, 399, 407 n., 410, 475, 477.
— (Gaspard), abbé de Saint-Maixent. Voy. Balthazar.
— (Jacques de), abbé de Saint-Maixent et de Preuilly, I, CVI ; II, 356 n., 361, 365.
— famille, I, CVI.
Crispini martyris (fest. sancti), II, 472.
Crispiniani martyris (fest. sancti), II, 472.
Cristianus Cocus, I, 188.
Cristina. Voy. Christina.
Croc (Isembertus), I, 129.
Crocerius (Guillelmus), I, 317.
Crochela, locus, I, 84. Lieu sis vers Bougon, D.-S.
Croix (la), seigneurie, I, XLVIII. Cne d'Exoudun, D.-S.
— (jour de sainte), fête, II, 319.
— (reliques de la vraie), II, 352, 357.

Croix (fête de la vraie), II, 353. Voy. Crucis.
Cros, I, CXVIII. Puy-de-Dôme.
Cruce Subiec (terra de), II, 63. Terre sise vers Niort, D.-S.
Cruce (via de), I, 314. Carrefour vers la Bernerie et Saint-Hilaire, cne d'Augé, D.-S.
Crucis (fest. Exaltationis sanctæ), II, 400, 471. Voy. Croix.
— (fest. Inventionis sanctæ), II, 467.
Cruelère (la), seigneurie, I, XLIX, XCIII ; II, 163. La Grolière, cne de Marsais - Sainte - Radegonde, Vendée.
Cruisvin (Andreas), I, 328.
Cubicularius (Petrus). Voy. Camberlarius.
Cucé (marquis de). Voy. Boisgelin.
Cucufatis martyris (fest. sancti), II, 469.
Cugulet. Voy. Cogulet.
Cultura, campus, I, 221. La Couture, champ sis à la Fraignée, cne de Saint-Martin de Saint-Maixent, D.-S.
Cuneus de Muro (Costantinus), aliàs de Nucro, I, 174.
Cunolienses sanctimoniales. Voy. Conol.
Curel (Girardus), I, 167.
Curia de Augé, II, LI. La Cour d'Augé, cne d'Augé, D.-S.
Curliacus, II, 10. Lieu sis cne de Breuillet, Charente-Inf.
Currasium, castrum. Voy. Follorasum.
Curtis de Terniaco, I, 29. La Cour, cne d'Azay-le-Brûlé, D.-S.
Cruce (Huncbertus de), prior Sancti Petri de Metulo, I, 313.
Cursai (W. de), I, 122.
Cursaio (Aimericus de), miles, II, 26, 38, 41.
— (Willelmus de), miles, II, 39.
Custantinus, testis, I, 18.
Cuth, I, 170. Lieu sis vers Tallent, cne de Montreuil-Bonnin, Vienne.
Cypriani martyris (fest. sancti), II, 469, 471.
Cyprien (fête de saint), I, LXXXV.
Cyreuil (paroisse de). Voy. Exireuil.
Cyrini martyris (fest. sancti), II, 468.

D

Daalgé (Petrus). Voy. Augé.
Daent (W.), homo ligius abbatis Sancti Maxentii, II, 23.
Daguinus, testis, II, 50.
Daient (Goscelmus), I, 73.
Daitré. Voy. Aitré.
Dallouhe, Dalouhe (Pierre), éc., aumônier de l'abbaye de Saint-Maixent, I, cxii.
— (Pierre), éc., chantre de l'abbaye de Saint-Maixent, I, cxv ; II, 303, 304.
Damasi papæ (fest. sancti), II, 474.
Damiani martyris (fest. sancti), II, 471.
— reliquiæ, II, 407 n.
Dampvir, Dampvirius. Voy. Damvix.
Damvix, Dampvix, Dampvir, Dampvirius, Danvir, Domvir, Donvir, Dumvir, Duumvir, I, xxix, lxxxviii, 205, 231 n., 254, 374 ; II, 100, 159. *Vendée*. Voy. Celesium.
— ecclesia sanctorum Viti, Modesti et Crescentie, I, 92, 257.
— (curés de). Voy. Parcheminier.
— paroisse de Saint-Vit, Sainte-Crescente et Saint-Modeste, I, xlviii, lv, 257 ; II, 480.
— (prepositus de), I, xlviii, 254.
— prévôté, I, xlvii, xlviii ; II, 100.
— prieuré, I, lii, lviii, ci ; II, 146.
— (prieurs de). Voy. Lestang, Saumureau, Willelmus.
Daneguis, testis, I, 285.
Daniel, testis, I, 174.
— (Constantinus), I, 208.
Danxays (Aubert), capitaine de Saint-Maixent, II, 462.
Danzay, seigneurie, I, l. C^{ne} de *Saint-Georges de Noisné, Deux-Sèvres*.
Darbis (Guillaume), imprimeur à Saint-Maixent, II, 429.
Datan, Dathan, personnage de la Bible, I, 14, 39, 40, 44, 70, 73, 76, 79, 92, 93, 102, 106, 107, 112, 114, 122, 124, 127, 131, 143, 151, 155, 166, 176, 182, 280.
Dauct (Ainoros), II, 97.

Dauphin (le). Voy. France, Dauphin.
Dauthaun (Rollandus), miles, II, 40.
Dautriche (M.), religieux bénédictin, I, xix.
Davi (Guillelmus), II, 98.
— (Rainaldus), I, 165.
David, I, 192 ; II, 482. Voy. Deodata,
— testis, I, 21, 84.
— Cliens, I, 278.
— Fulcaudus, Fulcaut, I, 289, 290.
— Davit (Guido), I, 223, 230.
— (Louis), prieur de Saint-Maixent, I, cix.
— (Rainaldus), presbyter, I, 182.
Davit, testis, I, 229.
— de Tornapia, I, 289.
Decise, I, cxx. *Nièvre*.
Dechaume, notaire à Saint-Maixent, II, 267.
Decollatio beati Johannis Baptistæ, festum, II, 37, 128. Voy. Jean (saint).
Defonboisset, notaire à Saint-Maixent, II, 293, 297, 298, 307.
Delisle (Léopold), membre de l'Institut, I, xxii ; II, 124 n.
Delizeau. Voy. Devezeau.
Demer (Petrus), I, 332.
Demnio (P. de), cliens de Leziniaco, I, 379.
De Mur (M.), prédicateur, II, 369 n., 370 n.
Denesde (Jacques), prieur de Saint-Maixent, I, cxviii ; II, 427.
Denis de Nevers, capucin, II, 348.
Denyort (Emery), II, 295, 296, 297.
— (Emery), notaire à Saint-Maixent, II, 350 n.
— (M.), notaire à Saint-Maixent, II, 289, 290 n.
Deodata Tronna, I, 192, 252 ; II, 482.
Des Prez (Jean), religieux bénédictin, II, 408 n.
Desiderati (Gauffredus), II, 118.
— (Petrus), valetus, II, 118, 122.
— (Ramnulphus), miles, II, 119, 122.

Désiré (Pierre), II, 116.
Dessables (Léonard), imprimeur à Saint-Maixent, II, 442 n., 449 n.
Deux-Sèvres (archives départementale des), I. XVIII, XXII.
— (préfet des). Voy. Dupin.
— (évêché constitutionnel des), I, XLVI.
Devallée (Boniface), sous-prieur de l'abbaye de Saint-Maixent, I, XX, XLV, LX, LXIII, LXVI, LXX, LXXIX, LXXXII, LXXXIII, LXXXIV, XCV, XCVIII ; II, 345, 346, 347.
Devezeau (François de), religieux de Saint-Maixent, II, 303, 304, 484.
— (Jean de), éc., seigneur de Dignac, sous-prieur de Saint-Maixent, curé de Souvigné, I, CXVI.
Di. (Gi.), homo planus abbatis Sancti Maxentii, II, 24.
Didono (vicarius de), II, 40. Voy. Guillelmus Mainardus. Saint-Georges de Didonne, Charente-Inf.
Didot (G.), II, 53.
— (Jehan), II, 159 n.
— (Pierre), II, 159.
Didoz (Guillelmus), II, 100.
Dinac, I, 289. Dignat, Charente.
Dion, faux abbé de Saint-Michel-en-Lherm, I, LXXI, LXXII.
Divitis, II, 481.
— Montis, comes, II, 228. Voy. Richemont.
Dodo, comes, I, 98.
— monachus, I, 72, 103.
— testis, I, 95.
— Duntis, I, 148.
Dodonus, monachus, I, 57.
— testis, I, 71.
Dce (Ugo de), de Duerio, I, 217, 218, 227, 244.
Doet (Garinus), I, 271.
Dohé (Odo de), miles, II. 50.
Dohin (Anselme), prieur de Saint-Maixent, I, CXVII; II, 351, 352 n., 353, 484.
Dôle, II, 399. Jura.
Domainz, Domaniz, Domeine, Domenia, feodum, II, 28, 59, 121. Fief Domayne, cne de Saivre, D.-S.
Domeniaz (Willelmus), clericus, II, 102.

Dometa, uxor Hugonis Archiepiscopi, I, 384.
Dominique (saint), II, 385.
Domnina, uxor Raimberti, I, 34.
Domvir, locus. Voy. Damvix.
Donati martyris (fest. sancti), II, 469.
Donatiani martyris (fest. sancti), II, 467.
Donvir, prepositura. Voy. Damvix.
Dordona, Dordonia, I, XLI, 13 ; II, 145, 200. La Dordogne, affluent de la Garonne.
Doreis (Willelmus), homo ligius abb. Sancti Maxentii, II, 52.
Doret (le), paroisse de Saint-Cyr et Sainte-Julitte, I, LVI. Saint-Cyr du Doret, Charente-Inf. Voy. Oirec.
Dorin (Petrus), I, 186, 199.
Dorinus, homo, I, 327.
— testis, I, 174.
Dorois (P.), homo ligius abbatis Sancti Maxentii, II, 24.
Dosdane, II, 97. Cne de Vausseroux, D.-S.
Douet, Douhet (Jean), religieux de Saint-Maixent; II, 329, 330, 340, 341.
Douin (dime de), seigneurie, I, LI. Cne de Saivre, Deux-Sèvres.
Doujan (Claude), religieux bénédictin, II, 408 n.
Dourdoigne, rivière. Voy. Dordona.
Dousset (C.), prêtre, II, 408 n.
Doysdon ou Deydon (Pierre), archiprêtre de Saint-Maixent, I, CXXII.
Drahé, seigneurie, I, XLVIII. Cne de Brelou, D.-S.
Droet (Robert), Droo, neveu de Geoffroy, abbé de Saint-Maixent, prieur de Souvigné, I, LXXIX, 252, 299, 300, 308 n., 329.
Drogo, maritus Girbergæ, I, 57, 58.
— testis, I, 327.
Droho, testis, I, 148.
— Ladent, I, 212.
Droo, nepos Gaufredi abbatis Sancti Maxentii. Voy. Droet.
— testis, I, 294.
Droon, abbé de Maillezais, I, LXXVII.

Dros (Willelmus), homo ligius abb. Sancti Maxentii, II, 48.
Drotfredus, testis, I, 22.
Drou (Guillelmus), de Myorray, II, 100.
Drouhet (Jean), apothicaire, II, 369 n., 391 n.
Drouinot (René), prieur de Saint-Maixent, I, cxviii ; II, 427.
Drous (Petrus), II, 104.
Drullardus, frater Petri Froterii, I, 309.
Drullart (Ugo), I, 238.
Du Biez (Pierre), prieur de Saint-Maixent, I, cxix.
Du Cange, historien, I, 99 n., 127 n., 158 n., 196 n., 204 n., 205 n., 208 n., 225 n., 267 n., 330 n., 342 n., 351 n., 362 n.
Du Chasteau (Olivier), religieux de Saint-Maixent, II, 303, 304.
Du Noüaud (Barthélemy), sous-prieur de Saint-Cyprien de Poitiers, II, 413.
Du Payron (Benoît), religieux de Saint-Maixent, II, 371 n.
Du Plessis (Jean-Armand), cardinal de Richelieu, abbé de Saint-Maixent, I, cvi.
Du Saut (abbé), docteur de Sorbonne, II, 408 n.
Du Teil (Pierre), P. de Tilio, sacristain de Saint-Maixent, I, cxiii.
Du Temps (l'abbé), I, lxi, lxxix, lxxxii, 339 n.
Du Vivier (François), prieur de la Couture du Mans, II, 413, 416.
Duc (François), dit Toscane, architecte, II, 376.
Duchesne, historien, I, 254 n.
Ducoux (Antoine), receveur de l'abbé de Saint-Maixent, II, 305, 306.
Duerio (Hugo de). Voy. Doe.
Dufict (Pierre), prieur de Saint-Maixent, I, cix.
Dugué (M^r), curé de Saint-Maixent, II, 448 n.
Dulcis (Andreas), II, 187.
Dumas (Vincent), religieux de Saint-Maixent, II, 369 n., 371 n.
Dumvir. Voy. Damvix.
— (Durandus de), prior de Fondesloia, I, 325.
Duntis Dodo, I, 148 ; II, 481.
Dupin, préfet des Deux-Sèvres, I, xviii.
Duramnus, servus, I, 107.
Duran, testis, I, 60.
Durandelli (Willelmus), II, 83.
Durandus, diaconus, I, 8.
— homo, I, 130.
— pater Marbaudi, I, 299, 300 n.
— possessor alodi, I, 47.
— testis, I, 118, 119, 125, 128.
— Breiart, I, 256.
— de Brolio, servus, I, 122.
— de Cholet, I, 248.
— de Dumvir, prior de Fondesloia, I, 325.
Durant (Petrus), I, 360.
Durantea (Willelmus), cancellarius, II, 65.
Duret (Louis), lecteur de théologie en l'abb. de Saint-Maixent, II, 437.
Duumvir. Voy. Damvix.
Duvivier (François), sous-prieur de Nouaillé, II, 373 n.
Dyonisii (fest. sancti), II, 472.

E

Ebbo, senior castri Pertiniaci, I, 241.
— testis, I, 33, 45, 50.
Ebles, Ebbolus, Ebolus, comte de Poitou, I, 19, 23, 24, 36 n.
— Eblo, Heblo, Ebulo, Ebolus, Ebulus, évêque de Limoges, abbé de Saint-Maixent et de Saint-Michel-en-Lherm, I, xxvii, xxix, xl, lxiii, lxv, lxvi, lxvii, lxviii, lxxi, 16, 30, 31, 32, 33, 36, 37, 38, 40, 44, 47, 50, 100 n. ; II, 315.
Ebraldus, servus, I, 122.
Ebrardus (P.), II, 24.
Ebrart, feodum, II, 100. Vers Marsais, Vendée.
Ebreuil, abbaye, I, xxxix, lxxv ;

II, 360, 374 n. *Allier.* Voy. Breuille.
— (abbé de Notre-Dame d'), II, 372. Voy. Combes.
Ebroardi (Petrus), I, 336.
Ebroardus (Johannes), I, 244.
Ebroïn, maire du palais de Neustrie, II, 360 n.
Ebroinus Beireverius, I, 326.
Ebulo, dominus Castri Allionis, I, 197, 198.
Ebulo, dominus Rocafortis, I, 220.
— Ebulus, episcopus Lemovicensis. Voy. Ebles.
— filius Gofredi de Sancto Maxentio I, 195.
— testis, I, 45, 195.
— de Niorto, I, 209.
— testis, I, 45.
Echaus (Bertrand d'), abbé de Saint-Maixent, archevêque de Tours, I, cv ; II, 332, 333, 337, 339, 342, 348, 349, 350 n., 352 n.
Edduart, Edwardus, prince d'Aquitaine et de Galles, I, LXXXVII ; II, 145, 165, 166, 169, 170, 174.
Edouard III, roi d'Angleterre, I, LXXXVII ; II, 170 n.
Eduensis, episcopus. Voy. Autun.
Edwardus. Voy. Edduart.
Echiré, paroisse, I, XLVIII. *Deux-Sèvres.*
Ecosse (reine d'), douairière de France, II, 302, 303, 307.
Einricus, rex. Voy. Ainricus.
Eldini molinarium, I, 246. *Moulin de la Tine (jadis moulin d'Audin), cne de Romans, D.-S.*
Elgaudus, testis, I, 30.
Elias, diaconus, I, 314.
— Bucca, I, 238.
— Fulcaudi, Fulcher, I, 226.
— (Guillelmus), I, 296.
— Morandi, I, 335.
Elie de Saint-Yrieix, abbé de Saint-Maixent. Voy. Saint-Yrieix.
Eligii episcopi (fest. sancti), II, 473.
Emeltrudis Bona, uxor Kataloni militis, I, 133.
Emeno, nobilis, I,
— testis, I, 33, 35, 128, 138.
Emerantien (saint), martyr, II, 352.
Emerentianæ, martyris (fest. sanctæ), II, 464.

Emericus Mantrolia. Voy. Aimericus.
Emillane, uxor Eboli comitis Pictavensis, I, 19.
Emma, uxor Jordanis Froterii, I, 222, 223.
— uxor Lanberti, I, 76.
— uxor Petri Airaudi, I, 286, 287.
— uxor Willelmi, comitis Aquitanorum, I, 77.
Emmena, femina, I, 19, 20.
Emmo, scriba, I, 20.
Emmon, Emmo, abbé de Saint-Maixent, I, LXXIII, 114, 115.
Emnende. Voy. Esnanda.
Enclave de la Martinière (l'), paroisse, I, L.II, LVIII. *Deux-Sèvres.*
Enforce (Constantinus), I, 282, 283.
Enforcet (Willelmus), clericus, I, 365 ; II, 28.
Engelbaudus de Câmpels, I, 171.
Engelberti (Willelmus), I, 112.
Engelbertus, filius Rainaldi Venatoris, I, 266.
— judex, I, 138.
— prepositus ducis, I, 149, 150, 200.
— prepositus Savre, I, 203, 204, 205.
— testis, I, 69, 125.
— de Vetrinis, prepositus Vetrinarum, I, 169.
— Franciscus, I, 89.
Engelelmus, testis, I, 211, 213.
— de Ternant, I, 244, 288.
Engelger (Ramnulfus), I, 182.
Engelricus, testis, I, 220.
Engelrius (Ramnulfus), I, 282.
Engenaddus (Rainaldus), I, 348.
Engolisma, I, 189. *Angoulême, Charente.* Voy. à ce nom.
Engolismensis archidiaconus, I, 296.
— capitulum sancti Petri, I, 229.
— comes. Voy. Fulco, Hugo de Leziniaco.
— episcopus, I, 290. Voy. Ademarus, G., Girardus.
— terra, II, 63.
— Engolismarius (Johannes), miles de Engumesio, I, 192, 252, 254, 261.
Engoulesme. Voy. Angoulême.
Engulins, salina, I, 258. *Angoulin, Charente-Inf.*
Engumesio (Johannes d'), miles, Voy. Engolismensis.

Enjaugerie (l'), seigneurie, I, L. Fief situé dans la ville de Saint-Maixent, D.-S.
Enjeoger (Aimar), II, 65.
Enjobert (Reginaldus), II, 6.
Enjoger (P., Petrus), I, 343, 351.
Enricus, baillivus prepositurœ, II, 99.
Enterre, Enterrez, (molendinum d'), I, XVI; II, 30, 106. Enterre, aujourd'hui le Moulin à tan, c^{ne} de Saint-Martin de Saint-Maixent, D.-S.
Eodinus, frater Pagani, I, 338.
Eparchii (fest. sancti), II, 468.
Eperon, famille. Voy. Esperon.
Epimachi (fest. sancti), II, 467.
Epinaie (l'), seigneurie, I, XLVIII. C^{ne} de Clavé, D.-S.
Epinal, I, CXVIII. Vosges.
Epiphania Domini, festum, II, 130, 464.
— vigilia, II, 464.
— octava, II, 464.
Episcopus (Bernardus), I, 230.
— (Petrus), notarius domini Partiniaci, I, 382.
Equa Mortua, I, 365. Lieu-dit sis vers Marsais, Vendée.
Eques (Johannes), consocius prioris de Pamprolio, II, 187.
Erancius, obedientiarius de Isernai, I, 326.
Eriçun (Willelmus de), presbyter, I, 382.
Erip, II, 75, 106, 157. Aiript, c^{ne} de Romans, D.-S.
Ermenbertus, I, 23, 26.
Ermenfredus, testis, I, 71.
Ermenfroi, Ermenfredus, abbé de Saint-Maixent, I, LXV, LXVI, 25, 26.
Ermengardis, uxor Abundi, I, 85, 86.
— uxor Godemeri, I, 30.
— uxor Jammonis, I, 50, 51.
Ermengart, ancilla, I, 60.
Ermengaudus, Ermengodus de Ternant, I, 211, 230, 244, 288.
Ermenjo, Ermenjou (Willelmus), miles, II, 31, 47.
— (Willelmus), valetus, II, 62.
Ermenjos (J.), miles, I, XVI; II, 106.
Ermensendis, ancilla, I, 105.
— monacha, I, 165.
— uxor Gerardi, I, 68, 69.

Ermensendis, uxor Gosceranni, I, 191.
— Hermensendis, uxor Willelmi comitis, I, 135, 136, 153.
Ernaudus Meschinus, I, 295.
Ersendis, venatrix, I, 312.
Ersentis, uxor Viviani Brochardi, I, 130.
Ervaut, abbaye, II, 476. Airvault, D.-S.
Escala, mariscus, I, 39.
Escarpil (Petrus), I, 223.
Eschalart (Symon), II, 150 n.
Eschallart (Louis), prévôt-moine de Saint-Maixent, I, CXI.
Eschax (Gauterius), I, 270.
Eschiré, Esturvo, parrochia, II, 41, 94, 147, 222. Echiré, D.-S.
Eschiva, uxor Aimerici de Cursaio, II, 38.
Escofier (Estienne), receveur du don gratuit du clergé, II, 286.
Escolorius (Ugo), I, 237.
Esnanda, Esnepdis, Emmende salina, I, 258, 272 ; II, 63. Esnande, Charente-Inf.
Espagne, royaume, II, 358 n., 362.
— (infante d'), II, 362.
— (roi d'), II, 403.
Espagnols, II, 398, 399, 401, 404, 428.
Espeau (bois de l'), Expautum, I, 204, 205 ; II, 356. C^{ne} de Souvigné, Deux-Sèvres.
Esperon, famille, II, 29 n.
— Esperons (fief aux), II, 97, 150. Moulin d'Epron, c^{ne} de Saint-Martin de Saint-Maixent, D.-S.
— Esperuns, Esperunt, Esperun (Ademarus), I, 184, 186, 200, 201, 202.
— Gauter, I, 285.
— Giraudus, I, 358.
— Experum, Hesperum (Martinus), I, 184, 193, 200, 247, 250, 262, 273, 346, 317, 320, 327, 335, 336, 338, 344, 356.
— (Simon), I, 241 n., 242, 273, 285, 356.
— (Willelmus), monachus, II, 24.
Essars (feodum dau), les Exars, I, LI ; II, 99, 164. Les Essarts, c^{ne} de Souvigné, D.-S.
Essarti, II, 109. Les Essarts, Vendée.
—. dominus. Voy. Chaboz.

Estabilicus, Estabilie, Stabilicus, testis, I, 46 n., 47, 52, 53.

Estampes (comte d'). Voy. Berry.

Estiennot de la Serre (D.), religieux bénédictin, I, xx, xxi n., xxii, lx, lxii, lxiii, lxxxi, lxxxiv, lxxxix, xci, xciv, xcv, xcvi, 8 n., 31 n., 96 n., 156 n., 203 n., 370 n,. 481.

Estivalus, villa, I, 21. Voy. Stivalis.

Estol (molendinum d'), I, 293. *Iteuil, Vienne.*

Estouteville (Guillaume d'), archevêque de Rouen et cardinal, II, 233 n. Voy. Guillaume, cardinal de Saint-Martin.

Esveilequen, Esvelechen (Willelmus), I, 185, 186.

Etang (moulin de l'), seigneurie, I, li. *Cne de Souvigné, Deux-Sèvres.*

Etienne, Stephanus, abbé de Saint-Maixent, I, lxxxiii; II, 95, 109, 113, 114, 120.

— archiprêtre de Saint-Maixent, chanoine de Poitiers, I, cxxi.

— archiprêtre de Saint-Maixent, I, cxxii.

— évêque de Saint-Pons de Thomières, I, lxxxvii.

— faux abbé de Saint-Maixent, I, lxxxii.

— le martyr, pape, II, 457.

— Stephanus, prévôt-moine de Saint-Maixent, I, cx, 65, 183, 184, 185, 193, 198, 200.

— sacristain de l'abbaye de Saint-Maixent, I, cxiii, 238.

— (A.), libraire à Paris, II, 351 n.

Etiennot (D.), bénédictin. Voy. Estiennot.

Eudes, Odo, abbé de Saint-Maixent, I, lxvii, lxviii, lxix, lxx, 43, 44, 48 n.

— Odo, faux abbé de Saint-Maixent, I, lxxix.

Eudes, roi de France, I, 24 n. Voy. Odo.

Eugeniæ (reliquiæ sanctæ), II, 407 n., 308.

Eugenius III, papa, I, 344, 346, 349, 352, 353.

— IV, papa, II, 219, 220, 221, 233.

Eulalie (sainte), martyre, II, 352.

Euphemiæ, virginis (fest. sanctæ), II, 466, 471.

Eusebii, confessoris (fest. sancti), II, 470.

Eustachia, comitissa, I, 112, 113 n., 114.

— uxor Aimerici Theobaldi, II, 59.

Eustachii (fest. sancti), II, 472.

Eutropii (fest. sancti), II, 64.

Eventii (fest. sancti), II, 467.

Evière (abbaye de l'), I, xxvi. *Abbaye d'Angers, Maine-et-Loire.*

Evron, I, cxvii. *Mayenne.*

Evrui (Bertrandus), I, 313.

Evurtii episcopi (fest. sancti), II, 471.

Exaltation de la sainte Croix, (fête de l'). Voy. Crucis.

Exars (les). Voy. Essarts.

Exireuil, Cyreuil, Sirolium, paroisse, I, xlviii, liii, lxxxii, cxx, 257 ; II, 381. *Deux-Sèvres.*

— (curé d'), II, 249.

— (église de saint-Martin d'), I, 257.

Exodum (R. de), comes Augi, frater Hugonis li Bruns, II, 26.

Exoudun, Exodum, paroisse, I, xlviii, lviii ; II, 92, 205. *Deux-Sèvres.*

— archiprêtré, I, cxx.

— (archiprêtres d'). Voy. Aze, Jean.

— Exuldunensis vicaria, I, 43, 89.

Expautum. Voy. Espeau.

Experum (Martinus). Voy. Esperon.

Exulduninsis vicaria. Voy. Exoudun.

Eymond (Madame). Voy. Aymon.

F

Faber (Bernardus), I, 212.

— (Giraudus), I, 251.

Fabiani martyris (fest. sancti), II, 464.

Faia. Voy. Faye.

— (Giraudet de), I, 322.

— (Stephanus de), serviens, II, 25, 48, 51.

Faidi, fief. Voy. Faidy.
— Faidis (Stephanus), homo abbatis Sancti Maxentii, II, 52, 65.
Faidy (Philippe), religieux de Saint-Maixent, II, 335.
Faimbet (Gislebertus), I, 329.
Faiola, terra, I, 249. *Terres sises vers Montamisé, Vienne.*
Faisiprent (Gauterius), II, 31. Voy. Fayssiprent.
Falgerius Clausus, Faugeres Clos, campus, I, 204, 205. *Champs sis vers Garmentier, cne de Souvigné, D.-S.*
Faraon, roi d'Égypte, I, 182.
Fare-en-Brie (curé de). Voy. Boislève.
Fasinus (Gofredus), I, 244.
Faucher (Ambroise), prieur de Saint-Maixent, I, CXVII; II, 355.
Fauchet (Gauffredus), I, 256.
Fauchetières (Mr des), II, 359 n.
Faugere (capellania heredum de), II, 122. *Fougerit, cne de Frontenay, D.-S.*
Faugeré, seigneurie, I, XLIX. *Cne de Goux, D.-S.*
— (terre de), seigneurie, I, XLIX. *Cne de François, D.-S.* Voy. Fougeré.
Faure (Pierre), chancelier du Limousin, I, XXXVI n.
Fausbertus, Fraubertus, frater Ascamberti, I, 20, 21, 23.
Fausseria, II, 107.
Fausti (fest. sancti), II, 469.
Favier (Georges), sieur de la Lambertière, médecin, II, 404.
Faviet (Audebertus), prior Sancti Leodegarii, I, 378.
Faya, II, 118. *P. e. la Foye-Monjau, D.-S.* Voy. Faia.
— (dominus de). Voy. Faye.
— (..... de), II, 97.
Faye, châtellenie, I, XLII, XLIII, XLIX, LII; II, 41, 156. *Cne de Nanteuil, D.-S.*
— (scel aux contrats d'Aubigné et), II, 291.
— (seigneur de), I, XCV; II, 34.
— (André), prieur de Saint-Maixent, I, CXVII; II, 346, 356.
— (Huguet de), II, 157.
— (Johane de), femme de Savari Bataille, II, 88.
— (Philippe de), II, 88.

Faye (Mr), historien, I, 179 n., 180 n., 195 n., 197 n., 236 n., 281 n., 284 n.
— Mourauderie, seigneurie, I, XLIX. *Cne de Nanteuil, D.-S.*
— sur-Ardin, paroisse, I, XLVII, LII. *Deux-Sèvres.*
Fayebretere (la), fief, II, 34, 159 n. *La Fimbertière, cne de Marsais, Vendée.*
Faydi, Faidi, feodum, II, 101, 161.
— notaire à Saint-Maixent, II, 432.
Faydis (P.), II, 101.
Faydy, Faidy (Laurens), religieux de Saint-Maixent et de Saint-Jean-d'Angély, II, 377, 381, 382, 387, 390, 396, 408 n., 413, 416.
— (Thomas), notaire d'Aubigny, II, 289.
— notaire à Saint-Maixent, II, 290.
Fayo (Guillaume), boucher, II, 235, 236.
Fayole, II, 102. *Fayolle, cne de Brûlain, D.-S.*
Fayon (Jehan) le jeune, boucher, II, 247.
Fayssiprens, magister (Willelmus), II, 96.
Fayssiprent (Guillelmus), II, 75. Voy. Faisiprent.
Fazet (A.), subcapellanus Sancti Martini, I, 381.
Fé (feodum dau), II, LI. *Le Fief, cne de François, D.-S.*
Feberrère (la), fief. Voy. Fayebretère.
Feletz (Bernard de), de Phlé, de Phelest, de Pheller, de Seletz, aumônier de l'abbaye de Saint-Maixent, prieur de Maulévrier, abbé de Saint-Jouin-de-Marnes, I, XCII, CXII; II, 233, 242.
— (Pierre de), aumônier de l'abbaye de Saint-Maixent, prieur d'Azay, I, XCII, CXII.
Feliciani martyris (fest. sancti), II, 467.
Felicianus, sanctus, II, 32 n.
Felicis (fest. sancti), II, 469.
— in Pincis (fest. beati), II, 464.
— martyris (fest. sancti), II, 470.
Felicissimi (fest. sancti), II, 469.
Felicitatis (fest. sanctæ), II, 473.

— 527 —

Felicitatis martyris (fest. sanctæ), II, 465.
Felleton, Feltoun (Guillaume de), sénéchal de Poitou, II, 147, 169.
Fenestra, II, 118. *P. e. le Fenestreau, cne du Cormenier, D.-S.* — I, 203. *Lieu dit de la cne de Souvigné, D.-S.*
Fenestre (de la), II, 108.
Fenils. Voy. Feruls.
Fenios (Willelmus de), miles, II, 50.
Féolle (sieur de). Voy. Goguet.
Feotrer (Simon), II, 65.
Fère (Jean de), sous-prieur de Saint-Maixent, I, CXVI.
Ferentin, I, 370. *Ferentino, ville d'Italie.*
Ferger, Fergerius, Férier (Gosbertus), I, 182, 194, 267.
Ferier (Josbertus). Voy. Ferger.
Fermelys (Henri), sous-prieur de l'abbaye de Saint-Maixent, II, 394.
Fenioux, II, 424. *Deux-Sèvres.*
Ferrand, Ferrandus, bibliothécaire de Saint-Maixent, I, CXVI, 379.
— (Jean), chantre de l'abbaye de Saint-Maixent, I, CXV ; II, 328, 330.
— (Jean), prieur de Saint-Maixent, I, CX.
Ferrandière (la), seigneurie, I, LI. *Cne de Soudan, D.-S.*
Ferrère (la), II, 147. *La Ferrière, cne de Fonpéron, D.-S.*
Ferriol. Voy. Ferruyau.
Ferrou (de), Ferru (Jan), II, 203, 204.
Ferruns (Gausters), capellanus Sancti Prejecti, II, 6.
Ferruyau, Ferriol (François), avocat du roi au siège royal de Saint-Maixent, II, 389, 392.
Feruls, villa, I, 117.
Fescamp en Normandie, II, 391. *Fécamp, Seine-Inférieure.*
Fessac (Arnaut de), II, 70.
— (Willelme de), II, 70.
Fessardus (Hugo), I, 295, 296.
Feudry (François), serrurier, II, 273.
Feuvre (Jean de), prieur de Saint-Maixent, I, CX.
Fialon, étudiant de Saint-Maixent, II, 389.

Fidis virginis (fest. sanctæ), II, 472.
Filandre (fief de Th.), seigneurie, I, L. *Cne de Saint-Maixent, D.-S.*
Fillon (Benjamin), historien, I, XVIII, XXII, 77 n.
Firmiliacus, alodus, I, 97.
Flaiacus, villa, I, 22. *Flée, cne de Saint-Benoit, Vienne.*
Flandine, femme d'Hugues Sarpentins, II, 80, 82.
Flandrensis (Giraudus), miles, II, 37.
Flavignaco (Johannes de), II, 131.
Flaviny (Jacques), religieux de Saint-Maixent, II, 362, 364.
Flé (dîmerie de), seigneurie, I, L. *Cne de Saint-Christophe-sur-Roc, D.-S.*
Fleury (Paul de), archiviste de la Charente, I, XCVI.
Florentia, II, 220. *Florence, ville d'Italie.*
Florentiæ virginis (fest. sanctæ), II, 473.
Flori (J.), notaire à Saint-Maixent, II, 205.
Floria, soror Ademarii Austench, I, 340.
Floriaco (Petrus de), I, 188.
Flornac, Florniacus, ecclesia Sancti Remigii, I, LVI, 206, 229, 258. *Fleurignac, Charente.*
— (capellanus de), I, 287.
— obedientia, II, 63.
— parrochia, I, 222.
Florus (Julius), historien, I, XXV.
Floury (Archambaud), receveur de l'abbaye, curé d'Azay, II, 284, 284, 289, 290.
Fluriaco (Petrus de), I, 168.
Foaut (Stephanus), I, 230.
Focaldus puer, I, 148. Voy. Forcaldus de Niorto.
Fochart (bocillum de la), I, 324. *Vers Thairé, Charente-Inf.*
Foilhaus (le), bailliage. Voy. Fouilloux.
Foix, I, 123. *Ariège.*
Folenfant (Joscelinus), I, 129, 131.
Folie (la), seigneurie, I, XLVII. *Cne d'Augé, D.-S.*
Follorasus. Voy. Fouras.
Foluns (forestarius de). Voy. Fouilloux.

Fomum, uxor Johannis Peroart, II, 84.
— uxor Theobaldi Chevaler, II, 85.
Fondelaye, Fondellée (la), Fondesloia, Fons des Lois, Fons Lois, Fons Loys, Fontelois, prieuré, I, LVIII; II, 11, 27, 35, 146, 197, 267, 284, 285, 305. C^{ne} de Thairé, Charente-Inf.
— (obedientiarius seu prior de). Voy. Arnaudus, Bechet, Chastaigner, Garnerius, Silvester, Vierii.
— ecclesia Sancti Maxentii, I, 257.
Fonfoulet, II, 147. Fonfollet, c^{ne} de la Chapelle-Bâton, D.-S.
Fonfrairour, Fonfrairoux, II, 150 n., 279. Fonfréroux, c^{ne} de Souvigné, D.-S.
Fonpéron, Fonperron, Fonspetri, I, XLVIII, CXX, 258. Deux-Sèvres.
— paroisse de Saint-Mesme, I, LIV.
Fons Lois, Fons Loys, Fons des Lois. Voy. Fondelaye.
Fons Ebraudi, II, 17, 18. Fontevrault, Maine-et-Loire.
Fons Petri. Voy. Fonpéron.
Fontaine-le-Comte, abbaye, I, LXXXIII. Vienne.
Fontaines, Fontanas, Fontanella, I. 78. Saint-Martin de Fontaines, Vendée.
— paroisse de Saint-Martin, I, LV, 257.
Fontanele, Fontanelle, Fontenalle (la), I, LI; II, 106, 149, 155. La Fontenelle, c^{ne} de Sainte-Néomaye, D.-S.
Fontanella, villa. Voy. Fontaines.
Fontanyoys (Theobaldus dau), II, 105.
Fontbelle, seigneurie, I, XLVIII. C^{ne} de Baussais, D.-S.
Fontblanche (prieuré de), II, 293.
— (prieur de), II, 293. C^{ne} d'Exoudun, D.-S. Voy. Saint-Gelais.
Font de Lée (la). Voy. Fondelaye.
Fontegrive, fief, I, XLIX; II, 148, 161. Fontgrive, c^{ne} de Prailles, D.-S.
Fontelois. Voy. Fondelaye.
Fontenalle (la). Voy. Fontanele.

Fontenay, Fontenay-le-Comte, Fontiniacus. I, LXXIX, 146 n., 270; II, 67. Vendée.
— castellum, I, 78, 209.
— (sgr de). Voy. Richemont.
— (Harold de), historien, I, LXXXIX.
— (Philiberte de), femme de Pierre de Saint-Gelais, I, XCVI.
— (Pierre de), docteur en théologie, I, CXI.
Fonteneau (D.), religieux bénédictin, I, XV, XVI, XVII, XIX, XX, XXI, XXII, XXIII, XXIV, XXVIII, XXIX, L, LX, LXI, LXIII, LXXII, LXXXV, XCVI, CXVIII, CXIX, 21 n., 35 n., 47 n., 48 n., 50 n., 55 n., 60 n., 70 n., 73 n., 74 n., 88 n., 96 n., 97 n., 101 n., 112 n., 113 n., 118 n., 124 n., 128 n., 131 n., 134 n., 137 n. 139 n., 142 n., 145 n., 147 n., 153 n., 156 n., 169 n., 174 n., 176 n., 179 n., 187 n., 189 n., 193 n., 200 n., 203 n., 206 n., 210 n., 212 n., 215 n., 224 n., 234 n., 235 n., 237 n., 238 n., 259 n., 261 n., 266 n., 268 n., 272 n., 276 n., 277 n., 296 n., 300 n., 302 n., 304 n., 305 n., 307 n., 316 n., 320 n., 322 n., 325 n., 327 n., 330 n., 335 n., 342 n., 344 n., 345 n., 346 n., 349 n., 350 n., 355 n., 358 n, 359 n., 361 n., 377 n., 382 n; II, 8 n., 10 n., 12 n., 15 n., 21 n., 29 n., 31 n., 32 n., 34 n., 66 n., 72 n., 73 n., 75 n., 82 n., 89 n., 95 n., 115 n., 116 n., 124 n., 126 n., 127 n., 130 n., 131 n., 137 n., 144 n., 165 n., 178 n., 179 n., 181 n., 186 n., 222 n., 223 n., 311 n., 344 n., 345 n, 347 n., 359 n., 481, 482, 484.
Fontenelle (la). Voy. Fontanella.
Fonteniou (le), à Fonvérines, seigneurie, I, XLVII. C^{ne} d'Azay-le-Brûlé, D.-S.
Fontevrault, (Ordre de), 339 n., 364 n. Voy. Fons Ebraudi.
Fontiniacus Voy. Fontenay.
Fontis Albi, (prioratus Beatæ Mariæ). Voy. Fontblanche.
Fontis Lois (prioratus). Voy. Fondelaye.

Fontisrupte, palus, I, 76. *Marais vers Surgères, Charente-Inf.*
Fonvérines, Fonverrines, Fontveyrines, fief, I, XLVII ; II, 99, 103, 150, 160. *C^ne d'Azay-le-Brûlé, D.-S.* V. Fonteniou, Jalonnière.
Forain (Bonaventure), lieutenant d'artillerie, I, XXIV ; II, 479.
Forcaldis, Forscaldis, locus, I, 65, 75.
Forcaldus, Focaudus, Focaldus de Niorto. Voy. Fulcaut.
Forcellus, testis, I, 314.
Forco (Guillelmus), I, 305.
Forest (Sgr de la). Voy. Beaumont.
Foresta (Ugo de), II, 97.
Forester (Jeldoinus), I, 147.
Forges (les), feodum, II, 101. *C^ne de Souvigné, D.-S.*
Forien, gentilhomme protestant. Voy. Forain.
Fornerius (Benedictus), I, 251.
Forras. Voy. Fouras.
Fors (feodum de), II, 51.
Forscaldis, locus. Voy. Forcaldis.
Fort (Wauterius de), I, 153.
Forti (Willelmus de), I, 376.
Fortia (M. de), intendant du Poitou, II, 356.
Fortin de la Hoguette (Hardouin), évêque de Poitiers, II, 404, 405 n., 406 n., 408 n., 415.
— archevêque de Sens, II, 415.
Fortis, castrum, II, 101. *Fors, D.-S.*
— villa, I, 164.
— (Aimericus), I, 294, 309.
— (Arveus), I, 263.
— (Guillelmus), I, 293, 294. Voy. Forti.
— (Petrus dictus), vir nobilis, I, 142.
— (Petrus), I, 295, 309.
Forto, monachus, I, 167.
Forton, testis, I, 182.
Fortone (la), femina, II, 106.
Fortons (H. de), II, 106.
Fortranche (sieur de la). Voy. Pavin.
Fortunati episcopi (fest. sancti), II, 474.
— (reliquiæ sancti), II, 407 n.
Foschers (Giraudus), homo ligius abb. Sancti Maxentii, II, 49.
Fosse (bois de la), seigneurie, I, LI. *C^ne de Sainte-Néomaye, D.-S.*

Foucaut, archiprêtre de Saint-Maixent, I, CXXIII.
Foucault, intendant du Poitou, II, 419.
Fouchier, Fulcherius, sous-prieur de Saint-Maixent, I, CXVI, 321, 324.
Fougeré, Faugeré (fief de), seigneurie, I, XLIX ; II, 157. *C^ne de Mougon, D.-S.*
Fouilloux (le), bois, I, LXXXIV. *C^ne de la Mothe-Saint-Héraye, D.-S.*
— (forestarius de), I, 277.
— Foilhau, Foluns (sergenterie du bailliage du), I, XLIX ; II, 96, 97, 150, 156.
Foulques, Fulco, Fulcho, prévôt-moine de Saint-Maixent, I, CX, 250, 283, 294, 297.
Fouquaut (Guillaume), II, 158.
Fouqueré (Michel), lecteur du cours de philosophie, II, 374 n.
Fouquet (Guillaume), sieur de la Varenne, abbé de Saint-Maixent et de Saint-Lomer de Blois, I, CIV ; II, 331.
— famille, I, CV.
Four des pierres (le), seigneurie, I, L. *C^ne de Saint-Maixent, D.-S.*
Fouras, Fourras, Forras, Follorasum, Currasium, I, XXIX, 180 n., 183, 281, 364. *Charente-Inférieure.*
— castrum, I, 179.
— paroisse de Saint-Gaudent, I, LV, 179, 180, 219, 236, 258.
— (prieur de), II, 187, 328. Voy. Arberti.
— prieuré, I, LVIII ; II, 146.
Fournier, Fournyer (Gilbert), receveur de l'abbaye de Saint-Maixent, II, 286, 291, 292, 293.
Fourras, prieuré. Voy. Fouras.
Fourré (Symon), notaire à Saint-Maixent, II, 239.
Foylhus, Foyllos (le). Voy. Fouilloux.
Fradin, étudiant de Saint-Maixent, II, 390.
— (André), II, 160.
— (Catherine), femme de Pierre Baugier, II, 358.
— (Jacques), archiprêtre de Saint-Maixent, I, CXXIII.
Fradinus, testis, I, 186.

Fradinus de Islâ, I, 269.
— Portafais, I, 328.
Fragnea, Fraxenellus, Franel, ecclesia, I, 78 ; II, 7. *Saint Martin de Fraigneau, Vendée.*
— paroisse de Saint-Martin, I, LV, 257.
Fragnée, Fraignée (la), Frasgnea, I, 224 ; II, 147, 356. *C^{ne} de Saint-Martin de Saint-Maixent, D.-S.*
— baillia, II, 98.
Fraigne (le), borderie, I, XLVIII. *C^{ne} de Chantecorps, D.-S.*
Fraignée (la). Voy. Fragnée.
Fraisseignes, paroisse. Voy. Fressines.
Franc(le), II, LI. *Les Francs, c^{ne} de Cherveux, D.-S.*
Français (les), II, 401.
France (la), Francia, Galliarum pagus, I, 123, 125, 127, 132, 183, 224, 337, 358 ; II, 360 n., 362, 399, 428, 439, 457.
— (amiral de). Voy. Joyeuse.
— (chancellerie des rois de), I, 24.
— (chroniques de), II, 456.
— (connétable de). Voy. Richemondæ comes.
— (Couronne de), I, XLI ; II, 21, 172, 173, 252, 459.
— (dauphin de), II, 423.
— (douairière de). Voy. Ecosse.
— (empereurs de). Voy. à leurs noms.
— (fille de), II, 373 n.
— (fils du roi de), II, 253. Voy. Alphonse.
— (lieutenant-général de). Voy. Mayenne.
— (pair de). Voy. Condé.
— partes Francie, II, 173.
— (régent de), II, 178.
— (reine de). Voy. Aliénor.
— (rois de), I, XXXIV, XLII, XLIII, XLIV, 45, 51 ; II, 26 n., 42, 86, 170, 172, 255, 274, 324, 459. Voy. aux noms. des rois.
Franceis Tembaudus, abbas Sancti Leodegarii, I, 378.
Franche-Comté (la), province de France, II, 398, 399.
Francia, Frantia. Voy. France (la).
— (Petrus de), I, 304.
Francis (Gosbertus), I, 184.

Francisci confessoris (fest. sancti), II, 471.
Franciscus Engelbertus, I, 89.
Franco, rusticus, I, 300, 301.
François, cardinal de Saint-Clément, II, 220.
— évêque de Grenoble, I, XC.
— paroisse, I. XLIX. *Deux-Sèvres.*
Francorum imperator, regina, regnum. Voy. France.
Franel (ecclesia Sancti Martini de). Voy. Fragnea.
Franille (Baudoin), sénéchal de Xaintonge, II, 165.
Frapinière, Frappinière (la), seigneurie, I, XLIX ; II, 154. *C^{ne} de Nanteuil, Deux-Sèvres.*
— (Mme de la), II, 429.
— (Sgrs de). Voy. Chevalier.
Frasgnea (campus de). Voy. Fraignée.
Frauberteria de Mazeriis, I, 231.
Fraubertus. Voy. Fausbertus.
Fraxenellus, ecclesia Sancti Martini. Voy. Fragnea.
Freaudus, I, 82.
Fredebaldus, I, 47.
Frédefont, seigneurie, I, XLVIII. *C^{ne} d'Exireuil, Deux-Sèvres.*
Freele (Giraudus), I, 225.
Fregeac (Ambroise), prieur de l'abb. de Saint-Maixent, I, CXVIII ; II, 345, 346, 347, 373, 374 n., 377, 383, 388.
Freibertère (la). Voy. Fayebretière (la).
Freloneres, feodum, II, 32, 51.
Freluns, Fresluns (Tebaudus), II, 32, 51.
Freret (Gaufredus), camerarius abbatis Sancti Maxentii, I, 362.
Fressines, Fraisseignes, paroisse, I, XLIX ; II, 163. *Deux-Sèvres.*
— (dimerie à), seigneurie, I, XLIX.
Fribourg, II, 402. *Grand-Duché de Bade.*
Fridugisus, cancellarius, I, 8.
Frodolcus, sacerdos beati Petri senioris Pictavensis, I, 22.
Frofadus, testis, I, 22.
Frogier, Frotgerius, abbé de Saint-Michel-en-Lherm, I, LXVII.
Froignes (dîme de), seigneurie, I, LI. *C^{ne} de Saivre, D.-S.*
Froinus Haumot, I, 168.

Froment (Gabriel), prévôt de la cathédrale d'Uzès, I, xcix.
Fromondi (Petrus), monachus Sancti Maxentii, II, 143.
Fromundi, Fromunt (Hugo), miles, II, 65, 99.
Fromundus, miles, I, 350, 355.
Frondebœuf (l'hôtel de J.), seigneurie. Voy. Boisragon.
Frontenay, Frontaniacus, I, xxviii, lvi, 107 n. *Deux-Sèvres*.
— archiprêtré, I, lvi.
Fronton, Fruntum, I, 247 n.; II, 6. *Cne de la Chapelle-Bâton, D.-S.*
Frontonis episcopi (fest. sancti), II, 472.
Frotbaudus, I, 328.
— pater Raini, I, 86, 87.
Froter (Gauterius), I, 131, 177.
Froterii, Froterius (Jordanus), I, 222, 223.
— (P.), miles, II, 101.
Froterius, testis, I, 45, 169.
— Belet, I, 237, 295, 309.
— (Petrus), I, 281, 308, 309.
Frotgarius, testis, I, 18.
Frotger (Giraudus), I, 251.
Frotgerius li Franes, I, 171.
Frotharius, testis, I, 52.
Frotherius, Frothier, I, 47 n.
— maritus Ildeburgis, I, 47, 48.
— maritus Sibergæ, I, 66.
— pater Unberti, I, 244.
— testis, I, 20.
— (Ademarus), I, 244; II, 483.
— Belet, I, 243.
— (Jordanus), I, 188.
Frotier, famille, I, 223 n.
Frotmaldus, frater Rotberti, I, 225.
Frotmundus, I, 342.
Frotterius, monachus, I, 275.
Fruchebois (Hugo), I, 376.
Frugier (Berthoumé), menuisier, II, 270, 271.
Fruntum. Voy. Fronton.
— (Gauterius de), I, 247.
Fulcadus (Willelmus), I, 225.
— Fulcaldus, cliens, I, 285.
— genitor Raimbaldi, I, 74.
— monachus, I, 152.
— Fucaldus de Multenbo, I, 167, 168, 236.
Fulcardus, Goffredus, I, 276.
Fulcaudi Elias, I, 226.
Fulcaudus de Castro Cabanneis, I, 188.

Fulcaudus de Salacans, de Salanchans, I, 223, 230, 290.
Fulcaut (David), I, 289, 290.
— Focaldus, Focaudus, Forcaldus de Niorto, I, 326, 327.
Fulchardus de Aifre, I, 164.
— Goffredus, I, 276.
Fulcher (Helias), prepositus de Cogulet, I, 226, 290.
— (Petrus), I, 237.
Fulcherii (Petrus), monachus, I, 318.
Fulcherius, frater Fulcaldi de Multenbo, Fulcherius de Montebo, I, 168, 289, 290.
— monachus, I, 306, 320.
— prior Sancti Severini, I, 264.
— servus, I, 122.
— subprior Sancti Maxentii. Voy. Fouchier.
— (Audebertus), I, 296.
— Cabirannus, I, 214.
— (Helias), I, 296. Voy. Fulcher.
— (Petrus), II, 296.
— (Gi.), homo ligius abbatis Sancti Maxentii, II, 25.
— (Hylarius), civis Pictavensis, II, 73.
— (Petrus), monachus, I, 222, 223, 225.
— (Petrus), prepositus de Cogulet, I, 290.
Fulcho, frater Hugonis comitis Cinnomanensis, I, 78.
— monachus, I, 318.
— prepositus Sancti Maxentii. Voy. Foulques.
— Jordanis. Voy. Fulco.
Fulco, I, 125.
— comes Engolismensis, I, 147.
— consobrinus Cadelonis juvenis, I, 194.
— filius Jordanis Froterii, I, 222.
— monachus, I, 218, 237, 272, 285.
— pater Rainaldi, I, 211.
— pedagiarius, I, 196.
— prepositus monachus Sancti Maxentii. Voy. Foulques.
— preses, I, 287.
— testis, I, 24, 90.
— Grosgren, miles, I, 384.
— Jordan, Jordanus, I, 222, 223, 230, 237.
— Normannus, I, 170.
— (Pretor), I, 295.

Funtenelère (la), II, 52.
Furcy (saint), abbé de Lagny, II, 357.
Furgaut (Hugo), II, 130.
Furgaut (Jacques), licencié ès lois, II, 263, 264.
Fuye (seigneur de la). Voy. Jauseleau.

G

G. Voy. aussi les mots commençant par W.
G. abbas de Absia, II, 50.
— abbas Sancti Maxentii. Voy. Geoffroy II.
— archidiaconus Briocensis, II, 59.
— archiepiscopus Burdegalensis, I, 345.
— decanus Pictavensis, I, 382.
— episcopus Engolismensis, I, 311.
— episcopus Pictavensis, I, 311.
— prior Sancti Maxentii. Voy. Magort.
— testis, I, 265.
— Cornerius, I, 374.
Gabardus, magister, I, 303.
Gai... de Rocha, I, 330.
Gaifart (Ay.), II, 78.
Gaiferius, monachus, I, 56, 57.
Gaiferus, testis, I, 71.
Gaignardus, testis, I, 303.
Gaignart (Gilles), verrier, II, 271, 274, 275.
Gailleules (seigneur des). Voy. Boisgelin.
Gairaudus (Constantinus), I, 341.
Gaisedenarius (Paganus), I, 233.
Gaita (P.), capellanus de Werruia, II, 24.
Galabrunus, gener Bertrandi Evrui, I, 313.
Galbertus, testis, I, 53, 63.
Galentus Boso, I, 249.
Galilée (la). Voy. Saint-Maixent.
Galiot (Guillaume), II, 156.
Galland (Claude), commis des vivres pour l'armée protestante, II, 305, 306.
Galles (prince de). Voy. Edouard.
Galliarum pagus, Gallorum fines, Voy. Francia.
Gallorum rex, I, 340. Voy. Louis VII.

Galterius, fidelis Maengoti de Metulo, I, 116, 117.
— infans, I, 212.
— monachus, I, 163.
— nobilis homo, I, 116.
— servus, I, 122.
— testis, I, 35, 90, 118, 138.
— Chauman, socius obedienciarii Fontis Lois, I, 285.
— de Lengna, I, 224.
— (Johannes), I, 285.
Galzo, testis. Voy. Gaszo.
Gamalielis (fest. sancti), II, 469.
Gand, II, 402. *Belgique.*
Gandoti (Ascho), I, 251.
Ganilea. Voy. Saint-Maixent.
Ganter (Estienne), garde du scel à Poitiers, II, 205.
Garbertus. Voy. Girbert.
Garcin (Ay.), II, 102.
Garda. Voy. Garde (la).
— (Ademarus de), I, 262.
— (Radulfus de), I, 239, 246, 310.
Garde (la), Garda, hébergement, I, xxix, 359; II, 146 n., 254, 279. C^{ne} de Romans, D.-S.
Gardradus, vicarius Salionis, II, 10.
Gargolleau (P.), Gargoleas, Gargolleu, II, 28.
— (Willelmus), II, 26, 30, 32, 33.
Garin, Guérin (Abel), prieur de Saint-Maixent, I, CIX.
Garini (Petrus), II, 96, 97.
— (Ramnulfus), I, 176.
Garinus filius Ramnulfi Garini, I, 243.
— monachus, I, 159, 165, 212, 249, 320.
— prepositus, I, 171.
— puer, I, 161.
— testis, I, 247.
— Barba, Barbe, I, 204, 221.
— Chenet de Niorto, I, 249.
— Cordusos, I, 328.

Garinus de Botnai, I, 246, 247.
— Doet, I, 271.
— (Guillelmus), I, 291.
— (Hugo), I, 341.
— Meschins, I, 251, 329.
— (Ramnulfus), I, 157, 159, 243, 329.
Garis (Johannes), homo ligius abbatis Sancti Maxentii, II, 24.
— (Theobaudus), homo ligius abbatis Sancti Maxentii, II, 24.
Garmentarius, Garmenterius, silvula, I, 203, 204. *Garenne de Garmentier, c^{ne} de Souvigné, D.-S.*
Garnal, testis, I, 279.
Garnaldus, Guarnaldus, monachus, I, 118, 119, 121, 125, 126, 128, 131, 133.
— puer, testis, I, 71.
— testis, I, 45.
— Loripede, I, 191.
— Garnaudus, Garnaldi, Garnau, Garnaud (Petrus), famulus abbatis, I, 273, 285, 294, 295, 304, 315, 317, 318, 321, 335, 336, 338, 339, 364.
— Porcarius, I, 200.
— (Vitalis), I, 246, 278.
Garnaud, Garnaudus (Petrus). Voy. Garnaldus.
Garnellus (Petrus), I, 320.
Garnerii (Petrus), I, 176.
Garnerius, abbas Sancti Maxentii. Voy. Garnier.
— abbas Sanctæ Mariæ, I, 202, 240.
— filius Garini de Botnai, I, 247.
— monachus, I, 163, 174, 198.
— monachus, obedientiarius Fontis de Lois, I, 497.
— nepos Johannis de Rotmant, I, 239.
— testis, I, 41, 158.
— li Peleter, I, 268.
— (Petrus), major Pictavensis, II, 72, 73.
Garnier, Garnerius, Guarnerius, Warnerius, abbé de Saint-Maixent, I, LXXVII, LXXVIII, 213, 214, 216, 217, 218, 219, 221, 222, 223, 224, 227, 229, 230, 231, 232, 233, 235, 238, 239, 241, 242, 243, 244, 245, 246, 247, 264, 270, 277, 280, 282, 292, 310, 319, 325; II, 478.

Garolie (Aimericus), castellanus Sancti Maxentii, I, 349.
— Garolii, Garoille, Garule, Garule (Pierre), archiprêtre de Saint-Maixent, I, LXXX, CXXI, 340, 349, 355, 357, 358, 373; II, 1.
Garran de Balzan (A.), magistrat, II, 442 n.
Garrela (Johanna), femina ligia abbatis Sancti Maxentii, II, 23.
Garrellus, molendinum, I, 233. *Moulin de Garreau, c^{ne} de Marsais, Vendée.*
— (Constantinus), I, 337.
Garule, Garulle (Petrus), archipresbyter Sancti Maxentii. Voy. Garolie.
Gascanolle (Johannes de), sacrista Sancti Maxentii. Voy. Gascougnole.
Gaschet (Père), II, 70.
Gascogne, province de France, I, CXVIII.
— (chancelier de), I, LXXXVII.
Gascognole (... de), II, 97.
Gascoignolle (Johan de), prévôt de l'abbaye de Saint-Maixent. Voy Gascougnole.
Gasconilla, Gasconolia, villa, I, 179, 300, 301 n. *Gascougnolle, c^{ne} de Vouillé, D.-S.*
Gasconolla (Johannes de), monachus Sancti Maxentii, II, 143.
Gascougnole (Jean de), prévôt-moine de Saint-Maixent, I, CXI; II, 183.
— (Jean de), sacristain de Saint-Maixent, I, CXIII; II, 187.
Gascunnere (Gauterius de), capellanus Sancti Prejecti, II, 6.
Gasnachia (Johannes de), monachus, I, 223.
Gasquet (Giraldus), I, 189.
Gastinâ (Longus, Lonus de), I, 321, 322.
— (Petrus de), I, 216, 247.
— (Simo de), I, 273, 276.
Gastine (la), Gastinia, I, 351; II, 425. *Gâtine, petit pays de la province de Poitou.*
— (ressort de), II, 262.
— (seigneurs de), I, LXXIV.
Gastineau, Gastinea (Jean), archiprêtre de Saint-Maixent, I, CXXII.

— 534 —

Gastineau (Jehan), gradué ès arts, notaire à Saint-Maixent, II, 239.
Gastinia. Voy. Gastine.
Gastinelli (Hugo), II, 26.
Gastinellus (Rainglelus), I, 322.
Gastineu (Hugo), miles burgi Sancti Maxentii, I, 379.
Gaszho (Ramnulfus), I, 111.
Gaszo, Galzo, testis, I, 35, 45.
Gathelo. Voy. Cathalo.
Gatinuns (Otbertus), I, 294.
Gaubaut (Jehan), II, 157.
Gaucher, II, 112.
Gaucherius, testis, I, 298.
— (Lambertus), I, 224.
Gaudence (sainte), martyre, II, 352.
Gaudentius (sanctus), I, 182.
— festivitas sancti, II, 64, 470.
Gaudinus, I, 295.
— testis, I, 285.
Gauffredus, cantor Pictavensis, I, 302.
— frater Willelmi comitis Pictavensis, I, 138.
— testis, I, 72.
— Fauchet, I, 256.
Gauffridus, Gofredus. Voy. Woffredus.
Gaufredus, Gauffredus, Gaufridus, Goffredus, abbas Sancti Maxentii. Voy. Geoffroy I et II.
— eleemosinarius Sancti Maxentii. Voy. Rochefort.
— silvanus, I, 121.
— testis, I, 160.
— vicecomes Thoarci, I, 121.
— Aufre. Voy. Waufredus.
— Freret, camerarius abbatis Sancti Maxentii, I, 362.
Gaufridus, abbas Malliacensis, I, 249.
— archiepiscopus Burdegalensis, I, 353.
— cantor Pictaviensis, I, 232.
— cellerarius Sancti Maxentii. Voy. Geoffroy.
— filius Porteclie, dominus Mausiaci, II, 40.
— prior Vetrinarum, II, 37.
— de Rancone, baro, I, 346.
— de Rocheforth, eleemosinarius Sancti Maxentii. Voy. Rochefort.
Gaufroz (Petrus), gener Moineti, I, 354.

Gauguenht (Humbertus), I, 312.
Gauraut (Hugo), I, 294.
Gausbert. Voy. Gausbertus.
Gausbertus, fidelis vir, I, 28.
— testis, I, 25, 26, 69, 71.
Gauscelinus, testis, I, 128.
— de Marciaco, I, 233.
— (Josbertus), I, 152.
Gauscelmus, vicarius, I, 26.
Gausfredus, frater abbatis Goffredi, I, 327
Gausterius de la Gascunnère, capellanus Sancti Prejecti, II, 6.
Gausters Ferruns, capellanus Sancti Prejecti, II, 6.
Gauterinus, filius Hilarii, I, 271.
Gauterius I, 132.
— avunculus Aimerici Bislingueas, I, 216.
— capellanus de Vultrone, I, 325.
— cellerarius Sancti Maxentii. Voy. Gautier.
— cliens de Mota, I, 207.
— famulus, I, 377.
— filius Ademari Froterii, I, 214.
— filius Albuini, I, 131.
— frater Andreæ de Verrucâ, I, 244.
— frater Morandi, I, 280, 281.
— infans, I, 159.
— magister, I, 334.
— monachus, I, 152, 159, 167, 189, 225, 270, 275, 277, 281.
— monachus Cluniacensis, I, 337.
— nepos Martini Esperuns, I, 247.
— parens Rainaldi, I, 187.
— presbyter, I, 247, 262.
— puer, I, 161, 165.
— sacrista Sancti Maxentii. Voy. Gautier.
— subprior Sancti Maxentii. Voy. Gautier.
— testis, I, 50, 162, 198, 266.
— venator, I, 294.
— Achon, I, 350.
— Audebertus, I, 244.
— Boni, I, 285.
— Buceus, II, 11.
— Burzans, forestarius, I, 177.
— Buzanel, I, 212.
— Chauvet, I, 228.
— Chosinan, monachus Sancti Maxentii, I, 297.
— Corona, I, 327.
— Crechet, I, 224.
— de Brolio, I, 296.

Gauterius de Fruntun, I, 247.
— Eschax, I, 270.
— Esperon, I, 285.
— Froter, I, 131, 177.
— Geila, I, 299.
— Gibo, I, 285.
— Goslenus, I, 194, 281.
— (Johannes), I, 272, 273, 310.
— Stultus, II, 475
— Josleni, I, 336.
— Vilans, I, 277.
Gauters (Phelipom), II, 162.
Gauthier de Bruges, évêque de Poitiers, I, cxx, 146 n.
Gautier, Gauterius, cellerier de Saint-Maixent, I, cxiv, 256, 270, 271.
— sacristain de Saint-Maixent, I, cxiii, 383, 384.
— sous-prieur de Saint-Maixent, I, cxvi, 283.
— (Jehan), II, 162 n.
Gauvain, filius Arneudis, I, 274.
Gauvant (Johannes), I, 357.
Gauveri relicta, II, 100.
Gauzbertus, avunculus Girberti, I, 62.
— monachus, I, 56.
— monachus (autre), I, 56.
— Gausbertus, testis, I, 22, 33, 61, 67, 70.
Gauzcelmus, testis, I, 27.
— vicarius, I, 30.
Gauzfredus, testis, I, 24, 27.
Gauzfridus. Voy. Gosfredus.
Gavius (Guillelmus), monachus, I, 225.
Gayssons (Guillelmus), II, 102.
Gazea (Jehan), II, 163.
Gazenogilus, Gazenolius, I, 264, 311. *Jazeneuil, Vienne.*
Geauffroy, secrétaire du roi, II, 263.
Gedoinus, filius Aimerici de Cursaio, II, 38.
Geila, uxor Cadeloni, vicecomitis, I, 26.
— (Gauterius), I, 299.
Gelasius II, papa, I, 266, 294.
Geldoinus, senior castri Pertiniaci, I, 211.
Gelduinus, filius Raimundi, I, 214.
— filius Viviani Broca, I, 122.
— Paganus, I, 270.
Gelinus (Petrus), I, 288.
Gelmodac, I, 255. *Gemozac, Charente-Inférieure.*

Gemo, testis, I, 25.
Genesius, monachus, I, 107.
Genovefæ virginis (fest. sanctæ), II, 465.
Gentrai, mons, I, 328. *Gentray, c^{ne} de Saint-Martin de Saint-Maixent, D.-S.*
Geoffroy, abbé des Châteliers, I, lxxxiv.
— I, de Romans, Goffredus, Goffridus, abbé de Saint-Maixent, I, xxv, xxvi, lxxix, lxxx, 242, 250, 251, 252, 253, 254, 255, 256, 257, 261, 262, 263, 264, 272, 274, 275, 276, 277 n., 279, 281, 282, 285, 286, 287, 292, 293, 294, 295, 297, 298, 299, 300, 301, 302, 304, 306, 307, 309, 312, 314, 316, 317, 319, 321, 323, 325, 328, 329, 330, 331, 332, 333 n.; II, 483.
— II, Vendier, abbé de Saint-Maixent, I, xxx, lxxxii; II, 26, n., 49, 52, 53, 55, 63. Voy. Gaufredus.
— II, archevêque de Bordeaux, I, lxxiv, 134 n ; II, 46, 47, 65.
— III de Loroux, archevêque de Bordeaux, I, 345.
— (Guillaume), Gaufridi, archiprêtre de Saint-Maixent, I, cxxii.
— Gaufridus, cellerier de Saint-Maixent, I, cxiv; II, 39.
— fils du roi d'Angleterre, I, 377.
— frère de Geoffroy, abbé de Saint-Maixent, I, lxxix.
— prieur de Saint-Maixent, I, cix, 263.
Georgii martyris (fest. sancti), II, 466.
Geraldi confessoris (fest. sancti), II, 472.
Geraldus, filius Beraldi, I, 149.
— monachus, I, 54, 165.
— Geraldus, testis, I, 29, 46 n., 47, 55.
— Cocu, I, 184.
Gérard, évêque d'Angoulême. Voy. Girardus.
— (François), archevêque de Bordeaux, II, 315.
Gerardus, maritus Ermensendis, I, 68, 69.
— testis, I, 25, 29, 55.
Gérault (Jean-François), religieux de Saint-Maixent, II, 369 n., 371 n.

Gerbaudus, testis, II, 25.
Gerbert, Gerbertus, prévôt-moine de Saint-Maixent, I, LXXVI, CX, 149.
Gerbertus, abbas Sancti Maxentii. Voy. Girbert.
Gérentes (Barthélemy), sous-prieur de Nouaillé, II, 413.
— (Gabriel), visiteur de la Congrégation de Saint-Maur, II, 433.
Gererius, testis, I, 31.
Germani episcopi (fest. sancti), II, 467, 469, 471.
Germerii episcopi (fest. sancti), II, 467.
Germond, Germont, I, LII, CXX; II, 94, 147, 221. *Deux-Sèvres.*
Geronna, I, 13. *La Gironde, fleuve.*
Gerorius, testis, I, 24, 27, 30.
Gerson (Thomas de), archiprêtre de Saint-Maixent, I, CXXII.
Gervasii martyris (fest. sancti), II, 468.
Gervasius, frater Symonis de Verrucâ, I, 211, 241.
— de Précigné, miles. I, 384.
Gibo (Gauterius), I, 285.
Gibonna, I, 268.
Gicherius, I, 25. Voy. Rautrannus.
Giffons, Griffons (des) II, 157. Voy. Praher.
Gilbert de la Porrée, évêque de Poitiers. Voy. Gislebertus.
Gilbertus, Girbertus, Girbert, monachus, I, 118, 121, 125, 128, 130, 133, 136, 138.
Gildasii abbatis (fest. sancti), II, 465.
Gilebertus, episcopus Pictavensis. Voy. Gislebertus.
— Lobet, I, 307.
— (P.), de Bennait, I, 374.
Gilelelmus Normannus, I, 284.
Gilibertus, I, 22.
Gillebertus Grosgren, I, 298.
Gillelmus, cancellarius, I, 176.
Ginemarus, monachus, I, 51, 121.
— testis, I, 45.
Giraldus, diaconus, I, 182.
— filius Gofredi de Gordone, I, 177.
— filius Raimundi, I, 135.
— frater Ucberti, I, 419.
— monachus, I, 152, 173, 188, 212.
— pater Rainaudi Talamunt, I, 285.

Giraldus presbyter, I, 174, 187.
— scriptor, I, 204.
— Geraldus, Girardus, testis, I, 52, 61, 62, 63, 67, 70, 138.
— vicarius de Carbis, I, 168.
— (Ademarus), monachus, I, 219.
— Cocus, Coquus, I, 467, 488, 201.
— de Gordun, I, 195, 199.
— de Rigaudem, presbyter, I, 335.
— de Suel, I, 167.
— de Talaise, I, 168.
— Gasquet, I, 189.
— Longus, I, 190.
Girard (saint), abbé, II, 352.
— de la Borna (Antoine), évêque de Poitiers, II, 430, 432.
Girardus, capellanus de Cloué, II, 28.
— episcopus Engolismensis, legatus Romanæ ecclesiæ, I, 251 n., 265, 290, 296, 318 ; II, 315 n.
— Gerardus, filius Girberti, I, 62, 63.
— monachus, I, 157.
— pater Mariæ, I, 328.
— sacerdos, I, 58.
— testis, I, 69, 125, 202, 207.
— Audebertus, I, 278.
— Coccus, I, 138.
— Curel, I, 167.
— (Petrus), I, 295.
Giraud, Giraldus, Girardus, Giraudus, prieur de Saint-Maixent, I, CIX, 190, 192, 194, 197, 198, 199, 200, 201, 206 208, 211, 213, 215, 216, 217, 218, 221, 230, 233, 235, 238, 239, 248.
Giraudea (Jehan), prêtre, II, 153 n.
Giraudeau (Jehan), procureur des habitants de Saint-Maixent, II, 225.
Giraudet de Faia, I, 322.
Giraudi (Petrus), presbyter, I, 318.
Giraudola de Lascoz, cliens, I, 222, 224.
Giraudus, I, 34.
— capellanus de Brolio, II, 37.
— capellanus Vraci et Florniaci, I, 229.
— cliens Ugonis de Tusca, I, 247.
— filius Aimerici de Sala, I, 270.

Giraudus, filius Fulcherii de Montebo, I, 289.
— monachus, I, 265, 271.
— nepos S., prioris de Azaio, homo ligius abb. Sancti Maxentii, II, 49.
— presbyter, I, 189, 296.
— presbyter Sermocinatorum, I, 250.
— prior Sancti Maxentii. Voy. Giraud.
— testis, I, 176, 247, 266.
— Ademarus, I, 290.
— Audebertus, I, 229, 241, 273, 276, 289.
— Barbe, I, 169.
— Bego, I, 230.
— Berlai, baro, I, 346.
— Bordet, I, 379, 380.
— Carmenol, Charmenol, I, 276.
— de Bungunt, I, 239.
— de Lanoe, I, 356.
— de Mosol, I, 352, 359, 365.
— de Rigaudanâ, I, 332.
— de Romans, II, 107.
— de Vulliaco, I, 253.
— Esperuns, I, 358.
— Faber, I, 251.
— Freele, I, 225.
— Frotger, I, 251.
— Permans, I, 317.
— Quentin, I, 289.
— Rotberti, I, 222, 223, 225, 226.
— Triasnum, I, 288.
— Ulricus, I, 230.
Giraut (Hugues), procureur du comte de Poitou, II, 207.
— (Johan), II, 163.
— (Johan), fils de Johan, II, 163.
Girberga, ancilla, I, 105.
— uxor Dragonis, I, 57, 58.
— uxor Robberti, I, 59, 60.
Girbert, Girbertus, Gerbertus, Garbertus, Gislebertus, Albertus, Guibertus, clericus, abbé de Saint-Maixent, I, LXVI, LXVII, LXVIII, LXIX, LXX, LXXII, LXXIV, 28, 38, 42, 53, 54, 57, 59, 64, 65, 66, 68.
— (Pierre), archiprêtre de Saint-Maixent, I, CXXI, 297, 373.
— prévôt-moine de Saint-Maixent, I, CX, 163, 166.
Girbertus, abbas, archipresbyter, prepositus Sancti Maxentii. Voy. Girbert.

Girbertus, cliens, I, 207.
— episcopus in Engolisma, I, 251. Voy. Gérard.
— frater Aiteldis ? I, 93.
— frater Bertholomei, I, 138.
— filius Gosceranni, I, 191.
— filius Guirate, I, 138.
— filius Rohonis, I, 212.
— laicus, I, 166.
— maritus Christinæ, I, 61.
— monachus, I, 103, 148, 163, 165, 176.
— (autre), I. 103.
— nepos Bernardi, I, 103.
— prepositus, I, 79.
— presbyter, I, 138.
— servus, I, 122.
— testis, I, 35, 100, 111, 122, 129.
— (Andreas), I, 254.
— de Baisinia, I, 332.
— de Capella, I, 306.
— de Montiniaco, I, 159.
— de Senol, I, 268.
— de Ulmellum, I, 119.
— de Vetrinis, I, 172, 183.
— Goscerannus, I, 306.
— Grassin, testis, I, 123.
— (Herbertus), I, 337.
— Girberti (Petrus), I, 253, II ; 10, 298, 306, 309.
— (Ramnulfus), II, 10.
— Rebolet, I, 324.
— Rufus, I, 231.
— Serviens, I, 157, 201.
— Venderius, cliens, I, 216.
Giret Aleart, I, 191.
— (Jean), prêtre, II, 295, 296, 297, 298.
Girodias (François), prieur de Saint-Maixent, I, CXIX.
Girouard, sculpteur, II, 420.
Gisbertus, testis, I, 162.
Gisleardus, testis, I, 21.
Gislebertus, abbas Sancti Maxentii. Voy. Girbert.
— clericus, I, 93,
— dapifer, I, 244, 263, 264.
— I, episcopus Pictavensis, I, 79, 91, 92.
— II, Porrea, episcopus Pictavensis, I, 311 n., 340, 341, 342, 350, 352, 353.
— filius Audeberti de Pampro, I, 270.
— frater Goffedi Rebochet, I, 282.
— frater Johannis, I, 144.

— 538 —

Gislebertus maritus Ainæ, I, 81, 82.
— pater Hugonis Lobet, I, 327.
— scriptor, I, 130.
— testis, I, 90, 217.
— vicarius, I, 122.
— Bernardus, I, 224.
— de Voluria. Voy. Guillebertus.
— Faimbet, I, 329.
— Grosgrenz, I, 251, 283, 309, 328.
— (Guillelmus), episcopus Pictavensis. Voy. Guillelmus.
— Lupus, I, 121.
— Porrea, episcopus Pictavensis. Voy. Gislebertus II.
— (Willelmus), I, 286, 287.
Gislenus, testis. I, 31.
Gisler (Jehan), II, 154 n.
Givetus, I, 324.
Gobinea (Jehan), II, 149.
Gocelmus (B.), I, 307.
Goddefredus, Godefredus, sacerdos, I, 46, 47.
Godefredus, testis, I, 29.
Godemerus, maritus Ermengardi, I, 30.
Goderan, Goderannus, évêque de Saintes, abbé de Maillezais, I, LXXVII, 155, 156 ; II, 347, 482.
Godfredus Rotbertus, I, 275.
Godinus, testis, I, 29.
Godobaldus, Godubaldus, testis, I, 23, 26.
Goea (la), feodum, II, 83. P.-e. la Groie, cⁿᵉ d'Oulmes, Vendée.
Goffredus I, Goffridus, abbas Sancti Maxentii. Voy. Geoffroy I, de Romans.
— II, abbas Sancti Maxentii. Voy. Geoffroy II, Vendier.
— comes Pictavorum. Voy. Guillaume VI.
— eleemosinarius Sancti Maxentii, I, 315.
— filius Goffredi Rotberti, I, 225, 226.
— filius Ugonis militis, I, 133, 185.
— frater Aldeberti, I, 168.
— frater Stephani de Sernac, I, 224, 230, 265.
— Gofredus, monachus, I, 224, 225, 229, 271, 285, 286.
— monachus, puer, I, 248.
— nepos Goffredi Rebochet, I, 282.

Goffredus, obedienciarius (de Cogulet), I, 289.
— pater Loni, I, 169.
— prior Sancti Maxentii. Voy. Geoffroy,
— testis, I, 256, 329.
— vicecomes, I, 37.
— Audemandus, Audemant, I, 284, 285.
— Arboluta, I, 309, 310.
— Bertrannus, 1, 238.
— Carnotensis, legatus, I, 341.
— Costantinus, I, 286, 287.
— de Canybis, I, 168.
— de Mota, I, 230.
— de Rothmantio, I, 222, 223.
— de Sancto Maxentio, I, 195, 210.
— de Taslai, I, 207, 216.
— Fulcardus, Fulchardus, I, 276.
— Jordani, I, 222, 223, 224.
— Nanus, I, 230.
— (Petrus), I, 323.
— Rebochet, I, 281.
— Reburche, I, 243.
— Robertus, Rotbertus, I, 225, 226, 230, 264, 286, 287.
— Rudea, Rudes, I, 291, 326, 331.
— Ruesfos, monachus, II, 6.
— Salpe, Salpeius, I, 252, 254.
— Venderius, I, 325.
— Voladair, I, 192, 252.
Gofredus, avunculus Cadelonis juvenis, I, 194.
— cantor, I, 214.
— comes Pictavis, dux in Aquitania. Voy. Guillaume VI.
— filius Ademari Esperuns, I, 201, 202.
— filius Gelduini, I, 214,
— frater Giraldi prioris, I, 208.
— puer, I, 195.
— Arbolutus, I, 239, 240.
— de Gordone, I, 177.
— Fasinus, I, 244.
— Motesii, aliàs Motesu, I, 176.
— Villanus, I, 220.
Gofridus, filius Ugonis (de Leziniaco ?) I, 140.
Gogué (Hilaire), sieur de Bois-des-Prés, procureur du roi au siège royal, maire de Saint-Maixent, II, 404, 405.
Goguet (Hilaire), sieur de Féolle, II, 429.
— (Mʳ), [sénateur des Deux-

— 539 —

Sèvres, notaire à Saint-Maixent, I, LXXII.
Goiffredus, testis, I, 130.
Goize, seigneurie, I, XLVII. C^{ne} d'Aigonnay, D.-S.
Gometramnus Rometar, scriba, I, 18.
Gonaudi (Johannes), miles, II, 34. Voy. Gorjaudi.
Gonbaldus, I, 29.
Goncionus, I, 34.
Gondent, servus, I, 105.
Gondradus, frater Johannis, I, 94, 95.
Goniaut (Jehan), clerc, garde du scel à Saint-Maixent, II, 218.
Gonsadrannus, testis, I, 17.
Gontardus, monachus, I, 56.
— testis, I, 71.
Gontart, testis, I, 60.
Goos, ecclesia. Voy. Goux.
Gordiani (fest. sancti), II, 46.
Gordo, Gordom, Goyrdon. Voy. Gordon.
Gordon (Arquenbaldus de), I, 173.
— (Aimericus de), valetus, II, 98, 99, 104.
— (Gaufridus de), miles, II.
— (Giraldus de), I, 195, 199.
— (Gofredus de), I, 177.
— (Johannes de), I, 306.
— (Pierre de), chevalier, II, 155.
— (Willelmus de), miles, I, 306, 353, 365; II, 31, 51.
— (Wautfredus de), I, 148.
Gordonus, Gordonensis (Johannes), I, 217, 218, 235, 273.
Gordun. Voy. Gordon.
Gorgonii martyris (fest. sancti), II, 471.
Gorjaut, Gorjaudi (Johannes), II, 34 n.
Gornau (Johannes), I, 356.
Gorret (Guillelmus), I, 253.
Gorrichon (Ay.), II, 78.
Gosbert, Gosbertus, prévôt de Montamisé, I, 174, 183.
Gosbertus, canonicus Pictavensis, I, 303.
— colibertus, I, 144.
— decanus Pictavensis, I, 302.
— monachus, I, 278.
— testis, I, 55, 57, 100, 103.
— Ainardus, I, 273.
— Ferger, Fergerius, I, 194, 267.
— Franciscus, I, 484.

Gosbertus Raimundus, I, 281.
Goscelin de Parthenay, Goscelinus, archevêque de Bordeaux, I, LXXIV, 175.
Goscelinus, I, 241.
— fidelis Emenonis, I, 127.
— miles Goscellini de Liziaco, I, 263.
Goscellinus de Liziaco, I, 263, 264, 279.
— Marscallus, I, 275. Voy. Goscelmus.
Goscelmus, archidiaconus Sanctonensis, I, 255, 292, 293.
— filius Aimerici, I, 171, 172.
— filius Garini de Botnai, I, 247.
— frater Bertranni, I, 279.
— infans, I, 186.
— presbyter, I, 264.
— prior Sancti Leodegarii Pictavensis, I, 305.
— puer, I, 169, 172.
— testis, I, 45, 138.
— Belli Podii, I, 211.
— (Bernardus), I, 217, 235, 298, 309, 317.
— Borrucun, I, 250.
— (Constantinus), I, 186, 199, 233, 243, 246, 293.
— Daient, I, 173.
— Marcallus, Marscal, Marsquallus, I, 217, 233, 248, 255, 272, 301.
— Pastet, monachus, I, 324.
— (Petrus), I, 358.
— (Ugo), I, 165.
Goscerannus, filius Gosceranni, I, 191.
— juvenis, I, 306.
— (Girbertus), I, 306.
— Petrus, I, 191.
Gosfredus, abbas Sancti Maxentii. Voy. Geoffroy I.
— Gausfredus, comes, vitricus W., ducis Aquitanorum, I, 127, 128, 133.
— frater Willelmi comitis. Voy. Guillaume VI.
— testis, I, 125.
— Normant, II, 4.
Gosfridus de Gurdun, I, 140.
Goslen, Goslenus, abbé de Saint-Liguaire, I, LXXV.
Goslenus (Ademarus), I, 246.
— Bequet, I, 190, 194.
— (Gauterius), I, 194, 281.

— 540 —

Gosthaldus, pater Guillelmi, I, 220, 221.
Got (Bertrand de), archevêque de Bordeaux, I, LXXXV.
Goteri (fest. sancti), II, 467.
Gotman Aymericus, I, 154.
Gots (les), II, 454.
Gouffier, Gulferius, Gualfert, Wulferius, abbé de Saint-Maixent, I, LXXIII ; II, 316.
— (Louis), chanoine de la Sainte-Chapelle, conseiller au Parlement, abbé de Saint-Maixent, I, XCIV ; II, 268.
— (Pierre), abbé de Saint-Maixent et de Saint-Denis, prieur de Saint-Julien-le-Pauvre, I, XCV.
— famille, I, XCV.
Gourdon, seigneurie, I, LI, XCV. C^{ne} de Souvigné, D.-S.
Gourville (le seigneur de), II, 291.
Goustimenil, Goutiménil (René), prieur d'Azay, II, 410, 418.
Goutars (Michel), II, 163.
— (Nicholas), II, 163.
Gouthière (Pierre), religieux bénédictin, II, 422.
Goux, paroisse, I, XLIX. Deux-Sèvres.
— Goos, ecclesia, I, 90, 91, 92.
Goy (Georges), métayer de Valettes, II, 279.
Goyon (fief), seigneurie, I, L. Ancien fief sis c^{ne} de Saint-Maixent, D.-S.
— (Pierre de), chevalier. Voy. Gordon.
Gozfridus, testis, I, 79.
Gracien (Pierre), clerc, garde du scel à Saint-Maixent, II, 204.
— (Pierre), avocat, II, 216.
Grandsaigne (François de), prieur de Saint-Maixent, I, CXVIII ; II, 435.
Grange d'Oyrec (la), herbergement, II, 146. La Grange-d'Oiré, c^{ne} de Souvigné, D.-S.
Granges (les), II, 99. Les Granges, c^{ne} d'Exireuil, D.-S.
Granil (Pierre), chantre de Saint-Maixent, I, CV.
Granry, château, II, 419. C^{ne} d'Aigonnay, D.-S.
— (S^{gr} de). Voy. Meillac.
Grant-Vau, molendinum, I, 347.

Moulin de Grand-Vau, c^{ne} d'Exoudun, D.-S.
Granzai (Bernardus), I, 272.
Gratun (Willelmus), I, 182.
Gray, II, 397. Haute-Saône.
Greffier, hospitalier, II, 437.
— notaire à Saint-Maixent, II, 339, 341, 342.
— (René), sieur de Touvois, maire de Saint-Maixent, lieutenant-général au siège royal, II, 394.
Grégoire VII, pape, I, 156 n., 162, 163, 164, 165, 175.
— XI, pape, II, 179.
— XII, pape, I, XCI.
— XIII, pape, I, CII.
— de Tours, historien, I, XXXIX.
Gregorii (fest. sancti), II, 74.
— episcopi (fest. sancti), II, 473.
— papæ (fest. sancti), II, 466.
Gregorius Aldebrandus, papa. Voy. Grégoire VII.
— papa. Voy. Innocentius II.
Grelart (feodum), II, 5.
Grenoble (évêque de). Isère. Voy. François.
Grezilion, villa, I, 49. Gremillon, c^{ne} de Marigny-Brizay, Vienne.
Griffier (Louis), faux abbé de Saint-Maixent, I, XCV.
— (Vincent), charpentier, II, 289.
Grimaldi de Monaco (Honoré-François de), chanoine de Strasbourg, archevêque de Bezançon, abbé de Saint-Maixent, I, XVII, CVII ; II, 448 n., 484.
Grimaud, curé de Secondigny, I, 426.
Grimaudus, testis, I, 67, 68.
Grimoard (Guillaume), chantre de l'abbaye de Saint-Maixent, I, CXV.
— (Grimoaldus), évêque de Poitiers, I, 314 n., 335, 336, 339.
— (Lucien), écuyer, sacristain de l'abbaye de Saint-Maixent, prieur de Mons, I, CXIII ; II, 303, 304.
Grinbertus, testis, I, 59.
Groæ, I, 245. La Groie, c^{ne} de Saint-Martin de Saint-Maixent, D.-S.
Grogrenère (la), vicus, II, 105.
Groia, terra, I, 187. Ténement de la c^{ne} de Romans, D.-S.
Groies (Guillaume des), II, 159 n.
— (Pierre des), II, 159.
Grois (Madame des), II, 437.

— 541 —

Grois (Willelmus Abrios vel de), II, 52.
Groles (les), II, 146.
Gros (Radulfus), I, 164.
Grosbertus, testis, I, 59.
Grosbois, Grosboys, feodum, II, 99. *Grosbois, c^{ne} de Prailles, D.-S.*
— (seigneur de). Voy. Thebault.
— silva, I, 258.
Groseliers (les), Groselerii, Grosleri, Grozeleri, I, LI, CXX; II, 94, 147, 221. *Deux-Sèvres.*
Grosgren (Fulco), miles, I, 384.
— Grosgrent, Grosgrenz (Gillebertus), I, 251, 283, 298, 309, 328.
— (P.), valetus, II, 62.
— (Rainaldus), I, 140, 177.
— (Symo), miles, II, 62.
Grospan, testis, I, 125.
— Grossus Panis (Rainaud), Rainaldus, prieur de Saint-Maixent, I, CIX, 136, 149, 154, 155, 158, 159, 163, 165, 168, 169, 170, 172, 173, 176, 182, 190, 278.
Grosset (Arnaudus), I, 200.
— (Hugo), II, 13.
Grossetus, pistor, I, 188.
Grossin, Grossins (Hugo), serviens, II, 39, 72.
— (Willelmus), II, 72, 73, 76, 78.
— (Willelmus), filius Willelmi, II, 72.
Grosso (Tetbaudus), I, 158.
Grossus (Girbertus), I, 123.
— (Radulfus), I, 150, 199, 202, 206, 229.
— (Tetbaudus), I, 162.
— Panis (Rainaldus). Voy. Grospan.
Grousgrain, fief, II, 154. P.-e. la *Burgaillerie, c^{ne} de Saint-Martin de Saint-Maixent, D.-S.*
Grouzon (pré du), seigneurie, I, L. *C^{ne} de Saint-Maixent, D.-S.*
Groye (la), Groyes (les), près Ulmes, fief, II, 106, 146, 159. *Grois, c^{ne} d'Oulmes, Vendée.*
— (Stephanus dau), I, XVI ; II, 106.
Grozelers, Grozeliers (les). Voy. Groseliers.
Gualfert, abbé de Saint-Maixent. Voy. Gouffier.
Guarelli (L.), II, 53.
Guarellus vel Chausea (R.), II, 52.

Guarius (J.), homo ligius abb. Sancti Maxentii, II, 48.
Guarnaldi (P.), I, 349.
Guarnaldus. Voy. Garnaldus.
Guarnerius. Voy. Garnerius.
Guarte (P.), II, 50, 51.
Guazellus (Constantinus), II, 51.
Gudinus, I, 84.
Gué, (paroisse de Saint-Martin du), I, LV. *C^{ne} du Gué de Veluire, Vendée.*
— de Veluire (le), paroisse, I, LII. *Vendée.*
Gueline (Jeanne), métayère de la Garde, II, 279.
Guerche (vicomte de la), gouverneur du Poitou, II, 311, 313.
— (veuve du vicomte de la), II, 312.
Guérin (saint), II, 360 n.
— (Abel). Voy. Garin.
— (André), religieux bénédictin, II, 426.
— (Paul), archiviste aux Archives nationales, I, XXI ; II, 21 n., 54 n., 60 n., 84 n., 113 n., 114 n., 123 n., 124 n., 134 n., 135 n., 136 n., 137 n, 139 n., 142 n.
— (Pierre). II, 150.
Guérinet (Jacques), chantre de l'abb. de Saint-Maixent, I, CXV; II, 340, 341.
Guerreas (Hugo), homo ligius abbatis Sancti Maxentii, II, 22.
Guerrier (Jean), maître de théologie à l'abbaye de Saint-Maixent, II, 428, 431.
Guerruces (dimerie des), seigneurie, I, XLVIII. *C^{nes} de Clavé, Exireuil, Nanteuil, Saint-Eanne, Soudan, Deux-Sèvres.*
Guerrut, testis, I, 307.
Guet (le), seigneurie, I, XLVIII. *C^{ne} de Brelou, D.-S.*
Guibert (Louis), historien, I, XXXVI n.
Guibertus, abbas Sancti Maxentii. Voy. Girbert.
Guidbertus, Guilbertus, testis, I, 46 n., 47.
Guido, dux Aquitaniæ. Voy. Guillaume VI.
— filius Calonis de Rupeforti, miles, II, 39.
— miles de Castro Ternant. Voy. G. de Ternanz.

Guido, monachus, I, 154.
— pater Ademari de Rochâ, I, 265.
— prepositus Sancti Maxentii. Voy. Guy.
— Arnaldus, I, 159.
— Barabinus, I, 254.
— Caiaco, II, 10.
— David, Davit, I, 223, 230.
— Roca, de Rocha, miles, I, 225, 230.
— de Ternanz, miles de Castro Ternant, I, 241, 288; II, 6.
— Escolorius, I, 237.
Guierche (vicomte de la). Voy. Guerche.
— (madame de la). Voy. Guerche, Jay.
Guigneraie (la), seigneurie, I, XLIX. Cne de Romans, D.-S.
Guilelmus. Voy. Guillelmus.
Guillaume I, Guillelmus, abbé de Saint-Maixent, I, LXXXIII; II, 95, 96.
— II Tousselin, abbé de Saint-Maixent, I, LXXXIV; II, 127, 130.
— III de la Porcherie, abbé de Saint-Maixent. Voy. La Porcherie.
— IV de Vezançay, abbé de Saint-Maixent, garde des sceaux du roi d'Angleterre, Guillelmus de Vezençayo, I, LXXXVII; II, 144, 176, 179, 183.
— V de Launay, abbé de Saint-Maixent, I, LXXXIX.
— Morant, archiprêtre de Saint-Maixent, I, CXXI, 372.
— II, archiprêtre de Saint-Maixent, I, CXXI.
— cardinal de Preneste, I, 233 n.
— cardinal de Saint-Martin, II, 233.
— I, Tête d'Etoupe, comte de Poitou, Willelmus, I, LXV, LXVI, LXVIII, LXXI, 26, 29, 30, 32, 35, 37, 42, 48 n., 49, 73; II, 316.
— II, Fier-à-Bras, comte de Poitou, Guillelmus, I, LXXIII, 49, 50, 53, 54, 71, 72, 77.
— III, le Grand, comte de Poitou, I, 77, 79, 83, 91, 92, 96, 99, 100, 101, 104, 105, 106, 107, 114 n.
— IV, le Gros, comte de Poitou, I, 99, 100, 101, 107, 110, 111, 112, 113, 114.

Guillaume V, Aigret, comte de Poitou, I, 115, 118, 119, 121, 123, 126, 127, 129, 130, 131, 132, 133, 134, 135, 136, 138, 140, 141, 142.
— VI, Guy-Geoffroy, comte de Poitou, Gauzfridus, Gosfredus, Guido, Joffridus, Wuido, Wido, Woffredus, I, LXXVII, 119, 121, 123, 126, 127, 129, 130, 131, 132, 133, 134, 138, 141, 142, 146, 147, 149, 150, 151, 153, 154, 155, 156, 157, 158, 159, 161, 162, 163, 164, 167, 168, 169, 171, 174, 175, 176, 177, 183, 184, 185, 186, 191, 192, 193, 194, 195, 196, 197; II, 482.
— VII, le jeune, comte de Poitou, I, XXV, 176, 199, 201, 203, 204, 205, 206, 207, 208, 211, 213, 214, 215, 216, 220, 221, 222, 224, 227, 229, 230, 231, 232, 233, 234, 235, 237, 240, 241, 242, 247, 248, 250, 251, 252, 255, 256, 262, 264, 265, 266, 271, 273, 274, 275, 276, 277, 281, 283, 285, 288, 289, 290, 291, 292, 293, 294, 295, 298, 299, 301, 305, 309.
— VIII, comte de Poitou, I, XXV, 274, 312, 314, 315, 347, 319, 320, 322, 324, 325, 332, 335 n.
— III, comte de Toulouse, I, LXXX.
— Jansseas, prieur de Saint-Maixent, I, CIX, 372.
— de Marsais, prieur de Saint-Maixent, I, CIX, 341, 343, 344, 347, 349, 352, 354, 356, 357, 358, 364, 365.
— magister, Willelmus, sacristain de Saint-Maixent, I, CXIII; II, 27.
— sous-prieur de Saint-Maixent, I, CXVI, 294.
Guillebertus de Voluria, I, 297, 298.
Guillelmus, abbas, archipresbyter Sancti Maxentii, comes Pictavensis, dux Aquitanorum, prepositus, prior, sacrista, subprior Sancti Maxentii. Voy. Guillaume.
— I, 174 n.
— abbas Vindocinensis, I, 286.
— archidiaconus Pictavensis. Voy. Guillelmus, episcopus Pictavensis.
— I, archiepiscopus Burdegalensis, I, 375, 376.

Guillelmus buticularius regis, I, 346.
— capellanus, I, 295.
— clericus, frater Ademari Lusci, I, 305.
— I, Gislebertus, episcopus Pictavensis, I, 293, 294, 295, 297, 298, 301, 302, 304, 305, 311 n.
— II, Adelelmus, Alelme, archidiaconus Pictavensis, I, 270. 294; episcopus, I, 311, 314, 315, 317, 319, 321, 332.
— III, Tempier, episcopus Pictavensis, I, 381 ; II, 19.
— IV, Prévost, episcopus Pictavensis, II, 37, 40, 45.
— filius Abiete, I, 327 n.
— filius Cataloni vicecomitis, I, 101.
— filius Constantini Enforce, I, 283.
— filius Ermengodi de Ternant, I, 288.
— filius Garini de Botnai, I, 247.
— filius Girberti de Baisiniâ, I, 332.
— filius Gofredi Rocafortis, I, 220.
— filius Goscellini de Liziaco, I, 263.
— filius Gosthaldi, I, 220.
— filius Hugonis Bruni, I, 295.
— filius Johannis de Isernai, I, 326.
— filius Martini Esperuns, I, 317, 344.
— filius Simonis Esperuns, I, 356.
— filius vicecomitis de Oniaco, I, 325.
— frater Bernardi Goscelmi, I, 247.
— frater Goffredi Reburche, I, 243, 282.
— frater Marbaudi, I, 256, 299.
— frater Petri Rofini, I, 334.
— frater Rainaudi Talamont, I, 285.
— frater Rotherii juvenis, I, 275.
— infans, monachus, I, 294, 332.
— magister scholarum Pictaviensium, I, 232.
— monachus, I, 189, 227, 249.
— nepos Ingelelmi de Ternant, I, 273.
— nepos Johannis presbyteri, I, 341.

Guillelmus nepos Stephani, I, 278.
— nepos Ugonis, I, 243.
— obedientiarius de Isernai, I, 348.
— obedientiarius Vetrinarum, I, 249.
— presbyter de Montiniaco, I, 313.
— prior Sanctæ Radegundæ Pictavensis, I, 303.
— prior Sancti Maxentii. Voy. Guillaume.
— testis, I, 22, 24, 54, 314, 326.
— Aimo, I, 234.
— Arbertus, capellanus Sancti Saturnini, I, 354, 366.
— (Arnaldus), I, 230.
— Botba, I, 191.
— Carl, I, 148.
— Cotins, magister, I, 363.
— Cosmagnus, I, 364.
— Crocerius, I, 317.
— de Broca, I, 225.
— de Brolio, I, 286, 287.
— de Coeco, I, 303.
— Willelmus de Gordum, de Gordon, I, 306, 307, 353, 365.
— de Javardae, I, 354.
— de Javarziaco, I, 313.
— de Lespinei, I, 170, 171.
— de Marciaco, I, 295.
— de Mausec, de Mausiaco, baro, I, 282, 346.
— de Monte Acuto, I, 313.
— de Mornac, I, 230.
— de Mortemare, I, 298, 303.
— de Motâ, monachus, I, 300, 320.
— de Partiniaco, 1, 283, 285, 310.
— de Regné, I, 268.
— de la Revetizon, I, 228.
— de Rocha, I, 265, 330.
— de Rochaforti, de Ruperforti, I, 226, 227, 255, 263.
— de Sancto Gelasio, magister, I, 363.
— de Sancto Johanne, I, 305.
— de Sancto Martino, I, 268.
— de Sar...., I, 304.
— de Soels, I, 251.
— de Telio, I, 313.
— de Veceriâ, miles, I, 332, 350.
— Elias, I, 296.
— Esvelechen, I, 185, 186.
— Forco, I, 305.
— Fortis, I, 293, 294.
— Garinus, I, 291.

Guillelmus Gavius, monachus, I, 225.
— Gorret, I, 283.
— Jaletus, I, 305.
— Johannes, I, 304.
— Jordani, I, 222, 223, 224, 226, 265.
— Lacola, I, 290.
— Mainardus, vicarius Didono, II, 10.
— Menemau, I, 230.
— Normannus, I, 285.
— filius dicti Normanni, I, 285.
— Orios, I, 253.
— Otbertus, I, 289.
— Pulverellus, I, 354.
— Rofinus, I, 309.
— Rulfus de Marciaco, homo ligius abbatis Sancti Maxentii, II, 1.
— filius dicti Guillelmi, II, 1, 2.
— Sarrazins, I, 271.
— Talafer, I, 351.
— Torpane, I, 173, 279.
— Veger, I, 331.
— Venderius, I, 335, 338.
— Vitalis, I, 339.
— Guillins (Willelmus), II, 31.
Guillon (Jean), religieux bénédictin, II, 424, 425.
Guillonis, testis, I, 228.
Guillot, notaire à Saint-Maixent, II, 285.
— (Jean), évêque d'Angoulême, II, 61 n.
— (Jehan), II, 151 n.
— (Radulfus), prior de Souviniaco, II, 30, 39, 50.
Guillotea (Jehan), II, 161 n.
Guillotère (la dame de la), II, 160 n.
Guilloti (Petrus), II, 101.
— (Radulphus), II, 105.
Guilotus de Castello, I, 313.
Guinemannus, testis, I, 20.
Guinemar, Winemar, Guinemarus, prieur de Saint-Maixent, I, CVII, 125, 128.
Guinemarus, monachus, I, 152.
— testis, I, 24.
Guintard (Estienne), II, 309.

Guionnet (Jean), corroyeur, I, LXXXV.
Guiraldus de Pampro, I, 285.
Guirardus Cerget, I, 294.
Guiratus, I, 138.
Guiraudus, rusticus, I, 300, 301.
Guissarme (Charles), licencié ès lois, II. 263, 264.
Guitardi, II, 481.
Guitbertus, archipresbyter, I, 176.
— filius Gofredi Fasini, I, 244, 245.
— (Aimericus), I, 171.
— Cormarici, I, 209.
Guitonnier (Michel), archiprêtre de Saint-Maixent, I, CXXIII.
Gunbaldus, testis, I, 27.
Gunbaudus, testis, I, 59.
Gundacher, prieur de Saint-Maixent, I, CVII, 10.
Gundenus, I, 64.
Guntard (Johannes), presbyter d Aziaco, I, 329.
Guntardus, I, 52, 53.
— monachus, I, 213.
— presbyter, I, 60, 61, 64.
Guntart (J.), II, 31, 65.
Gunterius, prepositus, I, 79.
Guofredus. Voy. Gaufredus.
Gurdun (Gosfridus de), I, 140.
— (Woffredus de), I, 150.
Gusconole (P. de), II, 59.
Guy, prévôt-moine de Saint-Maixent, I, CX, 242.
— Geoffroy, comte de Poitou. Voy. Guillaume VI.
— Wido, prieur de Saint-Maixent, I, CVIII, 148.
Guyard, notaire à Saint-Maixent, II, 267.
Guydays (Pierre), métayer de Lort de Poictiers, II, 279.
Guyenne (pays de), II, 454.
— (roi de). Voy. Pepin.
— (ducs de), II, 459.
Guyon (Louis), abbé de Tonnay-Charente, II, 379, 380.
Guyllot. Voy. Bonyot.
Guytea (Jehan), avocat, II, 216.

H

H. Rossea, I, 374.
Habert (Guillaume), archiprêtre de Saint-Maixent, I, cxxii.
Hacfredus, testis. I, 24.
Haiericus, dux Normannorum, comes Andegavorum, I, 352. Voy. Henricus II, rex Angliæ.
Haimericus, grammaticus, I, 295. Voy. Aimericus.
Hanotel (Léonard), cellerier de l'abbaye de Saint Jean-d'Angély, II, 333, 339.
Harbert, nemus, I, 170. *Bois de la c^{ne} de Montreuil-Bonnin, Vienne.*
Harel (Jean), prieur de Saint-Jean-d'Angély, II, 333, 339, 340, 342, 349.
Harlay (Louis de), seigneur de Montglat et de Saint-Aubin, gouverneur de Saint-Maixent, I, xlv, civ.
Harveus, frater Johannis Raterii. Voy. Raterii.
Hausbertus, testis, I, 90.
Hautefaye (Jean d'), d'Hautefois, prieur de Saint-Maixent, I, ciii, civ.
— (Pierre d'), infirmier de Saint-Maixent, I, cxiv.
— (Pierre d'), prieur de Saint-Maixent, I, cx.
Hayram (Hugo), miles, II, 83.
Heblo, Hebolus, Lemovicensis episcopus. Voy. Ebles.
Hecfridus, vicecomes, I, 79.
Hédouin, Hedoni (Pierre), valet, II, 95 n., 107.
Helias, archiepiscopus Burdegalensis, II, 18.
— capellanus de Sovingniaco, II, 39.
— frater Giraudi, I, 289.
— miles, I, 134.
— nepos Fulcherii de Montebo, I, 290.
— Helia, testis, I, 98.
— Fulcherius, I, 296.
— Fulcher, prepositus de Cogulet, I, 290.

Helias (Johannes), II, 83.
— (Petrus), I, 254.
— de Blaun, I, 188.
— de Johee, I, 309.
— de Saint-Yre, abbé de Saint-Maixent. Voy. Saint-Yrieix.
— de Vulvent, I, 124.
Heldegarius, vicecomes, I, 24.
Hélie (le fief), seigneurie, I, xlviii. *C^{ne} de Brelou, Deux-Sèvres.*
Helion (Jasme), II, 247.
Helisabet, uxor Adalradi, I, 79, 80.
— uxor Ademari vicarii, I, 144.
Hemeno, cellerarius Pictavensis, I, 303.
Hémin (Claude), prieur de Saint-Maixent et de la Chaise-Dieu, I, cxviii ; II, 409, 410, 411, 412.
Henri, fils du roi d'Angleterre, I, 377.
— III le Noir, empereur d'Allemagne, I, 144, n.
— III, roi de France, I, ci, ciii II, 311 n., 313.
— IV, roi de France, I, cii.
Henricus, abbas Sancti Johannis Engeriaci, I, 241.
— imperator Alamanniæ (Henri V). Voy. Carolus.
— Ainricus, rex Anglorum, I, 352, 357, 358, 367 n., 370, 372, 375, 376, 377, 379. *Henri II, roi d'Angleterre.*
— rex Angliæ, II, 37, 39, 40, 45. *Henri III, roi d'Angleterre.*
— Ainricus, Enricus, I, 113, 115, 121, 123, 125, 127, 132, 136, 138, 141, 147. *Henri I, roi de France.*
Héraye, saint, I, 116 n.
Herbert (Micheau), cuisinier, II, 283.
— (Pierre), II, 150 n.
Herbertus, testis, I, 337.
— Girberti, I, 337.
Herchembaldus abbas. Voir Archimbaldus.
Herculanus (sanctus), martyr, II, 377.
Hericius, castrum, I, 120. *Héris-*

son, c^{ne} de Pougnes-Hérisson, Deux-Sèvres.
Hermecent (campus, terra de), II, 84, 85. Moulin de l'Hermecin, c^{ne} de Brelou, Deux-Sèvres.
Hermenaud (château de l'). Voy. L'Hermenault.
Hermengos (Gaufridus), miles, II, 39.
Hermenjo (Willelmus), miles, II, 49.
Hermensendis. Voy. Ermensendis.
Hermetis (fest. sancti), II, 470.
Hervault (Isoré d'). Voy. Isoré.
Hervé (l'abbé), missionnaire, II, 405.
Herveus, archidiaconus Pictavensis, I, 232, 240.
Hesperum, Hesperuns. Voy. Esperuns.
Hiders, Iders (Nicholaus), homo ligius abbatis Sancti Maxentii, II, 22, 51.
Hierusalem (Via Sancti Sepulcri de). Voy. Iherusalem.
Hilaria, soror Rainaldi Pilot, I, 246.
Hilarii episcopi (fest. sancti), I, 87; II, 464.
— octava, II, 314, 464.
Hilarius, capicerius Pictavensis, I, 303.
— magister Pictavensis, I, 302, 303.
— pater Gauterini, I, 271.
— de Renec, I, 284.
— (Willelmus), camerarius abbatis Sancti Maxentii, I, 362.
Hildéarde, femme d'Hugues de Lusignan, I, 240 n.
Hildebertus comes, I, 79.
Hildegarius, Ildegarius, presbyter, I, 61, 64.
— Hyldegarius, testis, I, 71, 95, 162.
Hildinus monachus, I, 152.
Hilduinus cancellarius, I, 15.
Hillerin de Puyraveau (Guy d'), II, 359 n., 360 n.
— (Hilaire de), religieux de Maillezais, II, 358, 359 n., 366.
Hipolyti martyris (fest. sancti), II, 470.
Hiraldus, testis, I, 84.
Hisembertus, episcopus Pictavensis. Voy. Isembertus.

Hisembertus filius Manassei, I, 118.
— monachus. Voy. Isembertus.
— testis. Voy. Isembertus.
Hisernacho. Voy. Isernay.
Hlodouvicus, Hludovicus. Voy. Ludovicus.
Hlotarius, rex Francorum. Voy. Lotharius.
Hocpepedus, scriba, I, 18.
Hollande (la), royaume, II, 439.
Hollandois (les), II, 395, 396, 397, 399, 401, 403, 404, 428.
Homo (Aimericus), I, 242.
Homoner, Aumosnier (Johan), II, 161.
Homunt, presbyter, I, 358.
Honorius II, papa, I, 314, 315, 318, 320.
— III, papa, II, 37, 39, 40, 45.
Hort de Poictiers. Voy. Lort-Poitiers.
Hortolanus (Archimbaldus), I, 279.
Hosanna, uxor Guilloti de Pereio, II, 115, 146.
Hospitales, I, 357. Les Hospitaliers de Saint-Jean de Jérusalem.
Hostiarius (Constancius), I, 278.
Houmelière (l'), seigneurie, I, L. Ancien fief, sis c^{ne} de Saint-Maixent, Deux-Sèvres.
Houmot, conjux Petri de Fluriaco, I, 168.
— Froinus, I, 168.
Hubert (Radulphus), miles, II, 40.
Hucbertus, testis, I, 24.
— vir, I, 17.
Hugo, I 31. Hugues, duc de France.
— abbas Sancti Leodegarii. Voy. Hugues.
— armarius Sancti Maxentii. Voy. Hugues.
— canonicus Pictavensis, I, 303.
— clericus, II, 78.
— comes Cinnomanensis, I, 78.
— episcopus Pictavensis, II, 110.
— filius Aimerici Theobaldi, II, 59.
— filius Amelii, I, 209.
— filius Cadelonis, I, 96.
— Hugonellus, filius Hugonis Bruni. Voy. Lusignan.
— filius Jamonis, I, 186.
— filius Joscelini, I, 154, 155.

Hugo filius Hugonis Rocho, I, 320.
— frater Willelmi Arborde, I, 336.
— maritus Aleait, I, 38.
— maritus Aviernæ, I, 89.
— miles, II, 147, 148.
— monachus, I, 221, 246, 278, 324.
— nepos Samsonis, I, 349.
— nepos Ugonis Bolleti, I, 224.
— presbyter, I, 238, 253.
— prior Sancti Maxentii. Voy. Bolete.
— puer, I, 321.
— rex Francorum, I, 72 n., 79. *Hugues Capet, roi de France.*
— sacrista Sancti Maxentii. Voy. Roque.
— vicecomes Castri Airaudi, I, 353.
— testis, I, 24, 30, 301, 305, 326.
— Aguluns, I, 328.
— Airaudus, I, 355.
— Arainuns, I, 182.
— Aranea, I, 317.
— Araneo, I, 212.
— Arbertus, I, 328.
— Archiepiscopus, dominus Partiniaci, I, 381, 382, 383, 384.
— Arvernat, I, 247.
— Bardons, I, 376.
— Blangardus, I, 334.
— Boaterus, I, 295.
— Boleta, Bolleta, prior Sancti Maxentii. Voy. Bollete.
— Bolleta, Bolletus, Boillete, I, 182, 218, 224, 238.
— Bolleta. monachus, I, 308.
— Bruni, Brunus, li Bruns, dominus Lezigniaci. Voy. Lusignan.
— Cacarel, I, 315.
— de Cella, I, 295.
— de Duerio, I, 216, 227, 241.
— de Leciniaco. Voy. Lusignan.
— de Rocafor, de Rocaforti, de Rochaforti, de Rupeforti, miles, Voy. Rochefort.
— de Vivone, I, 325.
— Fessardus, I, 295.
— Fruchebois, I, 376.
— Garinus, I, 344.
— Gastinea, miles burgi Sancti Maxentii, I, 379.
— Gauraut, I, 294.
— Grosset, II, 13.

Hugo Joscelmus, miles, I, 182.
— Leziniaci, Lezinonensis, Liziniacus. Voy. Lusignan.
— Lobet, Lobeth, I, 297, 298, 327.
— Marcheron, miles, I, 333.
— Meinardus, cliens Aimerici Mantrolie, I, 379.
— Pait-sun-Ventre, I, 268.
— Polens, I, 376.
— Porcher, Porchens, Porcherius, I, 248, 253, 262.
— Raerius, I, 303.
— Raimundus, presbyter, I, 303.
— Raiola, I, 295.
— Rex, I, 324.
— Roca, Roque, sacrista Sancti Maxentii. Voy. Roque.
— Rocho, Roho, I, 319, 320, 342, 343.
— Rubeschau, I, 382.
— Vegerius, Vigers, I, 357, 365.
Hugon (saint), abbé d'Ambournay, II, 357.
Hugonet (Philibert), abbé de Saint-Maixent, évêque de Mâcon, cardinal, I, xciii; II, 263, 265.
Hugonus, testis, I, 79.
Huguenots, II, 404.
Hugues, Hugo, abbé de Saint-Liguaire, I, LXVII, LXVIII, LXXV, 177.
— *alias* Hugonneau, Ugonellus, bibliothécaire de Saint-Maixent, I, cxvi, 230, 235, 238, 242, 248, 250, 253, 256, 262, 272, 275, 281, 285, 286, 287.
— Hugo, prévôt-moine de Saint-Maixent, I, cx.
— Bolleta, prieur de Saint-Maixent. Voy. Bollete.
— Capet, roi de France. Voy. Hugo, rex Francorum.
— de Lusignan. Voy. Lusignan.
Humbert, Huncbertus, chantre de l'abbaye de Saint-Maixent, I, cxv, 182.
— Boreas, prior claustralis Sancti Leodegarii, I, 378.
— Huncbertus de Cruce, prior Sancti Petri de Metulo, I, 343
— Gauguenht, I, 312.
— Radulfi, I, 313.
Humelli terra, I, 321.
Humières (Jacob, Jacques d'). Voy. Crevant.

Humières (maréchal d'). II, 401.
Huncbertus, cantor. Voy. Humbert.
— filius Froterii Belet, I, 238.
Hurtault (Mathurin), charpentier, II, 276.
Husson (Jean), sous-prieur de Saint-Maixent, I, cxvi.
Hyacinthi martyris (fest. sancti), II, 471.

Hybernie dominus. Voy. Johannes.
Hyeronimi confessoris (fest. sancti), II, 471.
Hylaires (Johannes), I, 357.
Hylaria, uxor Ugonis Fessardi, I, 295.
— uxor Johannis Maintrole, valeti, II, 114.
Hyldgearius, testis. Voy. Hildegarius.

I

Idcrz (Nicholaus). Voy. Hiders.
Idrea (Hugo), II, 40.
Igernai, ecclesia Sancti Germani. Voy. Isernay.
Igoria, aqua, I, 244, 329. *Le Ligueure, affluent de la Sèvre Niortaise.*
Iherusalem, Hierusalem. (via Sancti Sepulcri de). Voy. Jérusalem.
Ilaria, filia Johannis de Masellis, I, 214.
Ildeburgis, uxor Froterii, I, 47, 48.
Ildegarius, monachus, I, 56, 57.
— presbyter, testis. Voy. Hildegarius.
Ildoinus, Ilduinus, testis, I, 29, 30.
Ilgaudus, testis, I. 27.
Impériaux (les), II, 399, 401. 403.
Ines (terra ad), I, 248. *Ténement vers Montamisé, Vienne.*
Ingaldus, monachus, I, 118.
Ingela, uxor Bernulfi, I, 29.
Ingelbaldus, testis, I, 24.
Ingelberga, uxor Raterii, I, 118.
Ingelberti pons. Voy. Poitiers.
Ingelbertus, monachus, I, 157, 165, 166, 199, 212.
— prepositus, I, 153, 159, 212.
— prepositus ducis. Voy. Engelbertus.
— testis, I, 22, 50, 64.
— (Rainaldus), I, 230.
Ingelelmus, testis, I, 79.
— de Ternant, I, 231, 272.
Ingelgerius (Ramnulfus), I, 242, 252, 275.
— (Tetbaudus), I, 273.
Ingelvinus, testis, I, 26.

Ingenildis, uxor Claruini, I, 88, 89.
Ingon, testis, I, 182.
Inguimbert (Anselme), religieux de Saint-Maixent, II, 362.
Inivia, mariscus et salina. Voy. Ivia.
Innocent II, Innocentius, papa, I, xxvii, 315, 317, 319, 320, 321, 332, 333, 340.
— III, pape, II, 18, 26 n., 27, 28.
— X, pape, II, 369 n., 371 n.
Innocentini (reliquiæ sancti), II, 407 n.
Innocentium (fest. sanctorum), II, 474.
— (octava), II, 464.
Insula (molendinum de), II, 84. *L'Ile, c^{ne} de Brelou, D.-S.* Voy. Isle (L').
— (Guillermus de), II, 84, 85, 86.
— miles, II, 84.
— (J. de), valetus, II, 108.
— (Willelmus de), homo ligius abbatis Sancti Maxentii, II, 23.
— pratum, I, 221. *L'Ile, pré à la Fraignée, c^{ne} de Saint-Martin de Saint-Maixent, D.-S.*
Invio, mariscus. Voy. Ives.
Invocavit me (dominica), II, 114.
Irenæi (reliquiæ sancti), II, 407 n.
Isarnay, Isarné (prieuré de Saint-Germain d'). Voy. Isernai.
Isembardus, custos ecclesiæ Sanctæ Mariæ, I, 40, 41.
— filius Arcambaldi, I, 21.
Isemberga, uxor Guntardi? I, 53.
Isembertus, canonicus Sancti Petri, I, 305.
— dominus Castri Alionis, I, 284, 285, 286.

Isembertus ebdomadarius Pictavensis, I, 303.
— I, Hisembertus, episcopus Pictavensis, I, LXXIII, 101, 106, 110, 112, 114, 115, 117, 118, 119, 121, 136.
— II, Hisembertus, episcopus Pictavensis, I, 142, 147, 149, 151, 155, 156, 157, 159, 162, 163, 164, 167, 168, 169, 171, 174, 175, 177, 183, 184, 191, 193, 194, 195 ; II, 482.
— monachus, I, 72.
— Hisembertus, monachus, scriptor, I, 118, 119, 122, 125, 126, 128, 136, 138, 140.
— Hisembertus, testis, I, 24, 33, 50, 55, 90.
— de Castello Allione, miles, I, 264.
— de Castellione, I, 325.
— Croc, I, 129, 133.
— (Willelmus), miles, II, 37.
Isempbertus, archipresbyter, I, 303.
— canonicus Pictavensis, I, 303.
Isernai (Sanctus Germanus de), Iserniacus, Isernia, Hisernacus, Yserniacus, Ysernaius, Ysernai, I, XXIX, 101, 264, 280, 299, 303, 330, 335, 347, 364, 374. *Isernay, cne d'Exoudun, D.-S.*
— decanus obedientiæ. Voy. Beraudus.
— (decima de), I, 347.

Isernai (obedientiarius de). Voy. Erance.
— (prieur d'), II, 108, 227, 228, 258. Voy. Samarrant.
— prieuré de Saint-Germain, I, LVIII ; II, 146, 355.
— terra, I, 130.
— (Johannes de), I, 326.
— (Hugo de), I, 207, 264.
Isernia, Iserniacus. Voy. Isernai.
Islà (Fradinus de), I, 269.
Isle (l'), seigneurie, I, XLVIII. Cne de *Brelou, D.-S.* Voy. Insula.
Isoré (Johan), II, 70, 74.
— d'Aitré, II, 70, 74, 76, 79.
— (Willelme), clerc, II, 70, 74.
— d'Hervault de Pleumartin (Mathieu), archevêque de Tours, abbé de Saint-Maixent, I, CVII ; II, 444.
Italie (royaume d'), I, 8 n.
Iterii (Arnaldus), consocius prioris de Vetrinis, II, 143, 187.
— (Guillelmus), II, 105.
Iterius (Aimericus), I, 296.
— Archimbaldus, I, 296.
Itier (Arnaut), infirmier de l'abbaye de Saint-Maixent, I, CXIV ; II, 183.
— (Bernard), II, 483.
Ivia, Inivia, Invio, Yvia, Liva, mariscus, I, 28, 45, 88, 93. *Yves, Charente-Inférieure.*
Ivo, presbyter, I, 324.
Ivonensis (Alexander), I, 270.

J

J. archipresbyter de Sancto Maxentio. Voy. Biaz.
— castellanus monachus Sancti Maxentii, II, 31.
— episcopus Engolismensis. Voy. Guillot.
— Johannes, episcopus Pictavensis, I, 368, 369, 370, 371, 372.
— filius Willelmi Barbe, homo ligius abb. Sancti Maxentii, II, 48.
— medicus. Voy. Johannes.
— prior de Verrua. Voy. Johannes.
— prior Sancti Laurentii, I, 383, 384.

Jabot (Theobaudus). Voy. Chabot.
Jacinthe, cardinal, I, LXXX.
Jacobi apostoli (fest. sancti), II, 466, 469.
Jacobus, abbas Sancti Maxentii. Voy. Chevalier.
Jadolio (vicus de). Voy. Saint-Maixent.
Jafrechou (Willelmus), I, 340.
Jaletus (Guillelmus), I. 305.
Jalon (Gaufridus de), II, 99.
Jalonnière (la), à Fonvérines, seigneurie, I, XLVII. Cne *d'Azay-le-Brûlé, D.-S.*
Jammo, fidelis abbatis, I, 50, 51.

Jammo vicarius, I, 103, 125, 151.
Jamo, I, 491.
— judex, I, 212.
— monachus, I, 198.
— pater Hugonis. I, 186, 199, 220.
— pater Stephani, I, 212.
— testis, I, 192, 207.
— Marscalcus, Marscallus, I, 190, 204.
Jamonus, Jammonus, testis, I, 67, 68.
Jansenius (Cornelius), II, 365 n., 369 n., 371 n.
Jansseas (Guillaume), prieur de Saint-Maixent, I, cix, 372.
Janvre (Daniel), seigneur de la Bouchetière, II, 391, 392.
— (Guillaume), II, 132, 169.
— (Guyot), II, 205,
— (Johanne), femme de Guillaume Martea, II, 184.
— (Regnaut), éc., sgr de Saugé, II, 204, 205.
— famille I, xvi. Voy. Juvenis.
Jarne, en Aulnys (la), II, 70 n. *Charente-Inférieure.*
Jarrie (la). II, 70. *Charente-Inf.*
Jart, I, 170.
Jasenol. Voy. Jazeneuil.
Jasnelère (la), II, 152.
Jaulnay, seigneurie, I, xlviii. C^{ne} *de Cherveux, D.-S.*
Jaunai, Jauniacus, I, 336; II, 41. *Jaunay, c^{ne} d'Azay-le-Brûlé, D.-S.*
Jausbertus. Voy. Fausbertus.
Jauscelmus, testis, I, 84.
Jauseleau (Jean), sieur de la Fuye, sénéchal de l'abbaye de Saint-Maixent, II, 292.
Javardac (Guillelmus de), I, 351.
Javarziaco (Guillelmus de), I, 313.
Javerzay (W. de), I, 354.
Jay (Jean), seigneur de Boisseguin, gouverneur de Poitiers, I, c, ci.
— (Louise), femme de Georges de Villequier et de Jacques des Cars, I, c, ciii.
Jazanoyl. Voy. Jazeneuil.
Jazdonnus. Voy. Tazdonnus.
Jazeneuil, paroisse, I, lv ; II. 79, 108. *Vienne.* Voy. Gazenogilus.
Jean I, Johannes, abbé de Saint-Maixent, I, lxxxvii ; II, 142.

Jean II, abbé de Saint-Maixent, II, 232. Voy. Chevalier.
— (Gérard), Johannis, archiprêtre de Saint-Maixent, I, cxxi.
— Joannes, aumônier de l'abbaye de Saint-Maixent, I, cxi, 328.
— Johannes, bibliothécaire de l'abbaye de Saint-Maixent, I, cxvi, 165.
— de Verines, Johannes de Vetrinis, bibliothécaire de l'abbaye de Saint-Maixent, I, cxvi, 317, 344, 352.
— sous-bibliothécaire de l'abbaye de Saint-Maixent, I, cxvii, 275.
— Aze, archiprêtre d'Exoudun, II, 115.
— de Melun, évêque de Poitiers, II, 21.
Jean-Baptiste (fête de saint), II, 184, 277, 320, 425, 478. Voy. Johannes.
Jehan (Pierre), clerc, II, 219.
Jeldoinus Forester, I, 147.
Jeraldus, testis. Voy. Geraldus.
Jerardus, Giraldus, testis, I, 53.
Jerusalem, I, 215, 217, 235 n., 348. *Turquie d'Asie.*
— (via de), I, 266, 349.
Jésus (compagnie de), II, 329.
Jeudi-Saint (le), fête, II, 476, 477.
Joachim (frère), religieux bénédictin, II, 426.
Joannes, frater Archimbaldi Hortolani, I, 279.
— monachus, I, 285.
— Boni, I, 285.
— Galterius, I, 285.
Jocelmus (Aimeri), II. 28.
Jodoinère (dominus de la), II, 4. *La Jaudonnière, Vendée.*
Jodoinus de la Bauberia, I, 319.
Jocc, I, 245. *Geay, c^{ne} de Souvigné, D.-S.*
Johec (molendinum de), I, 308.
— (Guillelmus de), II, 99.
— (Helias de), I, 309.
Joffra, bordaria, II, 87.
Joffrei (Aimeri), II, 70, 71.
Joffridus. Voy. Guillaume VI.
Johanna, uxor Aimerici de Salâ, I, 270.
— uxor Willemi Grossins, II, 73.
Johannes, abbas, armarius, eleemosinarius, prior, sub-elee-

— 551 —

mosinarius Sancti Maxentii. Voy. Jean.
— archipresbyter, I, 230.
— bibliothecarius Romanæ Ecclesiæ, I, 258.
— camerarius, I, 317.
— cancellarius comitis Pictavensis, I, 376.
— capellanus de Romantio, I. 320. Voy. J., presbyter.
— clericus, I, 215.
— clericus Pictavensis, I, 157.
— cocus abbatiæ Sancti Maxentii, II, 65.
— III, episcopus Pictavensis, archiepiscopus Lugdunensis, I, 357, 358, 376, 377.
— IV, episcopus Pictavensis, II, 67, 74.
— filius Aimerici, I, 171.
— filius Aimerici de Salâ, I, 270.
— filius Arquembaldi de Gordone, I, 177.
— filius Beraldi, I, 149.
— filius Costantini Mincuns, I, 217.
— filius Martini Esperum, I, 317.
— frater Aimerici Bislingueas, I, 216.
— frater Archimbaldi Aufres, I, 242, 248, 275, 285, 294.
— frater Gauvini, I, 271.
— frater Gisleberti, I, 144.
— frater Gondradi, I, 95.
— monachus, I, 51, 103, 118, 119, 121, 125, 126, 128, 131, 192, 206, 216, 218, 224, 224, 225, 227, 229, 266, 283, 289, 290.
— monetarius de Niorto, II, 74.
— prior claustralis Sancti Maxentii, II, 186. Voy. Colin.
— prior de Verrua, I. 383, 384.
— rex Anglie, dominus Hybernie, dux Normanie et Aquitanie, comes Andegavie, II, 14, 16, 17, 18, 28, 31, 35. *Jean-Sans-Terre, roi d'Angleterre.*
— nepos Ugonis Bolleti, I, 221.
— prepositus insule Vulliaci, I, 190.
— presbyter, I, 310, 314.
— presbyter de Aziaco, I, 336.
— presbyter de Praalle, I, 266.
— presbyter, I, 341. Voy. J., capellanus de Romantio.

Johannes puer, monachus, I, 335, 343.
— testis, I, 31, 60, 138, 163, 182, 192.
— Alant, I, 200.
— Arraget, I, 326.
— Augeiaci, Augerii, I, 355.
— à Vulliaco, I, 242.
— Bajelers, I, 373.
— Berengerius, I, 200.
— Boruchuns, I, 212.
— Cacareu, miles burgi Sancti Maxentii, I, 379.
— Caluet, I, 328.
— Calvus, coquus abbatis, I, 221, 226.
— Canutus, I, 363, 364.
— Chosmant, I, 335.
— Comes, I, 295.
— de Adai, I, 340.
— de Aient, I, 239, 310.
— de Alberada, I, 160, 161, 211, 234, 292.
— de Augé, Augec, Augerio, I, 297, 298, 331.
— de Azai, I, 208, 325.
— de Carigné, I, 313.
— de Coutent, I, 312.
— de Engumesio, miles, I, 264.
— de Gasnachia, monachus, I, 223.
— de Gordum, I, 306.
— de Isernai, I, 326.
— de Laubareda, I, 173.
— de Lobigné, I, 265.
— de Masellis, I, 214.
— de Mota, I, 332.
— de Porta, I, 365.
— de Rotmont, clericus, I, 239.
— de Sancto Bardu̇ns, I, 327.
— de Vaus, II, 4.
— de Vetrinis, armarius Sancti Maxentii. Voy. Jean de Vérines.
— Ebroardus, I, 214.
— Engolismensis, I, 192, 252, 254.
— Gauterius, I, 272, 310.
— Gauvanz, I, 357.
— Gordonensis, Gordonus, I, 217, 235, 273.
— (Guillelmus), I, 304.
— Guntard, presbyter de Aziaco, I, 329.
— Hostularius, I, 294.
— Hylaires, I, 357.
— Joi, cliens A. Mantrolie, I, 379.

Johannes Jornau, I, 356.
— Mantrola, I, 255.
— Marmoreus, I, 206, 229.
— Medicus, clericus, I, 383, 384.
— Mincho, I, 320.
— Minchonelli, I, 217.
— Molendinarius, Molnerius, I, 256, 278.
— Ostolarius, prepositus obedientiæ, I, 287.
— Popelinus, I, 241.
— Porcharius, I, 271.
— Quoz, capellanus Sancti Martini, I, 381.
— Robertus, I, 263.
— Rogoz, I, 343.
— Tcart, I, 186.
— Toselinus, Tosels, I, 217, 239.
— Vendarius, Venderius, I, 163, 182, 194, 201, 202, 207, 208, 218, 245.
Johannis (festivitas sancti), I, 29, 184, 342, 355.
— Baptistæ (festum decollationis sancti), II, 79, 470.
— (missa prima sancti), I, 43, 80.
— (natale, nativitas sancti), I, 157, 380; II, 468.
— vigilia, II, 468.
— octava, II, 464, 468.
— Evangelistæ (fest. sancti), II, 474.
— ante Portam Latinam (fest. sancti); II, 467.
— martyris (fest. sancti), II, 468.
Johec (molendinum de). Voy. Joec.
Joi (Johannes), cliens Aimerici Mantrolie, I, 379.
Jolet (Jean), II, 116.
Jona, filius Ebulonis de Niorto, I, 209.
Jordain (Pierre), II, 162.
Jordanus, episcopus Lemovicensis, I, 118.
— filius Goffredi Rotberti, I, 226.
— puer, I, 357.
— sub-prior Sancti Maxentii. Voy. Jourdain.
— testis, I, 160.
— de Castro Confolent, I, 189.
— de Cresec, nepos Fulcaudi de Salanchans, I, 290.
— de la Branda, I, 230.
— de Mota, I, 230.
— Froterius, Froterii, I, 188, 222, 223.

Jordanus, Jordani (Fulco), I, 222, 223, 230, 237.
— (Goffredus), I, 222, 223, 224.
— (Guillelmus), I, 265.
— (Willelmus), I, 222, 223, 224, 226.
Jornaut (Stephanus), II, 31.
Josbertus, I, 324.
— monachus, I, 101, 405 n.
— scriptor, I. 80.
— testis, I, 46 n., 47.
— Ferier, I, 182.
— Gauscelinus, I, 153.
— Joscelins, I, 182.
Joscelin (Saupe) dictus Aumerejan, I, 308.
Joscelins (Josbertus), I, 182.
Joscelinus, I, 160.
— frater Albuini, I, 83, 84.
— pater Hugonis, I, 154.
— testis, I, 84.
— de Vivedona, I, 166.
— Folenfant, I, 129, 131.
Joscelme (Pierre), Joscelmus, sous-prieur de Saint-Maixent, I, cxvi; II, 39, 40.
Joscelmi (A.), archipresbyter Metulensis, II, 65.
Joscelmus presbyter, I, 118.
— puer, I, 182.
— (Aimericus), I, 268.
— (Bernardus), I, 350.
— Bijatret, monachus, II, 6.
— (Hugo), miles, I, 182.
— (P.), monachus, II, 34.
— (Petrus), subprior Sancti Maxentii. Voy. Joscelme.
— (Ugo), I, 157.
Joscha, ancilla, I, 107.
Josche, vicus, II, 100.
Josfredus, caballarius, I, 123.
— testis, I, 93.
— Josfridus, vicecomes Toarcensis, I, 105, 106, 107.
Josleni (Gauterius), I, 336.
Joszo, testis, I, 90.
Jotart (Petrus), capellanus Sancti Saturnini, I, 366.
Joubert (Pierre), II, 153 n.
Jourdain, sous-prieur de Saint-Maixent, I, cxvi; II, 27, 30, 31, 32, 33.
— (Pierre), II, 165 n.
Jousseaume (Ambroise), I, cxii.
Jousseaumes (rentes des), seigneurie, I. L. *Rentes assises dans la c^{ne} de Saint-Maixent, D.-S.*

Jovini confessoris (fest. sancti), II, 467.
Joyeuse (Anne, duc de), amiral de France, II, 310, 314.
Joys (Pierre), II, 153.
Juda, I, 44, 73, 79, 92, 94, 97, 99, 102, 106, 107, 114, 124, 143, 166, 182.
Judæ apostoli (fest. sancti), II, 472.
Judex (Stephanus), I, 331.
Judicis (P.), II, 101.
— (Robinus), II, 97.
Juliana, uxor Hugonis de Berleria, II, 111.
Julianæ virginis (fest. sanctæ), II, 465.
Juliani (fest. sancti), II, 464.
— (fest. sancti), II, 470.
— episcopi (fest. sancti), II, 465.
— (reliquiæ sancti), II, 407 n.
Julienne (Johanne), II, 162.
— (Philippe), II, 162.
Julita, mater Isemberti de Castro Alionis, I, 285.
Julittæ martyris (fest. sanctæ), II, 468.
Jumièges (abbaye de), II, 360 n. Seine-Inf.
Juscus. Voy. Luscus.
Justi (fest. sancti), II, 472.
Justinæ virginis (fest. sanctæ), II, 471.
Juvenis (Guillelmus), miles. Voy. Janvre.
Juyé (seigneur de). Voy. Chrestien.
Juze (Jean), prieur de Saint-Maixent, I, cix.
— (Thomas), II, 151.
Juzet (Johan), II, 150.
Juzie (la), fief, II, 151.

K

Kadelo, I, 46. Voy. Cadelo.
— parvulus, I, 41.
Kadelonus, testis, I, 71. Voy. Cadelonus.
Kadœlo, testis, I, 24, 27, 45.
Kampolius, Rampolius, I, 55, 98 n. Champoly, cne de Prahecq, Deux-Sèvres.
Karolus, rex Francorum. Voy. Charles.
Karonatus, servus. Voy. Aymar.
Karrofense concilium, I, 197. Voy. Charros.
Karrofio Karrofo. Voy. Carrofio.
Katalo, filius Goffredi de Sancto Maxentio, I, 210. Voy. Cadelo.
— miles, maritus Emeltrudis, I, 133.
— vicecomes, maritus Senegundis, I, 44.

L

Labahenc (Rainaldus), I, 133.
La Baluc, cardinal, I, xciv.
La Baraudière (Joseph), architecte de la Congrégation de Saint-Maur, II, 375.
La Barre (Johan de), II, 155.
La Barrière (Pierre de), Petrus de Barreria, abbé de Saint-Maixent, évêque d'Autun, cardinal, I, LXXXVIII, LXXXIX.
L'Abat (Claude), religieux de Saint-Maixent, II, 371 n.
Labbe (le P.), II, 347.
Laborde, promoteur de l'évêché de Poitiers, II, 395.
La Bormaude, I, 268.
La Bourlière, chanoine de Nantes, II, 418.
La Borye (Lucas de), architecte de la Congrégation de Saint-Maur, II, 362, 375.
La Buche (Tetbaldus), I, 440.
La Chapelle (François de), dominicain, II, 408 n.

Lachaud (Joseph), prieur de Saint-Maixent, I, cxviii ; II, 427, 431, 433.
La Chaussée (Jean de), archiprêtre de Saint-Maixent, I, cxxii.
La Chenstra, vineæ, I, 312.
La Chome (Gilet de), II, 161.
La Codre (Gabriel de), prieur de Saint-Maixent, I, cxix.
Lacola (Guillelmus), I, 290.
Ladent (Droho), I, 212.
Lætare (Dimanche de), II, 317, 322.
La Fontenelle de Vaudoré (M. de), historien, I, xxv, lxi, lxxix, lxxx, 31 n.
Lagny (abbé de). Voy. Furcy.
La Grasse (Alait), I, 268.
La Haye (Jean de), lieutenant-général du Poitou, I, lxxi, lxxii.
La Houterie (Pierre de), secrétaire de Jean de Saint-Gelais, abbé de Saint-Maixent, II, 286.
Laidet de Mereas, II, 3.
La Jaille (André de), II, 216.
Laleu (dimerie de), seigneurie, I, L. C^{ne} de Saint-Christophe-sur-Roc, D.-S.
La Mais (Guillaume de), aumônier de Saint-Maixent, I, xc. Voy. Launay.
Lambert, Lambertus, Lanbertus, prieur de Saint-Maixent, I, cix, 233, 246, 248.
— (Jean), religieux de Saint-Maixent, II, 340, 341.
— (le bois), seigneurie, I, li. Bois de la c^{ne} de Saivre, D.-S.
Lamberti episcopi (fest. sancti), II, 471.
Lambertière (sieur de). Voy. Favier.
Lambertus, frater Bernefredi, I, 78.
— frater Petri Heliæ, I, 255.
— grammaticus, prior Sancti Petri, I, 322.
— Gaucherius, I, 224.
— (Willelmus), I, 112.
Lamiraut, II, 432.
La Mitière (Madame), II, 441.
Lamo, testis, I, 327.
Lamoignon de Baville, intendant du Poitou, II, 405, 406.

La Moneère (Arsendis), II, 74.
Lanbertus, auditor, I, 27.
— maritus Sofliziæ et Emmæ, I, 76.
— prior Sancti Maxentii. Voy. Lambert.
— servus, I, 105.
— Blancaspels, I, 190.
— Borgeric, I, 200.
— Colardus, I, 292.
Lande (la), II, 395. Ancienne commanderie de Malle, c^{ne} de Saint-Mars-la-Lande, D.-S.
— (Johan de la), II, 156.
— (Pierre de la), II, 156.
— Cucé (seigneur de la). Voy. Boisgelin.
— Genusson (curé de la). Voy. Corneille.
Landraudère, II, 147. Les Andraudières, c^{ne} de Fonperron, D.-S.
Landri, Landrinus, testis, I, 299, 300.
Landricus, cubicularius episcopi, I, 298.
— testis, I, 25.
Landrieu (Louis), prieur de Saint-Maixent, I, cxviii ; II, 433.
Lanfredus, pater Rainaldi, I, 190.
Lannet (J.), II, 62.
Lanoe (Giraudus de), I, 356.
— (J. de), II, 31.
Lansac (sgrs de). Voy. Saint-Gelais.
Lantbertus, testis, I, 20.
Lantelda, Lanteldus, testis, I, 46 n., 47.
Laoza (feodum de), II, 34.
La Paix (N. de), fondeur de cloches, II, 448 n.
La Pérouse (abbé de), docteur de Sorbonne, II, 408, 409.
La Peyrelle (Guillelmus de), II, 87.
La Piquaisière, seigneurie, I, li. C^{ne} de Vouillé, D.-S.
La Porcherie (Guillaume de), Guillelmus, abbé de Saint-Maixent, I, lxxxvi, lxxxix.
— famille, I, lxxxvii.
La Porte. Voy. Meilleraye.
Larcevesque (Guillaume), sire de Parthenay, II, 147.
— (Willelmus), dominus Parteniaci, I, 354.
— famille, seigneurs de Parthenay, I, lxxiv.

L'Arche (Jean de), religieux de Saint-Calais, II, 356.
Largi (fest. sancti), II, 469.
Largière (la), seigneurie, I, XLVIII. *Maison du bourg de Beaussais, D.-S.*
Larnault (Placide), religieux de Saint-Maixent, II, 371 n.
La Roche (André de), compétiteur de l'évêché de Luçon, I, XCIII.
— (Pierre de), Petrus de Roca, chantre de l'abbaye de Saint-Maixent, I, CXV.
Larocque (Jean), prieur de Saint-Maixent, I, CXX.
Lascoz (Giraudola de), cliens, I, 222, 224.
Lassonne (fief de). Voy. Alassone.
Lasters (Hugo), homo ligius abbatis Sancti Maxentii, II, 24.
Lasteyrie (M. de), I, 24 n.
Lateranense palatium, Laterani, I, 258, 315; II, 21. *Palais de Latran, à Rome.*
La Tour (Pierre de), Petrus de Turre, abbé de Saint-Maixent, I, LXXXI, LXXXIX.
— (René de), prieur de Saint-Maixent, I, CX.
La Tousche (Jean de), aumônier de Saint-Maixent, I, CXII.
— (Sébastien de), aumônier de Saint-Maixent, I, CXII.
Laubarec (Johannes de), II, 73.
Laubareda (Johannes de), I, 173.
Laucherie. Voy. Loucherie.
Launaio (Guillelmus de), consocius prioris de Pamprolio, II, 187.
— (Guillelmus de), monachus Sancti Maxentii, II, 186.
Launay, seigneurie, I, XLVII. *Cne d'Azay-le-Brûlé, D.-S.*
— (Guillaume de), aumônier, vicaire-général, puis abbé de Saint-Maixent, I, LXXXIX, XC, CXII; II, 183, 216, 217.
— famille, XC.
Laurenceau, religieux de Maillezais, II, 358.
Laurencius, I, 51, 52.
— Laurentius, monachus, I, 265, 324.
— Castratus, I, 324.

Laurent, Laurencius, Laurentius, archiprêtre de Saint-Maixent, chanoine de Poitiers, I, CXXI; II, 54 n., 84, 92, 93.
Laurentii martyris (fest. sancti), II, 470.
— octava, II, 470.
— vigilia, II, 470.
Laurerias (Petrus de), I, 125.
Laval (Henri de), évêque de la Rochelle, II, 424.
Lavander (Robin), II, 32, 33.
Lavau, seigneurie. Voy. Ruffigné.
Lebeay (Gaufridus de), miles, II, 102, 103.
— (Willelmus de), II, 104, 105.
Le Ber (Jacques), abbé de Saint-Maixent et de Saint-Benoît-sur-Loire, I, CV ; II, 331.
Le Brun (J.), fondeur de cloches, II, 448 n.
Lecfredus, subcantor Pictaviensis, I, 232.
Leciniaco (Hugo de). Voy. Lusignan.
— (Rainaldus de), I 118.
Le Clerc (Pierre), religieux de Saint-Maixent, II, 362, 364.
Ledoc (Pierre), religieux, II, 375 n.
Le Duc (François), architecte, II, 432 n.
— (Pierre), architecte, II, 432, 438.
— (Placide), sous-prieur de l'abb. de Saint-Maixent, II, 413.
Léger (saint), Leodegarius, abbé de Saint-Maixent, archidiacre de Poitiers, évêque d'Autun, I, XIX, XXXIX, LXII, LXVIII, 5, 7, 9, 14, 30, 40, 43, 44, 48, 72, 79, 81, 93, 98, 99, 104, 132, 176, 281 ; II, 357, 358, 359, 360 n., 361, 366, 367, 371 n., 374.
— (fête de saint), II, 63, 249, 470, 471 (2 octobre).
— octave de la fête, II, 472.
— (office de saint), II, 418, 442.
— (Pierre), boucher, II, 167 n.
Legers (Calo), homo ligius abb. Sancti Maxentii, II, 48.
— (feodum au). Voy. Légier.
Leggers (P.), homo ligius abbatis Sancti Maxentii, II, 22.
Légier, Légers (fié aus), II, 106, 151.

Le Grand, prieur de Saint-Michel-en-l'Herm, II, 358.
Le Jacer, I, 268.
Lemgna, Lempgna, Lempnia, molendinus, I, 199, 221. *Leigne, cne de Saint-Martin de Saint-Maixent, D.-S.*
— (pontus de), I, 221 ; II, 98.
Le Michel (D.), religieux bénédictin, I, xx, xxiv, xliii, lx, lxxix, lxxxii, lxxxiii, lxxxiv, lxxxv, lxxxviii, lxxxix, xcv, 34 n., 55 n., 98 n., 270 n.; II, 19 n., 36 n., 71 n., 453 n.
Le Monayer (Pierre), infirmier de l'abbaye de Saint-Maixent, I, cxiv.
— (Pierre), prévôt-moine de l'abbaye de Saint-Maixent, I, cxi.
Le Monoyer (Regnaut), II, 217.
— (Jehan), II, 217.
Lemovicæ. Voy. Limoges.
Lemovicensis comes, episcopus, senescallus. Voy Limoges, Eblo.
Lemovix (Arbertus), I, 216.
— (Mainardus), I, 276.
Lemoyne, notaire au Châtelet de Paris, II, 333.
Lemozins Moinart, monachus, II, 6.
Lempgnes (pontus de). Voy. Lemgna.
Lempnia (molendinus de). Voy. Lemgna.
Lemps (W. de), II, 59.
Le Mulier (Edmond), prieur de Saint-Allyre de Clermont, II, 371.
Lenesel (Guido), tenens locum senescalli Pictavensis, II, 134.
Lengna (Galterius de), I, 221.
Lenjobertère, II, 147. *Les Anjebertières, cne de Fonperron, D.-S.*
Lenomer (Guillaume), sacristain de l'abbaye de Saint-Maixent, I, cxiii.
Lenvezet (Rainaldus), I, 288.
Leodegarii episcopi (fest. sancti), II, 473.
Leodegarius, sanctus. Voy. Léger.
— Bituricensis, archiepiscopus, I, 240.
— testis, I, 72, 90.
Leodgarius, archidiaconus Pictaviensis, I, 232.
Leonardi (fest. sancti), II, 64, 472.
Leonis confessoris (fest. sancti), II, 465.

Leonis papæ (fest. sancti), II, 466, 468.
Leotadus, testis, I, 17.
Lermenaut. Voy. L'Hermenault
Lermitain, prieuré. Voy. Lhermitain.
Le Riche (Guillaume), avocat du roi à Saint-Maixent, I, lxi.
— (Michel), avocat du roi à Saint-Maixent, I, lxi, xcix.
— (famille), I, xxi.
Le Roux (Geoffroy), II, 247.
Lesigniaco (Gaufridus de), Lesiniaco (Rorgo, Ugo de). Voy. Lusignan.
Lespau, nemus, II, 190, 194, 197, 201. *Bois de Lespault, cne de Souvigné, D.-S.* Voy. Espeau.
Lespine (Jacques de), lecteur de théologie à Saint-Maixent, II, 394.
Lespinée (Guillelmus de), I, 170, 171.
— (Johanne de), fille de Mérigot, II, 154 n.
— (Mérigot de), II, 154 n.
Lesson, historien, I, 36 n.
Lestang (Philippon de), éc., cellerier de Saint-Maixent, prieur de Damvix, I, cxv ; II, 303, 304.
— (Pierre de), cellerier de Saint-Maixent, prieur de Damvix, I, cxiv, cxv.
— (Pierre de), prieur de Saint-Maixent, I, cix.
— (Raoul de), cellerier de Saint-Maixent, prieur de Lhermitain et de Nanteuil, I, cxv ; II, 284.
— (Raoul de), éc., infirmier de Saint-Maixent, I, cxiv.
— (Raoul de), religieux de Saint-Maixent, II, 303, 304.
Lesvodière, seigneurie, I, xlix. *L'Evaudière, cne de Marsais-Sainte-Radegonde, Vendée.*
Le Tam (Boniface), prieur de Saint-Maixent, I, cxvii ; II, 355.
Letardi (Ademarus), I, 176.
Letardus, homo ligius abbatis Sancti Maxentii, II, 24.
— de Voachai, I, 306.
Letart, Letarz (Willelmus), homo ligius abbatis Sancti Maxentii, II, 24, 25, 49.
Leterdie, II, 148.
Leterius, servus, I, 105.

Leterius, testis, I, 53, 111.
Letet, testis, I, 61, 62, 63, 67, 70.
Letgardis, mater Stephani, I, 291.
Letgerius, testis, I, 161.
— (Rotbertus), I, 230.
Letucus, testis, I, 55.
Leucels (Petrus), I. 285.
Lévesque (L.), II, 403 n.
— (Samuel), lieutenant de maire et lieutenant au siège royal de Saint-Maixent, II, 484.
Levraut (Giraldus), preceptor domus Sancti Egidii, II, 37.
Lezai, Lezaius, Leziacus, ecclesia, I, LV, 261, 264. *Lezay, D.-S.* Voy. Liziaco.
— (seigneur de), II, 3. Voy. Torssay.
Lezeigniacus, Lezignem, Lezigniacus, Leziniacus, Lezinonensis. Voy. Lusignan.
Leziniacus Petrus, I, 211.
L'Hermenault, I, 146 n ; II, 163, 424. *Vendée.*
Lhermitain, Lermitain (prieurs de). Voy. Lestang, Saumureau.
— prieuré, I, LVII; II, 146. *Cne de Souvigné, D.-S.*
Lhomedé (Just), pseudo-aumônier de Saint-Maixent, I, CXII.
Lhort de Poictiers. Voy. Lort-Poitiers.
Liabeuf (D. André), prieur de l'abbaye de Saint-Maixent, I, XX, XXI, XXIII, XXIV, XXV, XLIV n., XLV, LXXXI, XCIX, CXVIII ; II, 347, 395.
Libani cedrus, I, 314.
Liborellus, testis, II, 78.
Liborlière (la), Liborlère, Libournère, seigneurie, I, XLIX ; II, 79, 152. *Cne de Pamprou, D.-S.*
— (Mr de la), II, 447 n.
Libournère (la), fief. Voy. Liborlière.
Liciniacensis vicaria. Voy. Lusignan.
Licoydes (J.), II, 105.
Lideiardis, I, 66.
Lidradus, capellanus, I, 230.
Li Franes (Frotgerius), I. 171.
Ligeris. Voy. Loire (la).
Ligue (troubles de la), I, CII, CIII.
Ligugé (abbé de). Voy. Ursin.
Lilea, II, 118.
Limbourg, II, 400. *Province de Belgique.*

Limoges, Lymogés, Lemovicæ, I, XXVI, CXVII, 377 ; II, 362.
— (abbés de Saint-Augustin de). Voy. Aleux, Morel.
— (abbaye de Saint-Augustin de), II, 335 n., 353 n., 452.
— Lemovicensis comes. Voy. Guillelmus.
— évêché, I, LXV.
— (évêques de). Voy. Benoit, Ebles, Jordanus.
— senescallus. Voy. Sancto Dyonisio.
Limousin, province de France, I, XXXVI n., XXXIX, LXXXVI, CIV ; II, 360 n.
— (chancelier de). Voy. Faure.
— (écrivains du). I, 116 n.
Linales, villa. Voy. Linaults (les).
Linaults, Linaux, (les), Linales, seigneurie, I, XLIX ; II, 157. *Cne de Romans, D.-S.*
— villa, I, 135.
Lineriis (Arnaudus de), I, 305.
Liort (Petrus de), I, 296.
Li Peleter (Garnerius), I, 268.
Liron, terra, I, 180. *Cne de Breuil-Magné, Charente-Inf.*
Liros (Hugo), de Fayole, II, 102.
Lisle (Guillaume de), prieur de Saint-Maixent, I, CIX.
— (Jehan de), II, 159 n.
— (P. de), valetus, II, 104.
— Jourdain (comte de). Voy. Raimond.
— (comtes de), I, XLXXI.
Liva, mariscus. Voy. Yves.
Liziaco (Goscellinus de), I, 263, 264, 279. Voy. Lezay.
Liziacus. Voy. Lezay.
Lizières (les), borderie de terre, I, XLVIII. *Cne de Chantecorps, Deux-Sèvres.*
Lizieux (diocèse de), II, 360 n. *Calvados.*
Liziniacensis, Liziniacus. Voy. Lusignan.
Loac (Hugo), serviens, II, 37, 38.
Lobet (Alo), miles, I, 335, 371, 372. Voy. Loubet.
— (Gilebertus), I, 307.
— Lobeth (Hugo), I, 176, 177, 283, 297, 298, 307, 308, 325, 327.
— domus, II, 8. *Maison de Loubet, à Saint-Maixent, D -S.*

— 558 —

Lobet-turris, I, 361. *Tour Loubet, à Saint-Maixent, D.-S.*
Lobetenses, I, 362. *Habitants du bourg Loubet dans Saint-Maixent.*
Lobigné (Johannes de), I, 265.
Lobilec, Lobillec (Girbertus de), miles, II, 32, 77, 78.
— (Willelmus de), miles, II, 65, 77, 78.
Lobillé (Symon de), II, 98.
Lodovicus, Lodvicus, rex Francorum. Voy. Louis.
Loia (Johannes), physicus, II, 40.
Loire, Loyre (la), Ligeris, fleuve, I, XLI ; II, 145 n., 200.
Lolier (Jacques), religieux de Saint-Maixent, II, 364.
Longres (Helias), miles, II, 39.
Longus (Giraldus), I, 190.
— (Rainalt), I, 125.
Lonus, filius Goffredi, I, 169.
— Longus de Gastina, I, 321, 322.
Lopea, uxor Petri Rofini, I, 331.
Lorestin (Hugo), II, 78.
Lorgné, Lornez. Voy. Lorigné.
Lorigné, Lorignet, Lorgné, Lorgnue, Lorneg, Lorniacus, I, 306, 374. *Deux-Sèvres.*
— paroisse de Saint-Martin, I, LIII.
— ecclesia Sancti Martini, I, 191, 258.
— (prieur de), II, 328. Voy. Maistrolle.
— prieuré, I, LVI, LVIII; II, 146.
Loripede (Garnaldus), I, 191.
Lornerius. Voy. Cornerius.
Lorniacus. Voy Lorigné.
Lorraine (Charles de), duc de Mayenne, lieutenant-général du royaume de France, II, 311.
Lort-Poitiers, Lort de Poictiers, Lhort de Poictiers, Ortus Pictavis, I, XVII, XLV, XCVII, XCVIII, XCIX, C, CI, CIV. *Lortpoitiers, c^{ne} de Saint-Martin de Saint-Maixent, D.-S.*
— abbaye, I, CV.
— (châtel de), II, 333.
— domus, hospitium, locus, I, 108, 220, 221, 237, 279, 312 ; II, 4, 125, 130, 190, 194, 195, 197, 269, 271, 273, 275, 277, 279, 285, 289, 292, 297, 302, 311, 312, 313 n., 327, 350.

Lort-Poitiers, herbergement, II, 146.
—' maresii, II, 201.
Lostees, borderia, II, 87.
Lotayre, empereur. Voy. Lotharius.
Lotharius, Hlotarius, imperator Francorum, I, 7, 8, 9; II, 458.
— Lotherius, rex Francorum, I, 34, 33, 41. 45, 46, 47, 50, 51, 52, 53, 54, 55, 56, 57, 58, 60, 61, 62, 63, 64, 65, 69, 70.
Loubea (Rouze de), II, 163.
Loubet, Aimeri, évêque de Clermont, I, 308 n. Voy. Lobet.
— famille, II, 29 n.
— bourg de la ville de Saint-Maixent. Voy. Saint-Maixent.
— Marguerite, femme de Thibaut Chabot, I, 308 n.
Loucherie, seigneurie, I, XLIX ; II, 154. *C^{ne} de Mazières-en-Gâtine, D.-S.*
Loudun, Loudunum, I, XLI ; II, 48 n., 178, 255. *Vienne.*
— châtellenie, II, 124, 136.
— (ressort de), II, 142. 172.
Loudunais, II, 383 n. *Ancien pays de France.*
Louis le Débonnaire, Ludovicus pius, empereur d'Occident, I, XXIII, XXXIX, LXII, 1, 3, 4 n., 6, 7, 8, 9, 36, 197 ; II, 458.
— II le Bègue, roi de France, I, LXIV.
— IV d'Outremer, roi de France, I, XVI, LXVIII, 27, 29, 30, 31.
— V le Fainéant, roi de France, I, 71.
— VI le Gros, roi de France, I, 242, 251, 252, 255, 256, 262, 265, 271, 272, 273, 275, 276, 281, 285, 287, 288, 289, 290, 291, 294, 295, 298, 299, 305, 309, 314, 315, 317, 320, 322, 324, 325, 335, 370, 372.
— VII le Jeune, roi de France, I, 335, 336, 337, 340, 352, 353, 357, 358; dux Aquitanorum, comes Pictavorum, I, 336. 340, 341, 342, 344, 345, 347, 349, 350.
— VIII, roi de France, I, XXXIV, 102 n. ; II, 54. 113, 437.
— IX, roi de France, I, XLII ; II, 21 n., 54 n., 60, 61 n., 84, 113, 144, 134, 135, 136, 137, 171, 254, 315 n., 347.

Louis X le Hutin, roi de France, II, 21 n., 135, 136.
— XI, roi de France, II, 259.
— XIII, roi de France, I, cv.
— XIV, roi de France, II, 345, 361, 377, 398, 404, 444.
— XV, roi de France, II, 450.
— (fête de saint), II, 464 n., 470.
Lousche (fief de), II, 162.
Luant (F.), religieux de Saint-Maixent, II, 371 n.
Luc, seigneurie, I, L. C^{ne} de Saint-Gelais, D.-S.
— (Giraudus dau), II, 52.
Lucæ, Luce, evangelistæ (fest. sancti), II, 75, 135, 472.
Lucellus (Petrus), I, 266.
Luchac (monachi de), I, 290. Lussac, Charente.
Luché (seigneur de). Voy. Cabaret.
Luchère, fief. Voy. Lousche.
Lucia, filia Raterii, I, 118.
— uxor Guillelmi de Rochâ, I, 330.
— uxor Petri Chabot, II, 59.
Luciæ martyris (fest. sanctæ), II, 474.
Luciani (fest. sancti), II, 464.
Lucionensis abbas. Voy. Luçon.
Luciuns (Ademarus), homo ligius abb. Sancti Maxentii, II, 54.
Lucius III, papa, I, 376.
— frater Gauterii presbyteri, I, 262.
Luçon, diocèse, I, LV. Vendée.
— (abbé de), I, LV, 315.
— (évêque de). Voy. Cœur.
— évêché, I, XCIII.
Luconeas (P.), II, 31.
Lucus, terra, II, 10.
Lugaudau. Voy. Rigaudan.
Lugdunensis archiepiscopus. Voy. Lyon.
Luhcé (vigerius de), I, 150.
Luncziniacus, Lundiniacus. Voy. Leugny.
Lunea (Johan), chevalier, II, 159.
Luneas (Teobaudus), dominus Sancti Martini d'Ars, II, 34.
Lunellus, frater Rainaldi, I, 336.
— (Petrus), I, 233.
Luonensis, I, 170. Voy. Ivonensis.
Lupardus (Audebertus), I, 305.

Lupiniacus, I, 303. Loubigné c^{ne} d'Exoudun, D.-S.
Luppa, uxor Maingoti, dominus Castri Metuli, I, 178.
Lupus Gislebertus, I, 121.
Luscus (Ademarus), I, 304, 305.
Lusignan, Lesigniacus, Lesiniacus, Lezeigniacus, Lezignem, Lezigniacus, Leziniacus, Lezinonensis, Liciniacensis, Liziniacus, I, XXIX ; II, 10, 233.
— cliens de Leziniaco, I, 379. Voy. Demnio.
— (dapifer de). Voy. Ugo.
— (Gaufridus de), II, 114, 116.
— (Gaufridus de), miles, frater comitis Marchiæ, II, 93.
— (Guido de), miles, frater comitis Marchiæ, II, 93.
— (Guillelmus de), filius Hugonis Bruni, I, 295.
— (famille de), I, XLII, 137 n.
— Hugo, Ugo de Liziniaco, Lezinonensis, I, 121, 122, 140, 155 ; II, 482. Hugues V.
— Hugo, Leziniaci, I, 240, 242. Hugues VI le vieux.
— Hugo, Brunus de Liziniaco, de Leciniaco, I, 260, 261, 266, 273, 276, 295, 311, 334. Hugues VII.
— Hugo, Hugonellus, I, 295 ; II, 10. Hugues VIII.
— Hugo, li Bruns, II, 26. Hugues IX.
— Hugo, Bruni, comes Marchie et Engolisme, I, 137 n.; II, 38, 46, 47, 59, 65, 79, 83. Hugues X.
— Rorgo, filius Hugonis Vetuli, I, 242.
— miles Liziniacensis. Voy. Rainaldus.
— (modius de), I, 278.
— (prieur de), I, LV.
— (seigneurs de), I, XXI, XXIX, XLVI.
— terra de castello Liziniaco, I, 137.
— vicaria, I, 74, 81.
Luzières (Jacques de), prieur de Verruye, II, 303, 304.
Lymousin (François), maçon, II, 287.
Lyon, Lugdunum, I, CXIX ; II, 427. Rhône.
— (archevêque de). Voy. Johannes.
— (comte de). Voy. Rochebonne.

M

Mabillon (D.), religieux bénédictin, I, xlv, lxxvii ; II, 347, 371 n.
Macanan, doyen de l'église de Bordeaux, I, xcviii.
Macarii martyris (fest. sancti), II, 464.
Macat (P.), II, 65.
Maceriæ. Voy. Mazières.
Machabeorum (fest. sanctorum), II, 469.
Macheries. Voy. Mazières.
Macicais, pré, I, 376. *Pré sis vers Mazières-en-Gâtine, D.-S.*
Maco (Willelmus), capellanus, II, 24.
Macuti (fest. sancti), II, 64, 473.
Madame, mère du roi. Voy. Angolesme (duchesse d').
Madeleine (fête de sainte), II, 83, 98, 350 n., 396, 400, 434.
Madelmus, medicus, I, 78.
Mâcon, II, 290 n. *Saône-et-Loire.*
— (évêque de). Voy. Ugonet.
Madorre (Willelmus), fidejussor, II, 48.
Madut (Arbertus), I, 239, 240.
Maengo, Maengoti (Willelmus I), dominus de Surgeriis, II, 27.
— (Willelmus II), dominus de Surgeriis, II, 35.
— (Willelmus), filius Willelmi II, II, 35, 36, 37.
— (Hugo), valetus, filius Willelmi II, II, 36.
— de Metulo, senior, I, 117, 118, 169, 178, 185, 192, 198.
— miles, I, 353, 371 ; II, 84.
Maengotus, Maingodus, Maingotus de Mota, I, 227, 267, 347.
— Rulfus, I. 267.
Maintrole, Maentrole (Pierre), II, 155.
— (Jehan), chevalier, II, 155 n.
Macestrich, II, 397. *Hollande.*
Magdalenæ (festum beatæ Mariæ). Voy. Madeleine.
Magnerandus, testis, I 73.
Magort (Jaufridus, Geoffroy), prieur de Saint-Maixent, I, cix ; II, 47, 48.

Maguelonne (évêque de), II, 228.
Mahée (Micheau), maçon, II, 287.
Maiengot (Petrus), I, 171, 173.
Maiengotus, testis. I, 111.
Maientia (Petrus), I, 266.
Maignée (Esclersée), II, 152, 154.
Maigotus de Metulo. Voy. Maengotus.
Maillé, seigneurie, I, xlviii. C^{ne} de la *Chapelle-Bâton, D.-S.*
Maillet (dom Michel), II, 367.
Maillezais (abbaye de), Malleacensis, Malliacensis, I, xix, lxxi, lxxx, cxxi, 105 n. *Vendée.*
— (abbés de), I, liv, lv. Voy. Droon, Goderan, Petrus, Willelmus.
— diocèse, I, lv, lviii ; II, 221.
— monachi, I, 280.
— (prieur de). Voy. Ucbertus.
— (religieux de). Voy. Hillerin, Laurenceau.
Maimac en Limousin. Voy. Meymac.
Mainardus, monachus, I, 276, 289.
— testis, I, 53, 61, 67, 69, 70, 93, 158, 189.
— Cramal, clericus, I, 206.
— Gerainallus, I, 230.
— Guillelmus, vicarius Didoni, II, 10.
— Lemovix, I, 275.
Mainart, pater Petri, I, 147.
Maindrus (Petrus), I, 246.
Maine (comte du), seigneur de Saint-Maixent, II, 236, 239, 250, 251, 253, 256, 260, 261.
— (comtesse du), dame de Saint-Maixent. Voy. Angoulême.
— (bailli des exemptions du), II, 206.
Maine-et-Loire (département de France), I, 344 n.
Maineldis, uxor Arduini Besardi, I, 221.
Mainentia (Tetbaudus), I, 332.
Mainerius, I, 221.
— sutor, I, 165.
Mainfredus, I, 221.

Maingaudus, vicecomes, I, 20.
Maingo, Maingodus, Maingotus de Mota, testis, I, 299, 300. Voy. Maengotus.
Maingot, I, 300.
— filius Bertrandi Evrui, I, 313.
— de Metulo. Voy. Maengotus.
— de Mota. Voy. Maengotus.
— le Roux, I, 267 n.
— Metuli, Metuliensis. Voy. Maengotus de Metulo.
— senior, dominus Castri Metuli. Voy. Maengotus.
Maingotus, testis, I, 118.
Mainnart (Giraudus), II, 51.
Maintrole, Mantrole, Mayristrolle (Aimeri), abbé de Saint-Maixent et de Saint-Liguaire, I, LXXV, LXXVI, LXXVIII, LXXXII, 112, 113 n., 114, 149, 151, 152, 153, 154, 155, 157, 159, 160, 178 n., 376 n.; II, 315.
— (Aimericus), miles, I, 182.
— Maintrolem, Mantrolia (Aimericus), miles Sancti Maxentii, I, 176, 193, 195, 376, 377, 378.
— (Jehan), I, LXXVI.
— (Jehan), chevalier, I, 255; II, 114, 151 n. Voy. Moytrole.
— Maintrolia (Petrus), I, 324.
— (Pierre), fils de Jehan, II, 33 n., 39, 151 n. Voy. Moyngtusse.
— Simon, chevalier, II, 114.
— famille, I, LXXVI. Voy. Maistrolle.
— (l'hôtel d'Antoine), seigneurie. Voy. Boisragon.
Maintrolière (la), seigneurie, I. L. C^{ne} de Saint-Maixent, D.-S.
Maioli (fest. sancti), II, 467.
Maioris (Jean), archiprêtre de Saint-Maixent, chantre de Saint-Martin de Tours, I, CXXII.
Mairençannes (Girart de), II, 70, 71.
Mairech (Rainaldus de), I, 153.
Mairentea (Guillaume), II, 217.
Mairevent (terre de), II, 224, 228, 260, 262. Mervent, Vendée.
— (Simon de), I, 285.
Maisoncelles (dîmeries à), seigneurie, I, XLIX. C^{ne} de Prailles, D.-S.
Maisonis, I, 41. Maizay, c^{nes} de Ceaux et d'Anché, Vienne.

Maistrolle (Constantinus), prior de Lorgnué, II, 187.
Maisuns (Ademarus de), I, 190.
Maixent (saint), Messent, Maxentius (sanctus, beatus, confessor), I, XIX, XXIV, XXXVIII, XXXIX, XL, LVIII, LIX, LXI, LXII, LXIV, LXVIII, LXXII, 9, 14, 30, 39, 40, 43, 44, 48, 68, 78, 79, 80, 81, 86, 90, 91, 93, 97, 98, 99, 100, 108, 109, 116, 119, 122, 124, 126, 130, 131, 132, 135, 136, 140, 141, 143, 146, 149, 151, 152, 153, 154, 160, 161, 163, 166, 168, 169, 170, 172, 173, 174, 175, 176, 178, 179, 180, 181, 184, 185, 186, 187, 188, 189, 190, 191, 195, 197, 199, 200, 201, 204, 205, 207, 209, 211, 213, 214, 215, 216, 218, 219, 220, 221, 222, 223, 225, 229, 231, 233, 236, 243, 244, 249, 250, 251, 252, 254, 256, 263, 264, 269, 271, 272, 277, 278, 279, 280, 284, 286, 288, 290, 293, 300, 304, 306, 310, 312, 314, 320, 321, 333, 334, 335, 336, 337, 338, 341, 342, 344, 351, 352, 353, 355, 356, 359, 365, 371; II, 7, 27, 50, 63, 65, 357, 361, 367, 371, 372, 374, 400, 404, 407 n., 448 n., 449 n., 453 n., 454, 455, 456, 457.
— Adjutor (sanctus, pius), I, 72, 104, 113, 130, 167, 171, 173, 177, 182, 189, 192, 206, 216, 217, 222, 224, 226, 229, 231, 233, 239, 241, 243, 246, 250, 255, 257, 263, 265, 270, 272, 273, 274, 276, 278, 280, 282, 283, 284, 287, 288, 289, 291, 292, 303, 310, 314, 321, 326, 330, 331, 332, 371, 378, 379; II, 46.
— corpus sancti, I, 28, 43.
— fête (26 juin), dies, festivitas, festum, I, 21, 51, 57, 59, 64, 74, 89, 95, 108, 123, 137, 161, 291, 299, 320, 344; II, 3, 12, 13, 63, 76, 97, 98, 107, 164, 301, 314, 319, 365, 372, 393, 394, 396, 398, 426, 439.
— missa, I, 13.
— natale, II, 11, 12.
— ortus, II, 11.
— vigilia, veille de la fête, vigile, I, 357, 378; II, 13, 61 n., 107, 151, 156, 160, 323.
— octave (3 juillet), II, 322.
— fête de l'invention du saint

(10 mars), I, 155, 156; II, 441, 466.
Maixent fête de la translation du saint (29 octobre), II, 319, 468, 471, 472.
— octave, II, 468.
— office du saint, II, 418, 442, 468 n.
— reliques du saint, I, 21 n.
— mal Saint-Messent, I, LVIII.
Majus Monasterium, I, 196. *Marmoutier, près Tours, Indre-et-Loire.*
Male Capsa (Ademarus), I, 147.
Maleistais, alodus. Voy. Marestais.
Malevergne (Joseph), prieur de Saint-Maixent, I, CXIX.
Malfet (Brunetus), I, 169.
Maliacensis prior. Voy. Maillezais.
Malicorne (seigneur de). Voy. Chourssses.
Mali Lupi sterium, I, 197. *Vers Thairé, Charente-Inf.*
Malinicus (Johannes), prior de Pamprolio, II, 187.
Malleacensis, Malliacensis, abbas, diocesis. Voy. Gaufridus, Maillezais.
Malliacus, portus, I, 192, 252. *Maillé, Vendée.*
Malmenius (Andreas), II, 178.
Maloleone (Radulphus de), vir nobilis, dominus Thalemondi et Castri Julii, II, 76.
Malvergne (Jean), lecteur des profès à Saint-Maixent, II, 441.
Malté, II, 389. *Italie.*
Mamerti (fest. sancti), II, 467.
Mamillo, testis, I, 63.
Manassès, frater Isemberti episcopi, I, 118.
Mandeti abbatis (festi sancti), II, 473.
Manengaudus, testis, I, 22.
Mangareus, homo ligius abbatis Sancti Maxentii, II, 24.
Mangoti. Voy. Maengoti.
Manguerellus, homo ligius abb. Sancti Maxentii, II, 52.
Manhac (J.), II, 187.
Maniseus, testis, I, 273.
Mans (prieur de la Couture du). Voy. Du Vivier.

Mantroles, Mantrolia. Voy. Maintrole.
Manuias (Petrus), magister, frater Archimbaldi prioris, I, 363.
Marahanti dominus. *Marans, Charente-Inférieure.* Voy. Porteclia.
Marais (prés des), les Maroys, II, 124, 190. *Prés, sis dans les c^{nes} de Saint-Maixent et de Saint-Martin, D.-S.*
Marbach en Allemagne, II, 360 n.
Marbodus, Marbaud, maritus Raingardis, I, LXV, 58.
— Marbaut, Marbaudus, frater Tetbaudi, I, 256, 299, 300.
Marcabrium (Willelmus), II, 78.
Marcaio (prioratus de). Voy. Marciaco.
— (P. de), homo abbatis Sancti Maxentii, II, 53.
Marcallus (Goscelmus), I, 233.
Marcardus, maritus Aldeardis, I, 54, 55.
— testis, I, 29.
Marçay. Voy. Marsais.
Marcellæ (reliquiæ sanctæ), II, 407 n.
Marcelli martyris (fest. sancti), II, 472.
— papæ (fest. sancti), II, 464.
Marcelliani martyris (fest. sancti), II, 468.
Marcellini martyris (fest. sancti), II, 467.
Marchai (J. de), miles, II, 24.
Marchais (le), II, 147. *C^{ne} de Fonpéron, Deux-Sèvres.*
— (le), seigneurie, I, LI. *C^{ne} de Saivre, D.-S.*
Marchand (Maur), prieur de Saint-Maixent, I, CXVIII; II, 427.
Marchant (Eutrope), éc., prévôt-moine de Saint-Maixent, I, CXI; II, 354.
— (Isaac), prévôt-moine de l'abbaye de Saint-Maixent, prieur de Saint-Maixent et de Ternant, I, CX, CXI; II, 328, 330, 341.
Marchardus Niger, testis, I, 63.
— Rufus, testis, I, 63.
Marche (la), province de France, I, XC, XCI. Voy. Marchia.
Marche (comte de la), II, 225, 461. Voy. Marchia.

— (gouverneur de la). Voy. Villequier.
Marchegay (M^r), II, 347.
Marcheron (Hugo), miles , I, 333.
Marchia (comes de), II, 93, 108. Voy. Audebertus, Hugo, Hugo Bruni, Marche.
Marchiaco (pascharius de). Voy. Marciacus.
Marci evangelistæ (fest. sancti), II, 45, 466.
— martyris (fest. sancti), II, 468.
Marciaco (obedientiarius de), I, 233, 235. Voy. Ademarus.
— (prepositus de), I, 270. Voy. Martinus.
— (prior de), II, 7, 34, 53, 187. Voy. Sarrazana.
— (Gauscelinus de), I, 233.
— (Guillelmus de), I, 295, 351.
— (Pictavinus de), I, 365.
— (Raimundus de), I, 186.
— Marzai, Marca (Willelmus de), prior Sancti Maxentii. Voy. Marsais.
Marciacus, Marchiacus, Marcaius, I, 78, 235, 270, 374 ; II, 1, 4, 23, 124, 134, 147, 148. Voy. Marsais. *Marsais-Sainte-Radegonde, Vendée.*
— ecclesia Sancti Petri, I, 257, 271.
— obedientia, II, 11.
— pascharius, I, 149, 150.
— prioratus, II, 53.
Marciliacus, villa, I, 35.
Marconay (Johan de), II, 160.
Marcus (Willelmus), II, 52.
Mardo, villa, I, 85 *Mardre, c^{ne} de Saint-Léger-lès-Melle, D.-S.*
Mardy-gras, II, 320.
Marescallus (Willelmus), comes, II, 15, 18.
Marestais, Maleistais, alodus, I, 36. *Marestais, c^{ne} de Matha, Charente-Inf.*
— ecclesia Sancti Petri, I, 37,
Mareuil (Aimeri de), aumônier de l'abbaye de Saint-Maixent, I, LXXXIV, CXI.
— (Jean de), évêque d'Uzès, I, XCVII.
Mareus (Gi. des), homo ligius abbatis Sancti Maxentii, II, 23.

Margarita, neptis Hugonis Archiepiscopi, I, 384.
— uxor Symonis, I, 120, 121.
— uxor Theobaudi Jabot, I, 371, 374.
Margaritæ martyris (fest. sanctæ), II, 469.
Margeruns, testis, II, 31.
Margnac, Marnac, Marnachus, villa, I, 167, 188 ; II, 86. *Margnat, c^{ne} de Vitrac, Charente.*
Maria Virgo (beata), la sainte Vierge, Nostre-Dame, I, 79, 81, 99, 107, 115, 116, 143, 167, 176, 182, 380 ; II, 40, 90, 91, 361, 407, n, 448 n.
— festes de N.-D., II, 324, 353.
— fest. Annunciationis beatæ M., *aliàs* Nostre-Dame de Mars, II, 283, 293, 320, 466, 478.
— fest. Assumptionis Beatæ M., *aliàs* Media Augusti, I, 280; II, 270, 470.
— vigilia, II, 470.
— fest. Conceptionis Beatæ M., I, 474.
— fest. confortationis S. Josephi et Beatæ M., II, 474.
— fest. Nativitatis Beatæ M., II, 86, 95, 421, 471.
— octava, II, 471.
— fest. Purificationis Beatæ M., II, 4, 21, 119, 130, 137 n., 465.
— (missa de beatâ), II, 36.
— filia Girardi, I, 328.
— filia Natalis de Pampro, I, 221.
— filia Willelmi Letart, II, 49.
— uxor Ancheri de Cordoau, I, 254.
— uxor Guitberti, I, 245.
— uxor Hugonis Airaudi, I, 355.
— uxor Samsonis, I, 349.
— Magdelena (festum beatæ M.M.), II, 69, 77, 469.
-- Tronna, I, 192, 252.
Mariacus episcopalis, I, 194. *Mairé-l'Evescault, D.-S.*
Marie-Thérèse d'Autriche, reine de France, II, 409.
Marigny, Marnei, I, XXIX, LV, 90. *Marigny-Chemerault, Vienne.*
Marigny, paroisse de Saint-Nazaire, I, 90.

Marillac (M. de), intendant du Poitou, II, 400, 404, 406.
Marinus, prepositus, I, 305.
Marion (Pierre), cellerier de Saint-Maixent, I, cxiv.
Marlac, I, 230.
Marmoreus (Johannes), I, 206, 229.
Marmoutier, abbaye, I, xxi, lxxvii; II, 356, 431, 432, 438, 441, 452, 456. *Près Tours, Indre-et-Loire.*
Marnac, villa, Marnachus. Voy. Margnac.
Marnei, alodus. Voy. Marigny.
Marniacus, vicaria, I, 54. *Marigny, Deux-Sèvres.*
Maroil (Aimericus de), I, 313.
Marolii aqua, I, 246. *Le Mareuil, affluent de la Sèvre-Niortaise.*
Marot (Aimericus), I, 334.
— (P.), monachus, II, 6.
Maroys (les), prata. Voy. Marais.
Marquerius, abbas Novi Monasterii, I, 240, 242, 243, 255.
Marsais, Marsay, Marssay, I, xxviii, xxix, xlix; II, 102, 105, 107, 146, 159, 161, 163, 464. *Cne de Marsais-Sainte-Radegonde, Vendée.* Voy. Marciacus.
— châtellenie, I, xlvii; II, 267.
— (cour du prieur de), II, 462.
— paroisse de Saint-Pierre, altare, ecclesia Sancti Petri, I. lv, 257, 271.
— prieuré, I, lii, lviii, ci, ciii, civ; II, 146.
— (prieur de), I, lxxxiv; II, 159, 164. Voy. Saumureau.
— (Guillaume de), prieur de Saint-Maixent, I, cix, 337, 347, 352, 354, 356, 357, 358, 364, 365.
Marscal (Goscelmus), I, 301.
Marscalcus (Jamo). Voy. Marscallus.
Marscallus, Marscals, Marsquallus (Goscelmus ou Goscelinus), I, 217, 248, 255, 272, 275.
— (Jamo), I, 190, 204.
Marsilie, molendinum, I, 179.
Marsquallus (Goscelmus). Voy. Marscallus.
Marssay, paroisse. Voy. Marsais.
Martea (Aymeri), II, 183.

Martea (Guillaume), fils d'Aymeri, I, 183, 184.
Marteau (Pierre), Martellus, prévôt-moine de Saint-Maixent. I, cxi, 356, 357, 358, 365, 373; II, 480.
Martelli (Gaudinus), allocatus baillivi Turoniæ, II, 93.
Martellus, terra, I, 187. *Ténement de la Cne de Romans, D.-S.*
— (Petrus), prepositus Sancti Maxentii. Voy. Marteau.
Martène (D.), historien, I, xxii, lxiii, xcv, 344 n.
Martha, uxor Constantini Gairaudi, I, 341.
Marthæ, virginis (fest. sanctæ), II, 469.
Martialis, episcopi (fest. sancti), II, 468.
Martiliacus. Voy. Marciliacus.
Martin (fête de saint), I, 329; II, 249, 349, 399. Voy. Martini.
— Martinus, abbé de Saint-Maixent, I, lxxxi; II, 17, 26 n.
— infirmier de Saint-Maixent, I, cxiv, 273.
— (Guillaume), de Cherveaux, II, 149.
— (frère Jehan), II, 307.
— (Isaac), cellerier, puis prieur claustral de Saint-Maixent, I, cx, cxv; II, 328, 330.
— (Jean), cellerier de Saint-Maixent, I, cx, cxv; II, 329, 330.
— (Jehan), religieux de Saint-Maixent. II, 303, 304.
Martinæ, virginis (fest. sanctæ), II, 468.
Martini, episcopi (fest. sancti), II, 473.
— octava, II, 473.
— (fest. translationis sancti), II, 468.
— Esperuns burgus. Voy. Saint-Maixent.
— Vertavensis abbatis (fest. sancti), II, 472.
Martiniani (fest. sancti), II, 468.
Martinus, I, 98, 99, 101.
— abbas, infirmarius Sancti Maxentii. Voy. Martin.
— beatus. Voy. Martin.
— cognominatus Calcar, I, 158.
— mancipium, I, 44.
— mercenarius, I, 231.

Martinus monachus, I, 51, 136, 140, 152, 157, 161, 198.
— nepos Martini Esperuns, I, 247.
— obedienciarius Marciaci, I, 233, 235.
— prepositus insule Vulliaci, I, 190.
— prepositus Marciaci, I, 270, 271.
— testis, I, 56, 71, 95, 130;
— de Ponto, I, 221.
— de Vetrinis, I, 183.
— Esperuns, Hesperum, I, 193, 200, 247, 250, 262, 273, 316, 317, 320, 327, 333, 335, 336, 338, 341, 356.
Martreuil (le), seigneurie, I, L. Cne de Saint-Maixent, D.-S.
— (fief de) Voy. Alasonne.
— (Johanne de), femme d'Aymar de la Rochefoucaut, II, 148 n, 152 n.
Mascelinus, prior sancti Gildasii Talniaci, I, 219, 220.
Mascoraus, terra, I, 222. Le Mas, cne de Saint-Adjutory, Charente.
Masellis (Johannes de), I, 214.
Maseriæ, parrochia. Voy. Mazières.
Massiot (Léonard de), prieur de Saint-Maixent, I, cxviii.
Massuet (D.), religieux bénédictin, I, xxi.
Masus, villa, I, 109. Le Mabouet, cne de Chef-Boutonne, D.-S.
Materé, Metorea (fief), II, 158.
Mateus, I, 231.
Matha, I, 36 n. Charente-Inférieure.
Mathæi, apostoli (fest. beati), I, LXXXVII; II, 143, 465, 471.
— vigilia, II, 471.
— (reliquiæ sancti), II, 407 n.
Matheon, testis, II, 24, 25.
Matherie. Voy. Mazières.
Matheus, camerarius regis, I, 346.
— constabularius regis, I, 346.
— filius Petri Sancti Johannis, I, 314.
Mathiæ, apostoli (fest. sancti). Voy. Mathæi.
Mathiels, Mathyels, testis, I, 161, 163.
Mathieu (fête de saint). Voy. Mathæi.

Mathioz, II, 98.
Mathurini episcopi (fest. sancti), II, 473.
Matutinale, altare in monasterio Sancti Maxentii. Voy. Saint-Maixent.
Mau.... II, 41.
Maubant (Tetbaut), I, 348.
Maubuisson, II, 315 n.
Maufé, Maufet (Brunet), I, 173, 182, 186, 205.
Maugenet (Gilbert), lecteur de philosophie à Saint-Maixent, II, 418.
Maulay (baillia de), II, 111, 112. Cne de Prailles, D.-S.
— Molai, herbergamentum, II, 125.
Mauléon, II, 184.
— (Raoul de), I, LXXII.
— (Savari de), II, 70, 71.
Maulévrier (prieur de). Voy. Feletz.
Maunai (ballia prepositi de), II, 41. Maunay, cne de Saivre, D.-S.
Maupertuis, I, 355. Cne de Goux, D.-S.
Maupetit (Bernart), homo ligius abbatis Sancti Maxentii, II, 24.
— (P.), sacerdos, II, 51.
— (feodum au) de Pampro, II, 97.
Maurepart (sgr de). Voy. Boisgelin.
Mauri, abbatis (fest. sancti), II, 464.
Mauricii, martyris (fest. sancti), II, 471.
— (Willelmus), prior Partiniaci Veteris, I, 382.
Mauricius, Mauritius, episcopus Pictavensis. Voy. Blazon.
— filius Costantini Goscelmi, I, 246.
— filius Gofredi Rocafortis, I, 220.
— filius Goscelmi de Marciaco, I, 233.
— filius Hugonis Rocho, I, 320.
— Sine terrà, I, 376.
Mausec, I, 282. Voy. Mauzé.
Mausiaci dominus. Voy. Porteclia.
Mausiaco (Guillelmus de), baro, I, 346; II, 15, 18.
Mautalant (Petrus), I, 358.
Mautru, seigneurie, I, LI. Monteru, cne de Saivre, D.-S.

Mauvoisin, seigneurie, I, L. C^{ne} de Saint-Eanne, D.-S.
Mauzé, Mausec, I, 282 ; II, 254.
Maxemira, vidua, II, 52.
Maxima, vidua Petri Fortis, uxor Bosonis Borelli, I, 142.
Maximiani (fest. sancti), II, 464, 466.
Maxnilius Alfredi, villa, I, 78.
— Aniani, villa, I, 78.
— Constabulo, I, 78.
Mayenne (duc de). Voy. Lorrain.
Mayeul (saint), abbé de Cluny, II, 357.
Maynard (fief de P.), seigneurie, I, XLIX. C^{ne} de Marsais-Sainte-Radegonde, Vendée.
Maynardi (J.), II, 101.
Maynart (Pierre), II, 161.
Mayner (Jehan), II, 160.
Mayristrole (Aimeri), abbé de Saint-Maixent. Voy. Maintrole.
Mazarin (duc de), II, 409, 423, 440.
Mazeires, Mazères. Voy. Mazières.
— (Reginaudus de), II, 5.
— (Ytier de), II, 206.
Mazeriæ. Voy. Mazières.
Mazières-en-Gâtine, Maceriæ, Maseria, Matheriæ, Mazeires, Mazères, Mazeriæ, paroisse, I, XLIX, LVII, CXX, 213, 214, 231 ; II, 5, 94, 147, 221. Deux-Sèvres.
— paroisse de Notre-Dame, aliàs Saint-Barnabé, I, LIII.
— ecclesia Sanctæ Mariæ, I, 121, 214, 258.
— (presbyter de), I, 288.
Meaux (diocèse de), II, 422. Seine-et-Marne.
Medardi episcopi (fest. sancti), II, 467.
Mediano, mariscus, I, 99.
Médicis (Marie de), reine de France, I, CV.
Medicus (Johannes), clericus, I, 383, 384.
Megea (Michea), II, 155.
Megeas (Helias), homo ligius abb. Sancti Maxentii, II, 48.
Megeays (Gaufridus), II, 100.
Meigot (Simo), miles, I, 382. Voy. Maengot.
Meillac (M. de), seigneur de Granry, II, 419.
Meilleraie (la), château, II, 378, 440. La Meilleraye, c^{ne} de Beaulieu, D.-S.
Meilleraie (duché de), II, 424.
Meilleraye (Armand-Charles de la Porte, duc de Mazarin et de la), II, 370, 377, 379, 390, 399.
— (duc de la), fils du duc de Mazarin, II, 409.
— (maréchal de la), baron de Saint-Maixent, II, 354 n., 355.
Meinardus (Hugo), cliens Aimerici Mantrolie, I, 379.
Meingot, Meingoti (P.), miles, dominus de Chocaroia, I, 383, 384. Voy. Maengot.
Melchisedec, grand-prêtre hébreu, I, 313.
Mèle (Mengau de), II, 148.
Melle, I, XXIX, XLIX ; II, 160. Deux-Sèvres. Voy. Metulum.
— paroisse de Saint-Pierre, I, LIII ; II, 101.
— (pays de), I, 109 n.
— prieuré de Saint-Pierre, I, LVIII ; II, 146, 160.
— (prieur de), II, 328. Voy. Clervaux.
Mellensis (Constantinus), I, 138.
— (Stephanus), I, 129.
Melles (Petrus), II, 118.
Mellesia porta. Voy. Saint-Maixent.
Mello (Aleardus de), I, 158.
Melun (Jean de), évêque de Poitiers, II, 21.
— (Philippe de), seigneur de la Borde et de la Mothe, II, 453 n., 460.
Menaut (Jean), aliàs Arnaut, aumônier de Saint-Maixent, I, CXII.
Menbré (Jean), de Pamprou, I, LXXVI, LXXXII.
Menemau (Guillelmus), I, 230.
Mengau de Mello, II, 148.
Mengo (Johan), II, 205.
Menigoute I, XLIX. Deux-Sèvres.
— (chanoine de). Voy. Pavin.
Mennæ, martyris (fest. sancti), II, 473.
Méraud, secrétaire de l'évêché de la Rochelle, II, 424.
Mercato (W. de), procurator abbatis Sancti Maxentii, II, 20.
Mercator (Aboinus), I, 279.
— (Cadelo), I, 211.

Mereas (Laidet de), II, 3.
Merevent, Mervant (terre de). Voy. Mairevent.
Meriloc, I, 42. *Mérilly*, c^{ne} de *Saint-Martin-lès-Melle*, D.-S.
Meriote (Raigon), II, 164.
Merlaudi (P.), II, 102.
Merle (Jacques), sous-prieur de Saint-Michel-en-Lherm, II, 413.
Merlez (P.), II, 104.
Mervant (seigneur de). Voy. Mairevent.
Meschinet, testis, I, 247.
Meschins (Garinus), I, 251, 329.
Meschinus (Ernaudus), I, 295.
— (Tetbaudus), I, 261.
Messé, paroisse, I, LII. D.-S.
Messine, I, CVI. *Italie*.
Métairie (la), seigneurie, I, XLVIII. *Auj. Avançon*, c^{ne} d'*Exireuil*, *Deux-Sèvres*.
Metorea, fief. Voy. Materé.
Mettayer (P.), libraire à Paris, II, 351 n.
Metulensis, Metulinsis, archipresbyter. Voy. Joscelmi.
—, vicarius. Voy. Biraudus.
— pagus, vicaria. Voy. Metulum.
— porta. Voy. Saint-Maixent.
Metuli (dominus castri). Voy. Maingotus.
— Metuliensis (Maingotus). Voy. Metulo.
Metullum, pagus. Voy. Metulum.
Metulo, castrum, pagus, parrochia, vicaria, villa. Voy. Metulum.
— (monachi de), I, 313.
— (Bertonus de), I, 207, 208.
— (Constantinus de), I, 112, 118, 140, 253.
— (Costantinus de), monachus, II, 22.
— (Fulco de), II, 108.
— (Maingotus de), Metuli, Metuliensis, I, 169, 185, 192, 198, 353, 371 ; II, 85.
— (Ponerius de), magister, I, 363.
Metulum, I, 104, 108, 257, 319, 321, 352, 374, ; II, 25. *Melle, Deux-Sèvres*. Voy. Melle.
— altare Sancti Petri, I, 313, 314.
— castrum, I, 30, 82, 85, 93, 101, 110.
— monachi Sancti Petri, I, 314.

Metulum, ecclesia Sancti Petri, I, 42, 85, 257, 313, 314.
— locus beati Petri, I, 109.
— obedientia, II, 11.
— oratorium Sancti Petri, I, 30.
— pagus, I, 23, 37, 43, 55, 109.
— parrochia Sancti Petri, I, 82, 303 ; II, 101.
— prior Sancti Petri, I, 322. Voy. Biron, Costantinus.
— terra Sancti Petri, I, 322.
— vicaria, I, 25, 26, 34, 39, 43, 57, 85, 87, 97.
— villa, I, 25, 26, 34, 35, 88.
Meymac, Maimac, I, CXVIII ; II, 360 n., 371. *Corrèze*.
— abbaye, II, 366, 367.
— (prieur de). Voy. Belin.
Miauray, seigneurie, I, XLIX ; II, 100. C^{ne} de *Romans, Deux-Sèvres*.
Michaël, eleemosinarius Sancti Maxentii. Voy. Michel.
— sanctus, I, 143.
— infirmarius Sancti Maxentii. Voy. Michel.
Michaelis Archangeli (fest. sancti), I, 181, 205, 226 ; II, 55, 67, 100, 133, 134, 156, 159, 236, 273, 320, 322, 471, 477, 488.
— octava, I, 181 ; II, 472.
— repetitio, II, 472.
Michea, Michel (fête de saint). Voy. Michaelis.
— Michaël, aumônier de Saint-Maixent, I, CXI ; II, 39, 48.
— infirmier de Saint-Maixent, I, CXIV ; II, 27, 31, 32, 33.
Midy (Jean), prieur de Saint-Maixent, I, CXIX.
Miget (dame), II, 428.
Mignot (Johan), garde du scel à Saint-Maixent, II, 169, 171.
Milet (Aimericus), I, 271.
Milibellum castrum. Voy. Mirebeau.
Militibus (feoda), II, 105.
Milleray (château, duché de la). Voy. Meilleraie.
Millezeau (Mathurin), archiprêtre de Saint-Maixent, I, CXXII.
Milon, domaine de l'abbaye de Saint-Maixent, I, XLI. *Milan*, c^{ne} d'*Echiré, Deux-Sèvres*.
Mimaldi, Mimauldi (Aimericus), I, 343.

Mimarot, Mimerot (Arnaldus), I, 248, 348.
Mimaut (Hugo), II, 49, 50.
Mimel (Ugo), I, 212.
Mincho (Johannes), I, 320.
Minchonelli (Johannes), I, 217.
Mincun (Ademarus), I, 328, 329.
Mincuns (Costantinus), I, 217.
Minet (Guillaume), II, 150, 184.
Mirabilis (Petronilla), I, 250.
Mirebeau, Milibellum, Mirebellum, I, 382. *Vienne.*
— castrum, I, 258.
— chapitre de Notre-Dame, I, xci.
Mirebello (Willelmus de), dapifer, I, 249.
Mirebellum. Voy. Mirebeau.
Mirepoix (Pierre de), évêque d'Autun, I, LXXXIX. Voy. La Barrière.
Mischet (Auduinus), I, 295.
Misericordia Domini, festum, II, 107.
Modesti, martyris (fest. sancti), II, 468.
Modun, mariscus, I, 62.
Moinart Lemozins, monachus, II, 6.
Moine-Mort (le), seigneurie, I, XLVII; II, 153. *Cne d'Azay-le-Brûlé, Deux-Sèvres.*
Moinetus, I, 354.
Moir (Hugo de), II, 66.
Moïses, testis, I, 211, 215, 217.
Molai, herbergamentum. Voy. Maulai.
Molendino (Ugo de), I, 313.
Molendinum novum, I, 323. *Moulin-Neuf, cne de Salles, D.-S.*
Molinarium Eldini, I, 246. Auj. *Moulin de la Tine, cne de Romans, Deux-Sèvres.*
Molnerius (Johannes), I, 278.
Molners (Petrus), I, 168.
Monaco (M. de). Voy. Grimaldi, Monceci.
Monasterolium castrum, I, 266. *Montreuil-Bonnin, Vienne.*
Monaye (baillie du moulin de), seigneurie. Voy. Monea.
Monceci principes, II, 448 n. *Monaco, principauté.*
Monclar (François de), prieur de Saint-Jouin, II, 407 n. 408 n.
Monéa, molendinum, Monée,

Moneia, Monaye, Monoye, I, 104, 255, 269, 299 ; II, 163, 198. *Mounée, cne de Saint-Martin de Saint-Maixent, D.-S.*
Monea (Petrus de), I, 309.
Monée, Moneia, molendinum. Voy. Monea.
Monereays (vinee au), II, 100.
Moneta (Guillot de), II, 50.
Monfreteau, seigneurie, I, XLVII. *Cne d'Azay-le-Brûlé, Deux-Sèvres.*
Monjoie (la), seigneurie, I, XLVIII. *Cne de Clavé, Deux-Sèvres.*
Monnet (Louis), métayer de Tynefort, II, 279.
Monoye, molendinum. Voy. Monea.
Monoyer (Regnaut Le), II 153 n. 217.
Mons, seigneurie, I, XLVII ; II, 99. *Cne d'Azay-le-Brûlé, D.-S.*
— fief, II, 157.
— métairie, II, 438.
— prieuré, I, LVII ; II, 146.
— (prieur de). Voy. Grimoard.
— (Bernard de), I, LXXXII.
— (Gaufridus de), II, 107.
— (Hugo de), II, 66, 78.
— (P. de), prieur claustral de Saint-Maixent, II, 107, 604.
— (Symo de), II, 78.
— (Willelmus de), II, 107.
Mons Albus, I, 297. *Le Peu blanc, éminence de la cne de Nanteuil, D.-S.*
Mons Acerrimus, I, 299.
Mons Tamiserius. Voy. Montamisé.
Monsterolium castrum. Voy. Monasterolium.
Montaillon (hôtel vers), seigneurie, I, XLIX. *Cne de Mougon, Deux-Sèvres.*
Montalembert (pièce de terre de), seigneurie, I, XLIX. *Cne de Nanteuil, Deux-Sèvres.*
Montamisé, Mons Tamiserius, Thamaserius, I, XXIX, 49, 144, 174, 183, 248, 258. *Vienne.*
— (prévôt de). Voy. Grosbert.
Montbazon (seigneur de), II, 164 n.
Montbrison, I, CXIX. *Loire.*
Mont-de-Marsan, I, CXVIII. *Landes.*
Monte Acuto (Guillelmus de), I, 313.

Monte Tamiserio (terra de). Voy. Montamisé.
— (parrochia Sanctæ Mariæ de). Voy. Montamisé.
Montebo, curtis, ecclesia Sancti Salvatoris. Voy. Montembeuf.
— (Fulcadus de), I, 236.
— (Fulcherius de), I, 289, 290.
— (P. de), prior sancti Maxentii. Voy. Montembeuf.
Montebove, (ecclesia Sancti Salvatoris de). Voy. Montembeuf.
Monte Thamaserio (Sancta Maria de). Voy. Montamisé.
Montegnet, Montignet. Voy. Montigné.
Montelio. Voy. Montebo.
Montembeuf, Montebo, Montebove, I, xxix. *Charente.*
— (cour de), I, 237.
— église de Saint-Sauveur, I, 230, 258, 296.
— paroisse, I, LVI, 289, 296.
— (P. de), prieur de Saint-Maixent, I, CIX, 371.
Montes (ad), locus, I, 79. *Le Mont, quartier de Niort, D.-S.*
Montglat (M. de). Voy. Harlay.
Montiaco, villa, I, 97.
Montierneuf, abbaye. Voy. Poitiers.
Montigné, Montinicus, I, xxix, 25. *Lieu disparu, c^ne de Pamprou, Deux-Sèvres.*
— Montegnet, Montignet, Montiniacus, II, 106, 158, 160, 163, 257, 313. *Deux-Sèvres.*
— église de Saint-Martin, I, 257.
— feodum, II, 101, 102.
— paroisse de Saint-Martin, I, XLIX, LIII ; II, 102.
— (presbyter de), I, 313.
Montil-lès-Tours, II, 268 n. *Près Tours, Indre-et-Loire.*
Montiniaco. Voy. Montigné.
— (Girbertus de), I, 159.
Montiniacus, Montinicus, ecclesia Sancti Martini, presbyter. Voy. Montigné.
Montpellier, I, cv. *Hérault.*
Monyn (Jacques), clerc, II, 283.
Monz (Bernardus de), miles, II, 31.
Morandi (Elias), I, 335.

Morandus, cognatus Râtherii juvenis, I, 275, 280, 281.
— filius Ademari Froterii, I, 214.
— testis, I, 279.
— (Stephanus), I, 245.
Morant (Guillaume), archiprêtre de Saint-Maixent, I, CXXXI, 372.
Morante (Bercheron), II, 154 n.
Moré (Nicolas), maître fondeur de cloches, II, 268, 269.
Morea (Heliot), II, 158.
— (Jehan), II, 158 n.
Moreas (P.), juratus, II, 55.
Moreau (Jean), *aliàs* Colin, prieur de Saint-Maixent, I, CIX.
Morel (Germain), visiteur général de la province de Chezal-Benoît, II, 364.
— (Sylvestre), abbé de Saint-Augustin de Limoges, II, 429.
Moreus (Guilon), homo ligius abbatis Sancti Maxentii, II, 23.
Morillon (Jean), prieur de Saint-Maixent, I, CIX.
— (Jehan), prieur de Vouillé-les-Marais, II, 303, 304.
Morez (Michael), II, 104.
Morin (Alexandre), religieux de Saint-Maixent, II, 303, 304.
— (J.) de la Broca, II, 48, 105.
— (Jean), infirmier et prévôt-moine de Saint-Maixent, I, CXI, CXIV.
— (Johannes), homo ligius abbatis Sancti Maxentii, II, 25.
— (arbergamentum au). Voy. Morineaux.
Morineaux (fief aux), Morin (arbergamentum au), II, 105, 149. *Maison à la Brousse, c^ne d'Azay-le-Brûlé, D.-S.*
Morini (J.), de la Broce. Voy. Morin.
Morinus, testis, I, 325.
— (Petrus), I, 338.
Morisson (Hilairet), métayer du Sault, II, 279.
Mornac (Guillelmus de), I, 230.
Morra (Albertus, *aliàs* Alexander de), Beneventanus, presbyter cardinalis S. Laurentii in Lucina, I, 367, 369.
Morré (Michael), II, 105.
Morrent. Voy. Mourant.
Mortagne (prieuré de Saint-Pierre

de), II, 358, 359, 360 n., 367, 371 n. Vendée.
Mortagne autel de Saint-Léger, II, 358.
Mortamare, Mortemare (Willelmus de), I, 298, 303.
Mortaud (A.), sous-prieur de Saint-Maixent, I, cxvi ; II, 65.
Mortefons, hébergement, II, 158.
Mortefond, cne de Verrines, D.-S.
Mortemer (Geoffroy de), chevalier, II, 148 n.
— (Jehan de), chevalier, seigneur de Couhé, II, 184 n., 206.
Morter, II, 105.
Mortuomari (W., prior de), I, 381. Morthemer, Vienne.
Mosnier (Antoine), religieux de Saint-Maixent, II, 371 n.
Mosol (Giraudus de), I, 352, 359, 365.
Mostarolum, monasterium, I, 261. Tallent, cne de la Chapelle-Montreuil, Vienne.
Mostcreo Berlais (dominus de), II, 5. Montreuil-Bellay, Maine-et-Loire.
Mota. Voy. La Mothe-Saint-Héraye.
— (Aimericus de), I, 176, 208.
— (Galterius de), II, 97.
— (Goffredus de), I, 230.
— (Guillelmus de), I, 320.
— (Guillelmus de), monachus, I, 300.
— (Johannes de), I, 332.
— (Jordanus de), I, 320.
— (Maengotus, Maingotus de), I, 227, 267, 347.
— (Paganus de), forestarius de Foluns, I, 277.
— (Petrus de), miles, I, 383, 384.
Motard (Hilaire), religieux de Saint-Maixent, II, 304, 305.
Motes (Jean des), garde du scel à Saint-Maixent, II, 186 n.
Motesii (Gofredus), I, 176.
Mothe (la), Mothe-Saint-Héraye (la), Mota, Motha, I. xxiv, xxix, xliii, xlix, lv, 207, 256, 281, 293 ; II, 215, 310, 391, 396. Deux-Sèvres. Voy. Sensciacus.

Mothe (la) castrum, castellum, I, 116, 117, 130.
— château, II, 385.
— châtellenie, I, xlix, lii.
— (clericus de), I, 335. Voy. Rainaldus.
— (domini de), II, 12.
— edificium, I, 127.
— (major de). Voy. Albuinus.
— (marquis de). Voy. Baudéan.
— (monachus de), I, 277.
— obedientia, II, 11.
— (seigneur de la). Voy. Melun, Torssay.
— temple, II, 405, 406 n.
Môts (les), seigneurie, I, xlix. Cne de Pamprou, D.-S.
Motte-Saint-Claud (seigneurs de la). Voy. Céris.
Mougon, paroisse, I, xlix, 157. Deux-Sèvres.
Moulidars, I, cxix. Charente.
Mounin (Abraham), imprimeur à Poitiers, II, 351 n.
Mourant (Geoffroy), II, 162 n.
Mousset (Berthommé), II, 149.
Moutiers-les-Mauxfaits, prieuré, I, lxxx. Vendée.
Moutonniers (les), seigneurie, I, l. Cne de Romans, D.-S.
Moynemort (le), fief. Voy. Moine-Mort.
Moyngtusse (Petrus), valet, II, 33. Voy. Maintrole.
Moysardus (Ramnulfus), I, 209.
Moytrole (J.), miles, II, 106. Voy. Maintrole.
Mullepe, mariscus, I, 284, 286.
— ortus, I, 324.
Multenbo (Fulcaldus de) I, 167, 168.
Munz (Constantinus de), II, 72 n.
Murat, I, cxx. Cantal.
Murciaco (Willelmus de) I, 337, 351.
Murniacus, II, 10. Mornac, Charente-Inf.
Muzillac, I, cxvii. Morbihan.
Myorray. Voy. Miauray.

N

Naau (Willelmus), II, 42.
— pons, I, 179.
Naaus (Constantinus), canonicus Xantonensis, II, 36.
Naboris, martyris (fest. sancti), II, 468.
Nainec, Nainiaco. Voy. Saint-Georges de Noisné.
Nalet, feodum, II, 104, 152.
Nannetensis episcopus. Voy. Nantes.
Nantes, I, xxxviii; II, 360. *Loire-Inférieure.*
— (chanoine de). Voy. Bourlière.
— (évêque de), II, 179.
Nanteuil, Nantolium, Nantoliensis, paroisse, I, xxix, xlix, liii, 58, 88, 89, 119, 246, 257, 277, 374 ; II, 383. *Deux-Sèvres.*
— (curé de), II, 447.
— ecclesia Sancti Gaudentii, I, 232, 257, 297, 298.
— (prieur de), I, xcviii ; II, 318. Voy. Baronis, Lestang, Parthenay.
— prieuré, I, lvii.
— vicaire, II, 298.
— Natolinensis vicaria, I, 25.
Nanus (Goffredus), I, 230.
Natale Domini, Natalis, Nativitas. Voy. Noël.
Natalis, II, 63.
— filius Aleardi de Mello, I, 158.
— filius Garini de Botnai, I, 247.
— filius Rufellæ, I, 228.
— monachus, I, 289.
— testis, I, 29, 61, 62, 63, 67, 70.
— de Pampro, I, 321.
— (Tebaudus), homo planus abb. Sancti Maxentii, II, 50.
Nativitas Domini. Voy. Noël.
Natalus, testis, I, 69.
Nathalis (Willelmus), homo planus abbatis Sancti Maxentii, II, 23.
Naulet (Mathurin), sous-prieur de Saint-Maixent, I, cxvi ; II, 340, 341.
Navarre rex, II, 138. Voy. Karolus.
Naydea (Jehan), II, 161 n.

Nazarii, martyris (fest. sancti), II, 468.
Négron, seigneurie, I, li. C^{ne} de Souvigné, D.-S.
Negrum, (puteus de), I, 248. *Vers Montamisé, Vienne.*
Nemus Povereli, I, 362; II, 65, 79. *Le Bois-Pouvreau, c^{ne} de Menigoute, D.-S.* Voy. à ce nom.
Neomadiæ, virginis (fest. beatæ), II, 464.
Nepons (Jean de), cellerier de l'abbaye de Saint-Maixent, I, cxiv.
Neraudus (Amancius), II, 83.
Néré, II, 113. *Charente-Inf.*
Nerei, martyris (fest. sancti), II, 467.
Nesdes, paroisse, I, lii. C^{ne} de Benassais, Vienne.
Neufbourg (Louis de), archiprêtre de Saint-Maixent, I, cxxii.
Neuf-Quartiers (les), I, l. *Ténement de la c^{ne} de Saint-Martin de Saint-Maixent, D.-S.*
Neustrie (roi de). Voy. Clotaire III.
Neuvéglise, I, cxvii. *Cantal.*
Nevers, I, cxviii. *Nièvre.*
Nicholas (P.), de Pampro, II, 100.
Nicolai, episcopi (fest. sancti), II, 474.
— (fest. translationis sancti), II, 467.
Nicolas, Nicolaus, sous-prieur de Saint-Maixent, I, cxvi ; II, 142. Voy. Chesneau.
Nicolaus, miles, I, 244.
— subprior claustralis Sancti Maxentii. Voy. Nicolas.
Nicomedis (fest. sancti), II, 469.
— martyris (fest. sancti), II, 467.
— martyris (fest. sancti), II, 471.
Nieuil, Nieuil-sur-l'Autize, Niolium, abbaye, I, liv, lv; II, 47 n., 48. *Vendée.*
Niger. Voy. Marchardus.
Niolio (abbas de), Niolense, I,

345; II, 22, 24. *Nieuil-sur-l'Autize, Vendée.* Voy. Pierre.
— (P. de), camerarius Sancti Johannis Angeriacensis, II, 37.
Niort, Nyort, Niortum, I, xviii, xxviii, 79, 249; II, 9, 63, 74, 155, 157 n., 223, 255, 262; 268, 395, 396, 422. *Deux-Sèvres.* Voy. Montes, Niortensis.
— castellum, castrum, I, 66, 69, 77, 98.
— châtellenie, II, 124, 135.
— (gouverneur de). Voy. Baudéan.
— monetarius de Niorto. Voy. Johannes.
— ressortum, II, 172.
— (vicomtes de), I, LXVIII.
— vicus, I, 63, 69, 209.
Niortensis villa, I, 28, 62, 68, 70.
— pagus, I, 73.
Niorto (Ebulo de), I, 209.
— (Focaudus, Focaldus, Forcaldus de), I, 326, 327.
— (Ucbertus de), I, 327.
— (Ugo de), I, 272.
Niortum. Voy. Niort.
Nivart (Petrus), I, 264.
Nivernensis (Lucas), homo planus abb. Sancti Maxentii, II, 48.
Nivernus (Willelmus), I, 189.
Nobiliacus, I, 254. *Nuaillé, c^{on} de Courçon, Charente-Inf.*
— de Nobiliaco (Petrus), I, 271, 272.
Noël, Natale Domini, I, xxxiii, xxxv, 184, 186, 295, 356, 359 ; II, 5, 11, 63, 75, 97, 102, 156, 184, 214, 248, 249, 275, 314, 319, 320, 343, 344, 474, 478.
— vigilia, II, 474.
Nogerias, villa, I, 78.
Noiné, Noisné. Voy. Saint-Georges.
— (P. de), II, 5.
Nontolio (abbas de), II, 46. *Nanteuil-en-Vallée, Charente.*

Nontolio (Willelmus de), sacerdos, II, 50.
Normandie (duc de). Voy. Charles.
Normands (les), Normanni, I, 21 n., 37 ; II, 360, 481.
Normanie, Normannie, Normannorum dux. Voy. Henricus, Karolus, Johannes, Ricardus.
— ducissa. Voy. Alienor.
Normanni. Voy. Normands.
Normannus (Fulco), I, 170.
— Gilelelmus, I, 284.
— (Guillelmus), I, 285.
— filius ejus, I, 285.
Normant (Gosfredus), II, 4.
Notre-Dame (fêtes de). Voy. Maria.
— de Grâce. Voy. Saint-Maixent.
— et Saint-Vincent (église de). Voy. Saint-Liguaire.
— paroisse, I, LVI.
Nouaillé, abbaye, Sanctus Junianus, I, 72 n., 180. *Vienne.*
— (abbé de), I, 197. Voy. Bertrandus.
— prieur de), II, 429. Voy. Vidal.
— (sous-prieur de). Voy. Duvivier, Gérentes.
Noviz (Theobaldus de), senescallus Pictavensis, II, 54.
Novum Monasterium. Voy. Poitiers (Montierneuf).
Novus Burgus. Voy. Saint-Maixent.
Noyné. Voy. Saint-Georges de Noisné.
Nuaillé (Hugo de), miles, II, 56, 58.
— (Willelmus de), frater Hugonis, II, 56.
Nuceriis (pratum de), I, 190.
Nuchèze (Louis de), seigneur de Batresse, I, xcix, c.
Nyort. Voy. Niort.
— (Aymeri de), procureur des habitants de Saint-Maixent, II, 264.

O

O Sapientia (festum), II, 474.
Oaut (Raimundus), I, 271.
Ob..., testis, I, 341.
Ocbertus, monachus, I, 314.
Oda, testis, I, 45, 93.
Odo, I, 34, 83.
— abbas Sancti Johannis, I, 162, 163.
— abbas Sancti Maxentii. Voy. Eudes.
— filius comitis Willelmi, I, 99, 100, 106, 107.
— frater Ugonis prepositi, I, 176, 183.
— frater Willelmi comitis, I, 111.
— presbyter, I, 165.
— rex Francorum, I, 18.
— subdecanus Pictaviensis, I, 232.
Odolricus, argentarius, I, 121.
Odon (Pierre), II, 316.
— (saint), abbé, II, 352.
Odonis, abbatis (fest. sancti), II, 473.
Odriacus, villa, I, 47. *Loiré, Charente-Inf.*
Odricus, testis, I, 46 n., 47.
Odulricus, testis, I, 20.
Odulgardis, uxor Amalfridi, I, 22.
Œnacensis vicecomes. Voy. Cadelo.
Œngliâ (W. de), I, 349.
Ogier (Hélie), avocat, procureur des habitants de Saint-Maixent, II, 216, 218.
Oirec (ecclesia Sancti Georgii de), I, LV, 233, 234 n., 257, 292. *Le Doret, c^ne de Saint-Cyr du Doret, Charente-Inf.*
Olearii (Guillelmus), II, 131.
Olgisius, cantor Sancti Ylarii, I, 176.
Oliverius, canonicus beati Hilarii Pictavensis, I, 381.
— Aregnum, I, 357.
— (Simo), I, 350.
Olivers (Andreas), homo ligius abb. Sancti Maxentii, II, 53.
Olivier, faux abbé de Saint-Maixent, I, LXXXI.

Olivier (l'), seigneurie. Voy. Boisragon.
Ollet, cliens, I, 356.
Omnium Sanctorum commemoratio, festivitas, festus, memoria, natale, I, 65; II, 5, 11, 40, 54, 63, 64, 104, 123, 125, 248, 249, 314, 319, 321, 322, 343, 472. *Fête de la Toussaint.*
— octava, II, 473.
— vigilia, II, 472.
Oniaco (vicecomes de). Voy. Aunay.
Orange (prince d'), II, 402.
Orbus (Calvinus, Cauvellus), I, 306; II, 12.
Orderic Vital, I, 31 n.
Orengarde, uxor Maingoti de Motâ, I, 267 n., 347.
Orfeuille (comte d'), I, XVIII.
— (Girault d'), II, 160.
— (Guillaume d'), aumônier de l'abbaye de Saint-Maixent, I, CXII.
Oriolus, testis, I, 93.
Orios (Guillelmus), I, 253.
Orléans, I, CXVII, CXVIII. *Loiret.*
— (bibliothèque d'), I, XIX.
— Aureliannensis diœcesis, II, 331.
— (duc d'), II, 402.
— (Madame d'), mère du Régent, II, 450.
Orries (Guillelmus), valetus, II, 101.
Ortus, Ortus Pictavis, Pictavus. Voy. Lort-Poitiers.
Osannæ vigilia, I, 366. *Veille des Rameaux, fête.*
Osbertus, frater Guidonis Davit, I, 230.
— Vetulus, I, 230.
Oschæ, II, 102. *Les Ouches, tènement de la c^ne de Montigné, D.-S.*
Osiria, Ausiria, uxor Gofredi de Sancto Maxentio, I, 180, 195, 220.
Ostendus, testis, I, 62.
Ostiarius (Costantius), I, 245.
Ostiensis episcopus, I, 344. *Ostie, ville d'Italie.*

Ostolarius (Johannes), prepositus obedientiæ, I, 287.
Ossanne, femme de Jean Jolet, II, 116.
Otbertus, I, 231.
— testis, I, 55, 71.
— de Ternant, I, 211.
— Gratinuns, I, 294.
— (Guillelmus), I, 289.
— Pastel, I, 315.
Otgerius, I, 125, 179.
— monachus, I, 56.
— nepos Albuini, I, 131.

Otgerius, fnepos Arnaldi, I, 126.
— testis, I, 71.
Otho, comes Pictavensium et dux Aquitanorum, I, 383.
— dapifer, I, 218, 227.
— de Rocha, I, 198.
Otria, mater Aimerici Malacornæ, I, 172.
Otricus, filius Alcherii, I, 109.
Oulri, testis, I, 60.
Oyré (feodum d'), II, 34. *Ancien fief, sis cne de Pamprou, D.-S.*

P

P., abbas Cellensis, I, 349.
— abbé de Saint-Maixent. Voy. Pierre.
— aumônier de Saint-Maixent, I, CXI; II, 65.
— clericus, II, 78.
— eleemosinarius Beatæ Mariæ de Cella, I, 381.
— prieur de Saint-Maixent, I, CIX; II, 65.
— abbas Aurevallensis, de Niolio, Sancti Maxentii, prepositus Sancti Maxentii. Voy. Petrus.
— Abocit, prior de Pampro, sacrista Sancti Maxentii, abbas Sancti Lodegarii. Voy. Aboci.
— Archimbaut, cliens Aimerici, Mantrolie, I, 379.
— Billas, I, 351.
— Christianus. Voy. Petrus.
— de Demnio, cliens de Leziniaco, I, 379.
— de Montebo, prior Sancti Maxentii. Voy. Montembeuf.
— de Motâ. Voy. Petrus.
— de Noiné, monachus, II, 5.
— de Vilefagne, I, 374.
— Enjoger. Voy. Petrus.
— Gilebertus de Bennait, II, 374.
— Guarnaldi. Voy. Petrus.
— Guarolie, archipresbyter Sancti Maxentii. Voy. Garolie.
— Maingot, Meingoti, miles, dominus de Chocaroia, I, 383, 384.

P. Marot, monachus, II, 6.
— Pionius, serviens, I, 351.
— Turpins, presbyter, I, 381.
Pa..., frater Ingelelmi de Ternant, I, 273.
Paen (Guillaume), élu de Saint-Maixent, lieutenant du sénéchal de Poitou, II, 239, 264.
Paenas (J.), homo ligius abbatis Sancti Maxentii, II, 24.
Paganus, I, 228.
— canonicus Pictavensis, I, 303.
— frater Eodini, I, 338.
— pater Moineti, I, 354.
— presbyter, I, 247.
— Aimericus, I, 170.
— Breteas, I, 365.
— de Mota, forestarius de Foluns, I, 277.
— Gaisedenarius, I, 233.
— (Gelduinus), I, 270.
— Rex, I, 373.
Pagot, II, 257.
Pahen (Jehan), II, 206.
Paile (Philippe du), chevalier, II, 150.
Paille, seigneurie, I, LI. *Cne de Souvigné, D.-S.*
— (feodum de), II, 66.
Pairé (Tebaudus de), I, 235.
Pais (Petrus), I, 364.
Pait-sur-Ventre (Hugo), I, 268.
Palan, feodum, II, 102. *Fief de la cne de Montigné, Deux-Sèvres.*
Palener (puteus de), II, 63.
Palerme, II, 401. *Sicile.*

Pallu, I, 245. C*ne* de *Nanteuil*, D.-S.
Paloton (Jean), sous-prieur et prieur de Saint-Maixent, I, cix, cxvi.
Paludis, mariscus, I, 63.
Palus, pratum, I, 221. *Pré sis vers Pallu*, c*ne* de *Nanteuil*, D.-S.
Palustre(René), lieutenant particulier au siège de Saint-Maixent, II, 411.
Pamphylis (reliquiæ sancti), II, 407 n.
Pampriani parrochia, Pampro. Voy. Pamprou.
Pampro (Audebertus de), I, 269, 270.
— (Calo de), II, 65.
— (Christianus de), I, 199.
— (Guiraldus de), I, 285.
— (Natalis de), I, 321.
— (Rorgo de), presbyter, II, 30.
— (Ugo de), I, 173, 174.
Pamprou, Pampro, Pamproul, Pamprolius, Pamprianus, I, xxix, 42, 70, 249, 321, 323, 328, 331, 362, 374; II, 6, 34, 38, 41, 46, 51, 65, 97, 100, 101, 105, 145, 146, 157, 160, 162, 291, 297, 327. *Deux-Sèvres*.
— aqua, I, 237. *Le Pamprou, affluent de la Sèvre Niortaise*.
— (chambre abbatiale de), I, xcviii, ci.
— châtellenie, I, xlvii.
— curtis, I, 240.
— et Saint-Germier (dîmes de), seigneurie, I, xlix; II, 163.
— ecclesia Sancti Maxentii, I, 258.
— farinarii, I, 42.
— (grange terragée de), seigneurie, I, xlix.
— (homines de), II, 55, 56.
— (judex de), homo ligius abbatis Sancti Maxentii, II, 24.
— molendinum, I, 295.
— (monachus de), I, 295.
— obedientia, II, 11.
— (obedienciarius ville de), I, 270.
— (prieur de), II, 156, 319, 483. Voy. Abocit, Bonaudi, Chevalier, Malinicus.
— (prieuré de Saint-Maixent de), I, xlix, lii, liii, lviii; II, 329, 330, 331 n., 344.

Pamprou (paroisse de Saint-Maixent de), I, xlix, liii.
— (paroisse de Saint-Martin de), I, lxxx.
— (sergenterie de), seigneurie, I, lxix; II, 162.
— terra, I, 264, 295.
— (vicaire de), II, 298.
— (vigne du prieur de), seigneurie, I, xlix.
Pancratii, martyris (fest. sancti), II, 467.
Panperdu, terra, I, 239. *Ténement de la c*ne* de Romans*, D.-S.
Pantaleonis, martyris (fest. sancti), II, 469.
Panvinio, historien, I, 367 n.
Papins (les), II, 149.
— (les) de Charchenay, II, 168.
Paquaut (Johannes), monachus Sancti Maxentii, II, 186.
Pâques (fête de), Pascha, I, xxxiii, xxxiv, xxxv, xxxvi n.; II, 5, 6, 11, 36, 63, 203, 223, 236, 248, 269, 318, 322, 324, 334. Voy. Coena Domini.
— crastinum, I, 366.
— (lundi de), II, 401, 402.
— (mardi de), II, 393 n.
Parabèle (le sieur de). Voy. Parabère.
Parabère (comte de), lieutenant du roi en Haut-Poitou, Châtelleraudais et Loudunais, II, 383, 389, 391, 393, 394, 396, 397.
— (marquis de), II, 355.
— (seigneur de). Voy. Baudéan.
— (le sieur de), II, 311, 312, 313.
Parcheminier, notaire à Saint-Maixent, II, 271, 275, 277, 282.
— (Jehan), curé de Dampvix, II, 280.
Pardaillan (comte de), II, 373 n.
Parençaio (Stephanus de), miles, II, 38.
Parfait (le sieur), I, cvi.
Parinec, Patriniacus, I, 16, 36, 258. *Les Touches de Périgny*, *Charente-Inf*.
Paris, I, xci, cvii; II, 26 n., 119, 139, 140, 141, 172, 173, 187, 203, 211, 212, 213, 214, 229, 232, 313 n., 331 n., 378, 389, 390, 404, 419, 421, 427, 438, 442, 444, 445, 449, 450.
— Archives nationales, I, xxii, xlvi.

Paris, Augustins déchaussés, II, 444.
— Bibliothèque nationale, I, xix, xx, xxi, xxii, lx, lxxxvii, lxxxviii.
— Chambre des comptes, II, 280.
— chanoine de la Sainte-Chapelle. Voy. Gouffier.
— chapelle à Notre-Dame, I. ciii.
— Châtelet, II, 112, 333.
— conseiller au Parlement. Voy. Fouquet, Gouffier.
— église des Petits-Augustins, I, cvii.
— église de la Sorbonne, I, cvi.
— Parlement, I, xxi, xciv; II, 74, 95, 123, 124 n., 134, 138, 139, 188, 194, 199, 203, 208, 223, 225, 228, 229, 230, 232, 239, 332, 338, 340, 356 n., 406 n., 429, 438, 475.
— (prévôt de), II, 208.
— prieur de Saint-Julien-le-Pauvre. Voy. Gouffier.
— Saint-Germain-des-Prés (abbaye de), I, xxi; II, 411, 428, 434.
— Université, II, 212.
— via Amydalina, II, 444.
— (Louis de), abbé de Saint-Maixent, I, xcv, ci; II, 268.
Parisiensis cancellarius. Voy. Poitevin.
Parisius. Voy. Paris.
Parnarmes (Arnaldus), I, 244.
Parpas, Parpa (Hugues), chanoine d'Autun, I, xciv; II, 263, 264.
Partenay (Aimeri de), aumônier de Saint-Maixent, I, cxi; II, 87.
— (Pierre de), prieur de Nanteuil, I, xciv.
Parteniaci dominus. Voy. Larchevesque.
— (seniores castri). Voy. Ebbo, Geldoinus.
Parteniaco (Simo de), I, 242.
Parthenay, Parteniacus, Partiniacus, I, xlix, 16 n.; II, 43, 214, 222, 382, 383. *Deux-Sèvres.*
— capitulum beati Laurentii, I, 383, 384.
— — prior capituli. Voy. T.
— (chanoines de), II, 385.
— (famille de), I, lxxiv, lxxv.
— (seigneurs de), I, xli, xlii, lii; II, 93, 461. Voy. Larchevêque.

Parthenay (terre de), II, 224, 260, 262.
— (Goscelin de), archevêque de Bordeaux, I, lxxiv.
— le-Vieux, Partiniacus Vetus, prieuré, I, 381, 382. C^{ne} de *Parthenay, D.-S.*
— (prieur de), I, liv. Voy. Mauricius, W.
Partigniaco (dominus de). Voy. Parthenay.
Partiniaci dominus. Voy. Artus, comes Richemondæ, Hugo.
Partiniaco (Guillelmus de), I, 283, 285, 310.
Partiniacus Vetus, prioratus. Voy. Parthenay.
Pas (le), II, 105.
Pascal II, pape, Paschalis, I, xxv, xxvi, xxviii, xl, liii, 146 n., 232 n., 241, 248, 256, 259, 260, 261, 266, 275, 276, 285, 287; II, 479.
Pascha. Voy. Pâques.
Paschalis II, papa. Voy. Pascal.
Paschaüdus, clericus, II, 65.
Paschaut (Andreas), homo planus abb. Sancti Maxentii, II, 49.
Pasnai. Voy. Paunay.
Pasques. Voy. Pâques.
Pasquier (Pierre), II, 313.
Passebrunus, frater Aucherii, I, 303.
Passion de N.-S., I, 239 n.
— (dimanche de la), I, xxxvii; II, 322, 388.
Pastel (Otbertus), I, 315.
Pastet (Goscelmus), I, 324.
Patriniacus, I, 29. *P.-e. Paunay, c^{ne} de Saivre, D.-S.*
— Voy. Parinec.
Patris (P.), homo ligius abb. Sancti Maxentii, II, 50.
Patrouillet (le), seigneurie, I, xlvii. C^{ne} *d'Augé, D.-S.*
Pattier (Bernard), prieur de Saint-Maixent, I, cxvii; II, 354.
Paucia (Willelmus de), legatus Romanæ Sedis, I, 333.
Paul, saint, II, 130 n. Voy. Pauli.
— V, pape, I, cv; II, 331.
Pauli apostoli (fest. sancti), II, 468.
— vigilia, II, 468.
— commemoratio, II, 468.
— octava, II, 468.
— (fest. Conversionis sancti), II, 465.

Pauli, martyris (fest. sancti), II, 468.
Paulus II, papa, II, 257.
— IV, papa, II, 293. Voy. Paul.
Paunay, Pasnai, ballia, II, 28. C^{ne} de Saivre, D.-S. Voy. Patriniacus.
— le Grand, seigneurie, I, LI.
— (dîme du Grand), seigneurie, I, LI.
— le Petit, seigneurie, I, LI.
— (dîme du Petit), seigneurie, I, LI.
Pauto (Andreas de), I, 365.
Pavie (cardinal de), I, LXXX.
Pavin (Jean), chanoine de Menigoute, II, 410, 411 n.
— (Paul), sieur de la Fortranche, maire de Saint-Maixent, lieutenant-général au siège royal, II, 377, 378, 393, 397, 398, 403, 408 n., 410, 447.
Payen (Charles), seigneur de Chauray, II, 351 n.
— (rente des), seigneurie, I, L. C^{ne} de Saint-Maixent, D.-S.
Payré, paroisse, I, XLIX. Vienne.
— (moulin de), seigneurie, I, XLIX.
— seigneurie. Voy. Peiré.
— (sergenterie de), I, XLIX. C^{ne} de la Mothe-Saint-Héraye, D.-S.
— (Guillaume du), II, 150, 151.
— (Bertrand du), fils de Guillaume, II, 151.
Payrigné, Payrigniacum, II, 72, 76, 79. Périgny, Charente-Inf.
Pays (Godefroy), religieux de Saint-Maixent, II, 362, 364.
Pays-Bas (les), royaume, II, 401.
Peign, conseiller au siège royal de Saint-Maixent, II, 392.
— (François), infirmier de l'abbaye de Saint-Maixent, I, CXIV; II, 341.
— (Jean), infirmier de l'abbaye de Saint-Maixent, I, CXIV; II, 386, 388.
— (Jehan), notaire à Saint-Maixent, II, 285.
— (Louis), sénéchal de l'abbaye, maire de Saint-Maixent, II, 354 n.
Peigné (François), religieux bénédictin, II, 408 n.
— Delacourt, historien, II, 481.
Peilan (Stephanus de), baro, I, 346.
Peirata (Willemus de la). Voy. Perata.

Peiré, Payré, Perers, villa, I, 172 n., 329. Pairé, c^{ne} de Saivre, D.-S.
— seigneurie, I, LI.
— de Volvire, II, 3. Le Peiré de Veluire, c^{ne} de Veluire, Ve.
Peiroardus, Peiroart, homo ligius abbatis Sancti Maxentii, II, 22, 23, 24.
— (Willelmus), I, 207.
Peiters, Peites, Pictavi (Willelmus de), homo ligius abb. Sancti Maxentii, II, 26 n., 47, 49, 51.
Peitrin, terra, I, 179.
Pelaudus, testis, I, 305.
..... pele, archipresbyter, I, 322.
Pelequinus (Petrus), I, 322.
Pelile (J.), II, 65.
Pella (P.), homo ligius abbatis Sancti Maxentii, II, 23.
Peloquin (Petrus), I, 211.
Peloquins (J.), II, 106.
Peloquinus, filius Ersendis Venatricis, I, 312.
— filius Rainaldi Venatoris, I, 266.
— judex, I, 305.
Pelourd, Pelourde, secrétaire de l'évêché de Poitiers, II, 380, 416.
Pentecôte (fête de la), Pentecostes, I, LXXXVI; II, 63, 67, 107, 248, 249, 314, 319, 336, 379, 384, 387, 392, 393 n., 402, 418, 425.
— (mardi de la), II, 393, 397, 404.
— synodus, I, 301, 302.
Pepernantim, I, 42. Pomperain, c^{ne} de Saint-Romans-les-Melle, D.-S.
Pepin, roi de France, I, 197; II, 457.
— I, Pipinus, Pippinus, roi d'Aquitaine, I, 3, 4, 5, 6 n., 8 n., 9, 16, 35, 36 n., 274; II, 8 n.
— roi de Guyenne, II, 458.
Perata (Willelmus de), miles, II, 26, 39, 50.
Perate (Reginaldus de la), miles, II, 58.
Perbé (François), prieur de Saint-Maixent, I, CXIX; II, 451, 452.
Père, abbé de Saint-Maixent. Voy. Pierre.
Peregrin (saint), évêque d'Auxerre, II, 352.
Peregrini (Willelmus), magister, II, 83.
Pereio (Guillotus de), II, 115, 116.
Pererea (Jehan), II, 217.

Perers. Voy. Peiré.
— (Arnaldus de), I, 172.
Peres, évêque de Saintes. Voy. Pierre.
Pergy (François), religieux de Saint-Maixent, II, 329, 330.
Périgné. Voy. Patriniacus.
Permans (Giraudus), I, 317.
Peroardi (Aymericus), presbyter, II, 128.
— (Gaufridus), clericus, II, 129.
— (Guillelmus), clericus, II, 129.
— — presbyter, II, 128.
— — rector Sancti Leodegarii de Sancto Maxencio, II, 129.
Peroart (A.), II, 47.
— (Johannes), II, 84, 85.
Perochon (Jehan), avocat, II, 216.
Peron, Peyrons Sant Mayssent (le), II, 79, 108. *La Villedieu du Perron*, c^{ne} de Pamprou, D.-S.
Perot (Jehan), II, 309.
Perpetuæ, martyris (fest. sanctæ), II, 465.
Perrière-Maillochau (fief de la), seigneurie, I, L. C^{ne} *de Saint-Maixent, D.-S.*
Perron (dau), I, XVI.
Perrot (Charles), conseiller au Parlement de Paris, II, 477.
Pesant (Arnaldus), I, 238.
Petit (Benoît), prieur de Saint-Maixent, I, CXIX.
— (Costantinus), I, 209.
— (Nicolas), I, 307.
— (Reginaldus), I, 350.
Petita, salina, I, 53.
Petiteas (Aimericus), homo planus abb. Sancti Maxentii, II, 52.
Petragorica regio, I, 110. *Périgord, province de France.*
Petragoricensis episcopus. Voy. Runaldus.
Petri apostoli (fest. sancti), I, 31; II, 468.
— vigilia, II, 468.
— octava, II, 468.
— (fest. cathedræ sancti), II, 114, 465.
— ad vincula (fest. sancti), II, 469.
— episcopi (fest. sancti), II, 473.
— martyris (fest. sancti), II, 467.
Petronilla, ancilla, I, 107.

Petronilla, uxor Ermengodi, I, 231.
— uxor Geldoini, senioris castri Pertiniaci, I, 211.
— uxor Guillelmi Eliæ, I, 296.
— Mirabilis, I, 250.
Petronille, femme de Jean Guionnet, I, LXXXV.
Petronus, frater Ugonis Claret, I, 169.
— monachus, I, 131.
— testis, I, 33, 79, 92, 114, 118.
— Bruni, I, 166.
— Petrus Magnus, testis, I, 118, 119.
Petrus, sanctus, apostolorum princeps, I, 14, 39, 40, 44, 93, 99, 107, 116, 182, 260, 293, 294, 380. Voy. Petri.
— I, 95, 191.
— abbas Aurevallensis, I, 382, 383, 384.
— abbas Malliacensis, I, 264, 280.
— abbas Sancti Maxentii. Voy. Pierre.
— archidiaconus Pictavensis, I, 219, 232, 240.
— archidiaconus Alnisiensis, II, 36.
— archidiaconus Sanctonensis, I, 292.
— archipresbyter Sancti Maxentii. Voy. Garolie, Girbert.
— camerarius abbatis Sancti Maxentii, I, 335.
— canonicus Pictavensis, I, 303.
— cantor abbatiæ Sancti Maxentii. Voy. Pierre.
— cellerarius conventus Sancti Maxentii. Voy. Brunet.
— capellanus, I, 165, 169, 177, 185.
— cubicularius ou camberlarius, I, 297.
— dominus castri Sivraici, I, 173, 279.
— I, episcopus Pictavensis, I, 50.
— II, episcopus Pictavensis, I, 199, 201, 202, 204, 207, 208, 209, 213, 214, 224, 231, 232, 233, 235, 240, 241, 242, 243, 248, 250, 254, 256, 260, 261, 262, 264, 270, 271, 273, 280, 284, 287, 288, 319.
— episcopus Sanctonensis, I, 255, 292, 293 n., 303.
— filius Aleardi de Mello, I, 158.
— filius Audierii de Campania, I, 237.

Petrus filius Christiani de Pampro, I, 199, 200.
— filius Froterii, I, 214.
— filius Froterii Belet, I, 238.
— filius Fulcherii Cabiranni, I, 214.
— filius Gofredi de Gordone, I, 177.
— filius Hugonis Rocho, I, 320.
— filius Johannis de Masellis, I, 214.
— filius Johannis Engolismensis, I, 252.
— filius Mainart, testis, I, 147.
— filius Martini Esperunt, I, 193, 201, 247.
— filius Petri Rofini, I, 331.
— filius Raimundi, I, 214.
— filius Rainaldi Bernerii, I, 163.
— frater Beraldi, I, 149, 150.
— frater Constancii Hostiarii, I, 278.
— frater Guirati, I, 138.
— frater Hugonis Rubeschau, I, 382.
— frater Ingelelmi de Ternant, I, 273.
— frater Tetbaudi Buccæ, I, 304.
— frater Willelmi Peiroardi, I, 205.
— infans, I, 186.
— infirmarius Sancti Maxentii. Voy. Pierre.
— magister, I, 363.
— maritus Arsendis, I, 97, 98.
— miles de Campellis, I, 247.
— monachus, I, 122, 138, 140, 148, 161, 162, 227, 237, 265, 320.
— monachus, nepos Fulcherii de Montebo, I, 290.
— parafonista. Voy. Pierre.
— possessor castri Severiaci, I, 173, 279.
— presbyter, I, 247.
— puer, I, 161, 165, 169, 172, 182, 343.
— sacerdos, I, 34.
— sacrista Sancti Maxentii, I, 340, 343, 349, 350 n. Voy. Abroci.
— testis, I, 62, 122, 128, 161, 194, 251.
. — Abelin, I, 166.
— Airaudus, Airaut, I, 286, 287.
— Alboini, I, 169.
— Aldebrandus, I, 291.

Petrus Aleart, I, 208.
— Amenum, miles, I, 382.
— Amire, I, 307.
— Aprilius, I, 254.
— Arambors, piscator, I, 315.
— Audebertus, I, 253.
— Aufredi, I, 338.
— Aufret, sacrista Sancti Maxentii. Voy. Aufret.
— Belins, I, 357.
— Bernardus, I, 250, 254, 290.
— — clericus, I, 384.
— Bernerius, I, 233.
— Borbel, Borbellus, I, 184, 279.
— Borrelli, I, 340, 342.
— Briderii. Voy. de Briderio.
— Breteas, I, 373.
— Brunet, I, 328.
— — cellerarius Sancti Maxentii. Voy. Brunet.
— Callerius, I, 271.
— Castri Airaudi, episcopus scismaticus Pictavensis, I, 332.
— Chamberlens, I, 335.
— Christianus, Crestiens, I, 301, 309, 321, 324, 341, 344, 349, 364.
— Costancius, I, 305.
— Crestiens. Voy. Christianus.
— Daalgé, d'Augé, de Augeo, I, 177, 182, 192, 195, 198, 210.
— de Briderias, de Briderio, Briderii, I, 154, 170, 176, 183, 184.
— de Brigul, I, 237.
— de Brolio, I, 290.
— de Casa, capellanus Sancti Leodegarii, I, 332.
— de Cognac, abbas Sancti Leodegarii, sacrista Sancti Maxentii. Voy. Cognac.
— de Confolent, I, 167.
— de Floriaco, de Fluriaco, I, 168, 188.
— de Francia, I, 304.
— de Gastinâ, I, 216, 247.
— de Laurerias, I. 125.
— de Lege, de Leone, papa. Voy Anaclet II.
— de Liort, I, 296.
— de Monea, I, 309.
— de Motâ, miles, I, 383, 384.
— de Nobiliaco, Nobiliacus, I, 271, 272.
— de Qualleria, I, 271.
— de Sancto Johanne, I, 313.
— de Sancto Saturnino, I, 303.
— de Traient, I, 192.

— 580 —

Petrus de Tuscâ, I, 269.
— de Verinis, de Vetrinis, prepositus Sancti Maxentii. Voy. Vérines.
— de Vilaret, I, 305.
— de Viridario, I, 306.
— de Voollum, I, 356.
— Demer, I, 332.
— Dorin, I, 186, 199.
— Durant, I, 360, 361.
— Ebroardi, I, 336.
— Enjoger, I, 343, 351.
— Episcopus, notarius domini Partiniaci, I, 382.
— Escarpil, I, 223.
— dictus Fortis, vir nobilis, I, 142.
— Fortis, I, 295, 309.
— Froterius, I, 281, 308, 309.
— Fulcher, Fulcherius, I, 237, 296.
— Fulcherii, Fulcherius, monachus, I, 222, 223, 225, 318.
— Fulcherius, prepositus de Cogulet, I, 290.
— Garnaldi, Garnaldus, Garnaud, Garnaudus, I, 273, 285, 294, 295, 301, 315, 317, 321, 336, 349, 364.
— Garnaud, Garnaldus, famulus abbatis, I, 335, 338, 339.
— Garnaudus, laïcus, I, 318.
— Garnellus, I, 320.
— Garnerii, I, 176.
— Garulle, archipresbyter Sancti Maxentii. Voy. Garulle.
— Gaufroz, gener Moineti, I, 354.
— Gelinus, I, 288.
— Gerinus, I, 214.
— Girardus, I, 295.
— Giraudi, presbyter, I, 318.
— Girberti, Girbertus, I, 253, 298, 306, 309 ; II, 10.
— Girbertus, archipresbyter Sancti Maxentii. Voy. Girbert.
— Goffredi, I, 322.
— Goscelmus, I, 358.
— (Goscerannus), I, 491.
— Helias, I, 254.
— Jotart, capellanus Sancti Saturnini, I, 366.
— Leo, papa scismaticus. Voy. Anaclet II.
— Leucels, I, 285.
— Leziniacus, I, 211.
— Lucellus, I, 266.
— Lunellus, I, 233.

Petrus Magnus, monachus, I, 129.
— Magnus, testis. Voy. Petronus.
— Maiengoti, I, 171, 173.
— Maientia, I, 266.
— Maindrus, I, 246.
— Maintrolia, I, 324.
— Manuias, magister, frater Archimbaldi prioris, I, 363.
— Martellus, prepositus Sancti Maxentii. Voy. Marteau.
— Mautalant, I, 358.
— Molners, I, 168.
— Morinus, I, 338.
— Nivart, I, 264.
— Pais, I, 364.
— Pelequinus, I, 322.
— Peloquin, I, 211.
— Pulverellus, I, 331, 354.
— Pulvereo, I, 238.
— Raimundus, abbas Sancti Maxentii. Voy. Raymond.
— Raterius, I, 324.
— Ricardus, I, 253.
— Richardus, I, 273.
— Rofinus, I, 331.
— Rollant, clericus, I, 382.
— Rotbertus, I, 296.
— Rotundus, capellanus de Vrach, I, 318.
— Rustauzt, 1, 226.
— Salemunt, I, 325.
— Sancti Saturnini, I, 305.
— Sarpaut, I, 239.
— Tetbaud, I, 176.
— (Tetbaudus), I, 248.
— Tetbaudus, monachus, I, 228.
— Vender, I, 177.
— Venderius, I, 231, 235, 242, 251, 283, 294, 342.
— Vezola, I, 328.
— Vicinus, I, 271.
— Vignan, I, 268.
— Villanus, I, 237.
Pettevins, II, 81. (Monnaie poitevine).
Peument, seigneurie, Puymain, I, XLVII ; II, 464. Cne d'Augé, D.-S.
Peyré (Bertrand du), fils de Guillaume, II, 156 n., 157 n.
— (Guillaume du), II, 156 n., 157.
— (Pierre du), fils de Guillaume, II, 156 n. Voy. Pairé.
Peyre (la), Peré (le), Peyré (le), fief, I, XC ; II, 457, 310. Pairé

— 581 —

(le), c^ne de la Mothe-Saint-Héraye, D.-S.
Peyré(seigneur du). Voy. Vernou.
Peyreres (le), II, 104.
Peyrons Seint Meissent (li). Voy. Péron.
Phania, uxor Aimerici Abelini, I, 207.
— uxor Ebbonis, senioris castri Pertiniaci, I, 211.
Phelés (Bernard de), prieur de Maulévrier. Voy. Feletz.
— (Jehan de), II, 217.
Phelipon (N.), secrétaire du comte de Richemont, II, 222 n.
Philippe I, roi de France, Philippus, I, 147, 150, 151, 153, 155, 156, 157, 158, 159, 161, 162, 163, 165, 168, 169, 171, 174, 175, 177, 183, 184, 185, 186, 188, 191, 192, 193, 194, 195, 197, 199, 200, 201, 203, 204, 206, 207, 208, 211, 213, 214, 215, 220, 221, 222, 224, 230, 231, 232, 233, 234, 235, 241, 242, 247, 248, 320 ; II, 482.
— Auguste, roi de France, I, XLI, 376, 381, 382, 383 ; II, 21, 28, 31, 37, 39, 40, 45, 84, 114, 134, 135, 136, 459.
— le Hardi, roi de France, II, 21 n., 54 n., 60 n., 113, 114, 116, 117, 122, 123, 124, 134, 135, 136, 137.
— III, roi de France, II, 254.
— le Bel, roi de France, II, 21 n., 124 n., 127, 134, 135, 139, 345.
— le Long, roi de France, comte de Poitou, II, 21 n., 54 n., 66 n., 113 n., 123 n., 124 n., 136, 137, 171, 172.
— VI, roi de France, II, 139, 140, 141.
— le Conquérant, roi de France. Voy. Philippe-Auguste.
Philippi, apostoli (fest. sancti), II, 466.
Philippus, I, 314.
— episcopus Pictavensis, II, 57.
Philisbourg, II, 423. Allemagne.
Pi... terra, molendinum, I, 268. P.-e. Piozay, c^ne de Saint-Martin de Saint-Maixent, D.-S.
Piæ (reliquiæ sancti), II, 407 n.
Pianines (Hugo), homo ligius abb. Sancti Maxentii, II, 48.

Pianines (P.), homo ligius abb. Sancti Maxentii, II, 49. Voy. Pyoine.
Picard (Jean), infirmier de l'abbaye de Saint-Maixent, I, CXIV II, 303, 304.
Picart (Pierre), sacristain de l'abbaye de Saint-Maixent, évêque de Brenance, I, CXIII.
Picaudi (P.), II, 98.
Pichaut (Jehan), II, 163.
Picher (Johan), valet, II, 154.
— (Pierre), Pichier, abbé de Saint-Maixent, prieur de Verrines, I, LXXXVI ; II, 316.
Pichun (Petrus), clericus, II, 40.
Pictava sedes. Voy. Poitiers, évêché.
Pictavense territorium. Voy. Poitou.
Pictavenses canonici, clerici, cives, decani, quinta, scabini. Voy. Poitiers.
— libræ, II, 117.
— solidi, I, 280, 366 ; II, 1, 2.
Pictavensis comitatus, patria, senescallia, etc. Voy. Poitou.
— ecclesia. Voy. Poitiers, évêché.
— mater ecclesia. Voy. Poitiers, cathédrale.
— moneta, I, 359 ; II, 13.
Pictavensium comes. Voy. Poitou.
Pictavi (Willelmus de), II, 32, 33
Pictavia. Voy. Poitou.
Pictavica honor. Voy. Poitou.
Pictaviensis comes. Voy. Poitou.
Pictavina porta. Voy. Saint-Maixent.
Pictavini (Guillelmus), II, 125.
Pictavinus de Marciaco, I, 365.
— de Sancto Aredio. Voy. Sancto Aredio.
— (Gi.), homo ligius abbatis Sancti Maxentii, II, 23.
— (P.), cancellarius Parisiensis, II, 26.
Pictavis, aula, civitas, ecclesiæ, sedes, etc. Voy. Poitiers.
— Sanctus Petrus. Voy. Poitiers, cathédrale.
— Sancta Maria. Voy. Poitiers, chapitre de Notre-Dame.
Pictavorum comes. Voy. Poitou.
Pictavus pagus. Voy. Poitou.
Pie (Mgr), évêque de Poitiers, II, 448 n.

Pie II, pape, II, 258, 358, 359 n.
— V, pape, I, xcix.
Piémont, province d'Italie, I, lxxix, lxxx.
Pientii, episcopi (fest. sancti), II, 466.
Pierre, saint, II, 70 n., 126, 130 n. Voy. Petrus.
— II, abbé d'Airvault, II, 19.
— abbé de Nieuil-sur-l'Autize, II, 47 n., 48, 50, 52.
— Petrus, abbé de Saint-Maixent, I, lxxxiii; II, 70, 82 n., 83.
— archiprêtre de Saint-Maixent, II, 130, 599.
— chantre de l'abbaye de Saint-Maixent, I, cxv, 130, 149.
— évêque de Saintes, II, 72.
— infirmier de l'abbaye de Saint-Maixent, I, cxiii, 231, 271.
— Baston, Petrus Bajuli, abbé de Saint-Maixent. Voy. Baston.
— de la Barrière, abbé de Saint-Maixent. Voy. La Barrière.
— de Léon. Voy. Anaclet II.
— de la Tour, faux abbé de Saint-Maixent. Voy. La Tour, Tour.
— (messire), prêtre, II, 297.
— sacristain de l'abbaye de Saint-Maixent. Voy. Abroci, Petrus.
Pigné (François), religieux de Saint-Maixent, II, 440.
Pigouillet (Petrus), rector de Vandeuvres, II, 407 n., 408 n.
Pilatus, I, 124.
Pillot (Jean), notaire à Saint-Maixent, II, 302, 304, 305.
Pilot, Piloz (Rainaldus), I, xvi, 131, 133, 246, 273, 283, 325.
Pincet (J.), II, 24.
Pineas (les), II, 161.
Pineays (Johannes), II, 100.
Pinelière (la), seigneurie, I, xlvii. C^{ne} d'Aigonnay, D.-S.
— (la), seigneurie, I, li. C^{ne} de Sainte-Néomaye, D.-S.
Pinet (Hilaire), architecte de la Congrégation de Saint-Maur, II, 375 n.
Pingault, notaire à Saint-Maixent, II, 289.
Pinu (Willelmus de), sacerdos, II, 52.
Pioina, Proines, testis, II, 26.
Pionius (P.), serviens, I, 351.

Piousay, fief. Voy. Piozay.
Piozai, Piozay (moulin de), Pulsiaca, seigneurie, I, l, 95, 148, 268; II, 108. Voy. Pi. C^{ne} de St-Martin-de-St-Maixent, Deux-Sèvres.
Pipins (Reginaldus), II, 6.
Pipinus, nepos Widonis de castro Ternant, I, 213.
— rex Aquitaniæ. Voy. Pepin.
— rex Francorum. Voy. Pepin.
— testis, I, 190, 329.
— (Rainaldus), monachus, I, 242, 276.
Pipot (Richardus), I, 200.
Pirelière (la), I, lxxxvi.
Pise (concile de), I, xcii; II, 211. Italie.
Pitra (D.), II, 371 n.
Pius II, papa. Voy. Pie.
Pizon (Jehan), II, 154 n.
Place (moulin de la), seigneurie, I, l; II, 34, 106. C^{ne} de Saint-Martin de Saint-Maixent, D.-S.
Placentia, uxor Hugonis Rocho, I, 320.
Placide (saint), martyr, II, 352.
Plaignard (Benoît), religieux de Saint-Maixent, II, 371 n.
Plaisance, I, cvii. Italie.
— (chanoine de). Voy. Saint-Séverin.
Plaiseit (ad), terra, I, 266. Le Plessis, c^{ne} de la Chapelle-Montreuil. Vienne.
Plantis (le), seigneurie, I, xlviii. C^{ne} de la Chapelle-Bâton, D.-S.
Plectrudis, conjux Alcherii, I, 109.
Plélan, I, lxiii, lxiv. Ille-et-Vilaine.
Plessis (le), seigneurie, I, li. C^{ne} de Vautebis, D.-S.
— (le sieur du), général des vivres pour le prince de Condé, II, 305, 306.
— (Jehanne du), femme de Jehan Roux, II, 159 n.
— du-Parc (le), II, 265 n. Le Plessis-lès-Tours, c^{ne} de la Riche, Indre-et-Loire.
— Macé (sgr du). Voy. Beaumont.
— Raffray (seigneur du). Voy. Boisgelin.
Pleumartin (M. de). Voy. Isoré.
Plouvié (Robert), architecte de la Congrégation de Saint-Maur, II, 375.

Pocardus, I, 324.
Pociolis, villa. Voy. Posciolis.
Podio (Rotbertus de), I, 231.
— Brunea (Ugo de), II, 34.
— Chaboz (Gaufridus de), miles, II, 106.
— Manguerelli (Aynordis de), II, 102.
Podius Manguerelli, feodum. Voy. Puy-Manguerea.
— Morgulfi, villa, I, 103. *Champ-Margou*, c^{ne} *d'Augé, D.-S.*
— Rainaldi, villa, I, 78.
— Sulzen, I, 125. *P.-e. Pied-Pouzon*, c^{ne} *de l'Enclave, D.-S.*
Poichenin (Willelmus de), miles, II, 39.
Poictevin (P.), notaire à Saint-Maixent, II, 337, 339, 341, 342, 350 n.
Poictiers. Voy. Poitiers.
Poictou. Voy. Poitou.
Poilevet (Martial), lecteur de philosophie en l'abb. de Saint-Maixent, II, 437.
Poirier (Charles), religieux de Saint-Jean-d'Angély, II, 413.
Poissy (colloque de), I, xcviii. *Seine-et-Oise.*
Poitevin ou de Poitiers (Pierre), chancelier de l'Eglise de Paris, II, 26 n., 483.
Poitiers, Poictiers, Pictavis, Pictava civitas, urbs, I, xxix, lxiv, lxxii, lxxxv, cxvii, cxviii, 20, 23, 65, 79, 91, 110, 141, 142, 144, 150, 183, 194, 196, 302, 303, 314, 353, 357, 365 n.; II, 73, 144, 166, 224, 225, 226, 227, 255, 256, 260, 261, 262, 307 n., 308, 312, 351 n., 360 n., 365 n., 380, 389, 404. *Vienne.*
— abbaye de Montierneuf, I, lxxxi, 196, 255; II, 432 n.; — abbé, I, xcii, 240. Voy. Marquerius; — chronique, I, lxxvii, 193 n.
— abbaye de Saint-Cyprien, I, xix, lxxviii, cxviii, 28 n., 109 n., 315 n.; II, 432 n., 433; — abbés, I, 197, 279. Voy. Rainaud; — prieur, II, 429. Voy. Claveau; — sous-prieur. Voy. Du Nouaud.
— cartulaire, I, xvi, 74 n., 241 n., 303 n., 364 n.
— abbaye de la Trinité, I, 378 n.

Poitiers, archidiacres. Voy. Arnaud, Blanchard, Léger, Rocha.
— aula, I, 183, 184.
— bibliothèque, I, xviii, xix, xxi, xxii, cxvii, cxix, 21 n., 31 n.
— cathédrale, I, 14, 58, 104, 301, 305; — chapitre, I, liv; — chanoines. Voy. Alexander, Ascelinus, Frodolcus, Laurencius, W. de Taleburgo; — chantre. Voy. Rogier; — doyens, I, xcii. Voy. Rabereul, W. Ruppe; — préchantre. Voy. Rupefortis; — sous-doyen. Voy. Reynellus.
— chapitre de Notre-Dame-la-Grande, Sancta Maria (abbé du) I, 240. Voy. Garnerius, Rainaldus.
— chapitre de Saint-Hilaire-le-Grand, I, xxviii, lxv, lxxii, 79, 91, 235 n.; II, 372, 373; — chanoines. Voy. Oliverius, Thoreau; — chantre. Voy. Olgisius; — chartes, I, xvi. — clerc. Voy. Raino; — terre, I, 28, 86, 87.
— chapitre de Sainte-Radegonde, I, 144; — prieur, I, 303; — sous-chantre. Voy. Ademarus.
— château, II, 212.
— cives, II, 72, 73.
— clergé du diocèse, II, 286.
— clerici. Voy. Johannes.
— collège des Deux-Frères, II, 326 n.
— collège des Jésuites, I, lviii; II, 329, 334 n.
— concile, 36 n., 140 n.
— couvent des Cordeliers, I, xc.
— diocèse, I, liii, lv, lxvi, 315; II, 145.
— ecclesia Sancti Gregorii, I, 92.
— ecclesia Sancti Leodegarii, I, 258, 305.
— évêché, I, xxxv, 31 n., 183, 324, 357, 443, 448 n.
— évêques, I, liii, liv, lv, cxxi, 19 n., 302, 373; II, 249, 359, 360, n., 365, n., 379, 385, 394, 395, 397, 398, 399, 401, 402, 403, 405, 406, 408, 447, 418, 420, 421, 422, 423, 428, 429, 435, 449, 479.
— garde du scel. Voy. Ganter.
— gouverneur. Voy. Jay.
— grands-jours, I, xcviii; II, 351.
— grands-vicaires, II, 365. Voy. Rochebonne, Roche-Guyon.

Poitiers, maire. Voy. Garnerius.
— maisons de Saint-Maixent, II, 326.
— Minimes, II, 423.
— monasterium Sancti Maxentii et Sancti Leodegarii, I, 305.
— musée, I, LIX.
— official, II, 72 n., 82, 219, 330, 331 n., 350 n.
— paroisse de Notre-Dame-la-Grande, II, 326 n.
— paroisse de Saint-Léger, I. LIV.
— pons Ingelbertus, pont Joubert, I, 293.
— présidial, II, 392 n.
— quinta civitatis, I, 22.
— ressort, II, 224, 225, 226, 228.
— Sanctus Petrus senior. Voy. cathédrale.
— rue Saint-Maixent, II, 326 n.
— Sainte-Radegonde, II, 426.
— scabini, II, 72.
— sceau de la commune, II, 73 n.
— scel aux contrats, II, 307.
— Société des antiquaires de l'Ouest, I, LIX.
— synodum, I, 197.
— université, I, XCI, XCII, CXII ; II, 438 ; — (conservateurs apostoliques de l'), I, XCII.
— vicarius. Voy. Ademarus.
— vitriers, II, 275.
Poitou, Pictavus, Pictavensis pagus, Pictavia, I, XXXIII, XXXIV, XXXVI, XLI, XLII, LXII, LXXIX, LXXX, XCIV, CII, CIII, 1, 3, 5, 7, 16, 19, 22, 25, 29, 30, 31, 34, 38, 41, 49, 52, 54, 55, 57, 70, 74, 84, 86, 88, 89, 90, 97, 101, 145, 125, 127, 130, 133, 136, 141, 176, 204, 346, 352, 377 ; II, 13, 26, 35, 44, 119, 123, 140, 141, 142, 172, 174, 188, 192, 200, 212, 231, 239, 254, 255, 262, 305, 310, 406, 413, 423, 432, 450, 454, 460, 463, 481, 484.
— assises, II, 263.
— bailli des exemptions, II, 179, 206.
— barons, I, XLI.
— chancelier. Voy. Johannes.
— comté, I, XLI, 58 ; II, 25, 142, 145, 206, 226.
— comtes, I, XXXIV, XL, XLI, XLII, XLVI, XLVII, LXVI, 36, 42, 181, 184 ; II, 34, 42, 183, 185, 255, 256, 262, 267, 458, 459. Voy. Alphonse, Berry, Ebles, Guillaume, Othon, Philippe le Long, Richard.
Poitou, domini, II, 25, 50.
— gouverneurs. Voy. Béthune, Choursses, Guierche, Vieufville.
— intendants. Voy. Foucault, Lamoignon, Marillac, Roulié, Villemontée.
— lieutenant du roi. Voy. Saint-George.
— lieutenant général de la sénéchaussée. Voy. Brochard.
— lieutenant général. Voy. Baudéan.
— lieutenant général criminel. Voy. Brilhac.
— lieutenant du sénéchal à Poitiers. Voy. Chambon, Claveurier.
— lieutenant du sénéchal à Saint-Maixent. Voy. Paen.
— (locution du), I, 28 n., 208 n.
— procureur des fiefs, I, XCVI.
— procureur du duc de Berry, II, 207, 210.
— sénéchal, I, XXXIV. 376 ; II, 117, 121, 123, 134, 140, 142, 166, 174, 224, 256, 259, 261, 262, 311. Voy. Beaumont, Blazon, Burli, Cella, Chapons, Feltoun, Novis, Sancto Dyonisio.
— sénéchaussée, I, XCV ; II, 117, 137, 172, 331 n.
— province, II, 329.
— ressortum, II, 172.
— ban, II, 359 n.
— (lieutenant du roi en Haut-). Voy. Parabère.
Poitreau, seigneurie, I, XLIX. C^{ne} de Marsais-Sainte-Radegonde, Vendée.
Poiz Aroart, II, 88. *Puy-Drouard, c^{ne} de Forges, Charente-Inf.*
Polens (Hugo), I, 376.
Pollempne, terra, I, 187. *Pré de la c^{ne} de Romans, D.-S.*
Pologne, royaume, I, CI.
Pomerio (Guillelmus de), II, 96.
Pomerius, villa, I, 78.
Pomet (Fiacre), religieux de Saint-Maixent, II, 362, 364, 369 n., 371 n.
Pomponne (M. de). Voy. Arnauld.
Pompro. Voy. Pampro.

Ponerius de Metulo, magister, I, 363.
Ponlevoy, abbaye. Voy. Pontlevoy.
Pons (Guillaume de), sacristain, puis prieur de Saint-Maixent, I, CIX, CXIII ; II, 110.
Pont-de-Vaux (les moulins du), seigneurie, I, LXVIII. C^{ne} de Brelou, D.-S.
Pontac (Jean de), doyen de l'église de Bordeaux, I, XCVIII.
Ponte (Aimericus de), I, 200, 213, 239.
— (Guillelmus de), prior claustralis et sacrista Sancti Maxentii. Voy. Pons (de).
Pontius, episcopus Xantonensis, II, 40.
— testis, I, 101.
Pontlevoy, abbaye, I, CXIX. Loir-et-Cher.
— (abbé de). Voy. Ruccellai.
Ponto (Aimericus de). Voy. Ponte.
— (Martinus de), I, 224.
Pontoise, (grand-vicaire de). Voy. Boisgelin. Seine-et-Oise.
Pontus, II, 10. Pons, Charente-Inf.
Pooillet (molendinum de), II, 38. Moulin de Pouillet, c^{ne} de Pamprou, D.-S.
Popardi (Hugo), II, 90.
Popart, valetus, II, 127.
Popelère (la), domus. Voy. Poupelière.
Popelinus (Johannes), I, 241.
Popet (Rainaldus), I, 214.
Popopardus, testis, I, 273.
Porcarius (Airaudus), I, 226.
— (Arnaldus), I, 200.
Porcharii, confessoris (fest. sancti), II, 467.
Porcharius (Johannes), I, 271.
Porcheus (Hugo). Voy. Porcher.
Porcher, Porcherius (Hugo), I, 248, 250, 253, 262.
Porrea (Gislebertus), episcopus Pictavensis. Voy. Gislebertus.
Porta (Arnaldus de), clericus, I, 206, 229, 230.
— (Johannes de), I, 365.
— Domini, ecclesia, I, 41 ; II, 480. Voy. Saint-Liguaire.
Portault (seigneur du). Voy. Vasselot.
Porte (Guillaume de la), sergent de la prévôté de Saint-Maixent, II, 219.
Porteclia, dominus Mausiaci et Marahanti, II, 39.
Portes, exclusa, I, 192, 252. Le Porteau, écluse de la Sèvre.
Portes (les), à Querray, seigneurie, I, L. C^{ne} de Saint-Gelais, D.-S.
Portugal (le), royaume, II, 439.
Posciolis, Pociolis, villa, I, 66, 69.
Posfontis, Postfontis, villa, I, 52. Pied-de-font, c^{ne} de Niort, D.-S.
Potentianæ, virginis (fest. sanctæ), II, 467.
Poterea, Potereays (Jehan), II, 105, 158.
— fief, II, 158. C^{ne} de Saint-Martin des Fontaines, Vendée.
Potian (saint), martyr, II, 352.
Poupelière (la), seigneurie, I, LI ; II, 87. C^{ne} de Soudan, D.-S.
Pouverea (Guillaume), valet, II, 150.
Pouvreaux (la borderie des), I, XLVIII. C^{ne} de Chantecorps, D.-S.
Poverelli (Aymericus), II, 106.
— (Guido), II, 83.
Poype de Vertrieu (Jean-Claude de la), évêque de Poitiers, II, 434, 442.
Poziciacus, villa, I, 306. Pioussay, D.-S.
Praalles, Praailles. Voy. Prailles.
Praailles (P. sacerdos de), II, 50.
Pradelles (R.), monachus, II, 31.
Pradines (dom), prieur d'Azay, II, 356.
Praec, ecclesia. Voy. Prahec.
— (J. de), II, 107.
— (P. de), II, 107.
Præpositi (Aymericus), II, 87.
— (Gaufridus), II, 87.
Prahec, Prahecq, Praec. D.-S.
— paroisse de Saint-Maixent, I, LIV, LV.
— église de Saint-Maixent, I, 258, 264, 280 ; II, 12, 263.
— (prieur de), I, 280.
— (Johan de), II, 154. Voy. Praec.
Praher (Lorens de), dit des Giffons, II, 157.
Prahier (Jacques), juge de la prévôté de Saint-Maixent, II, 216.
Prailles, Praales, I, LIX, 266 ; II, 157, 179. Deux-Sèvres.

— 586 —

Prailles, paroisse de Sainte-Marie-Madeleine, I, LIV, 258.
Praxedis, virginis (fest. sanctæ), II, 469.
Précigné (Gervasius de), miles, I, 384.
Preichac, Preissac (Arnaud Bernard de), abbé de Saint-Maixent, I, LXXXIV, LXXXV, LXXXVI; II, 95 n., 135, 140.
— (Gaillarde de), I, LXXXV.
— soudan de la Trau, I, LXXXV.
Premultus, I, 187. *Ténement de la C^{ne} de Romans, D.-S.*
Préneste (Guillaume, évêque de), I, 333 n.
Prepositi (Constantinus), II, 103.
Prés (les), seigneurie, I, XLIX. *C^{ne} de Parthenay, D.-S.*
Presle-Duplessis (Félix), notaire à Saint-Maixent, I, XXII.
Pressel, maritus Rohentelinæ, I, 143.
Pressigny (sgr de). Voy. Chabot *C^{ne} de Mazières-en-Gâtine, D.-S.*
Prestesegle, Pristasigulam (Tetbaudus), I, 238, 249.
Pretor (Fulco), I, 295.
Preuilly en Touraine. *Indre-et-Loire.*
— (abbé de). Voy., Crevant.
Prévost (C.), libraire à Paris, II, 351 n.
— (Jean), de Damvix, I, LXXXVIII.
— (Johan), II, 183, 184.
— (Philippon), frère de Johan, II, 184.
— (Pierre), orfèvre, II, 284, 285.
Prevoste (Johanne), femme d'Aymeri Martea, II, 183, 184.
Prevostea (Guillaume), II, 205.
Prévôt (Jean), I, LXXXIV.
— du Las (Jean), prieur de Saint-Maixent, I, CXIX.
Prevoust. Voy. Proust.
— (Guillaume) des Exars, II, 159, 164.
— (Regnaut), II, 161.
Prevouste (Margarite), II, 157.
Prez (le), II, 147.
— (Saladin des), II, 161.
Prialhes. Voy. Prailles.
Prim (Thomas), miles, II, 37.
Primi, martyris (fest. sancti), II, 467.
Primus, sanctus, II, 32 n.

Pringué (Pierre de), prieur de Saint-Maixent, I, CIX.
Priscæ, virginis (fest. sanctæ), II, 464.
Prisci, martyris (fest. sancti), II, 470.
Priscic (ecclesia Sancti Johannis). Voy. Prissé.
Prissac (Arnaut Bernart de), abbé de Saint-Maixent. Voy. Preichac.
Prissé, Priscic, paroisse Saint-Jean-Baptiste, I, LV, 257. *Deux-Sèvres.*
— (Ayraud de), Ayraldus de Prissiaco, de Prissayo, archiprêtre de Saint-Maixent, chanoine de Saint-Hilaire-le-Grand, I, CXXII.
Pristasigulam (Tetbaudus). Voy. Prestesegle.
Processi (fest. sancti), II, 468.
Proines. Voy. Pioina.
Protasii, martyris (fest. sancti), II, 468
Proterius (Arnaudus), I, 303.
Proti, martyris (fest. sancti), II, 471.
Proust (Griguyre), *aliàs* Prevoust, II, 161.
Proutière (la), borderie de terre, I, XLVIII. *C^{ne} de Chantecorps, D.-S.*
Provence, province de France, I, CVII.
Provins, I, CIII. *Seine-et-Marne.*
Proyrié (Guillaume), II, 149.
Pulverellus, Pulvero (Guillelmus), I, 354.
— (Petrus), I, 238, 333, 354.
— (Tetbaudus), I, 243.
Pulziaca, villa. Voy. Piozay.
Purification de la sainte Vierge, fête. Voy. Marie.
Puteus, villa, I, 78.
— Ebrardi, I, 119.
Puycerda en Catalogne, II, 403 *Espagne.*
Puy-en-Velay (le), I, CXVIII. *Haute-Loire.*
Puyforel (Jean), prieur de Saint-Maixent, I, CXIX.
Puytremond, seigneurie, I, XLVII. *C^{ne} d'Augé, D.-S.*
Puymain, fief. Voy. Peument
Puy Manguerea (le), Manguereau, Podium Manguerelli, seigneu-

rie, I, XLIX ; II, 102, 105, 148.
Puy-Mégros, c^ne de Montigné, D.-S.
Puyviault (Claveau, sieur de), I, XLV.
Pyoine (P.), II, 78. Voy. Pianines.
Pyneau, notaire à Saint-Maixent, II, 307.
Pyozay, feodum. Voy. Piozay.

Q

Quadrigarii (Guillelmus), II, 103.
Qualleria (Petrus de), I, 271. Voy. Callerius.
Quantine (Marguerite), II, 154 n.
Quantinière (la), seigneurie, I, XLIX. C^ne de Pamprou, D.-S.
Quartæ au Peloquins de Bonolio, II, 106. Ténement à Bonneuil, c^ne de Verrines, D.-S.
Quarte (la) au Rayvers, II, 106. A Bonneuil.
Quarterius (campus), II, 63.
Quartes (les), fief, II, 158. A Bonneuil.
— de Bonuyl (les), fief, II, 160. A Bonneuil.
— (les) au Toche de Bonolio, II, 107. A Bonneuil.
Quasimodo (dimanche de), II, 73, 116, 393 n.
Quentin (Giraudus), I, 289.

Quercu (Aymericus de), II, 131 132, 133, 134.
— (Radulphus de), I, 268.
Quercus, I, 276. Le Chêne, à Verruye, D.-S.
— (villa), II, 112, 132. Le Chêne, c^ne de Prailles, D.-S.
Querray, seigneurie, I, L. C^ne de Saint-Gelais, D.-S. Voy. Les Portes.
Qui non ridet (Rainaldus), I, 174.
Quinquagésime (dimanche de la), II, 301.
Quintini, martyris (fest. sancti), II, 472.
Quintinus, maritus Anastasiæ, I, 85.
Quitteriæ, virginis (fest. sanctæ), II, 467.
Quoq (Johannes), capellanus Sancti Martini, I, 381.

R

R., abbas Sanctæ Crucis de Talemundo. Voy. Radulphus.
— archipresbyter de Sancto Maxentio. Voy. Asce (Raoul).
— (aliàs B.), sacristain de l'abbaye de Saint-Maixent, I, CXIII ; II, 51.
— de Resia, I, 374.
Rabelais, II, 431.
Rabereul, doyen du chapitre de Poitiers, II, 408 n.
Racher (Giraudus), II, 53.
Radegundis, virginis (fest. sanctæ), II, 470.
Radulfi Andreas, I, 370, 371.
— (Humbertus), I, 313.
— terra, I, 241. La Roulière, c^ne de Mazières en Gâtine, D.-S.

Radulfus archidiaconus, I, 191, 202.
— archidiaconus Pictaviensis, I, 270.
— comes Viromandorum, dapifer regis, I, 346.
— monachus, I, 195, 211, 231, 242.
— monachus Sancti Prejecti, I, 288.
— obedienciarius de Verruca, I, 273.
— presbyter, I, 275.
— prior Sancti Maxentii. Voy. Raoul.
— Rodulfus, rex Francorum, I, 25, 26.
— testis, I, 72, 101, 158, 162, 245.
— Bisaiet, I, 332.

Radulfus Bisardus, Bisart, I, 266, 285, 294, 304, 310, 312, 324.
— Boisellus, I, 245.
— Borrel, Borrellus (Calvellus), I, 157, 159, 163, 187, 233.
— Carpentarius, I, 221.
— de Garda, I, 239, 246, 310.
— de Quercu, I, 268.
— de Rolec, presbyter.
— Gros, Grossus, I, 150, 164, 199, 202, 206, 229.
— Raino, I, 239, 240.
Radulphi (J.), II, 100, 106.
Radulphus, abbas de Talemundo, II, 37, 50.
— archipresbyter de Sancto Maxentio. Voy. Asce (Raoul).
— comes Augi, II, 18.
— frater Hugonis, vicecomitis Castri Airaudi, I, 353.
— presbyter, I, 162.
— Borrellus. Voy. Radulfus.
— (Willelmus), de la Funtenelère, II, 52.
Raeinhardus, vicarius, I, 22.
Raerius (Hugo), I, 303.
Raffier (Philippe), prieur de Saint-Maixent, I, CXIX.
Rafinus, testis, I, 325.
Ragambaldus, judex, I, 21.
Raginaldus, testis, I, 130.
Raguit (Pierre), II, 167 n.
Raimbaldus, maritus Betletrudis, I, 74, 75.
Raimbertus, maritus Domninæ, I, 34.
Raimond, comte de Lisle-Jourdain, I, LXXX.
— (Pierre), Petrus Raimundus, abbé de Saint-Maixent, I, XXV, XXVI, LXXIX, LXXX, LXXXI, 323, 334, 335, 336, 337, 338, 339, 340, 342, 343, 344, 346, 347, 348, 351, 352, 353, 354, 356, 357, 358, 359, 362, 363, 364, 365, 373 ; II, 65, 74, 75, 76, 77, 79, 90, 109.
Raimundi, Raimundus (Petrus), abbas Sancti Maxentii. Voy. Raimond.
Raimundus, clericus, II, 78.
— frater Gelduini, I, 214.
— miles, I, 134, 135.
— monachus. infans, I, 294.
— sacerdos, II, 25.
— Clarulet, Clarult, I, 235.
— Crassus, testis, I, 124.

Raimundus de Marciaco, I, 186.
— de Reisa, I, 372.
— (Gosbertus), I, 281.
— (Hugo), I, 303.
— Oaut, I, 271.
Raina, uxor Drohonis Ladent, I, 212.
Rainal, testis, I, 60.
Rainaldus, I, 67, 68.
— abbas Sanctæ Mariæ Pictavensis, I, 303.
— abbas Sancti Cypriani Pictavensis, I, 169, 170, 173, 197, 279.
— abbas Sancti Maxentii. Voy. Rainaud.
— clericus, I, 348.
— clericus de Motha, I, 335.
— colibertus, I, 142.
— decanus Sancti Maxentii. Voy. Rainaud.
— fidelis abbatis Sancti Maxentii, I, 108.
— filius Ademari Esperun, I, 201, 202.
— filius Alderii, I, 187.
— filius Froterii, I, 214.
— filius Froterii Belet, I, 238.
— filius Fulconis, I, 211.
— filius Garini de Botnai, I, 247.
— filius Lanfredi, I, 190.
— filius Rainaldi Bernerii, I, 163.
— filius Rufellæ, I, 228.
— filius Ucberti, I, 56.
— frater Arberti Truaudi, I, 253.
— frater Archimbaldi, abbatis Sancti Maxentii, I, 125, 129.
— frater Goffredi, abbatis Sancti Maxentii, I, LXXIX, 251.
— frater Johannis de Augerio, I, 297.
— frater Lunelli, I, 336.
— frater Petri Leucels, I, 285.
— infirmarius Sancti Maxentii. Voy. Renaud.
— monachus, I, 154, 157, 163, 166, 168, 192, 247, 324, 329.
— monachus, avunculus Ugonis Claret, I, 169.
— monachus, puer, I, 248.
— monachus Sancti Maxentii, prepositus de Cordoau, I, 254.
— nepos Ugonis Bolleti, I, 221.
— pater Archimbaldi abbatis Sancti Maxentii, I, LXXIV, 129.

Rainaldus prior. Voy. Grospan.
— sacerdos, I, 55.
— servus, I, 49.
— testis, I, 24, 41, 80, 130, 162, 190, 305.
— testis, monachus, I, 166.
— vicarius, I, 33.
— Aimo, I, 220, 282.
— Alnisiolus, testis, I, 63.
— Anscherius, I, 238.
— Barrilarius, I, 138.
— Berchoz, I, 129.
— Bernerius, I, 163.
— Bolletus, I, 269.
— Bovelin, I, 210.
— Calcaporret, miles, I, 231, 244.
— Chosmaing, I, 170.
— Claret, monachus, I, 169.
— Comes, I, 185.
— Comes, monachus, I, 163, 165.
— Cosman, Cosmas, I, 171, 177.
— Davi, I, 165.
— David, presbyter, I, 182.
— de Biaroe, I, 209.
— de Bolosa, I, 285.
— de Leciniaco. Voy. Rainaldus Liziniacensis.
— de Mairech, I, 153.
— de Toirec, I, 174.
— Engenaddus, I, 348.
— Grosgren, I, 140, 177.
— Grospan, monachus, I, 165, 168, 169, 190. Voy. Grospan.
— Grossus Panis, I, 163.
— Ingelbertus, I, 230.
— Labahenc, I, 133.
— Lenvezet, I, 288.
— Liziniacensis, de Leziniaco, miles, maritus Rosthæ, I, 105, 118.
— Pilot, Pilotus, Piloz, I, 131, 133, 246, 273, 283, 325.
— Pipinus, monachus, I, 242, 276.
— Popet, I, 214.
— Qui non ridet, I, 174.
— Rufus, cliens, I, 309.
— Venator, I, 217, 265, 266, 267.
— Verid..., I, 357.
— Viern, I, 285.
Rainalt, nepos Ugonis Claret, I, 122.
— testis, I, 122.
— Longus, I, 125.
Rainardus, I, 65, 66.

Rainardus, Ranardus, frater Aldonis et Adalfredi, I, 17.
— monachus, I, 56.
— presbyter, I, 64.
— sacerdos, I, 55.
— testis, I, 29, 46 n., 47, 55, 71.
Rainarius, ippovicarius, subvicarius, I, 20, 22.
Rainaud, abbé de Saint-Cyprien de Poitiers. Voy. Rainaldus.
— Rainaldus, abbé de Saint-Maixent, I, LXXIII, 100, 101, 102, 103, 104, 106.
— Rainaldus, doyen de Saint-Maixent, I, CXVII, 79, 151.
— évêque de Saintes, I, 293 n.
— frère de Bernard Tireuil, I, LXXIV.
— frère de Geoffroy, abbé de Saint-Maixent, I, LXXIX.
— frère de Bernard Tireuil. Voy. Rainaldus.
— père d'Archembaud, abbé de Saint-Maixent. Voy. Rainaldus.
Rainaudus, puer, I, 317.
— Corona, monachus, I, 318.
— de Bolosa, I, 262.
— Talamunt, I, 285.
Rainbaudus, I, 74 n., 75 n.
Raine (Aimericus), I, 313.
Rainerius, I, 43.
— testis, I, 336.
Rainfredus, testis, I, 31.
Raingardis, uxor Marbodi, I, 58, 59.
Rainglelus Gastinellus, I, 322.
Rainmundus de Botavilla, I, 179.
Raino, levita, clericus Sancti Ylarii Pictavensis, I, 70.
— (Radulfus, Richardus), I, 239, 240, 248, 310.
Rainoldus Coie, I, 130.
Rainon. Voy. Rainus.
— miles, I, 170, 171.
Raintrudis, ancilla, I, 122.
Rainus, filius Frotbaudi, I, 86, 87.
— testis, I, 53.
Rainuze, Rainuzus, prévôt-moine de Saint-Maixent, I, CX, 63.
Rainuzo, I, 96.
Raiola (Hugo), I, 295.
Rambaud (Louis), prieur de Saint-Maixent, I, CXX.
Rameaux (fête des), 1, XXXV, XXXVI; II, 83, 296, 318, 322.

Ramefort, arbergamentum, II, 99. *Romefort*, c^ne *de Romans, D.-S.*
Ramis palmarum (dominica in). Voy. Rameaux.
Ramnulfus, I, 34, 93.
— Ramnulfe, abbas Sancti Maxentii. Voy. Renoul.
— episcopus Sanctonensis, I, 36 n., 219, 236, 292 n.; 293 n.; II, 315. Voy. Ronis.
— filius Aiteldis?, I, 93.
— filius Rainaldi Venatoris, I, 266.
— maritus Adelaiz, I, 136, 137.
— monachus, I, 118, 121, 125, 149.
— monachus de Sancto Projecto, I, 273.
— presbyter, I, 273.
— puer, I, 122.
— testis, I, 20, 30, 45, 55, 61, 64, 67, 69, 70, 71, 79.
— Acardus, Acart, I, 286, 287.
— Benedictus, I, 330.
— Cabacius, I, 254.
— Cotinuz, I, 285.
— de Bolio, I, 173.
— Engelger, I, 182.
— Engelrius, I, 282.
— Garinus, Garini, I, 157, 159, 176, 186, 243, 329.
— Gaszho, testis, I, 111.
— Girbertus, II, 10.
— Ingelgerius, I, 242, 252, 275.
— Moysardus, I, 209.
— Solvanc, archipresbyter, I, 255.
— Taun, I, 211.
— Warins, I, 182.
— Willelmus, I, 147.
Ramnulphus, testis, I, 92.
Rampolius, locus. Voy. Kampolius.
Rancone (Gaufridus de), baro, I, 346.
Rannulphus penitenciarius, canonicus Xantonensis, II, 36.
Rantruda, Raintrudis, testis, I, 52.
Raoul, Radulphus, doyen de Saint-Maixent, I, cxvii.
— Radulfus, prieur de Saint-Maixent, I, cvii, 122, 138.
— Radulfus, roi de France, I, lxv, 22.
Rataudus, miles, II, 103.

Rataut (Jehan), II, 156 n.
Ratbertus, monachus, I, 56, 57.
— testis, I, 20.
Ratbottus, testis, I, 18.
Rater, Raters (Arveus), miles, II, 50, 58, 62. Voy. Ratherius.
— (J., Johannes), II, 51, 58, 62, 65.
— Mauricius, II, 62.
— (Willelmus), miles, II, 37, 62.
— Raterii, feodum, II, 52, 58.
Rateria, arbergamentum, II, 62. *La Raterie*, c^ne *de Nanteuil, D.-S.*
Raterii, II, 65. Voy. Rater.
Raterius, filius Galterii, I, 118.
— laicus, I, 166.
— (Petrus), I, 324.
Raters. Voy. Rater.
Ratherius juvenis, miles, I, 274, 275.
Ratiers (les), seigneurie, I, L. C^ne *de Saint-Georges de Noisné, Deux-Sèvres.*
Rautrannus cognomentus Gicherius, I, 25.
Ravan (M^r), archiviste des Deux-Sèvres, I, lxi, 152 n., 195 n., 284 n., 286 n., 292 n.
Ravardi (Willelmus), cognatus Aimerici Theobaldi, II, 59.
Ravart, feodum, I, 366; II, 59. *Fief Ravart à Trevin*, c^ne *de Chauray, D.-S.*
Raymond (Pierre), abbé de Saint-Maixent. Voy. Raimond.
Raymundi (Simon), II, 101.
Raynaldus, filius Raynaldi militis Liziniacensis, I, 107.
— Alo, I, 189.
Rayner (Johan), II, 158.
Rayvers (Willelmus), II, 106.
Razerolles, II, 34. *P.-e. Riberolle*, c^ne *de Salles, D.-S.*
Razes de Verneuil (J. de), II, 408 n.
Ré (île de), II, 481. *Charente-Inf.*
Rebillardière (la), seigneurie, II, 355. C^ne *de Saint-Eanne, D.-S.*
Rebochet (Goffredus), I, 281.
Rebolet (Girbertus), I, 324.
Reburche (Goffredus), I, 243.
Rechignat (Etienne), prieur de Saint-Maixent, I, cxix.
Rédet (M.), archiviste de la Vienne, I, xvi, xxxiii, 31 n., 41 n., 50 n., 94 n., 241 n., 364 n.

— 591 —

Redon, Rhedon, II, 390. *Ille-et-Vilaine.*
— (abbaye de), I, LXIV, LXV.
Regaldani terra. Voy. Rigaudan.
Régent de France (Philippe d'Orléans), II, 450.
Reginaldi Richart torn. Voy. Saint-Maixent.
Reginaldus, abbas Castellariorum, II, 39.
— clericus, I, 227.
— d'Alonâ, I, 358.
— Enjobert, II, 6.
— Pipins, II, 6.
— Rosseas, rusticus, I, 333, 334.
— Petit, I, 350.
Regnault, Reginaldus, infirmier de l'abbaye de Saint-Maixent, I, CXIV.
— prévôt-moine de Saint-Maixent, I, CXI.
Regné (Guillelmus de), I, 268.
Reginaudus Corone, prior claustralis Sancti Leodegarii, I, 378.
— de Costis, I, 268.
— de Mazeires, II, 5.
— de Talemunt, I, 325.
Regné (seigneur de). Voy. Vasselot.
Regnec (Abelina de), I, 227.
— (J. de), homo ligius abbatis Sancti Maxentii, II, 48.
Reigné, paroisse, I, LI ; II, 381. C^{ne} de Souvigné, D.-S.
— seigneurie. Voy. Négron.
Reignié (le seigneur de), II, 326.
Reinard, Reinardus, abbé de Saint-Maixent, I, LXIII, 4.
Reinhardus, vicarius, I, 20.
Reisa (Raimundus de), I, 372.
Rely (Adrien de), prieur de Saint-Michel-en-Lherm, II, 407 n., 408 n.
Remi (fête de saint), II, 141.
Remigii, episcopi (fest. sancti), II, 471.
— (ecclesia sancti). Voy. Flornacus.
Remivie (la), seigneurie, I, LI. C^{ne} de *Verrines-sous-Celles,D.-S.*
Renaldus Claret, I, 339.
Renaud, infirmier de l'abbaye de Saint-Maixent, I, CXIII, 188.
Renaudus Rusticus, miles, I, 349.
Renec (Hilarius de), I, 281.
Renié, paroisse. Voy. Reigné.

Renoul, Ramnulfus, abbé de Saint-Maixent, I, LXVII, LXVIII, LXIX, LXX, LXXI, 48, 49, 50, 51, 58, 73.
Réole (cartulaire de la), I, 206.
Resiâ (R. de), I, 374.
Ressegand (Micheau), curé de Saint-Martin de Serignac, maître-queux de l'abbaye de Saint-Maixent, II, 283.
Restardus, testis, I, 52.
Resurrectio Domini (festum),II,75.
Retgaudram, terra. Voy. Rigaudan.
Revea (Johan), garde du scel du comte de Poitou à Saint-Maixent, II, 183.
Reverentii, confessoris (fest. sancti), II, 471.
Revestizon (Guilelmus de la), I, 228.
Rex (Hugo), I, 324.
— (Paganus), I, 373.
— (Robert de), II, 149.
Reynelli (Johannes), subdecanus Pictavensis, II, 220.
Rhedon en Bretagne. Voy. Redon.
Ribbleria, Riblerie, terra, I, 187, 239. Ténement de la c^{ne} de *Romans*, D.-S.
Riberia, locus, I, 80. *Ribray*, c^{ne} de *Niort*, D.-S.
Riberola, villa, molendinum, I, 42. *Riberolle,* c^{ne} de *Salles,D.-S.* Voy. Razerolles.
Ricar, terra, I, 88.
Ricardus, Richardus, comes Pictavensis, dux in Aquitania, rex Anglorum, I, 372, 375, 379, 381, 382, 383 ; II, 16, 17, 35, 55, 61.
— monachus, I, 56.
— testis, I, 93.
— cliens, I, 202.
— (Petrus), I, 253, 273.
— Raino, I, 239, 240, 248, 310.
— (Tetbaudus), I, 248, 253, 262, 337, 338.
Richard (Alfred), archiviste de la Vienne, I, XXIII.
— (Cyprien), prieur de Saint-Maixent. Voy. Richart.
Richardus. Voy. Ricardus.
— silvaticus, I, 215.
— Pipot, I, 200.
Richart (Cyprien), prieur de Saint-

Maixent, I, cxvii ; II, 350 n., 352 n., 353, 354 n.
— (Reginaudus).
Richeldis, mater Rainaldi, I, 190.
Riche (Guillaume), II, 217.
— (Leonnet), II, 259.
— (Mathurin), II, 259.
Richelieu (cardinal de), abbé de Saint-Maixent, II, 355.
— (prêtres de), II, 405.
Richemont (comte de). Voy. Artus.
— (Michea de), II, 89.
Richers (Giraudus), homo ligius abbatis Sancti Maxentii, II, 23.
Ricos, Ricoux, Ricous, Ricou, seigneurie, I, xlvii, L. *Ricou, c^{ne} d'Azay-le-Brûlé, D.-S.*
— (moulin de), seigneurie, I, xlviii, L; II, 106, 149, 168.
Rieuth, I, 170.
Rigaldanus, terre. Voy. Rigaudan.
Rigaudan, Regaldani, Retgaudram, Rigaudanus, terra, Rivodanus, Rugaudan, Lugaudeau, I, xvi, 159, 174, 258, 261, 295 ; II, 88, 98. *C^{ne} de Soudan, D.-S.*
Rigaudanà (Giraudus de), I, 332.
Rigaudem (Giraldus de), presbyter, I, 335.
Rigburt, Ritburga, uxor Bernardi, I, 103.
Rigoulx. Voy. Bigou.
Rille (la), rivière, II, 360 n. *Affluent de la Seine.*
Rim (le), rivière, II, 457. *Le Rhin, fleuve.*
Rivau, le jeune (Phorian), métayer de la Garde, II, 279.
— (Jehan du), boucher, II, 235, 236.
Rivault (Philippe), aumônier de Saint-Maixent, II, 303, 304.
Rivodanus. Voy. Rigaudan.
Rixendis, vidua Petri Girberti, II, 10.
Robbertus, clericus, I, 90.
— maritus Girbergæ, I, 59, 60.
— testis, I, 90.
Robeler (Jehan), II, 217.
Robelère (la), II, 147. *La Robelière, c^{ne} de Fonpéron, D.-S.*
Robelier (Jehan), boucher, II, 235, 236.
Robelinus, I, 179.

Robert, Rotbertus, abbé de Saint-Maixent, I, lxxviii, 212, 256, 325.
— II, 477.
— comte, II, 360 n.
— greffier du Parlement, II, 478.
— Rodbertus, Rotbertus, roi de France, I, lxxi, 72, 73, 101, 105, 106, 108, 109, 127, 132, 140 n., 141 n.
— secrétaire du prince de Condé, II, 306.
— (André), II, 153 n.
— (Méri), fils d'André, II, 153 n.
Robertus, abbas Sancti Maxentii. Voy. Robert.
— presbyter, I, 189.
— de Suels, I, 168.
— Droet, nepos abbatis Gaufredi, prior de Sovigniaco, I, 308, 329.
— (Goffredus), I, 264.
— (Johannes), I, 263.
Robinet (François), sous-prieur de Saint-Maixent, I, cxvi.
— (Jean), sous-prieur de Saint-Maixent, I, cxvi.
Roca (ecclesia Sancti Martini de). Voy. Roche.
— (Guido de), I, 230.
— (Hugo), sacrista Sancti Maxentii. Voy. Roque.
Rocafor, Rocaforti (Hugo de), miles, I, 317, 335, 343.
Rocafort, castrum, I, 195. *Rochefort, Charente-Inf.*
Rocafortis (Ebulo, dominus), I, 220.
— (Ugo, dominus), I, 219.
Rocha, I, 265. *La Rochefoucauld, Charente.*
— (Ademarus de), I, 265.
— (Arveus de), I, 330.
— (Gai..... de), I, 330.
— (Guido de), I, 225.
— (Guillelmus de), I, 265, 330.
— (Otho de), I, 198.
— (Ugo de), I, 330.
— (Willelmus de), I, 147.
— (Willelmus de), archidiaconus Pictavensis, II, 26.
— (Willelmus de), miles, II, 37.
Rocha Cervere, II, 109. *Rocheservière, Vendée.*
— dominus. Voy. Chaboz.
Rochafortenses. Voy. Saint-Maixent.

Rochaforti (Calo de), I, 263.
— (Guillelmus de), II, 8.
— (Hugo de), I, 307, 353.
— (Hugo de), junior, I, 357.
— (Willelmus de), I, 226, 227.
— (turris de). Voy. Saint-Maixent.
Roche (paroisse Saint-Martin de la), I, LV, 209. C^{ne} du Gué-de-Veluire, Vendée.
— Asson (la), Assonne, fief, II, 106, 162.
— Guyon (M. de la), grand-vicaire de Poitiers, II, 367.
— Malemonde (la), seigneurie, I, XLVIII. C^{ne} de Chauray, D.-S.
— Picher (sgrs de la), I, LXXXVI, LXXXIX. C^{ne} de Saint-Eanne, D.-S.
— Ruffin (seigneur de la). Voy. Torssay.
Rochebonne (M. de), comte de Lyon, vicaire-général de l'évêque de Poitiers, II, 435, 436.
Rochechouart (Jean de), II, 453 n.
Rochefond (fief de), II, 355.
Rochefort (famille de), I, XLII, 29 n. Voy. Rocafort, Rochaforti, Rupefortis.
— (MM. de), seigneur d'Aubigny, II, 61 n., 460, 461.
— (Ebles de), II, 62 n.
— (Geoffroy de), I, LXXV ; II, 95.
— (Geoffroy de), aumônier de l'abbaye de Saint-Maixent, I, CXI, 337, 340.
— (Guy de), II, 113, 253, 254.
Rocheforth (Gaufridus), eleemosinarius Sancti Maxentii. Voy. Rochefort.
Rochefoucaut (Aymar de la), II, 148 n., 152 n.
Rochelle (la), Rochèle, Rupella, I, XXXIV ; II, 72, 76, 79, 88, 167, 255, 306, 360 n., 424, 449. Charente-Inférieure.
— (archiprêtre de). Voy. Viau.
— (chanoine de). Voy. Corneille.
— (diocèse de), I, LV, LVIII.
— (évêché de), II, 424.
— (évêque de). Voy. Laval.
— (gouverneur de), II, 194.
— (prévôt de), II, 262.
Rochénard (la), paroisse, I, LII. Deux-Sèvres.
Rocheret (le P.), correcteur des Minimes de Poitiers, II, 423.

Rochetea (Pierre), valet, II, 152.
Rocho (Hugo), I, 319, 320. Voy. Roche.
Rodbertus rex. Voy. Robert.
Rodeame (Guillaume), II, 153.
Rodeasme (André), II, 217.
Rodgerius, Rotgerius, testis, I, 53.
Rodit (Davit), I, 230.
Rodulfus, decanus, I, 140.
— rex Francorum. Voy. Raoul.
— testis, I, 130.
Rœinhardus, vicarius, I, 24.
Rofec (Bernardus de), I, 376.
Rofinus, testis, I, 187.
— Rufinus (Aimericus), I, 331.
— (Guillelmus), I, 309.
— (Petrus), I, 334.
— (Tetbaudus), I, 282.
Rogatiani martyris (fest. sancti), II, 467.
Rogations (les), fête, II, 318, 327.
Roger de Saint-Avit, abbé de Saint-Maixent. Voy. Saint-Avit.
Rogerius, monachus, II, 37.
Rogier (Hilaire), archiprêtre de Saint-Maixent, chantre de la cathédrale de Poitiers, I, CXXII.
Rogierius, abbas Sancti Maxentii. Voy. Saint-Avit.
Rogoz (Johannes), I, 344.
Rohan (Henri, duc de), gendre de Sully, I, XLV, CV.
Rohentelina, uxor Pressel, I, 143.
Roherteau (René), novice de l'abbaye de Saint-Maixent, II, 335.
Roho, filiaster Drohonis Ladent, I, 212.
— (Hugo), I, 342, 343.
Roine (Aimeri), Aimericus, sacristain de l'abbaye de Saint-Maixent, I, XVI, CXIII, 313, 315, 318, 320, 322, 324, 355, 366, 367.
Rolant, testis, I, 317.
Rolec (Rodulfus de), presbyter.
Rollant (Petrus), clericus, I, 382.
Rom, I. XXXVIII, LII. Deux-Sèvres.
Roma. Voy. Rome.
Romana curia, ecclesia, sedes. Voy. Rome.
Romancius. Voy. Romans.
Romani cives, legati, pontifices. Voy. Rome.
Romani, confessoris (fest. sancti), II, 473.
— martyris (fest. sancti), II, 470.

TOME XVIII. 38

Romanorum lex, I, 112.
Romans, Romanz, Rothmancius, Romancius, Rommans, Rumontius, Rutmant, I, 215, 216, 258, 319, 320, 329, 341, 343 n., 374 ; II, 97, 105, 106, 305. *Romans, Deux-Sèvres.*
— (baillie de), seigneurie, I, L, 329.
— capellanus, I, 320.
— ecclesia Sancti Simphoriani, I, 214, 232, 253, 258, 319, 320.
— obedientia, I, 344.
— (paroisse de Saint-Symphorien de), I, XLIX, LIII, 187.
— (prieur de). Voy. Céris, Chevalier.
— prieuré, I, LVII ; II, 146.
— villa, I, 38.
— (Geoffroy de), abbé de Saint-Maixent, I, LXXIX. Voy. Geoffroy.
Rome, Roma, Sanctus Petrus, I, XXVI, XCIII, XCIV, XCIX, 150, 258, 260 n., 314, 345, 321, 340, 372 ; II, 183, 259, 263, 418.
— église de Sancta Maria del Popolo, I, XCIV.
— église de Saint-Pierre, II, 183.
— cardinaux, sacrum collegium, II, 185. Voy. Hugonet, La Balue, Savelli.
— (citoyens de), I, 112.
— (cour de), I, LXXXI, XCIII, CXII ; II, 225, 233, 265, 311, 410.
— (église de), I, 261, 324 ; II, 293.
— (empereur de), II, 457.
— (légats de), I, 318. Voy. Amatus, Girardus.
— papes. Voy. à leurs noms.
— Romanus pontifex, II, 182, 294.
— — principatus, II, 294.
— (siège de), sedes romana, I, 165, 333, 357.
Romefort, I, L; II, 156. *C^ne de Romans, D.-S.*
Rometar. Voy. Gometramnus.
Rommans. Voy. Romans.
Ronciacus, Runtiacus, villa, salina, I, 46, 52. *Rompsay, c^ne de Cognehors, Charente-Inférieure.*
Ronis, II, 315. Voy. Ramnulfus.
Ronseray (M. de), missionnaire, II, 405.
Ronza (molendinum de), la Roonze, I, 323 ; II, 100. *La Ronce, c^ne de Pamprou, D.-S.*

Ronza, Roonza (Willelmus de), prior de Izerniaco, I, 227, 228.
Roque (Hugues), *aliàs* Roca, sacristain de l'abbaye de Saint-Maixent, I, CXIII, 366, 367.
Rorgo, I, 90.
— capellanus, II, 24.
— filius Aschonis Airemer, I, 238.
— filius Cathalonis, I, 162, 163.
— filius Ugonis de Lesiniaco, Vetuli, I, 242.
— frater Ugonis de Leciniaco, I, 122.
— testis, I, 27, 33.
— Bu.., I, 249.
Rorgue (Simo), clericus comitis Marchiæ, II, 65.
Rorvre. Voy. Rouvre.
Roscelinus, monachus, I, 103, 107, 112.
— servus, I, 120.
— testis, I, 100.
Roscetus, testis, I, 327.
Roset (Asco, Ascho), I, 309, 342.
— (W.), homo ligius abbatis Sancti Maxentii, II, 25.
Rossata (Juliana), II, 87.
— (Petrus), II, 87.
Rossea (G.), prepositus monachus Sancti Maxentii. Voy. Rousseau.
— (H.), I, 374.
Rosseas (Reginaldus), rusticus, I, 333, 334.
Rosselli (Johannes), coquus, II, 47.
— (S.), II, 62.
Rosset (Guillelmus), II, 48, 78, 96, 98.
Rossillon, molendinum, II, 132. *Roussillon, c^ne de Prailles, D.-S.*
Rostha, uxor Rainaldi, I, 106.
Rosza, ancilla, I, 122.
— uxor Bernefredi, I, 65.
Rotbert (Goffredus), I, 286, 287.
Rotberti (Giraudus), I, 222, 223, 225, 226.
Rotbertus, I, 75, 225.
— abbas Sancti Maxentii. Voy. Robert.
— carpentarius, I, 328.
— filius Davit, I, 229.
— filius Lanberti, I, 76.
— monachus, I, 56, 118, 121, 125, 128, 129, 130, 133, 138, 254, 277, 285.
— presbyter, I, 470.

Rotbertus, rex. Voy. Robert.
— testis, I, 122.
— Burgundi, I, 176, 192.
— de Abrisello, I, 241.
— de Bonolio, I, 483.
— de Podio, I, 231.
— Goffredus, I, 225, 230, 275.
— Letgerius, I, 230.
— (Petrus), I, 296.
— Sorinus, monachus, I, 310.
Rotgarius, testis, I, 24.
Rotgerius, presbyter, pater Nicolai, militis, I, 244.
— testis, I, 37, 41, 54.
Rothmantio (Goffredus de), monachus, I, 222, 223. Voy. Romans.
Rothmancius. Voy. Romans.
Rotlandus, I, 291.
— filius Ademari de Chisec, I, 233.
Rotmancius, villa. Voy. Romans.
Rotmant (Johannes de), I, 239.
Rotru, I, 93.
Rotrudis, I, 81.
Rotundus, (Petrus), capellanus de Vrach, I, 318.
Rouannais (barons de). Voy. Gouffier.
Rouen (diocèse de), II, 360 n. Seine-Inférieure.
— (grand-vicaire de). Voy. Boisgelin.
Rougier (Joseph), religieux bénédictin, II, 408 n.
— (Martin), religieux de Saint-Maixent, II, 304, 305.
Rouilt, II, 312.
Rouleau (Etienne), prieur de l'abbaye de Saint-Savin, II, 407 n., 408 n.
Roulié, intendant du Poitou, II, 392.
Roure. Voy. Rouvre.
Rouselli (Guillelmus), II, 229.
Roussea (Guillaume), licencié ès lois, II, 246.
Rousseau (G.), prévôt-moine de Saint-Maixent, I, CXI ; II, 65.
— (Jean), prieur et abbé de Saint-Maixent, I, XLIII, XCIV, XCVI, CIX.
— (Phelippon), charpentier, II, 276.
— (Pierre), II, 291.
Roussel (Placide), abbé de Saint-Augustin de Limoges, II, 366.
Rousselli (Guillelmus), clericus,
gerens sigillum senescallie Pictavensis apud Sanctum Maxentium, II, 117.
Rousset (fief), près Batreau, seigneurie, I, L ; II, 150. Cne de Saint-Martin de Saint-Maixent, D.-S.
— près les Neuf-Quartiers, seigneurie, I, L.
Roussigneo. Voy. Clavea.
Rouvre, Rorvre, Roure, Rubrio, I, XVI, XXIX, LII, CXX, 80 n., 84, 258 ; II, 41, 94, 147, 221. Deux-Sèvres.
— paroisse de Saint-Aubin, I, LIV, 81.
Roux (Johan), II, 159, 164.
Roys (fête des), II, 322.
Rubeschau (Hugo), I, 382.
— (Petrus), I, 382.
Rubrio, alodus. Voy. Rouvre.
Rucains (Pierre), II, 163.
Ruccellaï (Louis de), abbé de Saint-Maixent, de Pontlevoy, de Signy et de Saint-Nicolas d'Angers, CV.
Rudea, Rudes (Goffredus), I, 291, 326, 331.
Ruesfos (Goffredus), monachus, II, 6.
Rufella, vidua, I, 228.
Ruffigné (seigneurie de Lavau à), I, XLVIII.
— Venderées (seigneurie des), I, XLVIII. Ruffigny, cne de Chavagné, D.-S.
Rufi (Ademarus), I, 433.
Rufinus, miles, I, 182.
— testis, I, 148. Voy. Rofinus.
Rullier (Jean), maitre maçon de Poitiers, II, 350 n, 352 n.
Rufus (Aimericus), I, 195, 210.
— (Asco), aurifex, I, 283. Voy. Ruphus.
— (Constantinus), I, 327, 338.
— (Girbertus), I, 234.
— (P.), homo ligius abbatis Sancti Maxentii, II, 22.
— (Rainaldus), cliens, I, 309.
— (W.), homo ligius abbatis Sancti Maxentii, II, 23, 53.
— Voy. Marchardus.
Rugaudan. Voy. Rigaudan.
Rulfus (Guillelmus) de Marciaco, homo ligius abbatis Sancti Maxentii, II, 1.

— 596 —

Rulfus, filius dicti Guillelmi, II, 1, 2.
— (Maengotus), I, 267.
Rumontius. Voy. Romans.
Runaldus, episcopus Petragoricensis, I, 230.
Runza, portus, I, 292. *La Ronce*, c^ne de la Tremblade, Charente-Inf.
Rupeforti (Calo, Chalo de), nobilis vir, II, 25, 28, 39, 45, 47, 50, 75, 103. Voy. Rochefort.
— (Eblo de), miles, II, 62, 65, 108.
— (Guiardus de), II, 107.
— (Guido de), miles, II, 62, 68, 69, 117, 121, 124.
— (Guido de), precentor beati Petri Pictavensis, II, 28.
— (Guillelmus de), miles, I, 255; II, 75, 76.
— (Hugo de), miles, I, 315, 316, 335, 343, 351; II, 50, 68.
Rupeforti (P. de), miles, II, 50.
Rupella. Voy. Rochelle (La).
Ruphi (Willelmus), II, 100.
Ruphus (Ascoj, burgensis, I, 349. Voy. Rufus.
Ruppe (W. de), cantor beati Petri Pictavensis, I, 381.
Ruptit, terra, I, 178. *Le Rompis*, *ténement de la c^ne de Romans*, *D.-S.*
Rustauzt (Petrus), I, 226.
Rusti, martyris (fest. sancti), II, 470.
Rusticus (Arnaldus), I, 277.
— (Renaudus), miles, I, 349.
Rustique (saint), II, 357.
Rutmant (ecclesia de). Voy. Romans.
Ryvault (Philippe), aumônier de l'abbaye de Saint-Maixent, I, CXII.

S

S., prior de Azaio, II, 49.
Sabinæ (fest. sanctæ), II, 470.
Sableriæ, II, 118.
Sacconis (Willelmus de), I, 233.
Sacherii (Guillelmus), II, 78.
Sachier (Jehan), substitut du procureur du duc de Berry, II, 209, 210, 211, 212, 216.
Sacrum collegium. Voy. Rome.
Saenetelle (Jeanne), II, 116.
Saevre (la). Voy. Sèvre (la).
Sainct. Voy. Saint.
Saint-Aignan (église de), I, LXXV. *Charente-Inf.*
— Allyre de Clermont (abbaye), I, XXI. *C^ne de Clermont-Ferrand*, *Puy-de-Dôme.*
— — (prieur de). Voy. Le Mulier.
— Araye. Voy. Saint-Héraye.
— Aubin (seigneur de). Voy. Harlay.
— — d'Angers (abbaye), I, XXVI. Voy. Angers.
— Augustin (chanoines de), II, 479.
— — de Limoges, abbaye. Voy. Limoges.
— — (abbé de). Voy. Roussel.
Saint-Avit (Roger de), abbé de Saint-Maixent, I, XC; II, 185, 186.
— Bardoux. Voy. Saint-Pardoux.
— Benoît (ordre de), I, XXI, XLIII, XLV, LXXVII, LXXX. Voy. Benoît.
— — (règle de), I, LXXXV.
— — (religieux de), I, XCI.
— — sur-Loire ou de Fleury, abbaye, I, CXVIII; II, 368, 373, 395, 405, 409, 418. *Loiret.*
— — (abbé de). Voy. Le Ber.
— Bernard (religieux de), I, XCI.
— Calais (religieux de). Voy. Arche.
— Carlais, paroisse, I, XLVIII, CXX. *Ténement de la c^ne de Brelou*, *D.-S.*
— Clément (cardinal de). Voy. Condelmère.
— Christofle. Voy. Saint-Christophe.
— Christophe-sur-Roc, Saint-Cristofle, Sanctus Cristoforus, paroisse, I, L, CXX; II, 94, 147, 221. *Deux-Sèvres.*
— Cyprien de Poitiers. Voy. Poitiers.

Saint-Cyr du Doret, I, 234 n. Voy. Doret (le). *Charente-Inf.*
— Denis, paroisse, I, LII ; II, 94, 147, 221. *Deux-Sèvres.*
— — II. 315 n. *Seine.*
— — (abbé de). Voy. Gouffier.
— Eanne, Sanctus Aunarius, paroisse, I, L, CXX, 137 n. ; II, 57, 58, 162. *Deux-Sèvres.*
— — (fief de), seigneurie, I, L.
— Eraye. Voy. Saint-Héraye.
— Etienne de Brillouet, S. Stephanus, paroisse, I, LV, 78. *Vendée.*
— Etienne in monte Celio (cardinal de), I, LXXXVI.
— Faziol, église, I, LXVIII, 34. C^{ne} de Melle, D.-S.
— Florent (seigneur de). Voy. Beauvoir.
— — de Saumur, abbaye, I. XXVI.
— — (abbé de). Voy. Saint-Yrieix.
— — (chronique de), I, 114 n.
— Gelais, Sanctus Gelasius, paroisse, I. L ; II, 80, 94. 113, 117, 121, 147, 222. *Deux-Sèvres.*
— — châtellenie, I, L.
— — (hôtel des Renardières à), seigneurie, I, L.
— — (prieur de). Voy. Chauvin.
— — (Louis de), seigneur de Lansac, I, XCVI.
— — (Madeleine de), femme de Louis de Nuchèze, I, C.
— — (Mellin de), seigneur de Saint-Séverin, I, XCVII.
— — (Nicolas de), I, XCVII.
— — (Pierre de), seigneur de Sainte-Aulaye, I, XCVI, XCVII.
— — (chapelle des), à Angoulême, I, XCVII.
— — (famille de), I, XLIV, XCVI.
— — (Arnaud de), abbé de Saint-Maixent, I, XCV, XCVI.
— — (Chalo de), II, 151 n.
— — (Charles de), prieur de Verrines, I, XCVI.
— — (François de), curé de Sanxay, II, 289.
— — (François de), doyen d'Angoulême, abbé de Bourg-sur-Mer, prieur de Verrines, I, XCVI, XCVII.
— — (François de), seigneur de Saint-Séverin, I, XCIX, C.
— — (Jacques de), écuyer, II, 186.

Saint-Gelais (Jacques de), évêque d'Uzès, abbé de Saint-Maixent, doyen d'Angoulême, I, XCV, XCVI, XCVII, XCVIII, XCIX ; II, 268, 270, 271, 274, 276, 279, 282, 284, 287, 289 n.
— — (Jacquette de), femme de Jean Jay, I, C.
— — (Jean de), évêque d'Uzès, abbé de Saint-Maixent, doyen de Bordeaux, prieur de Fontblanche et de Barbezieux, I, XLIV, XCVI, XCVII, XCVIII, XCIX, C, CI, CII ; II, 280, 282, 286, 289, 290, 291, 292, 293, 295, 299, 302, 305, 306, 348.
— — (Jeanne de), femme d'Hélie de Céris, I, XCIX.
— — (Louis de), seigneur de Glenay, I, CXIX. *Deux-Sèvres.*
— — (Pierre de), II, 151 n.
— George (Olivier de), marquis de Vérac, lieutenant du roi en Poitou, II, 412, 413.
— — (Marguerite de), femme de Bonaventure Forain, II, 478.
— — (M. de), marquis de Vérac, II, 422.
— Georges de Noisné, S Georgius de Nainiaco, Noiné, Noisné, paroisse, I, L, LIV, CXX, 258, 301. ; II, 103. *Deux-Sèvres.*
— — ecclesia, II, 5.
— — de-Rex, I, 234 n. *Deux-Sèvres.*
— — du-Bois, I, 234 n. *Charente-Inf.*
— Germain-des-Prés (abbaye), II, 299 n., 346, 428. Voy. Paris.
— Germier, S. Germerius, Germer, paroisse, I, XXIX, LII, LIII ; II, 145, 146, 160, 164, 185. *Deux-Sèvres.*
— — seigneurie, I, XCVII ; II, 104, 105, 295.
— — ecclesia, I, 32, 258.
— — (dimerie de), II, 163.
— — (sergenterie de), II, 162.
— — terra, I, 261.
— Gildas, paroisse, I, XL, LVI, 143 ; II, 480. *Diocèse de Vannes, Morbihan?*
— — sur-Indre, abbaye, II, 480.
— Gilles (abbé de). Voy. Boisgelin.
— Héraye, S. Araye, S. Aredius

S. Aredia, châtellenie, I, xLIX, 116, 132, 267, 299; II, 80, 100, 108, 116, 148 n., 461. Voy. Mothe (la). *La Mothe-Saint-Héraye, D.-S.*
Saint-Héraye (cour de), II, 462.
— — (curé de), II, 90, 91, 92.
— — feodum, II, 99.
— — (milites de), I, 267.
— — paroisse, I, xLIII, LIV, 116 n.
— — (seigneur de), I, xcv; II, 252.
— Hilaire, prieuré, S. Hilarius, I, LVII, 314; II, 146. *Cne d'Augé, D.-S.*
— — (prieur de), II, 103.
— — de Poitiers. Voy. Poitiers.
— Jean-d'Angély, Sanctus Johannes Angeriacensis, Seint-Johan d'Angele, I, 47, 75, 76; II, 70, 481. *Charente-Inférieure.*
— — abbaye, I, LVI, LXXXII, 36 n.; II, 349, 396.
— — (abbé de), I, 162, 241. Voy. Audouin.
— — (cartulaire de), I, 36 n.
— — (chambrier de). Voy. Niolio.
— — (cellerier de). Voy. Hanotel, Seneville.
— — église, II, 37.
— — (prepositus de). Voy. Arnaudus.
— — (prieur de), I, 363. Voy. Fregeac, Harel.
— — (religieux de), II, 413.
— — vicaria, I, 75, 76.
— — de Jerusalem (chevaliers de), II, 410.
— — et Saint-Paul (cardinal de), I, xCIII.
— Jouin, Saint-Jouin-de-Marnes, abbaye, II, 441. *Saint-Jouin-de-Marnes, D.-S.*
— — (abbé de). Voy. Feletz.
— — (bataille de), I, LXXIII.
— — (prieur de), II, 429. Voy. Monclar, Valeix.
— Junien, I, cxvIII. *Haute-Vienne.*
— — Laon en Lande de Thouars, abbaye, II, 441. *Thouars, D.-S.*
— Laurent, II, 263 n.
— — de la Salle, paroisse, I, LV. *Vendée.*
— Leen. Voy. Saint-Lin.
— Léger en Artois. Voy. Serein.
— Léonard ; I, cxvIII. *Haute-Vienne.*

Saint-Liguaire, S. Leodegarius, Sancta Maria que vocatur Porta Domini, ecclesia S. Mariæ et S. Vincentii, I, xxIX, LXVIII, 42, 72, 128; II, 481, 482. *Deux-Sèvres.*
— — abbaye, I, xL, LVIII, LXVIII, LXIX, LXXII, LXXIII, LXXV, 178 n., 255, 366 n., 377; II, 480, 481, 482, 483.
— — (abbés de), I, 345, 378; II, 22, 24, 46, 483. Voy. Abrocit, Aimeri, Arnaud, Bernard, Cadelo, Coignac, Goslen, Hugues, Tetbaudus.
— — (capellanus abbatis). Voy. Briccius.
— Lin, Sanctus Leain, S. Leanus, paroisse, I, LII, LIV, CXX, 120, 351; II, 94, 147, 221, 392 n. *Deux-Sèvres.*
— Loup (fief de), seigneurie, I, L. *Cne de Saint-Maixent, D.-S.*
— Maixent.

a. VILLE.

Ville, I, xx, xxIX, xxx, xxxIV, xxxVIII, xxxIX, xLII, LXI, LXXX, LXXXVII, xcIII, xcIV, cxvIII, 88, 104, 133; II, 9, 13, 15, 16, 25, 26, 29 n., 30, 40, 45, 56, 60, 61 n., 65, 70, 74, 75, 79, 88, 99, 100, 101, 103, 114, 119, 123, 124, 130, 133, 147, 154, 161, 162, 163, 164, 165, n., 167, 169, 171, 176, 189, 195, 205, 210, 214, 216, 217, 222, 223, 224, 225, 226, 227, 228, 229, 234, 237, 240, 241, 243, 244, 245, 246, 247, 252, 253, 254, 256, 259, 259, 263, 264, 270, 271, 274, 276, 282, 283, 284, 287, 289, 290, 291, 293, 295, 299, 307, 313 n., 344, 342, 345, 347, 354 n., 360 n., 362, 366, 367, 368, 369 n., 390, 391 n., 404, 409, 412, 421, 430, 434, 436, 453 n., 458, 459, 460, 462, 463. Voy. Vauclair.
— — burgus. Voy. à ce mot.
— — lieu, locus, II, 230, 244, 261, 262, 263, 267.
— — villa, I, 88, 104, 133, 135, 178, 189, 195, 201, 297, 306, 325, 345, 366, 381.
— — urbs, II, 61 n.
— — (formes diverses du nom), Sanctus Maxentius, I, 1, 7; S. Maxencius, I, 5, 18; S. Maxhentius, I, 6; S. Macssencius, I,

— 599 —

58 ; S. Mazencius, I, 295 ; — Saint-Maissent, II, 70 ; S. Maxent, II, 171 ; S. Messent, I, LVIII ; Sen-Moixont, II, 369 n. ; — Sammaxensis, II, 377 ; Sammaxentii. II, 429.

Saint-Maixent (archevêque de). Voy. Archembaud.

— (archiprêtré de). Voy. I, CXX.
— (archiprêtres de). Voy. la liste. I. CXXI. A corriger : pag. CXXI : 1290-1296, ETIENNE ; 1296-1297, PIERRE, (Font.-le-comte, l. 22, ch. n° CCCCXCI,) p. CXXII : 1434, GEOFFROY, à placer entre Gastineau et Etienne (pap. de Vasselot, à M. de Beauregard); Etienne ne paraissant qu'en 1437.

— — (cour de l'), II, 268, 271, 274, 276, 279, 282.
— assises, II, 225, 226, 229, 250, 260, 261.
— avocats. Voy. Conzay, Gracien, Guytea, Ogier, Perochon, Roussea, Saugié, Séjourne.
— aumôneries, II. 249.
— bailli des exemptions (siège du), II, 179.
— bailliage, II, 260, 261.
— baronnie, II, 260.
—. (barons de). Voy. Meilleray (La).
— Bénédictines (église des), II, 369 n., 372, 403.
— bouchers, II, 235.
— bourgeois, burgenses, I, XLIII, 161; II, 216, 217, 228, 423.
— burgus Chabot, I, 305 n. ; II, 67. Voy. Vicus Chaboz.
— — Hugonis Chaycepor, II, 52.
— — Martini Esperuns, I, 327, 356.
— — Loubet, I, 308 n.
— — novus, I, 368, 369.
— — Hugonis de Nuaillé, II, 57, 58.
— — portæ Pictavinæ, I, 357.
— — Sancti Leodegarii, II, 8, 9.
— — Sancti Maxentii, I, 136, 164, 175, 360, 361, 368, 369, 379 ; II, 17, 26, 29, 47, 105, 108, 161.
— (capitaines de). Voy. Bellomonte, Danxays, Tirant (Guiot le).
— capitolium, I, 243. (Le Chadeuil, quartier, puis rue, aujourd'hui rue Vauclair).

Saint-Maixent : Capucins, II, 362, 368, 384, 412, 438, 441, 444, 450.
— — église, II, 367, 372, 445.
— — gardien, II, 437.
— castellum, castrum. Voy. château.
— chapelle de l'Hospice, II, 403.
— — de Notre-Dame-de-Grâce, II, 249, 358, 401, 402.
— — Landraude, II, 249.
— — sous Saint-Léger. Voy. église Saint-Léger.
— Charité (confrérie des dames de la). Voy. confrérie.
— château, I, XLII, XLVI, 102 n. ; II, 113, 117, 121, 131, 176, 430, 431, 460.
— châtellenie, I, XLII, XLVI, 102 n. ; II, 160, 206, 224, 228, 250, 259.
— — (ressort de la), II, 224, 228, 259, 261, 264.
— chef-lieu de cohorte de la Légion d'honneur, I, XVIII.
— chronique de Saint-Maixent, I, XXV, XXVI, XXXIII, LXIII, LXIV, LXV, LXVI, LXVII, LXVIII, LXIX, LXX, LXXII, LXXIII, LXXV, LXXVI, LXXVII, LXXVIII, LXXIX, 48 n., 91 n., 92 n., 94 n., 99 n., 114 n., 147 n., 193 n., 483.
— clergé, II, 443, 416, 437.
— confréries de Saint-Maixent, II, 248.
— — des dames de la Charité, II, 369.
— consuetudines villæ, I, 185.
— Cordeliers, II, 362, 368, 384, 412, 417, 438, 441, 444, 450.
— — chapelle de Notre-Dame de Pitié, II, 423.
— — église, II, 367, 373, 421, 423, 445.
— — gardien, II, 437.
— corps de ville, II, 223 n., 362, 368, 383, 393 n., 397, 398, 404, 405, 415, 418, 420, 423, 426, 431, 438, 444, 484.
— cour du roi, II, 219 ;
— de l'archiprêtre. Voy. archiprêtre.
— crux, I, 88. La Croix hozannière, près de la porte de la Croix.
— cueille de Malemailhe, II, 214.
— — Mauvase, II, 214.
— — Poitevine, II, 214.

— 600 —

Saint-Maixent : cueilles (les quatre), II, 167.
— curé. Voy. Dugué.
— curés primitifs, II, 429, 431.
— district, I, xviii, lii.
— — (archives du), I, xviii.
— ecclesia sammaxensis, II, 377.
— élu. Voy. Paen.
— élus, II, 383, 405 n., 412, 415, 426.
— Enjaugerie (fief de l'), I, l.
— fauxbourgs, II, 240.
— — Châlons, II, 351 n.
— — Charrault, Charraux, II, 287, 388.
— fiefs relevant de la châtellenie, I, xlviii.
— — situés dans la ville, I, l. Voy. Gourville.
— foires et marchés, II, 458.
— forum, II, 43.
— furnus de Scannis, I, 269.
— gardes du scel royal. Voy. scel aux contrats, II, 484.
— gouverneur. Voy. Harlay, Thebault.
— Gourville (fief de), II, 351 n.
— Grisle (la), II, 241. *La grille des tanneries, dans le mur de la ville.*
— habitants, II, 264. Voy. Lobetenses, Rochafortenses.
— halles, II, 348, 370 n., 387, 391.
— hébergement des Châtelliers. Voy. maisons.
— hôtel des Trois-Marchands, II, 315 n.
— imprimeur. Voy. Darbis.
— insula Gauterii Corone, I, 327.
— (lieutenant du sénéchal du Poitou à), II, 309. Voy. Paën.
— Lobetenses, I, 362.
— logis. Voy. Plat d'Etain.
— maires, II, 393, 412. Voy. Favier, Greffier, Gogué, Pavin, Peign.
— — (lieutenant de). Voy. Lévesque.
— Maison-de-Ville. Voy. corps de ville.
— maison de Châlon de Rochefort, II, 8.
— — de la Poupelière, II, 422.
— — des Châteliers, II, 147.
— — de l'échevinage, II, 305 ; maison de ville, II, 445.

Saint-Maixent : maison de Lobet, II, 8.
— de S. Chabot, II, 41, 43.
— maisons, II, 149, 151, 184.
— mesures, II, 119.
— missions, II, 379, 405 n., 408, 413, 422, 436.
— moulins, II, 9.
— de la Tour (de Turre), II, 101.
— notaires, I, xxii, xcvi. Voy. Bonizeau, Dechaume, Defonboisset, Denyort, Faydy, Flori, Fournyer, Fourré, Gastineau, Greffier, Guillot, Guyard, Parcheminier, Peign, Pillot, Pingault, Poictevin, Pyneau, Texier, Tutault.
— paroisses. Voy. Saint-Léger, Saint-Saturnin.
— pauvres, II, 477, 478.
— portes : porta Anseis, I, 268, 356.
— — Châlons, porta Cadelonis, Calonis, Chalonis, I, 102 n., 494 ; II, 2, 103, 153, 167, 214, 370, 384, 412, 417.
— — de la Croix, porta Crucis, qua itur ad Crucem, I, 102 n., 165 ; II, 2, 48, 96, 153, 214.
— — du pont Charraut, porta Charraudi, Charraux, Charrault, II, 176, 177, 241, 354, 462.
— — porta Mellesia, Metulensis, I, 359, 379.
— — Poitevine, porta Pictavina, I, 358 ; II, 2, 96, 152.
— péage de la porte Châlons, seigneurie, I. l.
— — de la porte de la Croix, seigneurie, I, l ; II, 48.
— — de la ville, I, 135, 175 ; II, 152.
— Pierre-Marchande (la), II, 209, 210, 213.
— Plat d'Etain (logis du), II, 392.
— pont Charrau, Charraut, Charrault, I, 379 ; II, 431.
— posterna Sancti Maxentii, I, 268.
— pré de l'Abreuvoir, II, 355 n.
— — de la Garenne, II, 365 n.
— prévôté (juge de la). Voy. Praher.
— — (sergent de la). Voy. Porte.
— prévôt, II, 257.
— procureur. Voy. Nyort.
— propitiatio Domini super burgum, II, 468.

— Saint-Maixent : protestants, II, 351, 422.
— — (temple des), II, 351, 405 n., 417.
— Quatre-chemins (les), II, 164.
— recette des domaines, I, XVIII, LV.
— (région de), I, 342 n.
— Rochafortenses, I, 361, 362.
— rues : Abbaye (de l'), II, 431.
— — Aumônerie (de l'), II, 445.
— — Boucheries (des), II, 363 n.
— — Calabre, II, 351 n.
— — Chadeuil, Chadeil (du), II, 184. Voy. Capitolium.
— — Châlons, II, 430.
— — Croix (de la), II, 445.
— — Maintrolière (de la), I, LXXVI.
— — Plat-d'Étain (du), II, 351 n.
— — Saint-Léger, II, 422 n.
— — Taon, I, 371.
— — Temple (du), II, 351 n.
— Saint-Léger, Sanctus Leodegarius, basilica, capella, ecclesia, église, I, XL, LVI, 53, 202, 257, 333 ; II, 129, 249, 367, 369 n., 373, 445.
— — chapitre, capitulum, I, 363..
— — chapelle souterraine, I, LVI ; II, 316, 318.
— — cure, I, 157.
— — curés, capellani, I, 297, 332 ; II, 384, 403, 429. Voy. Peroardi, vicaires.
— — paroisse, I, L, LIII, CXX ; II, 381, 422, 441.
— — prévôté du chapitre, I, 157.
— — servitores ecclesiæ, I, 270.
— — vicaires, II, 298, 368, 444, 477.
— Saint-Saturnin, Saint-Sornin, Saint-Saournin, église, I, XXVIII, XL, 186, 297, 366, 371 ; II, 248, 367, 369 n., 372, 393, 428, 438, 445, 449, 454.
— — autel de Notre-Dame dans l'église, I, CXXIII.
— — chapelle, II, 454, 455.
— — curés, I, 344, 366, 384, 429. Voy. vicaires.
— — monasterium Sancti Saturnini, I, 257.
— — paroisse, I, L, LIII, CXX ; II, 380, 381, 422, 441.
— Saint-Maixent : Saint-Saturnin vicaires perpétuels, II, 298, 354, 368, 444, 477.
Saint - Maixent, Saint - Sornin (église de). Voy. St-Saturnin.
— Sammaxentii, II, 429.
— scel aux contrats, II, 264, 265, 268, 270, 271, 291, 302, 333, 340, 342.
— — (cour du), II, 268, 270, 271, 274, 276, 279, 282, 283, 284, 285, 287, 289.
— — (gardes du). Voy. Aynon, Borgails, Chauvea, Gracien, Mignot, Revea, Rousselli, Vezançay (de).
— seigneurie, II, 255, 260, 262. Voy. Sergenterie féodale, Vente des Saumons.
— seigneurs. Voy. Angoulême (comtesse d'), Maine (comte du), Sicile (roi de).
— Sergenterie féodale, seigneurie, I, L.
— siège royal, II, 418, 421, 423, 437, 438, 441, 444, 476.
— — (officiers du), II, 351 n., 362, 367, 368, 389, 391, 392, 394, 403, 404, 405, 408 n., 411 n., 412, 415.
— — (lieutenant-général au), II, 476, 477.
— — (lieutenant particulier au). Voy. Lévesque.
— temple protestant. Voy. protestants.
— torn Reginaldi Richart, II, 8.
— tour Chabot, Chaboz, II, 108, 147.
— — (seigneurie de la), I, L.
— — (seigneurs de la), II, 461.
— de l'horloge, II, 448.
— — Lobet, I, 361.
— — de Rochefort (Rochafortum turris), I, 361.
— — de Saint-Maixent, I, 371.
— tours (des murailles) :
— — de l'aumônier, II, 241.
— — du prévôt-moine, II, 241.
— — du prieur d'Azay, II, 241.
— — du prieur de Souvigné, II, 241.
— Trois-Marchands (logis des), II, 315 n.
— urbs. Voy. ville.
— Vente des saumons (la), seigneurie, I, L.

Saint-Maixent : vetus villa, I, 13.
— vicaria, I, 70.
— vicus Chaboz, II, 109.
— — de Jadolio, I, 268.
— — Taon, I, 268, 371.
— vigerie, II, 461.
   b. ABBAYE.
— abbaye, abbatia Sancti Maxentii, I, XXI, XXIV, XXVI, XXVII, XL, XLI, XLIII, XLIV, XLV, XLVI, XLVII, LXI, LXII, LXIV, LXV, LXVI, LXVIII, LXIX, LXXII, LXXIV, LXXV, LXXXV, XCIV, XCVI, XCIX, C, CII, CIII, CV, CXXI, 21 n., 105 n., 178, 307, 342, 356, 382 n. ; II, 6, 38, 55, 56, 57, 58, 59, 60, 65, 66, 84, 113, 114, 123, 124, 134, 135, 136, 137, 142, 170, 172, 178, 179, 185, 189, 190, 197, 198, 206, 215, 220, 233, 251, 253, 264, 290, 293, 302, 303, 304, 305, 307, 310, 313, 315 n., 326 n., 328, 329, 331 n., 344, 345, 346, 347, 349, 350, 352, 356, 359 n., 362, 370, 375 n., 395, 415, 420, 432, 438, 443, 454, 456, 457, 458, 460, 476, 477, 481, 482.
— — basilica, I, 28, 46, 52, 53, 54, 59, 67 ; — sancti Maxentii et sancti Leodegarii, I, 53.
— — cœnobium, I, 59, 68 ; 75, 76, 114, 125, 127, 160, 276, 299 ; II, 28, 361, 363 ; — sancti Adjutoris Maxentii, I, 65, 115, 141, 162, 163 ; — sancti Maxentii et sancti Leodegarii, I, 40, 44, 66, 110, 132, 305.
— — couvent, conventus, II, 40, 41, 46, 55, 72, 80, 88, 90, 92, 121, 125, 139, 166, 169, 189, 206, 209, 217, 239, 250, 254, 255, 256, 307, 315, 318, 320, 332, 333, 340, 342, 453.
— — ecclesia, I, 66, 89 202, 284, 318, 319, 321, 348, 352, 353, 363, 366, 372, 373, 376, 383, 384 ; II, 9, 14, 47, 77 ; — sancti Maxentii confessoris et Leodegarii martyris, I, 14.
— — locus, I, 36, 37, 43, 45, 56, 62, 64, 73, 74, 82, 84, 85, 86, 87, 88, 89, 92, 93, 94, 96, 112, 113, 115, 118, 119, 120, 123, 124, 129, 150, 151, 286 ; — sancti Maxentii et sancti Leodegarii, I, 35, 47, 77, 87 ; — sancti Salvatoris, I, 99, 104 ; — sancti Salvatoris, sancti Maxentii et sancti Leodegarii, I, 107 ; — sancti Salvatoris, ubi sanctus Maxentius requiescit. I, 30, 68.

Saint-Maixent : monasterium, I, 1, 3, 4, 5, 6, 7, 9, 14, 16, 25, 34, 38, 39, 41, 56, 79, 140, 187, 257, 260, 299, 301, 347, 355, 379, 380 ; II, 16, 17, 67, 68, 80, 86, 91, 92, 93, 94, 109, 117, 120, 127, 138, 142, 176, 180, 187, 188, 201, 219, 258, 407 n. ; — sancti Maxentii et sancti Leodegarii, I, 77, 83, 305.
— — moutier, I, LXXXVII ; II, 145, 149 n., 204, 214, 216, 232, 259.
— — opus, I, 235.
— — pars, I, 41.
— — portaria, I, 13.
— — res, I, 23.
— abbés, I, XLVI, LIX, LX, LXVIII, LXIX, LXX, XCII, CVIII, 58, 181, 359, 372, 377 ; II, 1, 3, 4, 5, 7, 15, 19, 33, 35, 52, 53, 54, 55, 66, 69, 74, 80, 86, 90, 95, 123, 124 n., 125, 134, 139, 140, 141, 142, 144, 162, 164, 222, 230, 265, 331 n., 346, 347, 363. Voy. la liste des abbés, p. LXI.
— administrateur du moutier, I, LXXXVIII.
— advocatus monasterii. Voy. Aimericus.
— alodus, I, 56.
— archives, I, XVII, XVIII, XIX.
— assises, II, 206.
— aumône du Jeudi-Saint, II, 475, 476, 477.
— Aumônerie (l'), seigneurie, I, L, 174 ; II, 233.
— — du faubourg Charrault, II, 304.
— aumôniers, II, 161. Voy. la liste, I, CXI.
— autels : altare Matutinale, I, 287.
— — de la Majesté, II, 328.
— — de Notre-Dame, I, LXXXIV, LXXXVI, LXXXVIII, 286 ; II, 316.
— — de Notre-Dame-de-Pitié, II, 407 n., 421.
— — de saint Benoît, II, 407 n., 429.
— — sancti Egidii, I, 280.
— — de saint Eloi et de saint Louis, II, 407 n.
— — de saint Jean-Baptiste, II, 407 n.

Saint-Maixent: autels, ara Sancti Maxentii, I; 136, 141, 143, 146, 149, 150, 160, 172, 176, 189, 192, 195, 199, 215, 275, 291, 324 ; II, 97.
— — ad pedes sancti Maxentii, I, 199, 307.
— — de saint Maur, II, 407 n.
— — de saint Michel et sainte Catherine, II, 407 n.
— — sancti Stephani, I, 307, 308.
— — sanctæ Mariæ. Voy. Notre-Dame.
— — de la sainte Vierge, II, 427 n.
— beneficium abbatiæ, I, 42.
— — Sancti Maxentii, I, 26, 108.
— bibliothécaires. Voy. la liste, I, cxvi.
— bustes de N.-S. et de la sainte Vierge dans l'église, II, 427.
— capitulum, I, 158, 166, 171, 176, 182, 184, 187, 190, 193, 194, 201, 202, 204, 205, 209, 212, 213, 216, 222, 223, 241, 242, 244, 253, 280, 286, 310, 330, 339, 342, 344, 349, 364, 367, 369, 378 ; II, 27, 29, 39, 59, 97.
— cartæ, I, 156.
— cartulaire, I, xiii, xiv, xxiii, lxxix.
— casamentum, I, 312.
— céleriers, II, 12, 149 n. Voy. la liste, I, cxiv.
— chaire de l'église, I, 428.
— chambrier de l'abbé, II, 47.
— chantres. Voy. la liste, I, cxv. A ajouter, p. cxv : 1294, Geoffroy de Saint-Sauvant (ch. n° ccccLxxxix).
— chapelle Baston, II, 274, 275.
— — de Saint-Léger, II, 314, 317.
— — de Notre-Dame, II, 352.
— — des tombeaux de saint Maixent et de saint Léger, II, 426.
— — de Saint-Maixent, II, 437.
— chapelles dépendant de l'abbaye. Voy. la liste, p. lvi.
— chapitre, II, 363.
— — de Saint-Simon et Saint-Jude, II, 328.
— cimetière, I, 191.
— clerc de l'abbé. Voy. Salis.
— clocher (petit), II, 400.
— clocher de l'église, II, 357.
— cloitre. II, 370 n., 373.
— — de Notre-Dame, I, 297.
— cours de philosophie, II, 374 n., 388, 418, 449.

Saint-Maixent : cours de théologie, II, 394, 396, 409, 429.
— crypte de Notre-Dame, I, 188, 190, 193.
— cure de la Majesté, II, 323, 324.
— dortoir, II, 350 n., 352 n., 362, 363, 373, 401.
— doyens. Voy. la liste, p. cxvii.
— elemosina. Voy. aumônerie.
— église, II, 350 n., 352, 363 n., 365 n., 373, 398, 406. Voy. autels, bustes, chapelles, clochers, chaire, galilea, piliers, reliquaires, retables, tabernacles, tombeaux, vitrail.
— églises à la collation de l'abbé. Voy. la liste, I, liii.
— feodum abbatis, I, 311.
— — Sancti Maxentii, I, 268, 379 ; II, 55.
— fidelitas, I, 210.
— hommes de l'abbaye, I, 111, 199, 263, 266, 309 ; II, 3, 4, 13.
— — de pôte, II, 17.
— — de altare, II, 12.
— fiefs relevant de l'abbaye. Voy. la liste, I, xlvii.
— galilea, ganilea, I, 291.
— halle, II, 431.
— honor, I, 146.
— infirmiers, II, 183. Voy. la liste, I, cxiii.
— jardin de l'abbaye, II, 354.
— — de l'Orange, II, 323.
— logis abbatial, II, 354 n.
— maitre-queux de l'abbaye. Voy. Ressegand.
— miles, I, 378.
— monachi, I, 103, 156, 157, 158, 160, 168, 180, 183, 189, 193, 197, 203, 212, 224, 226, 254, 265, 271, 274, 278, 280, 284, 289, 297, 316, 324, 326, 371, 377, 378 ; II, 2, 5, 7, 13, 15, 19, 35, 37, 68, 359 n., 448 n., 482.
— — congregatio, I, 50, 57.
— — religieux, I, 8 n., 41 n. ; II, 54 n., 114, 116, 212, 371 n., 379, 380, 412, 447 n., 484.
— — seniores, I, 139.
— — servi, II, 141, 360.
— — servitores, servitores ecclesiæ, I, 239, 270, 284.
— — societas, I, 269.
— parquet de l'abbaye, II, 431.

Saint-Maixent : piliers des Sibilles, II, 328.
— plans de l'abbaye, II, 375 n.
— porte de la cour de l'abbaye, II, 360, 361.
— — de Saint-Etienne, I, 349.
— — de Notre-Dame, I, 280, 283.
— prévoté de l'abbaye, seigneurie, I, L ; II, 305.
— prévôts-moines, I, 373. Voy. la liste, I, CIX.
— prieurés dépendant de l'abbaye. Voy. la liste, I, LVII.
— prieurs claustraux, I, 378 n. Voy. la liste, I, CVIII. A ajouter : P. DE MONS, 1278. (Ch. n° CCCCLXIII).
— prieurs de la Congrégation de Saint-Maur. Voy. la liste, I, CXVII.
— quoquina, I, 361.
— receveurs. Voy. Floury, Fournier.
— réfectoire, II, 350 n, 352, 356, 362.
— reliquaires, II, 372, 451.
— reliques, II, 352, 359.
— — de saint Léger, II, 366, 367, 371 n., 445.
— — de saint Maixent, II, 371, 372, 445.
— retable de l'église, II, 354 n.
— — des tombeaux, II, 426.
— sacristains, I, 366 ; II, 7. Voy. la liste, I, CXIII.
— sacristie, II, 363, 364 n, 373, 442.
— sceaux de l'abbaye, I, LVIII ; II, 120, 121.
— sénéchal de l'abbaye. Voy. Jauseleau, Peign.
— sépulchre de saint Léger, de saint Maixent. Voy. tombeau.
— sous-prieurs. Voy. la liste, I, CXV.
— sous-bibliothécaires. Voy. la liste, I, CXVII.
— sous-chantres. Voy. la liste, I, CXVII.
— tabernacle de l'église, II, 427.
— terra, I, 18, 28, 30. 38. 39, 41, 65, 71, 82, 83, 87, 92, 103, 111, 119, 134, 135, 137 155, 179, 249, 253, 294, 322, 329, 348 ; II, 482.
— territorium, II, 193.
— tombeau de saint Léger, II, 372, 407 n, 429, 440, 444.
— de saint Maixent, I, 64, 200 ; II, 328, 372, 398, 407 n, 429, 440, 444.
Saint-Maixent : vigerie de l'abbaye, II, 253.
— vignes, I, 57, 103.
— vitrail de Notre-Dame, II, 272, 274.
— — de Saint-Jean, II, 272.
— — de la Chapelle-Baston, II, 274, 275.
Saint-Maixent de Beugné, I, 146 n. *Deux-Sèvres.*
— — en Gascogne (prieur de). Voy. Boisse.
— Mars, Saint-Méart, S. Medardus, I, LII, CXX ; II, 94, 147, 221. *Saint-Mars-la-Lande*, *D.-S.*
— Martin, paroisse. Voy. Saint-Martin-de-Saint-Maixent.
— — des Fontaines, paroisse, I, L, 257 ; II, 100, 105, 158, 159. *Vendée.*
— — (la tour de), seigneurie, I, L.
— — de Lorigné, S. Martinus de Lorniaco, de Lorneg, I, XXIX, 191, 258. *Lorigné, D.-S.*
— — de-Saint-Maixent, S. Martinus de Sancto Maxentio, paroisse, I, XLVII, L, LIII, CXX, 257 ; II, 30, 249, 274, 297, 381, 477, 478. *Deux-Sèvres.*
— — (cour de), I, 95, 204, 205, 306, 362.
— — (curé de), II, 91, 99, 354, 384, 437. Voy. Boemundus, Quoq.
— — (vicaire de), II, 298. Voy. Fazet.
— — de Tours, abbaye. *Tours, Indre-et-Loire.*
— — (chantre de). Voy. Maioris.
— — du Mont (cardinal de). Voy. Estouteville.
— — hors les murs de Saint-Maixent, les - Saint - Maixent. Voy. Saint-Martin-de-Saint-Maixent.
— Maur (Congrégation de), I, XVII, XX, XLV, LIX, CV, CVIII ; II, 299 n., 332, 333, 334, 335, 336, 337, 338. 340, 342, 344, 346, 348, 349, 350, 351, 352, 353, 354, 355, 356, 361, 362, 363, 367, 374 n., 376, 379, 391 n., 393 n., 405, 413, 415, 417, 424, 427, 430, 432.
— — (prieurs de la) à Saint-Maixent, I, CXVII.
— — (supérieurs généraux de la).

Voy. Audebert, Boistard, Tarisse.
Saint-Meart. Voy. Saint-Mars.
— Michel-en-Lherm, abbaye, I, LXVI, LXVII, LXXI, LXXIX. *Vendée.*
— — (abbés de). Voy. Dion, Ebles, Frogier.
— — (moines de), II, 359 n.
— — (prieurs de). Voy. Le Grand, Rely.
— — (sous-prieur de). Voy. Merle.
— Michel-le-Cloucq, de Clauso, prieuré, I, LXXIX. *Vendée.*
— Omer, II, 402. *Pas-de-Calais.*
— Pardoux, Saint-Bardoux, S. Pardulphus, paroisse, I, LII, CXX ; II, 94, 147, 224. *Deux-Sèvres.*
— Pierre de Melle, prieuré. Voy. Melle.
— — de Préaux, II, 360 n.
— — et Saint-Marcellin (cardinal de), I, LXXXVIII.
— Pompain (dame de), II, 164.
— Pons de Thomières (évêque de). *Hérault.* Voy. Etienne.
— Pourçain, I, CXIX. *Allier.*
— Projet, S. Prejectus, S. Projectus, paroisse, I, LII, LIV, CXX ; II, 6, 147. *Deux-Sèvres.*
— — capellani. Voy. Ferruns, Gausterius.
— — monachus, I, 273, 288.
— Regratien en Aulnis, Saint-Rogacien, II, 80, 88, 146. *Saint-Rogatien, Charente-Inf.*
— Roman, S. Romanus, II, 80, 108. *Saint-Romans-lès-Melle. D.-S.*
— Sacrement (fête du), II, 391, 393, 398, 404.
— Saturnin (monastère de). *Nom porté par l'abbaye de Saint-Maixent.*
— Sauveur (basilique de). *Nom porté par l'abbaye de Saint-Maixent.*
— (vicomte de). Voy. Chamdos.
— Savin (prieur de l'abbaye). Voy. Rouleau. *Vienne.*
— Sébastien, paroisse, I, LV, 270.
— Sever (abbaye de), I, CXVIII. *Landes.*
— Séverin, S. Severinus, abbaye, I, LV ; II, 90, 91, 92, 481. *Charente-Inf.*

Saint-Séverin (abbés de), I, 264, 264. Voy. Ay., Fulcherius.
— — (seigneur de). Voy. Saint-Gelais.
— — d'Aragon (Frédéric, comte de), chanoine de Plaisance, abbé de Saint-Maixent, I, CVII.
— Siège. Voy. Rome, I, XXXVI, LXXXVIII.
— Thibaut, prieuré, I, LVIII ; II, 146. C^{ne} *de l'Enclave, Deux-Sèvres.*
— Saint-Tibery (abbaye de), II, 375 n. *Hérault.*
— Vaast d'Arras, II, 360 n. *Arras, Pas-de-Calais.*
— Yrieix (Elie de), Helias de Saint-Yre, abbé de Saint-Maixent et de Saint-Florent, évêque d'Uzès, cardinal, I, LXXXVI.
— — en Limousin, I, 146 n. *Haute-Vienne.*
Sainte Aulaye (seigneurs de). Voy Saint-Gelais.
— Eraye (seigneur de). Voy Torssay.
— Geneviève, paroisse, I, LVI, 156 ; II, 482. C^{ne} *du Grand-Prissé, D.-S.*
— Lucie in Silice (cardinal de), I, XCIII.
— Marie et Saint-Vincent (église de). Voy. Saint-Liguaire.
— Marthe (Denis de), religieux bénédictin, I, XXI.
— Menehould, I, CXVIII. *Marne.*
— Néomaye, S. Néomaie, II, 214. *Deux-Sèvres.*
— — châtellenie, I, LI.
— — paroisse, I, L.
— Ouenne, S. Eugenia, paroisse, I, LII ; II, 34, 94, 147, 222. *Deux-Sèvres.*
— Radegonde, S. Radegondc la Vineuse, S. Radegundis, S. Ragundis, I, XXVIII, LI, LV, 78, 146, 257 ; II, 159. C^{ne} *de Marsais Sainte-Radegonde, Vendée.*
— — de Poitiers (prieur de). Voy. Thoreau.
— Raygon, près Marssay. Voy. Sainte-Radegonde.

Saintes, Sanctonæ, Xanctonæ, I, 206, 222, 224 ; II, 174, 484. *Charente-Inférieure.*
— (abbaye de Notre-Dame de), I, LXXIV, LXXV, 293 n.
— chapitre cathédral, II, 36.
— (concile de), I, 206.
— (chanoines de), II 36, 483.
— (archidiacres de). Voy. Amalvinus, Goscelmus, Petrus.
— diocèse, I, LV, LVI, LVII, 233 n., 315 ; II, 293 n.
— (évêques de), I, 261 ; II, 36. Voy. Goderan, Peres, Petrus, Pontius, Rainaud, Ramnulfe.
— (synode de), I, 229, 292.
Saintonge, Xainctonge, Sanctonicus, Xanctonensis, pagus, I, 16 ; II, 423, 481. *Ancienne province de France.*
— comté, II, 254.
— pays, II, 460.
— sénéchaussée, II, 118, 122 ; 165, 174.
— (sénéchal de), II, 118, 122, 174, 254, 262. Voy. Franille.
Saisine, Saysine, Sazine (la), II, 103, 161. *Forêt de la c^{ne} de Vautebis, D.-S.*
— (la quarte partie de la), seigneurie, I, XLVIII.
Saivre, Saevre, Saivera (S. Petrus de), cure, I, CXX, CXXI ; II, 480. *Deux-Sèvres.*
— (curé de), I, CXX.
— église, I, CXXIII.
— paroisse de Saint-Pierre, I, LI, LIV, 257 ; II, 214.
Salà (Arduinus de), I, 270, 271.
Salacans, Salanchans (Fulcaudus de), I, 230, 233, 290.
Salæ, feodum, parrochia. Voy. Salles.
— Goncioni, I, 34. *Les Salles, c^{ne} de Pouffonds, D.-S.*
Salas. Voy. Salles.
Salbart (châtellenie). **Voy.** Coudray-Salbart (le).
Saldebrol, constabularius, I, 353.
Salemunt (Petrus), I, 325.
Sale (la), villagium, II, 87. *Les Salles, c^{ne} d'Yvrac, Charente.*
Sales. Voy. Salles.
Salesse (Claude), religieux de Sainte-Croix de Bordeaux, II, 413.
Salio, II, 10. *Saujon, Charente-Inf.*

Salione (Savinus de), II, 10.
— (vicarius de), II, 10.
Salis (A., Aimericus de), clericus abbatis Sancti Maxentii ; II, 38, 39, 51, 52.
— (Constantinus de), serviens, II, 39, 51.
Salle (abbé de la), II, 422, 423.
Salles, Salæ, Sales, I, XXIX, XLVII, LI, 379 ; II, 104, 106. *Salles-en-Saint-Maixent, D.-S.*
— herbergamentum, II, 33.
— parrochia, II, 33.
— châtellenie, I, LI ; II, 99, 155.
— (maison noble à), seigneurie, I, LI.
Salpe, Salpeius (Goffredus), I, 252, 254.
Salpedus, Salpet, testis, I, 301, 332.
Salviniacus, prioratus. Voy. Souvigné.
Salvinsis vicaria, I, 19, 34, 49, 58. *Saint-Jean-de-Sauves, Vi.*
Samarrant (J.), prior de Iserniaco, II, 51.
Sammaxensis ecclesia, Sammaxentii. Voy. Saint-Maixent.
Samson, I, 348, 349.
— (Gaufredus), II, 32, 33.
— (Willelmus), miles burgi Sancti Maxentii, I, 379.
Samuel, monachus, I, 56, 65, 72.
— testis, I, 71.
Sancta Aredia. Voy. Saint-Héraye.
— Crux de Talemundo, abbas. Voy. R.
— Eugenia, parrochia. Voy. Sainte-Ouenne.
— Genovefa, ecclesia. Voy. Sainte-Geneviève.
— Hermina (dominus de), II, 13.
— Maria. Voy. Poitiers (Notre-Dame).
— — ecclesia, I, 156.
— — ecclesia que vocabatur Porta Domini. Voy. Saint-Liguaire.
— — et Sanctus Vincentius, ecclesia. Voy. Saint-Liguaire.
— — Magdalena de Praalle, ecclesia. Voy. Praille.
— — de Capella Bastone, ecclesia. Voy. Capella-Baston.
— — de Maceriis, ecclesia. Voy. Mazières.

Sancta Maria de Soldano, ecclesia. Voy. Soudan.
— — de Solviniaco, ecclesia. Voy. Souvigné.
— — de Verzeliaco. Voy. Verzeliaco.
— Radegunda, S. Radegundis. Voy. Poitiers.
— Radegundis, villa, I, 78. Sainte-Radegonde, cne de Marsais, Vendée.
— — ecclesia. Voy. Sainte-Radegonde.
— Solina, I, 322; II, 3. Sainte-Soline, D.-S.
— Terra, II, 38, 40, 41. La Terre Sainte, la Palestine.
Sanctæ Mariæ terra, I, 18, 19, 38, 55, 69, 74, 114.
— — et Sancti Cipriani terra, I, 87.
— — Grande terra, I, 98.
— — et Sancti Cipriani terra, I, 93.
— Hilarii terra, I, 74.
— Johannis terra, I, 28, 82, 87.
— Leodegarii terra, I, 94, 114.
— Maxentii silvæ, I, 32. Bois de Soudan, cnes de Soudan et de Saint-Germier, D.-S.
Sancto Silvano (Gauffredus de), cantor Sancti Maxentii, II, 127, 603.
— Vincentio (Gaufridus de), II, 87.
— — (Stephanus de), II, 87.
Sanctonæ. Voy. Saintes.
Sanctonenses archidiaconi, episcopi. Voy. Saintes.
Sanctonicus pagus. Voy. Saintonge.
Sanctus Albinus, ecclesia apud Rubrio. Voy. Rouvre.
— Anianus monasterium, I, 180.
— Amandus de Vetrinis, ecclesia. Voy. Verrines.
— Aredius, feodum. Voy. Saint-Héraye.
— Aunarius. Voy. Saint-Eanne.
— Bartholomeus de Azai, ecclesia. Voy. Azay.
— Bibianus Vraci, ecclesia. Voy. Yvrac.
— Caprasius, villa, I, 60. Bessines, D.-S.
— Ciprianus, abbas. Voy. Poitiers (Saint-Cyprien).
— Cristoforus, parrochia. Voy. Saint-Christophe.

Sanctus Dyonisius, parrochia. Voy. Saint-Denis.
— Egidius, capellania, II, 36. Chapelle de Saint-Gilles, à Surgères, Charente-Inf.
— (preceptor domus). Voy. Levraut.
— prior, I, 376. Voy. Theobaudus.
— Faziols, villa. Voy. Saint-Faziol.
— Florencius, ecclesia, I, 53. Saint-Florent, D.-S.
— Fredemus atque S. Nazarius, ecclesia. Voy. Marigny.
— Gaudentius de Folloraso, de Forras, ecclesia. Voy. Fouras.
— — de Nantolio, ecclesia. Voy. Nanteuil.
— — prope Currasium, ecclesia. Voy. Fouras.
— Gelasius, S. Gelazius. Voy. Saint-Gelais.
— Georgius de Nainiaco, ecclesia. Voy. Saint-Georges de Noisné.
— de Oirec, ecclesia, I, 234, 257, 292. Saint-Georges? du Doret, cne de Saint-Cyr du Doret, Charente-Inf.
— Germanus de Igernai, de Izerniaco, ecclesia. Voy. Isernai.
— Germerius, ecclesia. Voy. Saint-Germier.
— Gildasius, ecclesia. Voy. Saint-Gildas.
— — Talniaci, prior, I, 219. Tonnay-Boutonne, Charente-Inf.
— Gregorius, ecclesia. Voy. Poitiers (Saint-Grégoire).
— — de Augec, ecclesia. Voy. Augé.
— Hilarius, capella. Voy. Saint-Hilaire.
— — monasterium. Voy. Poitiers.
— — de Luncziniaco. Voy. Leugny.
— Jacobus, I, 335. Saint-Jacques de Compostelle, Espagne.
— Jacobus et Philippus de Talant, ecclesia. Voy. Talant.
— Johannes, S. J. Angeriacensis. Voy. Saint-Jean-d'Angély.
— — de Priscic, ecclesia. Voy. Prissé.
— Johannes Engeriaci. Voy. Saint-Jean-d'Angély.

Sanctus Johannes Euvangelista, ecclesia. Voy. Bourneau.
— Junianus, abbas. Voy. Nouaillé.
— Laurentius, ecclesia, I, 257, 270. *Saint Laurent-de-la-Salle, Vendée.*
— — capitulum. Voy. Parthenay.
— — in Lucina, titulus cardinalis, I, 367, 369.
— Leain, Leanus, Leo, parrochia. Voy. Saint-Lin.
— Leodegarius, abbatia. Voy. Saint-Liguaire.
— — basilica, capitulum, ecclesia Sancti Maxentii. Voy. Saint-Maixent.
— — ecclesia in civitate Pictavensi. Voy. Poitiers.
— Macssencius. Voy. Saint-Maixent.
— Marcialis Lemovicensis, abbas, II, 179. Voy. Limoges.
— Martinus, capellanus, curia, curtis. Voy. Saint-Martin de Saint-Maixent.
— — ecclesia. Voy. Fraigneau.
— — villa, I, 57. *Saint-Martin-lès-Melle, D.-S.*
— — d'Ars, feodum, II, 34.
— — dominus. Voy. Luneas.
— — dau Fontanes, de Fontibus, de Fontanella. Voy. Saint-Martin des Fontaines.
— — de Franel, ecclesia. Voy. Fragnea.
— — de Lorneg, de Lorniaco, ecclesia. Voy. Saint-Martin de Lorigné.
— — de Montiniaco, ecclesia. Voy. Montigné.
— — de Roca, ecclesia. Voy. Roche (Saint-Martin de la).
— — de Sirolio, ecclesia. Voy. Exireuil.
— — de Verroca, Veruce, de Verruca, ecclesia. Voy. Verruye.
— Maxentius (altare), I, 116. *Autel dans l'église de la Mothe-Saint-Héraye, D.-S.*
— — capellula, I, 36. *Chapelle de Saint-Maixent à Marestais.* Voy. Marestais.
— — ecclesia, I, 156. *P.-e. Prahecq, D.-S.*
— Maxentius, ecclesia in villa

Capella Baston. Voy. Capella-Bâton.
Sanctus Maxentius de Dumvir. Voy. Damvix.
— — de Fonte des Lois, ecclesia. Voy. Fondelay.
— — de Pompro, ecclesia. Voy. Pamprou.
— — de Praec, ecclesia. Voy. Prahecq.
— — de Vetrinis, ecclesia. Voy. Verrines.
— — de Vitrac, ecclesia. Voy. Vitrac.
— — de Volgiaco, ecclesia. Voy. Vouhé.
— — insula juxta Fontiniacum, II, 67. *Vers Fontenay-le-Comte, Vendée.*
— Medardus, parrochia. Voy. Saint-Mars.
— Palladius supra Maris, II, 10. *Saint-Palais, Charente-Inf.*
— Pardulphus, parrochia. Voy. Saint-Pardoux.
— Sanctus Petrus. Voy. Rome (Saint-Pierre de).
— — ecclesia. Voy. Marsais.
— — de Berlo, ecclesia. Voy. Brelou.
— — de Bolgon, parrochia. Voy. Bougon.
— — de Marciaco, ecclesia. Voy. Marciacus.
— — de Metulo. Voy. Melle (Saint-Pierre-de).
— — de Saivera. Voy. Saivre.
— — ecclesia apud Campelli. Voy. Champeaux.
— — altare, I, 296. *Autel à Angoulême.*
— — ecclesia. Voy. Marestais.
— — Pictavensis. Voy. Poitiers (Saint-Pierre).
— Projectus. Voy. Saint-Projet.
— Remigius de Flornac, ecclesia. Voy. Fleurignac.
— Romanus. Voy. Saint-Romans.
— Salvator, basilica. Voy. Saint-Maixent.
— — de Montebo. Voy. Montembeuf.
— Saturninus, ecclesia. Voy. Saint-Maixent.
— Sebastianus, ecclesia. Voy Saint-Sébastien.
— Severinus. Voy. Saint-Séverin.

Sanctus Stephanus, ecclesia. Voy. Saint-Etienne de Brillouet.
— — de Cogulet, ecclesia. Voy. Cogulet.
— Symphorianus de Romenz, de Rotmantio. Voy. Romans.
— Sulpitius Badulfi, parrochia, II, 10. Saint-Sulpice de Royan, Charente-Inf.
— Vitalis, titulus cardinalis, I, 367, 369.
— Vitus, ecclesia. Voy. Dampvix.
— Vivianus, parrochia, II, 10.
— — de Vrac, ecclesia. Voy. Yvrac.
— Ylarius Pictavensis. Voy. Poitiers (Saint-Hilaire).
Sancti Martini pratum, II, 105. Pré de Fousse-Martin, cne de Romans, D.-S.
— — res, I, 52. La Jarne, Charente-Inf.
— — Turonensis, terra, I, 19.
— — terra, I, 46, 67, 68. Esnandes, Charente-Inf.
— Mauricii terra, I, 46. Saint-Maurice, Charente-Inf.
— Maxentii podium, I, 141. Vers Montamisé, Vienne.
— Nazarii terra, territorium, I, 63, 99. Saint-Nazaire, Charente-Inf.
— Petri altare. Voy. Angoulême, Marsais, Melle.
— Remigii fons, I, 241. Saint-Remy, cne de Verruye, D.-S.
— Salvatoris res, I, 17, 27, 38, 45, 88. Saint-Sauveur, prieuré de la Rochelle, Charente-Inf.
— — terra, I, 17, 27, 38, 39, 52, 53, 55, 64, 75, 88.
— — vicecomes. Voy. Chandos.
— Saturnini (Petrus), I, 305.
— Saviniani terra, I, 25, 26. Saint-Savinien, anc. paroisse de Melle, D.-S.
— Stephani terra, I, 96. Aytré, Charente-Inf.
— Vincentii alodus, I, 69. Saint-Liguaire, D.-S.
Sancto Aredio (Pictavinus de), homo ligius abbatis Sancti Maxentii, II, 23.
— Dyonisio (Johannes de), miles Lemovicensis, senescallus Pictavensis, II, 129, 131.

Sancto Eoneo, S. Oeneo (Alo de), II, 22, 24.
— Faziolo (pratum de), I, 208. Voy. Saint-Faziol.
— Gelasio (Guillelmus de), magister, I, 363.
— Georgio (Aimericus de), miles, II, 37.
— Germano (Willelmus de), miles, II, 40.
— Johanne (Guillelmus de), I, 305.
— (Petrus), I, 313.
— Leone (Audebertus de), I, 176.
— Martiali (Willelmus de), miles, II, 40.
— Martino (Guillelmus de), I, 268.
— — (Willelmus de), miles, II, 47, 49.
— Maxentio (Gofredus de), I, 195, 210.
— Projecto (Aimericus de), I, 273.
— Saturnino (Petrus de), I, 303.
Sango, alodus, I, 45.
Sanxay, châtellenie, II, 461. Vienne.
— (curé de). Voy. Saint-Gelais.
— paroisse, I, LII.
Sanxum (Willelmus), miles, I, 382.
Sanz Roche (Constancius), I, 325.
Sanzay (seigneurs de), I, LXXI, LXXII.
Sar... (Guillelmus de), I, 304.
Sarcillé, Sarcillo (baillia de), Sazillé, Saziliacus, I, 216 ; II, 49, 98, 99, 153. Les Sarcillers ou le Moine-Mort, tènement de la cne d'Azay-le-Brûlé, D.-S.
Sarcing (forêt de), I, XXXIX, LXII.
Sareil (Benedictus dau), II, 32, 33.
Sargeant (Jacques), prieur de Saint-Maixent. Voy. Sergent.
Sarget (Pierre), sieur de la Berjardière, maire de Saint-Maixent, contrôleur en l'Election, II, 426.
Sarlande (Félix), religieux de Saint-Maixent, II, 362, 364, 366.
Sarnac (Stephanus de). Voy. Sernac.
Sarpaut (Petrus), I, 239.
Sarpentin (Hugues), chevalier, II, 80, 81, 82.

TOME XVIII.

Sarracena, uxor Hugonis Bruni, I, 295.
Sarrault (Pierre), métayer de Souvigné, II, 279.
Sarrazana (P. de), prior de Marciaco, II, 24.
Sarrazins (Guillelmus), I, 271.
Sarrazins (les), II, 457.
Sarrazinus (Martinus), homo planus abb. Sancti Maxentii, II, 53.
Sathanas, I, 176.
Saturnin (saint), Sornin, Saturninus, évêque de Toulouse, I, XXXVIII, LXI.
— (fête de), II, 248, 473.
Saugé, Saugié, Solgiacus, seigneurie, I, LI, 42 ; II, 108, 148, 204. C*ne* de Saivre, Deux-Sèvres.
Saugeriato (molendini de), II, 118. P.-e. Fougerit, c*ne* de Frontenay, D.-S.
Saugié (Jehan), avocat, II, 216.
Sault, Sault au Bergier (le), herbergement, II, 146, 279. Habitation détruite, c*ne* de Romans, D.-S.
Saumur (chronique de Saint-Florent de), I, 193 n.
Saumureau (Pierre), chantre, cellerier de Saint-Maixent, prieur de Marsais, de Lhermitain et de Damvix, I, CXIV, CXV.
Sauner (Jehan), boucher, II, 235, 236.
Saunier (Jehan) l'aîné, II, 217.
Saupe Joscelin dictus Aumerejan, I, 308.
Saurea (G.), II, 53.
Sausea (R.), II, 53.
Sauseas (Giraudus), homo ligius abb. Sancti Maxentii, II, 52.
Sauve (abbaye de la Grande), I, LXXXV. Gironde.
Sauvemunt, Seovemont, Seoyvemont, II, 80, 103, 161. Sauvemont, c*ne* de Verrines-sous-Celles, D.-S.
Sauves, I, XXIX. Saint-Jean-de-Sauves, Vienne.
Sauveterre, II, 123.
Sauvigné. Voy. Souvigné.
Sauvra (baillia de). Voy. Sèvre.
Savaric, testis, I, 227.
Savaricus, cambararius abbatis Sancti Maxentii, II, 30.

Savaricus, testis, I, 72.
— Savericus, vicecomes, I, 18, 24.
Savelli, cardinal, I, XCIV.
Savin (saint), abbé, II, 352.
Savini, martyris (fest. sancti), II, 469.
Savinus de Salione, II, 10.
Savone, II, 315 n. Italie.
Savra, Savre, Savria. Voy. Sèvre.
Savy (Antoine), prieur de l'abb. de Saint-Maixent, I, CXVIII ; II, 368, 369 n., 370, 371 n.
Saxbodus, diaconus, I, 6.
Saymarus, servus. Voy. Aymar.
Saysine (la). Voy. Saisine.
Sazay (Méry de), II, 158 n.
— (Pierre de), II, 158.
Saziliacus. Voy. Sazillé.
Sazillé, fief, Saziliacus, .villa. Voy. Sarcillé.
Sazine (la). Voy. Saisine (la).
Scala, salina, I, 44, 94.
Scannis (furnus de). Voy. Saint-Maixent.
Scholasticæ, virginis (fest. sanctæ), II, 465.
Sebastiani, martyris (fest. sancti), II, 464.
Sebrans (Radulphus), II, 96, 97.
Secondigny, Segundiniacus, II, 424, 425, 426. Deux-Sèvres.
— castrum, I, 273.
— (curé de), II, 425. Voy. Grimaud.
Secundiniaco (Vivianus de), I, 233.
Seebrant (P.), homo ligius abbatis Sancti Maxentii, II, 25.
Segebrandus Chabot, I, 353.
Segnorius de Chapeays, II, 107.
Segoini (Petrus), I, 313.
Seguin (Joseph), visiteur de Chezal-Benoît, II, 376, 390.
Seguins (Nicholaus), pocardus, serviens, II, 37, 38.
Seguina, uxor Giraudi Bordet, I, 379.
Seguinus, testis, I, 331.
Segundiniacus, castrum. Voy. Secondigny.
Seignouraut (Jehan), II, 149.
Seillart (Abr.), religieux de Saint-Maixent, II, 369 n.
Seint-Johan d'Angéle. Voy. Saint-Jean-d'Angély.
Seint-Maissent. Voy. Saint-Maixent.

Sejourné (Jehan), avocat, II, 216.
Selles (abbaye de). Voy. Celles.
Selpedus, monachus, I, 295.
Sen-Moixont. Voy. Saint-Maixent.
Senegundis, I, 45.
— uxor Begonis, I, 57.
— uxor Garini de Botnai, I, 247.
— uxor Katalonis vicecomitis, I, 44.
Senevile (Thomas de), cellerarius Sancti Johannis Angeriacensis, II, 37.
Sennum, martyris (fest. sancti), II, 469.
Senol (Girbertus de), I, 298.
Sens (archevêché de), II, 515.
Sensciacus, Sisciacus locus, Senszai, I, 83, 116, 127, 130. La Mothe-Saint-Héraye, D.-S.
Sensmurus, I, 180. Saint-Mus, c^{ne} de Loiré, Charente-Inf.
Senzai, villa. Voy. Sensciacus.
Seovement, Seoyvemont. Voy. Sauvemunt.
Separa, riparia. Voy. Sèvre.
Sepcherii (Aimericus), I, 355.
Septe (la), II, 147.
Septem fratrum martyrum (festum), II, 468.
Septuagésime (la), fête, I, 314, 403.
Sepulchrum Dominicum, I, 318. Le Saint-Sépulcre.
Serein en Artois, II, 360 n.
Sergent (Jacques), prieur de l'abb. de Saint-Maixent, I, CXVIII; II, 356, 361, 362, 364, 375.
Sergii, martyris (fest. sancti), II, 472.
Serignac (Saint-Martin de), II, 283. P.-e. Sargnac, c^{ne} de Mouzon, Charente.
— curé de. Voy. Ressegand.
Sermocinati, I, 250.
Sernac, Sarnac (Stephanus de), I, 224, 230, 265.
Serviens (Bernardus), I, 182.
— (Girbertus), I, 157, 201.
Sesves, rivière. Voy. Sèvre.
Severa, fluvius. Voy. Sèvre.
Severiacus, castrum. Voy. Sivraicus.
— possessor castri. Voy. Petrus.
Severini (reliquiæ sancti), II, 407 n.
— episcopi (fest. sancti), II, 472.
Severis, fluvius. Voy. Sèvre.

Sevestre (Ludovicus), imprimeur à Paris, II, 442.
Sèvre (la), Separa, Severis, Severa, Sesves (la), I, XXXVIII, LXI, LXXXIV, LXXXV, CXX, 41, 42, 69, 92, 108, 116, 128, 137 n., 192, 237 n., 252 ; II, 145, 230. La Sèvre Niortaise, fleuve.
— Savra, Sauvra, Savre (la), forêt, I, XVI, XXXVIII, 135, 196, 203, 204, 274, 315, 346, 347, 352, 359; II, 15, 16, 69, 74. Auj. forêt de l'Hermitain, c^{ne} de Souvigné, D.-S.
— prepositus silvæ. Voy. Engelbertus.
— (baillie de la), seigneurie, I, LI; II, 96, 97, 107, 156 n.
Siberga, Sirburga, uxor Froterii, I, 66.
Siccus (Stephanus), I, 202.
Sicfredus, Siestus, testis, I, 52.
Sicher, Sicherius, moine de Saint-Maixent, I, LXXI, 56, 73.
Sicherius, levita, I, 111.
— testis, I, 71.
Sicile (roi de), sgr de Saint-Maixent, II, 260.
Sigebert, roi d'Austrasie, I, LXXII.
Signy (abbé de). Voy. Ruccellaï.
Sigrade (sainte), II, 360 n.
Siismon, testis, I, 58.
Silibaldus, testis, I, 58.
Silvestri, papæ (fest. sancti), II, 474.
— (Willelmus), prior Fonte Loys, II, 107.
Silvinec, Silviniacus. Voy. Souvigné.
Similiacus, villa, I, 18, 38, 39 n. Sémelié, fontaine et ténement, c^{ne} d'Aigonnay, D.-S.
Simo, archidiaconus Wellensis, cancellarius regis Anglie, II, 15, 18.
— Simon, episcopus Agennensis, I, 170, 270.
— filius Costantini Goscelmi, I, 246.
— filius Martini Esperuns, I, 247, 341.
— magister, II, 83.
— Boissa, miles, I, 384.
— de Gastinâ, I, 273, 276.
— de Parteniaco, I, 242.
— de Verruca, I, 261.

Simo Esperun, I, 273.
— Meigot, miles, I, 382.
— Oliverius, I, 350.
Simon, filius Garini de Botnai, I, 247.
— filius Martini Esperunt, I, 193, 317.
— filius Willelmi Rufi, II, 53.
— procureur à Paris, II, 477.
— de Mairevent, I, 285.
— de Viceria, I, 294.
— Esperuns, I, 285.
— (Laurent), sacristain de l'abb. de Saint-Maixent, infirmier de Saint-Nicolas d'Angers, I, CX, CXIII; II, 340, 341.
— et Jude (fête des saints), II, 159, 319, 340.
Simonis apostoli (fest. sancti), II, 472.
Simplicii (fest. sancti), II, 469.
Sine terrâ (Mauricius), I, 376.
Sicart, Siquart (Amelion), II, 153, 154.
— (André), II, 153 n., 154 n.
Sirberga, Sisberga, I, 69, 70.
Sire (Oliverius de), miles, II, 38.
Sirolium. Voy. Exireuil.
Sirvens, Servenz (Hugo), homo planus abbatis Sancti Maxentii, II, 24.
— (Willelmus), homo ligius abbatis Sancti Maxentii, II, 24, 25.
Sisciacus. Voy. Sensciacus.
Sivrac (Bernardus de), I, 250.
Sivrec, villa, I, 49, 141, 249. Lieu détruit, C^{ne} de Montamisé, Vienne.
Sivraicus, Severiacus, Sivriacus, castrum, I, 173, 191, 278. Civray, Vienne.
— dominus castri, I, 278.
Sixti (fest. sancti), II, 469.
Smaragdi (fest. sancti), II, 469.
Soels (Guillelmus de), I, 251.
Soffizia, uxor Lanberti, I, 76.
Soget (Willelmus de), II, 28.
Sognum (Aleardus de), I, 307.
Soignon, seigneurie, I, L. C^{ne} de Saint-Martin de Saint-Maixent, D.-S.
Soissons, abbé de Saint-Médard. Voy. Arnauld de Pomponne.
Soldanum. Voy. Soudan.
Solème (prieur de). Voy. Cernay.
Solgiacus, villa. Voy. Saugé.

Solvanc (Ramnulfus), archipresbyter, I, 255.
Solviniacus. Voy. Souvigné.
Sonavilla (Aimericus), prior de Vetrinis, II, 187.
Soreau (Jehan), II, 158 n.
Sorinus (Rotbertus), monachus, I, 310.
Sornin (saint). Voy. Saturnin.
Sosthène (saint), martyr, II, 352.
Soster, Soter, Sother, parrochia. Voy. Soutiers.
Sotheris, virginis (fest. sanctæ), II, 465.
Souché, paroisse, I, LI. D.-S.
— (dimerie à), seigneurie, I, LI.
Soissons (Notre-Dame de), II, 360 n. Aisne.
Soudan, Soldanum, paroisse de Notre-Dame, I, LI, CXX, 174 n., 258. Deux-Sèvres.
— ecclesia Sanctæ Mariæ, I, 258.
— (curé de). Voy. Babu.
Sourcis (Pierre du), II, 203, 204.
Soussiz (le), II, 147.
Soutiers, Souters, Soster, Soter, Sother, Southers, paroisse, I, LII, CXX, 354; II, 94, 147, 221. Deux-Sèvres.
Souvigné, paroisse, Salviniacus, Sauvigniacus, Silviniacus, Silvinec, Solviniacus, Souvignec, Souvigneys, Souvigni, Souvigniacus, Sovigniacus, Soviniacus, Sovingniacus, Sovigné, Sovignec, I, XLVII, LI, LVII, CXX, 274, 275, 374; II, 92, 99, 145, 164, 183, 189, 197, 201, 249, 279, 297, 384, 386, 478. Deux-Sèvres.
— (baillia de), II, 97, 100.
— (curé de), I, 90, 91, 92, 275. Voy. Devezeau, Helias.
— (curia), I, 353; II, 8.
— ecclesia S. Mariæ, I, 258.
— (prieur de), I, 308, 380; II, 197, 198. Voy. Droet, Guillot.
— (prieuré), I, LVII, 379, 380; II, 146, 319.
— (sergentise de), II, 150.
— (vicaire de), II, 298.
— (bois près de), seigneurie, I, LI.
Spautum, boscus. Voy. Expautum.

Stabilicus,testis. Voy. Estabilicus.
Stabilium, terra, I, 88.
Stagno (pratum de), II, 112. *Pré vers Maulay, c^{ne} de Prailles, D.-S.*
Stampæ, I, 346. *Etampes, Seine-et-Oise.*
Stephani, papæ (fest. sancti), II, 469.
— protomartyris (fest. sancti), II, 474.
— protomartyris (fest. inventionis sancti), II, 469.
— (octava sancti), II, 464.
Stephanus, I, 268. Voy. Etienne.
— abbas Case Dei, I, 382.
— archidiaconus Pictavensis, I, 303.
— avunculus Guillelmi, monachus, I, 278.
— avunculus Stephani, I, 173.
— decanus Burdegalensis, I, 383, 384.
— filius Ademari Froterii, I, 214.
— filius Jammonis vicarii, I, 151, 212.
— filius Petri Aldebrandi, I, 291.
— filius Raterii, I, 118.
— frater Hugonis Lorestin, II, 78.
— judex, I, 217, 218, 239, 247, 248, 303, 331.
— monachus, I, 118, 119, 124, 125, 130, 136, 140, 166, 169, 173, 176, 183, 194, 195, 265, 273, 288.
— monachus de Boscho, I, 292.
— prior de Brolio, II, 36.
— testis, I, 20, 33, 50, 111, 118, 122.
— Acardus, I, 185.
— Bastart, I, 182.
— Bechet, obedienciarius Fontis Lois, I, 285.
— Bertaudus, I, 317, 321, 324.
— Canutus, I, 221.
— de Boscho, monachus, I, 234, 239.

Stephanus de Casa, I, 207.
— de Peilan, baro, I, 346.
— de Sarnac, de Sernac, I, 224, 230, 265.
— Foaut, I, 230.
— Mellensis, I, 129.
— Morandus, I, 215.
— Siccus, I, 202.
Stivalis, Estivalus, Stivalus, I, 20, 23, 24 n. *Les Vaux, c^{ne} de Chef-Boutonne, D.-S.*
Strasbourg (chanoine de). Voy. Grimaldi.
Stultus (Gauterius), II, 475.
Subcorbiaco, villa, I, 86. *Scorbé-Clervaux, Vienne.*
Subleau, Sublea (Robert), prévôt-moine de Saint-Maixent, I, CXI ; II, 204, 207.
Suels (Girardus de), I, 167.
— (Robertus de), I, 168.
Suffitia. Voy. Soffizia.
Sully (duc de). Voy. Béthune.
Surgeres, Surgeriæ, castrum, I, 76, 198 ; II, 36. *Charente-Inf.*
— (archiprêtre de), I, LV.
Surgeriis (Gaufridus de), miles, II, 27, 36.
— (Hugo de), vicecomes Castri-Airaudi, II, 27, 36.
— (Ugo de), I, 185.
— (dominus de). Voy. Maingot.
Sustaid (Aimericus), I, 271.
Suyre (Hugues), II, 163.
Symo, Symon. Voy. Simo, Simon.
— filius Hugonis Rocho, I, 320.
— filius Martini Esperun, I, 201.
— Esperum, I, 356.
— maritus Margaritæ, I, 120, 121.
Symon, II, 228.
— Esperuns, I, 241 n., 242.
— de Verruca, I, 241.
Symphoriani (fest. sancti), I, 344.
— martyris (fest. sancti), II, 470.

T

T. Voy. Theodorus seu Theodin.
Tabourin (Raymond), religieux bénédictin, II, 408 n.
Taillebourg (bataille de), I, XLII. *Charente-Inférieure.*

Taillée (la), fief, II, 157.
Tairec. Voy. Thairé.
Talafer, Talefer (Ademarus), I, 246, 273, 282.
— (Guillelmus), I, 351.

— 614 —

Talaferrus, comes Engolismensis, I, 290.
Tallaise (Giraldus de), I, 168.
Talamundo (Arbertus de), I, 170.
Talamunt (Rainaudus), I, 285.
Talant, Talent, I, XXIX. *Tallent, c^{ne} de Montreuil-Bonnin, Vienne.* Voy. Mostarolum.
— prieuré, I, LVIII.
— ecclesia sanctorum Jacobi et Philippi, I, 170, 258.
Taleburgo (W. de), canonicus Pictavensis, I, 382.
Talefer. Voy. Talafer.
Talemundo (abbates Sanctæ Crucis de). *Talmont, Vendée.* Voy. R., Radulphus.
— capellanus abbatis. Voy. Venderii.
Talemunt (Reginaudus de), I, 325.
Talent, Talentus. Voy. Talant.
Taliafer (Willelmus), miles burgi Sancti Maxentii, I, 379.
Talniacus, castrum. Voy. Taunai Voutonne.
Talpet (Bonins), II, 31.
Tanterea (fief). Voy. Cercerea.
Taon, Tauns (Tetbaudus), I, 148, 157, 268.
Taonis, vicus. Voy. Saint-Maixent.
Tapun, molendinum, I, 237. *Moulin de Tapon, vers Pamprou, D.-S.*
Tardis, homo ligius abbatis Sancti Maxentii, II, 23.
— (P.), notarius, II, 37, 38.
Tard-y-fume, Tart-si-fume, seigneurie, I, L ; II, 153. *C^{ne} de S.-Maixent, D.-S.*
Tarisse (Grégoire), supérieur général de la Congrégation de Saint-Maur, II, 333, 339, 349 n.
Tartara, I, 176.
Tartsifume, fief. Voy. Tard-y-fume.
Taslai (Bernardus de), I, 129.
— (Goffredus de), I, 207, 216.
Tascher, Taschers, Tascherius (Aimericus), I, 165, 173, 184, 206, 338.
— (Audeart), I, 119 n.
— (Ugo), I, 237.
Tasterea (Jehan), II, 217.
Taulay, II, 147. *C^{ne} de la Chapelle-Bâton, D.-S.*

Taun (Ramnulfus), I, 211.
Taun Tetbaudus, I, 282.
Taunai Voutonne. Voy. Tonnay-Boutonne.
Taupeia (Audebertus), I, 231.
Tayré. Voy. Thairé.
Tazdon, Tazdonnus, villa et salina, I, 17, 38. *Tasdon, c^{ne} d'Aytré, Charente-Inférieure.*
Teardus, I, 205.
— testis, I, 177, 184.
Teart (Johannes), I, 186.
Tebaldus, testis, I, 35.
Tebaut, fils d'Hugues Sarpentins, II, 80, 82.
Teclæ, virginis (fest. sanctæ), II, 471.
Telio (Guillelmus de), I, 313.
Tello, vicaria. Voy. Tiliolus.
Tembaudus Franceis, abbas Sancti Leodegarii, I, 378.
Temerius, Tetmerius, prepositus Sancti Maxentii. Voy. Tetmer.
Tempier, Temperii (Guillaume), évêque de Poitiers, II, 315, 379.
Tenazay (Aymericus de), magister, II, 83.
Tengui, I, 295.
Teobaudus, filius Sebrandi Chabot, II, 44.
— Tauns, Taon, I, 268.
Teodericus, testis, I, 24.
Teophania, uxor Johannis Engolismensis, I, 252.
Teotbaldus, testis, I, 20, 24.
Teramon (Guillaume de), abbé de Saint-Maixent. Voy. Vezançay.
Ternant, Ternanz, Ternontus, I, XXIX, 231, 258, 273, 374. *C^{ne} de Mazières-en-Gâtine, D.-S.*
— castrum, oppidulum, I, 211, 243.
— prieuré, I, LVII ; II, 146.
— (prieur de). Voy. Marchant.
— (Engelelmus de), I, 244, 288.
— (Ermengaudus de), I, 244, 288.
— (Guido de), I, 241, 288 ; II, 6.
— (Ingelelmus de), I, 231, 272.
— Otbertus, I, 211.
Terniaco (curtis de), I, 29. *La Cour, c^{ne} d'Azay-le-Brûlé, D.-S.*
Ternontus. Voy. Ternant.
Terra Ozea, borderia, I, 276. *Lozillère, c^{ne} de Verruye, D.-S.*
Tetbald Boca, caballarius, I, 122.

Tetbaldus, I, 108.
— capellanus, I, 192.
— filius Arnaldi, I, 126.
— filius Unberti Candelarii, I, 187.
— frater Archimbaldi abbatis Sancti Maxentii, I, 129.
— frater Ramnulfi Taun, I, 211.
— monachus, I, 93.
— testis, I, 45, 90, 130, 220.
— Braborus, I, 147.
— Comes, I, 174, 194, 201.
— la Buche, I, 140.
Tetbalt, testis, I, 125.
Tetbaud Agorret, I, 324.
— Petrus, I, 176.
Tetbaudus, I, 26.
— abbas Sancti Leodegarii, I, 255.
— capellanus de Silvinec, I, 275.
— comes, I, 141.
— filius Aimerici de Salâ, I, 270.
— filius comitis Willelmi, I, 99, 100.
— filius Radulfi de Garda, I, 239, 310.
— frater Constantini Enforce, I, 283.
— frater Marbaudi, I, 256, 299, 300.
— monachus, I, 216, 292.
— monachus, puer, I, 248, 335.
— presbyter, I, 240, 269.
— testis, I, 72, 79, 133, 161.
— Agaie, Aigaier, Aigaiget, I, 234, 292.
— Airic, I, 291.
— Arbolutus, I, 239, 240.
— Arvernat, I, 247.
— Arvernicus, I, 266.
— Arvernus, I, 216.
— Auvernet, I, 269.
— Auvernicus, I, 286.
— Barba, I, 266.
— Belet, I, 299.
— Bucca, I, 192, 304.
— Comes, I, 169, 182, 192, 267. Voy. Tetbaldus.
— de Vernia, I, 160.
— Grosso, Grossus, I, 158, 162.
— Ingelgerius, I, 273.
— Mainentia, I, 332.
— Meschinus, I, 261.
— Petrus, I, 248.
— (Petrus), monachus, I, 228.
— Presteseglc, Pristasigulam, I, 238, 249.

Tetbaudus Pulverellus, I, 243.
— Ricardus, Richardus, I, 248, 253, 262, 337, 338.
— Rofinus, I, 282.
— Taon, Taonis, Taun, I, 148, 157, 159, 282.
Tetbaut Maubant, I, 348.
Tetbert, Tetbertus, abbé de Saint-Maixent, I, LXII, 1, 2.
Tetmer, Tetmarus, Tetmerius, Temerius, prévôt-moine de Saint-Maixent, I, CX, 312, 337, 348, 349, 351, 352, 354, 355, 373 ; II, 480.
Teuto, testis, I, 26.
Texier, II, 408 n.
— (Guillaume), II, 163.
— (Guillaume), médecin, II, 405 n., 406 n., 419.
— (Johannes), fundator monasterii monialium Benedictinarum Sancti Maxentii, II, 403 n.
— (Pierre), cuisinier, II, 283.
— (Sébastien), notaire à Saint-Maixent, II, 297, 298.
Thairé, Tairec, paroisse, I, LVIII ; II, 146. Charente-Inférieure.
— (curé de), I, 324 ; II, 36.
Thalemondi dominus. Voy. Maloleone.
Thebault (Jean), chantre de l'abbaye de Saint-Maixent, I, CXV.
— (Jean), sacristain de l'abbaye de Saint-Maixent, I, CXIII.
— (René), seigneur de Grosbois, gouverneur de Saint-Maixent, I, CV.
Thebaut, frère de Bernard Tireuil, I, LXXIV.
Theobaldus (Aimericus), II, 59.
Theobaudus, prior Sancti Egidii, I, 376.
— Jabot, I, 371, 374.
Theodori, martyris (fest. sancti), II, 473.
Theodorus, seu Theodin, presbyter cardinalis S. Vitalis in titulo Vestinæ, I, 367, 369.
Theoduli (fest. sancti), II, 467.
Theophania, uxor Johannis Engolismensis, I, 192.
Thesaurus, salina, I, 271. Le Trésor, saline, c^{ne} de Villedoux, Charente-Inf.

Thibaudeau, historien, II, 136 n., 137 n., 142 n.
Thibault (François), marquis de la Carte, II, 417 n.
— (Loys), II, 161 n.
Thibaut (Jean), sous-prieur de Saint-Maixent, I, cxvi. Voy. Thebault.
— (Pierre), II, 156 n., 165 n.
— (fief), seigneurie, I, LI. C*ne* de *Verrines-sous-Celles*, D.-S.
Thien ou Thin (cardinal de), I, LXXXVIII. Voy. La Barrière.
Thierry (saint), abbé, II, 352.
— (Charles), prieur de l'abb. de Saint-Maixent, I, cxviii; II, 402, 403, 405, 407 n., 409 n., 410.
Thimotei, martyris (fest. sancti), II, 470.
Thoarci vicecomes. Voy. Gaufredus.
Tholosæ, Tholosanus comes. Voy. Alphonsus.
Thoma (J.), monachus, II, 31.
Thomæ, apostoli (fest. sancti), II, 113, 474.
— episcopi (fest. sancti), II, 474.
Thomas, medicus, I, 325.
Thomassa, uxor Hugonis Chaceporo, militis, II, 75.
Thoreau (François), prieur de Sainte-Radegonde de Poitiers et chanoine de Saint-Hilaire-le-Grand, II, 331.
Thorigné, Torgnié, Toriniacus, I, xxix, 128, 133, 263. D.-S.
Thouars, II, 262. *Deux-Sèvres*.
— (vicomtes de), I, XL. Voy. Gaufredus, Josfredus.
— viguerie, I, 89.
Thoumery (Louis), sous-prieur de Saint-Maixent, II, 371 n.
Tiburtii (fest. sancti), II, 466.
— martyris (fest. sancti), II, 470.
Tifalia, terra. Voy. Tiphalia.
Tifaudus, I, 268.
Tiliolus, Tello, vicaria, I, 23, 109. *Tillou*, *canton de Chef-Boutonne*, D.-S.
Tinviacus, II, 10.
Tipaudus, magister, I, 363.
Tiphalia, Tifalia, terra, I, 211, 234. *La Tiffaille*, *aujourd'hui Saint-Remy-en-Gâtine*, c*ne* de *Verruye*, D.-S.

Tirant (Guiotus le), capitaneus Sancti Maxentii, II, 230.
Tireolus, testis, I, 325.
Tiroil, Tirol, Tirolius (Bernardus), I, 123, 129, 131, 133, 140, 148, 187, 193, 199.
Tirolius (Ugo), I, 194.
Tison (Héliot), II, 158.
Titbaudus, monachus, I, 285.
Tizai, Titiacus, Tiziacus, villa, I, XXIX, 3, 4, 137. *Tizay*, *moulin*, c*ne* de *Saint-Eanne*, D.-S.
Tizun, castellum, I, 274. *Château-Tison*, c*ne* de *Souvigné*, D.-S.
Toarcensis castri vicecomes. Voy. Josfredus.
— vicaria. Voy. Thouars.
Toche (J. de la), II, 107.
Tochevache (Willelmus), II, 97.
Tocheys, (J.), II, 104.
— Toucheois, feodum, II, 104, 461. *A Saint-Germier*, *Deux-Sèvres*.
Toirec (Rainaldus de), I, 174.
Tonnay-Boutonne, Taunay-Voutonne, Talniacus, I, 219; II, 80, 480, 483. *Charente-Inf*.
— Charente, II, 483. *Charente-Inf*.
— (abbé de). Voy. Guyon.
Topineaus (P.), II, 28.
Topinel, Topinellus (P.), II, 26, 28.
Torchu (Giraudus de), miles, II, 65.
Torgnié. Voy. Thorigné.
Toriniacus, alodus. Voy. Thorigné.
Torindus, molendinum, I, 271.
Tornafer (Wilonus), homo ligius abbatis Sancti Maxentii, II, 23.
Tornapia (Davit de), I, 289.
Tornefer (ballia Willelmi), II, 49.
Tornerelli (J.), notaire, II, 185.
Torpane (Guillelmus), I, 173, 279.
Torssay (Jean de), chevalier, II, 148 n., 215.
— (Jeanne de), fille dud. Jean, II, 148 n., 149 n., 453, 464.
Toscha de Aygoneis. Voy. Touche (la).
Toselinus (Ademarus), I, 219, 328.
— (Johannes), I, 239.
— (Simo), clericus, II, 127.
Tosels (Johannes), I, 217.
Touche (la), seigneurie, Tuscha, Tuscha de Aigonnès, Tosche de

Aygoneis (la), I, xlvii; II, 80, 113, 117, 121, 124. C*ne* d'*Aigonnay, D.-S.*
— d'Exireuil (la), domaine, I, lxxxiv. C*ne* d'*Exireuil, D.-S.*
— Poupart (la), seigneurie, I, l. C*ne de Saint-Georges de Noisné, D.-S.*
Touchois, fief. Voy. Tocheys.
Touches de Parigny (les), I, 36 n. *Charente-Inférieure.*
— paroisse de Notre-Dame, I, lvi. Voy. Parinec.
Touchez (Pierre), II, 161.
Toulon, I, cvi. *Var.*
Toulouse, I, lxxx; II, 365. *Haute-Garonne.*
— (comtes de). Voy. Guillaume.
— (évêque de). Voy. Saturnin.
Tour (Pierre de la), abbé de Saint-Maixent, I, lxxxi, lxxxviii, lxxxix, 370, 372, 373, 374; II, 316.
— (René de la), prieur de Saint-Maixent, I, cx; II, 303, 304.
— Chabot (la). Voy. Saint-Maixent.
Touraine, Turonia, bailliage, II, 137, 172. *Province de France.*
— (bailli de), II, 173, 194, 198, 199. Voy. Bardini.
— (bailli des exemptions de), II, 178, 206, 207.
Tours, II, 212, 264 n. *Indre-et-Loire.*
— (archevêques de). Voy. Boisgelin, Echaus.
Tousselin (Guillaume), Guillelmus Toselin, abbé de Saint-Maixent, I, lxxxiv.
— (Hugues), faux abbé de Saint-Maixent, prieur de Souvigné, I, lxxxix.
— (Simon), clerc, I, lxxxiv.
Touvois (sieur de). Voy. Greffier.
Traient (Petrus de), I, 192.
Tranchant (Pierre), II, 217.
Trancheleum (Willelmus), miles, I, 382.
Trau (Soudan de la). Voy. Bernard.
Travers (Arbertus), I, 138.
— (Ugo), I, 306.
Treco, Trecono, villa, I, 31, 49. *Tricon,* c*ne d'Ouzilly, Vienne.*

Tréguier (évêque de). Voy. Saillant.
Trelia, terre, I, 190.
Trémoille (MM. de la), II, 461.
Trémont, Tremonz, Tremunt, Tremunz, I, xxix, 83, 125, 126, 163. C*ne de la Mothe-Saint-Héraye, D.-S.*
Treslac, II, li. *Trelaye,* c*ne d'Augé, D.-S.*
Tresseove, I, xvi. *Tressauve,* c*ne de Chavagné, D.-S.*
— (P. de), miles, II, 50.
Trevin, Trevins, Trevint, Trevintius, seigneurie, I, xlviii, 157, 258, 366; II, 59, 100, 164. C*ne de Chauray, D.-S.*
Trimoille (Georges, seigneur de la), II, 148 n.
Trinité (abbaye de la). Voy. Poitiers.
— (fête de la sainte), I, 400.
Trios (Matheus), II, 87.
Triosnum (Giraudus) I, 288.
Trochery (Mathurin), sous-prieur, puis prieur de Saint-Maixent, I, cx, cxvi; II, 314, 328, 330, 484.
— (Sébastien), infirmier, puis aumônier de Saint-Maixent, I, cxii, cxiv.
Trofet, terra, I, 249.
Trole (Hélie), II, 149.
— (Symon), II, 168.
Tronna (Maria), I, 192.
Troyes, II, 227. *Aube.*
Troys (Martin de), commis de l'Extraordinaire des guerres, II, 285, 286.
Truaudus (Arbertus), I, 253.
Trueca, Trunca, villa et salina, I, 27, 255, 271. *La Tranche,* c*ne de Villedoux, Charente-Inf.*
Truna (Maria), I, 252.
Tuebo (Vilelmus), I, 325.
Tuet, Aimeric, I, 122.
Turenne (maréchal de), II, 399.
Turonenses denarii, II, 192.
— solidi, II, 42, 44, 62.
— libræ, II, 60, 72, 126, 130.
Turonensis baillivia. Voy. Touraine.
Turonia. Voy. Touraine.
Turpault (François), I, cxxiii.
Turpin (P.), monachus, II, 24.
Turpini (P.), presbyter, I, 381.

— 618 —

Turre (molendinum de). Voy. Saint-Maixent.
— (Petrus de), abbas Sancti Maxentii. Voy. La Tour, Tour.
— (Willelmus de), I, 147.
Turris Chaboz. Voy. Saint-Maixent (Tour-Chabot).
Tusca (Petrus de), I, 269.
— (Ugo de), I, 217.
— Moysen (Ugo de), I, 189.

Tuscha, Tuscha de Aigonnès. Voy. Touche (La).
— au Vegeraus, II, 105 P.-e. les Tousches, c^{ne} de Saint-Germier, D.-S.
Tutault (Jehan), notaire à Saint-Maixent, II, 302, 304, 305.
Tutgual, prêtre, I, LXIV.
Tynefort, II, 279. Tinefort, c^{ne} de Romans, D.-S.

U

U. Brunus. Voy. Hugo.
Ubelinus, Unaudus, I, 241.
Ubertus, cantor, I, 229.
Ucbert, vicarius, I, 18.
Ucbertus, I, 18, 38.
— filius Bernardi Bel Infant, maritus Aldeiarz, I, 118, 119.
— frater Galterii, I, 117.
— maritus Constanciæ, I, 56.
— monachus, I, 54, 56, 57, 208.
— prior Maliacensis, I, 118.
— servus, I, 122.
— testis, I, 41, 71, 96.
— Belet, I, 131.
— de Niorto, I, 327.
Udulricus, mercator, I, 176.
Ugo. Voy. Hugo.
— I, 18, 38, 229.
— abbas, I, 230.
— armarius Sancti Maxentii. Voy. Hugues.
— caballarius, I, 122.
— dapifer Liziniaci, I, 174.
— dominus Rocafortis, I, 219.
— filius Amelii, I, 233.
— filius Goffredi Roberti, I, 264.
— filius Jamonis, I, 199, 220.
— filius Johannis Engolismensis, I, 252.
— filius Katalonis militis, I, 133.
— filius Petri de Gordone, I, 177.
— filius Raimundi, I, 214.
— filius Rofini, I, 187.
— filius Woffredi, I, 180.
— frater Ademari de Chisec, I, 233.
— judex, I, 249.

Ugo, miles, I, 104.
— monachus, I, 224.
— pater Gosfredi, I, 185.
— pater Woffredi, I, 179, 181.
— prepositus, I, 176, 183, 184, 185.
— presbyter, I, 188, 249.
— prior de Aias, I, 284, 285.
— prior Sancti Maxentii. Voy. Bolleta.
— privignus Ramnulfi Garini, I, 243.
— rex Francorum, I, 72 n, 77, 79, 80. Voy. Hugo.
— servus, I, 107.
— testis, I, 33, 50, 90, 100, 106, 107, 111, 299.
— Amelius, I, 238, 249, 253.
— Araneo, Araneus, I, 157, 177, 187, 192, 201, 217, 273.
— Arberti, I, 220, 235, 253.
— Arvernicus, frater Tetbaudi Arvernici, I, 266.
— Boleta, Bolleta, Bolletus, I, 194, 199, 211, 217, 245, 246, 263.
— Brunus de Liziniaco. Voy. Hugo.
— Chemaillere, I, 249.
— Claret, I, 167.
— Clarus, testis, I, 107.
— Clerembaudus, I, 235.
— de Doe, I, 218.
— de Isernai, I, 207, 264.
— de Leziniaco. Voy. Hugo.
— de Molendino, I, 313.
— de Niorto, I, 272.
— de Pampro, I, 173, 174.
— de Rocha, I, 330.
— de Surgeriis, I, 185.

Ugo de Tusca, I, 217.
— de Tusca Moysen, I, 189.
— de Viveunna, I, 154.
— Drullart, I, 238.
— Joscelmus, I, 157.
— Lobet, I, 176, 177, 283, 325.
— Mimel, I, 212.
— Porcherius, I, 250.
— Goscelmus, I, 165.
— Rocafort, I, 317.
— Tascherius, I, 237.
— Tirolius, I, 194.
— Travers, I, 306.
— Veger, I, 358.
— Villanus, I, 220.
Ugonellus, armarius Sancti Maxentii. Voy. Hugues.
Ugonus, testis, I, 84.
Ugun Claret, I, 122.
Ulmellum (Girbertus de), I, 119.
Ulmes, Ulmi, I, 135 ; II, 25, 106, 146. *Oulmes, Vendée.*
Ulmo (Johannes de), monachus Sancti Maxentii, II, 186.
Ulmus, II, 118.
— dau Lac, II, 104.
— Malamaale, I, 248.
Ulrichus Arnulfus, I, 225.
Ulricus (Giraudus), I, 230.

Umbertus, I, 31.
Unaudus (Brunaudus), I, 241.
— (Ubelinus), I, 241.
Unbertus, I, 49, 138.
— filius Froterii, I, 214.
— monachus, I, 199, 201, 206, 274, 285.
— presbyter, I, 167.
— testis, I, 59, 162, 215.
— Botel, I, 192.
— Candelarius, I, 187.
Uncbertus Cabot, I, 279.
Urbain II, pape, Urbanus, I, xxxiii, 221, 222, 224, 232.
Urbani, papæ (fest. sancti), II, 467.
Ursin, abbé de Ligugé, I, LXII.
Usmo, villa, I, 35. *Lhoumeau, cne de Secondigné, con de Brioux, Deux-Sèvres.*
Uticensis episcopus. Voy. Uzès.
Utregesili episcopi (fest. sancti), II, 467.
Uzès (chanoines d'), I, XCIX. *Gard.*
— (évêché d'), II, 289.
— (évêques d'), II, 293. Voy. Mareuil, Saint-Gelais, Saint-Yrieix.
— prévôt de la cathédrale. Voy. Froment.

V

Vaillant (Jacques), sous-prieur de Saint-Maixent, I, CXVI.
— (Urbain), prieur de Saint-Maixent, I, CXVII ; II, 354.
Vairé, seigneurie, I, LXXXVII. *Cne d'Exireuil; D.-S.*
Vairec, villa, I, 114. *Vairé, cne d'Exireuil, D.-S.*
Valectes, harbergement. Voy. Valette.
Valée ou Devallée, II, 389.
Valeix (Michel), prieur de Saint-Jouin, II, 413.
Valence (abbé de), I, LXXXVI, CVI. *Vienne.*
— (fief de), seigneurie, I, L. *Cne de Saint-Maixent, D.-S.*
Valenciennes, II, 402. *Nord.*

Valentini, martyris (fest. sancti), II, 465.
— (reliquiæ sancti), II, 407 n.
Valeriani (fest. sancti), II, 466.
Valerius, villa, I, 89. *Vasles, D.-S.*
Valeriæ, virginis (fest. sanctæ), II, 474.
Valetis (Dionisius), II, 51.
Valette, Valectes, Vallectes, métairie, I, CI ; II, 146, 279, 356. *Cne d'Azay-le-Brûlé, D.-S.*
Vallée (Michel de), curé de Beaussais, II, 408 n., 444. Voy. Valée.
Vallis, pons, II, 4. *Le pont de Vault, sur la Sèvre Niortaise, D.-S.*
— Morca ou Morea, I, 249.
— Vulgrini, I, 157.

Vandeleigne, Vendeleigne, Vendolenia, I, xxıx, 44, 160, 258. C*ne* d'Asnières, D.-S..
— chapelle de Saint-Hilaire, 1, LVI, 44.
Vandeuvres (rector Sancti Aventini de). Voy. Pigouillet.
Vandier (Louise), femme de René Palustre, II, 411.
Vannes, diocèse, I, LVI ; II, 480. *Morbihan.*
Vanzay (paroisse de Saint-Jacques de), Vonziacus, I, LIV, 13, 258. *Deux-Sèvres.*
Vareizia (Bertrandus de) I, 314.
Varennes (Antoine de), sous-prieur de Château-Gontier, II, 413.
Varèze (maison de), seigneurie, I, L. C*ne* de *Saint-Maixent, D.-S.*
— (Audebert de), II, 150.
— (Briant de), frère d'Audebert, II, 150.
— (Huguet de), II, 150 n.
— (Catherine de), femme de Jean de Vivonne, II, 146 n.
Vasconia, II, 44. *La Gascogne, province de France.*
Vaslet (Antoine), prieur de Saint-Maixent, I, CXVIII; II, 438, 439, 441.
Vasselot (Jacquette), veuve de Charles Payen, sgr de Chauray, II, 351 n.
— (Pierre), sgr du Portault et de Régné, II, 351 n.
Vasselotte (Jehanne), femme de Jehan de Voulon, II, 155 n.
Vatoneria, 1, 248.
Vauclair, Vaux Clère, Vaulx Clade, Vocladum. I, XXXVIII ; II, 453, 454. *Nom abusivement donné à Saint-Maixent, D.-S.*
Vauluisant (abbé de). Voy. Boisgelin.
Vaulx Clade. Voy. Vauclair.
Vautebis, paroisse, I, LI, CXX. *Deux-Sèvres.*
Vaus (Johannes de), II, 4.
Vaux, paroisse, I, LII. *Vienne.*
Vecère (la), Veceria, fief, II, 6, 80, 98, 117, 121. *La Bessière*, c*ne* de *Vitré, D.-S.*
Veceria (Constantinus de), miles, II, 74, 75.
— (Guillelmus de), I, 350.

Veceria (Tetbaudus de), I, 332.
— (Willelmus de), I, 372.
Vedasti, episcopi (fest. sancti). II, 471.
Vedrina, Vedrinas, villa, parrochia. Voy. Verrines.
Veger (Guillelmus), I, 331.
— (J.), II, 22, 23, 24, 48, 51.
— (Ugo), I, 358.
Vegeralis terra, I, 25.
Vegerau, Vegeraus (Constantinus), homo ligius abb. Sancti Maxentii, II, 51.
— (E.), II, 51.
— (J.), filius E. Vegereau, II, 51, 105.
Vegère (Margarite), II, 156.
Vegerius (Hugo), I, 365.
Vegiers (fief aux), Véger (fief), II, 156, 157.
Veil-Romans, hébergement. Voy. Vieux-Romans.
Veirines. Voy. Verrines.
Vellon, Vellion, moulin, II, 442. *Veillon*, c*ne* de *Saint-Martin de Saint-Maixent, D.-S.*
— (vinea de), II, 104.
Veluire, I, XXIX. *Velluire, Vendée.*
Venator (Bernardus), I, 167.
— (Gauterius), I, 294.
— (Rainaldus), I, 266, 267.
Vendarius (Johannes), I, 182. Voy. Vender.
Vendeleigne. Voy. Vandeleigne.
Vender (Calo), miles, II, 48.
— Venderii (Hugo), miles, II, 47, 48, 49, 50.
— (Gaufridus), prepositus Sancti Maxentii. Voy. Vendier.
— Venderi (Guaufridus), prior Vetrinarum, II, 27, 30, 32, 33, 39. Voy. Vendier
— (Joffray), II, 151.
— (Johannes), I, 194. Voy. Vendarius.
— (Petrus), I, 177.
Vendère (la), fief, II, 159. *L'Evaudière*. c*ne* de *Marsais, Vendée.* Voy. Lesvodière.
Vendérées (les), seigneurie. Voy. Ruffigné.
Venderii (Aimericus), capellanus abbatis Talemundi, II, 37. Voy. Vender.
— (H.), II, 104.
Venderius (Bartolomeus), I, 294.

Venderius (Petrus), I, 294.
— (Girbertus,) cliens, II, 246.
— (Goffredus), I, 325.
— (Guillelmus), I, 335, 338.
— (Johannes), I, 163, 201, 202, 207, 208, 245.
— (Petrus), I, 231, 235, 242, 251, 283, 342.
Vendier (Geoffroy), prévôt-moine de Saint-Maixent, I, cxi ; II, 25.
— (Geoffroy), prieur de Vérines, peut-être abbé de Saint-Maixent, I, LXXXI, 11 ; II, 27, 30, 32, 33, 39.
Vendolenia. Voy. Vandeleigne.
Vendôme, II, 354. *Loir-et-Cher.*
— (abbé de), I, 286. Voy. Guillelmus.
— (moines de), I, 180.
— abbaye de la Sainte-Trinité, I, LXXIV, LXXV.
Vendredi-Saint (fête du), II, 420.
Venet (M.), II, 331 n.
Vérac (marquis de). Voy. Saint-George.
Verdier (fief de G.), seigneurie, I, L. C*ne* de Saint-Maixent, D.-S.
Verduyt (Chalot, sieur de), II, 154.
— (Johan), II, 163.
— (fief de Jean), seigneurie, I, XLIX. C*ne* de *Marsais-Sainte-Radegonde, Vendée.*
Vergo (Andreas de), I, 265.
Vergort (Reginaldus de), II, 106.
Verid... (Rainaldus), I, 357.
Vérines. Voy. Verrines.
— (Jean de), bibliothécaire de l'abbaye de Saint-Maixent, I, cxvi, 352.
— (Jean de), II, 155 n.
— (Pierre de), prévôt-moine de Saint-Maixent, I, cx, 372, 373, 374, 376 ; II, 480.
Verinis (Petrus de). Voy. Vetrinis.
Verna, borderia, I, 168, 225. *Les Vergnes*, c*ne* de *Montembeuf, Charente.*
Vernia (Tetbaudus de), I, 160.
Verno (dominus de), miles, II, 108.
Vernou (Johan), II, 150.
— l'aîné (Jean), seigneur du Peyré, II, 309.
Vernou (le), borderie de terre, I, XLVIII. C*ne* de *Chantecorps, D.-S.*

Verreca, villa. Voy. Verruye.
Verrer (Johan le), II, 155.
Verrines, Veirines, Vérines, Vedrina, Vedrinas, Vetrinæ, I, XXIX, LI, 24, 51, 111, 169, 171, 208, 249, 299, 304, 332, 362, 374 ; II, 11, 80, 146, 297. *Verrines-sous-Celles, D.-S.*
— châtellenie, I, XLVII.
— (curé de), II, 422.
— paroisse de Saint-Amand, I, LIV, 258.
— paroisse de Saint-Maixent, I, LIII, 257.
— (prieur de), II, 19 n., 320, 327, 354 n. Voy. Conrade, Gaufridus, Picher, Sonavilla, Vendier.
— prieuré, I, LII, LVIII ; II, 146, 305, 433, 451.
Verruca (Simo de), I, 241, 261.
Verruye, Verruyes, Verrua, Verruca, Verruia, Verreca, Verroca, Veruca, I, XVI, XXIX, CXX, 210, 243, 276, 289, 374, 383, 384 ; II, 25, 94, 147, 221. *Deux-Sèvres.*
— ecclesia Sancti Martini, I, 120, 124, 231, 243, 257.
— obedientia, obedientiarius. Voy. prieur, prieuré.
— paroisse de Saint-Martin, I, LIII, 257.
— (prieur de), I, 273, 383 ; II, 107. Voy. J., Luzières.
— (prieuré de), I, LVII, XCI, 329 ; II, 11, 146, 303.
Verseil, en Italie, II, 435.
Verthamont (G.), visiteur de Chezal-Benoît, II, 375 n.
Verteuil, II, 142.
Vertueil. Voy. Verduyt.
Verzeliaco (Sancta Maria de), I, 308. *Vezelay, Yonne.*
Vesansai (Guillaume de), abbé de Saint-Maixent. Voy. Vezançay.
Vetrinæ, ecclesiæ, I, 169, 171. Voy. Verrines.
Vetrinis (prepositus de), I, 169.
— (Aimericus de), I, 171.
— (Engelbertus de), I, 169.
— (Girbertus de), I, 172.
— (Johannes de), armarius Sancti Maxentii. Voy. Verrines.
— (Martinus de), I, 183.
— (Petrus de), prior Sancti Maxentii. Voy. Verrines.
— (Ramnulphus de), II, 104.

Vetulum molendinum, I, 244.
Vetulus, I, 242. Voy. Lesiniaco (Ugo de).
— (Osbertus), I, 230.
— Romans. Voy. Vieux-Romans.
Vetus Verruca, I, 231. *Vieux-Verruye, cne de Verruye, D.-S.*
— villa, I, 44. *Vieille-Ville, cne de Melleran, D.-S.*
Veyrines, II, 102. *Verrines, cne de Sainte-Soline, D.-S.*
Veyrinneays (Willemus), II, 100.
Vezançay, Vesansai (Guillaume de), Guillelmus de Vesansaio, abbé de Saint-Maixent, I, LXXXVII, LXXXVIII, XC; II, 204, 316, 484.
— famille, I, LXXXVIII.
Vezenssay (Guillaume de), chevalier, II, 150 n.
Vezin, testis, I, 269.
Vezola (Petrus), I, 328.
Vi., vigerius de Luhcé, I, 450.
Vialart, II, 27 n.
Viale, Vialle (Pierre), prieur de l'abbaye de Saint-Maixent, I, CXIX ; II, 450, 451.
Viau (Johan), archiprêtre de la Rochelle, II, 81, 82.
— (Willemus), I, 336, 359.
Viceria (Simon de), I, 294.
Vicestre, II, 212. *Bicêtre, Seine.*
Vicinolio (Aldemarus de), I, 118.
Vicinus (Petrus), I, 274.
Vicvedona, vicaria. Voy. Vivonne.
Vidal (Claude). prieur de Nouaillé, II, 407 n., 408 n.
Vienne, II, 135. *Isère.*
Vienne (archives départementales de la), I, XXIII, XLVI, XC.
Viennensis delphinus. Voy. Karolus.
— Vierge (la Sainte). Voy. Marie.
Vierii (Petrus), prieur de Fontelois, I, 486.
Viern (Rainaldus), I, 285.
Vies (Pierre), prieur de Saint-Maixent, I, CIX.
Vieufville (duc de la), gouverneur du Poitou. II, 370.
Vieux-Romans (le), seigneurie, I, L ; II, 104, 154. *Cne de Romans, D.-S.*
Viger (J.), II, 26.
Vigers (Hugo), I, 357.

Vignan (Petrus), I, 268.
Vignau (feodum Rainaudi), domus, II, 41. *La Vignauderie, cne de Vautebis, D.-S.*
Vignaus, I, 271.
Vignaut (le), II, 114.
Vignol (le P.), prieur des Bénédictins. Voy. Vignoles (Nicolas).
Vignoles (Claude), prieur de Saint-Maixent, II, 448 n.
— (Nicolas), prieur de Saint-Maixent, I, CXIX ; II, 484.
Vilaine, seigneurie. Voy. Villaine.
Vilan (P.), miles, II, 50.
Vilans (Gauterius), I, 277.
— (Petit), homo ligius abbatis Sancti Maxentii, II, 23.
Vilaret (Petrus de), I, 305.
Vilers. Voy. Villiers-en-Plaine.
Vilefogne (P. de), I, 374.
Villelmus, capellanus de Tairec, I, 324.
— Baronellus, I, 324.
— Tuebo, I, 325.
Vilermat, seigneurie, I, XLVIII. *Cne de Beaussais, D.-S.*
Vilène, fief. Voy. Villaine.
Villerensis, I, 88, 89. *P.-e. la Viollière, cne de Nanteuil, D.-S.*
Viler, Vilers. Voy. Villiers-en-Plaine.
Vilhean (Jean de), chantre de l'abbaye de Saint-Maixent, I, CXV.
Villa Commitisse, I, 47. *Villeneuve-la-Comtesse, Charente-Inf.*
— Dulce, I, 255. *Villedoux, Charente-Inf.*
— Nova, I, 111.
Villabovis (Helias de), II, 87.
Villacasa (Audebertus de), I, 290.
Villain (Georges), religieux de Saint-Maixent, II, 303, 304.
Villaine, Vilaine, Vilène, Villena, Villaines, Villène, I, XLVIII ; II, 77, 151, 252 n. *Cne d'Azay-le-Brûlé, D.-S.*
— feodum, II, 98.
— masnilium, I, 137.
— (Vingt-quatre sommes de vendange sur les nouvelles vignes de), seigneurie. I, XLVIII.
— (le seigneur de), II, 326.
Villanus (Gofredus), I, 220.

Villanus Petrus, I, 237.
— (Ugo), I, 220.
Ville Sèche (sergenterie de la), II, 115.
Villemontée (M. de), intendant du Poitou, II, 351 n.
Villemonteys (dom Vincent), II, 366.
Villena. Voy. Villaine.
Villeneuve, seigneurie, I, XLVII. Cne d'Aigonnay, D.-S.
— de Fousse-Aigue, seigneurie. I, XLVIII. Cne de Cherveux, D.-S.
— de Hez (la), II, 142.
Villequier (Georges de), vicomte de la Guierche, gouverneur de la Marche, I, C, CI, CII; II, 480.
— (René de), favori de Henri III, I, CI; II, 480.
Villers. Voy. Villiers-en-Plaine.
Villesèche (la), II, 155. Cne de Saint-Eanne, D.-S.
Villetremaise (Lancelot de), religieux de Saint-Maixent, II, 303, 304.
Villiers-au-Liège (commandeur de). Voy. Crevant.
Villiers-en-Plaine, Villers, paroisse, I, LI, 351; II, 25, 94, 103, 107, 147, 148, 222. Deux-Sèvres.
— châtellenie, I, XLVII, LI; II, 460.
— (seigneur de), II, 252.
Villon, II, 431.
Vincenne-lès-Paris, II, 255. Seine.
Vincent (saint), martyr, II, 352.
— (fête de saint), I, LXXXIV; II, 464.
— (octave de la fête), II, 465.
— (reliques de saint), II, 407 n.
— (autel de saint). Voy. Saint-Liguaire.
Vindocinensis. Voy. Vendôme.
Vindolemia, villa. Voy. Vandeleigne.
Vindomicenses monachi. Voy. Vendôme.
Vinetus, I, 231.
Viré (terres à), seigneurie, I, XLVIII. Cne de Celles, D.-S.
Virgiliæ (reliquiæ sancti), II, 407 n.
Virginum (fest. undecim millium), II, 472.
Viridario (Petrus de), I, 306.
Viridarius, vilarius, I, 289.

Virinella, I, 111. Verrines, D.-S.
Viriot (dom Charles), sous-prieur de l'abb. de Saint-Maixent, II, 409.
Virole (Johan), II, 163.
— (fief de Jean), seigneurie, I, XLIX. Cne de Marsais-Sainte-Radegonde, Vendée.
Viromandorum comes. Voy. Radulfus.
Viron, châtellenie, I, LII. Cne de Brûlain, D.-S.
Visitation de Notre-Dame (fête de la), II, 350.
Vissac (Pierre de), abbé de la Chaise-Dieu, I, XCI.
Vitalis Garnaldus, I, 246, 278.
— (Guillelmus), I, 339, 352.
Viterbe, Viterbium, I, 346 n., 347. Italie.
Viti martyris (fest. sancti). Voy. Vitus.
Vitrac, I, 188, 189, 230, 289. Charente.
— obedientia, II, 63.
— paroisse de Saint-Maixent, I, LVI, 167, 224, 258.
— (Audierius de), I, 225, 230, 237.
Vitré, Vitrec, paroisse, I, LI. Deux-Sèvres.
— (curé de), II, 91.
Vitus (saint), martyr, II, 352.
— (festum sancti), II, 468.
Vivedona (Joscelinus de), I, 166.
Vivers, Viveriis (decima de), I, 173, 278. P.-e. Viviers, cne de Montigny, D.-S.
Viveunna (Ugo de), I, 154.
Vivianus, filius Viviani Broca, 122, 132.
— monachus, I, 51.
— testis, I, 18, 24, 26, 41, 50.
— Broca, Brochardus, I, 122, 129.
— de Secundiniaco, I, 233.
Vivier (bois du Grand-), seigneurie, I, LI. Cne de Vaulebis, D.-S.
— (bois du Petit), seigneurie, I, LI.
Vivone (Hugo de), I, 325.
Vivonia (Hugo de), miles, II, 125.
— (Savaricus de), valetus, II, 125.
Vivonne, Vivoonia, Vicvedonia, I, LI, 362. Vienne.
— viguerie, I, 41 n.
— (Jehan de), II, 146 n.
— (Savari de), II, 146.

— 624 —

Vivonne (Ysabeau de), II, 146 n.
— (famille de), II, 461.
Vix, seigneurie, I, LI. C*ne* de Saivre, D.-S.
Vizes (P.), homo ligius abbatis Sancti Maxentii, II, 24.
Voachai, I, 191, 306. Vaussais, c*ne* de Sauzé-Vaussais, D.-S.
— (Letardus de), I, 306.
Voaciacum. Voy. Voachai.
Voailhé, fief, II, 156.
Vocladum. Voy. Vauclair.
Voé. Voy. Vouhé.
Voeiec, villa, I, 76. Vouhé, Charente-Inf.
Vohé, parrochia. Voy. Vouhé.
Voillec (Robertus de), monachus Sancti Maxentii, II, 37.
Voladair (Gofredus), I, 192, 252.
Volé, Vollé, Volgiacus, ecclesia Sancti Maxentii. Voy. Vouillé-les-Marais.
Voluria, oppidum. Voy. Veluire.
— (Guillebertus de), I, 297.
Volvent (Bocardus de), I, 285.
Volventum, Volvensis silva. Voy. Vouvent.
Vontiacus, Vonziacus. Voy. Vanzay.
Voolun (P. de), II, 22.
Voollum (Petrus de), I, 356.
Vossardi, Vossars (Gaufridus), II, 53, 102.
— (Raemundus), II, 53.
— (T.), miles, II, 53.
— (T.), filius T., militis, II, 53.
Vouhé, paroisse, I, LII, CXX, 351 ; II, 94, 147, 251. Deux-Sèvres.
Vouilhié, harbergement. Voy. Vouillé.
Vouillé, Vouylhé, paroisse, I, LI; II, 162. Deux-Sèvres.
— (hébergement à), seigneurie, I, LI.
— Volé, Vollé, Vouilhié, Volgiacus, Vulliacus, I, XXIX, XLVII, LII, 135, 374 ; II, 24, 305. Vouillé-les-Marais, Vendée.

Vouillé, châtellenie, I, XLVII.
— hébergement, II, 146.
— (marais de), I, LXXXIV.
— paroisse Saint-Maixent, I, LV, 258.
— prieuré, I, LII, LVIII ; II, 11.
— pascharium, I, 149.
— prepositura insule, I, 190.
— prepositi. Voy. Martinus, Johannes.
— (prieur de). Voy. Morin.
Vouillé, I, XXXVIII, Vienne.
Voulon (Jehan de), II, 155 n.
Voussart (Jehan), II, 159.
— (Loys), II, 160 n.
Vouvannes (les), seigneurie, I, L. C*ne* de Sainte-Néomaye, D.-S.
Vouvent, Volventum, Vouvant, Vulvent, Vovent, II, 147, 222. Vendée.
— château, I, 134.
— fief, II, 94.
— (seigneur de). Voy. Larchevêque, Richemont.
— forêt, I, 146.
— (terre de), II, 224, 260, 262.
Vouylhé, paroisse. Voy. Vouillé.
Voyer d'Argenson (Jacques de), II, 407 n., 408 n.
Vrac, Vrach. Voy. Yvrac.
Vuallé, feodum, II, 106.
Vuatel (Jean-Baptiste), religieux bénédictin, II, 408 n.
Vulgrin, archevêque de Bourges, I, 301 n.
Vulliaco (Giraudus de), I, 253.
— (Johannes à), I, 242.
Vulliacus. Voy. Vouillé (Ve.).
Vultro, Vultru, Vultrun, Vultrunnus (capellanus de), I, 325.
Voutron, c*ne* d'Yves, Charente-Inf.
— salina, I, 258.
— villa et salina, I, 28.
— mariscus, I, 164.
Vulvent, castellum. Voy. Vouvent.
— (Helia de), I, 124.

W

W., prior de Mortuomari, I, 381.
— puer, I, 122.
— Amelius, I, 354.

W., Barbins, subprior Sancti Leodegarii, I, 378.
— de Cursai, I, 122.

W., de Javersay, I, 354.
— de Ruppe, cantor beati Petri Pictavensis, I, 381.
— de Œnglia, I, 349.
— Temperii, episcopus Pictavensis. Voy. Temperii.
Walliæ princeps. Voy. Edwardus.
Waltarius, testis, I, 20.
War., filius Hugonis, abbatis Sancti Leodegarii, I, 178.
— Warnerius, abbas Sancti Maxentii. Voy. Garnier.
Warda, villa, I, 4.
Warin, puer, I, 122.
Warins (Ramnulfus), I, 182.
Warinus, frater Ugonis Mimel, I, 212.
— monachus, I, 152, 180, 195.
— testis, I, 182, 215.
Warnaldus. Voy. Garnaldus.
— monachus, I, 107, 133.
Warnalt, monachus, I, 129.
Warnefredus, testis, I, 21.
Warnerius, abbas Sancti Maxentii. Voy. Garnier.
Waufredus Aufre, I, 200.
Wautenus, testis, I, 148.
Wauterius de Fort, I, 153.
Wautfredus, filius Ugonis (de Leziniaco), I, 148.
— de Gordo, I, 148.
Wautfridus, filius Beraldi, I, 149.
Wellensis archidiaconus. Voy. Simo.
Werruia. Voy. Verruia.
— (capellanus de). Voy. Gaita.
Westmonasterium, palatium, II, 175. *Westminster, Angleterre.*
Wido, comes. Voy. Guillaume VI.
— miles de Castro Ternant, I, 213.
— monachus, I, 163.
— prior Sancti Maxentii. Voy. Guy.
Wigo Arannus, I, 150.
Willelmus. Voy. Guillelmus.
— abbas Malliacensis, II, 56.
— archipresbyter, I, 192.
— archiepiscopus Burdegalensis, II, 39, 40, 44, 45.
— filius Ermengodi, I, 231.
— filius Ansemi, I, 112.
— filius Bosonis Borelli, I, 142.
— filius Focaudi de Niorto, I, 327.

Willelmus, filius Fulcaudi de castro Cabanneis, I, 188.
— filius Guillelmi comitis, I, 104, 106.
— filius Hugonis Archiepiscopi, I, 384.
— filius Rofini, I, 187.
— filius Samsonis, I, 349.
— frater Goffredi Arboluta, I, 310.
— frater R. Asce, II, 49.
— frater Ugonis Claret, I, 167.
— frater Ugonis Clerambaudi, II, 235.
— magister, II, 22, 23, 24.
— magister scolarum Pictavensium, I, 240.
— molendinarius, I, 264, 270.
— monachus, I, 131, 163, 168, 172, 176, 194.
— presbyter, I, 182, 194.
— prior de Danvir, II, 48, 50.
— puer, I, 148.
— sacerdos, filius Petri, I, 199.
— vicecomes, II, 114.
— testis, I, 90, 121.
— Aldeberti, presbyter, I, 335.
— Arborde, I, 336.
— Bastard, I, 184.
— Calvus, monachus, I, 165.
— Chapons, senescallus comitis Pictavensis, I, 376.
— de Alnisio, monachus, I, 169.
— de Brolio, I, 169.
— de Marciaco, de Marzay, de Marça, prior Sancti Maxentii. Voy. Marsais.
— de Eriçun, presbyter, I, 382.
— de Forti, I, 376.
— de Marciaco, prior Sancti Maxentii. Voy. Guillaume.
— de Mirebello, dapifer, I, 249.
— de Murciaco, I, 337, 351. Voy. de Marciaco ?
— de Paucia, legatus Romanæ Sedis, I, 333.
— de Rocha, I, 147.
— de Roonza, de Ronza, prior de Izerniaco, I, 227, 228.
— de Sacconis, I, 233.
— de Taleburgo, canonicus Pictavensis, I, 382.
— de Turre, I, 147.
— de Veceria, I, 372.
— Enforcet, I, 365.
— Engelberti, I, 112.

Willelmus Fulcadus, I, 225.
— Gislebertus, I, 286, 287.
— Gratun, I, 482.
— Hilarius, camerarius abbatis Sancti Maxentii, I, 362.
— Jafrechou, I, 340.
— Jansseas, prior Sancti Maxentii. Voy. Jansseas.
— Larcevesques, dominus Parteniaci, I, 351.
— Mauricii, prior Partiniaci Veteris, I, 382.
— Morant, archipresbyter Sancti Maxentii. Voy. Morant.
— Nivernus, I, 189.
— Peiroardus, I, 207.
— Ramnulfi, I, 137, 147.
— Samson, Sanxum, miles burgi Sancti Maxentii, I, 379, 382.
— Taliafer, miles burgi Sancti Maxentii, I, 379.
— Trancheleum, miles, I, 382.
— Viau, I, 336, 359.
— Vitalis, I, 352.
Wilomor, homo ligius abbatis Sancti Maxentii, II, 22.

Winemar, prieur de Saint-Maixent. Voy. Guinemar.
— testis, I, 122.
Winemarus, monachus, I, 129, 133, 148.
Witbert, Witbertus, archiprêtre de Saint-Maixent, I, cxx, cxxi, 182, 191.
Witbertus, testis, I, 215.
Woffredus, dux. Voy. Guillaume VI.
— filius Stephani Morandi, I, 215.
— filius Ugonis, I, 179, 180, 181.
— de Gurdun, I, 150.
Woscelmus, testis, I, 327.
Woslemus, testis, I, 150, 327.
Wuido, prior. Voy. Guy.
— Arembertus, I, 152, 153 n.
Wuillelmus, gener Ingelberti prepositi, I, 149.
— Arvernensis, I, 153.
Wulferrus, Wlferus, monachus, I, 103.
Wulferrius. Voy. Gouffier.

X

Xainctonge, Xaintonge. Voy. Saintonge.
Xanccayo (archipresbyter de). Voy. Bartolomeus.
Xanctonensis. Xanctonis. Voy. Saintes, Saintonge.
Xansay, châtellenie. Voy. Sanxay.

Y

Yjau, II, 147. C^{ne} de Fonpéron, D.-S.
Ylarii (festivitas sancti). Voy. Hilarii.
Ypres, II, 402. Belgique.
Ysernai, Yserniacum. Voy. Isernai.
Ysoré. Voy. Isoré.
Ytier, évêque de Poitiers, I, xci.
Yury (Daniel), II, 386.
Yvia, mariscus. Voy. Ivia.

Yvon (Pierre), métayer du Bourgneuf, I, 279.
Yvonet (Johan) dit Colin, II, 149.
Yvrac, Vracus, Vrach, Vrac (capellanus de), I, 318. Charente.
— ecclesia Sancti Bibiani, I. 206, 229, 258, 318.
— paroisse de Saint-Vivien, I, lvi.
Yzernayo (Parro... de), serviens, II, 133.

Z

Zabulo, Zabulus, I, 109, 120.
Zacharias, testis, I, 314.
Zénon (saint), martyr, II, 352.

TABLE DES MATIÈRES

CONTENUES DANS LES TOMES XVI ET XVIII DES ARCHIVES HISTORIQUES DU POITOU

TOME XVI (I)

	Pages.
Liste des membres de la Société.	v
Extrait des procès-verbaux des séances pendant l'année 1885.	x
CHARTES ET DOCUMENTS POUR SERVIR A L'HISTOIRE DE L'ABBAYE DE SAINT-MAIXENT, PAR M. ALFRED RICHARD.	xi
Introduction.	xiii
Du Cartulaire.	xxiii
Des dates.	xxxii
Historique de l'abbaye.	xxxviii
Domaine de l'abbaye.	xlvi
Sceaux de l'abbaye.	lviii
Abbés de Saint-Maixent.	lx
Offices claustraux.	cviii
Prieurs de la congrégation de Saint-Maur. . . .	cxvii
Archiprêtres de Saint-Maixent.	cxx
Chartes de l'abbaye de Saint-Maixent.	1
Carte du ressort de l'abbaye.	

TOME XVIII (II).

Liste des membres de la Société.	v
Extrait des procès-verbaux des séances pendant l'année 1886.	x
CHARTES ET DOCUMENTS POUR SERVIR A L'HISTOIRE DE L'ABBAYE DE SAINT-MAIXENT (suite).	1
Errata.	479
Table des noms de personnes et de lieux contenus dans les tomes I et II.	484
Plans de l'église et de la crypte de l'abbaye.	

POITIERS. — TYPOGRAPHIE OUDIN.

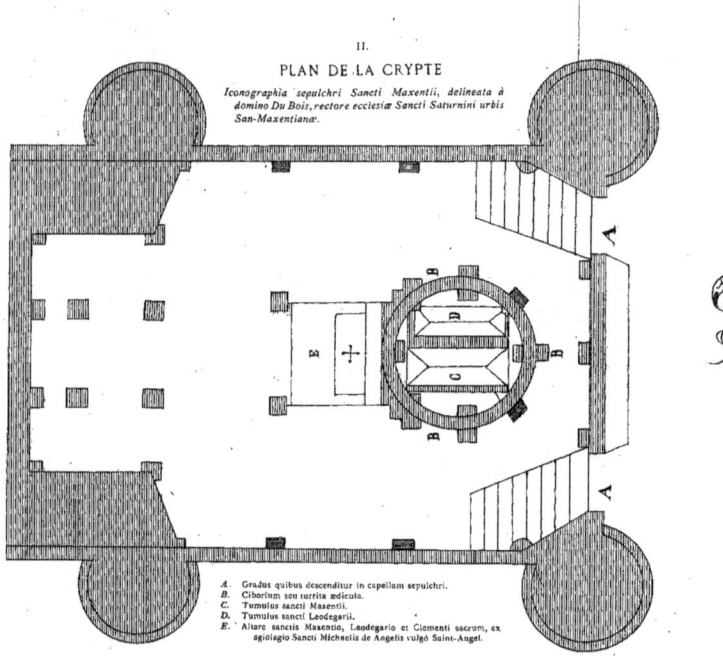

II.

PLAN DE LA CRYPTE

Iconographia sepulchri Sancti Maxentii, delineata à domino Du Bois, rectore ecclesiæ Sancti Saturnini urbis San-Maxentianæ.

A. Gradus quibus descenditur in capellam sepulchri.
B. Ciborium seu turrita ædicula.
C. Tumulus sancti Maxentii.
D. Tumulus sancti Leodegarii.
E. Altare sanctis Maxentio, Leodegario et Clementi sacrum, ex agiologio Sancti Michaelis de Angelis vulgò Saint-Angel.

III.

ARMOIRIES DE L'ABBAYE

Ex concessione Caroli VII, Francorum regis, 1442.

I.
PLAN DE L'ÉGLISE EN 1718

Iconographia ecclesiæ cœnobii Sancti Maxentii, delineata à domino Du Bois, rectore ecclesiæ Sancti Saturnini urbis San-Maxentianæ.

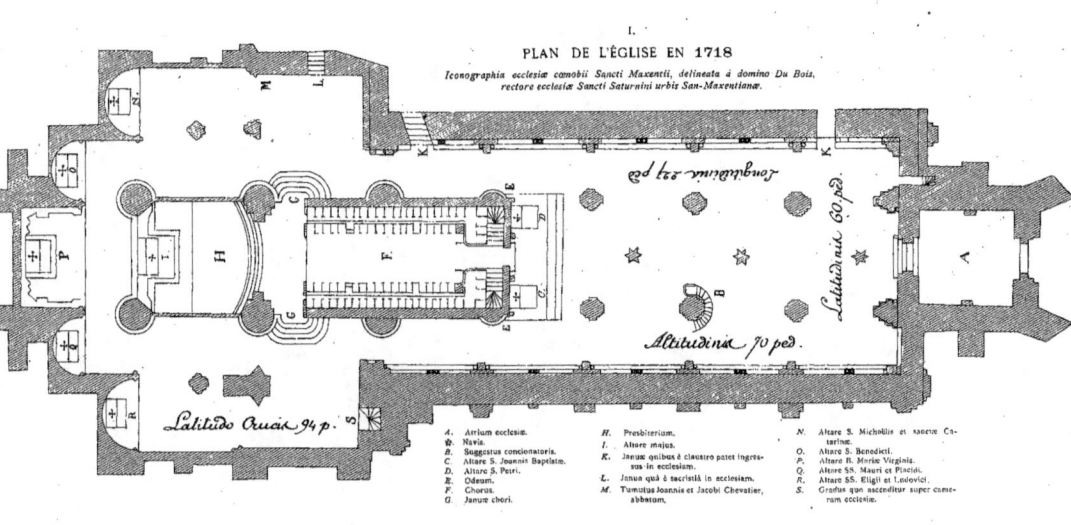

- A. Atrium ecclesiæ.
- B. Navis.
- B. Suggestus concionatoris.
- C. Altare S. Joannis Baptistæ.
- D. Altare S. Petri.
- E. Odeum.
- F. Chorus.
- G. Janua chori.
- H. Presbiterium.
- I. Altare majus.
- K. Janua quibus è claustro patet ingressus in ecclesiam.
- L. Janua quâ è sacristiâ in ecclesiam.
- M. Tumulus Joannis et Jacobi Chevalier, abbatum.
- N. Altare S. Michaëlis et sanctæ Catarinæ.
- O. Altare S. Benedicti.
- P. Altare B. Mariæ Virginis.
- Q. Altare SS. Mauri et Placidi.
- R. Altare SS. Eligii et Ludovici.
- S. Gradus quo ascenditur super cameram ecclesiæ.

www.ingramcontent.com/pod-product-compliance
Lightning Source LLC
Chambersburg PA
CBHW071158230426
43668CB00009B/1000